四川省人文社科重點研究基地——四川理工學院
中國鹽文化研究中心資助項目（編號 YWHZB14-02）

劉大觀集

劉大觀 著
許儁超 整理

人民文學出版社

圖書在版編目（CIP）數據

劉大觀集 /（清）劉大觀著 ; 許雋超整理. -- 北京 : 人民文學出版社, 2025. --（明清別集叢刊）. -- ISBN 978-7-02-019378-3

Ⅰ. I214.92

中國國家版本館 CIP 數據核字第 2025GD9531 號

責任編輯　李　俊
裝幀設計　黄雲香
責任印製　張　娜

出版發行　人民文學出版社
社　　址　北京市朝内大街 166 號
郵政編碼　100705

印　　刷　三河市中晟雅豪印務有限公司
經　　銷　全國新華書店等

字　　數　812 千字
開　　本　880 毫米×1230 毫米　1/32
印　　張　34.5　插頁 3
版　　次　2025 年 9 月北京第 1 版
印　　次　2025 年 9 月第 1 次印刷

書　　號　978-7-02-019378-3
定　　價　268.00 圓

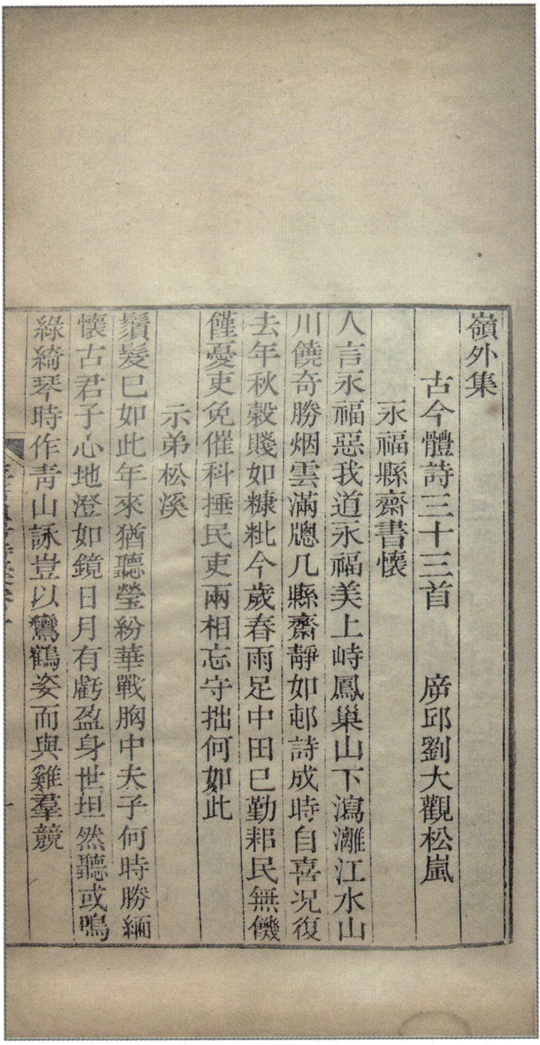
嶺外集

古今體詩三十三首　　廓邱劉大觀松嵐

永福縣齋書懷

人言永福惡我道永福美上峙鳳巢山下瀉灕江水山川饒奇勝烟雲滿牕几縣齋靜如郵詩成時自喜况復去年秋穀賤如糠粃今歲春雨足中田已勤耜民無饑饉憂吏免催科捶民吏兩相忘守拙何如此

示弟松溪

鬚髮已如此年來猶聽瑩紛華戰胸中夫子何時勝緬懷古君子心地澄如鏡日月有虧盈身世坦然聽或鳴綠綺琴時作青山詠豈以鸞鶴姿而與雞羣競

嘉慶二十二年補刻本《玉磬山房詩集》書影

娛老集是歲游豐潤歲暮始歸

古今體詩九十三首

庍邱劉大觀松嵐

敬題擣石夫子詩集後

三十餘年讀千過于今皓首挂霜絲却憐摸象如羣瞽那有眞形到眼時

神識自能超宇宙元關無鑰劃然開巖花磵草無人識獨有洪厓採得來謂翁覃溪閣學

上界仙騎白鳳凰靈犀一點抱光芒吟哦月色兼秋色鏤雪裁冰奏玉皇

味外味爲何等味七絃音是響泉音欲將琴理通詩理要有寥寥萬古心

道光八年補刻本《玉磬山房詩集》書影

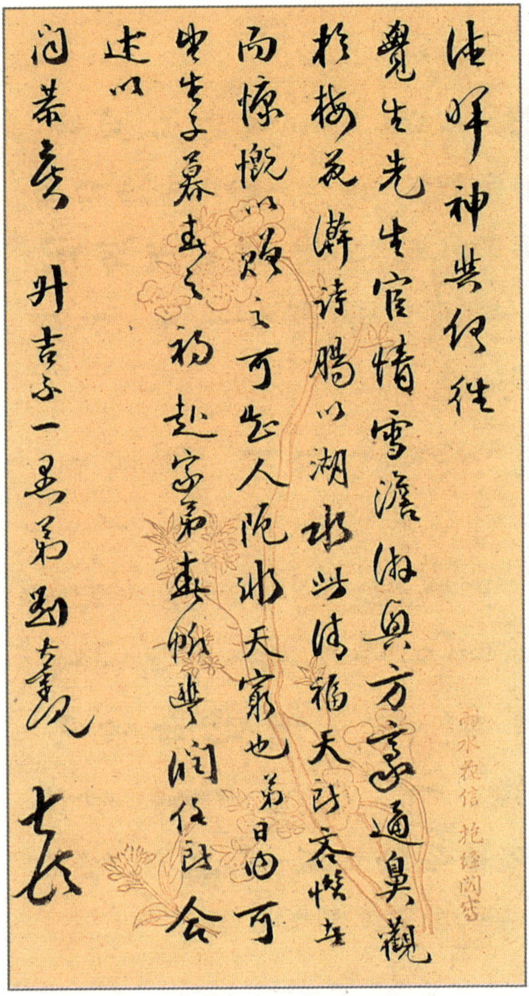

劉大觀手札（西泠印社拍賣有限公司二〇一三年春季藝術品拍賣會圖録）

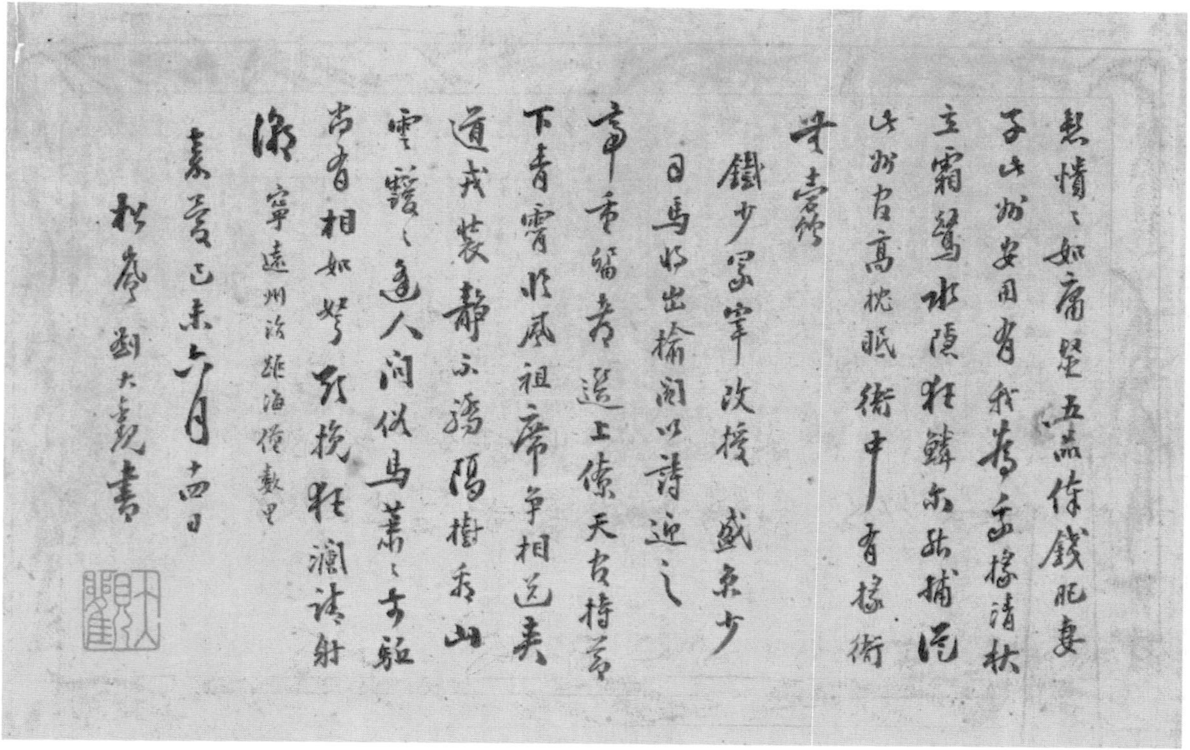

劉大觀手書詩稿局部（故宮博物院藏）

總目録

前言

劉大觀，字正孚，號松嵐，山東邱縣（今屬河北）人。乾隆十八年（一七五三）四月初五日生。乾隆四十二年拔貢，四十三年廷試一等，揀發廣西以知縣試用。歷官廣西永福、天保令，奉天開原令、寧遠知州，山西河東兵備道，署山西布政使。嘉慶十五年春，以劾奏前山西巡撫初彭齡而革職，翌年退居河南懷慶府城，後掌教覃懷書院十一載。道光十四年（一八三四）三月二十三日，卒於懷慶府城，享年八十二歲。著有《玉磬山房詩集》十三卷，《文集》四卷。

劉大觀早歲讀書應舉，壯齡遊宦四方，暮年掌教書院，符合當時成功士人的標準人生格局。他秉承山左人樸茂正直之性，大力弘揚合於綱常正道的烈女、節婦，有着强烈的儒家道義感。其政治、倫理觀念，與當時官方所提倡的主流思想，是完全吻合的。劉大觀『爲人伉爽，敦氣誼，與人交，然諾不欺』，頗具『豪傑之風』（陳用光《送劉松嵐爲河東道序》）。晚年自言『非和亦非介，可卷可舒人』（《詩集》卷十三《人日偶成得人字》），對負氣疏劾初彭齡一事深自追悔。當然，較之諸多甲、乙榜出身而仕階止於守、令者，劉大觀的宦途尚屬通達，他對世故人情的理解，自有過人之處。

劉大觀宦遊所至，南抵粤西，北至奉天，足跡萬里有奇，所見所感，皆寓之於詩。交遊所及，前輩如錢載、袁枚、梁同書、翁方綱、羅聘，同好如洪亮吉、法式善、楊芳燦、黄鉞、張問陶、阮元、鐵保，後進如舒位、栗毓美、陸繼輅、李棠階等，皆并世聞人。劉大觀的《玉磬山房詩文集》，與乾、嘉、道三朝文學、政事關係頗密。

『宦跡稱循吏，文章亦大家。』（褚逢椿《行素齋詩集》卷六《寄劉觀察大觀》其二）。劉大觀早年學詩於同宰粵西的高密詩人李憲喬，後又刊刻李憲喬兄李懷民（名憲噩，號十桐）選評的《中晚唐詩主客圖》，成爲高密詩派的中堅，然其詩固非高密派所能牢籠。劉大觀生前『詩名甚重，幾與蒼溟（李攀龍）相埒』（茹綸常《容齋詩集》卷二十八《寄河東道劉公》）。舒位《乾嘉詩壇點將録》比之赤髮鬼劉唐。《續修四庫全書總目提要》言其詩『置之乾嘉作者之間，無愧色也』。評價是相當高的。

劉大觀乾隆五十九年夏離開蘇州，北上京師補官時，其詩集即稱《玉磬山房詩集》。嘉慶初官寧遠知州，復於州城東築玉磬山房，以爲讀書會客之所。明代文徵明和清初宋實穎皆蘇州著名文人，皆有玉磬山房，宋實穎且以之名集。作爲北方人，劉大觀亦以『玉磬山房』名集，或可看作是對江南山水、人文的留戀與嚮往。玉磬指石製樂器，也指佛寺中招集僧衆的法器，含有釋教氣息。劉大觀浪遊江浙期間，與名衲頗多往還，他也有意識使自己的人生哲學葆有一種張力。

劉大觀的詩集，早期以諸小集行世，先後經李憲喬、李懷民、鮑桂星、王廷紹、張晉等師友删訂。晚年手定十七卷本《玉磬山房詩文集》，包括詩集十三卷，文集四卷，詩編年，文分體，刻印頗佳，此番整理，即選爲底本。整理後的《劉大觀集》，計得詩一千五百四十四首，文二百零八篇，册尾另綴附録四卷，供研究者使用。劉大觀尚有《玉磬山房筆記》二册，《玉磬山房賸稿》一册，民國中州文獻徵輯處《第三期徵輯書目》著録。應是道光八年後所作，生前無力付梓之詩文，這些詩文日後倘能得見，再予補入。

梓行之際，蒙曾凡英教授立項資助，又承周絢隆、葛雲波、李俊諸先生援手，皆所銘感。限以學識，囿於聞見，舛漏之處，乞海内博雅君子切實教之。甲辰春，雋超識。

凡例

一、此番整理，以道光八年刊劉大觀《玉磬山房詩文集》十七卷本爲工作底本。其中，《玉磬山房詩集》十三卷，吉林大學圖書館藏，書簽題『玉磬山房詩定本』，版心題『玉磬山房詩』，每卷卷首標注收詩數，計詩一千三百七十五首，實收詩一千三百八十首。《玉磬山房文集》四卷，清華大學圖書館藏，版心題『玉磬山房文集』，有鈔補，計文一百三十三篇。十七卷本爲作者晚年手定的全集，若無確據，不改易底本文字。

二、參校本五種。十卷本《玉磬山房詩文集》，嘉慶二十二年補刻，校記中簡稱『十卷本』。計詩八卷，共九百五十四首，正文版心題『玉磬山房詩稿』； 文二卷，共五十九篇，版心題『玉磬山房文集』。七卷本《玉磬山房詩文集》，嘉慶十五年序刻本，計詩六卷，文一卷，校記中簡稱『七卷本』。青島圖書館藏舊鈔本《十桐先生評定劉崧嵐詩》一册，不分卷，李懷民（號十桐）評。卷首李懷民《評定劉崧嵐詩題記》，作於乾隆五十七年閏四月，云劉大觀『昨以移官入都，特訪王考功熙甫，因寄近稿求判斷』。册内李懷民眉批、夾批及尾批處頗多，劉大觀後皆採納，間亦有固執未改及酌改者，校記中簡稱『十桐評本』。《癸酉集》，溫州圖書館藏嘉慶間刻本，録劉大觀詩完整者四十三首，有缺葉，校記中簡稱『《癸酉集》』。法式善輯《朋舊及見録》，中國科學院圖書館藏稿本，録劉大觀詩三十首，校記中簡稱『《朋舊及見録》』此外，别集、總集、方志、檔案、拍賣會圖録等文獻中，有能發明正文文字者，亦取以參校。復蒐輯底本未收詩一百六十四首，文七十五篇，彙爲《劉大觀詩文補遺》，附於正文之後。

三、附録一爲劉大觀年表，附録二至附録四，選輯族譜方志檔案、唱酬題贈、詩話雜記中相關資料，供研究者採擇。全書漶漫脱失之字，以□代替。

目録

玉磬山房詩集

卷二　灘江歸櫂集　古今體詩百二十五首

卷三　留都集　古今體詩百六十首

卷四　邗上集　古今體詩百二十九首

卷五 **迴帆集** 古今體詩四十三首

卷六　**鹺城集**　古今體詩百十九首

卷七　行脚集　古今體詩五十四首

卷八　**懷州集**　古今體詩一百三十五首

卷九　**懷州二集**　古今體詩一百三十首

土峪、石峪，治有上峪鎮，即土峪也。石峪乃謂石壕，杜子美有《石壕吏》詩。

卷十　懷州三集　古今體詩七十七首

卷十二　娱老集卷二　古今體詩百四十七首

目　録　

卷十三　娱老集卷三　丙戌、丁亥　古今體詩五十八首

玉磬山房文集

卷一

卷二

卷三

卷四

劉大觀詩文補遺

詩

文

附録一　劉大觀年表

附録二　族譜方志檔案

附録三　唱酬題贈

附録四　詩話雜記

玉磬山房詩集

玉磬山房詩集卷一　嶺外集　古今體詩二十九首

序

三十年前，於方坳堂齋壁，見李少鶴兄弟詩而異之。其後得交劉子松嵐，袖所爲《二客吟》者，又見李石桐《重訂主客圖》。及松嵐官瀋陽，又爲黄仲則刊詩集於京師。然其所自爲詩，天機清妙，寄託深遠，初不泥李氏兄弟之説，即於申𨎥故里，亦不專主滄溟之格調，抑且不專執漁洋之三昧也。松嵐與予往復商略斯事，迨今又十餘年矣。而其氣骨日益高，其取法亦日益上。

往者李滄雲視學陪京，時滄雲方自訂詩集，予與别語，惟勖以勤與松嵐研求作者之意。而前年李春湖爲石桐録《續主客詩》二卷，予亦爲辨析，學唐律者，必求杜法，之所以然，又深以不得與松嵐面質爲憾。今松嵐自晉陽來京師，宜有以對榻暢論者，而松嵐出示此二卷，亦即日欲出都門，又匆遽不得備申也。故於其《嶺外》二集，聊撮數語於簡端，他日再序其續卷，當必有更進於斯者矣。嘉慶庚午夏四月廿有八日，北平翁方綱。

【校】

此序手跡載十卷本卷首，版心題『玉磬山房詩稿序。』

永福縣齋書懷

人言永福惡，我道永福美。上峙鳳巢山，下瀉灕江水。山川饒奇勝，烟雲滿牕几。縣齋静如村，詩成時自喜。况復去年秋，穀賤如糠秕。今歲春雨足，中田已勤耜。民無饑饉憂，吏免催科捶。民吏兩相忘，守拙何如此！

【校】

十桐評本五、六句眉批：『清官樂處。』第六句後，劉大觀原稿尚有『鳥奏獨弦琴，花燦著色綺』二句，爲李十桐删去。眉批云：『時語須删。』第八句，劉大觀原詩爲『多情來燕子』，後尚有『豈無案牘勞，日惟十餘紙』二句，爲李十桐删去，夾批：『删。』眉批：『十餘紙已不爲少，呵呵！』去年秋，劉大觀原作『去年時』。今歲句，眉批：『雨多尚非豐稔之兆。』『中田』句，劉大觀原作『田家當愈喜』。民無，原作『野無』；吏免，原作『官免』。詩後批：『廉吏之語，自然格高，僭易數處，望少留神，當知非漫意。』道光《永福縣志》卷四《藝文》載劉大觀《理定書懷》詩：『人言永福惡，我道永福美。上峙鳳巢山，下瀉灕江水。灕江清復清，激湍迅如矢。鳳巢高不高，靈禽知所止。山川饒奇勝，烟雲滿牕几。積習猶未除，時復親書史。鳥奏獨弦琴，花織著色綺。宫齋静如村，多情來燕子。豈無案牘勞，日惟十餘紙。豈無鼠牙爭，大半因牛豕。况復去年時，穀賤如糠秕。今歲春雨多，田家當愈喜。野無饑饉憂，官免催科恥。民吏兩相忘，守拙何如此！』亦爲初稿。

示弟松溪

鬢髮已如此，年來猶聽熒。紛華戰胸中，夫子何時勝？緬懷古君子，心地澄如鏡。日月有虧盈，身世坦然聽。或鳴緑綺琴，時作青山詠。豈以鸞鶴姿，而與群雞競！

【校】

熒，七卷本、十卷本作『瑩』。群雞，十卷本作『雞群』。

桂林即事

白雲長護孔明臺，臺上扶桑花自開。一夕東風天驟暖，梧州已送荔支來。

湛恩亭

湛恩亭枕大江頭，灕水遥連湘水流。料峭西風吹暮雨，伏波門對楚天秋。

【校】

十桐評本詩後評：『懷鄉意，見於言外，正自低徊無窮。』

甘棠渡

渡頭淺水繫漁船，細雨冥冥啼杜鵑。花片打門春已盡，牧童林下枕牛眠。

【校】

十桐評本，春已盡，劉大觀原作『春已暮』。林下枕，李十桐改爲『猶枕老』。詩後評：『畫一幅。』

秋夜懷蘄橘村耿仲容

涼飈起庭樹，颯颯蕩銀河。殘暑忽已盡，離懷從此多。抱枝眠静鳥，圍燭聚癡蛾。不省枌榆舊，家居近若何？

【校】

十桐評本，詩題作『秋夜懷橘村仲容昆弟』。全詩爲：『涼飈起庭樹，熤熤耿銀河。暑氣忽已盡，離懷從此多。故人久迢遞，身世半蹉跎。湖上舊吟侶，何時更琢磨？』第五句夾批：『句意前四已包含，何用複點？』第六句夾批：『浮廓語。』第七句夾批：『亦不用點明。』第八句夾批：『索然。』詩後批：『一首絶妙詩，惜後四語敗興。爲熟思兩夜，將代易之，總不配稱，作者仍自更换。』眉批：『總要知後四語説話，已盡括入前四句中，故反覺得無味。改易止當從秋夜景色處點逗。』殘暑，法式善《梧門詩話》卷五引作『暑氣』。

伏波亭

銅柱功初就，明珠謗已歸。千秋此亭上，空見白雲飛。

【校】

空見，李憲喬《北歸續日記二》引作『唯見』。十桐評本眉批：『不著一字，盡得風流。詩義雖淺，有此妙處。』

相思江在桂林城北。

我渡相思江，流覽江中水。水流有盡時，相思何時已！

【校】

十桐評本，流覽，劉大觀原作『獨對』。有盡，原作『無盡』。何時，原作『何年』。詩後評：『江流到海，即是盡時。水無盡，思無盡，語勢太順，即嫌少味矣。』『江水本亦無盡，然較之思，猶有到頭日。綿綿此恨，直比天長地久，更無絶期矣。』

題磯上

流水去不還，山下漁磯冷。磯邊有石鏡，照見群鷗影。

【校】

十桐評本第三句夾批：『古意。』眉批：『還字平韻，移在第三句落腳；鏡字仄聲，移在起句落腳，調更諧矣。』

謁柳侯祠

寂寂羅池廟，啾啾粤鳥啼。塵堆欹案滿，草與臥碑齊。家室秋江闊，文章蠻雨悽。才高真可畏，詩句敢輕題。

【校】

十桐評本，劉大觀原詩爲：『寂寂羅池廟，啾啾粤鳥啼。塵堆香案滿，草與臥碑齊。才不擇人用，名隨清議低。杏壇鐘鼓地，終自遜昌黎。』首句李十桐改作『遺廟羅池上，粤鳥改野鳥』，後四句全改。第四句夾批：『佳句。置古人集，無以辨。』第七句夾批：『《本傳》「衆畏其才，高懲刈復進」云云。』眉批：『退之撰子厚墓誌，善於迴護。對柳侯禮拜，隱却永貞事爲妙。』

宿山村

日夕出郡城，策馬入巖谷。寂歷無人境，寒花鬱幽馥。屢隨石磴轉，山隙見茅屋。西嶺日初下，霜氣但肅肅。隔溪聽人語，吠犬出林麓。暮鐘遠寺鳴，栖禽伴我宿。

【校】

暮鐘遠寺鳴，七卷本、十卷本、十桐評本皆作『到來鐘已鳴』。十桐評本第四句，劉大觀原作『寒花抱幽獨』。

寄松溪弟

江水九月清，江雲一片白。自挂秋帆去，猶是中途客。我懷正綿邈，禽聲復格磔。孤琴時一彈，空齋少人跡。

【校】

十桐評本詩題，劉大觀原作《懷松溪》，李十桐改『懷』爲『寄』。九月，劉大觀原作『八月』。首句夾批：『是極望神理，興象綿渺可感。』第二句後，原作尚有『有弟在江南，邈邈雲水隔』一韻，爲李十桐删去。李十桐夾批：『短韻不須長引。』三、四句，劉大觀原作『我身在鄉井，却如異鄉客』，李十桐改爲『我已返鄉井，汝猶異方客』。五、六句，劉大觀原作『颯颯寒風來，牕外凍竹坼』。時一彈，作『時復彈』。詩後李十桐評：『韻餘於句，情溢於詞。』

甲辰夏五紀事

柳江上通黔江，山狹勢逼，易有衝決之患。今年五月，江瀾驟溢，其勢甚危，予立水中三晝夜，督民衛護。水頭愈猛，人心愈恐，乃矯提軍烏公令，傳六營將、備，集兵三千有奇，奮勇搶救，水始平，城得無恙。予之矯令，罪也，身冒其險，民免爲魚，亦可見原於烏公矣。因以長歌紀述其事。

歲在甲辰夏之五，蠻烟瘴霧釀淫雨。江迴石偪蹴浪飜，沛然一瀉飛千弩。始猶盤旋撼崖樹，繼則憑陵犯樓櫓。大魚挾勢欲吞人，人無人色面如土。我似沙鷗立水中，以命與水爭雌雄。土囊草薦並綿絮，指揮胥役摧其鋒。水强人弱窘無策，怒髮如竿冠上衝。坐見城垣委澎湃，生靈十萬一掃空。城亡與亡責難謝，事到危時膽自大。奮臂招呼衆將出，誰知忠信權行詐！狂瀾十丈固堪憂，水犀三千亦可怕。士能作氣鯨鯢走，兵勢崢嶸水勢下。江平浪息龍亦馴，用得機權始語人。守土未能脱民難，寒龜縮項民應嗔。一城老弱互相慶，各子其子親其親。農荷鋤犁卒歸伍，槌牛擊鼓迎江神。

【校】

七卷本、十卷本皆以小序爲詩題，無『甲辰夏五紀事』六字。今年，作『乾隆四十九年』。

與王都尉出獵西郊

肅肅寒風勁，深山合一圍。落高弓力滿，追曠馬蹄飛。馳驟無空闊，縱横在指揮。興酣霜已重，嗚角夜深歸。

【校】

十桐評本，詩題作《與王都尉建庵袁參軍秋江出獵西郊晚飲觀音巖下》。首句夾批：『如此用成語，却非唐賢家法。唐人非不用成語，要自有其切合恰好處。』眉批：『當筵酒酣，管絃喧沸之中，提筆灑然，即席成篇。此渾成雄健之作，真可俯視一切。」

與郡人芳山種花

剷雲植嘉卉，聊復助天工。此土非吾有，分春與衆同。暮烟生遠水，樵唱散遥空。自得山中趣，横琴坐晚風。

【校】

十桐評本，題下批：『原作率郡人種花百本於芳山之麓。』眉批：『率字稍著官勢，故易之。』剷雲，劉大觀原作『鋤雲』。聊復，原作『人力』。此土，原作『此樂』。自得，原作『領得』。皆爲李十桐改。第三句夾批：『雖信美而非吾土。』第四句夾批：『所以爲高，所以爲賢。』腹聯夾批：『用畫家烘襯法。』詩後批：『題雅，故詩出俗。』

掃花

絳雪飄風委碧苔，令人愁緒鬱難開。呼童送汝清流去，化作翩翩鳳子來。

入向武州界

疊嶂重巒亘我前，蛇趨蟻進出層巔。壠頭忽遇插秧叟，笑問春畊幾腿田？腿田，方言也。

陪蒼都督自平孟隘登魁來卡觀岑田州行軍交趾

到此中原盡，高峰壓外夷。下窺人漸小，並上馬還遲。瘴霧迷荒戍，山風捲大旗。將軍有勝算，關上但論詩。

【校】

十桐評本詩題，陪，原作『與』，觀，原作『視』。劉大觀原詩爲：『到此中原盡，高峰壓外夷。俯窺人漸小，並上馬嫌遲。落葉迷荒徑，寒風捲大旗。將軍不好武，卡上復談詩。』詩後評：『三、四敘自隘登卡，五、六敘行軍交趾，須切南夷。』『將軍不好武，是將軍美德，然却非此處話。此處正當行軍，即蒼公不在遣中，亦當重國憂，但能軍而不談兵則可耳。題目古雅，詩亦稱。』

南寧郡

粵西十郡此爲强，郭外人烟似豫章。水下壺頭灘勢急，雁回衡浦客愁長。講臺秋月王新建，戰壘西風狄武襄。吊古頓忘鄉國思，崑崙山色晚蒼蒼。

【校】

十卷本，壺頭，作『壺城』。頓忘鄉國思，作『情深兼望遠』。《癸酉集》，壺頭，作『壺城』。雁回衡浦，作『雲迷藤縣』。第七句作『仙跡難尋飛瀑嶺』。

過起敬灘

風捲神旗白晝寒，伏波祠下有蠻灘。縱橫亂石翻濤浪，想見先生立脚難。

【校】

十卷本、《癸酉集》，詩題作《過起敬灘感懷》。

過潯州莊六參軍招飲西山題翠微閣壁

西山何巍然，高出衆峰外。我以蕭散身，來與諸公會。策杖造幽迥，漸次聞清籟。松色襲人衣，夕陽浮鳥背。微吟衆壑響，小立孤雲靉。此時此山間，安可無我輩！

【校】

十桐評本，諸公，劉大觀原作『諸子』，李十桐旁批：『自處蕭散，下句必應稱公。』第八句，原作『夕陽壓馬背』，李十桐旁批：『壓字稍重。』第九、十句，劉大觀原作『一嗽群壑響，清空無障礙。澗底泉泠泠，峰頂雲靉靉』。結句，李十桐評：『結出題閣壁豪興。』詩後評：『格韻在韋、柳之間。』『此等體格，平仄與律較異，其琢對不殊也。細觀韋、柳集自見。』

重至象州

昔是此州主，今爲此州客。風景尚依然，我髩已蒼白。停舟問遺老，半作東郭石。軒前古榕柯，生意尚婆娑。得壽固足喜，不材當奈何！治民如種樹，須求根本處。世無郭槖駝，那得識其故！

【校】

《朋舊及見録》卷二十三録此詩，「風景」二句，作「州則尚如是，鬢髮已蒼白」。識其故，作「識此故」。十桐評本首句旁批：「自應多感。」我髩，作「鬢髮」。古榕柯，原作「一古榕」。李十桐旁批：「情事宛然。」李十桐詩後評：「結四語不即不離，閑閑唱歎，古厚極矣。」眉批：「以元道州之真摯，行韋蘇州之沖和，詩安得不佳！」「予送子喬詩，有云：『所貴變澆俗，莫矜折獄長。』今之良刺史，不過能聽訟耳，安得書『治民如種樹』二語，爲海内牧民者座右銘耶？」

哭趙松川

松川諱廷鼎，四川新都人，以東蘭州牧攝南寧郡。時方用兵交趾，心力俱瘁，遂致疾殂，貧不能歸，櫬厝僧舍。

身計不曾愁，深思惟國憂。血枯平虜日，家散拜官秋。母在心寧死，交疎淚亦流。旅魂歸未得，蠻鳥夜啾啾。

【校】

十桐評本，劉大觀原作：『家計不知愁，唯深曠職憂。血枯平虜日，訃寄止戈秋。棺蓋母猶在，交疎涕亦流。旅魂歸未得，蜀鳥夜啾啾。』第二句旁批：『曠職憂，説小了，動不起血枯句。』第四句旁批：『原句稍平，用逆敘法，頗似沉著。』詩後評：『松川執節敦行之士，予未得相識。與子喬善，子喬有詩哭之，但述悲忱，未暇及生平。得此詩，松川不死矣。』

陳柳州見過榕樓客舍

長年著敝衣，攝郡有清威。每到無人處，孤琴還自揮。馬因行部瘦，民自下車肥。來共僧樓語，星河耿夜輝。

【校】

十桐評本，夜輝，劉大觀原作『素輝』。首聯旁批：『無清威，但著敝衣，只是頽蹋官耳。』五、六句旁批：『主客圖佳句，如是如是。』尾句李十桐評：『結語又好，此謂之淡，此謂之永。』眉批：『可謂四十個賢人矣。』

與李子喬李敬之施晉之游棲霞寺

浄宇方湛湛，祇林已漾漾。峰側坐來深，始見片輪上。倏歘失冥昧，了然盡萬象。吟侶更相答，頓覺空所向。自非抱孤明，何由溯高唱！

【校】

十桐評本詩題，劉大觀原作《子喬敬之晉之作棲霞寺待月詩見示再與同賦》，李十桐删去『再與』二字，下批：『按篇中，無再與意。』第五句旁批：『所謂頓悟。』第六句後，原作尚有『轉思久夷猶，詎免生怊悵』二句，李十桐旁批：『著二語，又雜出矣。』詩後批：『有静理。』

題處士李五星詩卷

五星名經，家貧好學。嘗大雪堅卧不出，其友爲製羊裘，强起吟眺。李石桐《還山集》中《高士裘》，爲五星詠也。

性與時人異，平生惟苦吟。耳中無世事，身在少名心。夜雪空齋寂，寒烟古巷深。誰當惜袁子，强起共登臨？

【校】

十桐評本第三句，劉大觀原作『書外不勞心』。李十桐旁批：『世、勞不切對。且無世事，已包不勞心句意。』三、四句旁批：『十字盡五星平生異人處。』《癸酉集》詩題，『詩卷』作『詩』，小序『五星名經』作『五星』。

得子喬鎮安書

曉日上齋簾，時禽鳴屋檐。尺書經遠驛，巖瀑濕郵籤。乍接喜無已，徐思愁亦兼。明年君更遠，誰爲考詩嚴？

【校】

乍接，十桐評本作『乍讀』。第三句，李十桐夾批：『尚未恰好。』眉批：『三、四屬思婉至，而煉力尚欠。』

老將

釋甲罷邊屯，秋風卧里門。髮從霜壘白，目爲塞塵昏。幾解降王縛，常懷受鉞恩。雄心消不得，對客示刀痕。

【校】

十卷本《癸酉集》，卧里，作『薜荔』。消不得，作『老不厭』。對客，作『袒臂』。

貧士詠

寒雞窮巷鳴，不見突烟生。書向鄰家借，詩多雪夜成。斷繩横短榻，折足卧空鐺。盡日無人語，時聞饑鼠聲。

玉磬山房詩集卷二　灘江歸櫂集　古今體詩百二十五首

湘口寄子喬

久滯夷蠻地，初如倦鳥還。夢猶愁粵雨，帆已過湘山。孤驛煙中露，群鷗水次閑。故人在何處，杳靄暮雲間。

【校】

十卷本、《癸酉集》、《朋舊及見録》，群鷗水次，作『一鷗沙上』。《癸酉集》《朋舊及見録》，帆已過，作『昨已別』。露，作『小』。

祁陽縣

山到祁陽好，松鍼仰刺天。臨溪見石鏡，就樹繫江船。地自元蘇後，碑多唐宋鐫。白鷗落春浦，相對亦悠然。

【校】

《癸酉集》《朋舊及見録》，松鍼，作『松枝』。十桐評本，石鏡，作『石徑』。後四句作『縣有唐人蹟，碑多宋手鐫。獨悲文肅後，有子遜忠宣』。李十桐眉批：『第四句，與朱可久、喻昆陵等人，緑玉楮葉矣。惜後四省力。』

南嶽僧

足不踐平地，高齋依嶽神。引泉通石井，然竹作茶薪。入定雲穿牖，當禪月滿身。横琴獨坐處，苔蘚幾經春。

【校】

詩題，《癸酉集》作『贈南嶽僧』。

暮春江上

乳燕向人飛，閑閑一櫂歸。雨過江水漲，風定岸花稀。林下客沽酒，渡頭漁曝衣。滄洲别來久，誰占緑苔磯？

【校】

詩題，《癸酉集》作『暮春江行作』。法式善《梧門詩話》卷五引此詩，多有異文，或乃初稿，全詩爲：『採藥一僧歸，林邊掩竹扉。雨餘江水漲，風定岸花稀。帘下人沽酒，渡頭漁曝衣。寂寥無一事，乳燕向人飛。』

江村

江村泊舟早，閑步獨行遥。乞藥尋山寺，聽泉過石橋。曉松雲際路，春蕨雨中苗。何處還招隱，名心已漸消。

【校】

詩題，《癸酉集》作『江村偶步』，《朋舊及見録》作『江村偶作』。法式善《梧門詩話》卷五引此詩，題作《江村偶步》，詩云：『孤村泊舟處，江岸逐漁樵。乞藥尋山寺，看雲過石橋。曉松枝上路，春蕨雨中苗。何處能招隱，名心已漸消。』十桐評本評：『真詩人性情，乃能有此意興吐屬。』

洞庭湖

還鄉陟險途，風迅只須臾。潮帶巴陵雨，檣棲舜廟烏。片雲開晚霽，一雁下蒼梧。誰以昌黎筆，軒然狀此湖？

【校】

《癸酉集》，首聯作『揚帆過此湖，百里祇須臾』。尾聯作『天水瀰漫外，幾峰欲出無』。

棲霞山

欲訪名山勝，穿雲策瘦藤。橋邊看瀑布，松下過琴僧。到此獨忘倦，欲休殊未能。晚來上方宿，盥漱讀《傳燈》。

【校】

十桐評本、《癸酉集》，詩題作《遊棲霞山留宿僧舍》。過琴僧，作『遇琴僧』。首句劉大觀原作『欲撰《名山志》』，李十桐眉批：『撰《名山志》，大是客氣語，切須避。改訪、勝二字，却率。再酌。』

焦山

落葉埋荒徑，獨尋幽處行。海門秋月上，舄下晚潮生。風定鐸無語，松高鶴有聲。此心無所著，覺得漸光明。

【校】

埋，原作『理』，據十卷本改。

無錫縣訪丁大令不值

無錫錫山下，清泠出惠泉。縣門前代寺，溪樹早秋烟。鳥去銜斜照，僧來問渡船。故人何所往，一面惜無緣。

【校】

大令，十卷本作『明府』，《癸酉集》作『奉齋』。

贈靈嵓寺西文長老

問年今幾許，笑指檻前松。繕性空諸象，隨身只一笻。藥常隔山采，衣不倩人縫。時向雲深處，遥尋隱者蹤。

【校】

《癸酉集》《朋舊及見録》，繕性，作『定性』。十桐評本，藥常，劉大觀原作『藥猶』，爲李十桐所改。頷聯作『削髮已成雪，隨身唯一笻』。李十桐夾批：『意複起句，另尋佳句如何？』詩後批：『格韻純是《主客圖》中人。』眉批：『（首聯）從「問年松樹老」句，脱化而出。』

上謝觀察

早識詩名遠，清聲遍兩淮。署門傍秋水，溪鳥入衙齋。帶月花移影，聽琴鶴上階。雖然衣豸服，時切故山懷。

【校】

詩題，《癸酉集》《朋舊及見録》作『上謝觀察啟昆』。

行脚僧

長途聳瘦肩，身帶九州煙。錫影秋隄月，瓶香古澗泉。聽鐘尋晚寺，逢樹坐枯禪。何日方停趾，猶多未了緣。

清江懷子喬

日夕江頭坐，秋雲觸遠懷。前書寄湘口，何日到天涯？杳杳雁横浦，悽悽舟渡淮。雖知近鄉喜，離思正難排。

東昌舟次寄兄

節候幾更移，多年嗟遠離。最難遣愁處，將欲到家時。問友多新墓，看花少故枝。衹餘歸舫月，未改舊丰姿。

【校】

詩題，《癸酉集》《朋舊及見録》作『東昌舟次寄家』。歸舫，《癸酉集》作『江上』。十桐評本，此詩原題《寄兄》，全詩爲：『南北各分馳，多年嗟遠離。最當難遣處，將欲到家時。此際應非夢，於心猶有疑。入門見顔色，未喜已先悲。』李十桐將詩題改爲《將至家寄兄》，第三句改爲『最難遣愁處』。三、四句夾批：『此等天然句，須無一字不切對方妙。』第五句夾批：『詞不達。』七、八句夾批：『題分明有寄字，即一語不合矣。』眉批：『好詩另做後四句。』

早春

捲簾試新釀，曉色入堂坳。垂溜雪融瓦，向陽禽出巢。小梅初放蕋，芽韭已登庖。欲約看花伴，城南有故交。

【校】

十桐評本首句，劉大觀原作『捲簾讀新曆』，李十桐眉批：『大好起語。』小梅，原作『盆梅』。詩題下評：『勝語只在當前。』詩後評：『無一破字。』

病中

深院寂如水，入城人未還。閉關投刺少，因病得身閑。藥向晨初曬，詩從燈下删。心知春尚淺，未聽鳥綿蠻。

【校】

《癸酉集》《朋舊及見録》，晨，作『曙』。十桐評本第二句旁批：『古淡。』第三句作『閉門投刺少』，李十桐改『閉門爲罷官』。心知，劉大觀原作『懸知』，夾批：『愈淡愈厚。』詩後批：『如此等詩，置唐賢高手集中，便無以别。』《主客圖》詩，起句、第二句，上下不著，謂之擱句，最難學。此頗得其妙。』

贈家岸淮給諫

門掩緑苔厚，知無私謁車。隱存憂國意，恥上務名書。衣典遷官後，詩成論事餘。津門好春色，持節視軍儲。

【校】

詩題，《癸酉集》作『贈給諫岸淮先生』。十桐評本詩題作《上岸淮先生》，李十桐旁批：『應具官名。』首句旁批：

『起法古厚。』第三句，劉大觀原作『心爲清議許』，李十桐改爲『薄爲入時宜』。旁批：『原句帶時氣，且不對。』五、六句，劉大觀原作『衣舊蓬廬日，管峨寵命餘』。李十桐改爲『衣典遷官後，詩成下直餘』。夾批：『欠豁。』詩後評：『只緣起句太好，便不能割捨。』『所代易者，尚未敢心信，仍求自酌。』

寄方坳堂觀察二首

持節渡江去，時聞《白苧歌》。瘦軀嫌印重，古性愛山多。影向廉泉照，崖同舊雨摩。聽潮庵下路，曾得幾回過？

戾俗因成病，在官猶苦貧。髮從豸冠白，品自布衣真。聽雨尋僧夜，看花行部辰。題詩在巖壁，好待故鄉人。

【校】

十桐評本詩題作《寄方觀察》。眉批：『二詩意興勉强，可以不存。』夾批：『去字輕率。』

春日飲吏部王熙甫家

性冷致家貧，清曹稱此身。滿庭都是雪，終日不逢人。得句始沽酒，質衣因賞春。久無張水部，誰與作高鄰？

【校】

詩題，《朋舊及見録》作『春日』。

與人論詩四絶句

抛身入海求珠易，赤手横空得句難。此日鑒湖無釣隱，何人刻苦似方干？

有識有才須有骨，不然竟是像生花。齊梁漢魏同歸冶，别有真金鑄莫邪。

勞人思婦尋常語，採入輶軒成《國風》。獨有斯文難力取，王侯輸與布衣雄。

潤如江海細如絲，不到白頭猶未知。刺手鯨牙拔不動，空勞撚斷數莖髭。

天津别岸淮先生

不惜連朝熱，評詩到我船。語深潮欲退，别促意猶牽。夜泊寺前月，曉行風裏蟬。隨時動離感，愁賦寄懷篇。

【校】

欲退，十卷本作『已退』。

晚泊滄州

晚風吹渡口，遥見起朱霞。蟬噪水邊樹，棗香村外花。古城方落日，荒戍不鳴笳。知與市中近，隔船聞賣瓜。

【校】

香村外，十卷本作『開村後』。

秋日書懷

寒鴿步樓瓦，孤蛩鳴院牆。暑方隨雨退，風已逐人凉。髮短羞臨鏡，愁多欲結腸。寥寥幾行雁，引領向南翔。

飲潭西精舍

釋子結茅處，潭深有卧龍。梵餘雲繞户，棋罷月凝松。人與鶴俱静，閑爲天所容。我攜杜康酒，花下偶相從。

送青城劉大尹歸通州

行色少光輝，身貧馬不肥。宧囊貯吟卷，民淚濕征衣。落日歸程暮，寒山秋葉飛。到家應閉户，接見世人稀。

小滄浪

明湖西北隅，勝跡今始創。就勢開花館，奇巧見心匠。廊虚受烟嵐，亭高絶依傍。遠岫出林杪，郛郭列屏障。日夕輕雲捲，東山片輪上。秋水湛虚明，了然盡一望。形骸謝羈縛，景色娱清曠。顔之小滄浪，得名庶非妄。

月夜與人步吕仙閣下

人影樹邊盡，花光潭上明。灑然共吟侣，來此聽泉聲。

濟南逢趙同年秋渠

一别十五年，嶺南七千里。此地忽逢君，髩毛已蒼矣。燈前兀相對，紛紜雜悲喜。寒蛩四壁吟，瑟瑟秋風起。

題慶晴村先生小暝觀弈圖二首

心空本無二，魂清本無睡。山鳥一聲幽，坐聽巖花墜。

得手衹一瞥，誰使肺肝熱？斂子卧空枰，勝負跡已滅。

沈石田畫爲吴秋鶴題

巖邊霜樹林，有客事幽尋。落葉茅亭古，寒烟曲逕深。嶠雲過鴉背，泉響入秋心。空憶石田叟，無能爲抱琴。

【校】

中國嘉德國際拍賣有限公司二〇〇六年秋季拍賣會圖録内有沈周《秋林晚眺圖》，劉大觀題詩手跡尚在。嶠雲過鴉背，作『雲窗添畫稿』，署『秋鶴五兄詞丈屬題。壬子九月朔日，劉大觀漫稿』。

寄曲阜顔運生

去歲隆冬日，相逢兩黯然。街頭祇數語，嶺外別多年。客夢枌榆社，歸衣瘴海烟。那如山半寺，枕石聽秋泉！

送吴竹虚卜居石門山

居士安身處，石門秋氣清。祇聞松籟響，不見世人行。采藥身應健，看山眼倍明。遥知到山日，定有鶴來迎。

王子文秀才偕新城令過我濟南寓齋衣衫藍縷面無慚色而論詩有吞牛之氣不愧阮亭尚書後人矣賦此爲贈

古貌不修飾，漁洋賢子孫。載書從漢吏，策蹇入齊門。思苦月還落，詩成山欲奔。千秋風雅事，誰與細評論！

别毛輔亭

黄葉滿山徑，颯然秋已深。在途追想處，此際别離心。聽雨江船夜，看碑古寺陰。客囊貯新稿，何日對君吟？

【校】

詩題，《癸酉集》《朋舊及見録》作『别毛輔亭之江南』。

别吴秋鶴

匝月不相離，締交猶恨遲。吟多古心見，情契老僧知。小舫湖邊柳，雙螯手上巵。正愁秋欲盡，明日復臨岐。

齊河旅店

茶然苦行役，何日賦《閑居》？髩髮白頭鳥，游蹤赬尾魚。到家多是夢，慰遠衹憑書。短燭吟秋夜，飛鴻過草廬。

田家

晚秋農事畢，赴縣已輸糧。夾帚掃黄葉，抱孫依夕陽。東鄰才嫁女，西舍又生郎。雞黍頻相會，村中幾日忙。

夜宿楊官屯

寂寥思往事，愁緒此時多。樹葉墜空院，車夫毉病騾。名心已如水，古井不生波。骨肉非金石，何堪造物磨！

夜泊昭關寄佛珠上人

北斗横斜一雁孤，妙高臺上似冰壺。不知前日憑欄客，猶到山僧夢裏無？

歲暮過常州題黄仲則墓

貧不驕人才自大，詩能匠物鬼應愁。空山一夜瀟瀟雨，萬樹梅花總淚流。

【校】

《癸酉集》，題，作『奠』。

崑山道中

閑居澹無味，聊復乘興游。溪上展清眺，逍遥忘我憂。舟小鋭於進，拍拍無停休。忽覩月在水，澄輝延寺樓。近海得春早，勾芒潛自抽。渚禽鳴柏樹，小羽何翛翛！汲水洗吾耳，倚棹聞清謳。

【校】

尾句後，十卷本尚有『俛仰自寬大，胡爲受拘囚』二句。

婁縣晤畢蘅塘

來飲松江水，江梅已放春。誰知客牕下，得見故鄉人。肝膈自相熱，鬚眉亦可親。潮聲中夜起，猶復語津津。

【校】

《癸酉集》《朋舊及見録》，熱，作『習』。

夜行

短櫂咿啞入渺茫，疎星浸水有寒光。衹聞犬吠無人語，知到元和第幾塘？

對雪懷吴翰林玉松

客齋寂如水，端居抱幽素。皚皚空際花，稍稍階前布。徐飄似有待，一縱忽成怒。與竹相委蛇，因風更迴護。融輕乍著瓦，積厚竟遮路。鶴來印寒蹤，琴罷領幽趣。老漁守孤艇，疲驢過野渡。疎韻遠山鐘，暝色平原樹。諒伊絶俗客，定有出塵句。瀹茗欲相招，恐窘城西步。

寒夜懷李石桐

在山無外務，得句亦眠遲。鶴側聽琴頂，松垂受雪枝。其心常似鐵，所守自難移。不踐時人逕，時酌游魚出晴沼，再酌清飈遞寒篠。三酌四酌手不停，雙眸忽覺青天小。樹頭梅子青已黄，我性嗜之如渴羌。未必盡能可人口，誰薦鼎彝升廟廊？身外浮名真瑣瑣，鴻冥蠖屈無不可。但須一飲三百杯，那要人知世有我！

【校】

尾句後，十卷本尚有『十年磨劍不屠龍，劍非不利乃數窮。我出諧語人變色，鋒芒却在談笑中』四句。

題松江王孺人小像

孺人，太僕卿張棠之女，華亭諸生王嘉植之妻。歸植一年而寡，留遺腹子，撫以成人。翁姑養葬，胥資十指以爲營辦。

對此冰霜貌，空庭覺晝寒。命艱等珠蚌，心苦過熊丸。冷竈灰仍熱，危巢卵竟安。九泉兩姑舅，血淚幾時乾？

和王夢樓小孤山

獨聳千餘仞，止容三兩僧。終年幾人到，一杖偶來登。剛耿信無匹，清寒得未曾。鼉龍勿作浪，了不受欺凌。

海會庵訪杲堂上人

寺在胥江岸，門前多水禽。地惟數弓大，草有一人深。落落片時語，寥寥千載心。往年何造次，追悔到於今。

【校】

《癸酉集》《朋舊及見録》，庵，作『寺』。『寥寥』，《癸酉集》作『悠悠』。

吴門見坳堂先生

胥江風浩浩，舟艤驛亭邊。見面無他語，賞心惟幾篇。琴猶彈古調，貌不似當年。坐久豪情露，猶如未別前。

琴

千年古桐木，數尺老蠶絲。調不因時改，音能幾箇知！入囊成斂退，挂壁亦離奇。要遣民風厚，揮來自轉移。

客居遣興八首

未覺離鄉苦，安居即是家。妻孥聊共適，柴米漸能賒。犬在牆陰臥，門無縣吏撾。夜收天落水，親手自煎茶。

蓽門終日掩，亦有一時開。拄杖看花去，求書送酒來。雨多木垂耳，客少徑生苔。舊日乘軒侶，憑伊不往回。

酒盡興亦盡，再沽傷我廉。日痕初過午，花影已穿簾。洗手磨古墨，側身題畫籤。焚香更掃地，僮僕主人兼。

幾許便宜事，在家翻未能。寄書由海舶，論格向琴僧。茉莉沿街賣，鰣魚隔水烝。塵埃無一點，飛得到衣稜。

一身無挂礙，百事總逍遥。屐爲看山買，香因讀《易》燒。掃梁棲燕子，汲水養魚苗。偶觸吟哦興，停燈即竟宵。

濟濟群英雋，結成文字緣。偶逢一篇好，遂被滿城傳。汲古嗟無綆，操刀恐是鉛。虚名古所戒，磨礪仰諸賢。

有欲皆成累，閑愁不上心。了無長可録，因少事來尋。硯向階前洗，書從牕下臨。却憐蜂蝶老，牆角落花深。

那計攻吾短，但知行所安。親朋自來往，迎送不衣冠。静裏筋骸適，幽居禮數寬。炎炎當夏令，爲客勝爲官。

【校】

故宫博物院藏此詩手跡，憑伊，作『今多』。已穿簾，作『未穿簾』。洗手，作『淨手』。僮僕主，作『主僕一』。隔水，作『用酒』。書從，作『帖從』。『那計』二句，作『自我開新例，行乎衆所安』。静裏，作『但取』。幽居，作『何妨』。夏令，作『夏景』。尾署：『《客居遣興八首》，寄呈敬亭老弟消夏。崧嵐劉大觀初稿。』《癸酉集》，親手，作『客去』。閑愁，作『聞愁』。

題賈生素齋圖二首

古樸無修飾，山齋以素名。經年到人少，終日讀書聲。鳥落撐雲木，階閑煮藥鐺。有時釣魚去，獨向碧溪行。

豈謂石牆矮，此中天地寬。草肥堪養鹿，土潤自生蘭。谷裏聽泉好，人中立脚難。故將瀟灑意，寫作畫圖看。

秀水謁錢夫子

夫子居林下，無時不閉關。草蟲皆静穆，僮婢亦蕭閑。踐履宋元晦，襟懷唐次山。作銘鐫退谷，搨寄舊朝班。

貧家犬

戀主貧相倚，蓬門歲月深。既能知佛性，寧動乞憐心！冷竈烟難起，空齋鳥不臨。金鈴難繫爾，長許卧桐陰。

【校】

十卷本尾联作『獨於牆角下，安卧古桐陰』。

伊道人畫雙石峰

太湖山中神有靈，呵護此石煩六丁。宣和有詔大搜索，不隨中使登内廷。竅吐春雲一縷白，縫銜仙草三寸青。有人入山竊摩拭，須臾白晝生雷霆。雲峰道人朝北斗，夜騎黄鶴山上走。手扶鶴頂一下窺，雙峰已落丹青手。歸磨古墨揮雲箋，用筆如用秦王鞭。攝取雙峰在腕下，驚倒祁岳與鄭虔。時當夏熱猛如虎，畏避炎歊閉門户。以此畫懸讀書堂，颯颯清飈滿庭宇。

書黄生宗易印譜後

才名已震曹劉社，猶謂珍珠未傾瀉。元鶴夜唳蒼猿啼，雲根鑿碎秋窗下。上蔡兒郎逢祖龍，作書乃比作相工。誰謂二千百餘載，猶鞭騄駬追梟雄。漢碣秦碑昔聳聳，至今剥落牛羊壟。勸君勿篆墓誌銘，恐有儒生來發冢。

贈穹窿山道士

尋常欲見難，門閉古松寒。雪水朝磨劍，秋星夜掃壇。符能驅厲鬼，鼎已貯金丹。養得雲中鶴，朝真不控鸞。

虚舟上人見過

除將吟侣外，終日見人稀。不畜利牙犬，恐傷高士衣。簾垂秋鳥下，燈盡夜蛾飛。壁上七條玉，楚僧來一揮。

出郭

出郭行人少，哀哀雁失群。横橋接頹岸，荒草上孤墳。寒日遠帆影，西風秋水紋。鐘聲何代寺，不欲此時聞。

【校】

接，十卷本作『續』。

聽虚師鼓琴

古寺秋先到，安絃一兩揮。乍停疎露滴，方急暮鴻歸。柿葉無風落，山禽入院稀。餘音消不盡，散逐海雲飛。

庭前桂花

日炙霜摧越幾春，崢嶸碧蓋絶纖塵。好香韜晦無尋處，一夜西風滿四鄰。

秋日雜感四首

碧樹沈沈作晚涼，一蟬聲入玉蘭堂。節交秋半風猶熱，客到閑時硯轉忙。琴社已曾逢賀若，藥錢無處與韓康。試看古院疎桐月，移過樓西照海棠。

青山猶未築茅廬，負郭兼之半畝無。嶺外十年將曉夢，江南八口寄巢烏。芒鞋只合尋高士，脱粟何能養叛奴！借得新書抄並讀，平時未得此工夫。

離愁已遣壯心降，九鼎誰言力可扛！短日暗催中歲髩，寒蟲頻噪旅人窗。乍聞伍相祠邊雨，猶似昭州嶺下瀧。鶴健松清懷二李，謂少鶴、松圃。槎枒肺膈兩舂撞。

既愛青山又愛僧，上方頻策過眉藤。烹泉脉脉懷桑苧，斫鱠年年夢季鷹。身過嶺來如再世，客隨雲散只孤燈。胸中自有陽秋筆，豈要名爲衆口稱！

和潘榕皋先生移居四首

世網何能牽得住，青山有約早抽身。閑拋歲月歸吟筆，别起園亭作主人。竹籜引風晴似雨，松皮閲世蘚爲鱗。天隨故宅今猶在，收拾漁竿問碧津。

想見杯湖與鑑湖，行藏端的是真儒。脚根如竟隨人轉，溪水還愁亦姓愚。清福得來非造次，好山看去必縈紆。辭官不假移文力，誰識平生有智珠！

客到先知子弟賢，書聲朗朗出林邊。六經能與傳薪似，一第看如拾芥然。又種梅花資鼎鼐，曾開鶴徑貯雲烟。堂東更乞磨崖手，選石題爲小洞天。

我飲湘灘二水來，曾隨木客上崔嵬。桄榔葉暎蠻烟黑，蛤蚧聲呼瘴母開。未有黄柑州裏種，空餘白髮鬢邊催。客中愁作《閑居賦》，故里無錢買釣臺。

【校】

十卷本詩題作《和潘榕皋移居四首》。

送畢蘅塘旋里

伍相祠前月，凄凄照此船。衣痕兩人淚，秋水半江烟。一夕頭俱白，何時榻更聯？秦中與關外，莫惜遠音傳。

題羞墓

讀書取卿相，固是尋常事。壯夫登高山，千仞豈難至？翁子負薪行且歌，虎文未變棲巖阿。詎識炎凉到夫婦，急不能待將如何？郎貴矣，乃羞死。委擲髑髏在黄泉，鬼伯揶揄應未已。墓前水，慘悽悽。墓邊石，何人題？我欲買盡嘉禾紙，搨贈九州寒士妻。

岳鄂王墓二首

一丘忠義骨，高聳此崇岡。松下古碑立，霜餘秋草黄。史存三字獄，名徹九泉香。繆醜何年鑄，翻嫌污道旁。

不見冬青下，沈淪竺國經。中原傾一柱，外侮及先靈。讒肉合投犬，孤軍悲落星。時聞山麓上，白晝起雷霆。

與吴竹虚登南屏山訪小顛上人

山與雷峰連，堂開净慈背。中有一顛僧，十日八九醉。結侶造其室，汲泉潤我肺。湛湛凝青眸，隱隱露狂態。佛法喜空寂，人事憎瑣碎。溪禽竹外囀，山果簷邊墜。怪松懸鶴巢，危藤挂猿臂。鬱懷既已豁，積塵不煩溉。泛舟出湖心，歸衣染岩翠。

題馮孟亭先生捧硯圖

先生自敘云：『雍正壬子歲，祖考少司寇公總上江藩，於江寧得硯石材，命工琢成硯，桐城張純字吾未者鐫銘。浩時年十四，從書齋竊觀之。祖考歸田後數年，硯失去。乾隆己巳，浩詞館假歸，乃於杭州重獲焉，手澤留貽，似叨默護。今浩年七十矣，生平未嘗寫照，玆屬友人作《捧硯圖》，並搨研形同裝。事紀四十年前，圖寫四十年後，藉以述祖德，志永慕，冀傳示於子孫云。』

媧皇補天手所遺，驪龍踞作蟠身池。池僅四寸五寸廣，常有烏雲環繞之。低眉攬袖磨磋時，良工慘淡惟自知。詎識旁有有心者，明眸側立潛相窺。工已斷手加銘詞，董醇賈茂遥相期。造物從來喜作弄，欲使其合先使離。弓亡劍隱珠淪澌，窮搜大索無端倪。或被妖魅攫之走，誰呼猛士然文犀？光陰冉冉雙丸馳，得之意外還驚疑。酹酒焚香告家廟，神靈亦詫斯事奇。昔年總丱今白絲，石交重與相逐追。更索丹青繪古貌，元璞一握兢兢持。解經註史欣有資，良田何用萬頃爲！父繩祖武子繩父，蘊釀慈孝培家基。三鳳齊鳴無參差，文彩照耀珊瑚枝。盛事傾動諸元老，金匱、諸城、韓城、仁和。摩天巨刃爭一揮。自慚質陋兼位卑，拙喙敢復措一辭。殷勤出於長者命，悚息汗下衣淋灕。司寇遺愛傳鄉耆，惠澤久入人心脾。司寇公牧膠州，惠政至今傳播人口。追公不及淚漣洏，今覩此圖並執硯，醍醐灌頂心神怡。

哭趙學山

硯席結素心，誰似若人者！氣質殊敦厚，文字尤淵雅。貌冷腸則熱，情深語彌寡。西子好容顔，衆女遜都冶。我昔捧檄時，别袂未及把。身歷蠱毒鄉，夢繞枌榆社。前冬復會合，雪積燕臺下。舊業同切磨，新情兩輸瀉。未幾又睽離，依依難決捨。蹤跡如旋磨，襟懷似解瓦。途遇家鄉人，聞君抱癥瘕。壽夭理難測，年不斯人假。駑駘何紛紜，獨喪空群馬。平生幾點淚，遥向寒江灑。

贈林遠峰

貧來幾欲衣成縷，狂到不知世有人。節度延爲草疏客，得金先買甕頭春。

春日郊游

春山疊青嶂，游侣萃嘉辰。出郭江雲暖，迎眸島樹新。岸抽向陽草，犬吠隔溪人。此際猶非樂，雅懷何日伸？

張雪鴻畫蘭

寫自秣陵高士家，枝枝葉葉帶烟霞。春來細看群芳譜，不辱岩阿只此花。

迎春花

天心亦世故，春至遣花迎。近倚椒盤側，潛教醉眼明。温香秉元氣，正色學秋英。萬象崢嶸意，胥因此卉生。

得張廬峰消息

胥江一棹暮雲疎，心似蛩蛩失駏驉。正苦春愁難自遣，海風吹到故人書。

朱敬亭泛槎圖

眼孔原無礙，津程豈認差？心如能似水，海亦可爲家。濯足田横島，栖身博望槎。諸仙遲君久，鼎已爛胡麻。

哭同年江秋史

人爲九州許，壽不幾年借。我無造命權，誰挽修文駕？平山堂上花，亦與動悲詫。揚子江頭水，從兹減高價。縱横萬卷書，誰與相枕藉？珠玉好兒女，誰爲畢婚嫁？春草不生池，秋星不輝夜。松向頹垣倒，竹盡折欄亞。陰陽有代謝，神仙多羽化。卓卓石曼卿，周旋於地下。

贈江鄭堂

名字耳先聞，遲遲方見君。逸情秋塞鶴，傑筆夏峰雲。賦向長安賣，燈同辛相分。依然身未顯，不肯作時文。

與吴蘭雪登靈巖山

館娃宫路昔曾經，又踏春雲逐客星。旅鬢不辭中歲白，名山猶向故人青。投閑老鶴眠僧樹，向晚飛花戀酒瓶。絶巘俛窺群嶂小，新詩讀與斗牛聽。

鮑肯園乞題慈孝堂記

龍山夜起雲璈聲，萬壑松濤爭一鳴。白鶴舒翼老猿舞，明星半在堂邊横。華宫邃室正不少，此堂何以傳佳名？元勢方張宋紀亂，中原四顧皆欃槍。日色慘悽郊原曠，豺狼一過無遺嬰。棠樾老人遘危機，反接於樹行加兵。子求父生願己代，父以己死求兒生。群寇持刀未即下，滿山草木鳴不平。賊影賊跡一風掃，父子相顧魂猶驚。是時豈念孝與慈，留與後代爲鄉評。至性感激自流露，上格天地通神明。孝子有子肖其父，作堂山上連飛甍。歲時殷勤薦蘋藻，祖孫父子弟與兄。怡色婉容互相勸，後人勿墜前人祊。居仁由義經幾世，門閭氣象彌恢宏。方將巨手挽頽俗，豈忍堂構埋荒荆！歲在甲辰月在九，選師求木鳴丁丁。已酬父志固無忝，猶説未怡泉下情。堂側雲木何崢嶸，堂下溪流甘且清。欲爲千古振名教，此堂不是徒經營。

淮上别朱敬亭陶香林

淮上忽分離，秋風吹鬢絲。故人來遠送，明月亦相隨。嘒嘒村蟬急，蕭蕭岸柳垂。王孫乞食處，姑盡掌中巵。

【校】

淮上忽，十卷本作『聚久忽』。

麗人墓

麗人，江都良家子，姓陳名寅，年十七，以艷色墮勾欄中，心鬱憤，日惟求死。既遇汪子味芸，年少有文彩，以身許之。定情後，折釵爲誓，矢甚堅。鴇母高其值，鬻富兒家，麗人徬徨，無以爲計，死志彌决，以未見味芸，猶有待也。一日，味芸看花郊外，偕游侶走僻巷中，突遇之，味芸驚，麗人亦驚。方欲有言，氣咽神沮，視以目，未能發也。游侶噪而前，曳味芸去，明日麗人死矣。夫其死，雖死於情，非死於義，然其失身，非其罪也。遇味芸而得死所，乃竟死焉，亦可悲也。死後六年，松嵐至揚州，聞其事憫之，詢墓所，酹以酒，吊以詩。

遽將艷骨化香塵，歲歲愁逢月建寅。竹木蕭森啼恨鳥，何時喚醒墓中人？
快刀割不斷情絲，劫到頭來已早知。最是傷心傷透處，一釵折作兩釵時。
自隨雲影過江來，此地看花已數回。花裏忽逢斷腸草，不關我事亦生哀。

舟行感寓

風逆水程艱，頻頻望故關。溟濛遥浦樹，寒翠夕陽山。對景多愁思，浮生覺厚顔。路旁眠小牧，牛飽得身閑。

題桂未谷濼源室壁

辛亥冬，爲未谷題一門帖，次年未谷赴掖縣，監院者易以俗書。及未谷回歷下，洗去之，而門帖猶在，未谷喜甚，書其事於雙扉。甲寅冬，余再至濼源，因有是作。

我自遠方來，叩門以馬箠。庭院寂如水，燦燦花滿籬。入室一周覽，古香侵我肌。此誠意中事，了不爲驚疑。舉首見門帖，前歲拙手遺。旁添幾行字，有如訟冤爲。愛憎出所好，那能無參差。子病嗜土炭，亦欲人嗜之。人以子爲怪，子以人爲癡。區區不足道，聊復傾一卮。

山左學署八詠與阮督學同作

四照樓

秋水横素波，群山入推盪。讀書居此中，一覽盡萬象。

濯纓橋

蹙蹙抗塵容，對人覺顔厚。一掬泉水寒，去我十年垢。

小石帆亭

翁公濡巨毫，題曰小石帆。春風捲不去，留以貯經函。

海棠洴

玉皇案邊人，手執衡文節。迴飈拂袖來，苔逕積紅雪。

玉玲瓏

不待神工鑿，自有天然竅。安得文人心，處處如此妙。

鐘樓

沈沈徹昏曉，渺渺入煙霧。聲從何處來，樓影壓秋樹。

石芝

槎枒一拳石，形似商山芝。想其出土日，當在羲皇時。

積古齋

古人情與血，半向金石注。莫捲齋中簾，恐化神龍去。

【校】

情與血，十卷本作『精與血』。

玉磬山房詩集卷三　留都集　古今體詩百六十首

留都集序

嘉慶丁巳仲冬，余遭母憂，居京師。會漕河水溢，弗克南下，遷延至戊午秋，食不給。是時，松嵐爲寧遠州牧，遣伻來迎，余遂越禮出塞。明年己未秋，松嵐分俸資送余，乃得以奉母櫬歸里。洎癸亥，松嵐遷觀察來京，止余邸舍。今年夏，松嵐復來京，則鬚鬢蒼然，距乾隆壬子吴門識面之初，已十有九年矣。余與松嵐以詩合，然歷交久，得窺性情心術之微，則實有相契於語言文字外者。留寧遠一年，寒暑昕夕，深談無間。塞外草枯，怒馬偕出，海色與山光震盪。當其登高望遠，晞髮軒眉，幾欲乘風飛去，微吾二人，孰與同兹襟抱哉！松嵐之詩，初切劘於李子喬，迨與中朝魁人傑士交，意境益深闊。《留都》一集，清雄磅礴，不主故常，得江山之助爲多。嘗謂余曰：『子宜爲序。』嗟夫！余與世寡諧，獨松嵐哀其窮，而知之最真。迴憶暮節窮陰，羈居守歲，張阿羅畫像於四壁，唱酬達旦，惘惘如昨日事。時松嵐尚乏嗣。其之官河東也，余送出西郊，執手仰天曰：『他日政成，當以添丁爲券。』今連舉兩雄，復何憾乎！離合不常，寸心相照，臨別黯然，不足爲外人道也。嘉慶庚午五月朔，長洲吴雲謹序。

出塞行

初辭嶺外又關外，萬里炎荒走朔塞。不因游歷豁雙眸，那知乾坤有若大！男兒墮地挂弧矢，古人取義自有在。生此頭角宜展舒，不然何以别草芥！蓬樞小兒囿鄉井，出門十步已驚怪。鼠目睢睢祇寸光，吁嗟未免拘於隘。跛鼈猶思大地行，黄鵠詎使翮毛鎩？脱如草草牖下死，世間疣贅誠足慨。擊缶而歌意有托，聞雞起舞時難再。古之嶔崎磊落人，擊碎唾壺破天械。區區自憐復自哂，低頭欲下宗慤拜。乘風破浪分所丁，悴骨勞筋敢辭憊。關外春山高聳聳，海上曉雲青靄靄。成連已去琴聲希，祇見長鯨舞澎湃。

【校】

十卷本脱『如作人如』。悴骨勞筋，作『帶月披星』。

望海

到兹生遠愁，碧浪與天浮。一覽更無際，四時惟有秋。滙川成水伯，推轂借陽侯。試問扶桑外，何方是盡頭？

懷耶律文正公四首

汴梁百萬蒼生命，一語能回天地春。幾點涔涔好眼淚，還須留贈後來人。

開國亦須用文士，我治天下爾治弓。癡奴見解真堪笑，乃恃區區以自雄。

鐵門奇獸作人語，更有誰知是角端！諫主旋師東印度，免教霜壘哭聲寒。

鞠躬盡瘁一生休，百韻詩成雙淚流。我自毉巫山下過，只聞啼鳥夜啾啾。

臨别瀋陽上閬風先生

酸吟一兩卷，持以獻公庭。迂拙獨見許，風騷真有靈。每憐魚入肆，常與鶴梳翎。忽逐南雲去，涔涔雙淚零。

賣馬

相看出門去，依依無限情。昂藏抱遠志，瑟縮向人鳴。雲起扶餘國，風來孤竹城。啼鴉在高樹，祇作斷腸聲。

早行

雞纔停曉唱，日尚未東升。輪碾著霜土，鬚垂噓氣冰。寒枝留倦鳥，古寺卧枯僧。猶被浮名繫，安閑自不能。

書黄仲則詩後

俗儒墨浪空滔滔，那有筆鋒如寶刀。捃摭浮言驚世耳，空疎無據舌本勞。《悔存》八卷十萬字，字字經營出苦思。鎔鑄群書運偉才，自有光芒照天地。試觀兩首《觀潮行》，洶洶紙上起潮聲。再讀《新安程孝子》，抽刀割肉割不死。寫山山在前，寫樹樹蒼然。旅舍蕭條戰場險，兒女情懷俠客膽。神仙鬼怪及蟲魚，嬉笑怒罵兼欷歔。但用柔毫一揮灑，便有窮形盡相者。吁嗟乎！不知造物有何親，獨將此筆與此人。不知造物有何恨，獨使斯人受奇困。履穿吴楚地，髮秃秦晉中。危輪夜碾覆車石，破帽晨衝裂面風。古賢分任艱厄窮，今乃全數加其躬。坐此佯狂寄於酒，芒刺在心詩在口。驪龍潭底抱珠眠，赤手奪來如固有。筍河先生畢制軍，逢人便説君能文。愛君欲君展羽翼，嗟君無命登青雲。丞簿小官雞肋味，得之何足吐奇氣？午夜文星落解州，並此雞肋嘗還未。死後遺編十二秋，北平學士苦收留。竟使團瓢葬流水，千秋萬世誰復識唐求！

上元夜題

愛惜讀書眼，不看燈市春。漸將高興處，都讓少年人。體健如遷秩，詩多未省貧。溶溶牕外月，意思獨相親。

寄錢辛楣先生

苔有門前問字痕，被公噓拂感公恩。溪山風月容分領，詞賦源流許共論。一自渡江來奉檄，無時回首不銷魂。焚香夜夜祈星斗，體益康强道益尊。

雨後

節交仲夏似深秋，風捲殘雲過嶺頭。昔日疑團今始破，嚴陵五月著羊裘。

王閑雲至自膠州

軋軋輕車過短垣，山禽迎客一聲喧。欲聽遼左山頭鶴，不食灕江船尾言。卷内新詩皆有淚，石桐先生已歸道山。鬢邊白髮最無恩。十年爲作《留都賦》，莫使空囊入塞門。

開原古塔與閑雲同作

行雲到此停，高暎遠峰青。耐得風霜久，多因呵護靈。縫銜春莫草，頂入夜深星。莫宿南來雁，離人不可聽。

哭李石桐先生

生固怡然死亦佳，久從身後作安排。學思抗古下貧種，文不合時成厲階。伯仲自投蘭茝味，山川又使雁魚乖。眼中無此風流骨，定向韓蘇近處埋。

石桐先生在岑溪時作山月竹屋圖自題長歌慷慨激越王閑雲袖而寳之歲乙卯閑雲訪余開原出畫索詩石桐墓草已宿手蹟猶存欷歔愴悼不能自已遲三月始成此篇

岑溪城外多巒灘，秋山黯䵟秋水寒。僻邑作客如中酒，飲食無味心無歡。桐兄負才久不遇，遠偕鶴弟居冷官。夜聽哀歌出猺峒，曉嗟去日跳金丸。平生偃蹇刺促事，一一爭赴雙眉端。正苦無因豁幽抱，案鋪紈素焚旃檀。胸中奇氣盡一吐，森森湧出千琅玕。茅屋葦籬樵蘇路，斜通江上青巑岏。却嫌峰側太空闊，行雲缺處嵌冰盤。淡淡幾揮意已到，不悦俗目增波瀾。心有餘勇難自遏，硯有餘墨猶未乾。放筆直書作圖意，如琴昔在雍門彈。是時桐鶴有吟侶，歸舫正艤梧江干。得之如獲垂棘璧，涉川渡嶺勞心肝。行篋攜來冱水上，十餘年矣復整完。挂我齋中九十日，撫今念往百憂出。女子有色終不祥，男兒多才豈終吉？自古嶔崎磊落者，心雄氣短同一律。

答李佩三都中見寄

新詩題上海苔箋，六十驪珠一樣圓。簪自盍時牽夢寐，袂從分處記山川。著書已白虞卿髩，負郭猶無季子田。我聽秋聲懷舊雨，歸鴻叫破塞門煙。

閑雲自承德告以歸期

颯颯秋風撼柳枝，爐烟結篆日痕移。山齋自此成孤注，更有誰吟帶箭麋？閑雲詩：『草卧防秋馬，山收帶箭麋。』

題李山人燦畫册十二首

二叟對弈古樹下一樵帶笠帽傴腰旁視

安期蒯徹輩，無事可消遣。眼光聚一枰，此外渾不管。

烟雨城郭仿米襄陽

昔過長沙郡，還經岳州城。蒲帆帶湘霧，曾在此中行。

修竹茂密三人飲盤石上一醉卧兩箕踞坐

傲岸七賢伍，逍遥六逸儔。不知此三客，誰是王子猷？

秋亭講易

空山擁皋比，物理窮消長。旋乾轉坤人，未出先培養。

春郊試馬

黄金買騄駬，游賞待天時。不識龍駒性，牽來一控之。

好是日斜風定後半江紅樹賣鱸魚

新城老尚書，秋江破白玉。詩情入畫情，引起我所欲。

柳陰隄畔行吟

隄上一遐覽，灑然襟抱開。溪紋共山翠，都近杖頭來。

風正一帆懸

破浪平生志，所遭皆逆風。今看此畫本，意氣忽巃嵸。

峭壁流泉清江迴繞一人鼓琴舟上舟左古木槎枒石磯橫亘荷蕢聽焉

古調鳴秋水，清泉落石磈。豈知空闊中，尚復有人在。

深林聞讀書

轉過青山口，來投嘉樹林。柴扉望不見，風送琳琅音。

林巒雨意

雲湧山欲頹，風斜樹欲倒。此勢將何爲，與民救枯槁。

雲樹草亭一翁仰坐亭外一僮置鞍驢背將有入山之意

背山幾樹梅，爲公破岑寂。策蹇尋去來，兒莫吹橫笛。

寄妹

纜解石磯頭，年年動遠愁。江聲漢陽夜，鴻影太原秋。離合自有數，行蹤難預籌。誰能乞神禹，遼水向西流？

懷李子喬

南國佛桑花正開，木蘭舟繫鷓鴣堆。秋風吹醒遼東夢，不見長空鶴影來。

遼水上感懷吴中舊友

往事夢難憑，嗟無繫日繩。梅花元墓酒，妓舫虎邱僧。客盡如高鶴，誰能作凍蠅？祇今渡遼水，但見滿河冰。

宿懿路

寒鴉去盡樹無痕，轉過山頭見小村。馬足有冰難致遠，旅燈如豆易成昏。鬢眉漸染幽燕氣，歲月愁教烏兔奔。夙願未酬心不死，魚磯空復卧柴門。

冬日感懷

因循懷未舒，荏苒歲將莫。寒禽鳴夕陽，晴雪墜高樹。斗柄倏已移，鬢毛化爲素。飽食無寸功，亦備衣冠數。

蘭雪吟

十月之杪，積雪滿庭，推窗延眺，情懷甚適。侍姬湘花忽慨然曰：『雪大如許，未知吴蘭雪何在？』余愕然異之，爲作《蘭雪吟》。蘭雪者，江西人，姓吴名嵩梁，茗生既死，詩鮮出其右者。在吴門作《湘花詞》，清麗可愛，故湘花有知己之感。

蘭雪蘭雪，才氣高絶。人以詩名，福被名折。北走燕王臺，南登館娃宫。鼠鬚麝煤兩吟具，自謂身窮道不窮。寥天鶴，奚所止？風雪滿天無定蹤，憐才興歎一女子。

書李松圃韋廬集後四首

湘雲桂雨夢天涯，兩卷新詩萬里賒。未染人間烟火氣，嚼來清味似梅花。

豈似浮雲有變更，此生懷抱自分明。多年不飲灘江水，却羨吴生與葉生。謂橡村與巢南也。枕流招隱泉邊去，聽月棲霞洞口還。有子已能《鸚鵡賦》，阿翁只愛桂林山。城枕黄龍對雪時，驪珠萬顆酒千巵。非惟好句難拋舍，四十餘年幾故知。今開原，即舊日黄龍府。城北五里有黄龍岡。

【校】

橡村，原作『豫村』。李秉禮《韋廬詩内集》卷三有《贈橡村巢南兼寄子喬》詩，卷四有《和橡村晚步》詩，橡村爲吴尊萊號，據改。

得李子喬書

想見寄時難，離愁有萬端。經年始能到，隔日又重看。積雪在枯樹，薄帷生峭寒。那能遼水上，一夕振輕翰？

書椒山先生集後

一鸞恣敵損國威，一嵩惑主揺綸扉。戾氣釀成兩豎子，能毉去者其誰爲？大臣粥粥守庸懦，小臣靡靡紛追隨。獨有一人負奇氣，欲與天地生光輝。兩疏峥嶸獻闕下，遑恤血肉囹圄飛。三歲不死乃竟死，吟詩作别如遠歸。賢似華亭尚緘口，朝廷孤弱真可危。閲七年後言始驗，郭門黄犬癡奴悲。瘳病不早損元氣，忠魂泉下猶涕洟。往蹟已隨劫灰盡，説來感動人心脾。寒日挑燈讀年譜，人間有此牧犢兒，嗚呼，人間有此牧犢兒！

前詩有不盡之意再補一絶

彈琴西市對張經，日影離離不暫停。紫幰朱輪千賀客，一時都到相公庭。

寄畢蘅塘鄠縣

胥江送歸舫，江水何嗚咽。歷下望征塵，秋風尤激烈。離合事之常，胡爲不忍别？中懷自了了，難與世人説。飛騰多巧宦，子乃務爲拙。涓涓守蹄涔，坐見江湖決。近有秦中信，疎直亦見悦。下車親民地，琅玕抱晚節。市買渭川鱗，簾捲終南雪。天生此佳境，特爲循吏設。西望鴻雁群，時覺肝腸熱。

青垣先生使院讌集

玉尺量才地，門前獨寂寥。延賓看古帖，圍燭坐春宵。醉頰紅雲散，清言霽雪飄。參軍昔航海，舌本湧秋潮。錦州孫經歷某談海中怪事，頗足動聽。

早行

旅衾方輾轉，征鐸已鏗鏘。氣凜月未落，鐘沈僧欲僵。是時諸念寂，誰遣我躬忙？待曉看轅驥，浮浮滿背霜。

除夕

對酒樂陶陶，開罍擘蟹螯。雪晴禽語亂，風止竈烟高。硯洗揮春墨，香薰度歲袍。自忘詩力減，猶復弄吟毫。

哭富治川郎中

漫天大雪正霏霏，一穗寒燈耿素帷。驟覺重來諸事冷，不知此去幾時歸。雄心未死星先落，故里無家鶴自飛。六尺孤兒一小婦，那能看著不沾衣！

【校】

十卷本詩題作《哭富治川郎中二首》，其二見補遺。

與薩暢齋農部夜坐

談塵揮來室滿春，燈前雙影瘦嶙峋。更籌欲盡雞聲續，古誼渾如旨酒醇。祇以擇交心有鏡，翻疑涉世目無人。秋風未嚮簷牙起，説到歸期便愴神。

題九松山下僧舍

寂寂扉常掩，無從受一塵。水寒僧有癭，苔老樹生鱗。犬卧松陰静，詩留壁墨新。空庭落山翠，鐘動碧嶙峋。

喜張廬峰至自陝西

雪夜燈花滿穗紅，飛來一鶴自秦中。簷牙聽徹終南雨，杖首思尋塞外鴻。萬里冰霜酬遠志，數尊談笑有雄風。長安米價今秋减，善政徐徐説畢公。

放懷

雪中送客乘新馬，海上看山發舊醅。愁思已隨秋鳥散，故人恰自遠方來。此州土脉淳而厚，數子眉頭皺可開。謂金奕山、張廬峰、于健庵。鼎煮鰉魚烹鹿尾，何妨一日醉千回。

得子喬桂林消息

信自南來喜動容，知摇粤舫過湘峰。中途未醒臨歧酒，入郭還攜訪舊筇。五管離愁銷韻語，九疑寒日薄高松。使君自有逍遥法，可損魚飱一慰儂？

夜坐

横卧烏龍深院悄，緩移弓月薄帷寒。此時開篋陳書意，似有神明在上看。

早春錦州道中

山如熟睡覺來時，馬在嵐烟疎處馳。鷗渚未融經臘雪，酒人爭挂捲風旗。崚嶒對岸欹松古，瀲灩斜川落日遲。塔影分明來揖客，崇岡折轉又迷離。

望醫巫閭

三年不到醫巫閭，山中猿鶴説我愚。此日復從山下過，嵐光藹藹撲吾車。我豈不近人情者，而故與山疎遠與！一山定有一山妙，妙處直須搜索到。脱將此事爲周旋，蘿影花光亦相笑。不如留以待將來，和風晴日呼朋儕。一枝玉笛千甕酒，踏碎雲根萬頃苔。

望海

翕闢誰爲宰，盈消總不差。餘波通外域，元氣抱中華。蜃起魚吹浪，潮回鳥篆沙。釣鰲無大餌，空復動長嗟。

二月二十一日雨

年年二月風捲沙，直入雲漢掃烟霞。群山盡愁立不穩，更沸海水驚龍蛇。今年風勢不甚猛，負郭烟村暇以整。絪緼和氣致休祥，釀出甘霖灑萬井。兒童跳躍父老欣，麥田著力耕且耘。待得鐮刀衆手動，家家場圃蒸黄雲。貪天之功吾豈敢，樂民之樂庶無忝。碎玉鏗然簷際鳴，詩腸忽似風輪轉。

感懷

楚未旋捷師，蜀又鳴鼓鼙。誰膾鴟梟肉，爲民補瘡痍？書生苦孱弱，荷戈力難支。海風終日號，惻惻心傷悲。

西齋讌集同廬峰星海徐婿柳谷族子魯瞻

天澗雲飛盡，庭虚月轉來。夜談故鄉事，花共客眉開。疎樹倦禽影，輕颸細浪杯。被池應有句，吟鉢漫相催。

寄吴中呆堂上人

江頭挂帆處，破戒出山門。記着臨行語，難爲别後魂。春星照佛院，秋水動籬根。倚壁龍頭杖，何時手共捫？

夾山早行

緩策驪駒看曉松，漪流雙鷺索魚蹤。雲移翠嶂撑奇骨，露壓秋苗觶倦容。時遇嶺樵來繾綣，不禁塵事欲踈慵。諸村酒價頻頻減，柳外旗飄墨字濃。

東山讌集四首

露苗兼雨樹，悉用一牕收。只恐良辰去，來兹半日留。苔階山鳥下，石徑海雲流。衆客先娱主，簪花上白頭。

郭外方乘馬，泉邊復試弓。開襟納野趣，依檻受晴風。客自分南北，情安有異同？不妨姑且醉，高卧道人宫。

首山雲靉靉，飛過石橋西。牛在桑陰飯，人停豆隴犁。臨流知水静，隔樹覺城低。試看滄溟外，朱霞逗白霓。

千秋遺古跡，人逝地猶香。建業山名謝，蘭亭水姓王。衣冠無建樹，骸骨易銷亡。吾輩雪泥爪，還應計久長。

别暢齋將一年矣因思成夢述之以詩

牽以一寸心，隔以千里道。烏兔交相馳，門庭不可造。鶴睡琴影孤，簟寒秋意早。栩栩駕游魂，欣欣追翔鳥。忽覯君子容，猶如去年好。初憐蹤跡疎，繼云音信少。忽發一偉論，相視互傾倒。諸郎立群玉，全巷排秋篠。神情自綿綿，景物俱了了。誰以空靈筆，打兹虚幻稿？使我契闊人，同游於縹緲。精誠出肺膈，上可通穹昊。以詩記顛末，留待他年考。

石堂道院二首

院始於何代，看碑知歲深。虚牕延遠翠，高嗽落寒音。鹿睡槐花影，蟬移柏葉陰。此時機已動，那得廢清吟！

雨到雲成海，前峰忽已沈。亂泉諸壑瀉，蒼靄一樓深。此境殊難覯，何愁復挂心！夕晴依檻立，繾綣有嘉禽。

偕周道如朱藹庭重游石堂道院

嘉慶二年歲丁巳，閏六月朔日之九。重攜襆被穿薜蘿，石堂聚我兩三友。坐無片刻茶初沸，前山後山雲已厚。人在雲中望城市，隱入晦昧成烏有。我今來作山主人，山中殊狀出於偶。呼奴吹笛引鶴來，登榻捲簾放雲走。須臾雲開衆峰出，快意不啻昌黎叟。因想院在乾統前，供人游歷亦云久。不知七百年中客，得真趣者是誰某。山靈未必有私愛，巑岏忽落吾儕手。一觴一詠誠細事，古人動欲名不朽。吾儕自問德與才，何者於山無虧負？閑尋水脉入泉洞，細索苔斑到鐘紐。欲修文字壯此遊，恐與曩賢爲駢拇。左睇紅螺尖，右顧小凌口。何以吐我胸中萬疊之嶔崎，痛飲南帆載到之美酒。

登錦州紅螺山頂作長歌

山勢盤旋如螺形，山頭聳出螺髻青。我自螺口入螺腹，周折迴環趾不停。是誰如此弄狡獪，上古神人驅六丁。女媧補天勿能煅，况因禹鑿所未經。留此嶔崎壯宇宙，以與群峭爲典型。上接熤熤之牛斗，下臨浩浩之滄溟。吐納雲霧作霖雨，職司分授于天庭。我來適值新霽後，山中龍去山花腥。峰頂萬株崢嶸樹，一一膏沐爭娉婷。坐久蒼茫不可辨，就中誰是尹與邢？此時更作非非想，那得明月來山亭？　機偶一觸遽有驗，無煩瑣瑣爲丁寧。　東方一鏡忽敲破，橫飛半面嵌諸星。　夜深天曠彌有致，塵寰未見斯晶瑩。　酒魄詩魂駕雲表，花光露氣穿石櫺。　急拈柔毫寫殊狀，高聲誦與螺髻聽。　有乞於螺向螺語，借我黄鵠三兩翎。　直造天門籲天帝，願天常此無晦冥。

【校】

故宫博物院藏此詩手跡，是誰如此，作『是誰於此』。勿能煆，作『弗能煆』。新霽後，作『新雨霽』。

寄詩送顔運生之任興化

作宰淮南韻事饒，知君此去是僊僚。　揚舲載鶴看紅葉，指塔尋僧趁晚潮。　郭外有花皆映水，秋來無夜不聞簫。　詩人慣做周旋事，定買鱸魚祭板橋。

九日東山讀宛陵集用集中和永叔秋日行東郊韻

延佇秋光冷翠中，山之西角水之東。　人愁歲晚鬚先白，樹著霜多色倍紅。　苦少捷書傳快事，聊尋羽客對幽叢。　吟毫不似都官勁，也挽龍牙和醉翁。

贈同年徐松巖

終年不開口，默默有深心。冷眼横秋氣，剛腸出苦吟。避弓雲外雁，搗練雪前砧。自有《廣陵散》，何人能解音？

鬱鬱

鬱鬱庭中柳，蕭寒動我心。一官當孔道，終歲祇清吟。雁破還家夢，風傳受杵砧。敞琴彈古調，恐少悦時音。

鮑貞女詩

貞女名同，山陽人，死後同邑許生請於官，建祠奉之。許亡，其妻邱氏依祠内守志三十餘年，鄉人皆以爲尚義之報。吴人周旭過其祠，邱氏告以貞女死火事，旭爲之立傳，乞余作詩。

李氏郎，鮑家女。婚帖過門纔幾日，郎已奄奄歸黄土。父母曰吁兒可憐，兒與渠家無好緣。幸兒未踐渠家地，此事猶可行乎權。女默默，立榻前，面無忤色心不然。歸房去，獨潸潸。隔歲媒妁問字來，温言軟語切中父母懷。父曰婚禮未成郎已死，吾女再字亦有理，媒去媒去吾許矣。貞女是時稍有聞，悲風刺骨心如焚。即求一死死未得，淚珠墮地紅紛紛。腸似車輪日千轉，得何死法乃爲善。違親不孝順不貞，烈肝義肺俱如剪。死事已臨頭，乃敢欺其親。從容作僞語，兒之此身已許人，其人雖已亡，名分固猶在。願得更衣別墓前，遵我父命心無悔。父母心無疑，慨然竟許之。誰言兒負父母日，乃在全節赴義時。何以死，死於火，引火之物常包裹。自家來時有弟隨，紿之使去留一我。我已得手遂我願，化身爲炭何不可？昔聞君子不違仁，造次顛沛寧相左？墓中有人上有天，火中端坐無偏頗。

哭李子喬

閲人二十年，結交半天下。嗚乎朋儕中，罕有斯人者。闊腹貯經術，奇文抗騷雅。識者以爲龍，不知呼爲馬。先生坦受之，古心自陶冶。一官投嶺嶠，守口如喑啞。璠璵沈大淵，不及豪門瓦。時招漫叟魂，酹以漫吏斝。先生在日，最服元次山。《冰井》詩云：『漫叟之後有漫吏，追公不及涕滿膺。』豈因時不逢，側身入苟且？去歲干戈動，賊巢馳汗赭。先生劬遠役，心血盡傾瀉。今有南音來，控鶴尋屈賈。胸中治安策，鬱鬱埋荒野。天教羽翼生，胡不風雲假？淋浪故人淚，遥向灘江灑。

聞子喬死狀慨然作詩寄李松圃

屬纊鑾舟小，銘旌誰與書？舉哀惟掾吏，供飯祇江魚。性耿魂難散，官貧鬼亦疎。弱兒歸遠櫬，古誼見韋廬。

此夜

歲暮時光奚所似，鷓鴣堆外下灘舟。空齋無事對明鏡，昨日少年今白頭。强以醁醽澆鬱鬱，又聞簷雀凍啾啾。可憐此夜冰霜裏，戰士橫戈滿益州。

三臺體四首贈張春坊牧村

史筆久傳後輩，宮花始照先生。恰恰合乎古語，金階須慢慢行。

清福豪情韻事，黔花滇月秦烟。三度親操玉尺，量來幾個彭宣。

猥以黃塵烏帽，仰看白鶴朱霞。此日墮爲泥絮，來生修作梅花。

未向韓濤照影，何能陸海浮舟？一粒妖金躍冶，垂涎文字風流。

錦州途次作

新正幾日又摇鞭，海上紅雲化曉烟。矮屋向陽堆馬草，貧民掘井賣春泉。山頭絮帽經年雪，水口蘆篷守凍船。不見人敲太平鼓，那知猶在上元前？

閭山四詠

曠觀亭

亭檻接乎牛斗，一覽直到扶桑。李白風流絶世，未能來此一狂。

桃花洞

一塢紅雲照水，扶笻來了夙願。祇供騷客吟詩，莫與癡人煮飯。

聖水盆

玉女洗頭何處，巖腰一掬泓澄。我以塵容俗狀，照來影子堪憎。

雲巢松

不知何峰靉靆，飛到此松倦矣。蒼生久望甘霖，百鳥呼之不起。

送高麗貢使金錦汀回國

覺華島上月華生，中外河山共一清。爲拂客塵揮麈尾，可憑春水定鷗盟。柳絲難綰恩恩意，雁影同牽脉脉情。鴨緑江頭歸棹遠，白雲深鎖鳳凰城。

錦汀和詩附

朝來文焰海天生，愈覺神仙氣骨清。旅館拭青如有約，詞壇立赤孰爭盟？真同萍水艱重會，豈以封疆隔兩情？每歲東風歸使度，可無金玉五言城？

望雁

兹禽獨高曠，相引别蘆灘。遠塞因時出，春雲壓背寒。去遥天漠漠，看盡意漫漫。欲待援琴送，躊躇一鼓難。

泉上

泉上晚風柔，逍遥獨自游。瓦烟松嶺寺，帆影越人舟。泉東數里即海。日入紅雲散，溪喧碧漲流。欲歸還未忍，沙際有盟鷗。

劉掾

役出如虎民如鼠，鼠腹有冤不能吐。我掾我掾爲吐之，其於我缺真能補。我民受病我不知，自慚憒憒如庸豎。五品俸錢肥妻子，此州安用有我爲？我掾清秋立霜鷺，水隱狂鱗爾能捕。從此州官高枕眠，衙中有掾衙無蠹。

以覺華島玲瓏石贈阿郡伯

神工著力事鎪雕，遺制浮沙控怒潮。移入郡齋途百里，换來州陌雨連宵。虚亭得月增寒影，别院開樽集韻僚。不遇雲林超逸筆，誰摹透縐入冰綃？

消夏絶句

流水行雲作吏心，久忘身世有浮沈。首山松頂朝陽寺，鶴跡泉聲獨自尋。

雞鳴雨

雞既鳴，聞雨聲。簷牙丈二珍珠纓，一滴一滴鏘而鏗。雞鳴矣，雨未止。一字未安心不死，鏗鏘聲裏披衣起。

懷舊十二首

李郎中松圃

嶺南二李是詩朋，子喬、松圃。鶴入青霄喚不譍。遥指白雲懷比部，寄書無箇桂林僧。

王少司寇蘭泉

巖廊柱石泖中居，隻手扶天臂痛餘。先生軍中臂痛，詩云：『隻手扶天綱，壯懷本磊砢。』《湖海集》成心事了，雪天元墓去騎驢。

家鴻臚岸淮

醇儒氣味説清平，步步都從大道行。矮屋低頭讀《左傳》，不知身已到公卿。

杲堂和尚

葑水春齊海會庵，夜摇雨舫入雲藍。不知别後池邊竹，下有何人與對談？

慶將軍晴村

建業旌旗照水新，將軍却似布衣貧。貔貅十萬揮之去，步入隨園哭故人。

吴上舍蘭雪

别蘂揮來影亦無，豫章烟雨正模糊。故人蕉萃名山老，《與蘭雪登靈巖山》詩：『旅鬢不辭中歲白，名山猶向故人青。』夜夜挑燈讀畫圖。

袁布衣竹室

有髪居然老比邱，無牽無挂自無求。畫禪打破揚州夢，夜聽鐘聲卧寺樓。

方觀察訒菴

品格清高志不群，白頭諸事等浮雲。過江度嶺皆蛇足，此語荷花共我聞。甲寅夏，飲於吴門滄浪亭，先生曰：『我之此來，蛇足也；李子喬再往桂林，亦蛇足也。』

畢明府蘅塘

終南山貯宦囊中，好句多於姚武功。忽被鄰邦民借去，揮兵殺賊染衣紅。

劉大令寄菴

罷官方見吏之循，道路奔馳兩縣民。民以血誠憐父母，萬金贖出遠行身。

李處士五星

未見東萊處士星，擬尋秋鶴借雙翎。手攜冰雪凝寒句，往看勞山雨後青。

梁侍讀山舟

山光雲影自悠悠，處士梅花相國樓。立券無人天自主，西湖全賣與山舟。

連山之西雷雨交作借范石湖先生含山舟中遇雨詩韻

前騎奔以馳，後騎緩而殿。雨脚挂吾州，雷聲走鄰縣。一帶嶺脊没，四周天容變。爍爍金蛇飛，茫茫銀海眩。毿重縠莖欹，勢疾土囊健。瓢翻沃奴帽，盆傾及予面。憶自塵纓縛，嗟似失巢燕。紛華與夫子，二者猶相戰。壯歲非不知，况云功可建。闒茸怯紛拏，疲茶嗜安宴。鷺足養不肥，牛項牽難轉。詩尋甫作敵，酒結髡爲伴。立身務高潔，投足虞淤澱。赫赫大寰宇，紛紛詡才辯。誰曳此醍醐，往灑瘡痍遍？朝廷紓遠憂，蒼黎得飽飯。我當設太牢，以謝神工睠。

遠眺

首山遥對覺華島，兩鳳何時落一州？松籟著風音自遠，海雲離嶠勢難收。微茫一髮朝鮮國，迢遞千帆福建舟。塵事紛紜不稱意，時攜孤鶴上城樓。

西涯詩爲法祭酒時帆作

潭星夜夜明，潭草年年碧。今之積水潭，即李文正公西涯也。潭上君子花，昔照茶陵宅。茶陵故相蹇蹇臣，苦諫朝廷重虛文。國疵民病相心焚，閣中疏草積如薪。瑾也芳也鬼蜮群，城狐社鼠欺朝紳。劉公謝公辭閣去，一身孤危尤可慮。草敕不速帝不豫，豹房竟作屯兵處。是時進退實兩難，恨不早挂進賢冠。踽踽獨步秋宵月，潭心水似臣心寒。月不常明人事改，宅邊剩有西涯在。襲謬承訛人不知，幸有茶陵十友詩。法公倡始翁公又，翁圖寫在法圖後。墓木已拱三百年，更折荷花爲公壽。祭酒作《西涯考》，畫《西涯十友圖》，題詩索和。翁閣學有舊藏石田翁爲李文正公作《西涯種竹圖》，因祭酒有《西涯考》，又畫《西涯圖》，並約祭酒於六月九日，於西涯舊址爲李文正公作生日。

【校】

法式善輯《詩龕聲聞集續編》鈔本載此詩，「國疵」句，作「民疵國病憂心夢」。社鼠，作「敢相」。「踽踽」句，作「秋宵夜步宅西月」。

客居值歲暮最難爲情以羅兩峰所畫羅漢八軸陪玉松先生度歲系之以詩

老龜支牀足，寖寖歲已殘。夫子鐵石心，此際難爲歡。暝色下枯樹，歸雲趨遠巒。誰將百煉金，割此萬愁端？曩予卧公里，心同梅子酸。獨踐銅坑苔，往把石湖竿。豈不詡曠達，隱隱傷肺肝。念昔予所苦，知今公所難。無以釋憂鬱，予心安能安？方外八老友，羅致於公前。頤拄於菟寐，腦滿天機全。舉鉢向空際，收束小蜿蜒。身同木俱朽，心與石共堅。目注釋迦文，神凝功德泉。或以猩猩血，染紗製水田。一人彌俶詭，厥腹何便便。五濁與八垢，散作空中烟。圓覺妙明心，卓卓出水蓮。來日隻無兩，去時幾萬千。維兹八人者，立脚無遮天。安有一煩惱，近其螺炬邊？公浮慧海月，解通無字禪。泛杯食鳩肉，可與爲周旋。

附玉松和詩

啼烏警霜林，况兹窮景殘。鮮民托羇旅，違心强爲歡。頳陽赴衡波，積雪明孤巒。朱弦輟已久，憂來理無端。自非食蓼腸，焉識辛與酸？言隨遼陽雁，來把東海竿。莊周喻蟲臂，閔貢累猪肝。投分既非偶，知心良獨難。搜神入肺腑，百計謀所安。手量紙閣下，目注繩牀前。招要老尊宿，圖繪神理全。坐惜臘已盡，赴壑蛇蜿蜒。歲寒無與友，奈爾松枝堅。假此般若航，泛彼菩提泉。導余然法炬，豈曰資福田。面壁肆遊矚，和神當静便。高揖九州士，飽餐萬家烟。居憂得繕性，種火生青蓮。妻孥免凍餒，迴瞻路盈千。哀哉衣上線，慟哭悲終天。雙翌寄京國，一身落窮邊。罪戾積山岳，庸敢逃老禪？温言感挾纊，斗室春風旋。

除夕與玉松同作

殘歲似歸客，須臾將遠行。寒暄四時盡，琴劍一齋清。海近風難止，山寒畫不成。野禽枯柳上，解作立春聲。

玉松和詩附

歲籥銀旛動，春郊彩仗行。是日立春。花隨邊騎至，酒似長官清。攬鏡人將老，彈棋佛可成。哀哀風樹感，併入暮鐘聲。

臘日朝陽寺望海與玉松同作

嬴軀入擾攘，瑟縮魚中鈎。形骸既已困，魂夢還復愁。終朝閉帷幕，心疾不可瘳。出郭馳怒馬，恃勇凌高邱。風聲耳畔來，十里一巒頭。坡陀幾迴折，琳宇架巖陬。下有萬松環，上有孤雲浮。一覽浩無際，日本通琉球。中有數黑子，依稀吴越舟。右眄白皚皚，左睇碧油油。白者爲積雪，碧者是中流。海光薄日氣，幻怪羅雙眸。松色點綴之，壯麗含清幽。此時情已暢，神仙未足求。况彼塵壤中，區區公與侯。入山猛而厲，出山遲以悠。林壑自瀟灑，人心多悔尤。

玉松詩附

久坐人思眠，久放馬思跧。蕭蕭北風勁，何以終殘年？短衣控邊騎，作氣猛無前。沙石凍凝處，直造青山巔。萬松夾小逕，寒翠横蒼然。突兀見古寺，撑空三四椽。欞檻俯犖嶨，虚敞凌高圓。是時雪初霽，冷峭呈孤妍。紫瀾動群鳥，出没飛雲船。秦政鞭不到，下有横海鱣。吾欲撲陰火，噀酒扶桑邊。金鼓震山鬼，竹爆驚林鳶。餓虎曳尾去，腥風吐饞涎。病僧方愕眙，磨耗嗤老顛。白霓化長劍，怒挂西南天。杞憂望隴蜀，誰與銷烽烟？

忻州汪刺史本直重修元遺山先生墓刊圖徵詩書其卷後

元子磊落人，才智秉元化。用以佐英主，其國自可霸。乃值正大間，朝綱騣騣下。覆車折其軸，有駿難爲駕。况乎操縱權，尺寸不可借。降志爲詞章，時時寓悲咤。投詩盟老龍，釀海酬區夏。忠孝熱心血，止向吟牋瀉。埋骨五百年，石羊相枕藉。生墓有荆棘，酹魂無姻婭。忽來賢刺史，屈膝在昏夜。道合情自殷，誼古人相訝。百計爲經營，謀久不謀乍。瓦烟浮饗堂，書聲出丙舍。

蘇公葬郟城，有盜伐其樹。濟南張石只，買樹樹公墓。夢見青衣來，云公汝州住。及後張詣汝，果得髯翁句。此事始則疑，繼焉稍稍悟。文王在何許，夫子琴中遇。至誠之所感，精魂自交注。卓哉今之汪，亦步石只步。五花墳裏人，定有眉山趣。不知所贈詩，昔爲何人賦？我讀《中州集》，未踏韓巖路。秋宵夢見之，倘許金針度。文忠晚居陽羨，疾不起，叔黨兄弟得吉壤於汝州郟城之小峨嵋山，因葬焉，後人遂家於潁昌，事見晁以道所爲《斜川墓誌》中。明末，盜伐其冢柏。國朝順治三年秋，知縣事濟南張石只篤行謁墓下，復爲封樹立碑。其夜夢一青衣，曰東坡遣致謝，問先生今何在？曰：『在臨汝，公至彼，當相見。』是年七月，以事至汝州，有青衣叩門，遺一卷，乃東坡墨蹟《蜀岡送李孝博之嶺南》詩也。青衣忽不見，張異之，命工摹勒於石，自爲長歌記之，周櫟園《書影》、王文簡《池北偶談》皆載此事。李孝博，字叔升，自山陽守以治行高第，拜廣東提點刑獄，過揚州，與文忠會於蜀岡。

遼東方物八詠

吉祥菜

蕨産扶餘郡，春山採野蔬。何因得嘉譽，應是近留都。

鹿尾

鹿茸去人疾，鹿尾適人口。空山蕉葉深，難脱獵兒手。

鰉魚

浩浩黑龍江，水深無細魚。何人飫此味，不願遼東居？

錦蟹

傑物奪春令，得之於意外。即有監州來，此州亦可快。

石首魚

石首是本名，同樂爲别號。春深水族稀，此始入罾罩。

兀喇草

革履不裝綿，其中實以草。入山掘參苗，得力誠不小。

回糟酒

存液去其糟，釀此忘憂物。黄金鑄杜康，勝拜西方佛。

蜊黄

細雨聲中賣，聞之已動人。江瑶無覓處，用此餞餘春。

【校】

用此，十卷本作『以此』。十卷本詩題作《遼東方物十詠》，底本未收二首見補遺。

天寧寺夜坐

鐘魚前殿始收聲，月在空王頂上明。此際豁然心了了，更誰來與説無生？

寄汪觀察

僮頭帖枕轡輕雷，洗臼僧雛買藥回。静裏聲聞雙耳受，旃檀又繞鼻端來。

得上《陳情表》，飄然别桂州。故園尋鶴徑，秋水下魚鈎。拄杖看廬阜，吟詩共李侯。襟懷澹如此，深惜不同游。

天寧寺古松

種自何人手，年深不可稽。春無凡鳥下，夜有倦雲棲。碧瓦飛仙鼠，青烟出怒猊。獨來看瘦影，月過石壇西。

自嘲

酸儒佩州印，如豕在東遼。判筆春愁凍，吟魂夜屢消。讀書求宋板，學曲買吳簫。白髮還初服，藜笻剩一條。

陳竹溪爲董竹君畫海棠蛺蝶圖竹君乞題詩

怕買臙脂損俸錢，花如此瘦亦堪憐。濃妝恐被蛾眉妒，直以深心入畫禪。

【校】

此題十卷本爲兩首，其一見補遺。

西齋雜詠五首

滿院無名草，平鋪若剪齊。蝶來邊地舞，鳥向倦人棲。少訟印常鎖，盍簪襟屢題。幾杯消夏酒，醉語更無稽。

色艷恒無壽，才多必累身。如將乞厚福，先合作庸人。廏卧不馳馬，庖炊無焰薪。將詩聊送日，肩際忽嶙峋。

喜聽簷禽噪，愁聞客刺來。井闌尋木耳，花障遇蜂媒。石皺苔將蝕，琴清鶴不猜。夜深新月上，與影共徘徊。

州城當驛路，來往盡金貂。出郭風吹面，逢人柳折腰。咽蟬才嘒嘒，疲馬不蕭蕭。白盡中年髮，殷勤作下僚。

溲勃偕砂札，收來併一囊。活人須董奉，壽世幾韓康。嗜口非良藥，庸醫用野方。神針安可得，中夜起傍徨。

【校】

十卷本詩題作《西齋雜詠六首》，其五見補遺。

阿郡伯集飲石堂道院

小凌河上起朱霞，籠罩城中十萬家。逐逐徵徵兼擾擾，誰知洞裏正開花。

碧嶙峋上聳吟肩，傲睨雲中控鶴仙。此是平生真面目，可憐韜晦已多年。

示疾維摩一塔圍，前見住持老比邱，今化去矣。只留明月照禪扉。使君來作青山主，須遣瑤觴竟日飛。

席地傳杯幾健兒，不拘禮法自嶔崎。大人大樂小人小，都被乾坤覆載之。有無名氏六七人，作真率會於關壯繆祠下，箕踞無狀，飲啖甚豪。余窺其盤中肉盡，請於郡伯，以肥羜餉之。吴玉松翰林問之曰：『今日之游樂乎？』一袒裼男子應之云：『大人有大樂，小人亦有小樂。』

寄杲堂上人

晚鐘歇杵蟬猶噪，明月當頭虎正眠。想見此時吟興發，見懷詩附過江船。

哀吾女

哀吾女，生而慧。髫作丫，才七歲。古聖賢書與之讀，背誦朗朗勇而鋭。十一十二針線巧，任精任麤無壅滯。問以書中規訓詞，聰明男子所不逮。行年過二十，始爲擇佳壻。翩翩韋家郎，實出舊門第。當其壻家奠雁時，閨閣名姝皆凝睇。廟見初行禮，乾隆甲寅歲。祖公祖婆笑以嬉，謂是吾家兩株桂。明年壻有疾，百藥胥無濟。孟賁力大挽不回，永與家人揮别袂。壻已死，女焉逝？裂我肝腸致一詞，委曲婉轉作歸計。歸見爺娘固可樂，辛酸時復雙扉閉。二豎何不仁，乘機以爲厲。枯瘠如柴羸不支，漸有朝夕不保勢。月月來，成常例。醫者用藥有微功，暫寄此身於人世。哀哉痛哉籲天帝，肯恕此兒十牛祭。

【校】

『髫作丫』二句，十卷本作『悦我心，才幾歲』。古聖賢書，作『以我詩書』。規訓詞，作『古聖人』。閨閣，作『閨秀』。

漸有朝夕，作『大有朝夕』。

題朱敬亭即山草堂册子

即山不是山，渺茫得山意。胸有邱壑人，意興隨所寄。昔余皋廡居，欵洽如昆季。東頭西頭屋，秦人割楚地。共井汲春泉，增竈炊饔饎。融融復怡怡，忘乎在旅次。今見即山圖，動我江南思。主人客揚州，偃蹇非其志。愁聞廣陵潮，夢落寒山寺。授意於丹青，結撰逍遥事。十笏小崢嶸，蔚然吐葱翠。筠廊與書館，詰曲寫幽邃。芥子納須彌，人身爲蟲臂。鹿隍覆以蕉，不辨醒與寐。安能曲吾肱，在此圖中睡？

題陳竹溪畫

垂垂溪上花，夜受甘霖沐。來棲白練雀，狀似丹山族。花被風掠之，墮水猶芬馥。深碧浮淺紅，挹取不盈掬。文魚競眈眈，小鳳齊逐逐。濡毫出匠心，直欲壓臺谷。麓臺、石谷。對此逍遥境，擬種葳蕤竹。截竿釣赤鱗，水次結茅屋。

錦縣途次寄徐大令栗齋

雨霽城東漲碧川，羸軀觸熱又加鞭。泥封驛路粘車輮，水挾流沙過黍田。海氣蒸騰兼日氣，炊烟嫋娜帶林烟。杜康自是風流種，夜遣勞人入醉禪。

渡小凌河

霧岫烟村外，呼船渡小凌。野花迎驛使，臺笠覆行僧。馬怯淤泥陷，人愁濕氣蒸。苔磯坐老叟，深水下魚罾。

苦雨

造化生群物，恒借霖雨功。過多適爲累，嗟歎聞老農。一瀉六七日，日日昏溟濛。低田卧青苗，高阜顇長松。厥勢正未艾，天吴鞭怒龍。霒霴設重圍，夾擊走豐隆。子胥射潮弩，自天來下攻。是時苦行役，跼促泥淖中。車輪澀難轉，馬力疲且窮。冥昧入惡趣，此狀難形容。劍南稱陸海，其地多高峰。循名以責實，其理實未通。兹者坦坦道，直與溟渤同。以海海此陸，庶幾吾論公。安能車上幨，化作船中篷？

馬廠行

馬産盛朝根本地，非特泉清草亦異。廠中時出人葠苗，食之盡有騰驤志。大馬駿垂氣韻雄，小馬耳豎嘶長風。天晴雲静海邊立，一萬四千各各如生龍。龍性宜水不宜陸，陸地之龍誰可牧？大糧莊頭三百家，不獨司養兼司育。共額馬一萬三千餘匹，三年一次平圈，取滋生馬六千匹入京師。三年考課天使來，稽查簿籍點龍媒。六千餘匹上都去，麟腹虎胸何壯哉！設用此馬滅狂寇，頸血不汚軍前袖。賊誅無算汗不流，將軍大呼加芻豆。設用此馬獎勳臣，朝朝待漏神武門。騅駓駰駱兼騄耳，牽來一見皆逡巡。設用此馬入圖畫，衆工束手如施械。寫生絶技得曹韓，攝取靈光照三界。吁嗟乎，馬之所係誠非輕，故我今作《馬廠行》。爾以公田養妻子，絲毫租税不爾征。莊頭有三等，上等種地九百日，次等種地八百日，再次種七百日，並無貢賦，只以養馬爲事，每日計地六畝。馬之肥瘦唯爾問，堂堂都統在錦郡。肥者有賞瘦者罰，各以勤勞盡爾分。牧政係錦州都統專管。

望毉閭山用黄仲則天都峰韻

寰宇縱游覽，眼光千仞高。嶺南及塞北，動與名山遭。北鎮如北斗，坐受群峰朝。突兀銜落日，儼然赤城標。上峙盤古松，下湧扶桑濤。片石或飛去，麒麟拔一毛。插於空闊間，孤撐亦足豪。乃得良賈意，深沈以晦韜。有時匿不住，靈光爍斗杓。我持濟勝具，前歲一遊遨。不敢露酸態，恐嗤糟粕糟。至今尚耿耿，愧奮時相交。偃鼠飲蹄涔，威鳳凌赤霄。俯仰入領會，茁爲文字苗。此山竟空過，何顔對子喬！子喬姓李，高密人，觀詩多得其指授。所得非習語，肝腸劇煎熬。勒石補蝌蚪，烟雲正寂寥。山中舊有蝌蚪碑，今無存矣。

次韻家淳齋見貽

青山圍雉堞，斗大一州城。水利煎鹽滷，松巢挂鶴京。畏人稱老吏，無故得虚聲。四十賢人至，深慚篤愛情。

寄雪浦三兄

烏帽走黄塵，將成半百人。榮華久已澹，骨肉老彌親。貌似白頭烏，心如赬尾鱗。莫辭驅瘦馬，來醉海邊春。

送北溟大兄旋里

數到百年無幾日，相看都是白頭人。聯牀未盡胸中語，秣馬還衝歲暮塵。會合如斯真草草，關山別後復嶙嶙。途中早晚應留意，不是從前健壯身。

荒原一小户

荒原一小户，氣象何淒冷。車前飲馬來，衣食恃一井。面雖無餓色，心時有虚警。呼救乏四鄰，畏見穿窬影。

過巨流河

塞外水之雄，大凌兼此地。當其氾濫時，萬夫莫能治。急溜怒於虎，長篙奚敢刺？其尤猛悍者，厥維春之季。層冰一夜開，力可殺贔屭。其餘鱗介族，瑣瑣不足議。今來殊不然，梟張化平易。蹄涔復幾許，騤騤行車騎。斜風漾韡紋，餘波弄逸致。是何後與前，恭倨迥然異？譬彼豪横兒，晚年入純粹。戾氣已銷除，美德無弗備。卓哉周孝侯，自是人中瑞。

【校】

是詩手跡見上海崇源藝術品拍賣有限公司二〇〇六年度大型經典藝術品拍賣會圖録。平易，作『坦易』，尾句後尚有『此意問河伯，比擬類不類』二句。後署：『慎菴先生屬徐少府懋哉索書拙什，觀心仰久矣，每以不得奉教爲悵。兹以《句驪河》一篇，用獻醜劣，乞郢雪，奉正。松嵐劉大觀。』

大京兆王公視事三月不見有更張之跡屬吏肅然以敬部民怡然以樂今旬宣中州吏與民皆失所恃留公不得以詩送之

公來民則喜，公去民則悲。公尹留都只三月，何以使民皆淚垂？以此問公公不語，以此問民民不知。公去矣，可奈何！計公所飲關外水，不及公耗心血多。

夜行

馬項鳴征鐸，離村正子時。山將爲雪掩，月不受雲欺。倦鳥無佳夢，寒松有健枝。郵程四十里，尚未吐晨曦。

題王述庵侍郎滇蜀詩後

剿寇南荒驛筆籌，軍中得句倍清遒。化來詩律爲兵律，用出奇謀盡遠謀。脚底槎牙千嵽岃，胸中鬱勃萬貔貅。吟毫湧出團圞月，雪夜寒芒照益州。

歲暮懷吴玉松

歸航艤門口，麈尾拂齋塵。獨對庭中雪，回思塞外人。樹寒禽不落，囊澀室無春。只合鏗吟杖，尋僧葑水濱。謂杲堂上人。

贈牟松巖

戰勝紛華者，隨時得所安。性如松樹古，家比布衣寒。瘦馬宫門立，殘書雪夜看。期君於捷徑，定識此生難。

宿中後所聞驢鳴

但得無煩惱，茲聲亦愜懷。蕭蕭對明月，朗朗入空齋。乍起風吹散，徐聞漏與偕。仲宣奇僻性，例得入《齊諧》。

臘月十六日宿山海關東郭

海中濤碧山雪白，山頂雲映濤中月。烟際城樓點綴之，古來名畫無此格。畫中所無世乃有，愁煞丹青王烟客。冰綃十丈寫不盡，萬疊波瀾千峯屼。峯屼上有鸞鶴巢，波瀾下有鼋鼍窟。鶴鳴九皋鼍上應，駭絶天吴驚水伯。成連一去琴聲歇，勝地風光損色澤。天寒水冷無帆席，况少群鷗來拍拍。我借王喬之飛舄，清都去訪神仙宅。三尺緑綺横蒼石，星斗肅穆雲霞赤。安絃一奏普安咒，海水上立山石割。是時情景動魂魄，眼孔放大乾坤窄。嚄唶嚄唶復嚄唶，神鼇匿影不復見，長竿擬向扶桑擲。

答船山歲暮之作

寄得魚牋附以詩，蕭疎情性獨余知。居官味取榮枯外，見客眉舒醒醉時。牙笏上朝猶苦重，繡輿迎母却憂遲。撐腸幾萬牢騷事，吐作瓊琚玉佩詞。

揚風扢雅爲餘事，誰識賈生胸有書？秦嶺蠻烟猶突兀，劍南毒草未芟除。雄心欲藉長戈荷，怒髮空勞慧婦梳。一語慰君君記取，洗兵即在暮春初。

酌量冷暖因人品，裝點糊塗藉酒杯。簑笠無緣身欲老，風雲有路志難灰。牆根筆帽堆成塚，巷口車聲響似雷。大雪連朝門緊閉，催詩符至偶然開。

黑夜長街哭二雲，妓樓茶館盡聽聞。如何引出傷心淚，衹以能爲絶世文。衣到看花隨處典，金非諛墓有人分。風情如此真瀟灑，我買湖絲欲繡君。

【校】

十卷本中，身欲老，作『將欲老』。有路志難灰，作『有志未全灰』。

寄吴穀人學士

苦以寒儒作世家，陳情表上謝烏紗。歸航夜警吴江雁，故渚春浮禹穴花。撰杖看山星失次，爲文誓墓劍沉沙。歲寒雪落風篁嶺，可念盟鷗滯海涯？

憶兄

畫竹取平安，懷鄉獨自看。愁從春夜起，老覺宦游難。子幼頻生病，塵飛屢上冠。計期來不到，途次雪方寒。白髮一梳雪，單車千里人。隔年冰未化，沽肆酒難醇。欲聽聯牀雁，先勞出塞身。車聲如到耳，夢斷復轔轔。

【校】

沽肆，十卷本作「沽市」。

寄李平山

越水昔揚舲，尋君到海寧。石塘溪鳥白，鹽竈午烟青。妹與談家事，甥求講《孝經》。於今一回首，真似水中萍。

貧家婢

多年燒冷竈，無怨亦無尤。不惜儂身賤，翻爲主婦愁。寒花春寂寂，饑鳥夜啾啾。莫便將奴嫁，深恩尚未酬。

西園有三石峰一丈人峰一塾巾峰一獅子峰皆肖其狀而立以名月夕花辰吟嘯其側如老輩嘉友携杖而來也興化鄭板橋嘗畫三石寄高鳳翰圖清格與李鱓今倣其例作詩三首寄嘉興馮年伯孟亭嘉定錢先生辛楣元和張大令東畬

萬軸羅胸次，筆力凌天表。史職擢諫垣，吟箋起疏草。時清倿人稀，志决回帆早。拜此碧崢嶸，不翅門庭造。

儋事在今時，重生郭有道。鬚眉外温温，節氣中浩浩。選材入洪冶，金鐵同一造。磊砢塾巾形，雪積吾爲掃。

寺鄰高士宅，冰輪挂晴昊。寒光揭畫禪，石階流荇藻。三客一開士，描摹入新稿。誰割一峰來，晨夕共幽討。

【校】

戴元立摹劉大觀贈憲父書册録此詩。節氣，作『氣節』。磊砢，作『磊落』。共幽討，作『供幽討』。後自注：『癸丑夏，余與張東畬、潘榕皋夜詣獅林寺訪昆峰上人，東畬次日畫《獅林夜月圖》。』後署『憲父吾兄屬書近作。松嵐弟劉大觀』。

十三山

望山山枕十三山，暝色東來撲倦顔。明日毉巫山下過，金篦刮目看烟鬟。

坡阜

薄暮趲山程，馬疲人亦困。一坡甫下趨，一阜忽横亘。抗以爲高蹇，抑以成謙遜。豈如世俗人，細事爭分寸？粤稽盤古前，乾坤兩迷悶。誰造此坡阜，用洩氣毋憤。施手高下殊，巧捷勝遲鈍。大似彼空門，圓覺分漸頓。揣測然疑間，白雲遠山噴。

游句驪河神祠示心受和尚句驪河，一名枸柳河，一名豆流河，實古之遼河也。

高阜枕通津，祠如始建新。蕭寒仲春樹，長老故鄉人。笻設穿雲具，衣無入市塵。如斯了餘歲，何啻葛天民？

林都尉宅茶話

省事抽身勇，句驪河畔居。訪醫調病馬，收釣惜勞魚。手折穿麋箭，躬揮去莠鋤。徬徨奔競者，視此復何如？

與程子質飲曠如亭

危構臨高阜，突兀截過雲。馬繫祠邊樹，約踐塵外群。亭中語益壯，亭下人不聞。野鷗示蕭灑，雜花散幽芬。政拙豐年補，禾茂霖雨勤。念茲盂中粟，難得父老耘。樂與同志士，坐移亭外曛。顧瞻入遥島，投契掃虛文。此時不痛飲，舉白當浮君。

【校】

戴元立摹劉大觀贈憲父書册録此詩，詩題作《曠如亭讌集詩》。過雲，作『去雲』。

連山曉發

征輪曉日連山發，細雨如霧飛輕滑。夾路禾深少行人，但見野老荷長鍤。笊籬山頭薄日出，依微照見空王刹。山下小村一水縈，居廬散漫牆豁䆗。屋頂堆垛瓜纍纍，摘取不待嚴霜殺。汲婦提筐帶憂容，冬來子女無衣褐。所見蕭颯到如此，車中吟興猶超拔。脱稿拂塵書館壁，外酒何嫌偶一呷。

【校】

提筐，十卷本作『提罌』。

滄雲先生用東坡喜劉景文至韻作詩見貽奉答

醲熟蟹健不辭呼，飲嚼誰復論廉隅？肝腸槎枒百慮繞，獨此興會不可無。我公得閑弄毫翰，十年著論齊《潛夫》。校士此邦遴英俊，楩楠棫樸勤培扶。而我龘材似樗櫟，亦爲大匠斤斲須。仲尼常愛參也魯，張禹不棄彭生迂。今寫新詩造門下，何殊頓起謁大蘇。鳩盤蓬首竊自愧，公乃視之如名姝。以風風人以雨雨，公誠今世管夷吾。何日與公釣明月，鴨嘴艓子撑石湖？

【校】

名姝，原作『名妹』，以出韻改。

懷亡友李子喬

三年不復夢魂通，澗絶灘江解纜風。塞外秋高聞鶴過，只疑夫子在遼東。

【校】

塞外，原作『寒外』，據十卷本改。遼東，十卷本作『其中』。

雜感八首

秀才製弓弩，乃是超群英。武夫好文墨，斯人未可輕。如何州縣官，但知講刑名？申韓氣未脱，吏治必不精。爲國用禮讓，民心崖岸平。風流單父宰，一琴終日鳴。

鳳凰不苟鳴，鳴則致祥瑞。若復鳴不已，鳳凰何足貴？妙哉曼倩語，拙哉長沙淚！不見唐史云，魏徵實嫵媚。進言欲其入，矗直反爲累。批鱗亦妄語，沽名尚虚僞。試看堯舜前，無人不純粹。

黄公所著書，他人不可見。子房事高祖，得風能虎變。卓卓韓稚圭，困於好水戰。趙括一小兒，此事安能辨？忠奮出經術，將權乃可擅。嫜婀帥三軍，氣餒戎行亂。街亭馬謖死，諸葛摇羽扇。

王允賣董卓，守仁暱張永。君子用機權，庸庸漫不省。盛勢在虎狼，麒麟不作梗。黨錮盡人豪，紛紛入陷穽。獨存郭有道，舌鋒不肯逞。報國事須濟，鬬智不鬬猛。小哉宋諸儒，宰相門前冷。

牧令品級小，所繫則殊大。顯官奴視之，風俗自此壞。百姓有父母，教養之所賴。入則畏衾影，出則慚軒蓋。潘岳浮淺人，陶潛自了輩。我於後世英，欲下門前拜。屈指四百年，惟一海忠介。

讀書去渣滓，始能嚼精華。小儒講大學，治國在齊家。入門視操履，家政如亂麻。細碎尚不能，何以勝紛拏？梓人治宮室，榻足任傾斜。繩墨具方寸，誰敢相揄揶！

舴艋行江湖，所恃在拏舵。一舵拏不穩，百人俱顛跛。大吏任封疆，操縱出於我。有衡持其平，有祖不可左。微官受一命，譬如駕輕舸。能載能覆人，但視檣帆妥。毋將睥睨心，責之以纖瑣。篙師不我用，行將受掀簸。

夷吾匡天下，夫子猶小之。顏回居陋巷，慨然有譽詞。讀書眼如鏡，照出人妍媸。吾怪王安石，魚餌僞不知。小節尚柔佞，大事必支離。軾也眉山來，挺特麟鳳姿。賈生治安策，再射神宗墀。不襲道學跡，能放瓊琚辭。詩人配孔廟，韓蘇固所宜。

金刀裁貂皮，去腹留其脊。藥鼎煮人葠，去渣存其液。葱惟根子竦，玉難周身白。大人格此物，傑士來通籍。雲衆斯爲雨，土肥斯宜麥。人事紛縱横，備莫一人責。

【校】

十卷本，賣董卓，作『媚董卓』。暱張永，作『敬張永』。庸庸，作『癡兒』。

途中值風宿小店始甚不樂既有悟以詩遣之

破屋誠然陋，舍此將何之！滅燭合兩目，如卧吾家時。牛宫榻曾下，虎窟枕可支。幸乏柏人患，一宿焉不宜！

題畫

午課未畢雙肱横，書几七尺代桃笙。一頂頭巾送荒傖，短髮蕭蕭霜千莖。逞奇作怪三小英，天機跌宕狡獪呈。一攻其背用伏兵，一出醜態雙眸撐。一曳偏袖作老成，冠先生冠學先生。先生鼻孔汩汩鳴，揶揄百出漫不驚。糞牆朽木終無成，酸寒宜受孺子輕。我於三小加品評，各有意態出聰明。曳袖著冠好神情，觀其氣岸尤崢嶸。司馬文章能横行，子建無虚繡虎名。一旦風雷激滄瀛，金鈎誰釣春濤鯨？

送趙中翰味辛佐郡青州

載筆十年聞閣鈴，崔高草制水瀉瓶。親老乞外辭天庭，瑯琊山色麗眉青。孝子撫民民則寧，文章况復壓珮玲。銅斗鐵尺置訟庭，冀州威惠今一聆。愚公谷裏花冥冥，定摇吟膝坐郡廳。六湖居士張文瑞別號。昔此經，詩草印泥留徽靈。無但與之繼芳型，政暇更築娱親亭。

【校】

十卷本詩題作《送趙中翰味辛之任青州郡佐》。

西園結亭以詩落之

有樹碧如湘水竹，有石奇似華子岡。樹石中須一亭補，薄願三年今始償。朝與圬者課勤惰，暮偕梓人衡短長。泥兜曳去斧聲絶，突兀夜貫星辰光。得興於此安棋具，藉風於此横竹牀。月轉城角挂明鏡，雨垂簷際鳴秋商。書生量小易於愜，意氣遂與亭軒昂。豪侈百般縱所欲，亦要福澤堪承當。元濟未除國憂在，午橋豈有裴公莊？達者須彌納芥子，隘者六合如褌襠。邇來粗識苟完意，子荆之妙非尋常。亭中置酒娱我客，杯盤未舉眉先揚。天械堅牢世網密，解脱得去唯杜康。刻燭夜吟逞雄健，梨花亂落春風香。

玉磬山房詩集卷四　邗上集　古今體詩百二十九首

邗上集序

元曩輯《淮海英靈集》、《揚州圖經》，翻閱各家詩集，于邗上事蹟特詳，未嘗不歎風氣人物、園池觴詠，每藉當時名家别集疊見側出，掩卷凝想，如將見之。明代、國初不具論。近年，馬氏玲瓏山館，材力非甚饒健也，徒以聚書好客，扶助風雅，迄今家貧書散，而故宅玲瓏一石，猶得歌於松嵐觀察詩集中，餘可知矣。觀察工詩善書，甲子、乙丑間，僑居揚州，勒所得詩爲一卷，曰《邗上集》，體格蘊藉，如漁洋在揚州時。相遇之客，則有若吴穀人、胡西庚、洪稚存、方子雲、王惕甫、樂蓮裳諸君子；游讌之地，則有若筱園、康山、休園、白沙翠竹江村各園亭；相主之人，則有若沈既堂、江子屏、楊竹廬、江文叔諸舊家；詩之以邗上而得歟？抑邗上之得詩人也。余故幸邗上不甚陋，尚得屢見於各家之詩，甚且以此專勒集名也。嘉慶庚午夏月，揚州阮元序。

寄榕皋先生

巷是天隨舊，門當僻地開。清寒雙樹影，吟嘯幾秋來。老伴唯餘鶴，沖襟不受埃。明年新釀熟，結夏去銜杯。

題江子屏書窠圖

經不可鎔史難鑄，學海立身天必怒。千秋刺促潦倒人，政坐讀書讀多故。我友吴門江子屏，兩眼不向衆人青。簡册圍身效任昉，詞華震世輕徐陵。一名不得榜尾挂，其身雖窮志不隘。杜庫曹倉萃一窠，饑年持向豪門賣。家居不樂走長安，相國常將國士看。作文聳聳才無對，思母涔涔淚不乾。欲指蓬萊尋異境，塵緣未盡回飈猛。收拾文章别故人，經年鬱鬱囚鄉井。誰知天怒未消融，隱伏危機踐履中。獻璞前年足已刖，更施劫運於其躬。時子屏傷足，卧榻五十餘日矣。舉世誰悲習鑿齒，登眺無復真興矣。我對此圖發浩歌，狂舞爲君提劍起。

【校】

收拾，原作『收捨』，據十卷本改。

題胡西甫詩意卷子

小杜南陵繫纜時，高樓紅袖觸秋思。誰知野婦籬花外，亦有騷人作怨詩。
世累纏身智慧窮，方知樂事屬漁翁。初秋樹影長淮月，都在渠家網罟中。

【校】

此題十卷本爲四首，其二、四見補遺。

題荔香夫人遺照朱敬亭小妻也。

南徼生珍果，日月精華錬。白傅忠州圖，徼之夢中見。伊誰繼前躅，厥有吴中彦。窈窕韓家女，飄泊江都縣。葭莩依遠戚，歲月銷長綫。恥著富兒衣，羞飫庸夫膳。哲人崇令德，畫眉慚自薦。通名藉蹇修，不假神仙扇。百求幸一諾，芳閨貯淑媛。淑媛閨中來，虬珠挂鄉甸。維荔有其馥，如果之有諫。稱德予嘉名，居之未爲僭。入門修容止，動作靡不善。貞静根於心，柔婉發於面。箧室踐常職，慈幃承優眷。一時藉藉名，傳於諸親串。郎君嗣猶缺，專房豈肯擅？更選三秀花，裁以雙絲絹。嵇含詩：『裁彼雙絲絹，著以同功棉。』嘉卉恒不永，彩雲易於變。離離墓邊草，深深瘞寶釧。謝世今幾年，空餘紙一片。琢詩慰芳魂，翠篠鳴春院。

如皋吊黄大令名大鵬，前官粤西臨桂縣。

嶺外山川别幾春，鷓鴣聲裏記前因。淮南客路清明雨，新墓淒涼有故人。

通州道中

微飈蹙浪紋，鷗渚聚爲群。舵尾如皋樹，檣竿興化雲。飲緣良友暢，鐘向晚烟聞。螭首龜趺際，誰家諛墓文？

飲李氏芳渚園

來取同人樂，門前艤野航。入園春靄靄，終日水湯湯。夙釀開陳雪，酒名。閑花吐異芳。勝游難負得，引興入詞章。

一嶺爲松據，全家被竹圍。緑雲垂客帽，紅雨打齋扉。蛺蝶因風遠，鸕鷀傍晚歸。誰知觴有羽，頻逐麗人飛。

寄李太守平山

聽篷最憐春舫月，看花頻欠麗人詩。杭州去踐同心約，又是潮聲極壯時。

贈汪觀察春田

帆落晚風微，談深掩夜扉。古書陳邃室，精饌出慈幃。興觸潮聲起，觴隨月影飛。却憐兵燹後，同自瘴鄉歸。戊申出師安南，余以天保令代鎮安府事，親履戎行。越十年，西隆苗變，春田守鎮郡，亦預剿撫之謀。

回舟

客裏行蹤得自如，狼山雉水兩蘧蘧。途人莫怪回舟重，滿載名花又載書。

花月禪思圖爲胡少京兆西庚題

月自有其光，花自有其香。生滅出君口，舌端真廣長。光生於月不在水，香生於花不在几。設使無月復無花，試問此時焉所恃？意之所注豈於此，還月還花一戲耳。不從言外索玄珠，一髮縛却者男子。

送李侍講玉漁還京師

君帆來落邗江涯，此地爲客同一時。朋友湖山與絲竹，過從十日無虛期。花下但看酒浮頰，鬢邊誰計霜成絲。鼠姑已送治春去，將離又綻四五枝。時光冉冉迅於箭，得樂不樂寧非癡？何遜當年此州住，風流見於老杜詩。歐九自是讀書種，能爲一郡開靈基。游覽豈廢太守事，俗人作態真小兒。官身客身況有別，組綬蹔免吾儕羈。聽篴正宜二分月，訪古同搜三絶碑。伯固於斯祖孝博，子瞻追和其英詞。古人離別最珍重，一觴一詠都嶔崎。跡之顯晦蓋有數，二蘇遺墨淪荒坻。後七百年遘司理，阮亭先生。百般物色乃得之。鶴影蟬聲依然在，磊落數公不可追。君有黄色見於面，出山聊慰蒼生思。孝博事見仲車集，書其治行何淋漓！君於孝博出同譜，行見後先吹塤篪。州城雨過碧如染，湖舫游人樂不支。且及此時共一醉，詰朝江上風滿旗。

李寧圃觀察自上海到通州判沙田事會於狼山余回至如皋寧圃寄詩爲别用答其意

莫怪波瀾獨老成，潮聲曾與助吟聲。虞山藹藹迎歸櫂，雉水悠悠動旅情。鏡裏霜寒人漸老，匣中鋒澀劍猶鳴。何時共擊中流楫，大餌長竿釣巨鯨。

題惠州太守伊墨卿白雲山贈別卷子

罷官無愧色，行止固超然。頌德愚民淚，聽潮謫宦船。篋惟書可賣，囊有句堪傳。出送人心熱，離觴入畫禪。

題趙渭川吏隱圖

吏德不吏才，治術必然好。吏身不吏心，俗狀乃能掃。吾儕有偉儒，胸襟獨浩浩。其治安陽時，操持得主腦。巨盜戢影形，仁風扇枯槁。不避長官怒，能將素節保。吏職既已稱，幽情還共討。釀熟名花開，一園萃五老。武子剛耿人，虛谷。步步踐古道。杖姦忤相公，名著休官早。蘇君舉孝廉，高君得壽考。蘇於豐，湯陰人，舉孝廉方正，年八十八歲。高翔年八十七歲，壽至九十三歲，皆入千叟宴。臚撐古人書，尚志輕文藻。老兵不將順，清獻公所寶。遺風在老奴，渭川家奴王吉，年七十餘矣。心赤頭已皓。朋友及主僕，逸氣觸穹昊。斯圖敢輕題，燭盡方成稿。

甲子四月十二日與吴穀人祭酒胡西庚少京兆家淳齋觀察鄭東亭侍御黄朗峰舍人周竹樵助教陳惺齋王春涯兩明府謝蒼厓廣文集篠園賞芍藥

隋宫舊日臙脂水，化作蕪城卜相花。開未幾分愁炙日，艷當此際要籠紗。珠鬘鳳舄羅螭舫，羯鼓鸞笙趁綺霞。不向深叢圍酒伴，九州何處買丹砂？

題朱湘霞塞外曉行圖

一舸吴江别酒徒，雙簪忽喜盍留都。方於海上攜君手，又向淮南對此圖。馬勢驍雄人矯健，雞聲斷續月模糊。抽身不飲遼東水，畫裏關山有故吾。

莫灣訪練塘和尚

鬚眉色似碧琅玕，對語幽窗覺晝寒。未識餘生踐初地，竟同齊己遇方干。魚潛德水年應壽，鸖宿高巢夢自安。苦茗一杯禪悦味，心無所住去猶難。

【校】

晝寒，原作『晝寒』，從十卷本改。

與昆峰上人游焦山

孤櫂劃江流，澄心對比邱。樹含京口雨，峰挾海門秋。鶴向雲烟瘞，銘爲霹靂收。回帆吊郭璞，明月滿蘆洲。

與顧弢庵昆峰上人游潤州南山

過江多巖岫，城南倍幽邃。禪侶共詩人，招携入空翠。迎面一峰來，横腰嵌古寺。峨峨寺前石，磊磊石間字。隱者不徇名，名乃著天地。西折復有泉，泉北足詭異。文殊座下獅，謫墮孱顔際。啼嘯引猿鶴，幻化隨陰霽。至今奥窔中，葛藤牽游袂。西南二里許，别有人間世。稱公者爲誰，入谷成高致。傳聞梁武時，聰明八近侍。辭榮就深窈，抽身出炎熾。頹景卧白雲，深恩感皇帝。審幾到刑餘，可知廟堂事。伏枕呼荷荷，佛法竟奚濟？洞中結十庵，庵庵有仙意。鸝音樹杪清，花朵橋邊麗。歲久庵凌夷，十只存厥二。危樓矗漢隱，庵名。俯仰嗟隆替。晚回獅岩飲，披襟坐松吹。崖角湛澄輝，栖鳥見纖毳。清興那能收，夜深不知寐。忽見雲浩浩，千峰入冥昧。懺怳詫恢奇，玄工弄狡獪。僧雛善指引，詰朝理衣帶。一簇碧芙蓉，插向晨曦外。怪狀出陰穴，荆關不能繪。誰曳嶺南山，抛擲在吴會。九華擅奇秀，自是淮南派。闍黎耽苦吟，鬚眉亦可愛。鶴林有遺跡，寄奴清泉在。泠泠一掬水，瀚濯幾世代。斜風扇林影，夕陽壓烏背。斯游未云極，粗了看山債。弢庵云，九華之西五州山尤妙，欲游未果。歸途首重回，群峭沈蒼靄。

題稚存先生萬里荷戈圖

心如古木撼秋雲，落筆羞爲傷嫪文。腹剖琅玕呈聖主，身隨甲胄見將軍。閉門省過山魈走，祭母焚香謫侶聞。縱有雷霆天不怒，赦書頒到淚紛紛。

過無錫縣

書囊酒具對潺湲，一寸光陰一寸閑。水注磁甌茶改味，船膍今有惠泉山。

【校】

茶改味，十卷本作『茶味改』。

漁洋先生林泉小像程松門畫，阮中丞屬題。

公挾濟時具，出山作雨霖。何由脱簪紱，一杖窮幽深。時亨躋顯位，身達懷故林。門下得奇士，筆墨含清森。狀公鬚與鬌，飄颻嘉樹陰。漱泉雪在齒，聽泉秋入心。畫理悟吟夜，關巨兼高岑。意到筆亦到，皴染鬱霦霦。時當大暑前，午庭絶飛禽。對此一蕭颯，恍聆巖瀑音。

題蔣立厓天遠歸雲圖

書生釋褐徇微俸，便似孤雲出岩洞。朝被吹噓過楚吳，暮爲牽曳到秦雍。不幸相隨折翼鳥，幸則去逐朝陽鳳。倉卒或遘驚飈來，破碎流離誰攬鞚？蔣君自是人中龍，曾躡霎靆窺雲夢。平日所讀澤民書，方期恢恢藉一用。文字爲災刺促臨，軒然大波起枯葑。家散百口孤帆遠，身行萬里十指凍。荷戈冰天戍期盈，賺得窮荒入吟諷。歸尋故山樂怡怡，痛定誰復還思痛？二十年前繪一圖，收拾巾箱不鄭重。失去渾如柳絮飛，得來竟似天人送。此圖得失未可輕，悔吝吉凶相與共。字義豈因有意爲，愁根已向無心種。我捋君鬚向君語，不見當時林西仲。

弢光庵

北高峰盡處，小小幾僧房。竹學嶙峋勢，江開灎瀩光。氣從今日吐，身欲此中藏。六字飴山許，重書在粉牆。趙秋谷先生昔游是庵，謂西湖之勝，直須還他第一觀，書作横幅，貽心安和尚。

詠螢

惝怳前生事，窮經佐蹇儒。飲香羞艷蝶，投暗勝明珠。熠熠頻開闔，飄飄乍有無。朱門多蠟淚，炎熱肯相趨。

素心蘭

出山人不識，偕我上歸航。草可稱香祖，琴應托素王。遇遲微有憾，久對澹相忘。揚子江頭去，《離騷》讀幾行。

食荔支

虬珠堆玉盤，沁齒不勝寒。渴療文園疾，香追玉局歡。因愁來路遠，爲想寄時難。矢願修來世，炎州拜一官。

雲栖

指塔尋幽徑，森森萬竹來。屐因良友蠟，山自聖僧開。傲兀松生子，氉毶鶴孕胎。塵根割不斷，愁被晚鐘催。

紫雲洞

惰雲飛不起，常此護僧寮。入洞頻低首，探幽屢折腰。吟情應未冷，酒氣已全銷。井異韓家水，何妨盡一瓢。

西興驛

青山劃斷一江來，霧鎖孤村向曉開。欲問蘭亭舊時路，潮聲忽過越王臺。

乾隆癸丑冬游淨慈寺五百羅漢一尊有未裝飾者損阿堵中物結來去之緣並題十六字云焉知有你不即是我流水行雲無可不可今閱十稔復來淨慈羅漢與十六字固無恙也而昔日主僧已化去矣

雲自飛飛水自流，浙西人到海東頭。金身墨字還如故，寂去南屏一比邱。

別李平山

聽鶴遼東越十年，布帆來破武林烟。山禽噪爲游人至，湖水清如太守賢。麈尾連宵揮話柄，烏絲累月打吟箋。離觴一舉修梧下，月影蛩聲兩黯然。

呈辛楣先生

泰岱聲華河洛身，晚年功力倍深醇。經書作得無窮事，名教傳爲不朽人。静攝靈光成古貌，廣收佳士坐陽春。自憐舊學如荒草，又到門前來問津。

京口阻風八首

天教緩緩望崔嵬，舵倚金焦醉幾回。不妒來舟帆挂滿，老夫曾挂滿帆來。

萬笏嶙峋一片潮，文章爭似化工超。還愁平澹無人識，點綴山川借六朝。

『殘照西風白下門』，漁洋秋柳妙難論。古人詩盡愁中得，此地應銷萬古魂。

妙高臺上夜漫漫，塔影迷離月影寒。百萬魚龍都睡去，不知江上有人看。

九州皆可著吾身，十日何妨滯水濱。却憶癡人造癡語，武侯傳是借風人。

南風不至亦歡娱，去訪名僧唤酒徒。自笑儒酸多見小，不能斬象祭天吴。

誰知一雁暮江空，萬里全收五字中。近日吟壇無此筆，只將塗飾亂青紅。李子喬《金山》詩：『數帆寒日遠，一雁暮江空。』

昔年賞月在瓜州，未似于今雪滿頭。正以吟哦舒鬱鬱，角聲吹徹海門秋。

九日康山讌集

金飈扇餘暑，黄花明綺辰。蕭寂味彌澹，美酒置東鄰。東鄰所居宅，昔居武功人。盛名紓友難，不辱青嶙峋。今造此山頂，與山有夙因。俯眖蕃鳌觀，遥矚揚子津。雲日相迴薄，萬里無纖塵。對此逍遥境，即是逍遥身。良會豈易得，朋儕况絶倫。浮言不挂齒，觴政改逾新。醉復花前坐，蟾光湛衣巾。

送湯户部西橋還京師

蜀岡居已久，過眼人無數。欣在小盤谷，得君好丰度。奕奕秋空雲，藹藹春山樹。片語識雄略，寸心動傾慕。傾慕何所寄，寄之一瓊璐。其質潤以潔，其光隱不露。鏤以君姓名，百世猶貞固。别酒色䵟䵟，秋風感遲暮。舟行天氣清，攜之就長路。

附西橋詩

洗眼雲水中，對君冰雪顔。大海作胸次，文字其波瀾。雙眸炯如月，照我古肺肝。豈無聲氣交，知己良獨難。感君玉印贈，中有血性斑。佩服永無斁，庶幾同貞堅。

送蔣伯生還濟南

夜擘蕪城蟹，晨鈔汶水詩。風情自磊落，骨相亦清奇。作吏憐雞肋，銷愁借酒巵。鴻歸秋氣重，明日復臨歧。

十月初四日虹橋讌集

入門有書讀，出門有花看。手惟要一笻，腰何須十貫？初冬日猶暖，窗影修竹亂。意謂虹橋菊，此時當爛漫。彈扉聞幽響，一束投書案。會合交吟膝，笑語凌秋漢。名士滿東南，眼中得一半。觴政劇凜凜，醉幘同岸岸。人生如驊騮，終年受羈絆。花下盍朋簪，能得幾昏旦？歐九湖山長，蘇髯文章冠。此地結勝遊，遺踪猶可按。

【校】

『眼中得一半』句後，十卷本尚有『舟自未時開，筵向子初散』二句。

遣興

赴約看花盡日忙，車螯入饌鞠英黄。往來名士如江水，迤邐青山接建康。時復買舟摇灩灩，得閑開篋誦琅琅。蟬聲鶴影人千古，送客今年又蜀岡。

次韻曾都轉賓谷見貽

不改書生味，渾忘是顯官。撫琴消刺促，懸榻待孤寒。翠篠吟時種，幽花静裏看。却愁江上客，名紙塞門闌。

附原唱

苦愛浮家好，抽身遂去官。詩如秋樹瘦，酒對暮江寒。死友平生淚，才人性命看。前宵聞讌客，叢菊繞階闌。

【校】

曾燠原詩載《賞雨茅屋詩集》卷七，題作《贈劉松嵐》。抽身遂去官，作『飄然竟罷官』。『死友平生淚』後有小註：『君篤於李子喬、黄仲則、何豈匏三人。』前宵，作『昨來』。

題吴白莽黄山游跡圖

躡屐遥探庾嶺春，一官抛棄若輕塵。酒鄉未了平生事，雲海聊棲夢幻身。石氣空青天亦妙，松篁宛轉路難真。其中不少洪厓輩，可贈琳腴結密因？

贈韋大令西山

悃愊天涯吏，留恩與峒蠻。貧唯身剩骨，哦遺筆摇山。戈楯三年役，冰霜萬里還。莼羹薦慈母，盡室解憂煩。

二李少鶴、松圃。人如玉，論交僕與君。今秋竹西夢，當日桂州雲。雁斷書誰寄，泉深叫不聞。鄰鐘十萬杵，余髮白紛紛。

冬月十九日作

去年今日到揚州，掃地焚香並掃愁。著屐買書春遇雨，携簫尋月夜登樓。諸家美釀容酣飲，七郡名山得盡游。今夏渡江，自京口、毘陵、吴門、嘉禾、武林至會稽。風雪滿天渾不懼，篋中還有黑貂裘。

贈樂蓮裳

九日康山麓，聯裾傑卉前。逍遥酬令節，磊落識同年。書氣浮雙頰，吟情瀉一箋。愛君修羽翼，應入紫霞天。

【校】

紫霞天，原作『紫霞文』，從十卷本改。

贈程俊良

貌古心尤古，家貧德不貧。一庭慈孝氣，十載别離人。見月常相憶，無書亦自親。此來成二老，珍重歲寒身。

贈張桂岩

張子筆端游墨龍，屈伸變化不可窮。其技胡爲如此工，烟雲在手書在胸。倪迂米顛如僕僮，頤指色授低心從。有時興好墨溶溶，輕匀細染生春風。有時鬱勃發怒容，手驅雷電傾華嵩。不畫巖巖五株松，大夫兩字同揚雄。不畫漁竿羊裘翁，因渠異服驚九重。嘉慶甲子月在冬，詩人列坐梅花中。我向花前致一恭，素紙乞寫三兩峰。酒未入口氣不充，一筆兩筆瘦芙蓉。及其酒酣雙頰紅，鼠鬚麝煤奪神功。眼高力大羞雷同，憑空劃斷青巃嵸。巃嵸斷處不可空，補以蒼檜兼丹楓。更寫茅屋篔簹叢，後山微澹前山濃，麄筆一抹分西東。客問此筆何所宗？笑而不答睨蒼穹，墨禪參破神鬼通。誰與他人戰舌鋒，人過中年無歡悰。擬入深山策高筇，今幸與子蜀岡逢。吾子筆底留吾蹤，水頭山尾著纜艭。中宵月上推短篷，月光烱烱心融融。清虛境界逍遥躬，嗚呼荷子嘉惠寧有終！

輓張都轉一峰四首

屬纊在金臺，浮生信可哀。何人澆絮酒，空院長蒿萊。垂老家逾困，求榮志久灰。此行非得已，魂魄早歸來。

歸來是何日，《薤露》滿城歌。孝子趨長道，堅冰結滿河。思親空有淚，挽日苦無戈。慘慘西州路，羊曇莫夜過。

故園無寸土，舊治有甘棠。盡説人堪敬，寧惟事可傷。家門寒寂寂，喬木兀蒼蒼。致我生芻意，疑君復在堂。

生死尋常事，如何雙淚流？客心多感慨，寒鳥易啁啾。世味渾如蠟，秋霜劇滿頭。詩成眠不得，風撼竹修修。

病中作三首

雨聲蕭颯凍烟凝，謝客經時寂不勝。爲剪情根開梵夾，將收心燄入書燈。貓慈夜逞翻盆鼠，紙亮晨招觸牖蠅。一片閑愁醫不得，眉端無恡起雙稜。

檢點浮生坐自嗟，如於大海泛虚槎。好書讀少身何補，難事經多鬢有華。雪夜貂裘償冷債，春筵綺語贈名花。尊中物是逍遥散，太古乾坤詎有涯？

駱越扶餘踏浪紋，宦游蹤跡兩超群。史遷足只逾跬步，宋玉愁方及半分。不立功名非大病，還資覽眺助奇文。試看日午澄明際，多少夔龍護紫雲。

【校】

十卷本詩題作《病中作四首》，第一首底本未收，見補遺。

題江深草閣圖

無人跡處鳥聲寒，正好流波下釣竿。却爲讀書心已静，不教游屐到沙灘。

閣中琴劍自清幽，閣外雲山動遠愁。無數客帆收不住，盲風駭浪過江頭。

贈江觀察吉雲

孤岑萬瓦圍，松際湛晴輝。日月懸衣帶，金焦控閣扉。客來心自静，冬至筍初肥。只恐山坳裏，閑雲不久飛。

以近詩贈吴太史杜村詩中有七郡名山得盡游之句杜村曰予素所蓄石田卷子有江山歷覽圖可作此詩注脚因以見貽此廣陵近今一韻事也輒次石田卷後元韻作詩酬之

拙吏抽身簿書底，移家來住江聲裏。帆檣刺矗荆王城，禮樂涵濡董相里。至誠相感得至交，談清理暢驚俗耳。新詩兩篇畫一軸，蒼頭遞送如互市。茹君雅況見君心，醉我虚名滋我恥。啓南翁筆信奇特，辟易前朝諸畫史。豈惟丹青跨宇宙，詩格崢嶸書法美。拜賜榮如拜偉官，瓊瑶不抵宣州紙。

贈沈都轉既堂先生

林下久棲遲，囊多訓俗詩。鬢眉無黑處，談笑有深時。愛客氣猶壯，先生讌集，樂人豪飲。愁人家不文。聞戚族家道零落，輒悲歎累日，不能自已。梅花伴老境，香在歲寒枝。

哭家淳齋

全家離故鄉，蕭瑟寄雷塘。富貴蕉中鹿，窮愁鬢上霜。惜春懷老伴，扶病入歡場。淚墮琅玕館，麻衣忽滿堂。

題袁節婦竹柏樓居圖

著麻衣，命當絶，生則同衾死同穴。撫孤雛，死難決，尚有袁家一點血。生死兩不能，肝腸慘欲裂。鬼車夜叫樓邊月，鍊此貞心成古鐵。十五年前炊不熱，十五年後樹綽楔，皇天豈負樓中節！

贈楊都尉竹廬

兜鍪脱去賦《閑居》，豹略傳家有賜車。心若古時秋渚月，壁無當代貴人書。盍簪因聽鄉評好，對語全教客氣除。萬朵梅花十玉磬，此來相訪未爲虛。

贈鄭侍御東亭

匡箱摺繡衣，幾載息勞機。諫草焚空館，漁竿問舊磯。俗愁今日薄，人見後堂稀。夜觸東華夢，時還望曉暉。

康山對月以山高月小爲韻分得月字

向夕尋芳鄰，排闥入林樾。天高氣象清，孤岑湧寒月。曒曒涵松影，泠泠沁山骨。別館蠟梅花，映山成幽絶。主人呼酒來，聯䕺上突兀。風流二三子，盡是人中傑。舉杯酹牛斗，揮麈窮寥泬。峨峨江南山，凄凄六朝迹。衣蝨勞一捫，屐齒多一折。身後幾尺土，枯草絡殘雪。儒冠溺名利，百苦來相迫。蟾光雖晶瑩，俗胸自炎熱。我家在齊魯，我身寄吳越。豈暇惜偃蹇，但知求通徹。聲華誤孔明，詞章困李白。賢者復如是，餘子何足説？飲此千仞高，瞻此一輪潔。不愁山不壽，只虞月還缺。詩人宅山趾，愛月兼愛客。從君借鶴騎，聳身躋瑶闕。

題朱蘊山添香讀書卷子

左有嬋娟右有書，草堂花睡月來初。十年前在君家住，亦買芸香走蠹魚。
別後情懷一鏡知，頭顱俱不似當時。只餘書味濃於酒，好遣牙籤對玉巵。

贈吴太史杜村

桐枝成幕蘚成茵，一院包含幾許春。《定武蘭亭》歸老手，永和文讌有前身。書多子弟文章富，性達湖山屐杖頻。留得古梅花數點，冷香分嗅客中人。

題高房山小像

傾杯玉液酬肝膽，出鞘霜鋒動鬼神。想見當時威氣重，爽鳩堂上不生春。
嘯傲西泠尚伏跧，李公略宅叩紫關。尚書未展經綸手，却有閑情寫夜山。

【校】

紫關，十卷本作『柴關』。

題黄舍人閬峰新築園亭次家淳齋韻

有舟誰能藏夜壑，塵根不斷病難霍。屋漏兢兢抱三畏，世網綿綿縛六鑿。董相祠東花園巷，竹石蒼翠人卓犖。湔除目下勞心事，營構池邊沁春閣。澄泓一水漾花影，迴廊曲檻相交錯。花南水北嫌空濶，補以雲林山兩角。幽人自有閑情助，勝地還憑大手拓。架上圖書錦繡城，尊中麴蘗逍遥藥。我與主人夙分好，石烟花霧容插脚。十年前在廣陵過，蜀岡風物尚如昨。今揮談塵對賓朋，快意何必雲中鶴？流觴曲水笑王謝，古貌輕舟嗤李郭。兵燹黨錮在眼底，古人何似今人樂？興高唯擬捫星斗，數定無須問河洛。花晨月夕不相負，山林廊廟各有托。安能一醉此中三百六十日，落花滿身酒滿杓。

甲子除夕

夜來門帖換新紅，春到屠蘇一罣中。城未鎖時人跡亂，債當還後客愁空。雷塘攜鶴傳仙吏，禪智看碑想鈍翁。忽漫此州居兩載，錫余清福感蒼穹。

晚過練塘禪師故居

灣頭竹箐隱蒼烟，已罷鐘魚未泊船。浸水衆星光熤熤，愁風寒鳥夢懸懸。何時骨向深山送，無復詩從淵袖傳。了我渡江笻屐事，銘書新塔甃成甎。

題楊主政鑒亭詩後

識字多憂患，君今與古同。數奇名未顯，身在氣猶充。惻惻離鄉月，稜稜刺骨風。煉來成五字，字字有深功。

贈陳大令惺齋

自來循吏出通儒，今聽歌聲遍九衢。恐負佳辰還讌客，無荒政事亦游湖。苔衣著雨沾吟屐，蝶板穿牕拂醉鬚。那得一枝神妙筆，爲君畫作《買春圖》。

吴杜村家聽其宗人吴伯癡鼓琴

庭寂樹陰清，鏗然寂處鳴。似松吟窅窱，如瀑瀉崢嶸。夜舫湘江雨，秋笳漢壘兵。不知何以故，百感一時生。

春日雜吟

最是廣陵難得住，看山興索又看花。枯腸落落容三斗，連日沈沈醉幾家。欵户有時來説劍，求書隨意與塗鴉。年來粗識盈虛理，官味何如客味奢。

市聲時復亂書聲，書味入心心自清。性拙無妨稱漫士，才疎竊恐冒虛名。癡奴得飯飽猶睡，小鳥啄花暗不鳴。得遣形骸謝羈縛，何勞辟穀飲雲羹？

碧漢匆匆轉日車，誰知此後復何如？常看古哲能成事，頗恨髫年未讀書。艷艷花開愁雨過，星星髪少怯人梳。合將老眼評《莊子》，濠上機關不在魚。

八載遼西作牧來，署門遥對海門開。人言此老無官氣，我惜平生少幹才。馬畏崎嶇聊且退，雁因寒冷便思回。他人未解相如意，因换頭銜賀幾杯。

大病難醫是熱中，胡椒多食入昏蒙。留侯遠覓延齡藥，少伯先收射鳥弓。造物生才原有濟，人寰立脚不相同。讀書於此無分曉，何若將書飽蠹蟲？

樂境今雖寄此身，閑愁還復浩無垠。鹽車常縶超塵馬，棘院誰收抱璞人？花到艷時難結子，琴當識處已爲薪。英才自古多淪落，得酒還須奠水濱。

沈公既堂忠厚鄭公東亭賢，祭酒吴公縠人似謫仙。喜對高人聞盛事，翻從賤子要新篇。身辭瘴癘成三友，汪春田、韋友山與僕皆官粤西，今聚於揚州。篋貯丹青足一船。吴杜村所藏書畫甚多。却向伯癡求古調，伯癡，杜村族人。空堂爲我撥冰絃。

幼霞吴音律子雲方詩，詞客騷人萃一時。袁寿楷蔣秋竹榻因江子擷雲下，趙味辛周竹樵才受水神知。趙在清江沈舟，周在西湖墮水。延賓館擊催花鼓，附郭船飄入試旗。家寄此州還寂寞，問君舍此復何之？

燕巢泥落草堂幽，雨挂簷牙夜未休。無病亦須看《本草》，得閑還復理觥籌。金龜客過成新契，玉茗花開歎白頭。諸事算來皆瑣碎，只餘琴柱要錢修。

辛夷艷遜丁香艷，卯酒佳輸午睡佳。砌草千莖愁屐齒，瓶花一瓣墜詩脾。江鄉作客無塵事，書肆爲鄰亦暢懷。此腹將軍真不負，銀鱗玉版滿長街。

夢挂蒲帆入粤西，《中興頌》復讀浯溪。松岑月影摇春舫，竹箐猿聲亂曉雞。舊事追維天杳杳，新愁撩動夜悽悽。悲歡歷盡人將老，怯聽林邊鳩婦啼。

送客歸來復閉門，花含雨氣慰香魂。鼠姑芽小將烟鎖，鳳子情多戒手捫。借樣裁巾因識懺，依方釀酒欲留髡。漁罾有信鰣魚上，佛感洲前問柳村。

壽江母

東鄰有殊契，康山作爲家。傑松麗高岑，庭院寂無譁。家政肅以嚴，縹緗絶塵沙。登堂拜賢母，舉止欽柔嘉。門閭雖則峻，衣食猶戒奢。劬勞貴階基，慈祥壽根芽。聞母在昔日，手不離紡車。懿德爲師範，禮經無舛差。熊丸夜教兒，兒惰威顔加。兒功日以勤，兒氣日以華。姓名列簪紱，奉養居烟霞。今值母壽辰，庭開富貴花。天庥應人瑞，福澤安有涯？此日堂中錦，前年機上紗。再拜祝賢母，誠心拙齒牙。

白沙翠竹江村十三詠

見山樓

危構出雲際，雲與助靈光。柳市江帆外，一角横青蒼。吾眸爲開豁，吾心亦軒昂。

畊烟閣

閣南叱牛犢，閣北鳴鵜鶘。看山借此閣，學稼非吾徒。攀枝下雲磴，萬緑來相趨。

柳風麥浪之間

風是怡人風，浪非駭人浪。於兹著一亭，真成匠心匠。吾意方蕭閑，蘆中出漁唱。

小山秋

金粟非庸卉，氤氳通禪理。造化秉元氣，盡洩於秋蘂。誰其抱佛書，蕭然讀於此？

華黍齋

齋對畊烟閣，晴晦日百變。陶情置杯斝，寫意安筆硯。鶗鴂時一鳴，微風墜花片。

度鶴橋

仙禽不受羈，偶然留清影。舊日經行處，石梁復完整。先生不過去，先生已酩酊。

箖箊徑

蓽龍聚爲族，向天吐晴翠。此園得此君，園乃逾深邃。其下莫飲酒，此君易於醉。

溉巖

澄泓照突兀，缺處蒼松補。壓閣樹影高，摩崖書法古。回睨隔江峰，衆賓揖一主。

桃花潭

水爲花之鏡，日照萬嬋娟。惜余出城晚，花飄拄杖前。低徊復低徊，臨流一愴然。

因是庵

有因即有果，有庵即有我。來看庵前花，隱隱庵中坐。花笑我亦笑，著身無半朵。

寸草亭

結亭未嫌小，所取在娱心。亭邊古松立，時聞異鳥吟。徘徊只片時，烟嵐已許深。

芙蓉汫

芙蓉乃木本，縈軒復圍樹。學人弄妍姿，因風逾嬌妩。梅花字林逋，爾當幾時嫁？

香葉山堂

芸香能辟蟫，桂香或生蠹。稜稜歲寒操，葉復垂香露。吾儕君子儒，德馨如此樹。

【校】

拄杖，十卷本作『扶杖』。度鶴橋，原作『度鶴樓』，從目録及十卷本改。

題新安江氏怡怡圖

張仲遺風猶在兹，丹青老手圖怡怡。不惟寫貌並寫性，性古足以回澆灕。我欲臨摹一萬幅，持贈朱門與白屋。從今怡怡遍九州，無人不識重骨肉。

伊墨卿復其官需次江南以詩賀之

去日孤帆小，今來五馬新。賢名著闕下，野老待江津。落筆成書譜，吟風聚水鱗。青山圍建業，足慰白頭人。將迎太翁就養金陵。

贈張開虞

古道無人講，聞君氣誼高。未伸經濟手，猶著孝廉袍。礪石能攻玉，投竿定舉鼇。此時相繾綣，豈止在風騷？

幼華如峻竹，文叔似温泉。衆目無能識，君心獨謂賢。對人蘭有味，修己石同堅。磊落三吟侶，吾其無間然。

古餘太守深以淮流漲溢爲憂乃鬱鬱致疾而近日雨聲不絶知其憂與郭外之水並深矣作詩以慰遣之

昕夕縣縣落不休，郡人誰抱杞人憂？秧鍼滅頂河防潰，還有笙歌沸酒樓。

萬竈烟縈一寸心，愁根未剪病相侵。蘇州畫戟凝香句，不敢於公郡閣吟。

答蒲快亭即用其韻

勵志常嗟駒隙馳，窮經不逮女工奇。《论衡》：『儒生侈有經傳之學，猶女工織錦刺繡之奇也。』風帆試自浮湘日，手版疲於出塞時。磊磊千山秋雨路，寥寥一卷宧囊詩。瓊花不妒塵纓客，來卧蕪城恨已遲。

明月揚州占二分，虹橋一舫聚仙群。抒懷夜撰游仙杖，見志朝修伐社文。《南史》：蕭子顯『性愛山水，作《伐社文》以見其志』。空有鬢絲同杜牧，那能才術比終軍？停燈記録閑居事，只築花城策酒勳。

顛毛不覺已成霜，好友得於文字場。正有淵源溯鄒魯，誰從糟粕問班揚？驅炎雨過簾櫳静，迪志詩來意味長。次韻幾回摇夜膝，紫衿巢燕説人忙。

題羅介人梅花册子兩峰之子

昔年老手畫梅花，草草揮來不到家。説破花中疏漏處，更添繁蘂在横杈。丙辰年在京師，求兩峰先生畫巨幅梅花。值暑天，畫意未足，遽然了事，余笑謂老翁曰：『意到而筆不到耶？筆所未到氣已吞耶？』老翁喜，以余爲箇中人，又補畫老梅一株，花數千朵，並以詩記一時韻事。

酒正酣時墨已濃，不禁芒角在心胸。筆端隱隱挾風雨，一夜空山起緑龍。

翠帶紅綃白鳳凰，雲輧露輦謁天閶。天宫事等人寰事，誰説仙姝不艷妝？

英才不用若無才，滿腹牢騷寫落梅。貼地寒雲飛不起，何人拽上鬱孤臺？

馬秋玉故宅太湖石歌

壬寅春，金棱亭國博假寓小玲瓏山館，管子平原指土上小石曰：『此太湖石絶大奇峰也，雍正間甘泉龔明府贈馬嶰谷昆季者。其時百夫輦致，破鄰屋而入，主人謂以耳目之玩，有傷睦鄰之誼，特埋之以誌過。今五十年矣。』越數歲，山館歸於汪雪礓，乃役群力而出之泥中，宛然一朵青芙蓉也。雪礓亦耽吟咏，居數載即化去，遺孤幼稚，此峰又鮮賞音矣。新安詩人吴魯作詩紀事，屬余同作。

埋石掘石兩公案，顯晦渾如豐城劍。迂客以詩記淵源，詩中字字有光爓。馬家山館曰玲瓏，陽谿陰邃窮人工。草木盡知愛名士，風月時來尋醉翁。主人軒軒器宇大，眼光射出窮通外。帆落廣陵吟侶來，急呼僮奴掃塵壒。意味深沈禮貌周，縹緗富麗琅玕幽。坐使陰何詞賦手，枕衾都欲卧揚州。龔生手握甘泉印，頻詣館中醉芳醞。十丈崢嶸出太湖，千指代向池邊運。掀牆拆屋大艱難，客人稱賀主不歡。謂此出乎情理事，鄰人不怒心何安？遂遺崢嶸棄於土，改過知非勇於虎。其他好事難具陳，就此一端風已古。厥後此館歸於汪，出石於土傍廳堂。主人易姓石猶在，石如有知亦悲傷。更越幾年汪亦死，未亡人對一孤子。奇特老松棲病禽，潦倒翠竹卧秋水。棱亭國博愛園居，春日花前坐讀書。管叟摩挲花外石，爲言往事一嗟吁。俗眼誰看透瘦皺，亭榭隤唐竹鬖鬪。文人筆墨感慨多，我先題詩小巖岫。

留别揚州諸友

幾點秋霜著鬢絲，朋簪不日又分離。巢空社燕歸宜早，暑退江帆挂未遲。慘澹二分留客月，崢嶸千首送行詩。天涯聚散無憑準，腸斷年年是柳枝。

留别沈既堂先生

入境先知望最尊，兩年頻叩鄭公門。携書就教因年老，撫掌談天有味存。任遣鷽花沈雨霧，不容絲竹誤兒孫。此州公是靈光殿，别後還應繫客魂。

留别江文叔

宅近康山若一家，幾回聯襼坐烟霞。筆濡濃墨猶呼酒，月轉寒潭忽拜花。語到深時衣有淚，身經苦後玉無瑕。揚帆此去關心事，老母含飴納智牙。《北史·徐之才傳》：『生智牙者，聰明長壽。』蓋望文叔弄璋也。

留别方子雲

磊磊園居三十首，新詩脱手似冰清。淮南秀氣收無盡，《吴會英才》獨老成。仲則九泉貧徹骨，蓉裳七日寇圍城。何如此日秋聲館，饜飫江郎玉版羹？

留别王惕甫

半畝琅玕一瘦軀，沈酣史液飽經腴。古松攫月客初去，仙鶴守門身不孤。自有奇文鏤冰玉，更無閑夢及榮枯。巉巉照水秋巖影，此是人間王鐵夫。

玉磬山房詩集卷五　迴帆集　古今體詩四十三首

清江晤李味莊觀察是時觀察權按察使印，奉鐵宫保檄調清江，讞江西、安徽諸獄。

雙帆落淮渚，秋風喜初勁。促膝展離悰，攢眉憂水病。是時黄水衝入淮水，運道梗塞。水病奚由起，裁革失其正。靳文襄公設宣樓船，刷沙通運，爲萬古良法。數十年來，以其縻費除之，水患從此興矣。制沙既無資，流沙因以横。譬彼高手棋，一著有一應。師心不師古，百局鮮一勝。君持刑憲來，姑與言法令。水底有冤魂，三十八性命。近日鹽城縣事。要以温嶠犀，照作秦庭鏡。獄平水亦平，百物順其性。淮堧樹甘棠，竚見芃芃盛。

題漂母祠

一鹿初收一雉來，母恩雖報母心哀。祠前獨立吟飛鳥，無限秋風起釣臺。

宿遷舟次寄揚州諸友

全家寄與一帆風，過眼浮雲入太空。只有寥寥幾朋輩，鬢眉頻入夢魂中。

不遺客游同宦游，修琴撰杖儘勾留。竹西風味嘗將盡，又看長安五鳳樓。

送別城邊盡有詩，吟來處處感秋思。《驪歌》不襲《陽關》舊，荻渚秋風旅雁知。錢玉魚、欒蓮裳、家芙初詩中，皆以淮揚災民爲念。

治水機關治病同，水中脈絡要疏通。樓船一去河防壞，誰買黄金鑄靳公？

小長溝即事

船開無一事，小女對梳頭。曉日山村遠，西風古戍秋。意閑渾似鶴，機盡不驚鷗。却借南僧便，鈔詩寄舊游。

贈陸古愚

身寄百僚底，風霜失舊容。羹時欣有母，哦處惜無松。書或幾箱曝，印常終日封。誰知心似水，窮達任遭逢。

題浣筆泉

筆端夭矯若生龍，文字頡頏唯杜公。恰好南池一掬月，還來照此碧澄中。謫仙詩似琢瓊琚，句外誰知味有餘？不愧此中爲一浣，舊時曾寫薦賢書。

任城遇趙北嵐書其留别嘉定詩後

泊船秋樹下，水鳥對窗鳴。細繹新詩句，中含古性情。惜民爲政簡，臨去説官清。記得樊川語，期君晦盛名。

舟夜

暝色下寒皋，斜風折雁毛。月沈漁火静，舾閉水痕高。在客身彌健，當尊興復豪。昔游多勝事，夢斷廣陵濤。

【校】

昔游，十卷本作『客游』。

汶水分流處作

游屐千山聳，歸帆百驛長。以閑報秋水，將醉駐斜陽。車笠無頹俗，桑麻有故鄉。壓船明月好，漁笛起滄浪。

寄兄

前發中途信，遥遥問起居。去人經幾縣，離悰託雙魚。日落砧聲起，心馳箭鏃如。黯然城外柳，記得別家初。

讀王先生猷定四照堂詩書後先生南昌人，號于一。好學，性恬退，與喻仲宣、丁仲陽號三隱君。

西江詩派本然清，造句還如玉琢成。百怪盤胸能匠物，孤岑晦跡恐沽名。榑桑日影桃花寺，韎韐風濤鐵甕城。目斷長湖人漸老，黄冠麥飯獨關情。

將至聊城感懷故友耿伯孚靳橋村諸兄弟

蒼茫東郡水，突兀魯連臺。勝蹟千秋迴，長風萬里來。日隨黄葉落，年爲白駒催。文字歡娱地，寒蛩泣草萊。

光嶽樓

孤標近帝閭，雲宿畫榱旁。一躡生遥感，多年别故鄉。秦碑折腐草，魯殿失靈光。誰奏《箜篌引》，驚鴻下汶陽。

飲酒

年華如逝水，已去復誰收？齒角各有憾，窮通非所謀。半生塵網繫，三載醉鄉游。適意邗溝月，還來照我舟。

寒鷗依野渚，秋色滿家山。水次帘初挂，天涯客已還。兀兀千觴盡，悠悠衆累刪。翻愁當此後，有酒却無閑。

鬢邊紛是雪，膝下杳無人。此意憑誰語，持壺爲買春。有天唯俟命，無德是真貧。結得千絲網，誰能下要津？

古來觴有羽，能向月前飛。嗜此銷憂物，何能與願違？煮菘供夜酌，燒燭閉船扉。暖我耽吟骨，功同著錦緋。

寄張船山

頻招吟侶躡青巒，又督篙師刺碧瀾。渚柳依人成舊識，畦菘挾露入朝餐。風中梵語愁都盡，笛裏秋聲夢亦寒。聞得故人持繡斧，定應披腹獻琅玕。

寄吴玉松

典却貂裘贈綺羅，臙脂夜半走高坡。芙蓉一笑尊前妓，舴艋雙橈月底歌。色可傾城看不厭，語能攻過聽無多。誰爲切玉如泥手，子有藏鋒古太阿。

寄法時帆

面以吟多生皺文，宅居潭上少塵氛。沙隄踏老瀛洲月，槐市摹穿石鼓文。簿領抽身爭笑我，滄浪得月苦思君。歸航獨酌茱萸酒，醉眼時時看暮雲。

寄楊蓉裳

游旅常嗟歲月馳，清曹食指亦難支。鄉心幾載飛紅葉，史局諸公頌白眉。已老虞卿銜未改，多愁杜牧鏡先知。近來同輩無多少，夜雨瀟瀟賦此詩。

七級夜泊絶句

病酒何能真戒酒，思家今日果還家。二分明月千株樹，猶認虹橋賞桂花。

東平隄柳接東昌，夜吐星光納水光。何事畫船絲與肉，書聲學館正琅琅！

著人家去送家書，鴻影離離入太虚。拆看家書兄必笑，十郎食厭廣陵魚。

書癡蹇陋似書蟫，吏治文章兩可慚。多少故人留不得，牽衣祝我宦江南。

談何容易牧民才，八面都須照管來！　未食古人三斗醋，先生大口莫輕開。

書朱庚侯巾車集後

繡虎才多命苦屯，朱門住怕換柴門。　俗物輕人牛有角，蛟溪誰識獻王孫？

客寄新茶澆肺膈，沙埋破舫悟窮通。　怡情句有傷心淚，牛背孤禽麥隴風。

野眺

船窗幽曠手堪凭，何待高樓最上層？　古渡人歸槎宿鳥，秋郊風厲客呼鷹。　罾鱗飽我全家飯，夜績憐渠小户燈。　揣分定知閑是福，何愁復遣上眉稜？

李海務

郡樹青蒼水鴨屯，牛羊在野未黄昏。　沽帘墮地斜風急，捲著船旗過牐門。

無題

隔水金烏墮水遲，暝烟著樹碧離離。過船一敘枌榆舊，小婦偷抄戒酒詩。

暝愁

蕭寒一古剎，草共折碑齊。倦鳥來歸樹，枯僧不過溪。試問何年創，無人向壁題。暝愁消不得，煙上斷橋西。

腰痛

三年謝羈縛，塵纓濯鷗浪。吾腰久不折，何由得此恙？濕非注厥膚，熱非蘊於臟。氣積兩肋中，忽下又忽上。頓使昂藏姿，化爲龍鍾樣。扶婢或謙抑，揖客乃驕抗。夜榻一輾轉，九牛回孤嶂。首由是而頫，神由是而喪。書由是而擱，罍由是而曠。吁嗟乎，璧碎千金何太勇，失聲破缶何不壯。鼠肝蟲臂亦區區，胡爲作茲可憐狀！

題李載園策蹇圖

澮渠涉鄰縣，風雨來作梗。驢背有斯人，乃是驢之幸。
契濶三十年，挑燈對此圖。赴工若赴敵，磊磊好丈夫。
既無軒可乘，行行位其素。一鞭送斜陽，添箇驢典故。
仲宣愛驢鳴，我癖同仲宣。舊時中後所，月滿僧牕前。余有《中後所月下聽驢鳴》詩。

題畫

琴聲掩暎泉聲起，攝取泉聲配宮徵。空山花開雲自飛，泉聲不止琴聲止。山角轉出皤然翁，欲聽琴來生媚容。入世聞根欠幽絶，更乞寫我泉聲中。

題戴筤圃先生進履圖舊照

留侯始入世，氣高量猶隘。一擊借人手，豈非孺子態？後人讀《漢書》，至此頗不快。浮白何激昂，作論亦正大。庾山接眉山，嶔崎出偉槪。春秋十六七，眼射群兒外。追維進履人，貌已入圖繪。云我逢黄石，亦下留侯拜。鳳凰非世鳥，蛟龍異凡介。綺年志恢濶，定當撐世界。先生墓草宿，神光永不壞。題詩當夜闌，斗牛挂叢檜。

玉磬山房詩集卷六　鹺城集　古今體詩百十九首

鹺城集序

陳希曾

河東上郡，三輔股肱；冀北雄邦，九州領脊。條山聳翠，擘華嶽以西來；涑水流黄，接星源而南戒。將名飛雪，靈慶寶應之池；樓號歌薰，解愠阜財之世。緬斯地也，大有人焉。卯金著姓，譜接堯宗，乙火騰輝，書窺天禄。彦和執器，望特重於《雕龍》；公幹升堂，名還齊於繡虎。始以詞壇佳士，藉甚青州；繼而循吏長材，喧傳赤縣。掉扁舟於禹穴，馳匹馬於醫閭。餐嶺南之煙水，不少春遊；眠塞北之風雲，詎無秋興？

然而少能正字，老更耽吟。三門石畔，中流砥柱屹如；五姓湖邊，一路福星至矣。汾雨霍雲之館，河聲嶽色之樓。風光絡繹，句似碎金；興致淋漓，手無寸鐵。山川畫稿，先有竹於胸中；錦繡詩腸，佇生花於筆底。鶴衙放後，晝静庭閑；雞牖談餘，宵深漏永。漬麝煤而煙裊，熏鴨鼎以香霏。梁鴻大婦，調來煖胃之湯；李賀小奚，檢出嘔肝之句。兀挑燈而獨對，手勢宜敲；驀槌案以狂呼，眉稜欲舞。或觴僚佐，迺啓華筵。屐折於魏豹城旁，轄投於野狐泉裏。中秋乘月，庾亮登樓；九日臨風，孟嘉落帽。招來珠履，集上舍以三千；寫入銀毫，隸賢人之四十。傳杯而客皆盡醉，頹倒玉山；刻燭而詩如不成，罰依金谷。抑或睠言遠道，悵觸昔歡。二三故友，摶羽翼於鵷鴻；四五良宵，流景光於蟾兔。舟無袁而獨泛，車類阮以頻迴。楊朱欲去，歧路踟躕；李白不歸，寒樽蕭瑟。梅花春早，逢驛使兮嶺頭；香草秋零，望美人兮天末。將進鵝毛而寄訊，報擬瓊瑤；時托雁足以傳書，唾成珠玉。積有千篇，類非一體。綜其格律，要不爲六朝月露之吟；譜以歲時，大約在三晉雲山之地。《鹺城》之集所由名也。

僕昔膺簡命，薄事遊遨。迨歲次乎丙丁，正編成於甲乙。使星甫駐，便作嵇攀；流水重歌，謬稱鍾聽。而乃住止三年，心遥兩地。豢龍有後，問字則曾識太元；窺豹何知，裁緘則時通尺素。唱陽春而和寡，萱草貽來；懷舊雨以神馳，桐花寄去。忽焉握手，彌復傾心。酒痕未散，伶輒爲醉後之歌；劍氣猶騰，琨更作夜中之舞。出其手著，删止一通；慰我腸饑，讀應萬過。嗟乎！人非子驥，孰可問津；世無士龍，終當覆瓿。待他日雞林，賈豎定識真詩；語此間駿市，詞人須求善本。目憑管測，真堪擲地以成聲；腕借胥抄，宜可懸金而計字。君如不信，請試質鄒魯之儒生；我尚能遊，期再訪唐虞之故蹟。嘉慶庚午夏月，江右陳希曾序。

以詩招飲胡大令殿襄

犁翻繡壤蒲州雨，塔聳瑶臺夏縣山。三尺簿書隨手盡，一庭花鳥趁心閑。方將事遣蓍邊定，乍有書從稷下還。試問永和賢令尹，可無醽醁染朱顔？

【校】

江人鏡等纂修《增修河東鹽法備覽》卷八《藝文門》録此詩，詩題作《以詩招胡殿襄飲》。頸聯作『方將酒釀春缸熟，乍喜書從故國還』。

遣興

萬疊條山翠，隨雲落綺筵。衆花留客處，微雨讀書天。麥熟禽聲樂，風輕蝶舞偏。廣陵多老友，書寄載僧船。

【校】

十卷本中，『禽聲』作『饑禽』。『蝶舞』作『舞蝶』。

贈黄少府金城

尊罍傾我釀，筆札借君才。握牘停燈坐，循牆問字來。興酣詩有勇，機盡鶴無猜。只恐哦松去，流連不更回。

贈胡大令

百日鹺城水，同君飲杞園。往來無外客，肺腑有真言。訟以虛懷聽，書當暇日翻。鼠牙如亂葉，不掃即成冤。

雨後聞喜道中

渥澤蘇焦土，殘雲度遠山。憐兹諸父老，始得好容顏。耘具擱來久，券租行可還。水明開晚霽，天宇亦清閑。

役役前途遠，蕭蕭白髮新。事無旁貸處，臣是受恩人。馬殆猶思騁，鷹閑却累身。穹碑道旁墓，中有大勳臣。裴晉公，聞喜人，其墓在古裴鄉。

【校】

十卷本，蘇焦土，作『淪焦土』。始得，作『始有』。天宇，作『天象』。

史村小憩

樹帶襄陵雨，山聯曲沃雲。片時停倦馬，一語入斜曛。碑向橋邊立，相傳巢父洗耳處。田於屋頂耘。戍樓人不見，牛篴隔風聞。

夜行聞溪水聲

月帶崇岡遠，烟横曲磵長。林邊光煜煜，鷗處響琅琅。折轉成幽咽，平趨乍激昂。何人此垂釣，應遺製輕航。

霍州書壁

蹬閰乘健馬，禹穴櫂輕航。又見霍山月，融爲汾水光。褰帷青聳聳，垂領白蒼蒼。攬鏡生遥感，濡毫寫驛牆。

韓侯嶺

侯功初立侯則死，萬疊青山墓前起。稱冤責過劇紛紜，至竟何説爲真是。以殺無罪罪漢高，藉口跋扈之臣子。以誅心例例君侯，侯有斯心早叛矣。真王假王徒區區，酇侯留侯但爾爾。書生泥古發迂論，聚訟築室應寒齒。耿耿千秋一疑獄，誰略其迹究其理？井陘白骨化青燐，垓下紅顔沈碧水。誅戮過多古所戒，自來名將多如此。責侯而侯未必怒，稱侯而侯未必喜。平生飲酒讀《漢書》，抑揚贊歎多微旨。太史公筆自沈痛，蕭何目信是國士。安劉者勃書牘背，隆準兒孫亦委靡。雲夢烟霞屬魏晉，未央宫闕埋沙滓。今向秋風拜侯墓，斜陽欲墮嵐光紫。

【校】

日本京都大學藏此詩手跡拓本，目信，作『曰信』。尾署『嘉慶丙寅七月下澣，河東觀察使劉大觀題』。道光《直隸霍州志》卷二十五引此詩，題作《韓侯廟懷古》。

過兩渡村懷何氏兄弟

水聲還是舊時聲，山色重來倍有情。濃郁新苗如少艾，頹唐老樹學狂生。幾家爲黍晴烟上，三代斯民直道行。水部才華兼有弟，甘棠萬里種邊城。硯農守粤西太平，蘭士守甘肅寧夏。

南村别墅留贈李别駕曉園

解官新自潤州來，江上青山夢幾回。家有園亭妙如此，歸帆應趁早潮開。

喬木渾如古丈夫，緑天紅雨鳥相呼。居停正示維摩疾，竹醉何人用手扶？

田家詠

陶韋田家詩，能狀田家情。今見田家樂，油然欲歸耕。晉人務勤儉，衣食各有營。川原遘時雨，百物遂其生。刈麥黄鸝叫，飲犢溝水鳴。親戚策蹇來，欣欣望柴荆。豈識寒温語，終年不入城。瓜果勝珠玉，儀禮未嫌輕。炊黍爲君食，烹雞爲君羹。一醉無餘事，歸鞍月方明。

苦雨限八霽

墨雲如怒馬，一縱不可制。風伯扇淋淋，雷車碾翳翳。廉纖始村墅，噴薄及迢遞。誰驅衆之而，作此囂張勢。陰蟾夜羞縮，陽烏日幽閉。禾偃漲沙流，樹頹飢禽斃。維時坐行館，兀兀嗟濡滯。苔色上征衣，酒痕漬吟袂。伏枕饒長策，回天乏異計。淬筆戰游龍，烟收倏開霽。

陳鍾溪學使用沈既堂都轉涂水僧舍詩韻作絶句五首屬和

汾州幾角雨中山，並入量才玉尺間。蘭若故人成宿草，梵王宫殿暮雲閑。先生使蜀過此，所見老僧已物化矣。

計較舟中過眼山，匡廬高插斗牛間。先生家近廬峰下，定得髯蘇茗弈閑。

夏雲突兀作崇山，汗浹輿夫領頰間。泥陷馬蹄行不得，蓼花紅處白鷗閑。

有道祠堂接介山，骨埋青崒翠嵐間。浮名不是榮身具，碑上征西亦等閑。

雨掠襜帷夢故山，不知身在道途間。醒來却憶揚州住，買得烟花兩載閑。

義棠橋

介休文字第三篇，月映長虹水湛然。聞説狐岐鳴鸑鷟，夜來還夢出山泉。康熙間，王鼎起《游洪山泉記》謂：『介休三篇文字：綿山奇險，自足壓卷；洪山泉正而嫵，次之；義棠虹霽橋上亦一韻處，又次之。』

贈趙城金大令

崚嶒圍雉堞，中瘞藺相如。吏散吟爲事，花深蝶有廬。部民知讓畔，文士恥懷居。何遽能如此，平生善讀書。

趙介山觀察見過

垂簾秋草静，門外有朱幡。出處心同契，肝腸事可言。瘴鄉高鳥墮，觀前宰粵西。風舶巨濤翻。介山曾使琉球。會合初誰識，燈花剪太原。

得家書抑鬱無憀以詩遣之

雁足傳來雪正寒，幾回收裹又開看。浮波未貯盈舟麥，益壽空尋再造丸。大兄忽染沈疴。白髮上頭先有信，故鄉餬口只憑官。公私兩者俱無計，始信人生立脚難。

名山只合酬清賞，膴仕何當屬腐儒？六郡脂膏非土炭，九重耳目在寰區。無才粥粥慚無用，守拙硜硜復守愚。明月滿庭寒鳥盡，何人知我寸心孤？

【校】

未貯，十卷本作『未有』。土炭，原作『士炭』，據十卷本改。

與幕中諸友作消寒第一會即席有作

吟肩不聳已多時，寒柝聲中泛夜巵。才盡無能賦《鸜鵒》，興酣猶可戰熊羆。秋宵說劍淮南月，雪磧呼鷹塞上詩。莫漫此時輕放手，主賓多半著霜絲。

題錢潤之太守生壙圖

百年如一宵，短促不可恃。群生復夢夢，幻波軒然起。孤航入浩淼，百怪礪牙齒。指岸收帆去，靈犀一照耳。吾嘗持此論，物色天下士。寒暄四十年，南朔萬餘里。鐵鞋著已破，所見多鄙鄙。吾髮白於雪，來飲堯都水。塵寰一智珠，原墮此圖裏。

東園詩

養花數弓地，看花仍一亭。編籬購新篠，尚帶巖烟青。維月爲春仲，維時爲上丁。風和天氣佳，鳴鳩梳羽翎。園居二三子，逸興何軒騰！晨夕課園事，精心爲調停。牆高障文杏，畚鍤去崚嶒。甃頹防壽杞，築砌令堅凝。更開花間路，俾作之而形。宜曲不宜直，直則俗可憎。揮去金無幾，得來樂難勝。亭中宜乎飲，瑶觴傾緑醽。亭中宜乎棋，醉袖飛春星。老夫冒兹位，蹇劣無一能。愁被園花笑，對花亦兢兢。

陳鍾溪學使留宿運城得一夕之歡明日自解州寄詩來却寄二首

朱幡隨碧柳，迤邐轉中條。把藝看顔色，擎尊慰寂寥。語深巢燕宿，窗白曙星銷。明發一惆悵，池烟蔽使軺。

素心來會合，句句是真言。更有無窮事，同邀不次恩。隙光人易老，牘尾署方繁。得飲堯都水，還須問本源。

寄趙介山

華國有雄文，居官復絶群。用清爲把握，憑静掃紛紜。虎跡山巢去，琴聲雁夜聞。夢多春已盡，吾瘦只緣君。

懷杲堂師

瓶杖鎖空房，餘生寄故鄉。將身渾不管，並佛亦俱忘。浩浩青春遠，悠悠碧水長。有門開不得，蜂蝶正顛狂。師閉關二十餘年矣。

寄瑛夢禪索畫

知是最高人，形疎意自親。看山愛如命，潑墨久通神。木拱傅青主，雲埋邊壽民。乞君留數筆，生我屋中春。

牡丹

留客論詩處，酣酣聳數莖。榮華天賦與，磊落性生成。艷極春無價，香深鶴動情。朝來依不去，烟散雨初晴。

寄莫少司空

戟鬚吟夜撚，窗外月光寒。事到久方定，身能閑最難。買花同度歲，煮雪共謀歡。舊紙宣城寄，何人乞畫蘭？

寄榕皋先生

才疎民事稠，擔荷幾時休？用力酬青眼，將官换白頭。雁來孤月迥，風過滿城秋。却憶潘夫子，門前有釣舟。

【校】

詩題，底本目録及十卷本作《寄潘榕皋》。

詠開殘牡丹

人間留不得，一現似優曇。却復香難盡，應緣性獨耽。曉園春漠漠，高燭夜潭潭。月亦無情緒，淒涼過水南。

絶色竟難存，餘芳安足論？ 討風誰作檄，愁月亦銷魂。 蝶過别家院，春歸何處村？ 暝烟籠碧草，只合閉齋門。

朱敬亭刺史之任安徽

乞近緣親老，離家只數程。 挂帆春水碧，沽釀柳絲輕。 處處見竹馬，人人知姓名。 居官舊游地，民瘼倍關情。

錢貞女聽竹圖

稜稜萬个清飈起，孑孑孤幃瘦影寒。 已煉冰心成鐵石，無妨雪夜有琅玕。

蟲臂鼠肝無異同，豈餘尤怨貯胸中？ 多年禁制幽閨淚，却向天涯哭阿翁！ 湘舲先生視學滇南，卒於道中，已數年矣。

風聲惻惻竹聲悲，子夜書聲耳畔隨。 三尺孤兒一少母，翻愁吹與夜臺知。

綱常憑藉一釵扶，未負娘家作此圖。 又買扁舟載兒去，明年展墓到吴趨。 貞女隨其翁杜胥司馬平陽任所。司馬以疾引退，將返故鄉，以此圖屬題。

侯馬驛宿值雨

颯颯復泠泠，竟宵欹枕聽。軒帷有秋氣，草木覺龍腥。石吼馳新漲，墉頹露濕螢。曉村明日路，萬笏馬前青。

燈下

兀兀停燈坐，縹緗手自開。雨爲驅暑去，蟲欲送秋來。麴蘗欺人老，塵根費剪裁。只餘金石趣，收得漢尊罍。

仁義鎮題壁

萬傾雲烟一絲路，韓侯嶺上馬蹄聲。尊中麴蘗今宵事，明日看碑入趙城。

聞喜西郭月夜飲紅鶴樓下

浮屠影浸碧瀠洄，掃盡浮雲一鑒開。無復危巢挂秋樹，尚餘長劍隱高臺。披襟向水魚俱樂，借羽傳書雁未來。惜此流輝如潑汞，滿身花露尚銜杯。

蘇溪

雞犬桑麻含静穆，樓臺硼壑著離奇。霍雲綿雨自千古，别有桃源人未知。
遥峰藴藉近峰遒，峰上祠堂惠潔侯。一線路從溪上轉，野花妍麗水聲幽。

丁卯除夕

萬笏樓前山萬笏，屠蘇酒對碧岧嶢。無多智慮磨將盡，得少清閑幸此宵。異地梅花同守歲，經霜竹節尚凌霄。六街民氣騰騰上，醉看春星麗斗杓。

與胡太守蕖船吴刺史濟川朱刺史少河楚大令海洲恒大令樸堂洪大令惠堂周參軍無逸朱參軍湘霞許上舍牧田李茂才鳴臯野狐泉小集

吕仙閣下有清泉，泉水入池生碧烟。約客依泉作琴會，春氣水氣浮閣前。主客循循致恭敬，修髯玉貌瞻金仙。仙人嗜酒甚於我，巨觥三酹心虔虔。閣上嵐光撲衣襼，群峰對面羅嬋娟。閣下泉聲寓琴妙，一吞一吐聞鏗然。刺史胸中有琴譜，下閣挽袖調冰絃。入手一揮調猶澁，凝神再鼓機初圓。旖旎朱霞閣頂駐，啁啾碧鳥山隈還。泉聲至清琴韻古，薰風默溯重瞳先。祥符一客曰無逸，新安一客曰牧田。二客身爲賀若後，各囊緑綺泉水邊。挑撥有法意無競，餘音散入中條巔。是時群峰釀雪意，雲隨碧峭飛賓筵。衆客起舞我先醉，一掃世態開拘攣。三琴貯入牡丹錦，一詩書上霞光箋。此會平生未易得，新春五日戊辰年。

【校】

江人鏡等纂修《增修河東鹽法備覽》卷八《藝文門》録此詩，詩題作《與諸僚屬野狐泉小集》。閣頂駐，作『門巷駐』。

平陽道中

曉暮經行處，唐虞古穆天。作歌無帝力，同井有公田。歲事牛躬出，春聲鳥口傳。卿雲宿隴首，冉冉度前川。

怒者常情笑者不測古人所以辨心術也姦雄無怒聖賢亦無怒其有怒者常人耳怒忿也洩忿於人以自快譬擲瓦石泥淖之中泥激而躍將污其衣然泥不任過也有激之者也激之者不激之咎而泥淖之咎得無謬乎譚大令玉岑自運城同赴太原途次時相討論謂七情之中惟怒字最難收伏知於克治之功爲不淺也漫以韻言用相質正

劇有睚眦作怪形，槎枒肝膈起雷霆。昂然七尺何人與，記取髫年讀《孝經》。
孔雀有時逢老牛，將軍醉尉兩悠悠。回春欲覓逍遥散，百煉鋼爲繞指柔。
天將刺促試名賢，黑夜盲風碎客船。却向此時消芥蒂，真聰明是范忠宣。
不貳不遷更不校，夏時殷輅可承當。書生擬任無窮事，要有春風滿肺腸。

上元夕行次兩渡

日暮山如睡，溪迴石作湍。蓬茅樂豐稔，冰雪湛清寒。樹古猶棲鳥，僧稀不挂單。停驂試春釀，心印水晶盤。

輓趙介山

分手去年秋，時時動遠愁。塵緣忽已盡，老淚浩難收。有魄隨星落，唯書與子留。春風雁門路，遥望但悠悠。

淒淒何所往，漠漠更奚爲？已了平生事，終無再見時。夜猿悲塞月，江雨濕船旗。却恐還家後，孀孤愈不支。

繡衣無厚價，典去只空箱。官用廉爲始，名緣死更香。廢琴横黝室，饑鶴立斜陽。如此蕭條極，疇能不慘傷！

埋骨欲佳壤，牛眠今有無？夜臺理文字，鄰塚要韓蘇。修短誰爲宰，賢愚共一途。生時本曠達，鼠臂亦區區。

贈錢光禄楷

昔飲嘉禾水，淵源實有自。爐冶鑄門生，殷殷望成器。我年二十六，受知以文字。明年荷君恩，墨綬爲邊吏。入門拜吾師，師有愀然意。謂爾踈無術，如駒不任轡。今遽效馳驅，恐爲爾之累。仕途人品雜，如廞羅千騎。所曬非騂騮，一蹶不可治。寒儒始授職，昂然無畏忌。霹靂醒癡蒙，飛揚變悚悸。

粵西鳴歸櫂，門牆復趨侍。師面有愉容，師恩靡不至。是年師有疾，辭師隕雙淚。尋復歸道山，銜戚拜虛位。生我天之德，成我師之事。師去言猶存，忍忘根本地。師既不可見，形影在寤寐。焉逢師家人，與之説此意。先生承家學，能奮摩天翅。闓閫侍冕旒，文章出禁秘。今持晉南節，燃犀照鬼魅。肅衣見行幰，撝謙寓純粹。固識鸞鳳裔，理宜生孔翠。使院春鳥鳴，山郭照明媚。誼分非疎逖，吐茹羞虛僞。中條晉之雄，涑水環山次。虞舜揮絃處，旌旄忽一莅。會合非偶然，可遭不可覬。用詩瀉肝膈，筆拙意無匱。

【校】

環山次，原作『還山次』，據十卷本改。

清江泛櫂圖爲方葆巖中丞題

溪水碧沄沄，溪山青冏冏。詩書湛襟臆，巖壑收舴艋。時爲使節副，因暇泛幽境。誰識大經綸，發端於五嶺？

自禮教村回芮城縣途中所覯寓之於詩

河聲嶽色慰勞躬，短策輕鞍踏碧芃。天送一宵肥麥雨，樹吹千古阜財風。閭閻俗溯唐虞舊，政事雷羞魯衛同。三尺牧兒來叩馬，笛飄深翠淺嵐中。

邱爲我嗜銐吾耽，此外浮雲詎所貪？詩歎未能收泰岱，僕足跡半天下，而以魯人未登泰山，殊爲耿耿。命教無意得終南。河西即終南也。沈身冗劇人將老，過眼紛華味少甘。烟雨一簑雲兩屐，只愁從此是空談。

得李松圃書却寄

雲樹隔天末，一年深一年。嗟離春有夢，得信喜如顛。松老霞侵蓋，樓空鶴化烟。幾時風送客，重臥渡湘船？

【校】

霞侵蓋，十卷本作『霜侵蓋』。

書韋廬集後

遒緊復綿邈，功深老友知。屐裙嗟久別，風雨夢當時。鶴唳湘雲遠，帆開粵嶠移。悲歡感臨眺，匠入晚年詩。

左田先生寄示蒲州近詩奉答

幾日思君瘦可憐，蒲州雄堞隱蒼烟。半宵寒雨濯山緑，忽有君詩落眼前。萬固寺山尋水脉，王官谷壁剔苔痕。寄來詩似秋巖瘦，足慰司空墓底魂。鉅冶鎔金鑄八牛，藉渠脣吻制狂流。詩中有《開元鐵牛歌》。腹間銘被雷收去，又染吟毫補上頭。皴法每疑荆浩奇，虞鄉西去始能知。丹青元化在公手，畫了青山再詠詩。

遣懷

土香聞雨氣，簾捲半城秋。默默巢邊燕，欣欣屋角鳩。天時如桂管，書信去蘭州。酒價徵豐歉，將錢買市頭。

題左田詩後

使君游興發，抄寄紀游篇。險語驚山鬼，柔毫瀞寺泉。夢醒花落後，茶熟鳥啼先。時復一吟詠，此心何曠然！

有人問運城風景以詩答之

虞帝揮絃處，巖溪鬱古情。薰風來夏縣，晴雪滿鹺城。棗大如雞卵，魚稀有莧羹。瀠洄看涑水，宰相出忠清。司馬温公墓前，有忠清粹德碑。日曬蚩尤血，民耕虞芮田。顛軨山徑迴，築版澗民賢。郭璞高超士，純陽受用仙。採風行部處，吾意亦蕭然。

雨後

雨前山睡去，雨後鳥呼來。蕭灑動吟興，鮮妍生砌苔。捲簾看蝶舞，逢客乞花栽。未洗書生氣，無人不見猜。

在官閑日少，此日獨逍遥。倚杖調孤鶴，將詩考庶僚。心猶繫桑苧，夢不到金貂。初霽農歌起，浮雲捲碧霄。

久閉吟詩口，故人多戒辭。偶然爲破例，終日復揺頤。學退難誇勇，思枯屢告疲。自來無此病，衰近一燈知。

《離騷》寓忠藎，胥作等閑看。持筆作文易，致身酬國難。種葵思捧日，吟菊爲辭官。清獻琴邊鶴，猶知愛羽翰。

【校】

雨前山，十卷本作『雨前花』。

寄李松圃

故人都作白頭鳥，故人相思何日了。萬里風濤一尺書，對使開函百愁掃。紬繹開闔日千回，疑君攜杖叩門來。人當樂極轉荒謬，奇想忽從天外開。鏡有霜絲色顛頷，老來倍覺交情貴。鸞觴酌醴更何時，讀到君詩真可畏。韋廬詩：『素心彈指已無多。』君具高格世鮮知，少鶴知君學左司。愛子雕龍生妙手，愁人摸象誤群兒。鶴飛天際不復反，望鶴無蹤恨難遣。孟郊張籍失昌黎，意蘂筆花都偃蹇。我所思兮在桂林，欲往從之湘水深。借張平子句。蟋蟀局促鴻雁杳，愛惜榮名守素心。

題文衡山畫歸去來圖

蘭橈一柄劃秋烟，衡宇蕭然意適然。不是此翁腰獨貴，菊花開到永初年。

【校】

永初年，十卷本作『義熙年』。

方母吴太夫人壽詩葆巖中丞之母。

金飈扇闔隴，寶婺燭河漢。群峰出曉晴，太華擎天半。是月當夷則，霞觴舉令旦。階下萃纓簪，堂中耀詞翰。數州雲俱紫，萬首幘同岸。德以慈爲祖，慈積壽無算。恭維太夫人，支由讓王判。清飲胥江水，敬舉龍眠案。昔佐宫保公，績著封疆冠。一夕十三旨，恩深志不亂。息肩得也晚，天顔霽以粲。孱孱恃母慈，蹙蹙逢家難。荻梗支門户，熊丸化冰炭。及長踐仕途，聲華彌璀璨。入濡禁廷筆，出控要荒騂。煮海波自平，籌邊俗無悍。時或歲有瘠，頻聽帷中歎。命食食枯腸，命衣衣窮骭。誰知投杼心，兼抒拯溺腕。女憲書可補，壽人譜應按。修句祝遐齡，荒塞愧劉讚。

和李監榆野狐泉絶句

城外迴環更有城，依山百雉遠相迎。北城却讓南城好，一片銀沙抵雪明。

鳥吟牧笛樵歌外，人在池光樹影中。吹我故人來會合，燕南十日蓼花風。

天將快雨洗塵埃，沽得醁醽今始開。閣上有山兼有月，聽琴人又聽泉來。

不製江南鴨嘴船，晉人愚得亦堪憐。茶烟酒霧揚州夢，未必豪情遜往年。

哭牟松巖

清平門下士，凜凜抱初心。至死操難變，因勞病乃深。殘書還夙契，孤子泣愁霖。滞我虞都水，凄涼讀訃音。

題胡蕖船太守弢弓圖

壯士衣冠名士鬢，誰操不律寫爲圖？戒嚴身受防河檄，勵志胸生照國珠。蒲坂雲烟横禹甸，咸陽甲胄接成都。豺狼幾度聞風去，閑殺手中金僕姑。

庭中有一鳥

庭中有一鳥，依依三十年。愛之若兒女，畜之襟袖前。養花恣其食，移樹恣其眠。歷劫足風雨，百計爲周旋。渠自有天性，豈同鴟與鳶？柔腸慕老夫，亦如父母然。時或窺其微，澹泊遠腥羶。飢羞啄腐鼠，渴恥飲濁泉。臨風剔毛羽，文采殊鮮妍。有時立春枝，一鳴太和天。群鳥閉其喙，誰能與爲緣？老夫坐書堂，焚香手一編。聽爾聲音好，令我心悁悁。爾胡不爲鷺，逍遥對晴川？爾胡不爲鶴，遠向雲中騫？ 乃寄我籬下，日夕相纏綿。 此中有元宰，筆墨難爲傳。

與監榆夜話來青館遂至三鼓

空齋雨後燭光泠，麈尾蕭蕭弄雙影，世慮潛教酒送回，萬金難買秋宵永。 中條日日入簾帷，不負青山更有誰？ 金粟花前宜夜坐，談深遮莫曉風吹。

題吴刺史濟川小照

瀟灑真情性，鬚眉好丈夫。 鋪苔立雙鶴，障日聳高梧。 印鎖方閑適，琴收已感孚。 願君留此像，鐫作《牧民圖》。

【校】

小照乃華冠爲吴邦治寫，見中國嘉德國際拍賣有限公司二〇一一秋季拍賣會圖録，署『無錫華冠爲濟川先生寫照。』前隔水即劉大觀是詩，署『戊辰仲秋爲濟川大兄年丈題，松嵐弟劉大觀。』尾鈐『劉大觀』白文方印。

秋懷十首

扇如失寵姬，恩情異於舊。花如絶乳兒，顔色日以瘦。蟋蟀感時節，淒切出廧甃。少昊走祝融，陰陽薄宇宙。逝波何日回，頽齡幾時茂？古昔曠達人，輕身重醇酎。鬱鬱庭前松，蒼虬立晴晝。群卉市娟妍，誰得擬其壽？

燕子留空巢，蠨蛸綴虚網。簾開暝烟重，露滴秋蟲響。惻惻緬昔游，江南屢還往。開尊自饒伴，看山亦有黨。笛吹螭首航，樓披鶴羽氅。待妓緩晨譏，嘲客撫宵掌。興至突兀時，更曳靈巖杖。花止半旬艷，福難終歲享。不見古人云，君屐著幾兩？

曾食昌黎鱟，亦讀次山頌。但覺川路遥，不知吾命重。七年在柳州，聽盡綿蠻訟。亦復買木奴，佛桑花邊種。今飲鹺城水，虚縻監司俸。柿酒醉賓朋，棗脯飫僕從。簿書常等身，疎狂不敢縱。乃知襪線才，瑣瑣未堪用。

白髮已垂領，生兒不愁晚。分此悴與勞，吾家有小阮。菩提空復空，道德損又損。吾心自空洞，吾夢亦安穩。唯是故人書，經年尚不反。天澈秋鴻高，年衰嶠雲遠。

昔在遼東時，醽醁可十斝。今飲不及半，玉山已頽也。淵明忘憂物，盡日手中把。此物亦欺人，况復其餘者。獨鳥啼齋樹，明月照屋瓦。擬賦《止酒》篇，止則味彌寡。

漸解書中味，惜少讀書時。譬若勇丈夫，彎弓上馬遲。書中味何似，江南蓴菜絲。在家不覺妙，出門乃見思。古人不我待，借書留其詞。吾身有病痛，書以爲良醫。如何遘扁鵲，有病還相欺？吾鄉李少鶴，詩似霍嫖姚。探源祖四始，論格奴六朝。常以太華石，與世鎮浮囂。丹山立老鳳，凡鳥豈敢驕？其生秩未顯，其死名方遥。諒哉古所歎，賢人沈下僚。

丹青吾不識，近始覺其妙。苟未入精微，虛譽那可釣？寫物物情出，怪變生奇陗。時用一兩揮，出我意所料。誰謂此區區，無裨於廊廟？一幀《輞川圖》，人間疾可療。

新與鹿作欄，送在花牆中。欲收其野性，隨吾屐與筇。始入頗有怒，氣象何匈匈！閉置三五日，厥技亦復窮。養鹿如養民，恩怨本空空。肉勿食其弱，心勿畏其凶。

中條生綺雲，涑水漾清藻。何物大如瓜，村翁賣新棗。吾年已非壯，吾職亦不小。安坐此城中，尸素慚昏曉。濯魄一弦月，棲烟數枝鳥。儒酸洗不去，燒燭撰吟稿。

【校】

幾兩，十卷本作『幾緉』。天澈，原作『天徹』，據十卷本改。

擬張水部薊北旅思即用水部韻

誰奏思歸引，淒涼多怨詞。況當今夕月，曾照出門時。勸影揮空斝，傳書托故知。宅邊漁艇在，空繫野棠枝。

喜林樸園明府至自太原

帶得秋光入署門，車聲未止鳥聲喧。來揮月夜亭邊麈，不食春宵酒後言。卓犖文章兼穆穆，和平舉止自温温。詞壇新立諸侯國，要以君家領大藩。

樸園將回太原留之不得

雲送堯都雨，山呈禹甸秋。素心行且去，芳草亦生愁。再見豈無日，清歡難自由。此尊姑一盡，園内晚花稠。

堯廟

崇構何年創，看碑字不全。茅茨易金碧，歷數化雲烟。檜老虬枝瘦，風高殿瓦偏。冕旒渾穆氣，猶對古山川。

重陽後二日讌諸僚屬晴雪山房

久藏嘉醞待諸公，向菊開尊夜燭紅。琴劍影浮花影外，笑談聲入雨聲中。一年如此無多日，雙轂催人作老翁。歸去勿嫌霖灑蓋，寒音醒酒嚮梧桐。

【校】

江人鏡等纂修《增修河東鹽法備覽》卷八《藝文門》録此詩，嚮梧桐，作『響梧桐』。

歌伶孫郎體姿秀麗酌客來青館皆謂今夕不可無詩也乃以二十八字爲諸君鼓興

娟娟月上玉鈎斜，此夜砧聲又幾家。酒裏生春春價重，尊前十月有桃花。

飲胡監掣藻船茹翠閣與家廉訪葦間同賦

雪情山意兩悠然，危構吐吞寒翠邊。時暮酒腸無外務，地高吟袖有蒼烟。千峰甲胄防邊日，一葉風濤泛海船。往事尚堪揮麈尾，幾回言去復流連。

陪少詹事梁九山先生致祭湯陵

峨眉嶺樹聳春枝，縣隱蒼烟馬到遲。天漢汾陰《封禪表》，《秋風》武帝暮年詩。一龍寂寂無留影，三鳳翩翩有茂姿。今逐使車襄盛典，時來鳩杖拜旌旗。

【校】

頷联，十卷本作『細雨汾陰頹岸草，《秋風》漢武暮年詩』。

題董竹君修吾廬册子

少年著新衣，覺比舊衣好。中年游異鄉，還家則懊惱。此理不可詰，此端誰所造？及其涉歷深，形骸變枯槁。雲烟過眼處，百事俱草草。盤思故園蔬，味壓侯門䊦。窗憶故山禽，音勝殊鄉鳥。愛憎隨血氣，耳目虞紛擾。竹君十年前，共酌遼西醥。栽花惜未多，舉觶常嫌小。今來中條下，摧頹成二老。篋開圖與詩，雄心已漸掃。詩云幕中蓮，何似湖邊篠？焚筆買歸航，抽身恨不早。余爲喝一棒，打君欲打倒。生人共一天，疇能駕天表？以身寓於夢，何處不縹緲？譬君生於晉，歸航何處討？舊雨方綿綿，新月復皎皎。題詩還老竹，質言遜嘉藻。

【校】

侯門，底本作『候門』，此從十卷本。

自陝州至三門觀砥柱夜宿禹廟壁間有詩吏部馮主政魚山乾隆丙午二月二十八日作也持燭讀之不勝慨然作七律二章

古殿陰森壓怒波，中條對面復峨峨。鑿經千古石猶悍，危到百分舟自過。竹箭夜馳驚鬼魅，桃花春漲走黿鼉。神功一鎖狂瀾勢，不爾人間竟若何？

鐵鶴蹁躚留晉製，皮羊混沌學吴舟。檜摇空院已春盡，詩出故人還壁頭。共借繩牀棲冷地，誰傳書信到炎州？法源花下題襟處，綺歲匆匆逐水流。

雨後翠虬書屋聽許牧田鼓琴

皛皛清華月，泠泠澮遠音。並從雙柏下，潛入兩人心。境寂蟲聲絶，樓高樹影深。不知今夜裏，此樂復誰尋？

寄洪稺存

不能剷中條，見我故人面。故人生平有狂疾，寰宇青山擬游遍。前年寄我天台詩，石梁飛瀑蒼龍馳。更造匡廬之絶頂，手酌天漿窮兩儀。今年詩詠張公洞，意興飛揚語沈痛。危此七尺盡一歡，命奪呼吸還自訟。是何意態如此雄，有五車書横臆中。蠹魚作怪肝腸蝕，乞取靈丹問赤松。靈丹不可覓，逝水如箭鏃。屐笠送餘生，幸此烟霞福。毘陵故宅有梅花，明月年年況可賒。腰脚告疲人欲老，門前勿復繫游艖。

寄宋芷灣

千里燕雲接晉雲，每看雲過便思君。其中渺渺無涯意，不在詹詹悦世文。心切重霄舒雪毳，形疲九坂折蘭筋。何時更酌逡巡酒，傾吐肝腸醉夕曛？

題鄭板橋竹蘭横幅

畫裏頻遭鄭板橋，蘭情竹意又今宵。胸中不合時宜處，墨海蛟龍起怒潮。

輓洪穉存

名山踏盡世緣終，奇氣遂教還太空。猿泣毘陵秋夜雨，江吹吊客暮帆風。餘書未刻愁遭蠹，宰樹生枝孰挂弓？大孝於今慰哀思，太夫人在玉虚宫。

題張船山灤陽紀行詩後

劍外何人接大蘇，遂寧胸次走驪珠。筆如泉湧神先到，語不雷同趣自殊。名士改官仍磊落，奇峰出塞轉縈紆。一鞭秋色吟韁索，何待倪黄作畫圖？

玉磬山房詩集卷七　行脚集　古今體詩五十四首

行脚集序

楊芳燦

松嵐先生風骨高奇，音情頓挫。甫離竿牘，便愜山心；偶脱簪纓，即尋野服。芒屨行篋，瓢堂打包，以禪語名集，紀雅遊也。先生樹菩芻以祀軷，戴席帽而出都。朋舊惜别，賦零雨之篇；鄉土繫懷，按《歸雲》之引。歷下亭高，尋名士之讌賞；斥邱地古，續童年之釣游。招苾蒭之侶，爲竹篠之飲。銷夏泛水，追凉入山。乃逾成皋，陟伊闕，訪香山之古刹，登龍門之峻巓。繼歐公之雅遊，想白傅之高躅。勝襟拂霓，清談干雲；詩題松關，墨灑苔壁。兹復蠟高齒之屐，製遠遊之冠，問渡風陵，擕笻太華。經黄卷之坂，歷青柯之坪，攀鐵鎖之千盤，窺箭栝之百尺。跳岑拔地，嶟嶟造霄；窅崖入雲，蒨蒨梯翠。帝座呼吸，罡風動摇，衣牽藤蘿，足躡猿鳥。可謂窮登陟之勝，極眺聽之奇。

故其爲詩，緬邈幽邃，雄奇嶢峭。霆犇電駴，冰懸雪跨，捫星烏帑，拾月鯨口，銅廧鬼炊，虎獄劍餌，穿穴險竅，卒造平淡。百怪退舍，萬象呈露。盤羊烏櫳，化爲康莊；珊瑚木難，不易菽粟。直詞正氣，宏辯博議，與道大適，方古無上。非夫澡元瑩素，蕩累超神者，其孰能臻斯懿乎！芳燦軨才寡識，末學膚受，毫楮枯腐，石墨熬燥。旅愁羈思，損其形魄；陳編斷簡，銷其知慧。久耽疎放，合號嬾殘。未能追絶塵之蹤，自知無濟勝之具。藉君奇作，滌我俗腸。儻得兩版叢書，更願十年面壁。偶參梵語，且學惠遠修心；又作讕言，未免豐干饒舌。嘉慶庚午九月既望，年愚弟楊芳燦。

【校】

楊芳燦後，十卷本尚有『拜序』二字。

行脚集自序

余罷官後，百體有主，笠屐遠邁，自黄金臺下至七十二泉，又自大梁、成皋、洛陽回至鹺城，擬偕妻孥，炊黄粱於破釜，與伏櫪之駑，休息骸骨矣。因念鹺城只尺太華，有杖不撰，山且笑人，爰共癡奴，遥踐勝地。聽雨於玉泉院，訪僧於雲臺峰，濯頑軀於温泉，嚼秋英於韋杜。如不送去冠上峨峨之獬豸，焉得換來峰頭巍巍之佛髻耶！游蹤所至，輒有題詠，命其集曰《行箧集》，屬同年老友楊蓉裳作序。蓉裳誤聽，以箧爲脚，序中不儒我而僧我，又以不得共遊華山，自名嬾殘，以作序比豐干之饒舌。其文嘉矣，不忍割去。又病其役我於比邱，非名集之初意，促蓉裳改之。蓉裳曰：『吁！用子之硜硜，度我之恢恢耶？士爲名累，如魚中鈎。魚爾，爾不知怒；僧爾，爾則以爲怪耶？夫僧之異於儒者，脱刺促而就逍遥也。子之游，逍遥矣；子之詩，亦逍遥矣。逍遥爾，故僧爾；刺促爾，乃儒爾。爾安於刺促，不安於逍遥，吾將改吾之序矣！』我無以對，而聽其以脚替箧焉。

題李石農廉訪龍湫觀瀑圖

泉氣森嚴石氣青，其中雲氣覺龍腥。使君選石一傾耳，巖鶴借泉來洗翎。涵以詩書心浩浩，瀉爲琴筑韻泠泠。商量此事君應許，圖裹還添一草亭。

明熹宗小鐵斧爲英少司農題

小斧小斧出中祕，鏤爲天啓三年製。鐵繡斑斑萬劫寒，猶遺笑柄在人世。想見昔年傳内旨，馳驟朝紳走宮吏。天子無愁國晏安，宮中急務唯兹事。廄馬出廄奮其足，冶人然冶盡其智。錯采鏤金務鮮妍，朝磨夕煉求工緻。裝成一進承優賞，天顏有喜宮門閉。宵旰勤勞抑何愚，治國應須先治器。奉聖夫人聳高髻，來勸君王恣游戲。手持大柄蠹朝綱，刑餘更有九千歲。東林塗炭不復省，西蜀烽烟何足計！雕漆妙手移雕人，妖魅何能近皇帝！

家芙初翰林招飲陶然亭與吴玉松謝向亭董琴南陶鳬香吴藹人同賦

黄金何處買陶然，得此僧廬一握天。蝶自多情來雨後，花如踐約到尊前。扶輪炙輠幾名士，送抱推襟成散仙。郭外青山愁客去，故迷歸路起蒼烟。

拜偃師縣名宦祠

維予八世祖，明德著兹城。大獄判生死，貞珉勒姓名。樹垂前代色，風嘯此時聲。一酹祠邊土，能無砥礪情？按《偃師縣志》，先按察公於前明萬曆間知偃師縣事，倜儻有權略，能決疑獄，辨曲沃賈師孔及鞏梁賓冤抑，縣之士大夫勒碑紀德。

吊武虚谷

斯人不可見，見者一邱土。斯人尚得聞，貌古心亦古。髫年聳頭角，口無世兒語。寖寖弄詞翰，往往驚風雨。書到其眼中，剔抉窮銖黍。筆到其手中，操縱如戈弩。六經無滯義，群言掃陳腐。及其宰赤縣，塵埃視簪組。民腹飽以甘，君牙嚼以苦。恥俗近頹薄，引人就規矩。奇兇倚要勢，突來六七虎。眈眈示威稜，家家閉門户。客問虎何來，曰來自相府。君齒不勝切，杖虎如擊鼠。萬口頌神明，大吏舌先吐。畏虎褫君職，還山務農圃。伊流春可釣，嵩薪夏可斧。時用賣書錢，村沽澆肺腑。璠璵墮溝壑，鸞凰翦毿羽。逍遥送日月，琴尊樂衡宇。誰知焦尾桐，殊音達聖主。綸綍及里衖，形骸瘞岨峿。才豐嗇於數，星隕石難補。君亡越九年，我車來東魯。偉幹不曾接，英概粗能舉。欽遲寓吟筆，世誼藏家譜。偃師名宦祠，有我八世祖。

【校】

武億《授堂遺書》附録卷首上《謁墓》載劉大觀是詩，題爲《嘉慶庚申六月過偃師武虚谷墓乃吊以詩並序》，序云：『按《偃師縣志》，先八世祖按察公於前明萬曆間知偃師縣事，倜儻有權略，能决疑獄，辨曲沃賈師孔及鞏縣梁賓兩案，雪其冤抑，縣之士大夫勒碑紀德。又以仁心惠政，多有實蹟，入名宦祠。觀拜於祠下，求二碑不可得，先生嗣君搜訪數月，乃得一碑於西門外古廟墻邊，寄予太原客次。此實生平第一幸事！豈先生九泉之下，知其身後有作詩吊之者，陰助其子，使以此碑爲報耶？並記。』

與家芝圃太守游龍門香山以杜詩天闕象緯逼雲卧衣裳冷爲韻得五古十首

崢泓壯宇宙，伊闕當伊川。洛陽古都會，城雉遥相連。吾宗卧郡閣，一麾持三年。郡事隨手盡，餘興及林泉。我走洛陽道，欣此雨後天。川流清浩浩，山容碧娟娟。白髮兩兄弟，乘興踏南阡。樹杪峰巒影，舉目已悠然。

未淪僧寮茗，先磨馬蹄鐵。路隨村勢轉，山訝壁痕裂。是誰用偉力，闢此青巘辥？鼇移地軸斷，石破靈源泄。禹功恃以成，民患從兹絶。龍歸潭影動，雲烟羃瑶闕。

不識中州土，有此恢奇象。昔年九老人，來兹扶鳩杖。身爲雲中客，德乃世所仰。朝廷幾大事，僧樓一撫掌。白髯潔於雪，一嗽群山響。數公安在哉，空復令人想！

榻可安肢體，泉可滌腸胃。烟霞適性靈，其餘何足貴？怪哉山有劫，摧殘到北魏。一例加斧鑿，不復分經緯。石窟如蜂房，鐫佛乞祥瑞。佛力亦安有，峰巒被所累。擊筑發浩歌，嶔嶔巖花墜。

流者水之性，峙者山之德。詩欲此中吟，人事苦相逼。今謝簪纓海，來訪闍黎國。升高望九垓，思借雲間翼。虎牢多戰骨，雁門少春色。一誦元丹邱，青蓮實超特。

山之最深處，丁丁運樵斤。水之最遠處，悠悠起暮雲。客坐香山室，門鏤香山文。白樂天《重修香山寺記》，汪退谷書於室中板扉。文壓《蘭亭敘》，書追王右軍。此時酌醽醁，頹然已半醺。高閣弄管絃，莫令酒星聞。

巖月正堪賞，僧榻豈能卧？澄輝入樹來，移尊水邊坐。隔岸幾佛子，鐘魚作晚課。披襟入曠朗，揮毫戒柔懦。大白浮阿兄，雄心不可挫。

山影落君袖，花露濕吾衣。風月娱幽情，談笑亦天機。兹景不恒有，有時愛者稀。人生宜曠達，還復慎其微。阮籍如鸞鳳，可能勝胡威？

青雲方靉靉，白日復堂堂。隱者溺邱壑，蒸民務耕桑。萬物各有性，性適無他望。達人貴知止，不辱是仙鄉。何必炫時俗，錦繡以爲裳？

龍門有聲價，香山無市井。我目資以游，君懷藉以騁。松色自閑暇，禽聲亦幽冷。石家珠幾斛，不及雲千頃。看山復讀書，脉脉發深省。

别中條山

山在鹺城南，只尺相對，今一旦作别，霧岫嵐峰，皆有黯然之色，曷能無詩？

玉鏤芙蓉挂女牆，時從樹杪見蒼蒼。將雲養目來青館，送雨銷憂敬事堂。如遘老僧遺古畫，似於久渴得仙漿。驪駒一過顛軨峽，夢裹相思但杳茫。

醉王青甫寓館

不知餘暑消何許，六七朋簪聚草堂。吟入格時生古艷，酒傾花外飲秋香。補巢社燕懷歸久，絡首鹽駒畏坂長。屐笠猶堪娱晚歲，鵲華摇影落滄浪。時擬卜居濟南。

予將有華山之游以書告林希白希白賦七古一篇語甚聳拔有足傳者濡筆和之

海内名山著名五，東南兩嶽笻先拄。其餘未到者有三，太華尤爲性所耽。塵纓掣我游山肘，華雨華雲非我有。挺然抽出幻中身，去作秦關著笠人。雙足未曾插群峭，送我游山詩已到。詩中用意比山深，字有圭稜觸我心。詩中更有探驪膽，頷下明珠一手攬。我持傑句問高穹，並沾醽醁灑秋空。世有斯人滯賢路，明珠皎皎賣何處？

附希白詩

仙掌嶙峋造神化，二十年前登太華。三峰今插關中秋，一千里外聞公游。惆悵舊游不能去，鬚髯遥憶題詩處。青柯坪上霜樹紅，十八盤路層巒中。山靈祕奥不自惜，横空擲下回心石。我知公心定不回，手捫星斗凌崔嵬。九州八極供一覽，高出塵寰須有膽。

遣興三首

閉門高卧雨聲來，濯盡秋花又辮苔。終日讀書愁眼耗，與人求藥向畦栽。安貧骨肉堪娱老，寫意文章不弄才。雲脚遠移前嶺去，香浮别館一尊開。

酒德常思作頌人，一酣諸事化浮塵。青山不禁埋仙骨，赤日誰爲駐火輪？葛令丹砂求僻縣，荀郎玉版識勞薪。平生獨羡風流種，宰相車中吐錦茵。

低頭束帶去隨班，粤雨遼沙仕路艱。馬陟危峰嘶瘴癘，人經駭浪損容顔。黄柑暮雨羅池廟，皂帽秋風管子山。老去無能詩境進，草堂人似白鷗閑。

秋日借温庭筠隰字韻

氣激炎歊盡，晴旭照芳隰。農人務秋稼，田塍事方急。出郭望中條，萬笏巖巖立。雲開巘疑走，雨過村猶濕。女膏横解州，鹽沙照安邑。志因時以暢，愁無隙可入。回策理毫素，文淵手自汲。冥茫探奥窔，瑣細憚收拾。蓬蒿惰於翦，形骸不受縶。仰瞻天外翔，俯察穴中蟄。時光信可愛，朋儔亦來集。插架愉千軸，浮觥快一吸。金粟夜來破，蟹螯手應執。誰爲禹鴻臚，寫我看山笠？

秋陰二首

垂簾頻聽雨，詒客憚乘車。句詠憐幽草，心愁對晚花。一年留幾月，百感浩無涯。籌度身安處，唯應是酒家。

曝書無朗霽，吹篴亦蕭寒。燕去巢空在，蟲吟夢不安。頹唐知我老，瑟縮向人難。鏡裏秋霜色，何人贈馬肝？以馬肝石和九轉丹，白髮轉黑。

監掣司馬沈筠堂前任長沙太守以李北海嶽麓碑碎石九十三字依金石録排砌成章搨以見貽此非古心自鞭者不能爲也賦詩報之

北海自是人中龍，孔章一疏貫長虹。北海自是書中虎，雲麾一碑壓千古。世説無稽不可憑，具真眼力唯陽冰。歐九不信晚始信，蘇黄後來胥服膺。娑羅古厚寓春氣，東林矯健如秋鷹。《嶽麓》彌爲世所貴，響搨萬本勞山僧。一波一磔恐其走，雕鐫不用他人手。黄仙鶴與茯苓芝，其名則有人未有。嶽麓峰與岣嶁鄰，深山大澤足鬼神。赤文緑字墮雲霧，幸此片石留千春。地近長沙最卑濕，盲風怪雨龍蛇蟄。陰祲蝕石石骨摧，神光慘澹誰復恤？五百年來無鷗波，得李北海不傳之妙，趙承旨一人而已。筆法戾古成書魔。戔戔一脉不復繼，珠沉璧碎將如何？鐵束木匣追往事，王右軍《樂毅論》甃入昭陵，後温韜盗發，舊石已碎，宋學士高紳以鐵束之，轉入郎官趙竦家，貯以木匣，親故求墨本者，必手摸以貽。收存九十有三字。字字光芒吐峭寒，龍蟠檜枯難思議。我書意造無師傅，嘉穟何能茁硯田？得此秋窗一撫弄，直如渴驥逢甘泉。斯時正撰游山杖，太華終南落吾掌。持此南天一片雲，箕踞峰頭看秋爽。

宿太華山玉泉院

足插犖确心怡怡，欲見不得始見之。三峰正值八月杪，秋飈吹瘦青嶔崎。入門修竹滴寒翠，噴壑亂泉嗚嶮巇。異葩殊卉接簷瓦，五十七仙同一祠。華山得道者，有五十七人。廟令老人聳方帽，不識磬折趨時宜。僧雛引我躡危磴，恢豁耳目窮天涯。井輿鶉首麗躔度，金精氣母生崦嵫。草木春迎李仲甫，烟霞睡足陳希夷。我洗塵纓苦未早，因循歲月多瑕疵。出世無關世輕重，山靈怪我來何遲！低頭兀兀赭兩頰，空踈無據心自知。昌黎一疏謫南海，天教異域留其詩。何以湘帆落衡郡，詩中乃有決絶詞？屈申榮辱繫於數，騂騮未必逃鞭笞。有易不居是違命，逢奇不賞爲真癡。天禄閣中古藜杖，吾家世代之所遺。拄以游山掖柔弱，勝於陶家扛輿兒。野禽格格叫蒼篠，高柳踈踈垂碧絲。山口一入彌深邃，槎枒奥窔無端倪。快意事來忽偃蹇，盲風怪雨迷丹梯。造物無心偶相遘，敢因瑣瑣生猜疑。晦昧一掃有明日，玉羊金策還在兹。佛屋華鯨發夜響，燈光一穟明玻璃。

【校】

亂泉，十卷本作『亂水』。

山蓀亭雜詠十首

鑿石插亭脚，因亭甃石路。曉鐘初盡時，依亭看泉注。

古檜嵚崎士，幽花澹宕人。萬竿削青玉，相與抱嶙峋。

圖南在往古，初是廣成子。塚中人是誰，先生固未死。

禽聲耳功德，茶味齒因緣。安能飫山髓，同僧住十年？

覽眺各有得，意會不能語。吾將棄此軀，化作松間鼠。虎來著引導，鸛來命追隨。拍肩問樵子，爾知我爲誰？昔者寄於夢，今者慰於心。洞猿不我拒，一杖窮幽深。天能孕巖壑，不能毓亭沼。恢潤老中丞，人間那得少？玉泉院亭館山石，大得秋帆先生之力。秋雨颯然至，涵濡群卉魂。吾屐不畏滑，還擬造天門。簪組炫名姓，石上擘窠字。不知幾丈夫，名勒《華山誌》。

玄關回道人題

盤古峰巒此孕胎，陽施陰受鬱風雷。如非大化如何造，不具仙根不敢來。赤斧朝隨韓衆去，青烏夜約路光回。瓊扉此日游蹤少，古徑幽深足碧苔。

回心石

嶢嶢立絶巘，寸寸是危境。森森鐫鉅書，惻惻示深警。猿狖不敢度，藤葛互相梗。仰霄雲亦愁，俯壑龍未醒。賁育莽丈夫，瑟縮悼前猛。昔讀《華山誌》，紀事獨井井。躋險四十人，硆砑共一騁。足插危危窟，手掣纖纖綆。力重綆忽絶，化爲幾血餅。魂駭不可招，命畢誰爲請？亂石荆杞叢，黑夜見鬼影。

千尺幢

鬼斧劈山脇，脇中開一路。欲造蒼龍嶺，身從此間度。不度恥空回，度觸山靈怒。進退兩無據，窮理不深故。死生自有命，懦夫多恐怖。游山亦須膽，一勇敵千懼。興來驅我足，誰復窘吾步？萬級接斗牛，渾身冒烟霧。不得契虛覿，或幸田鸞遇。此身墮擾攘，空作衣食具。徽逐損性靈，蜉蝣同旦暮。願作山中草，不作人間樹。即教墜崖死，築箇劉寬墓。

【校】

墮擾攘，十卷本作『隨擾攘』。

雲臺峰北峰也。

圭稜獨峭然，蘭若據層巔。日入雲成海，星垂榻近天。石門聽梵虎，龍洞採珠仙。磬息雲璈動，前峰落夜泉。

自雲臺峰回至青柯坪望西山瀑布

性命抑何輕，萬分危處行。巖泉亦相謔，滴作招魂聲。回首謝雲岫，鹵莽承君宥。吾魂未始銷，吾齒猶堪漱。練挂芙蓉巔，日落山蒼然。挂來幾甲子，少皡初生年。

驪山

曳落河來勢不支，六軍爲難亦無詞。泉聲此日猶鳴咽，想見倉皇瘞玉時。一曲《清平》出醉仙，内臣宣付李龜年。誰知劍閣聞秋雨，有客麻鞵哭杜鵑。

九日楊蓉裳同年周鑒壺及其弟萏雲登牛首山謁杜工部祠用蓉裳韻

雨氣收林杪，霽色明山翠。題糕逢麗辰，出郭縱游轡。雁塔切雲漢，杜曲鳴松吹。川上一陂陀，雜花翳幽桂。溪漾終南影，祠書少陵位。此山著此人，庶幾無所愧。吟哦瀉忠藎，常墮憂時淚。生前冷炙茹，身後中牢祭。吾儕謝羈縛，輕輿此中税。足踐古人跡，心無古人累。高歌詫秋鴻，險語走山魅。何年無重九，少此逍遥地。何處無茱萸，催租人屢至。吾今髮已白，始遂遊山志。造物不相仇，何災之可避。雲開日皎皎，簪盍情歸歸。儀文翦拘束，語言無忌諱。擊鉢誦君時，插花我先醉。

題余竹琴華山採藥圖

纔別華山僧，衣有華山露。一命換一遊，至今生恐怖。游興豈云足，還躡青門屨。牛首泛茱萸，揮杯樂昕暮。余子不在約，芳筵未同赴。其兄游嶺南，宦局有夙故。越日薇垣飲，崚嶒見風度。袖出採藥圖，怡怡索章句。皴法入蒼秀，落筆成家數。危梁架秋壑，瑽琤奏《韶頀》。吟肩荷筠籠，幽尋無驟步。芝胎凝緑髓，雲實鎖青霧。何處訪韓康，三峰盡危路。吾識圖中意，未必蓡苓注。才似華嶔崎，文如華修嫭。手握萬驪珠，青眸不得遇。乃作深山想，埋身於篠簬。我是過來人，稍稍有覺悟。採麄勿採精，採精山鬼怒。

贈安康馬大令允剛

種樹必種松，松具孤撐意。用吏必用儒，儒識廉恥字。澶淵一佳士，胸藏過人智。熟讀孔子書，出作關中吏。吏德不吏才，吏真不吏僞。其臨於下也，止慈兼止義。其事於上也，貢直不貢媚。囊無染指錢，衣有憂民淚。二十年不遷，沉淪於下位。韓城老相國，逢人説其事。謂有如此官，萬民之祥瑞。民得此父母，民可安枕睡。江都有大儒，正誼不謀利。揮霍經綸手，培養春融氣。方下中丞車，即掃民間弊。爲民擇其宰，搜羅到顏駟。薦駟於九重，謂是群中驥。貴視其所舉，盛德孚公議。我適在河東，聞之喜不寐。來策華山笻，觀其奇絶勢。更讀顏駟詩，窺其晚成器。詩亦趨於拙，羞作悦時計。人皆綺羅衣，君獨厭華麗。人皆競長裾，君獨短其袂。煅煉鐵石心，愛惜烽烟地。防寇築高堡，哀鴻養衰翅。桃李種膠庠，麗澤勖剛毅。更以其閑暇，吊古鞭輕騎。讒憂馬伏波，忠懷段太尉。時借古人艾，用炙今人臂。或擊景龍鐘，提醒諸同類。譽亦未嘗喜，罵亦不復畏。如果之有諫，酸澀含佳味。如泉之有廉，皎潔彌足貴。其詩尚如此，其人定不愧。古者元次山，與君同風致。今者畢蘅塘，與君如荃蕙。嗟余獻狂瞽，冥茫陷咎戾。昌黎薦士詩，有筆不敢試。

武進莊叟虛庵以杜詩濯足洞庭望八荒寫爲小照乞余題詩

老杜撐腸五千卷，平生舉止乃傲岸。舟邊濯足萬里流，小視長沙輕浩瀚。毘陵詩叟吟杜詩，眼中亦復無九疑。借少陵詩作題目，貌其古貌與襟期。我今爲下一轉語，十丈風濤不可處。請君雙足插青雲，去與鸞凰共一舉。

藩署賞菊贈朱虛舟方伯

薇垣多石盡夭矯，薇垣多樹皆蒼老。樹石中開菊幾叢，群仙夜下瑤華島。主人愛花如愛才，更遣花枝入座來。壁上膽瓶成小巘，匠心三日勞安排。一瓶兩瓶肇其始，三瓶四瓶圭角起。漸似疊山加倍蓰，青烟紫霧生崐崘。黄髮仙翁抱緑綺，飛瓊手砑銀光紙。萬餅胭脂浸秋水，驪龍噴噀丹霞髓，吁嗟吁嗟觀止矣！花事今年百倍豪，衆香國裏坐持螯。恐花寂寞愁花睡，主客吟肩共一高。胸藏俊意誰能忍，爭欲求工並求敏。食葉春蠶聽有聲，毫端繡出邱遲錦。座中一叟髮蒼然，菊制頽齡宜老年。麴蘗乾坤花世界，忽移春到晚秋前。去秋少雨憐花瘦，今歲雨多花獨茂。看山人又看花來，奇福幸爲天所授。雁破寒雲度遠空，樊川韋曲起秋風。閑情自有陶元亮，晚節群推韓魏公。

【校】

勞安排，十卷本作『費安排』。

并門遣興四首

移花居研北，遺鶴立窗南。剥啄門應少，踈慵味獨諳。搗霜難買臼，梳雪不勝簪。月落巢烏睡，何人與夜談？

酣睡養勞骨，端居生静心。以書爲藥餌，將畫當詩吟。草縮春猶淺，天乾雪未深。市頭增米價，還復念飢禽。

晉祠流碧玉，同往有三人。林大令希白、秦大令鶴舟，與余爲三。約定言難食，眉開氣已振。甕懸松杪翠，苔漾水中春。更借漁竿去，其間有伏鱗。

韻事撐茶鼎，清談踞竈觚。松慈容衆蟻，燕老惜雙雛。物自從人格，愁當用理驅。請君看貝葉，智水産明珠。

【校】

藥餌，十卷本作『藥食』。

獅子嶺

千年古雪壓巃嵷，刺骨時來絕巘風。略彴路通飢虎穴，浮屠影卧梵王宫。此身已控吹嘘外，何事還棲夢寐中？勾注飛狐多戰壘，可憐磨殺幾英雄。

盧生祠題壁

膠膠擾擾亂知聞，走脱玄珠起世紛。萬柄戈鋋森鬼國，一城烟霧失天君。航由意造檣虞斷，燗自心生玉恐焚。破枕揶揄者男子，狀元宰相大將軍。

次韻阮芸臺先生見貽

故鄉抛在永年東，足插嶔崎幸有嵩。短杖銜雲挹朝翠，酡顔借酒染衰紅。公卿指作逃禪客，巷里呼爲識字翁。朽質自憐如腐草，猶蒙韻語扇春風。

原作附録

喜聞卜築太行東，沁水園林近雒嵩。斑竹萬條隨地緑，荷花十里繞城紅。良田美宅非公理，墨几茶牕是放翁。絶勝鹽畦須病夏，終朝愁雨又愁風。

【校】

北京保利國際拍賣有限公司第十二期中國書畫精品拍賣會圖録《松嵐遺墨》中有此詩手跡，抛在，作『抛擲』。首句後自注：『山左西界爲直隸永年縣。』

玉磬山房詩集卷八　懷州集　古今體詩一百三十五首

懷州集序

鮑桂星

古之詩人，未有不達於天人之際，而能垂世而行遠者也。不達於天人之際，則人世一切升沈得失，菀枯榮辱，戚欣悲喜，皆得而撓之。於是處樂則淫，處約則困，處放廢遷流羈旅，則鬱伊侘傺而無聊。其於詩也，非讕言即勦説耳，何以能垂世而行遠乎？若松嵐劉先生，可謂得爲詩之本矣。先生負儁才，而自陶冶於學，其牧遼左，觀察河東也，政聲皆卓著。以上書抗論罷官去，蕭然襆被爲寓公。至懷州，見其地介太行、王屋間，山川清淑，水竹明瑟，遂賃廬舍，徙其孥居焉。間歲一歸斥邱省先墓，返則居於懷所謂小琅玕館者，左圖右史，壘石蒔花藥以自娱。窺其意，如未嘗衣繡衣、擁麾節然者，蓋達於天人之際久矣。先生豪於詩，居懷所作凡三集，概題以《懷州》，而督序於余。余罷官略與先生同，意趣亦相似，是以辱忘年之契也。竊謂先生詩，海内所共賞，不待吾黨之揄揚，謹推論先生所以爲詩之本如此。道光紀元，夏六月既望，書於華山之玉泉院，歙鮑桂星。

覃懷客居八首

無藥療踈慵，歸田亦惰農。客來愁曳杖，書至嬾開封。散淡林邊鶴，高寒雪後松。此心如嚼蠟，書味却猶濃。

寒谿雪可釣，寄信買魚蓑。味喜烹調美，心嫌機械多。孤笻扶老態，蔬食養天和。却笑山陰客，將書换白鵝。

朋儕都笑我，不務作人家。讀史猶沽酒，憐香復買花。自知貧可畏，偏説樂能賒。前歲此時節，愁眉坐晚衙。

鼠鬚鋒已挫，楮素小山高。藝比雕蟲拙，心同鑿枘操。半生癡類此，終日覺徒勞。及到怡情處，淋漓墨滿袍。

夜渴傾蕉露，朝飢煮芋頭。老諳貧趣味，誰復妄干求？萬杵營花榭，千金宿妓樓。北邙冰雪底，寒士笑公侯。

故人經濟好，中外幾高軒。共以纏綿意，來通慰勉言。雨收花亦樂，巢定鳥無喧。此日蓬蒿裏，昌黎道可原。

蓬門不上鎖，盡日少人行。濶落愁爲累，街坊幸體情。夜寒燈不亮，詩阻夢難成。時聽糟糠語，君當隱姓名。

癡愚立脚難，老近惜餘歡。賣帖修琴軫，敲冰下釣竿。我舟無所繫，何鋏不容彈？寫箇天隨子，朝朝作畫看。

題夏烈女傳後

烈女吴縣夏汧女，字長洲王本石，未婚而本石夭。烈女聞之，即不飲食。母令之食，以不饑對，母察其舉動如常時，弗之防也。其夜，母已就寢，烈女易新衣裳，縫紉上下連屬訖，搴母帳視之，母問：『兒何不睡？』曰：『欲再看吾母耳。』又至弟妹所，泣下，若將别者。歸至房，自經。比斂，衣領間微露紅紙，出之，則王氏聘帖也。越二十餘年，詹事府少詹事錢先生大昕爲作傳。

篔簹未出土，先抱歲寒節。杜鵑當始啼，已破喉中血。一物有一性，性性各區别。甘芳飫蓼蟲，豈其心所悦？嗟哉夏家女，信是閨中傑。以彼孱孱軀，鍊作錚錚鐵。夫門履未踐，夫亡命俱絶。轉恐傷母心，僞言與母訣。鬼神亦揮涕，天地爲悽切。生無一日歡，恩從何處結？彼婦而殉者，猶遜此貞潔。嘉定有大儒，文章礪冰雪。掃除餘子論，闡揚舊時烈。《禮經》由義起，正爲綱常設。名教無全人，譸張逞異説。試問女也貞，與奔同一轍。馮道著髻鬟，可與樹綽楔。

歸震川引《曾子問》『壻弗取而後嫁之』文，謂從父則一聽之於父，而義不及於夫，女子固不知身之爲誰屬也，夫死守貞與奔同。此説大謬。錢竹汀先生曰：『夫孝，與節一也。女之孝者，莫烈於曹娥、先絡。是兩女者，豈非可以無死者哉？君子不强人以所難，而尤樂道人之善，此予所以賢烈女而樂爲之傳也。』

【校】

信是，十卷本作『性是』。

八月十六日夜與賈約園同年飲延秋館

琅玕多處易藏身，千里移家就故人。夢裏吴山青屼屼，城邊沁水碧粼粼。事如帆過風吹遠，衰到頭來雪照新。燭下持螯聽秋雨，蕭寒亦復興嶙峋。

贈田學博

適辭京輦下，來卜野王宅。賢愚問賈生，眉以誰爲白？言君在桑梓，如木有松柏。老幹無曲枝，蒼寒立突兀。鄉評自不謬，實踐還相責。聞君事老母，至孝出肝膈。弟室有孤孀，妹家亦蕭摵。期功幾骨肉，存亡篤愛惜。種穀還種竹，萬竿摇秋碧。汲古不汲今，千卷嚼書液。我以遠方人，來作此間客。譬彼杜陵樹，而棲雁門翮。酸鹹不相符，嗜好多乖隔。幸君爲地主，披豁敦麗澤。移竹不我拒，送花娱朝夕。故鄉無此樂，舍君吾安適？

飲約園城西書舍作五律五十韻

選地營花圃，潛蹤絶世塵。將閑娱古性，以約養天真。竹徑烟梢直，茅廬粉壁新。太行撐翠岫，清沁毓嘉鱗。桑柘眠孤犢，鳧鷗狎逸人。有僧貽麈尾，無客吐車茵。累去方成適，妻賢不怨貧。逍遥留晚歲，剛耿誤前身。昔帆去聲吴江水，同傾若下春。壯懷殊磊落，游興復嶙峋。木瀆風消酒，銅坑雨墊巾。常將吾輩事，説與縣中民。一自分攜後，還餘未了因。盍簪思賈島，臨水夢汪倫。檄捧榆關外，濤觀渤海濱。千帆浮芥子，一氣轉洪鈞。紫塞徵雄偉，蒼生務樸淳。偶然來聚訟，時復聽吹豳。政拙閭閻静，時康雉兔馴。英賢都可造，疾苦未須詢。皂帽樓思漢，長城月憶秦。離睽望南斗，歲序感秋蘋。正苦流光逝，遥聞患難臻。印隨讒口墮，家擬破舟淪。下石人心險，收場世味辛。嚴飈遺勁木，刦火恕貞珉。瀟灑還鄉國，精誠托鬼神。可憐衣楚楚，無奈犬狺狺。禹甸膏腴土，覃懷瀲灧津。劬勞督鹽莢，寂寞理鈎緡。衛晉無千里，郵程止半旬。書從秋翼得，眉向夜帷伸。事往思猶痛，形疎意轉親。維君負末日，是我上書辰。大吏銜優命，雄藩拄巨紳。賢愚關治忽，舉措要公純。乃受群萋菲，無時不怒瞋。吹毛笞駿馬，失火爇崇闉。世誼由來久，忠言不惜頻。芻蕘疑謗讟，鬼蜮弄牙唇。足以愚遭刖，蘭因潔始紉。丹忱報梓里，白簡達楓宸。戇直趨危路，寬洪宥小臣。事唯爭可否，身不計亨屯。負笈求孫邈，留詩別吕譚。學猿躋太華，看劍插西岷。兩脚無拘束，千峰待選掄。游酣思舊雨，年老結芳鄰。幸得持家政，賢於秉國均。貴人珠作履，豪客蠟爲薪。至竟何歸宿，空教墮網罠。兩翁心穆穆，如水碧粼粼。吟罷拂衣去，晴空轉玉輪。

【校】

十卷本，壯懷，作『君懷』。游興，作『我興』。『事往思猶痛，形疎意轉親』作『事往應思痛，形疎覺意親』。

河内嚴大令芸圃贈佛手二株作詩謝之

梧風竹雨送蕭寒，客館離愁亦大難。誰識有人憐寂寞，得來珍卉勝旃檀。古心時復憂黎首，清福還容到謫官。對此沈沈生愧色，累人豈止在豬肝！

月山寺

九州唯一月，此巘獨居名。種樹僧留塔，臨泉客濯纓。數鴻雲慘澹，全郡勢縱横。地迴饒秋思，松堂復梵聲。

【校】

臨泉，十卷本作『掬泉』。

贈范孝廉

碧水長橋外，烟浮郭北村。擁書傳弟子，編竹作衡門。語久香消篆，弦低月吐痕。留詩在君手，泛泛莫輕論。

【校】

莫，十卷本作『無』。

盤谷

谷有昌黎序，髫年讀幾回。浮生人欲老，夙願始償來。亂石尋僧路，迴谿見釣臺。壑深雲意嬾，不出佐風雷。

與約園游盤谷回宿濟源

看畫消餘興，游山説夙因。最宜尋樂處，俱是罷官人。月色梧邊静，談鋒齒際新。此間如買地，須與玉川鄰。白香山游濟源詩：『早晚重來游，心期罷官後。』

贈盤谷叟

屋上流泉到老聽，雲中形似畫中形。那能與爾分樵斧，夜卧深山夢亦青。

諸觀察撝堂自大梁寄以食物皆越産也甘腴入饌輒復有孤山撰杖之思

鴻傳雪後書，珍味積階除。瓦釜生光彩，吟眉忽展舒。客留深夜飲，梅看著花初。更憶錢塘縣，湖邊五柳居。

和鄭都官蝴蝶

出殼有文章，名符小鳳凰。繞池尋艷侣，棲蕙夢幽香。燭懼蛾眉熱，巢憂燕羽忙。竹深人跡静，隨鶴上書堂。

謝人贈橄欖

此惠感心脾，摘來從海涯。夜寒留客坐，香永放杯遲。短簿祠邊月，髯蘇嶺外詩。都因風味好，根觸少年時。余十歲游粤東，十九客吴門。

趙廉訪鑒堂以書來存問其意若以柏臺威峻而慕草堂清逸者慨然答之

不因榮悴改交情，一紙書來百感生。共聽淮南秋夜雨，獨登河内野王城。伯倫心事唯嘉釀，清獻風標有盛名。出處與君難並論，牡丹高貴竹幽清。

和張司業聞遠水聲

潺潺起何處，山背有孤村。觸石鳴春瀨，流花出洞門。定僧禪裏夢，巢鶴月中魂。共我讀書處，因風到耳根。

贈殷月圃廣文

家臨伊闕春山静，印鎖懷州宦况閑。不寫石經傳國子，嘗因月課閉賢關。花時酒味融書味，雨後苔斑接笋斑。誰識鄭虔真受用，我曾昨夜論詩還。

贈内

察寒問熱家庭好，洗臼鳴碪歲月閑。往事渾如春夢醒，浮生老逐倦雲還。菘心菽乳唐虞味，雨郭烟村董巨山。黄雪滿堂人獻壽，玉壺春色染朱顔。是時臘梅盛開。

題郭氏園中錦江石

何年孕毓青芙蓉，來自浣花溪岸東。夜濕秦關竹寺雨，晴吹棧道松巖風。千迴萬折落温縣，與湔塵垢開新容。花辰月夕老柏下，嶕嶢疑立高年翁。不知誰似米海嶽，焚香對此來鞠躬。漫不隄防有同嗜，移之郡郭紅蕖中。一物得失何足較，楚人還復收楚弓。我卧烟霞静無事，逍遥但拄看山筇。丹徒一品莫予覿，定州雪浪曾相逢。此石又入老夫眼，平生晚運殊亨通。石生於蜀客於衛，共我老夫稱寓公。何地不有插脚處，九州空濶心融融。爾石寒峭不諧俗，安能俯仰隨蒿蓬？此地幽閑近於水，數竿修竹摇蒼龍。吟筆一揮我自去，城樓月滿鳴疎鐘。

【校】

『逍遥但拄看山笻』句，十卷本下有『巉巉大者如即墨，旁二小峰爲附庸。主人細述石出處，乞濡吟筆書巃嵸』四句。

題丁南羽應真卷子

羅漢是何物，顛狂如小兒。舉手取龍牙，穿山捋虎髭。詭變不可測，圖之以畫師。十八偉丈夫，纔足供娱嬉。懷州有寒士，一卷街心持。换米只數斗，聊以免朝飢。梵書我不讀，畫理粗能知。奇想運於筆，筆外使人思。

奴子朱蘭作鶴詩有幽齋琴韻好斂跡立階楹十字此鶴自命已不凡矣更以我惜鶴之意作長句賜朱蘭

雪羽追隨三十年，知余琴上有朱絃。野航同聽蠻中雨，秋樹還棲塞外烟。立主軒幃能卓爾，守門風月愛蕭然。家翁已閉繩人口，爾莫高聲唳檻前。

約園有孫女忽傷於痘聞之愴然

怪得涔涔淚若泓，餘年骨肉倍關情。傷心記得河東事，此夜全家有哭聲。

梅

孤宜傍池沼，高可配樓臺。無鶴尚嫌寂，有詩纔肯開。院香春已破，人静月初來。更欲僧寮下，尋幽踏碧苔。

雪

蕭颯透簾幃，光能敵月輝。欲尋高士卧，翻趁酒人飛。壓重長松偃，堆深瘦竹圍。丹青不易得，誰與畫柴扉？

戲題絶句十二首

掃去塵埃兩袖風，端宜薄酒醉蒿蓬。東鄰潛向西鄰説，巷裏新來識字翁。

容我雨前移竹笋，勸人窗外種芭蕉。一篇《五柳先生傳》，夜與閑人破寂寥。

王屋天壇是左鄰，青山必愛讀書人。明年芍藥花開後，去賞盧仝縣裏春。

碧流紅蓼鷺鷥天，曾見煙川接玉川。更有五龍開巨吻，噴於村落灌秋田。

郭熙山水戴嵩牛，縮筆求人寫扇頭。賈讓多情還許借，藏書多在竹邊樓。謂約園也。

藝園腐乳細君藏，味有渠家書卷香。壁上新詩題得好，約余同醉紫霞觴。

香櫞出自月山僧，護法嗟余不敢承。月照松林壇虎睡，猶能揮麈説《傳燈》。

青衣昨夜賦梅花，奴子朱蘭。絳帳新收温八叉。孝廉范秋屏。却恨江淹才已盡，不能赤手攬龍牙。

橄欖一甌清肺腑，琅玕半畝静心魂。不知何處垂竿手，提着魚筐叩蓽門？

一片寒雲壓虎牢，東南百里是成皋。雪花鋪滿吾廬上，銀海浮家酒興高。

誰教翡翠織爲裘，毛羽摧殘亦自求。明月一灘秋水外，最忘機者是沙鷗。

九折已迴虞坂騎，四禪難縛嬾殘心。茫茫碧海無涯岸，中有元珠獨去尋。

送臘八粥與仙都督

廿年游跡愴離群，戍角城鐘復共聞。異地雪天炊黍米，故鄉風味贈將軍。磯寒漁父愁拋網，指凍山樵怯舉斤。小閣圍爐一下筯，知公澹泊亦欣欣。

田家

四民居其次，五穀視爲寶。秋麥兩豐饒，一年心事了。養兒不識字，樂多憂虞少。生女不刺花，一拙勝千巧。城中有公門，兩脚不敢造。廟祝取社錢，村安神惠好。有疑向神訴，一事無分曉。種穀在田疇，穀生望雨早。雨稀害穀苗，雨多又生草。草爲穀之賊，不鋤便紛擾。社公職雖小，社公年已老。既燒村民香，勿被村民惱。

春日閑詠八首

朝辭中條路，暮得懷州屋。何以娱性情，選地種修竹。方春遘時雨，篔簹施膏沐。群卉弄夕晴，天和慰幽獨。竹外敞虚堂，縱籠五千軸。持書竹前坐，微飈撼青玉。雙蝶亦閑閑，恬熙無外欲。優游此庭宇，眷戀如親族。塵蹤日以踈，田父日以熟。不知蓑與笠，何處著榮辱？

有枕倦即睡，有粥飢則食。寸心無所營，肝膈還超逸。鶴隨游山杖，泉洗著書筆。鬪健升危崖，衆足遜余疾。人所不到處，茅結闍黎室。夜尋老比邱，對促烟霞膝。天生此形骸，又畀以知識。餘年作幸民，成此泉石疾。行行入翠微，遥睨扶桑日。

寒雲幂王屋，長虹壓沁水。花種古河陽，離兹四十里。軹井飲梟傑，竹林棲君子。都爲泉下泥，苦樂共一死。鬱鬱虎牢關，戰骨埋荆杞。至今風雨夜，猶見青燐起。緬往心惻然，涕淚不能止。抑塞忽洞達，浮生但爾爾。濁醪傾一壺，先生已醉矣。

束髮事游歷，賢愚初不分。華衣妙語言，遂與通殷勤。藥石有甘草，縹緗有時文。食之不療病，讀之空損神。及長磨心鏡，照出幾賢人。苦口攻疵繆，殆逾骨肉親。乃知綱常際，交游在五倫。清平墓草宿，少廷尉家岸淮先生。高密墳土新。歸順刺史李子喬。李子刑部郎中李松圃。滯嶺嶠，隔絶二十春。吴子侍御吴玉松。持風憲，規戒久不聞。近復得賈島，辭鋒張一軍。宵濡詠春筆，鴻唳春空雲。

移桂發新葉，栽竹見春筍。小山茁碧苔，老柏生黄菌。樹有忘機雀，車無趨勢軫。青山横北郭，山光飲不盡。歲月安貧賤，知識守愚蠢。荒厨著孟光，神著謝詹尹。留客典簪環，吾家未爲窘。

所憂非陸沈，所樂是雌伏。試問千斛椒，何如一籬菊？高閎鬼瞰室，要路輿脱輹。虎尾與春冰，危機在榮禄。所以猶龍氏，爲腹不爲目。天寵識字農，飽食太平穀。披蓑望南山，時驅雨中犢。

寂寂掩蓬户，獨賞庭中春。春氣如嘉釀，亦復能醉人。生滅有主宰，寄之於鴻鈞。静觀芸芸意，造化亦苦辛。我於動植中，獨得昂藏身。松亦有其性，竹亦有其筠。雨爲鳩所唤，良苗一濯新。胡爲蓬樞士，但知樂芳辰？

芳辰不可留，故知多已老。衰邁來相侵，憂戚復如擣。日暄富貴花，雨潤忘憂草。秋風應節來，一例成枯槁。西望荆軻墓，東眖田横島。俠骨化爲灰，麗牲石亦倒。念兹可奈何，悽惻傷懷抱。不如東海去，飽飫安期棗。

【校】

成此泉石疾，北京保利國際拍賣有限公司第十二期中國書畫精品拍賣會圖録《松嵐遺墨》作『得脱於梏桎』。

灌園圖爲牧村太守題

儒者在官猶在農，不失寒素之家風。出乘敝輿騎瘦驄，時哲所務百不工。早君來者舉止雄，遲君至者爵秩隆。獨君濡滯五馬叢，渾似淺渚膠長艘。腰骨挺挺鐵石同，心血絲絲都耗空。蹉跎偃蹇任遭逢，聖規賢矩蟠心胸。精力竭矣歸思濃，大吏小民又不容。出郭看花村染紅，稻秧刺水烟濛濛。朱霞幾片接斷虹，西爲王屋南爲嵩。春氣勃發民氣通，視之樂哉心融融。八縣蒼生隸帡幪，温飽悉頌太守功。太守恬退無熱衷，却嫌身縶簪紱中。郭外所睹春蓬蓬，乞人畫作灌園翁。一小奚奴荷筠籠，雨芝烟菌兼芎藭。綆而溉者有汲童，井泉汩汩馳清潨。忽念狂迂嗜雕蟲，乞濡毛穎銛霜鋒。我近買田王屋東，桃花竹樹隱蘋蹤。丹川水碓群機舂，日挽餘波灌韮菘。名心已盡詩情慵，不合時宜甚於公。公勿笑我太龍鍾，我昔曾爲傷箭鴻。

【校】

郭外所睹，疑當作『郭外所睹』。

又題洗硯圖

十年心繫郡中民，沐以清威浴以仁。嵩洛雲烟來送雨，龔黄畎畝盡含春。端溪片石如良友，稷下孤燈記夙因。却借丹青繪蒼玉，一回滌濯一回新。

李杜

豈以仙才附叛王，蚍蜉撼樹亦堪傷。感恩幾斗涔涔淚，不灑驪山灑夜郎。

行在君恩拜拾遺，風吹劍閣悼亡時。才如稷契歸潦倒，忠義融爲痛惜詞。

旅中秋思

朱霞斷處見孤鴻，跡寄殊鄉味與同。正合逢人呼作馬，那堪流寓亦稱公。寒碪搗月城西杵，蠹葉飄秋水北風。一片閑愁鴉攪亂，奪巢危木冷烟中。

題牧村先生課孫圖

雨聲初斷雁來遲，蟋蟀聲中獨坐時。秋氣著人殘暑退，爲公題就課孫詩。
公無嗜好似山僧，只愛讀書秋夜燈。史液經腴如旨酒，問孫嘗出味來曾？

寓興

太行留我住爲家，地選膏腴種菊花。睡到整年銷頓困，吟成半格吐槎枒。鴻聲夜響嵩烟重，竹色秋寒沁水斜。送客歸來無謫意，何妨山郭奏琵琶？

寄家廉訪時按察山左。

得書如得飲仙醽，讀罷沈沈月滿庭。兩處關心老兄弟，孤雲出岫費丁寧。澄霄空濶容舒展，倦鶴遲回惜羽翎。華不注邊秋色好，白頭空憶故山青。

寄兄

鳥寄他山樹，山幽碧雲衆。雖食新澗苔，還作故巢夢。憶昔巢中宿，群羽壓枝重。律回春日晴，相將爲吟哢。柔翮日以長，芳時亦倥傯。東西南北飛，離析含深痛。一鳥折其足，謬被彈丸中。一鳥惜雙翎，終身不騰鞚。寖寖入衰老，超超念伯仲。葩經賦脊鴒，愁多不敢誦。

【校】

超超，十卷本作『迢迢』。

送朱星海赴西安

橋柱斷青門，水中多淚痕。薄裝從此去，孤店亦難存。廢壘秦關雨，殘碑霍姓村。滿途蕭索色，須得慎寒温。

【校】

十卷本爲兩首，其二見補遺。

久不得玉松鍾溪琴柯生甫消息撫今念往發爲既歎

夜共秋蟲吟，朝隨烟鳥起。我骨未全俗，蓬蓽羅書史。晴曦明竹筠，微飈落松子。欣從擾攘餘，稍悟清幽旨。却復念生平，漫似弦脱矢。浮歡已渺渺，前蹤歎靡靡。所恃攻余疾，寥寥數知己。離簪何日盍，復曠鴻邊紙。榮枯有殊致，斷然無是理。吟罷竚空庭，秋光澹如此。

新居

新置五畝居，懷州北城下。恐傷賣者心，昂昂出高價。誰識有因果，説之殊可怕。一額書榴園，朱華抱亭榭。易主今姓劉，無人不驚詫。從知世間事，絲毫無假借。斯居初造時，數年工始罷。原以期久遠，豈知同傳舍？鵲巢屬於鳩，如女之有嫁。又如春日花，不得到長夏。野禽啼衛霍，殘碑了王謝。望古心茫茫，盈虧任元化。

【校】

盈虧任元化，十卷本作『數來天不赦。盈虧有至理，修德憑元化』。

西園

不遣紅塵上白頭，西園昨夜雨翛翛。談龍客去吟情健，門閉西風一片秋。

約園送牛乳葡萄用詩酬之

西園松桂南城月，吸取秋光倒玉壺。更以詞壇射鵰手，筠筐摘送萬明珠。

中秋

奩開古時鏡，獨向此宵明。坐久蛩音斷，風過竹籟清。撫時空自遣，回首復堪驚。兀兀懷人處，烟霄有雁聲。

秋色

疎柳寒鴉點素秋，晚來蕭瑟不勝愁。僧穿翠嶂歸蒲坂，雁帶斜暉過汴州。茶鼓敲殘松頂寺，笛聲吹徹水邊樓。青蒲紅蓼爭顏色，來向西風傲白頭。宋王平甫詩：『春烟寺院敲茶鼓。』

【校】

爭顏色，十卷本作『皆仇敵』。

寄張船山四首船山守萊州，不數月引疾辭官，客游吴下。

寄我猶存日下詩，秋來難遣暮雲思。非關鎩羽生惆悵，每到看花念别離。組解黄堂身退勇，歌聞《白苧》櫓摇遲。一帆風送梅多處，時索幽香到劍池。

元墓已尋香裏雪，大勞猶夢雨中山。襟懷自昔高於衆，猿鶴從今愛爾閑。塔院危厓摩屼屼，僧寮短榻聽潺潺。珠回性水澄清後，即是蓬門亦畏還。

形非鐵石不禁磨，林下幽棲倦鳥多。潘榕皋范芝巖收書貽子弟，吴穀人孫淵如買宅入烟蘿。千秋史醉三蕉葉，半日棋銷一斧柯。君試靈巖峰頂望，野王城北有漁蓑。

殊鄉棲泊草廬新，手種篔簹漸吐筠。瘦馬著鞍無健僕，荒厨檢麥有恭人。質衣猶買河陽畫，掃地非嫌庾亮塵。一事想來真有憾，兩家都少石麒麟。

尋李義山墓不得悵然有作

招魂有句向誰投，落日荒烟沁水流。文字崢嶸遺健筆，兒孫寥落失孤邱。奇才寧止愚人忌，傑骨還爲妬鬼收。惆悵同時玉川子，尚留片石在泉頭。

夜坐有感

烟沈蒼峭樹棲鵶，慘澹幾分新月牙。暝色來從吹笛處，秋聲起自擣衣家。停燈作嫁愁鍼孔，向客扶頭瀉酒花。苦樂不均生感歎，又聞霜羽叫天涯。

養愚莽第一詩

養愚者，用韋左司『園林養愚蒙』之意。莽者，新築草堂，居於幽邃，如僧廬之在巖穴間也。莽既成，盆梅先開，天竹結穟，紅於丹砂。越兩旬，紫菊兩株始破蓝，天若有意顛倒時令，取愚者之歡。愚者雙脣亦復甚愚，不能道所以顛倒之意，因而問之於客。客之愚則甚於主，不能對，乃吟之於詩。第一詩者，此莽中拈弄筆墨，以是篇爲創始也。

臘梅黄比去年早，天竹紅到今年好。豈爲先生築草堂，周旋世故呈天巧。舉觴問客客不知，酒來手底渾不辭。醉倒黄雪赤雲下，却詠初開紫菊詩。此客此客憨如我，梅早菊遲無不可。看花人恐太精明，叩我園扉我先鎖。

【校】

因而，十卷本作『故而』。

閑適詩四首

吾道未爲孤，烟霞買一區。冰絃奏宫徵，黍液慰衰愚。竹德齊君子，松銜列大夫。歲寒三益友，添箇老酸儒。

危巖覆深雪，墮指憫山樵。不越門三尺，空閑杖一條。留僧爇夾蒻，炊粥瀹長腰。尚覺無情緒，吟肩夜屢摇。

詩書不任過，誰遣誤平生？量力求新宅，燒松煮太羹。客隨山鳥散，燈向小齋明。一閉蓬門月，舉家如水清。

酒熟來佳士，同澆磊落心。此爲真際遇，誰復計升沈？老去心如鏡，言堪佩作箴。沈沈更漏永，殘月轉踈林。

種竹

未有名花植後庭，城南乞取數竿青。乍如新婦垂羞頰，久似仙鸞刷翠翎。一院澹烟春漠漠，半簾踈雨夜泠泠。得來殊趣成幽賞，曉課還書《相鶴經》。

拜昌黎先生墓

浩氣薄星躔，河陽出大賢。墓門留翠柏，墟落起蒼烟。淚下朝中事，詩撐海外天。何須諫佛骨，文字始堪傳？

謝濟源段上舍拙齋送蘭花

天壇石氣逼天青，中有靈根茁素馨。十箭移來竹深處，瀟湘春意滿家庭。

清明前二日飲袁耐庵太守署齋即席有贈

雪中曾賦送行詩，謂張牧村先生。又見花開去歲枝。酒國依然居大户，牧村、耐庵皆不善飲。鄉情頗復似當時。醫民治譜求仙藥，頌德春郊及牧兒。芳餌况容垂部下，溪風漾我一竿絲。

贈閆滎園太守

浮沈仕版困魚須，滎園以河庫道左遷今職。未遣豪情挫晚塗。梓里三人滎園、耐庵與僕，皆鄉人也。揮鑿落，梨園半部舞氍毹。金焦夜雨游遨夢，鞏洛春山《職貢圖》。時護送廓爾喀使臣回國。明日送君還鄴下，却愁嘉會只須臾。

貧家兒

貧中滋味長，愚兒自不知。天怒與人怨，一貧都避之。富兒築樓閣，貧兒卧茅茨。風情與月意，平等無參差。貧身不貧骨，秋巘爭嶔崎。貧腹不貧目，世情看險巇。立脚無錐地，炙手可熱時。此中有消長，君請擇於斯。

以素扇乞袁梅莽畫竹竹茂密有神韻報之以詩

篔頭濡筆作幽篁，頓使秋風生草堂。近已買山鄰鞏洛，還思載月泛瀟湘。事隨雲散覺年老，人似鶴閑知夢長。豪興與君都掃盡，惟留此事寫踈狂。

【校】

竹茂密，目録原作『竹頗茂密』。

示書院諸生

幾人來聽㩳龍雨，萬柄同看君子花。此是吾儕安樂地，既無塵垢又無邪。

諸君骨格儘崢嶸，寶劍終須鑄得成。各以才華歸大冶，看誰光燭觸長庚。

韓許文瀾洙泗通，可分神禹舊時功。書生别有摩天手，莫止區區鏤細蟲。

一灣秋水似鵝湖，謬以臯比屬老夫。蟾光影徹湖中蚌，好煉金鍼貫鉅珠。

雪後

點綴蓬門入畫圖，庭柯夜變白珊瑚。酒鄉我欲浮杯斝，銀海誰爲駕舳艫？詩寫性情嫌禁體，事關豐歉到農夫。支筇又爽看山約，九十七泉應笑愚。王屋、天壇之游，三年未果，今決計游之，又以雪阻。濟源志書舊載十八泉，余去年修《縣志》，又訪出七十九泉，一快事也。《志》有《九十七泉記》。

張督學南松先生續刻山左詩鈔讀李蓮塘詩數十首爲之愴然蓮塘少鶴之兄石桐之弟也

胸蟠逸氣吐蠻陬，昔在灕江曾見來。無藥毉愁終偃蹇，有人求稿又雕開。牛耕陶謝墳邊土，鬼泣鄒枚社裏才。天落雙星斷書種，蓮塘、少鶴，皆卒粤西。更無舟繫伏波臺。臺在桂林城東，曾送少鶴於臺下。

滑兵凱旋後得瑞雪七八寸爲詩以咏歎之

朔風夜卷五龍口，大丹小丹作獅吼。鐵衣將軍奏捷還，天以祥雲濯妖藪。將軍赫赫問爲某，宰相阿文成公後。報先帝恩有著書，武緯文經克世守。九月初七歲癸酉，滑縣操戈賊動手。蠕蠕蠢類萬蟻蠓，大名曹州靡不有。風雲變色兵符走，避難倉皇泣田叟。閭閻畏賊甚虎狼，賊寇殺人輕雞狗。九重震怒摇星斗，兵調平凉及陝右。曰：『吁爾祖抱忠誠，翦除魑魅握樞紐。爾往軍營滅小醜，總統之印撐爾肘。蒼生十萬苦瘡痍，爾卹其良殄其莠。』是時諸將隨擊掊，盡擬勳名齊山阜。長髯大戟楊將軍，智勇實爲諸將首。又有一楊爲勁偶，眉宇恢恢氣沉厚。賊血塗地化沙蟲，賊骨成堆築培塿。天生大才信非苟，兜鍪豈必盡糾糾？主帥推心成一心，貔貅齊獻成功酒。帝曰：『此功不可朽，錫爵有差均勿負。』天平地成歲籥新，瓊瑶屑碎鋪畎畝。

贈李紫峰二十五韻

識面惜何晚，推誠欣漸深。不生崖岸處，同有漆膠心。受托眠公府，安愚擇邃林。肝腸時覺熱，笻竹動相尋。太守延嘉客，華筵詠義箴。松懸故鄉月，露滴旅人襟。豪論揮長麈，深交擬斷金。流霞看聚散，幻海悟升沉。泥蝕豐城鐵，炊焦宓子琴。婆娑聊共舞，枯槁莫輕吟。忽漫迎風角，吹爲刺耳音。深山隱魑魅，濁浪起鯨鱏。誰受專城寄，而堪隻手任？烽烟朝煜煜，戈影暮森森。滑寇如奔豕，秦師等望霖。搜巢愁路險，轉餉畏天陰。馬嘯群山動，旗翻大帥臨。郡緣衝愈苦，鬢見白相侵。入幕責難卸，分憂瘁不禁。鄉情抵骨肉，案牘積嶔岑。盾有磨殘墨，齋無卧煖衾。軍興紀癸酉，禡祭用庚壬。勝策平妖窟，災黎脱斧椹。事來真可詫，卮罄復宜斟。對雪成歡賞，聽詩有院禽。

【校】

十卷本，深交擬，作『締交索』。『誰受專城寄，而堪隻手任』作『衆駭千秋事，疇堪隻手任』。盾有磨殘墨，作『硯有操殘款』。

敘吟

高者撼斗柄，大者參天地。誰能虚其心，用之於此事？狂生負英拔，未醇乃先肆。手樹峨峨碑，捫之漫無字。天予以秀質，一妄階爲癘。吾欲獻金鍼，無視爲嘲戲。譬如適荒服，安危託航騎。盡頭何光景，懺悦生欣悸。發軔三五程，風花快游睇。揚帆入浩渺，波平風迅利。遂輕萬里途，漸有驕盈志。鄰舟二三子，徐徐來貢媚。謂君何壯哉，耳娱心亦醉。迨其遘石尤，掀顛出不意。磨牙見蛟螭，幸災有贔屓。舵柄捩不靈，橈槳悉可棄。是時蹈危悚，頓覺神色異。不是弄潮兒，鼉窟以身試。岸立老江湖，謂老於江湖者。行舟得奥秘。呼櫂救生船，洪波引其臂。謂爾殊方來，視此何輕易？吾髮今已縞，嘗險十三四。初也無畏憚，癡腸立旌幟。冥茫百不識，如人在夢寐。沈溺見前舟，乃下驚惶淚。舟中有達者，授以平安計。實艙貨千斛，遣作崚嶒勢。勢重浪莫摇，庶幾可以濟。水性辨急緩，天色審陰霽。成竹在吾胸，一篙無亂刺。天涯等咫尺，豈復慮迢遞？詩人之爲詩，殆與此相類。厥貨爲何物，《風》《騷》與漢魏。

膠州莊笠亭求書作一詩嘲之

霽後蓬門冪濕煙，巢烏曝羽意悠然。久無塵事來牽惹，尚有疑書待究研。縞雪上頭心未老，春山入夢債須填。乍聞籬外車聲歇，有箇同鄉握素箋。

哭易州刺史趙同年秋蕖

心勞民事病因成，易水蕭蕭有泣聲。雪後春山皆縞素，書來老淚漫縱横。鵲華月夜明湖舫，耿靳風流鄭野觥。謂耿仲容、靳橘村、鄭秋池。朋舊英靈頓消盡，只留孤鶴一哀鳴。

【校】

道光《冠縣志》卷九引此詩，漫縱横，作『任縱横』。

輓袁耐萘

城上鬼車聲可惱，春雲慘澹春曦少。雙旌五馬赴黄泉，在世光陰何草草。郡人誰不淚淋浪，德惠始新公則亡。唯我哭聲不敢大，知公有母在高堂。

題洗石圖時游濟南。

得石者，桂未谷也；　洗石者，吴秋鶴也；　繪圖者，吴竹虚也；　題詩者，楊桐舫也；　今皆歸道山矣。以圖留潭西精舍者，秋鶴之弟新甫也，今不知所往。

四人仙去一人留，留者霜含鏡裏秋。挽日無戈心鬱鬱，遺僧有畫墨浮浮。揮毫昔印潭西影，感舊今生石畔愁。古木斜陽一延竚，誰吹横竹倚風樓？

題廖裴舟風雨懷人圖

野王城下買魚竿，雨笠烟蓑别舊歡。毉雀理琴春悄悄，揮杯勸影夜漫漫。風濤險處收帆好，道義深時散局難。今對此圖心不愜，幾人潦倒在長安。

君所懷人我亦懷，客牕風雨夜深來。饒他越石操長耒，借得元瑜展鉅才。磊落有人撑宇宙，逍遥豈惜委蒿萊？　新詩洗爾愁千種，乞買明湖作酒杯。

【校】

十卷本，饒他，作『容劉』。借得，作『借阮』。

題姚悔餘匏繫圖

野鶴如賤子，閑雲似足下。會合出無心，推襟共杯斝。是時殿春花，風前弄妖冶。亦復可憐人，依依不可捨。天生人與物，有形悉有情。誰能就局促，瑣瑣計枯榮？雞肋本無味，腐鼠何足爭？留此有情身，九州可縱横。咄嗟足下圖中意，中鈎之魚茹芳餌。千計擺脱苦未能，紙痕猶有蹉跎淚。鈎今脱矣何悠然，來看七十二名泉。泉聲山色清且妍，胸無一物來糾纏。昔時入夢蕉裏鹿，今時推枕風中蟬。請將此圖擲於火，更寫《逍遥》《秋水》篇。

過東明滑縣亂後諸村墟

四野横殺氣，風寒晨曦瘦。飢鵶來怖人，格格叫田囿。村破轍無跡，驅馳畏顛覆。荒草見遺氓，賊鋒之所漏。面以菜爲色，骨出皮生縐。爲指道旁灰，説是好堂構。稚子成孤獨，衰翁絶裔胄。魂歸泣陰房，階除竄鼯鼬。禍自何年始，由來不可究。魑魅天所鍾，化人爲惡獸。衛霍提兵來，一洗疆隅臭。飄飄赤旆翻，赫赫膚功奏。鋒火難已消，桑麻雨未透。瘡痍附羸骨，仰覬皋夔救。

哭吴研山汝寧通判，長洲人。

記得前年夏，抄詩來葦門。控弦思中的，雕璞欲無痕。脉脉空堂語，依依至性存。如何吊亡淚，灑及汝川魂？

誰其不可死，天獨阨斯人。拙宦遺空橐，殊鄉滯老親。數窮身偃蹇，棺蓋骨嶙峋。造物生才意，吾將問鬼神。

喜吴玉松先生來守彰德

州有稚圭慈愛痕，藹然桑梓尚成村。牧民時寓看花樂，守土兼勞宰相尊。迢遞千年溯芳躅，崢嶸五馬出金門。志前賢志如臨帖，定有元珠墨沼存。

松院沈沈竹逕幽，荷衣初换木棉裘。虚牕聽鳥諧嘉夢，舊雨除官得近州。肝膈盡傾清切地，慨慷猶記別離秋。多年不抱先生杖，擬寫疑書質郡樓。

先太淑人忌日

吾母一兒今老矣，麻衣如雪憶髫年。常逢母忌傾兒淚，猶記兒時受母鞭。鞭痛兒身心不痛，兒身不痛倍悽然。况兒拜後無人拜，不孝真真辱九泉。

輓妹婿李平山

其一

作宰同時出帝京，淛江東去粵西行。帆迴桂管人如舊，潮聽錢唐夜有聲。共以中年衣獮豸，期將峻節擬崢嶸。北禽錣羽南星落，《薤露》歌殘白髪生。

其二

韓康跡渺藥難求，女弟書來愬病由。蟲鼠共嗟肝與臂，悲傷忽覺夏如秋。銘旌粉字魂千里，孝子麻衣雪一舟。水咽瞿塘兼夜雨，蒼巖紅樹淚交流。

書所感

天怒九霄上，鬼泣九泉下。咄嗟出異聞，搔首動悲詫。數莖惡草生巖幽，呼妖引魅風雨愁。帝閽高高遺六甲，根荄薙盡金戈頭。霧旆卷，雲旗收。陰蜸不許遺孽種，春沙只見飛白鷗。黑風吹出老於菟，其視眈眈令人怖。大索猿栗搜鳥糧，更納雌狐作歡具。山靈上訴穹閶聞，祝融下世穴窟焚。手提於菟擲徼外，窮羽困角同欣欣。益烈山澤堯德大，日與群生除患害。弱肉强食無爪牙，林下老民一痛快。

贈河北鎮薛總戎

自聞英概苦相思，初盍朋簪似故知。面帶古時名將色，壁懸平寇至尊詩。追懷母訓慈鐫骨，説到君恩淚染頤。欲作《臯蘭大人賦》，恐驚星斗落秋池。

閑適詩

蒼巖横水郭，翠篠翳茅廬。五畝栽花地，三年共鶴居。古琴陶野性，時饌翦秋蔬。尚有塵心在，苦求稀見書。

送衛孝廉慶悰遊廣陵

去讀《蕪城賦》，豪情未有涯。迷樓思帝業，忠墓拜梅花。買鶴修琴軫，聽潮卧酒家。故交如問我，云已老烟霞。

寄五弟

十兄棲異鄉，四兄滯窮宦。五弟有書來，冬衣不能辦。飢腸出苦語，老淚濡衰面。愛爾心如割，兄愁爾不見。昔在鹺城時，爾年當弱冠。有書視如仇，幾欲焚筆硯。人譽則心喜，人規則顔變。聲色溺性靈，時光脱弩箭。擇淑攀舊族，合巹居前院。冀以窈窕姿，助夫趨於善。老兄心獨苦，阿弟殊輕慢。又爲計終身，何以爲衣膳？納資求薄禄，兄俸損一半。是時兄上書，妄鳴折羽翰。膽碎及妻孥，懷憂到親串。爾游金馬門，鮮衣雄顧盼。朝醉梨園酒，暮牽青樓幔。只識尋歡娱，却忘兄有難。愚哉復愚哉，言之發悲歎！歎爾書未讀，骨肉尋常看。讀書義理明，自使肝腸换。及兄居河北，貧似空巢燕。凄涼無一雛，鬱鬱銜花片。暮境悵蹉跎，冲襟猶浩瀚。豈以歲寒心，而被浮雲亂？四弟比五弟，顛狂雜迂狷。六年濟民塲，孤舟泊古岸。忍飢坐晚衙，數米營朝爨。因能歷諸苦，纔得博一薦。脚根猶未定，如花之有瓣。只可吟春草，何堪索官絹？燒燭寫報書，裁詩寓諷諫。期爾繞指柔，更買精金煉。

寄素孟蟾方伯

都是東皇愛惜花，高枝冉冉墮泥沙。雷霆隱寓憐才意，雨露何能儘量加？霜羽夜來書自遠，晨星北望月猶斜。使君莫袖酬恩手，我未龍鍾鬢已華。

提戈百戰恃心雄，御藻親題滅寇功。屢過茅廬談舊事，言從虎帳識名公。開襟薛稷修髯紫，攬鏡劉楨醉頰紅。却恨梅花共幽賞，懷人風雨夜濛濛。

赴約一首呈玉松先生

約出賢者心，那能不即赴？駒秣野王城，鞭指獲嘉路。過眉丈二竹，預備游山具。石交隨我行，鼠鬚麝煤附。途經修武縣，寒鴉啄枯樹。不見七賢蹤，更無七賢墓。歲月了清談，幽篁成退步。行行入衛輝，天教作《雪賦》。短才輸謝莊，那有瑶華句？乾坤冰鑄成，村墟化縞素。薪斧墮樵指，獵網失寒兔。誰惜杖頭錢，酒肆如爭渡。而我崚嶒骨，幸有襜帷護。紆道訪曲江，謂張牧村觀察。夷猶略小住。驅車鄴下來，烏棲日已暮。道旁紅一簇，雙旌候古戍。握手只數語，寒温何及訴？既登君子堂，奴婢趨如鶩。先觀别後容，徐徐問親故。敝篋獻吟稿，精室發書庫。傲岸兩腐儒，齒不掛時務。肺腑無虛言，藥石毉沈痼。義交非勢交，深情賀良晤。旁有侍立兒，心疑目爲注。其所眼見者，肉食誇紈絝。吾儕非壯齡，荏苒不可駐。名教有真丹，迷者自不悟。千卮飲君酒，故人茵可吐。醉時發狂言，醒時無恐怖。何必絲與竹，用詩代《韶》《濩》。詩中多瑕疵，先生指謬誤。

長句一首題章大令寶書别墅

骨格磊落煙霞姿，檄催人與猿鶴辭。仕版匆匆磨歲月，朝珠到手雪盈髭。時以軍功加州銜。身爲名累誤簪組，産在江鄉十去五。手散朱提却買愁，句如黄絹都成苦。探懷示我《寶書吟》，墨綬蹉跎宓子琴。白髮在堂官興淺，秋風夜動薜蘿心。祖宅香爐峰脚下，嘉樹參差幽且雅。更儲萬卷鄴侯書，灌溉兒孫英秀者。我昔秋江挂曉帆，檣根瀹茗對巉巉。欲買數弓淒泊地，求之不得但空還。蒼巖自是君家有，濶别漁磯久復久。事多拂意好山來，突兀在心詩在口。俞紫芝詩：『有時俗事不稱意，無數好山都上心。』王半山極稱賞之。問途先問已經人，鈍叟深諳苦與辛。腰折路歧憐斥堠，身沈網底悼窮鱗。羈紲鑾鄉脱未得，衆中縮小英雄色。綢繆不復辨賢愚，偃蹇隨人作轉側。路當絶處天公憐，夜卧伏波山下船。痛飲三湘七澤水，旋從桂海移冰天。長官稱我重廉恥，十萬州民歌樂只。鎩羽禽爲奮翮禽，泥沙一變成瑜珥。造物有權誰與爭，且將通塞寄瑶觥。世艱鎔鑄嵚崎士，百鍊精金器始成。君家髣髴桃源洞，芝草琅玕親手種。蒼生不放出山雲，勸君無作歸田夢。

寄吴蘭雪

君賦悼亡詩，我灑哭兒淚。倦禽摧羽毛，淒涼作一對。君詠廬山瀑，我吟華山雲。浮名天奪去，未奪詩與文。我物色窈窕，君綢繆佳麗。磨墨打烏絲，先我吐奇氣。日下郭隗臺，雪中銅雀臺。木屑投君去，驪珠贈我來。

讀周忠毅公奏議書後

心愁狐鼠摇綱紀，擬與容城作替人。公七八歲時，侍其父泰六公，偶與客言楊忠愍事，公拍掌大聲曰：『何物楊公，大好死！彼鸞嵩安在哉？』杖血未曾濡鐵骨，閹臣力爭乃止。封章猶復犯龍鱗。宮幃濁亂生祠滿，朝籍蕭條大獄新。黑屋囊沙天亦怒，御樓燒作赤嶙峋。公死次日，朝天宫災。

【校】

綱紀，原作『網紀』，據十卷本改。

題周大令鶴立所藏忠毅公遺印

自古人中龍，乖時不如狗。昂昂金階臥，隱隱結群醜。茄花旖旎深宮時，佐以委鬼浸潤之。昏主但持雕漆斧，無罪殺人渾不知。熹宗作雕漆小斧，在今英冢宰家。愚聾智啞綱常死，盡力周旋一葉耳。向高。結果扶持名教人，但費閹奴三寸紙。是時隨身有玉章，忠魂毅魄同光芒。骨碎殊刑玉不碎，子孫家祭供祠堂。不知何時落嶺外，吴江寶物珠江賣。未同牙笏擊朝姦，衹似金龜償酒債。公之後裔曰雲蟬，還鄉帆落皖江煙。對兄持出一蒼璧，握之在手心悁悁。燒燭夜語囊沙事，怪雨盲風起造次。奧窔之中有物憑，借用公奏疏中語。綸扉忽變恩仇地。璧逐游人歸故廬，焚香告廟吹笙竽。上有先人憂國淚，血斑幾點猶模糊。君不見，魯公名印在曲阜，興化知縣顔崇槼收藏。與此同堪歷悠久。吟窗取作詩題看，筆頭冰凍嚴飈吼。

上少廷尉查夫子

古人重知己，受知良獨難。鼠璞售高價，舉俗輕琅玕。覼也在嶺嶠，硜硜恥素餐。秩懼名不稱，心愁民未安。要嚼經史液，施之簿領端。困於爍金口，遂失大吏歡。杯蛇起嗔恚，籠鸚摧羽翰。毫末未及試，雄心先已寒。夫子守平樂，厚德壓狂瀾。初亦聞誹語，庸瑣一例看。春風坐三日，知受人欺謾。

謂爾方年少，來膺民社官。爾才未鎔煉，煉久能高騫。齷齪衆雞鶩，何如一鵷鸞？從此被吹噓，銜恩入肺肝。迨返蒼梧櫂，還據遼東鞍。秋夕望南斗，欷歔發浩歎。恐遺夫子憂，化潔爲腥羶。凛凛矢三畏，促促越十年。誰知荷榮寵，破格用愚孱。旌持股肱地，版隸唐虞天。事務所急者，災黎望粥饘。九重念哀鴻，饑死在蘆灘。已拜楓宸命，馳驟敢遷延。奉職幸無過，夙夜如臨淵。恃恩無忌諱，妄語叢尤愆。當是咎宜得，誰云命使然？遂就漁樵業，常息組綬肩。讀書悔已遲，朽木誰雕鐫？平生知己淚，雨後春山泉。駑駘負良馭，成此蹉跎篇。絳帳懸古鏡，醜女不復妍。

訪謝茂秦墓不得

卓犖文中傑，任俠趨於義。吾鄉有健翁，冲襟抱殊致。吟儕眼忽白，移情入聲勢。晚墮七子盟，綢繆變乖戾。田納臨清賦，骨葬安陽地。豈因萃九原，此邦多文字。我踏懷州雪，來舉鄴州觶。緬往鬱遥情，逢客問幽隧。縣令亦詩人，共結輪困意。城南二十里，踆踆走小吏。折碑無處尋，觳觫角難礪。懷古吊荒煙，空羨吴江計。初，計甫草來游鄴下，修茂秦墓，人皆義之。

彰德郡署爲玉松先生築二小山以詩落之

爛漫堆衆皺，五字乃天造。今用昌黎詩，借作爲山稿。爲山如寫畫，鉤皴無浪墨。向背判陰陽，精粗視筆力。十日築成八九峰，鐫詩巉巄勞東翁。明年雨後種新竹，碧磊磊處摇清風。

贈詩叟張雋三

析城突兀横九霄，左跨天壇右中條。吞吐日月産靈怪，挺生必有文章豪。昔余銜署鹺城長，文淵欲下珊瑚網。元瑜孝穆久寂寥，空對名山寄遥想。蹉跎老作倦飛禽，夙舊招呼來一吟。有客軒昂屬晉産，乃使一慰平生心。客聽析城雨，日飲析城緑。肝膈鬱槎枒，不受人羈束。東訪大勞之嵚崎，南走仙霞問武夷。孤笻在手吟在口，妻子寒餓百不知。歸來萬里路，留得詩一卷。眼底塵根不足翦，寧教脚向流俗轉？輪扶大雅湘潭周，謂子可得不可求。詠史百篇新樂府，嚴霜字字摇清秋。載以澤州車，撫以并門掌。一鳴群羽喑，蹙縮不敢響。延陵老人據法座，妙偈瀾翻入詩課。從來韻語壽千齡，豈似浮雲一刹那？仲初人怪考詩嚴，撚斷雪絲無好髯。但得妍媸照古鏡，何妨蕭艾芟霜鐮？時雋三定予《懷州集》。老去無如文字樂，明年無負看山約。揮杯不惜買春錢，著屐猶存登岱脚。

訓姪詩

爾爲爾父晚年子，總角提携望長成。慘惻樓西分手處，淒涼淚滿托孤情。夙言終食難爲弟，兩嫂同孀敢負兄。爲爾擇師心獨苦，老夫先爾拜先生。

喜雨

竹悴松枯鳥亦愁，西園氣味忽如秋。風驅霡霂來消暑，宅繞淪漪若泛舟。静按冰絃歌《水調》，閑揮玉㪚集詩流。暝烟未散鐘聲濕，雉堞蒼茫聳梵樓。

【校】

霡霂，十卷本作『霂霡』。

聽雨

門閉蒼苔守素心，那堪爲雨復爲霖？一塵不著留雙耳，群籟無端得妙音。何待芭蕉始淅瀝，近於松檜自蕭森。却愁對聳吟肩者，小巷泥多無處尋。

雨後郊行

萬疊蒼嵐射紫霞，板橋晴趁蹇驢賒。揸頤有客吟幽草，用杜牧之句。竝水何人惜落花？羽曬僧寮鳩引婦，朋呼荻渚鷺眠沙。眼前都是賞心處，泛月猶嫌少一槎。沁水不能置帆檣，是一憾事。

小瑯玕館曉坐

欲濯塵根讀道經，前宵況復雨堪聽。蕭閑恥説人將老，枯槁欣看樹轉青。乞米更無書可寄，藏身應使户常扃。嶙峋自笑吟哦骨，立在幽篁似鶴形。

夜坐

别院蓬門向水開，鐘聲寂處有高臺。寺名。一詩吟定月沉去，群卉香深風送來。晚歲移家因有竹，孤岑得雨又生苔。請看陳腐回新穎，冉冉螢光出草萊。

輓薛提軍

百戰威名遠，長戈掃亂榛。如何天奪去，遂若世無人？論史情深後，懷鄉病劇辰。九州同一哭，撐漢失嶙峋。柳柳州哭衡州詩：『衡嶽新摧天柱峰。』

寄方鐵船

古鐵收來鑄作船，自浮人海卧秋烟。要津風大帆難落，小港波平纜易牽。穩舵手持心了了，閑鷗情重意拳拳。蒹葭尚有漁舟在，傾慕先生已數年。

玉磬山房詩集卷九　懷州二集　古今體詩一百三十首

嘉慶乙亥九月初四日作天壇王屋之游游十五日目之所見足之所履興之所發情之所感悉於詩乎寓之得十九首同游者誰懷慶府學廣文王霖庵濟源秀才燕際春也

宿白磵村

濟勝有具心猶豪，一枝笻竹手自操。龍潭寺西足娱目，刺空無數青岧嶢。岧嶢日夕横秋練，千峰萬峰倏不見。樹影昏黑燈乍明，轉出一村名白磵。晚鐘欲歇未歇時，一叟霜髯來致辭。蓬廬掃下支床處，荆婦還餘酒數瓻。旋見儒冠來二子，如此家風宿可止。五穀乞叟辨分明，來朝履齒切石齒。

書所見

環村有石谿，王屋在村西。紅柿壓人頂，青苔印馬蹄。水斜横略彴，雲缺露招提。作畫無高手，蕭踈意老倪。

硐石

石在山谿分五色，孕毓青黄赤白黑。媧皇補天斥棄餘，至今流落群仙國。細者如卵鉅如甕，赤者如硃黑如墨。時從硐底鋪瓊瑶，翡翠凝膏蠟凝汁。吁嗟造化真小兒，費此無窮點染力。硐中流水鳴潺潺，我來游山水平膝。水與石鬬石戰水，輿人步步懷驚慄。局促輿中自可畏，還對潺湲生歎息。如何有用置無用，空谷老人砌田側。若令居奇到州郡，千琢萬磨窮雕刻。高人賞識貴人購，夜吐光芒照琴瑟。處非其地亦可憐，樵子牧兒都不識。深山大澤忽有我，取回家去供精室。僻性癡情不可救，米顛蘇髯合一律。豐干有舌無遽饒，此是寒山初拾得。

虎嶺

風生於菟來，紅葉紛紛落。見慣村中兒，荷樵行自若。

風門

朝雲暮雲出入，南風北風來往。巉巖獨立蒼茫，一嗽衆山皆響。

迎恩宫讀澤州相公石刻

相公初拄游山杖，相公有母尚無恙。軋軋安輿雙手扶，母笑白雲生翠嶂。燕臺府第落春暉，國門凄惻相公歸。析城佳壤墓門閉，來謝賓客縞素衣。此山是母拜佛處，重尋道院菩提樹。鐫詩樹下含淚痕，但許吟哦不可捫。

紫微宫阻雨

夢中礫礫插天壇，五載蹉跎一到難。今蠟吾屐撰游杖，籬菊摇風秋已寒。白磵村名西行度秦嶺，穿林跨壑升危境。紫微宫在尺五天，撑空始見天壇影。宫中道人著敝袍，神清骨秀年未高。深山不知世所貴，牧兒食器皆君窯。嘉慶乙亥春，掘土得之。寶物輕之等糞土，豈識人間珪與組？游山得遇此道人，受役吾甘執樵斧。宫門華蓋晚烟生，秋霖阻滯不得行。道人儲粟煮已盡，游侣漸聞嗟歎聲。我擊唾壺發一粲，雄心無使有中變。從來風雨近重陽，節候無差詩可按。寖寖萬木成衰容，點綴蕭寒恃化工。應恐游人意不愜，故澆沆瀣染丹楓。游侣聞之奮然起，笑語聲喧走山鬼。叶。石樓窗外雨瀟瀟，白墮酒名尊深吾醉矣。

絶糧

山厨已絶糧，山雨復浪浪。石亂聞溪吼，村孤畏虎狂。老來禪味永，飢者菜根香。高卧羽人宅，餐霞丹竈旁。

牧兒歎

紫微宫中有牧兒，身材小小折一足。登山牧牛牛盡肥，入谷牧羊羊多肉。狼在谷中取羊去，乃能逐狼如逐鹿。奪得羊歸還主人，因食主人幾盂粥。世上紛紛食粥者，心似牧兒蓋亦寡。世上不少健足兒，但肥妻子事奔馳。牧兒牧兒奇且怪，吾見牧兒先下拜。

鈞窯盌

磁出鈞窯樸且厚，不知何人瘞山岫。升沉世代有滄桑，獨教斯物得其壽。珠光劍氣終難埋，今被山靈送出來。殊珍又落牧兒手，偃蹇蹉跎良可哀。我到山中訪古迹，不見前賢一片石。聊復攜兹到郡中，持向賓朋共憐惜。

【校】

鈞窯，十卷本作『君窯』。

筆戲

猿愁鶴怨道人唉，霧鎖巃嵸久未開。怪得山中足雲雨，此山西去有陽臺。

望天壇雪

一雨綿綿五日留，入山空使對山愁。高峰遁出雲霄外，亦與先生共白頭。

又題

鐵綆千尋在上方，丹池蘿洞抱松篁。玉山頹矣先生醉，要借仙人白鳳皇。

天壇絶頂下視紫微宫二十里許宫阻雨壇阻雪遂不復往昔東坡先生嘗登清遠峽半山亭足力不給曰有何不可歇處此古人知止之義也余今返自中途乃作止止吟以示游侶

不必止而止，人或譏其懦。可止而不止，君子以爲過。名山在九州，十已六七游。造物不我負，吾志已饜酬。怡情快心事，要使留餘地。翹首謝山靈，山有歉然意。

【校】

詩題『此古人知止』，十卷本作『此知止』。

洗蕿井在烟蘿子祠前。烟蘿子，晉天福間人，佃陽臺宫田，得蕿食之，舉家仙去。

天上瑶光星，何時墮於地？濯以浴丹泉，仙人小游戲。

千人釜圍濶丈餘，深數尺。

烏金鑄偉器，食可充千口。想當離亂時，活人有大手。

王屋鎮

鎮在王屋下，四圍山漸小。居民見客來，紛向肩輿繞。驅犢齒方稚，杖鳩年已老。新婦插野花，自視何窈窕。回首望高岑，突兀立雲表。身從險處游，忽覺平川好。躡崇意始快，就卑身可保。吾爲過來人，胸中自了了。

出山

紙蓋籃輿自輕妥，上踏崚嶒下嵬砢。潭龍繾綣有深情，雨來留我雲送我。

回至濟源復雨

繾綣名山如至契，儒家模樣比邱心。天教洗我書生氣，又遣蒼龍作晚霖。

贈延大令

海陬琴一鳴，人人傳治譜。珠璣五千斛，更向東溟吐。醇德鑄英詞，風騷襲前古。猥爲時所憎，百事百齟齬。印去貧而樂，奇字弗堪煮。米負銜恩民，無飢我縣主。析城峙故鄉，樵蘇結儔侶。判事堂上筆，化爲山中斧。邱壑任天機，烟雲冪庭宇。紘瀊思一調，劍閑思一舞。聞我客鄰郡，過山來晤語。笻擊竹南扉，手揮松下塵。出處困偃蹇，鬚眉仍軒舉。乃識人猶龍，不受塵羈苦。

【校】

英詞，底本原作『英祠』，據十卷本改。

蘇門山

高棲無鳳皇，不足壯巖岫。肥遯有君子，始堪撐宇宙。山峙共城北，得氣獨得秀。盤薄洩地靈，草木皆榮茂。驪龍卧幽渚，頷珠跳雪竇。衍爲浴鷗川，迴瀾瀉奔溜。穲稏交芙蕖，村墟被文繡。坐此百泉名，永與蘇門壽。山從太行來，萬馬爭馳驟。若麀鉅鹿野，雄雌盡一鬭。轉戰忽衝突，直趨紛踐蹂。大勢兩不降，一支潛東走。追騎却復還，驍騰不可又。以故泉上峰，碎石堆群皺。我來子月初，邱壑示寒陋。鳧鷖氣蕭索，桐杉貌癯瘦。唯見碧瑯玕，挺特貞其守。俯仰山上下，徘徊泉左右。鬱鬱嘯臺雲，霏霏散晴晝。公和出苦語，不聽乃成謬。後此多偉人，齒向潺湲漱。冰雪入肺腸，萬類供研究。羲畫窮微渺，康節先生。理窟鑿使透。橫渠、二程。形跡務韜晦，窮達視遭遘。掌握寓經綸，寰區作領岫。身潛名愈彰，一鸞勝百鷚。吾於諸賢中，觀其所造就。巍峨四文正，彌令低吾首。元耶律文正楚材、許文正衡、竇文正默，悉讀書於此。國朝湯文正斌受教於孫夏峰先生，亦負笈百泉。

寄張雋三

白頭烏啄歲寒枝，又到年前聚首時。荏苒光陰弦上矢，崢嶸氣骨卷中詩。無妨冷炙依劉表，頗有高人説項斯。試問武安吟夜月，可來重照魏公祠？

將至楚城贈牧村先生四首

白雪皚皚都上頭，不辭勞頓復來遊。地聯鄉國多齊語，雁帶寒雲過汴州。十里帆檣摇水月，千家米荻擁山邱。使君心在冰壺裏，鼓吹聲中著敝裘。

桑梓誰能盡説賢，岸淮遺鉢有真傳。常師澹泊留餘地，豈逐紛華改素絃？真氣藴藏肝膈底，古風流露齒牙邊。揮杯翦燭河干夜，語到深時霜滿船。

前年滑濬陷沙蟲，刼運於今一掃空。事後瘡痍關痛癢，輿情壅滯要疏通。從來君子如冬日，能以經綸作惠風。此去相州無百里，試看祠廟有韓公。

寒塵壓帽亦悠哉，訪舊兼思訪古來。隆慮讜言留宰樹，建安浮藻剩荒臺。歷朝人物過游旅，七子交情變冷灰。推落水中心不怒，公和自是大通才。

題林縣志後

天綱顛倒因梁冀，地震朝廷罪杜喬。突兀扶風大儒者，千年穢跡固難銷。

【校】

詩題，十卷本作《題林縣誌書後》。

落齒

果腹旃爾勳，多言責爾過。不爲舌之柔，宜爾逢折挫。爾得未償失，麄疎無考課。人短挂鋒稜，積習不可破。壯歲豈復來，骨血成衰懦。補缺悵無術，寡尤亦可賀。

哭原任浙閩制府方葆巖先生

惻惻寒暉挂枯樹，鶴唳猿呼日垂暮。草堂冷落人寂寥，聞説白門歌《薤露》。賤子倉黄裂肺腑，悲悼疑惑兩交互。天下未可少之人，如何與才不與數！公爲盛朝名宦子，涵忠濡孝振聲譽。清勤見賞先皇帝，今上彌復賜優顧。其賢自有史臣書，無須草野贊一句。公到中年運偃蹇，慈母多疾生驚怖。身謝華衣换雪衣，廬結太夫人之墓。淚所滴處生靈芝，草當茂時産白兔。是時亂民如螻蟻，褒公鄂公往搜捕。郡屬股肱須重臣，帝下徵書起裴度。公辭制府就軍營，一字一血馳奏疏。螻蟻將盡來可緩，鑒公赤誠帝不怒。旨到江鄉感萬民，君臣大義唯忠恕。公之遭逢古未有，除服正可酬恩遇。母慈君聖圖報難，憂懷輾轉疾沈痼。大星無光墮江水，朝廷震悼發明諭。澤及黄泉並及子，堯舜之仁等春煦。峨峨柱石忽傾折，文人怕讀《靈光賦》。我非門生非屬吏，前在鹺城得一晤。喬嶽崚嶒峙寰宇，劃然頽矣淚如注。君子哭公不哭私，要有其人可哭處。以詩寫我傾仰意，筆下慨慷神來助。潮聲嗚咽黿鼉鳴，江畔霜林成縞素。

【校】

鶴唳，底本作『鶴淚』，據十卷本改。

贈梁竹雲

此道荒蕪久，文人野戰多。未嘗無智慧，都惜亂消磨。鄴下饒英氣，城西擁翠螺。清吟忽到手，不負屢來過。

贈栗大令樸園四首

眼底紛豪俊，森森獨老成。十年修治譜，隨處得賢名。北嶽松風遠，中州水味清。陶鎔爲大器，風骨自崢嶸。

識力高如此，都從天性來。談能悦逆旅，酒不厭深杯。院樹寒禽噪，年華急景催。轉愁判蓺後，襟抱向誰開？

印握寧陵縣，才華小試時。自來軒健翮，先遣就卑枝。職以民爲貴，廉唯儉可師。樹根培得好，貞固自無疑。

弊源揮使去，民利自然興。肝膈既如水，爪牙寧借鷹。得情衣有淚，除蠹法堪繩。陽書陽鱎語，問君聞未曾？

【校】

陽晝陽鱎，十卷本作『楊晝楊橋』。

謁湯陰岳忠武祠

知公者爲誰，嶽嶽宗留守。妒公者爲誰，眈眈秦繆醜。志士枕干戈，權奸弄樞紐。江介劃鴻溝，視之同敝笱。堂堂天水氏，二百餘年久。神器委昏庸，運數丁陽九。只餘勾踐宅，猶爲嗣君有。公才壓宇宙，公氣衝牛斗。刺姓於旌旗，扶衰用隻手。背嵬四百戰，蕩滌中原垢。惜哉仇將雪，有人掣公肘。賣國與君仇，丞相古無偶。傾人罪難坐，誣陷騰妖口。黑獄南招魂，青衣北進酒。河山已破碎，金湯任踐蹂。區區小朝廷，麟鳳辱雞狗。怨深山嶽摧，怒極風雷吼。昔讀訟冤疏，擊碎寒牕瓿。今拜公堂下，寒飈泣枯柳。

留別玉松先生三首

元絲不復存，老友意彌敦。瘦馬途中雪，寒宵手上尊。有春都是夢，未別已消魂。追憶締交處，梅花開葑門。

別亦尋常事，吾儕獨不然。得書常共讀，聞過輒相鐫。醒酒石堂月，放舟銅井烟。風流兼道義，固結廿年前。

抽身留不住，歸去買漁簑。舉箸蒓絲賤，修盟鷺影多。綺雲終化水，孤調自成歌。逢有南來雁，音書寄薜蘿。

玉松先生擬卜居湖州聊賦短篇以忻愉之

天上最尊食竹鳳，人間都愛乘軒鶴。要從人海樹帆檣，鏟去鋒稜鑿圭角。今秋我飲太乙泉，明春君種吴興田。若見當時文與可，數竿乞畫瀟湘烟。

吴大令敏園屢饋嘉釀詩以酬之

碧草抽芽紅蘂開，生機都到眼中來。仙醽適有青衣送，一夕無妨一百杯。

醇醪釀以廉泉水，藉潤枯腸不厭頻。賀雨詩成雲滿岫，叱牛添箇醉鄉民。

安邑猪肝怕損廉，以今繩古面生慚。如何不避譏彈口，因讀《離騷》要一酣。

聞説酒中堪累月，可知身外即浮雲。驅愁自有神仙訣，欲索元珠問杜君。杜康也。

次韻胡大令韻樓清明後雨雪

晚春猶著禦寒衣，簷滴初停雪又霏。因被化工憐野性，故添幽趣到蓬扉。松經壓後枝逾健，鶴不鳴時羽怯飛。東郭詩來寓深旨，竟宵吟弄坐書幃。

新秋

毛髮盡蕭爽，身居秋氣中。水明池受月，樓迥樹摇風。兀兀閑如鶴，垂垂老作翁。莫開談事口，吾耳已雙聾。

范秋坪以近詩相質書其卷後

役役復擾擾，世務昏靈智。何人來與談，鏤心刻肝事？茹蔗群所趨，啖欖衆所避。誰能如鳳凰，只取竹筠味？吾儕有范子，不染塵囂氣。其骨與衆殊，峻嶒見高致。吟詩務遒崒，托跡潛幽秘。日夜鞭古心，研摩五七字。摇膝已三年，慧珠羅胸次。時出其夭矯，猛捩蒼鷹翅。杜子美《寄劉峽州》詩：『放蹄知赤驥，捩翅服蒼鷹。』或融爲温和，春風扇柔蒂。麗藻生飢腸，樞機靡不備。及造澹以永，湘蘭徵殊契。文工家益寒，拙於溫飽計。觀其述歡吟，養親能養志。觀其悼妖篇，一字一掬淚。泛泛作庸語，風騷何足貴？大雅諧天倫，發情止乎義。

七夕雨

時序入秋令，猶藴炎歊氣。數株牕外蕉，倏動蕭寒意。聲從樹杪來，旋復墮階砌。花沐窈窕姿，松偃崢嶸勢。有人方讀書，搘頤坐簷際。煩促不役心，獲此幽閑致。全家宅烟靄，積久形容異。豈憂車轍泥，出門自無事。

題諸城倪浯陽詩後

浯陽幼失明，以不能讀書爲憾。年稍長，聞人誦詩輒喜。其鄉之長老口授唐詩一二百首，輒能熟記，旋工於有韻之言。其詩清通爽利，間有至性語，策策動人，遂以詩游公卿大夫間，亦吾鄉一奇人也。

左思王粲吟中虎，貌不驚人蹇一生。造物於今開變局，騷壇又出左邱明。

信能盲目不盲心，一點靈犀照苦吟。却怪他人役阿堵，珠藏性水不能尋。『性水澄清，靈珠自見』。見梵書。

感懷

短暉難駐客愁長，旅燕辭歸菊未黄。空見鼓師賦《鸚鵡》，誰如繡虎愛鴛鴦？浣花偃蹇沉詩海，種菊蕭條隱醉鄉。懷古正深聞蟋蟀，夜來秋氣滿書堂。

贈孟縣璧大令

潘騎省爲前令尹，韓昌黎是舊編氓。栽花未了關心事，原道彌深愛物情。妖藪聞風移外郡，柘村隨處説賢名。識君奇翼非凡鳥，沙際閑鷗眼獨明。縣多巨盜，有遠颺者，有革心爲善者。

與袁蘭汀論詩

筆花應向解人開，才子胸中撰出來。到得娉婷堪愛處，不知培養幾千回。甘泉沃壤勤澆灌，亂葉狂枝定翦裁。獨有優曇最嬌麗，天葩無種世難裁。

潮音寺新修落成

中州十郡羅星野，如此池臺更有無。出樹雕甍照秋水，翻風翠蓋瀉荷珠。居民盡許茹花氣，佛地還容貯酒徒。五百應真都笑我，借人軒檻取歡娱。

【校】

詩題，目録、十卷本作《潮音寺新修落成風致軒然用詩寫之》。

飲秋坪蘭汀於西園桂花下

雁挾天壇爽氣來，金飈激盪木犀開。如澠麴蘖堪娱老，脱箭光陰去不回。頗有邱遲稱弟子，何須寇準築樓臺？醉吟香霧溟濛處，急就章成擬驟雷。

曉起書懷

山郡濕烟重，添衣不覺暖。攜書就晨曦，獨坐琅玕館。山側放秋葵，蝶亂花枝滿。纖微具知識，趨向未容緩。逾此秋彌深，促促時光短。如何幽棲士，獨令天機淺？皓絲垂兩肩，身事悵敷衍。孤雲被推盪，破碎難舒卷。虛度嗟逝川，一瀉不復反。慵骨支寒簟，閑門閉蒼蘚。日唯驅蠹魚，沈憂藉一翦。

蘭汀遊月山寺得石芝一枚蒂黑如漆肉白如截肪肥澤若嬰兒之股肉中生草十餘莖長三寸許其細如鍼深碧色巖穴誠多異物也昔蘇髯夢食石芝作詩記之後果真得石芝於海上芝與仙人有緣豈復與詩人亦有緣耶喜而詠之

秋巘饒松檜，峰從一笏起。誰握七尺筇，豪興有袁子。旋自竹塢北，貽我乖龍耳。見楊萬里詩。扶輿秀靈氣，誰爲鍾於此？供以白玉盤，承以香楠几。衆人都不識，睨之冷其齒。群奴竊相笑，家翁乃癡矣。見寡恒多怪，輕薄固其理。馬背腫而高，何能責南鄙？咄咄白玉脂，韜晦陰巖裏。幸爲詩人得，不然枯槁死。《抱朴子》云：『玉脂芝如水精，以無心草汁和之，須臾成水，服一升，得千歲。』

題趙秋谷先生集後

天章蒲坂嶔崎士，元孝珠江傲兀人。只合飴山豢龍手，同浮墨海捉金鱗。愁聞竹嘯滄浪月，怕見山沈折挫身。莫怪蕭條寡酬唱，取時憎厭是陽春。

再贈田學博

街南有一人，道學兼瀟灑。軒輿塞門徑，往來多長者。恥讀無用書，欣乘有德馬。餘事通岐黄，手到春回也。按譜種新花，延賓倒古斝。聞人説俗事，緘默托瘖啞。機或一語投，喧聲振屋瓦。交不别貴賤，意止敦風雅。存者餘一吴，崇高。亡者失一賈。約園。每造我書室，肝腸共傾瀉。我愛君之醇，杯不厭頻把。醉言或有失，亦復資陶冶。如文之有騷，一字不苟且。如果之有諫，餘味難抛捨。此州居數年，猶僧卧蘭若。冷眼睨妍媸，如君蓋亦寡。

西園日暮懷玉松

閉門秋草緑，盡日少來客。曖曖夕陽微，歸禽愛我宅。閑居了無事，汲井濯山石。山開石縫花，窈窕競標格。嗃如垂鷗羽，紅擬瀉丹液。對此媚時姿，沈沈轉不適。有人去江南，挂帆已累月。江南蒓菜好，味饒朔方蕨。一飲故園羹，親愛成踈逖。

顔魯公名印歌

曲阜詩人興化令，顔崇槼，字心齋。魯公迢遥一孫子。得魯公印藏家祠，祭告魯公印千紙。一紙與人索一詩，孝思深如海無底。公之忠烈壓宇宙，公之姓名艷青史。姓名還借金石傳，歷劫一千餘年矣。李唐社稷久破碎，顔家此物猶完美。珍藏自是賴高人，呵護尤須得雅鬼。題印詩者不知數，何人筆下寓深旨？有公氣節詩乃健，豈獨鏗鏘叶宫徵？此事高擱三十秋，提筆欲下還復止。赫赫公是何等人，敢以纖言冷公齒。當時篆法出高手，未諳何代何人氏。一鈎一捺皆性靈，一戈一磔足神理。李陽冰是太白叔，與公相去年甚邇。或出冰也之所爲，古法不戾乃如此。食言終是心所愧，傷溽因循復可恥。小琅玕館何寂寥，詩稿脱自今秋始。公之靈爽在何處，風雨夜來蟲聲起。擬用黄金買紫泥，更印千顆貽鄉里。鄒魯後生多不凡，前輩風標勿輕視。公爲千古之鳳麟，我幸於公爲桑梓。

通許縣鄭烈女詩

鄭氏閨中姝，皎潔如秋水。朝則理鍼線，暮則吟經史。經史浩無涯，字字含深旨。古來貞與孝，書稱好女子。不孝則無親，不貞則鮮恥。卓哉鄭氏兒，芳名溢閭里。父喪飲餘痛，三年不見齒。及其字於人，方在髫齡耳。紅箋墨猶濕，玉樹已摧矣。無軫焉用徽，孤絃無宫徵。天寧故我仇，吾命當如此。

牽幃拜慈母，揮淚别兄姊。引繩甘若飴，魂逐朝飛雉。名分千秋事，婚姻數寸紙。但識有綱常，何知有生死！

題和宫保太莽集後

目過三千函，鞭揮五萬里。精靈入麝煤，造詣乃如此。古色若鼎彝，殊芬等蘭芷。小儒浮艷詞，豈復挂公齒？公所藴者厚，五嶽胸中峙。含茹日月光，化爲文字髓。毅然提一軍，騷壇築高壘。毫濡於辛巳，便自説經始。見公《初集》。要以古肝腸，提携天下士。《年譜》手自編，淵襟托微旨。窮荒踏盡時，著録謳吟裏。天欲鍊奇骨，驅馳無暇晷。詞賦壓九垠，公髩已皓矣。詩教達於政，輶軒重國使。美刺凜褒譏，風俗洗其鄙。洲禽喻婚媾，澗毛供祭祀。鳥獸草木名，興觀群怨理。鑄辭通風雲，入樂諧宫徵。如何後世人，視若雕蟲技？康樂比芙蓉，邱遲務錦綺。一言終不識，無乃辱孔子！公今媲臯夔，洞徹喜與起。持兹賡虞廷，嶽嶽開宏軌。欽哉復欽哉，時入聖人耳。維詩之爲用，孰復大於是？賤子蹇且陋，跡亦周遐邇。東税於扶餘，南騖及交阯。骸骨空勞勞，器量復爾爾。學詩墮於愚，常抱平生恥。素髮忽如雪，坐歎流光駛。迷津得巨航，沿泗欣有恃。

飲酒篇

去日來日總無聊，古桐音烈易於焦。胃膈槎枒按不下，愁來唯以醁醽澆。才人坐病多如此，麴海沈淪浩無底。我今無恨復無愁，頰暈紅潮請休矣。

種花篇

元工好色過於我，造物多才亦可誇。養民有黍復有稷，更賈餘勇生群葩。我以憐香買《花鏡》，書名。要與玄工奪其柄。何必珍珠换緑珠，百二嬋娟立幽徑。

題謝文節公琴

琴爲忠義人所鼓，定少宫聲饒角羽。朔地沉淪五百秋，鋤刃甿來始離土。祭器兵船句可傷，冰絲斷後倍淒涼。枯桐何似冬青樹，龍髓千年得隱藏。『風塵侵祭器，樵獵避兵船』；『知君種年星在尾，根到九泉護龍髓』；皆臯羽先生詩也。

【校】

吳景潮編《松風草堂謝琴詩鈔》卷三録此詩，詩題作《觀於嘉慶丁醜四月作武昌之遊適與心盦吟丈相值出是冊屬題人亡而琴不亡真千古快事惜行色悤悤聊以塞素江先生之命苦不能佳也》。

與賈大令菊巖飲裕州少府孫藝圃署齋

昆陽戰壘鎖蒼苔，偶轉雙輪吊古來。春岫烟霞城雉繞，故人談笑鼠姑開。十弓新宅書千卷，五載離悰酒數杯。説到并門與懷慶，山情水意兩悠哉。此後二十七首，皆游武昌之作。

贈南陽鎮呢公訥莽

病鶴幾年喑不鳴，蓽門風雨送餘生。袖中君示《宛南集》，高調吟如老鳳聲。

襄陽鎮贈提軍閆公古愚

綺歲欲揚峴首碑，頹齡始拜羊公祠。祠外有江鴨頭緑，掬來難染鬢邊絲。耆舊凋零但荒塚，大隄窈窕猶春枝。夕陽墮水舟未泊，塵飛一騎隄邊馳。轉出城角見穹宇，斜颭獵獵摇旌旗。將軍出城迓游客，握手欣欣前致詞。並馬入城萬手指，此是枌榆兩故知。離悰潤緒説不盡，醁醽還泛鸚鵡卮。襄陽樂，歌一曲。懷古意，轉棖觸。星落九原龍失珠，漢家頽運誰復扶？青山馬鬣瘞名士，襄陽半人今亦無。半人，謂習鑿齒。

隆中

茅廬抱吟膝，三顧膺殊寵。懷古携杖來，龍去寒雲重。
生瑜又生亮，真是小兒語。吴江生智珠，不及隆中土。

墮淚碑

有碑在人口，淚始墮於碑。碑折淚亦盡，盛名猶復垂。
忠信格豚魚，人心自可買。山椒雲一握，疑有英靈在。

江上

朝挂襄陽帆，莫泊宜城壤。閑閑江上鷗，來與助清賞。鷗羽自皎潔，鷗性亦疎朗。晚灘尋舊盟，晴雪落遥港。我心靡所競，鷗或許爲黨。擊楫發夜吟，江烟濕船幌。

買魚謡

漁翁來，漁翁來，槎頭縮項斤幾枚？漁翁夷然掉其首，打得幾斤都换酒，酒能潤腹魚刺口。翁唇齒，何其驕，楚狂接輿類此曹。前村酒旗出深樹，我舟摇向旗邊去。

沙洋晤同年王源東本魯

庚戌仲春杪，邂逅於百色。瘴雨方綿綿，客心何惻惻。時我丁憂患，逐處逢鬼蜮。君亦著麻衣，殊鄉履荆棘。自兹一揮手，不復聞消息。二十八年中，離忱難具述。我解河東綬，倦禽垂羽翼。跧伏野王城，獨抱蓬門膝。以愚踏咎戾，何暇計得失？卜宅先移竹，求田必種秫。眼同冰霰冷，交向漁樵密。寂久忽思動，襆次厭抑塞。秣馬出懷郡，揚帆來楚國。擬縱眸之兩，而泛澤之七。依憑浩浩川，滌濯硜硜臆。丁丑夏維孟，朔二酉初刻。江干泊暝航，扶筇步原隰。側聞江畔氓，廉慈頌君德。思君如渴驥，飲泉欣在即。名紙才一投，倒屣出堂閾。惝怳若夢寐，驚喜交惶惑。初焉敘暌濶，漸次及文墨。壯齡挽不回，豪氣猶相逼。譬如松與檜，沈淪幽磵側。磊磊冰雪姿，歲寒彌挺特。窮達委諸命，在官須稱職。賓無戀猪肝，主莫嫌雞肋。别蘂判老友，再逢不可必。回念百色時，此會真難得。

即目

戍樓兵醉歌《金縷》，漁港船歸賣錦鱗。來往布帆張鳥翼，不知誰是得風人。
兩岸風吹打麥聲，烟收島樹雨初晴。北帆遥向南帆語，舟婦鄉音亦有情。
牽江十丈篾絲繩，風力何如人力能？衲上檳榔痕尚在，楚鄉逢箇嶺南僧。
撐腸喜見貓頭笋，照眼還多鴨嘴船。正對篷牕看水鳥，蘭橈劃破晚江烟。

向晚

向晚停飛櫂，焚香祭水神。旅襟無挂礙，游興復嶙峋。犬吠蓬門静，籬編麂眼新。酒樓燈未息，應有讀《騷》人。

沔陽早發

大江東去曉風寒，水際烟村枕上看。遠岫何如吟筆聳，洪波未敵酒腸寬。擬收雲夢歸騷雅，誰許丹邱借羽翰？明日武昌城下泊，篷聲鶴影問黄冠。

芸臺制府招飲劉園與張水屋刺史同賦

閣枕燕支嶺上頭，危欄下睨大江流。魚龍幻怪風檣險，主客逍遥竹塢幽。人坐嵐光濕吟襼，酒資古鼎佐觥籌。制府出項氏所藏鼎彝欵識同觀。畫禪饒有麓臺筆，此會欣逢張蔚州。

留别

高挂峨帆風力滿，諸公送我皇華館。我今蹤跡似閑雲，禮貌何當施偃蹇。聊對諸君指江水，驚濤十丈危如此。歸伏蓬蒿掩敝廬，邛州竹杖請收矣。武昌漢陽山自雄，妓樓商舶對蘢葱。綺霞無根散何處，蘆邊睡熟簑笠翁。

題覺羅善觀察怡莽柳陰垂釣圖

蒲帆數摺西風順，君子之中得後進。僕與善公先後知寧遠州事。約我共食武昌魚，手傾千卮色不悋。我謂主人生異姿，頰上春風四座吹。君曰昔曾圖小像，千卮請買瓊琚詞。此圖出自小泉手，我與小泉亦吟友。當時盛京大將軍，宗室晉公昌。視泉與松松嵐也。意獨厚。將軍持節萬里遥，小泉今亦路迢迢。聚散升沈足感慨，白首何堪還一搔！今對此圖心已醉，此日飲應加十倍。請君垂釣黄鶴樓，畫我與君酌樓内。北睨伯牙臺，南望鸚鵡洲，鼓聲琴韻兩悠悠。樓上清風吹散幾名士，只餘崔顥李白居上頭。

黄仲則楚南諸什皆商調豈地處卑濕涉其境懷其憂人人悉如是耶吾今依其音節更爲長句以歎之

飢驅又出毘陵門，帆落長沙悼水魂。峰對九疑生瘴母，淚浮七澤漾悲痕。畹蘭頻被陰蟲妒，山魅何知國士尊？慈母年高書信絶，夢兼鸞鳥泣黄昏。

葵園贈雨泉年丈名特通阿，官南汝光觀察。

榜書前輩手，凜凜抱初心。循績自難掩，墨痕留至今。繡衣君始著，藜杖僕先尋。葵外植香草，調絃奏古音。

查憩亭刺史出示玉蘭詩四首中寓微旨不徒爲花寫照也報以五言十一韻

東風抽碧草，春氣已潛泄。誰知君子堂，猶挂枝頭雪。縞鳳梳翎羽，吹嘘以縈結。仙班下許瓊，散花矜殊絶。君子搆嘉藻，與花分皎潔。謂此冰霜姿，趨寒不趨熱。虎阜三兩本，盛名羞忝竊。筆掃楚天青，撰句尤驍傑。發情止乎義，比興有真訣。妖媚襲嬋娟，是造文章孽。我觀俗傖句，面諛心未折。雞肋殊可憐，何堪辱齒舌？刺史句：『承露盞傾春酒碧，凌雲筆掃楚天青。』

題查集堂先生畫册

古之大手筆，恢奇奪造化。潭龍抱珠眠，摘來歸腕下。撑腸藴奇氣，直擬吞嵩華。皴染爲丹青，疇堪與並駕。吾師篆仙夫子。有尊伯，營邱作匹亞。米顛倪迂流，瑟縮畏凌跨。有時不快意，麝煤幾斗瀉。香草寓離愁，怪石寫悲詫。竹摹文與可，風篁撼廊榭。對之毛髮寒，何識有炎夏！藝精鬼神嫉，收藏亦可怕。一百五十番，餘燼出燔炙。留此二十幅，六丁之所赦。焚香告家祠，英靈賓慰藉。賤子遘天幸，遨游得閑暇。老人翰墨緣，如渴飲仙蔗。敬語賢刺史，世珍安有價？手多寒具油，勿許狂兒借。

題何大復先生集後

世望成荃宰，天何促綺年！器藏收局後，名重出山前。霹靂驚狐鼠，規模法聖賢。世人爭耳食，謬以好詩傳。

三關大隧、直轅、冥阨。

誰握巨靈斧，鑿開猿狖鄉？侵吞泣申楚，爭奪歎齊梁。壑邃饒秋氣，途窮斷客腸。泥丸安可恃，控馭要循良。

汝南道中

二龍潛去絶鄉評，月旦猶存里閈名。迴互岡巒村舍隱，蕩摇城郭水紋清。疆聯楚尾多蠻氣，凱奏淮西憶鼓聲。往事還思大儒者，七條絃裏伏奇兵。謂黄叔度。

宿明港驛夜夢朱蘭

蘭病我出門，病深我到楚。襄陽得家書，老淚浩如雨。蘭死何可惜，惜其忠於主。蘭死何可憐，辭主入黄土。我旋自武昌，夜宿信陽北。蘭向夢中來，枯容帶愁色。我却忘其死，呼之來座側。問以家中事，欲言復默默。夢驚西鄰雞，悽酸耿胸臆。下牀尋筆札，吟詩淚濡墨。詩燒付旅魂，鐘動牕猶黑。

確山令

科以平心催，訟以虚懷聽。時澤潤膏腴，樂哉確山令。我車控雙輪，來瞻風俗盛。願聞宓子琴，藉發看山興。琴音和以疏，爲治必清正。一桐蔭精廬，雙蝶舞幽徑。高歌風遞來，云是輿人詠。

少司空陳君希曾以學品兼優受知九重上冬卒於京師士大夫賢者彌不惋悼農部員外楊君芳燦博學善屬文作牧令有聲譽以不屑外任納資改員外落落寡合辭其官客成都告終旅邸返柩錫山余初不知也今知之並設位而哭哭已作二詩用寫吾慟陸士衡云懿親戚屬亡多存寡暱交密友亦不半在蓋余兹日光景矣悲夫

掬海爲吾淚，寧供盡日流？長安無善藥，一去遂千秋。恩重目難瞑，骨寒心未休。旅魂悲落日，荒刹鳥啾啾。柩寄都中夕照寺。

狖啼西蜀月，旌度北邙烟。淚欲傾三斗，悲應徹九泉。琴亡誰作誄，意迮我堪憐。擬訪遺文去，愁租弄篷船。意迮，用陶句。

懷玉松先生

蘚壁凝秋蟲語亂，花叢濺曉露痕新。離懷結作寒山夢，同聽鐘聲有故人。

和殷月圃白菊

鏤月裁雲勞化工，翦齊還藉一籬風。浮來酒面香無際，沁入詩脾味不同。開到歲寒彌皎潔，蘂爲霜壓復玲瓏。花中亦有陶元亮，收斂才華作鈍翁。

題濟源新置埋骨處

耆舊都如下灘水，忘憂自種眼前花。青山買得逍遥處，脱却泥鞋即是家。

俠客行

書中有字不堪煮，去捉南山白額虎。抽刀刺虎血淋淋，歸食虎肉厨無薪。洗刀入鞘一長歎，周孝侯是何如人？

抱膝

庭烟結陰晦，沈沈似幽谷。足音不到門，聊復慰幽獨。蕭條簷際禽，局促石邊竹。抱膝就頹惰，天寒書難讀。不讀書猶在，不炊腸則枯。如何負此腹，飽食對妻孥？空山餓虎號，行旅都已無。撥雪礪樵斤，危巘伐高株。肩薪下巉嵯，易米入街衢。嗟彼亦猶人，豈不愛肌膚？

題西園碧石峰

割取天壇一笏來，出山還向小山栽。時人莫以尋常看，上有陰森萬古苔。

殘菊

傲兀兼幽静，窮秋華始見。未識弄妖妍，詎解愁霜霰？開遲乃悠久，寒芬溢庭院。憐彼癯瘦姿，配余嚴冷面。投分若膠漆，影形結繾綣。余齡嗟已頹，彼質豈常健？蝶夢亦無憀，禽聲倏如變。壺觴遽蕭索，賓朋辭飲讌。色衰香在心，有風吹不散。留根待春融，氣激還葱蒨。

臘日讀元裕之集

春氣潛洩壓簷枝，檐雅曝羽聲怡怡。不識此歲何以卒，晴牕但讀遺山詩。清氣得來問幾許，元詩：『萬古才人嘔肺肝，乾坤清氣得來難。』天與若人疑有私。麝煤三斗濡兔穎，與古作者爭雄雌。大槊朝摧建安壘，長城暮插隨州旗。開闔變化出神妙，都以清氣盤旋之。天何與才不與數，素髮垂領憂寒饑。《虞坂》一篇自沉痛，驊騮辱挫於險巇。賢者蹉跎類如此，厥理平平人未知。天握靈珠授英俊，寵之百倍尋常兒。文章福澤豈兩立，此軒彼輊當如斯。屠蘇我饒除歲酒，行詣公墓澆千卮。醉鄉風景不支離，消融刺促爲酣嬉。氣塞扶輿衆所共，爲清爲濁誰居奇？鴛鴦麗羽失遺譜，乞借金鍼穿色絲。

鐵羅漢

嗣孫履泰，有子年週歲矣，乞老夫錫以小名，名曰鐵羅漢。

鐵向丹邱採，冶然成者箇。不是泥孩兒，金剛打不破。

齒摇

齒如彈鋏客，行將別我去。無復再來時，傷心留不住。

讀東坡禪喜二首

禪喜説禪吾不知，吾知餞歲有深巵。醉鄉一枕華胥夢，睡到鐘聲打醒時。

若恃鐘聲打得醒，鐘無聲處更焉恃？登樓欲索打鐘人，人去樓空月如水。

燕語在梁晨曦滿院詩來迫我聊復吟之

老夫亦有談天口，所見紛紛若耳聾。君索故巢來訪舊，喃喃對我語春風。綠雲鋪地松陰滿，紅雨入簾花事空。舌有天機難隱處，無妨頻告主人翁。

【校】

此詩後，目録中尚有《睡覺》一題，當已删去。

鶴

寥寥復落落，名稱羽中仙。骨弱未離地，秋高頻睨天。松陰迎客杖，竹徑避茶烟。只合餐霞侶，逍遥結静緣。

相鶴

朱霞風度青雲志，雪羽丹顱鳳鸞跂。濶步徐行愛寂寥，知君不是乘軒器。

西園夜坐二十四韻

愚哉愚哉枝頭鳥，負此良宵宿何早！　蓬扉一閉無塵擾，破鏡懸空色皛皛。姮娥羞澀兼窈窕，未及十六身猶小。清質迤邐升林表，已照青錢印荷沼。先花而起心神悄，後月而眠彌覺好。烏兔交馳形枯槁，乃猶不信予年老。時舉螺罇澆煩惱，或翻蠹簡舒懷抱。葎龍七尺縱幽討，青山有債還不了。空拳打破虛縹緲，玉帶金龜若蓬葆。李白墓前生春草，揮杯勸影今則少。古人不見心如擣，今月照人猶復皦。夜飲寒光撰吟稿，花陰滿地無人掃。

喜雨

乾風扇野若小暑，紅塵十丈嗟行旅。扶犁老翁來偶語，行見膏腴變焦土。豁頭颯颯商羊舞，消息已露簷前礎。雷聲小試雲中鼓，白雲破碎烏雲補。天漿化作懷州雨，麥穟垂垂盡一舉。譬如嬰兒失其所，絶食三日得飽乳。老翁怡然出衡宇，催租不怕來官府。至寶無價天公與，萬億珍珠灑塲圃。我事桑麻謝簪組，昕夕會合唯田父。已偕黎首入編户，還耕硯田追李杜。雨來爲客我爲主，一滴一吟卯至午。雨氣花香凝肺腑，雋語猶堪壓繡虎。

詠木槿

買宅新開處士家，蓽門松竹抱烟霞。忘憂不借階前草，榮悴常看日及花。

寶劍吟示田生敦厚

我有一寶劍，匣中湛秋水。神龍不敢窺，一窺兩斷矣。换米三升向市兒，欲留不留心然疑。有抱千金到門者，收劍入匣一笑之。

【校】

敦厚，底本目録作『敦原』。

雨後

甘霖如酒濃，草木酣酣醉。尤愛北牕竹，鬚眉染蒼翠。東樓生絳烟，馳暉欲西墜。照我園中葩，群姝弄妍媚。物理詩人格，晚晴彌足貴。泥深阻客輪，境寂心無累。輕蜨趁柔飈，高槐垂濕縋。書持花下讀，味外得餘味。

浴孫

曾孫名衍慶，稚齒小形軀。香湯一浴之，拍拍如鷗鳧。初試膽猶怯，徐焉乃舒舒。或坐或復起，夷然不受拘。吾窺其氣岸，昂昂赤水駒。他日展霜蹄，定能効馳驅。險途多亂石，須知慎所趨。一蹶不復振，切勿學老夫。

漫興

醉翁愛潁州，髯翁愛陽羨。山秀水瀠洄，觸目生依戀。兩翁負盛名，赫赫走雷電。奚爲暱邱壑，鴻冥謝虎變。剛直露圭稜，天遣踏憂患。危機伏擠排，視貴不如賤。予棲太行下，飽食懷州飯。塵埃不著衣，紛華豈相戰！藥鏟握巉巖，魚鈎垂瀲灩。身忘居異鄉，兒女結姻眷。俯仰無羈縛，逍遥絶呵譴。修身愧古人，福澤乃獨擅。却憐歐與蘇，移家但虚願。

聞孫觀察淵如去世愴然有作

盧欽博雅次公狂，簿領蕭閑著録忙。六十六年歸舊位，一星春夜吐寒芒。平津館裏揮談麈，作畫適逢朱素人。誰識此生難再覿，一吟詩扇一悲辛。淵如贈予詩云：『監司封事今無輩，知己論心話正長。』又云：『蒼生莫嬲斯人出，留續名山一瓣香。』卷葹閣草自雕鎪，翰墨英靈漫不收。謂洪稚存。若向九原逢仲則，爲言知己有隨州。武進黄景仁詩，予爲刻之。

題歷下劉翁小像

故人依次成新墓，茹淚年年撰誄辭。馬鬣他時埋我骨，誰携寶劍挂松枝？

篔簹叢裏客寥寥，終日閉門逃世囂。七十二泉山峭麗，却憑風月買逍遥。

銷夏

馬趾紅塵蹴市廛，吾廬别有養心天。燕收花片歸巢底，風捲書聲遞枕前。老樹槎枒冠可挂，豪情突兀劍空懸。薜蘿門掩心無累，静看危峰瀉冷泉。孟縣薛尚書家有范寬真筆，今落吾手。

贈吴大令敏園

伏波祠枕碧岧嶢，漢代衣冠鎖寂寥。祠在烏蠻灘，屬横州界。昔向舟中食蕉荔，余曩宰天保，道經此地。今來治下隱漁樵。常思種德留餘地，不善醫貧作拙僚。何縣奪吾賢令尹，空聞閭井撰風謡。是時撫軍奏調簡缺，百姓殊爲依依。

夢陳鍾溪

輓詩吟後又初秋，予於春間設雙位小瑯玕館，祭鍾溪與楊蓉裳。腹痛難銷夢亦愁。宇宙蒼茫留一我，泉臺悽惻抱孤憂。文瀾尚有蛟龍續，蘐室何堪歲月遒！脉脉曉禽來唤醒，借雲攜淚灑南州。

潮音寺與曹懷璞談欣然有贈

尊李玉溪爲老輩，拜何文定向新祠。名書榜首文相稱，漏待螭頭事未遲。老我鬚眉就枯槁，愛君風格獨嶔崎。他年繡虎飛騰日，補作文瀾慧海詩。

懷朱素人

草蟲静穆竹幽清，窄徑唯容瘦鶴行。欲向天涯尋妙筆，淮南何處問狂生？素人工畫。

西園

西園有樹垂瓔珞，佛影依稀丈六高。《四十二章經》在手，却愁遺骨得皮毛。

蒼官古貌瘦嶙峋，閉我蓬扉不著塵。昨夜松窗得奇句，長風快雨洗龍鱗。

迦陵鳥語妙知聞，愛我松風引作群。一句《華嚴》也難説，吟聲只合散秋雲。

漫題六首

洗硯風生腋，迴廊近水寒。誰家人送酒，笠影過闌干。
花鬚蜂抱去，竹影月移來。非踐游山約，蓬扉不浪開。
讀書能寡過，時事不輕談。尚有關心處，蒙莊與老聃。
韓康吾老友，採藥入雲山。虎跡深三尺，馳書勸早還。
欲尋鷗與鷺，秋水著輕舠。路近無風浪，余心自不勞。
蓬廬頭已白，故舊眼猶青。不借壺觴力，餘年醉六經。

新安

錢宣靖碑石中字，吕忠節家山外村。千古東垣兩人物，風雲變滅名終存。天馬行空縛不得，視陳希夷爲弟昆。生能諫主死能義，函谷關月凝公魂。役役西趨秋未老，猶復山中困泥潦。駒瘦力微鞭且僵，胡爲乎來苦自討？不能奮飛厲雙翮，十年空作林中鳥。錢公吕公兩愧之，盡此一生真草草。

石壕在澠池縣西四十里。楊升庵謂二崤爲土崤、石崤，治有上崤鎮，即土崤也。石崤乃謂石壕，杜子美有《石壕吏》詩。

《石壕吏》吟出老杜，我今復來吟石壕。閭閻有幸有不幸，治亂唯人之所遭。人心道心積危懼，帝王不許心逍遥。朝元閣中麗人醉，烽烟實從禍水招。賊過平原勢彌急，捉民禦賊民則逃。子美適聞嫗也泣，吟聲哭聲兩嗷嗷。今逢治世邁千古，惕厲憂勤宵旰勞。聖人重德不重色，赤子荷鋤無驛騷。即今偶然有蠢動，剿之撫之饒兵韜。自遣兜鍪事征戰，寧驅簑笠操弓刀。我自懷州赴安邑，崤中繫馬沽村醪。酣醉熟眠樂復樂，夜無犬吠山月高。

周衣谷方伯署中賞菊與學使賀耦庚廉訪邱南屏觀察趙雪村及太原太守德潤齋同賦

有客無花興不揚，有花無客花不香。盛筵對此霜下傑，何辭爛漫傾千觴？濂溪夫子開醉鄉，燃燭千枝照群芳。百二嬋娟聳妍骨，參差錯落撑屋梁。格高姿媚衣著黄，品題定是花中王。淺紅唯許作奴婢，深紫何敢矜艷粧？其中可備麗人數，丹綃霧縠雲霓裳。秋色不遺亭毒力，客襟難制嵇阮狂。玉尺使者勇無敵，酒腸恢濶如詩腸。杜陵飲友至今在，人間何代無知章？瓊山文字通治化，手持法律嚴冰霜。更以威稜寓麴蘖，方城漢水敵衡湘。鷗波松雪别號。緘默静無語，胸中甲胄森光芒。兩面受敵決一戰，手法無隙真老蒼。邾莒小國困齊楚，勢屈焉能不自量。僕與潤齋皆不善飲。伯倫遐裔風不競，降旗自樹庸何傷！磊落寒英不世故，寧以勇怯分炎涼？花中主人覷破綻，搗虚扶弱旌旗張。酒政亦復見學問，花隨玉斝同軒昂。興酣漏永客歸去，月影蟲聲秋滿堂。

宿祁縣子洪村西岩寺

蘭若依山麓，危階躡幾層。溪聲諸佛偈，月魄半輪冰。曠已偕秋鶴，閑猶讓老僧。華鯨莫須吼，懷抱有青燈。佛書：『心燈夜炳。』

贈河内縣尉胡絜雲

冰雪襟懷不受緇，常呼梅福是吾師。未工染指群胥散，非是沽名老友知。寄信買書人去遠，質衣留客酒來遲。愁無掃地焚香處，苦詠千間廣廈詩。結債興土木之工，淺識者以爲癡也。

贈曹懷璞

銅章墨綬爲芳餌，難釣人間陸士龍。萬軸奇書冰肺膈，一枝仙筆玉芙蓉。鶴翎自許隨風遠，雞肋何堪説味濃？足躡青雲睨桑梓，故人猶復未龍鍾。

清明後一日酹先室王恭人墓

結髮如蓼蟲，共識心中苦。别我二十年，遺兹數尺土。屬纊在何地，吴門泣春雨。埋骨在何時，客居懷慶府。二十年中事，酸悽不可數。兩女君所生，煢煢恃一父。伉儷托高門，英姿快一覩。方期雲邊翼，引掖閨中羽。誰謂綺齡促，形骸畢朽腐？逝者已冥冥，存者但踽踽。中饋豈無主，側室亦有輔。至竟瓊瑶碎，瑚璉未足補。暮景來催人，元絲化霜縷。巵醴奠糟糠，雙鳩唳村塢。

壽潘榕臯先生

歲月良可珍，虚擲亦可愧。庸夫得遐齡，瑣瑣安足貴？我憶潘夫子，性古德醇粹。濶違二十年，時時入夢寐。江南亦夢我，馳書用相慰。始言久别離，欲縮迢遥地。繼言兩阿孫，讀書能强記。亦復愛濡毫，擘窠爲大字。終言吾老矣，峥嶸八十歲。自壽自爲詩，髯蘇有成例。脱稿成四篇，並書同一寄。蓬門正蕭索，興蹇無高致。哦詩忽欲狂，擬插摩天翅。夜坐瑯玕館，静索篇中意。報國有文章，藉資於科第。肩吾既有子，孝綽兼有弟。先後躡青雲，歡欣雜惕厲。殊寵怯久居，輒作抽簪計。遺榮遂初服，未了臣心事。臣家尚有人，臣職幸可替。遂袖經綸手，永結烟霞契。朝穿元墓雲，暮鼓銅阬枻。睞睛向秋浦，買春於釀肆。時吟王孟詩，不襲程朱氣。樂哉復樂哉，華胥在今世。如此老江鄉，乃得逍遥味。如斯享大年，庶幾冠裳瑞。王官谷裏人，暮齡虞世累。臨頓里中客，綸鈎務瑣碎。何似三松堂，康樂一身萃？走也性不羈，疲馬脱銜轡。田耕太行下，鬢眉濕巖翠。樵斤多往還，吟筆寡儕類。更乏養生術，衰孱露顣頞。春宵夜氣嚴，一星麗躔位。南望心依依，攀援不得遂。何時符仙筇，靈巖對晚霽？揮斝酌天漿，偕公一酣醉。

絳守園池圖爲徵士王千波及其弟刺史幼海題

初作記者樊宗師，繼以廬陵歐氏詩。瑣屑僻怪失文體，安能掩口逃譏呰？樊歐往事不可追，偉丈夫猶臨清池。喬木閲人歷千載，守斯土者無盡期。近今刺史孰嶔崎，華下老翁吾所知。筆底每留民愛戴，囊中不染民膏脂。廉吏之裔出麟鳳，槐風柏月吹壎篪。伯字千波仲幼海，父書分讀心怡怡。波舉孝廉不出仕，種竹十畝花一籬。海握銅章宰赤縣，頌聲萬口民間馳。東雍遺愛手所植，甘棠歲久生新枝。公子今成大公祖，杖鳩騎竹均娱嬉。静觀樓頭讀書夜，雁聲猶記詩中詞。幼海少年詩：『看月林間秋意淡，懷人樓上雁聲多。』兄來兄來聽秋雨，橫黛拖藍重詠之。千波詩：『橫黛拖藍纔過雨，殘紅嫩緑不遮樓。』紹述之字有先兆，六百年前曾不欺。大胡小胡人所慕，至今不能獨居奇。胡質、胡威父子爲荆州刺史，均有清名。威也弗聞有昆季，文章友愛輸於兹。盛事流傳到山左，石農觀察樂不支。夜染秋毫作圖繪，墨外有墨如大癡。我與君家結殊契，冀於風雅相扶持。有約不踐抱遺憾，寄到勿嗔交卷遲。此詩閣筆八九月，乃始脱稿。

哭長兄雪浦先生

别兄逾九載，酸悽夢魂中。開緘讀家信，奄忽命其終。出門睨兄貌，光澤與昔同。健亦安可恃，遂復隔音容。理遣固難裁，情傷安有窮！繾綣霞中翼，摧折天際風。逝者影不留，存者何恫恫！蓋棺臨未及，設位泣遥空。泣已還自悲，皓髮已成翁。塵緣絡吾體，家事勞吾躬。節勞惜餘年，敢爲愁所攻。

悼女

老淚將欲枯，還復灑於汝。汝身秋葉輕，茫茫赴何許？汝非吾家兒，奚以我爲父？既以我爲父，當知審所處。何以掌中珠，倏化雲邊羽？天閶夐無際，寧聞下界語。呼號徒空然，酸惻亦何補？夭殤忌久留，送汝歸黄土。前母王恭人，已作松楸主。汝去身不孤，游魂誰敢侮？煩惱出慈愛，憐恤生愁苦。拏姑與潤娘，文章泣今古！韓昌黎女拏有壙銘，並有詩云：『致汝無辜由我罪，百年慚痛淚闌干。』陸放翁女潤墓志云：『予痛甚，灑淚棺衾間，曰以是送吾女，聞者皆慟哭。』

贈輝縣葉主簿

詩人踏古道，作官靡不拙。一簿滯共城，百泉成故宅。泉水沁肝脾，久久如冰雪。惜哉沉下僚，欲舉無高翮。鮫人眼邊淚，杜鵑枝上血。萬斛驪龍珠，一掬秋潭月。光怪發離奇，糟粕化靈液。都收寸管中，卓爲文字傑。吁嗟乎，君有此才詩乃工，君有此詩焉不窮！勸君勿復送窮去，借渠嘔出千丈之長虹。

哀智娥

娥姓李，居滑縣道口青樓中。嘉慶十八年九月，逆匪牛亮臣呼其母與賊侑觴，其母至，伏地皇悚，不敢仰視。娥曰：『吾家雖卑賤，自與犬豕不同。彼造反，豺狼恥食其肉。殺便殺，却何跪爲？』賊怒，並其母女磔之，娥死時年甫十六。

蚌卧溝泥品斯下，珠生蚌腹千金價。在殼偃蹇出殼靈，室中有珠無黑夜。天性堅剛不受磨，刀猶不懼況其佗？鬼車夜嘷猩紅濕，英烈魂來收智娥。毛惜惜，高郵妓也。南宋榮全據高郵叛，召惜惜侑酒，惜惜罵曰：

『吾有死耳，不能爲賊侑酒。』全臠之。事聞，贈英烈夫人。墓在高郵南門子城内。

七夕二絶

炎歊未盡夜初長，枕畔秋聲托一螿。燒燭供花兒女事，老夫只愛晚飈涼。

夜雨泠泠點碧苔，海棠明日定須開。天星好色何如我，乞下横空轉語來。

縹緲閣

閣爲吾所築，依吾埋骨處。陽宅與幽室，雲烟莽回護。結構何巃嵸，南接昌黎墓。文公墓在孟縣城西紫金峰，相距四十餘里。下爲浴鷗波，三川共一注。天將恩於吾，特遺懷州住。濟源州屬邑，巉巖聳無數。萬笏奇可探，一筇身必赴。天壇群岫主，游遨有詩句。千秋爲遠謀，徘徊動欣慕。安能築馬鬣，環以松楸樹？多年萌是心，竟得山靈助。糟糠齡何促，久吟悼亡賦。去年於此間，遺骸始安厝。九星稽葬書，毫髮無謬誤。而吾所樂者，漫不以此故。後裔賢不賢，終身遇不遇。茫茫未來事，何暇替憂慮？吾有千金軀，安置貴於豫。若寄兒孫手，往往成乖忤。吾山吾買之，天然有奇趣。吾閣吾造之，宜月宜風露。懸厓撒手時，定然歸此路。何如手未撒，先來作僑寓？吾書不勝讀，足以娱朝暮。閑則理縹緗，樂則狎鷗鷺。或有控鶴人，來兹相依附。偓佺與洪厓，結作平生素。借鶴與我騎，天風快一馭。斯閣功鉅哉，縹緲名堪署。己卯秋七月，冰輪皎玉兔。閣中夜吟詩，烏鵲南飛去。

閣中觀雨

靉靆化爲水，蒼茫周九垓。世塵都洗盡，風力未褰開。蟋蟀秋聲急，笙鏞亂鏨來。前宵立談處，高浪忽皚皚。

留别鮑覺生先生

敝車來國門，礰礰無外慕。所慕唯高賢，庶幾得一遇。寒塵蹴廣逵，縱我逍遥步。王侯卿相家，磏礎莽迴互。一宅獨寂寥，飢禽啄冰樹。投刺展殷勤，握塵視風度。出語盡肝膈，古風時一露。精者勵身心，淺者衡章句。太朴無虚儀，至交羞世故。旋出兩少君，不失儒冠素。少君復有子，書香洗紈絝。庭餘未凋花，點染壺觴趣。興酣激舌瀾，陋儒生恐怖。任昉頭自低，徐陵手莫措。豈以氣壓人，要有驚人處。僕以駒中駑，弗堪就馳騖。一馳乃一蹶，不齒驪黄數。毛骨悵摧殘，伯樂目猶注。悚息復悚息，况此時光暮。見晚惜别促，行出國門去。不堪回首時，荒郊走寒兔。

題韓桂舲司寇風木圖

嘉壤鍾靈秀，寰區未輕有。繚曲抱山河，突兀孕星斗。元工惜又惜，鬼神爲護守。必待非常人，乃始克承受。封翁積仁義，山靈待已久。天教送與來，何人能掣肘？穹窿木瀆間，碧溪縈翠阜。柔櫓日夜摇，村墟無塵垢。其地入丹青，鄉風況醇厚。得之爲菟裘，勝於千瓊玖。堂堂大司寇，一代經綸手。移孝以爲忠，思親及林藪。麻衣脱於墓，來向都門走。繪爲《風木圖》，如侍親左右。封翁序始末，大文垂不朽。小子與後生，敢開哦詩口。封翁生前得墓地，曾作序文，載之圖中。

又題司寇沙塘祠屋圖二首

頹祠老木鎖寒烟，七世重新藉後賢。無事關心不如此，蒼生榮悴一身肩。

數十年中在爽鳩，雪冤扶困抱深憂。君心便是光明藏，定築生祠遍九州。

西苑校書圖爲同年魏春松題

幾生修得到蓬萊，秘帙千函總許開。剔盡魯魚收虎觀，招同麟鳳下蘭臺。桓榮得力唯稽古，虞帝垂裳亦選才。萬柄芙蕖一灣月，澄懷館裏好銜杯。

玉磬山房詩集卷十　懷州三集　古今體詩七十七首

春來

春來何處問東風，草長冰消促化工。曝羽松枝摇哢鳥，開懷竹館坐吟翁。驚人尚有談天口，見獵難彎射虎弓。幾寸光陰無定價，千金裘買一尊空。

羅漢卷子爲金少尹植題

少尹持此《應真圖》，來我小瑯玕館中。行將挂帆指吴甸，用兹爲壽中丞公。陳公蘅谷。公昔并門作廉訪，時時坐我於春風。知公所愛莫逾此，題詩那得辭疏慵？我聞顧陸大手筆，翫弄墨禪通化工。又聞彼時吴道子，以西來意供染烘。試看斯圖得秘密，筆所未到神已融。慈悲廣大未可測，端嚴妙麗難形容。威儀肅肅幾佛子，僂而拜者卑其躬。得佛指點入三昧，微笑若聞秋夜鐘。餘者紛紛脱羈縛，縱情游戲如兒童。經卷香華映寶炬，虎牙象齒森霜鋒。區區蜿蜒甫三寸，放之渤海成蛟龍。潤草叢花自芬郁，松筠竹葦何青葱。丹青造化能匠物，筆頭細膩兼深雄。中丞厚德譬醇酎，仁風饜飫田間農。前有文襄後文正，經綸大業靡不同。更以其暇問風俗，小艇載鶴摇雙銅。銅阬、銅井。少尹少尹公舊雨，公應抑損鳴謙冲。揮談麈，館娃宫。賒月色，石湖東。晝讀峰巒最高處，撥雲還復登穹窿。

【校】

談麈，原誤作『談塵』。

雨夜四首

徵角鏗鏘耳際聞，夜傾沆瀣洗埃氛。雷聲西走河陽去，幾點踈星插亂雲。

繞燈無復見癡蛾，清興淋漓硯屢磨。惆悵忽生聽雨枕，却愁明日落花多。

羸軀怕受炎歊累，天送清涼與我來。群卉若人知感激，妍葩應向嫩晴開。

城南十丈蹴游麈，褦襶吾嗟行役人。轉恐車中怨泥淖，緩渠鳴樂赴官辰。

輓比部王楷堂

晚年方始訂鷗盟，一唱《驪駒》判死生。愛割奇書遺舊雨，先生屬纊前，以天竺沙門般剌密帝所繹《楞嚴經》見貽。心傷《薤露》起悲聲。一貧徹骨兼無子，幾榜掄才大有名。收得陳琳到門下，孝堂茹淚寫銘旌。三元陳君，爲先生本房薦卷。

除夕前五日作二首

驚蛇赴壑歲將闌，静掩蓬扉得古歡。豈以窮愁鎸肺腑，曾抛簪組换平安。梅花破蕊迎春令，竹影摇風聳翠竿。嚼出山林瀟灑味，菘心菽乳亦嘉餐。

不緣榮悴擾天真，自把頭銜署逸民。繞郭有山容蠟屐，出門無事擬埋輪。一庭風月何論價，萬軸縹緗不患貧。聞得老妻厨下語，明年抱箇小麒麟。侍姬中有娠七月餘者。

讀司馬温公本傳

元工母萬物，生才不禁惜。偉人爲聖賢，細人爲姦慝。二者不相能，排擠奮全力。往往人中鳳，中傷摧羽翼。吾觀倫類中，窮達判其迹。逸者卧蓬茅，勞者營竹帛。名立身已槁，得寸而亡尺。功崇物議來，誰能避讒舌？忠清粹德碑，打作八九折。獨怪錢宣靖，仙乎何超特！收帆向急流，去作希夷客。

有感

嬋娟素手調絲竹，組綬華筵樂主賓。宦海誰言可兒戲，駭人風浪浩無垠。

意興嶙峋伏禍胎，桃花時向酒邊開。風驅鬼國生無路，誰買金丹續命來？

嗟陸子

陸子小有才，未嘗聞大道。危機在當前，茫昧無分曉。吾觀其舉止，浮薄寓輕佻。知非載福人，苦言進荼蓼。日月在天上，光華徹四表。松檜自崚嶒，荆杞爲枯槁。才小禍則大，歸路江波淼。慈母摧肺肝，銜哀何日了？

紙鳶

紙鳶復紙鳶，裊裊懸天際。一時遘好風，俯視人間世。風亦有時悍，絲亦有時斷。空使塗側人，對之發一粲。

本無真羽翮，塗飾恃人工。資藉手中力，扶摇天上風。春鴻度湘渚，姑與爾爲伍。雨來鴻飛去，紙破誰爲補？

示姪維峻

爾父病深時，屬余以後事。握手奚所云，大率妻子計。惻惻傷我心，淚落不能制。再見復何時，肝膈生芒刺。我到懷州來，爾父旋棄世。我言焉敢食，迎爾全家至。爾母與生母，女兄及女弟。寒暄疾病間，我憂靡不備。天倫骨肉情，豈忍涉浮僞！爾妹齒猶稚，爾姊已有婿。仕族能讀書，琴瑟無乖戾。爾母年已衰，愛女心獨細。推愛於甥孫，殷勤受勞累。積勞不可支，纊屬雙眸閉。舉室有哭聲，歲時爲家祭。孑孑爾生母，悽悽抱憂悸。焚香拜祖宗，望爾取科第。對我作歡娱，避我垂涕泗。我髮久垂白，氣餒精神敝。平生無宦囊，惟餘書幾笥。望爾振家聲，嚼碎書中字。勿負老人言，勉作青雲器。

示孫履泰

爾本吾兄孫，今爲吾子子。家庭骨肉間，有何分彼此？我無昏夜金，藏之以授爾。西鄉二頃田，養家承祭祀。復有千卷書，嵸巃若山峙。書中有膏腴，尤非田可比。分書與爾讀，冀爾索深旨。身將何以修，志將何以矢。福將何以載，泰將何以履。孝弟爲根源，忠信作綱紀。小學與大學，貫之以一理。爾勿負我心，吁嗟吾老矣！

琅玕曾次孫乳名。

錫名以琅玕，欲其聳青雲。崢嶸見頭角，嶷嶷壓兒群。吾髮不復黑，吾勞誰可分？生平未了事，吾將賴此君。

悼亡四首

亡者爲吾侍姬邵氏也。姬長洲人，性敏悟，能曲體吾意，吾與老妻皆愛憐之。素無疾，偶得寒症，三日而逝，道光元年二月十九日也，爲詩以悼之。

我看青山到幾層，歸來爾骨已成冰。膏肓莫療醫辭去，枕簟空存喚不譍。吟遍春花都有恨，割將慧劍竟誰能？最愁簷鳥雙棲後，婢入西樓上晚燈。

知識過人多不壽，豈能常久在人間？空幃慘目無留影，盡室傷心有淚顏。大藥難回修短數，慧心應徹死生關。桃花萬樹三河口，待爾逍遥望碧山。三河口爲余異日埋骨處。

朝雲墓濕桄榔雨，海外蒼涼憶大蘇。在昔多情仍繾綣，於今入夢亦糢糊。名葩忽漫隨流水，大婦猶憐況老夫。百樣春聲聽不得，樓頭更有夜啼烏。

已閉雙眸絶六根，春風匆厲少年魂。清娱玉質何時軟，樊素衣香不復温。傍砌愁看斷腸草，傷懷怕舉酹花罇。只餘一事差堪慰，喪子今猶有繼孫。

此年

愛女前年妾此年，悼亡詩就淚潸然。都因墓上青山好，抛却衰翁赴九泉。

清明

陰雲釀雨一鳩鳴，郭外山村見耦耕。不分芳辰催我老，鶯花六十九清明。

答友人問近狀

餅餌都爲難，吾衰到齒牙。助愁寒夜雨，隔霧晚年花。斷簡依爲命，他鄉借作家。鷗波鈞絲外，何處覓生涯？

此心若枯井

莫遣無常火，騰騰燒肺肝。莫容煩惱賊，汲汲闖門闌。形骸墮五欲，喜怒來無端。傷溽少抑鬱，智慧多艱難。腐鼠耀尊俎，衰鳳摧羽翰。理常奪於數，達者得所安。盜跖東陵壽，顔回陋巷寒。此心若枯井，未許生波瀾。

食肉

食肉不能多，其如瘦骨何？畏人言鄙陋，安我命蹉跎。蠹簡心難恝，蔬盤日易過。西園數叢竹，清影帶煙蘿。

觀我圖爲陳潤亭明府題

所讀是何書，園林如此妙。書鏡磨復磨，慧心能自照。伐竹作漁竿，臨淵可垂釣。照見波中影，昕然一微笑。君今髮已白，圖中昔年少。分明又一我，絶然不同調。今我還是誰，故我難忖料。姑作如是觀，有舌亦空掉。爲君下轉語，貌殊心則肖。禪機動何許，春樹黄鸝叫。

寄贈翰林學士吴藹人

吴下蒓羹清且腴，讓王城郭如畫圖。三載攜家作浮客，鮑照詩：『旅鴈方南過，浮客未北歸。』何人不識當年吾？衰齡冉冉來相迫，千里出門良不易。靈巖太湖上心來，擬與鴻鵠借雙翮。身爲已有自逍遥，萬疊青山名可逃。王屋天壇在咫尺，危峰不翅靈巖高。懷州跧伏十年久，竹笠蘢葱壓白首。抽簪脱去幾詩翁，謂尊甫玉松先生，及秦小峴侍郎、潘榕皋農部、馬秋藥鴻臚。每念離睽望南斗。君爲天子之近臣，放歸煙蘿侍老親。一枝蘭橈劃春水，禁中人作山中人。故鄉耆舊支游杖，穹窿鼉尾攀蘿上。内廷典故熟君心，説向尊前助蕭爽。吁嗟乎，官不能貴心不休，既貴何人能掉頭？勇哉君似錢宣靖，忽落春帆在急流。

嘲賀客斥邱居士年近七旬得一女，客賀焉，作詩嘲之。

連璋均不存，老矣弄一瓦。試問此呱呱，投我奚爲者？賀客來，賀客來，云子後結花先胎。花間我蓄無聊酒，浮爾千觴爾勿走。

佛事

佛事何能補人事，憐渠老母愛兒心。緇衣幾輩鈴鐃器，梵語滿堂酸楚音。骨委寒衾難再熱，魂銷幻海向誰尋？啁啾暮鳥啼高樹，捲去袈裟夕照沉。

憂旱

有土胥成赤，無苗復見青。霞光排火陣，風扇掃雲軿。下士愁家口，荒田窘歲星。那能甘澍滿，溝壑帶龍腥？

夜吟

蠶絲未盡終須吐，老去詩腸覺倍寬。小婢垂頭春睡穩，茶鐺火冷夜漫漫。

讀畫

胸中世累盡情删，新自太行攜杖還。墨濕倪迂清閟閣，吾家亦有六朝山。

食筍

口業未停豐一饌，午餐爲煮籜龍孫。碧霄若放淩空去，定許秋風滿蓽門。

論詩四絶句

探源雅健與清真，險語還教泣鬼神。萬卷羅胸能匠物，蛟龍亦畏讀書人。

《十九首》爲風雅祖，後來陶謝不支離。長安自有康衢在，莫陷荆榛問瞽師。

吴江楓落傳佳詠，踈雨梧桐格亦高。奇事詫人吾不信，輞川曾唱《鬱輪袍》。

路到窮時還有路，别開蹊逕亦深心。詩才盡説隨園大，讀去愁無正始音。

詠牡丹代牛西園孝廉作

譜列無雙品，移來自洛陽。主人邀共酌，因我是同鄉。既恐風摇碎，還愁雨打傷。綢繆桑梓意，豈獨爲憐香？

寓言贈覺生先生

鳳凰不落塵埃地，偶對唐虞殿陛鳴。五色文章雲豔麗，一腔冰雪月光明。深知坎止流行理，別有蚪申蠖屈情。芝髓嚼殘飛已倦，還留五嶽慰餘生。

上伯玉亭夫子

以觀庸陋姿，乃青夫子目。感恩徒綣綣，無能但粥粥。違侍二十年，裘葛閲寒燠。前年走都門，相府容棲宿。綢繆門下士，親切同骨肉。百倍榮寵施，遇合超時俗。平生知己淚，涔涔傾百斛。緬昔在瀋陽，備員居下屬。驟以開原令，薦拔爲州牧。仰荷培養心，恥食曠官禄。柔良使安枕，豪猾必窮鞫。搜尋磊落才，勖以仁義熟。黽勉盡吾職，懼爲夫子辱。夫子移節去，更造并門福。太原未千里，封圻近輦轂。列峙三關雄，犬牙錯林麓。彈壓無上策，安能得静穆？南有股肱郡，民風尚儉樸。表率或無方，一路聞悲哭。夫子礪清操，群下皆慴服。澤厚民志孚，盛名馳且速。觀亦换頭銜，長波弄艫舳。暫解塵中綬，遥看江上菊。是時客游揚州。江左多名士，日日吟壇築。何遜來叩門，湘管瀉珠玉。徐陵來執斝，千尊戰醽醁。待月瓊花觀，聽雨篔簹谷。夢魂方坦坦，車馬旋促促。破格蒙帝恩，遣問河東俗。振荒歎民餒，治事然官燭。先後飲汾水，宦場多變局。是時公已去，不及追旌纛。滇南十餘載，法令嚴以肅。頻頻擣賊巢，馳射以金鏃。鏃利賊難遯，掃跡無叛族。使相綰軍符，功成奏黄屋。帝曰爾年老，歸來秉鈞軸。皋夔佐堯舜，奚假於枚卜。得師乃如此，恩門望矗矗。欲往復遲回，櫪馬宜跧伏。跧伏誠所願，饑有田中粟。受知在文字，終成一朽木。公恩不敢忘，公詩百回讀。

醉石先生歌爲吴玉松賦

先生愛石若醇酎，見輒心醉神酣酣。繡衣作郡縛其翼，高翥未能奚以堪？先生若石有圭角，事不稱意難包含。人間腐鼠味已厭，夷然拋去吾何貪。數石偃蹇卧衙署，却向何人問出處？今之彰德古相州，我爲先生語其故。晝錦堂在署之左，豈乏巉巖倚嘉樹？不識何人奪得來，留與先生助幽趣。先生不謬予所言，商量移石插後軒。午夜然燭讀畫譜，位置妥貼招石魂。石苔積垢雨濯去，山禽作賀來喧喧。更以新詩頌蒼秀，毫揮巉巗留墨痕。酬我之勞以麴糵，良朋怪石兩清絶。胸中肝膽自槎枒，醉後語言尤激烈。借蘇句。醉石之號從此始，試爲天下酒人説。老夫酩酊發狂吟，猶憶石邊對晴雪。

遣興

雨短青苔瘦，書多老蠹肥。落花隨鶴去，傳信待僧歸。良友易於散，黄金難久揮。夜吟悲腐草，何事化螢飛？

贈張蓉厓郡伯

公昔守東昌，地與吾家近。今吾卧懷州，公來攝此郡。兩爲部下氓，定應饒夙分。陋質慚枯槁，幸逢甘雨潤。機投形自忘，道合心相印。崖岸兩不存，霜鋒削雄峻。高軒臨敝廬，魚鳥氣亦振。莊語雜詼諧，解頤兼解愠。酒美多共酌，詩疑更互證。嘉會豈易頻，况今霜滿鬢。城南蜂蝶老，水北園亭儁。花開到將離，一游不可吝。時約丁蘭巷郭員外家看芍藥。

昔在瀋陽贈會稽徐錦山五律一首今渠客陳州郵書敘舊書尾云前詩爲人攫去止記六句乞足成之此君可謂癖於詩者矣答以兩絶

今非十八年前我，猶有故人藏我詩。自笑前詩如落葉，秋風已自掃空枝。稿已删去。

區區破甑何須補，更以新吟報故人。詩亦隨人共蕉萃，恐君一笑墮冠巾。

送鮑覺生先生游華山

天上神仙足官府，塵中官府求神仙。癡翁撫掌一大笑，至竟誰然誰不然。達者襟懷不拘束，冷煖無妨變一局。松柯坪下聽泉聲，尚有煙霞容插足。桓伊篴，子晉笙，知音定遣鶴來迎。洪厓進壺觴，陶然共一醉。回心石側可酣睡，更索希夷枕中味。

西園夜坐

樹影參差月轉空，牆根咽露噪陰蟲。何人識破澄輝句，捨却虛牕一枕風。

漫興

髩雪生於秋夜雁，頭風消自故人書。晚年尚有書生氣，欲買金刀一剪除。

張朗軒州同葉臥泉主簿皆諳於疏濬官隸水濱者也來造予門執弟子之禮予愧焉勖之以詩

怪我摧頹如朽木，執經還有造廬人。胸中自貯《河渠考》，衣上曾無市井塵。俠氣軒然消暑氣，忙身偶爾作閑身。奉委防守沁河伏汛，却得閑適之趣。秋來好作《安瀾賦》，慰藉漁莊蟹舍民。

懷江南諸老友

入京尋舊雨，多半在江湖。身已脱朝籍，名應編釣徒。庸庸詬迂濶，赫赫誚糊塗。却被採苓者，呼爲賢大夫。

哭周姬

淚不曾乾又悼亡，耳聞蟋蟀亦心傷。都緣癡性至於此，即愛青山何太忙！余嘗向諸小婦言濟源新塋，有水繞山環之趣，皆曰：『誰先死，先得埋骨於淨土，亦是造化。』今數月之間，邵姬死，周姬又死，竟成讖矣。寒露咽蛩秋飲泣，素幃聾婢夜焚香。更無子女堪留戀，省得魂歸哭斷腸。

輓丁侍御孟鼎

手定爰書衣有淚，身衣豸繡簡如霆。今人往往求斯友，古性寥寥見未經。棺蓋滿堂衣盡白，家寒獨子眼誰青？誄文應是故人事，鄰篴聲哀筆屢停。

題白太傅詩後

廣大宜於主教化，廣大教化主，見張爲《主客圖》詩。元機默運跡難求。青衫夜舫吟司馬，白髮官階到爽鳩。操智慧珠無滯礙，立森嚴地亦風流。半生心注元丞相，共握醍醐沁筆頭。

懷馬光禄秋藥

得入烟霞裏，都因一疏功。赤腸無忌諱，清議少圓融。梅影林家月，松濤岳墓風。湖心摇舴艋，著箇老詩翁。

哭陳侍御玉方令弟鍾溪侍郎、鞠存同知連年殂謝。太夫人南還，君辭官侍養，又卒於杭州。

一官貧到死，屬纊在中途。怪雨兼旬落，哀猿竟夜呼。眼乾慈母淚，魂滯越王都。門第何蕭颯，松摧竹又枯！

贈張學博魯巖

『厚價收書不似貧』，放翁詩裏見今人。灑然來造瑯玕館，淺語都如麴糵醇。史液經腴融肺腑，松鱗鶴骨蘊精神。扶笻約我天壇去，太乙泉頭瀹意塵。

冬日讀李石桐詩惻然有感

寒雀下階除，瞑色來相赴。寂寥靡所營，稍稍理章句。句中涵古香，定非時所慕。余亦寘高閣，三年飽於蠹。倏如逢舊雨，切切展離愫。彌覺崖岸高，巉巖立丰度。悼往骨已冷，惋今髮成素。但復傷阻暌，誰爲指謬誤？誓將燔我集，用質先生墓。

題錢舜舉卷子

禪機寫作錦灰堆，鮮美何堪作禍胎？至竟一邱眠七尺，也招螻蟻上身來。

自題六十九歲小像

一犁春雨一絲風，白髮惟收耕釣功。更有一笻娱晚歲，深山去訪鹿皮翁。

曉起西齋讀參同契

崚嶒小阜起朝煙，竹樹蕭然意適然。收束寸心還造化，何如夜鼎煉紅鉛？

讀書

擬從書外索端倪，戢影蓬茅若木雞。差覺邇時無眼膜，不須勞苦覓金鎞。

臨池

羲之沉墨海，書法獨超絶。區區身後名，滴滴掌中血。我亦握兔毫，善書名久竊。平生羞恶心，到此不可説。

松牕雜詠五首

李白曾殺人，嵇康嗜煅鐵。磊落嶔崎性，自與庸俗別。虎變豹亦變，乃是人中傑。姬旦製虚文，豈爲若人設？

世人生兩目，乃分青與白。市兒媚簪組，君子愛風格。千片豪門瓦，不及一碎璧。應惟阮步兵，胸中有繩尺。

奇節出寒餓，世族成膏粱。蕭艾踞高嶺，蘭茝爲不芳。翕習狗權子，目瞽心則盲。庸醫無善藥，何處訪韓康？

讀書尊孔子，後先歸一路。儒冠持戈矛，助攻森武庫。程朱豈有差，陸王亦無誤。翻遜釋老徒，圭角不肯露。

何必書五車，乃能開眼界？揮杯傾醁醽，亦足拓狹隘。酣則縱雌黄，稍稍資警戒。身束名教中，識超榮辱外。

以羔裘贈魯巖學博附五言一篇

歲迫嚴飈勁，園林綴枯枝。草木無情物，憚寒猶若斯。有客聳吟肩，傲岸成嶔崎。視冷如在暖，熙春貯肝脾。卓哉磊落人，豈受冰霜欺？吾生苦孱弱，質殊松柏姿。被體萃狐腋，澆腸傾酒巵。垂簾縮其首，猶怖寒侵肌。君骨非鐵石，凜冽奚以支？獨煖生愧容，分裘與共之。孟生孤介士，愛身還有詩。東野謝送炭詩：『暖得曲身成直身。』君應念拙宦，裘上無膏脂。

錢石帆復初茹素三十年精於禪理過我寓廬清言娓娓贈以小詩二章

浮生無蒂轉孤蓬，世法消除往事空。穿破鐵鞵霜滿鬢，只今纔見主人翁。

小瑯玕館對長松，麈尾爐烟語味濃。送客出門雙耳徹，高臺寺打吼煙鐘。

除夕四首

髮膚改變猶窺鏡，筆墨荒踈不祭詩。牆北有人燃爆竹，暝禽飛過向南枝。

梅影蕭然鬢皓然，屠蘇罇徹是明年。送窮文可無須作，尚有雛孫壓歲錢。從心所欲吾奚敢，今年七十矣。寡過今猶愧不能。但擬忘憂藉醽醁，花辰月夕有賓朋。歡娛畏逐少年場，領取逍遥别有鄉。待得冰紋成瀲灎，買漁竿去釣滄浪。

人日遣懷

身浮幻海已停槎，宅有琅玕買作家。餅肆人敲太平鼓，春城雪散吉祥花。貂裘典去賓猶滿，玉斝揮來酒可賒。换骨何須蓬島藥，韮鮮菘脆勝丹砂。

滑臺聽凱圖爲鍾大令枬溪題

闗山凛冽天糢糊，衛霍功成將獻俘。磨盾書生與有力，筆鋒鋭似金僕姑。是時意態殊精悍，鞭指大營驅欵段。萬口一聲歌凱歌，丹青寫作畫圖看。事切編氓待君了，更藉君才制渺滆。銅章墨綬屬他人，宦局推遷何草草！達觀奚暇計升沉，榮悴不撓吟詠心。握圖造我琅玕館，性雖脱略情乃深。過眼雲煙復何有，惟餘虎帳談兵口。我欲爲君燔此圖，醉鄉逃入逍遥藪。

化璞吟一首贈栗學博稼軒

先兄棄人世，委余以孀孤。孀嫂抱孤子，涉遠來同居。温飽爲細事，所重在讀書。兄言未敢食，余責安能疏？幸孤天性好，硯席窮朝晡。知識漸開展，書味嚼芳腴。吾兄目可瞑，掌握遺明珠。余衰若窮鳥，巢中無弱雛。以雛視此子，學進吾歡娱。先生門牆下，玉筍生幾株。望施雕鑿力，化璞爲瓊琚。

寄家志亭大令時以淮寧縣宰權牧許州。

鶴頭花放開元寺，鐵墓沉沉接柳湖。每憶芳筵赴嘉會，余於前五年游陳州，李竹醉太守招飲柳湖。還因勝蹟緬通儒。蘇牀誰復聯風雨，劉味今聞等酪酥。《唐書》：『穆贊兄弟皆和粹，世以珍味目之，呼贊爲酪，呼質爲酥。』又以春風吹別郡，口碑即是報恩珠。

玉磬山房詩集卷十一　娱老集是歲游豐潤，歲暮始歸。　古今體詩九十三首

娱老集序

自嘉慶辛未來居懷州，迄道光丁亥，越十七年，而予老矣。一切膠膠擾擾，妄念起伏，皆以老屏絶之。妄念銷磨，歸於閑適，朝哦暮詠，逍遥以送日月，是此生歡娱境也。《懷州集》三卷，始於嘉慶辛未，截自道光辛巳，自壬午以後所得詩，名《娱老集》，蓋以詩娱悦性情，而自忘其爲七旬以外之老夫也。予詩有數集。序我《嶺外集》、《灕江歸櫂集》者，閣學翁覃溪先生也；序我《留都集》者，侍御出守彰德吴玉松先生；序我《邗上集》者，粤東制府阮芸臺先生也；《迴帆集》不幾首，則無序。序我《鹾城集》者，少司空陳鍾溪先生也；序我《行篋集》者，農部員外同年楊蓉裳先生也；序我《懷州集》者，少司空改詹事鮑覺生先生也。翁、陳、楊、鮑，墓草已宿，芸臺制府在滇南，路遥百驛。玉松先生老於江鄉，年八旬有一，近多不稱意事，豈復敢勞以筆墨？而平生文字之交，深於風雅如吴舍人蘭雪者，又牽羈人海，老病窘蹙，無意興及於此事，故是集輒自序之。或問：『集中有傷逝之作，不得以《娱老》概之，曷芟去？』答曰：『「生身後聖哲，隨俗了悲歡。」子未讀陳簡齋詩乎？』

敬題蘀石夫子詩集後

三十餘年讀千過，于今皓首挂霜絲。却憐摸象如群瞽，那有真形到眼時？

神識自能超宇宙，元關無鑰劃然開。巖花磵草無人識，獨有洪厓採得來。謂翁覃溪閣學。

上界仙騎白鳳凰，靈犀一點抱光芒。吟哦月色兼秋色，鏤雪裁冰奏玉皇。

味外味爲何等味，七絃音是響泉音。欲將琴理通詩理，要有寥寥萬古心。

題顧梧亭九十九硯圖

元璞得來九十九，精華攝入搜羅手。珠江風月峽山雲，聞着君名駭而走。旋買蘭橈赴歸路，東鄰艷羨西家妒。君則從容坐草堂，春宵玩味河東句。從此君家定不貧，麝煤濃郁興嶙峋。抽簪顯者朝投刺，過海書僧夜打門。結習未除心易癢，門前絡繹來飛槳。衡山子畏故鄉魂，應造君家撫笑掌。翠羽丹砂羅綺疏，青花白葉滿精廬。金貂不換書生樂，矧且區區十斗珠。墨海鐫於帝鳩氏，文人累代彌矜侈。楊雄之鐵曹瞞瓦，只與端溪作奴婢。石交磊磊自堪豪，一硯一磨無乃勞。尤物移人必爲累，何如割愛以鸞刀？吾惟一硯磨昏曉，墨債終身酬未了。漫竊虛名實自愚，硯猶如是人枯槁。未經謀面獻箴規，焚硯還須焚此詩。他日相逢瀉肝膈，郭隗臺上傾千卮。

豐潤城南二十里有車軸山孤撐霞表傲岸無群巔有閣甃以磚石不着寸木高而不危閣之左有塔鐫文石爲佛像若西湖飛來峰由塔西下近百級植雜花僧院芍藥始開色香兩絶道光壬午四月十二日與鄒縣杜上舍石坪余中表唐明經鑒落入山一游用詩紀之

危閣貯金像，浮屠插碧霄。何期躡平楚，覯此青岧嶢。龍歸山雨霽，烟開花正嬌。僧來進杯荈，松陰風飂飂。看碑緬往蹟，升閣矚遠郊。麥畇翔野雉，鷗波架長橋。牧兒弄湘竹，牛背吟風謡。時康意已適，老興彌復豪。下閣浮醽醁，醉頰生紅潮。折花佛不怒，哦詩僧受嘲。恐有洪厓輩，夜深來見招。

雨後與春帆弟同作

城是輪蹄舊所經，壯齡人已變頹齡。聯牀聽雨聞天籟，選地栽花接訟庭。瑶斝醉心娱骨肉，草堂書額寓箴銘。扶筇更擬尋僧去，無數峰巒郭外青。

附和作

涇陽驛道昔頻經，夢裏山川閱卅齡。雨灑輕塵車到縣，花傳壽酒客盈庭。老年愛弟情彌篤，民事關心座洏銘。切願閭閻敦孝友，蒼穹何處不垂青？

題家小漁課嬰圖

膝頭今坐王懷祖，書庫縹緗可付之。骨相嶔崎堪致遠，得來英物莫嫌遲。
年近七旬始抱雛，吾家亦有掌中珠。丹青異日逢高手，濡筆寫爲《娱老圖》。

寄内

仕版浮蹤化作烟，又襄予季理冰絃。夢君圍着小兒女，此是家庭極樂天。

游盤山五古四首

自少林寺登古中盤尋華嚴洞

盤山負盛名，蒼翠横畿甸。夢轂馳多年，一筇今始辦。初步沿陂陀，石齒觸雙骭。泉聲天際來，巖腰挂冰練。環折墮千尋，琴筑鳴谿磵。仰睨萬松巔，突兀懸華殿。少林題寺門，憩息筋骸倦。僧指古中盤，紆迴通一線。紫蓋折而西，巖壑又一變。窈窱覓仙蹤，蝙蝠衝人面。

曉登山麓及祐唐寺觀千佛石刻

晨陟巉嵒路，烟消紅日升。輿人指巨石，摇撼吾所能。頗疑若輩口，悠悠未足憑。試以一指力，信能如所稱。多惑覺余陋，夏蟲難語冰。舍石赴層巘，瓊閣懸觚稜。聞語舊時事，洗鉢來千僧。刹那不復見，脱韝如神鷹。適逢大知識，鐫像於崚嶒。寺自開元始，規制猶相仍。李仲宣有記，淵源詎無徵？

自天城寺陟萬松嶺

形骸都已忘，升高縱一覽。七旬蕉萃翁，涉險尚有膽。迤邐造天成，景曠生遥感。藥師舞劍臺，荒凉鬱慘慘。天城上有路，虬松抱菡萏。遥與猿狖爭，足隨巖岫轉。下視微茫際，來路從深窨。險極興亦極，酣醻嫌杯淺。老猶如此狂，驚吠雲中犬。

自東竺庵登雲罩寺

樹之最佳者，東竺莽裏松。山之最高者，雲罩寺頭峰。松下卧幽寂，峰頭凌遠空。眼障一揮盡，神妙方無窮。鐸聲憶普化，法幢懷徹公。方外多偉人，惜兹未一逢。吾今立脚處，不儈不儒中。逍遥下山去，還爲識字農。

送雨吟

天紳挂簷牙，昏夜聯清曉。駃雲附癡龍，已足未肯了。甘澍爲吉祥，逾分則生惱。竈婢困濕薪，隴禾滋亂草。農夫棄耰鋤，游子艱泥潦。摧頹何處聲，屋自貧家倒。貧家守寒素，苦似蟲餐蓼。何堪雨虐之，形骸倍枯槁。雨窗卧吟叟，肝膽照穹昊。以詩送雨還，黯黮爲一掃。

寄素方伯孟蟾

離合無定蹤，歡樂豈能久？風雨夜夜來，頻思我老友。我友性不羈，宅衷良獨厚。妍媸鏡於心，雌黄不挂口。於我有夙緣，共酌并門酒。醉語傾肝膈，締交若杵臼。時於談笑中，窺其抱與負。貽大投以艱，經綸有妙手。細事或踈略，安暇計可否？中外三十年，一官如敝帚。流光逝不回，英姿變老醜。百憂叢一身，盛氣降八九。緬予與君别，歸作田間叟。垂竿釣鮒鰅，開畦翦菘韮。通塞委時運，携書卧松牖。雄飛讓晚生，但念爲雌守。譬如一局棋，推枰復何有？裁書託雲翼，積忱聊一剖。重會在今年，黄華著霜後。

【校】

素方伯，原作『高方伯』。按，直隸布政使素納，别號孟蟾，據改。

食緑豆糕

瓜劣易成疾，桃酸亦寡味。唯兹緑豆糕，差足適腸胃。五穀中有菽，元黄各殊致。緑者性微寒，驅暑實堪貴。何必雪藕絲，嬋娟舒玉臂？何必調冰水，踈簾遞清吹？愚者侈口腹，無往不求備。膏粱子弟心，詎與迂儒類？食糕兼讀書，理徹心無累。如飲逍遥散，動我謳吟志。

喜晴

用竭潭龍力，曦輪海上來。老松垂瘦影，奇卉破初胎。未撰游山杖，先浮遣興杯。巢乾愛佳詠，天意敢輕猜。

前題

晨曦破陰靄，曝羽鳥聲清。谿側網初集，隴頭人未耕。遠風牛背篴，高枕戍樓兵。踈柳斷橋外，蓼花依岸明。

鳩婦

鳩婦喚雨來，舌乾啼不住。泥深雨意濃，雄乃逐雌去。雌也無乖違，見逐以何故。形影抱酸悽，吞聲過別樹。嘒嘒柳枝蟬，不聞資内助。閣閣池畔蛙，詎切於農務？無功身自安，有德翻逢怒。生物不可測，端倪誰省悟？雨收天象明，沈吟理章句。

書船山詩集後

秋夜燈牕有好詩，夢回還復起吟之。編年欲試功深淺，感事爲書境險夷。大率窮愁磨傲骨，頻緣跋涉搆精思。一麾支郡無多久，天不憐才更可疑。

生自遂寧宰相家，夢中毛穎夜開花。厄桐留尾調宫徵，繡虎臨風弄爪牙。棲泊武昌衣有淚，迴翔文苑出無車。窮通盡是攢憂地，秀句中含怨與嗟。

驛壁揮毫月影沈，悲傷心是少陵心。督師無勇兵先潰，麇餉多年賊未擒。棧道寒潭凝怨血，關門殺氣釀秋陰。歸途時下蒼生淚，故遣牢騷托苦吟。

人緣困苦鍊聰明，别有乖厓古性情。齷齪何堪垂秀目，昂藏始許戰奇兵。一腔芒刺生前酒，萬斛珠璣死後名。埋骨無兒歸未得，招魂惟有杜鵑聲。

寄懷潘榕皋先生

冰雪襟情不受塵，哦松鍊出歲寒身。先生居室東院，舊有古松三株。磵阿雲濕游山杖，薜荔風搖讀《易》巾。閑與榜元爭座位，晚因耆壽拜恩綸。重赴鹿鳴宴，欽命加員外銜，並賜章服。移家逼近天隨子，時借苔磯釣錦鱗。

潘江自湧大波瀾，造意深沈識者難。後輩何人窺浩渺，時文終未脱寒酸。觀題元妙逢仙侣，山造穹窿醉古壇。八十餘年老名士，鑄詞猶似煉金丹。

我亦虚銜無實相，迎鑾五臺，賜通判職。未妨多蟹有監州。窮通不待尋蓍草，夷曠還須築酒樓。因漲野王城外水，思摇短簿社前舟。嬋娟影照楓橋月，觴詠逍遥慰白頭。

生雛信去已多時，聞説江鄉有賀詩。鴻羽如何飛不到，琅函只恨寄來遲。吉祥事幸頹齡得，離索心隨夢轂馳。老友天涯留幾箇，秋霜都挂鬢邊絲。

瘞羸

道路風霜裏，輪蹄幾萬程。積勞無怨色，依主作悲聲。爾食朝朝減，吾憂日日生。孽緣消已盡，帷蓋覆身輕。

春日寫懷五首

禦寒翻畏羔裘重，赴約先辭玉斝深。獨有啼聲出愛子，勝依嘉樹聽春禽。

鄰翁冒雨借書來，屐齒傷吾曲徑苔。却詫寒暄違月令，未看燈市已聞雷。

牡丹開後主人醉，愛惜春風是老年。未到花時機已動，預收嘉醖待嬋娟。

經腴史液授諸生，羽翼三年始養成。鷗鷺中間逢一鶚，已隨鵷序向天鳴。

常因買竹典朝衫，自許平生性不凡。萬軸書中搜至味，還從閲歷識酸鹹。

寄懷覺生先生

靄靄觚棱冪曉烟，雞籌未絶警朝鞭。至尊思舊垂恩睞，學士茹香進講筵。久被貂璫識名姓，重趨鸞掖補迍邅。楓宸屬望經綸手，輔世猶多未了緣。

次韻榕皋先生重赴鹿鳴宴詩

抽簪久著薜蘿衣，忽睨星躔拜紫微。艖挂風帆看蕊榜，痕留雪爪認苔磯。時髦敢僭耆英座，老鳳應先衆羽飛。舵轉吴門述曠典，峨冠麗服耀庭闈。

舊時文燗奪秋光，撰力渾融雪沃湯。豹尾人傳《秋獮賦》，螭頭帝允乞骸章。蘭橈澤國流恩遠，畫省巢痕入夢長。巢痕，見蘇詩。玉尺量才歸後輩，天孫誰織紫霞裳？

擲下吟毫握釣竿，鮒鰅入手一絲寒。心無世累成仙骨，動合天機得古歡。疏密由人涵養邃，風流到老古今難。耄年倍得文章力，北望觚棱想羽鑾。

朱履白髯稱壽民，松牕不著一纖塵。律嚴詩似兵擐《正韻》胡慣切，陸氏《音義》先全反，平仄兩用。甲，詞辣筆如臼搗辛。更隔川塗懷夙契，期將翰墨養天鈞。太行雲受馳書役，飛遞廣寒修月身。

感舊四首

達人隨俗了悲歡，帶水拖泥亦頗難。打破此禪唯舊雨，生公臺下老松寒。吴玉松。

南國書隨雁影來，松窗覽盡又頻開。素心寰宇無多少，悔不楓橋買釣臺。潘榕皋。

年譜中人半白頭，法行秋令亦風流。宅心忠孝遺書在，慕廬先生《有懷堂集》。克守家風是爽鳩。韓桂舲。

比邱不是佛中人，柳巷花街染孽塵。舵轉狂濤入慧海，華嚴界裏認前身。昆峰和尚。

讀查篆仙夫子年譜撫今念往戚戚於心作知己吟一首用代涕零

曉起讀書先下帷，羸軀怯受寒飈吹。書中讀到凄然處，不是唐衢亦淚垂。我師古貌誰能鑄，用李洞事。突兀新塋走狐兔。苦無餘糈飽兒孫，空有門生歌《薤露》。君子死身不死名，編年爲譜見生平。癡腸欲襲王巖叟，家傳爲師手纂成。《韓魏公家傳》，門下士王巖叟所撰。吁嗟乎，蘭枯蕙槁憂群蟻，謡诼不行賴知己。前在粵西，頗有獻萋菲於大吏者，賴先生申救，幸不中傷。却陟危巒吊伏波，當時雪謗無君子。

章滋園屢有書來欲入山落髮寄詩開慰之

世網牽纏折羽翎，仙禽墮落眼誰青？《楞嚴》有味君須嚼，莫爲牢騷失故形。
好向烟霞尋大藥，不逢仙草莫歸來。米鹽瑣碎妻孥事，買布還憑自剪裁。
身自出家心在家，見《傳燈録》。何勞喫飯煮桃花？見《東坡志林》。洗除煩惱心如水，枕上魂清走睡蛇。
無米爲炊先遣鶴，有錢沽酒莫修琴。兩處關山一明月，夜來應照故人心。

破曉

竹村出樵斧，烟渚下漁鈎。自拄過眉杖，來爲破曉游。烟霞相脉脉，歲月只悠悠。不識春鷗夢，猶驚笠影不？

縹緲閣下二首

留得吟風弄月身，世緣疎後墨緣親。青山埋骨他年事，幸與昌黎作緊鄰。余於閣旁築生壙，去韓文公墓只四十里。

山莊遥對虎牢關，下有仙鷗澣羽灣。採藥去尋無患子，白雲同往又同還。

夢游李太白墓意甚豪也枕上吟七截四首

來與先生續舊緣，山容窈窕意悠然。石磯爲枕江爲酒，眠五千年醉萬年。

笑君埋骨築高邱，空費人間鍤與鍒。踢倒青山留碧水，掬來同洗古今愁。

兵船捉去太倉黄，坐此流君入夜郎。炯炯雙眸空一世，帝教蠻國斂鋒芒。

墮落天星作酒人，醉鄉天地古風醇。請收竿上之鼇餌，恐擲烟濤褻水神。

寫懷寄玉松先生

浪跡墮浮雲，須臾化烏有。攝心成木雞，安暇問芻狗？破寂鄰父來，握予灌花手。花前暢幽悰，對傾逍遥酒。率意爲周旋，形忘誼彌厚。小園花亂開，嬋娟對老醜。蕭適送餘生，衣不染塵垢。既鄙龜著卜，何待庚申守？惟餘繾綣忱，胥江夢吟叟。憾乏縮地術，箴過緘雙口。平生道義交，繁星得一斗。額顱况集雪，掃去無仙帚。何時落烟蓬，舟繫門前柳？

寄懷吴藹人學士

兩處皋比抗冷顔，松江遥對太行山。朱霞正似君容貌，白鶴先知我退閑。書到三餘吟有味，心將六鑿已齊刪。何時伍相祠邊月，笠影筇聲夜叩關？

與宋思堂論詩之睿

風騷誰復問源流，白盡書生歗詠頭。若具雄心思泛海，先儲大木造爲舟。舵隨峰轉能無滯，龍抱珠眠亦可求。解識琴聲是詩味，空山花落水悠悠。

次韻吴巢松學使見貽之作

蓬茅偃蹇卧頹翁，弭節忽來文字雄。深巷犬迎青瑣客，遠山松照秀眉公。襟懷夜月初臨水，器宇朝曦正麗東。逢着使君思往事，讓王城外醉春風。

修篁叢裏卜蝸居，野性空存繕性書。伏枕功名歸夢幻，馳波歲月寄空虚。或遊書肆尋花鏡，還喜蓬門駐酒車。芍藥開時來上客，飣盤櫻筍幸先儲。

銅阬鶴市盡仙鄉，虎阜雲根甃作塘。花竹四時皆靄靄，人文累代復堂堂。盡於娃館嗟前世，誰向楓橋問左蒼？見《異苑》。回憶石湖摇舴艋，芙蕖萬柄水風凉。

自收簪組匿山林，翰墨交游味獨深。蓬户屨聲娱我耳，桃花潭水佩君心。元龍氣概真無敵，叔度風流何處尋？却惜江鄉隱耆舊，榕皋、玉松兩先生。不同揮翠與推襟。

附原唱

豈是尋常鶴髮翁，文章經濟兩豪雄。大才未竟心逾淡，循吏無慚論至公。楊沫高名馳徼外，祭彤清德著遼東。先後官粤西、遼左。我來喜見靈光在，冉冉升堂絳帳風。

天留河嶽好幽居，來伴先生晚著書。奴隸松杉看長大，妻孥蔬筍共清虚。談經已改宏農市，問字長停夜月車。多謝辛勤蒐箘箭，我來都入藥籠儲。

舊游一舸到蓴鄉，滌水通橋宛轉塘。無主園頻探竹塢，乞詩人尚寶芝堂。佩環想見都娟妙，帬屐而今各老蒼。可惜那時端正月，未曾同聽譜《伊》《凉》。先生常僑寓吴門兩寒暑。

貧猶愛客如公少，屢及諸賓愛我深。方丈食行平等法，十分杯見主人心。嬌兒但祝於菟似，賢郎方周晬。奇士同超牝牡尋。明歲花時仍一笑，鬧紅香海重題襟。

【校】

吴慈鶴原詩，載《鳳巢山樵求是二録》卷二，題爲《寄謝劉松嵐觀察大觀四首》。心逾淡，作「孤情淡」。論至公，作「萬口公」。祭彤，作「邴原」。探竹塢，作「窺竹塢」。第三、四首無自註。

康蘭皋中丞約遊清化祝融道院賞芙蕖值雨

引人著勝地，仙葩共一賞。碧蓋擎朝烟，入座已蕭爽。静女安平淡，姘姝炫華朗。均抱出塵姿，尹邢判爲兩。花有紅、白二色。就水搆亭榭，縈回復虚敞。對花傾醁醽，疑坐浮槎上。清飈冉冉來，臨波撼芰蔣。陰靄冪城闕，天漿瀉叢莽。水際奏笙竽，荷珠激妙響。斯境豈易得，他時尚堪想。頽齡結古歡，盛筵留息壤。語深人不識，心愜一撫掌。游侣無酸寒，風格盡倜儻。花應得好夢，賞識逢吾黨。同游者，中丞伯氏二如先生與武進方彦聞孝廉。

枕上

雨颯然來旋復收，未交秋令已如秋。陰蟲夜噪燈窗外，壓重斜枝落病榴。

立秋日寄彥聞

炎歊雨收去，攜卷讀秋風。久閉喧中口，難拋静後功。質疑無客到，馳訊有書通。那得如君者，時來折陋衷。

漆非膠與合，投契覺良難。夕月松同照，朝華鶴共看。蓬茅隱簑笠，冰雪貯心肝。幾卷殘書在，猶能博古歡。

藕花引詩興，道院水風凉。麈尾傾幽愫，瑶觥飲静香。笑談殊不腐，傲岸亦非常。昨夜逍遥夢，游蹤尚未忘。

皋比屬我輩，聊以送光陰。學海垂修綆，儒冠下苦心。雨催書帶長，風助擪龍吟。却笑支離叟，無絃亦謂琴。

示書院諸生

諸子讀書處，瓦烟通碧霞。對山横雉堞，分水種荷花。學與丹同鍊，身嫌玉有瑕。春秋祭韓許，爾輩亦光華。

姱修懸正鵠，科第是餘波。縱使貂蟬貴，其如道義何？顔回居陋巷，寗戚發高歌。士各求其志，須從鐵硯磨。

日月馳天上，雙輪挽莫回。蹉跎不自振，偃蹇亦堪哀。海索龍紗翦，山求玉笋栽。寶光收不住，物色有人來。

嶺南與關外，曾作折腰人。德愧書中語，心慚部下民。遷官初學道，問路始知津。晚署群英長，風愁不是春。

輓婁松坪觀察

素紙封緘訃可驚，繞檐雅喉有哀聲。仁風藹藹頌群口，《薤露》悽悽歌滿城。驟疾倉皇無幾日，勞軀委頓了餘生。他時會葬吴山下，題墓碑須范巨卿。

范秋坪死後有繼孫曰泰來孤且貧命在予家就師讀書爲苦吟一章用告亡者

詩人骨寒棺已釘，病母孀妻抱寒冰。母瞑目矣妻零丁，白日不白天不青。蕭瑟鬼氣化秋螢，黄昏飛上曝衣繩。別支有兒嗣堪承，身未六尺來家庭。祖母抱孫涕滿膺，恩育三載今十齡。有書無師難經營，死者兩耳呼不應。孀語酸辛不忍聽，命抱書讀於我廳。枯枝生菌爾或能，讀破萬卷心則靈，皷爾英氣高崚嶒。書聲如鳥聲可聆，巢中羽滿必飛騰。心機織出綃與繒，昔時繾綣今猶仍。君刺心事鬱冥冥，此詩有氣君應憑。

贈張魯巖

儒吏中州傳拓跋，秀嵒東國似黽蒙。君羅萬卷棲茅屋，却以藏書作富翁。

邵大令棻前在鹺城有贈別二章氣味頗似張籍而其作宰勵清操不合時宜故久滯於縣令今作二詩寄之

問途於水部，惟見一人能。欲握臨歧手，猶雕貯腹冰。殊鄉感離索，秀骨想崚嶒。倦鶴垂雙翼，何時乃一騰？

吏拙筆不拙，多年猶夢之。古顔羞媢媚，捷徑畏奔馳。磊落心無競，蹉跎分所宜。治民傾肺腑，徒有故人知。

方彦聞孝廉寄來河内懷古七首氣味頗似劉越石盧子諒予亦用選體贈之

秋氣集書幌，離悰日以深。重會無準期，孤索意沉沉。户外車停軛，花前朋萃簪。欲握豈無手，欲欵豈無襟？揮觴弄柔翰，寥寥不易尋。閽人適相告，賫書一使臨。切切由衷語，愜兹秋夜心。髣髴䃭香稻，掬來投飢禽。香稻不勝啄，啁啾鳴好音。書盡覯芳藻，竟夕爲謳吟。如坐選樓上，携册對江岑。江南懷舊雨，多往罕於今。河北作孤注，合絃無雅琴。陰、何不並世，子山口爲喑。無心得孝穆，北鐵逢南金。予懷既已適，嘉酎還復斟。仰天睨鴻影，斗宿寒森森。

【校】

詩題『贈之』，底本目録作『答之』。

秋夜

秋夜沉沉更漏永，癡奴睡去留孤影。烏絲幾日换霜絲，往事追尋只俄頃。久卧烟霞成嬾惰，肯復隨人事干請。園花旖旎無客來，書味深沉獨自省。田父入城獻新豆，棋僧冒雨貽嘉茗。壯心銷去骨猶存，時聳吟肩弄霜穎。

詠鶴

縞衣何皎潔，丹頂復嶙峋。不作乘軒夢，留兹唳月身。卑棲聊自守，遠舉浩無垠。薛稷今難覯，誰堪與繪真？

懷榕皋玉松

二松署爲額，玉松在吾遼西衙署，題其室曰『二松書屋』。一老又三松。榕皋宅有三松堂。歲月無停晷，離睽結遠悰。古心誰自許，真友固難逢。惟恃天涯月，寒光照舊容。

彦聞約游中道先以詩答之

菊花嚼出淵明味，是我攜笻訪舊時。不得搓橙持蟹爪，還愁孤負放翁詩。

心中已有吴山子，不是塵埃立脚人。擬借午橋莊上月，夜看仙骨瘦嶙峋。山子客康中丞山莊，時患痁疾。

夜吟

破鏡懸高樓，蕭條失完整。咽露蛩收聲，風淒夜方永。兀兀一人坐，稍稍覺衣冷。婢眠不忍呼，焚香慰孤影。寂寞有餘味，寸心誰復領？夜吟獨得之，筆力增前猛。

雨夜讀書

雨來秋樹寒，巢濕鳥聲絶。向晚燈牕下，未捫讀書舌。書中有何味，注意獨切切。紛紛俗肺腸，造次難與説。頽齡七旬餘，鏗鏗守吾拙。無用以爲用，所趨非世轍。不合時宜處，貽笑人中傑。猥以壺中醪，融我鏡中雪。一醉握芸編，六丁不能掣。

送顧蒓庭司馬還蘇州

蒓鱸思動旋抽身，酒酹螭頭拜水神。幾篋殘書兩仙鶴，滿船明月一歸人。魚龍亦識心無欲，疏控都如手著春。治水三十年，修防之役，從無壅潰。若此逍遥收宦局，不憂身累豈憂貧？

不爲離蹤傷遠别，却將完璧送君行。以玉佩持贈。風騷只合稱餘事，道義終然屬老成。伏枕夢隨天際雁，收帆人到水邊城。胥江舊雨潘、吴在，乞向尊前説姓名。

贈府幕錢容齋

文囿著身者，貧軀入別徑。筆墨寄申韓，活人於法令。所託非所嗜，依然儒者性。歲寒松一枝，期君守嚴正。

吾友孫符美，爲君受業師。渾金與璞玉，師生無兩歧。窮達繫於命，理唯君子知。忘憂藉嘉釀，與君傾數卮。陶詩：『泛此忘憂物。』

小户飲不豪，舉杯聊適意。既酣奚所爲，葉子亦堪戲。運甓養奇骨，煅鐵表殊致。胸中有慧珠，何必操偉器？

烏兔天上馳，居諸迅於箭。氣味相融洽，一日當一見。恐君别我去，又開一局面。酬酢豈無人，要非心所眷。筆猶是此筆，硯猶是此硯。哦詩贈於誰，寂寥卧空院。

題蘭皋中丞生壙圖

生如遠游人，磨盡輪蹄鐵。死如歸故土，懸車在榱棁。寄身寰宇間，有作必有輟。身化名不化，千古幾英傑？原壤躋大年，猶復沉下劣。顔回夭陋巷，名譽壓耄耋。死誠無所怖，生亦可爲悦。榮枯蓄至理，寸心誰了徹？柴桑一醉翁，謚之爲靖節。高墳正嶕嶢，挽歌亦超絶。胡爲役役者，炙手趨於熱？辱此昂藏軀，鑽營勢要穴。還家傲妻子，自詡爲明哲。勢盡還蕭條，腐鼠同湮滅。予嘗持此論，掉以廣長舌。浮生浪死徒，誚爲迂與拙。嶽嶽康夫子，軒軒隸朝籍。毅然者其氣，挺然者其骨。明恕頌江左，威稜惕南越。還櫂躡容臺，精神猶突兀。墓廬衣有淚，三年喪未闋。繪以《生壙圖》，深林對遥峰。謂我酬恩後，迴首謝雙闕。瀟灑盡餘齡，瘞此烟霞窟。走也蹇且陋，服膺於此説。身外皆浮雲，過眼唯一瞥。就山遴吉壤，勝於築閥閲。西去十里遥，傑閣附崇垤。是予埋骨處，磽磽志已决。韓嶺蔭虬松，蘇阡照鄉月。大文麗星宿，寒芒永無竭。昌黎墓在孟县，二蘇墓在郟縣，皆相去不遠。曠世遥相感，懇懇彌切切。留此數弓地，當爲我輩設。山川不寂寥，後車軋前轍。他年控雙鶴，共賞天壇雪。綢繆復綢繆，萬古無離别。

雪中遣興

蛟龍嘘夜雲，屑屑弄狡獪。山川與城闕，别開一世界。餒雛收妙音，寒尨不復吠。唯有讀書者，聲徹高館外。高館一老叟，性兼和與介。斂跡卧蓬蒿，榮辱絶牽挂。貪讀似貪飲，受疾終難戒。對此雪晶瑩，還如飲沆瀣。謝賦吟方珪，韓詩擬縞帶。堂堂大手筆，未免入纖碎。子瞻矗玉樓，庶幾稍濶大。廬陵爲禁體，又復拘於隘。詩以寫性靈，心聲吐天籟。鯨魚掣溟渤，豈作拘攣態？高格無媚姿，誰容施粉黛？我於古作者，獨有心所愛。簑笠釣寒江，十字壓千載。

玉磬山房詩集卷十二　娱老集卷二　古今體詩百四十七首

詠雪

翠竹成都白鳳凰，無聲玉滿讀書堂。收從鶴徑歸茶鼎，煮出天葩潤酒腸。釣叟欣逢柳子厚，梅花得識孟襄陽。吾今欲索春鴻跡，踏碎銀沙上野航。

春日偶成

壯歲須臾到晚年，居諸迅若箭離弦。華燈讓與街人賞，白雪留爲夜鼎煎。膝下有兒承世系，夢中無事攬春眠。斜陽轉入城西去，鳥弄新聲樹有烟。

贈黄仲裘武進人，仲則堂弟。

不識君爲名士弟，只傾杯斝未談詩。却緣兄被風騷累，假藉申、韓筆一枝。

酒樓開向潮音寺，同去買春持玉壺。試問毘陵寒夜雨，梅花猶有淚痕無？余《歲暮過常州題黄仲則墓》云：『貧不驕人才自大，詩能匠物鬼應愁。空山一夜瀟瀟雨，萬樹梅花總淚流。』翁覃溪先生以爲絶唱。

收書吟

陸務觀詩云：『歡場泥酒都忘老，厚價收書不似貧。』余老矣，不沉湎於酒，而不能不沉湎於書。適有售者，輒收之，作《收書吟》。

插架五千軸，書城許獨擅。城中無是非，亦無分貴賤。是爲逍遥國，老至尤依戀。書之爲物也，觸手騰光燗。通以運經綸，塞以紓憂患。姿秉或有殊，參差分圻甸。淹雅務涉獵，深沉希貫串。學海搜元珠，權輿在經傳。吾家所積蓄，十牛差可汗。心猶未爲足，物色擬周遍。書肆逞一游，陳腐若虀麪。常羞無大嚼，那得逢珍膳？春氣入我帷，馳情不可綰。撰杖躡南郊，移罇覽芳豔。歸來及門首，秘笈何人薦？舊編生古香，無待春風扇。天遣落吾手，忻忻償心願。家爲買書貧，妻孥進規諫。脱衣將質庫，街坊亦誚訕。生性固如此，抵死未能變。吁嗟乎！雲烟過眼空復空，世味何如書味釅！老蠹甘辛有同嗜，終年嚼字隨癡翁。

讀李松圃先生韋廬集

皂莢青烟冪小樓，却容群羽萃枝頭。有人攜卷西廊坐，獨立懷州想桂州。伏波亭子隔烟霞，寄信迢迢百驛賒。老去關心唯舊雨，只憑春夢過長沙。少鶴翛然振羽毛，飽餐沉瀣赴仙曹。韋廬月照三人影，少箇徐陵詠雉膏。袁簡齋比子喬爲徐孝穆。熙甫、閑雲墓草青，彼時吟社已凋零。幸留《過海》《迴帆》集，石桐集名。可貯騷壇作準繩。

感舊十八首

六經鎔鍊作醇儒，冰在襟懷雪在鬚。不露圭稜存古道，欲迴畿甸入康衢。深情繾綣多寒士，厚德温和少悍奴。建白有時符聖意，頻言大事不糊塗。家岸淮先生。

亦和亦介亦風流，獨與清平氣味投。不以窮通爲冷熱，豈將威福快恩讎？位居方伯無豐産，心似古人多遠憂。翁仲恥隨賓客散，秋墳鬼唱鳥啾啾。方訒葊方伯。

心血沉沉入麝煤，文章聲價自崔嵬。居官能使芳名遠，屬纊惟餘俊骨回。《循吏傳》中留政績，甘棠樹下感栽培。賈生無命登臺輔，玉闕胡爲降下來？李少鶴。

維鶴有兄兄曰桐，情深筆健骨蘢蓯。鏤冰一社傳詩樣，磨蠍終身厄命宫。高密墳頭猿泣月，灕江船尾客吟風。涔涔一斗唐衢淚，灑入文章道義中。李石桐。

昔是春宮啓沃官，忽辭鳳闕買漁竿。烟霞歲月都忘老，箋註功夫不畏難。豈獨河汾羅將相，還從浦溆種琅玕。魯靈光殿頽唐後，會葬無由借羽翰。錢竹汀先生。

壯歲抽簪爲著書，達觀豈作中鈎魚？人才磊落歸陶冶，文弊酸寒痛掃除。榻卧江村垂釣客，門停柳市送花車。六朝典故搜羅盡，始是先生擲筆初。袁簡齋先生。

林逋放鶴亭邊路，水榭雲廊作斷橋。送客入城門寂寂，焚香讀《易》雨瀟瀟。晚年不踐看花約，小舫時因愛月摇。却怕書名傳地府，命將毛穎墓前燒。梁山舟先生。

玉溪生死遺文在，典故難稽作鄭箋。獬豸爲冠真御史，丹砂可飽又神仙。秋携懷祖看紅葉，夏遣樵青採白蓮。達者功名心不熱，經腴史液送餘年。馮孟亭先生。

梓州詩派有淵源，造句從無不雅言。鸞掖一朝辭舊侣，鹺城兩度枉高軒。予在河東時，君考試解州，頻頻會合。吾方野服潛書藪，君又靈輿駕墓門。有女化爲一邱土，近年何事不銷魂！陳鍾溪司空。

詩龕奴婢風吹散，病鶴蕭條泣主人。有子能文無壽數，全家餬口恃姻親。遺書插架終難守，老樹傷枝不受春。萬柄芙蕖開滿日，浣花人去亦酸辛。法石帆祭酒。

安定皋比屬粹儒，兩年促膝在江都。叢祠花放春尤艷，老手詩成味獨腴。客滿尊前浮上雅，書傳死後類潛夫。從今欲閉談經口，側耳無人踞竈觚。吴穀人。

靈州刺史轉農官，大似鮎魚上竹竿。城上借弓曾戮賊，見《伏羌紀事詩》。劍南秉筆又扶鞍。成都制府延修省志。通才不是肥家物，異地終嗟退步難。粉字銘旌歸冷骨，秦關漢月恨漫漫。楊蓉裳。

危言請削門生籍，直以丹忱報相公。半載鐵衣隨戍卒，九重綸旨脱樊籠。蓬廬載筆書猶著，水郭摇船路可通。晚境逍遥人跡外，一竿明月一絲風。洪稚存。

冷性何能羈組綬，南都買宅種梅花。無僧不與磨心鏡，有子今能賦雪車。書刻故鄉分後輩，名傳外域况中華。誰知永訣平津館，踪跡渾如散綺霞。孫淵如。

宰相門庭無履跡，時從質庫典朝衫。冰心無垢何須洗，疏稿留疵每自芟。飼鶴米糧資薄俸，回人書札但空函。生愁死樂盈虚理，有子承家定不凡。牟松岩。

海會莽僧抄韻府，常呼島佛問詩禪。空空彼法原無物，了了吾心别有天。綺語删來成禁體，華鯨寂處結幽緣。誰收舍利歸吟袖，石塔春深生碧烟。杲堂和尚。

墨禪參透習丹青，對客揮毫傾醁醽。世故未深留傲骨，時宜不合買歸舲。直心常有箴人語，妙筆誰爲瘞骨銘？江上遊魂如索伴，石濤原是畫中僧。朱素人。

琉球淺薄安南野，至竟朝鮮壓外夷。熟讀《周南》應有興，未經秦火豈無《詩》？收來鴨緑江頭月，鑄作紅螺縣裹詞。聞得翰林捐館舍，難通書信倍生疑。高麗詩人朴齊家。

端陽遣興二首

誰以香醪醉石榴，石榴名酒花，見《玉溪生詩注》。花中輩石築高邱。乍聞蕭艾登於市，不見虬龍鏤作舟。羽扇可摇炊黍讌，烏絲難上著霜頭。華衣繡帽崢嶸骨，一子能消萬斛愁。予年七十始生一子。

漢廷此日饌梟羹，厲鳥何堪預鼎烹？麟脯但須充耳食，猩唇空復冒珍名。歡場避位因年老，綺節開懷覺累輕。不藉《離騷》傾麴蘖，汨羅江水久澄清。

五月七日飲方彦聞莊牧堂董小山李青崖袁蘭村於紫荆廊下

細雨廉纖隨客至，洗妝姸卉增柔媚。解衣脱帽泛清尊，花外此君先我醉。鏡裏皚皚鬢着霜，身經七十二端陽。欣抛組綬還初服，又買歡娱入醉鄉。前日家家懸艾虎，芳筵未設今方補。小兒出拜著鮮衣，兩袖中藏五色縷。不將絃管醉紅裙，酒壘吟壇策戰勳。霽後請看桑柘外，鐮刀萬柄割黄雲。是日芒種。

得巢松先生書並七律三首依其韻答之

北牕跂脚放顛狂，兩腋清風一板牀。鍊骨方思金鼎藥，貽書若授玉函方。英髦指以光明路，舉止都如鄒魯鄉。蓮幕七人銷夏詠，不知光燗是誰長？幕中費君公彦、郭君忠訓、吴君玉輝、褚君逢椿、張君伯藩、傳紳、富學，皆工於詩。

宧橐蕭然書篋豐，灌花還藉掃花童。藏金懼有餘生累，得子方知老運通。豸繡未償稽古志，皋比難奏育才功。原唱有『遍栽桃李諱言功』句。深山大澤饒葠朮，曾約天壇採藥翁。

長安大道覺龍腥，雨後枯苗睡復醒。聞説絲綸傳禁苑，已馳州郡幾郵亭。以司業進秩翰林侍講。冰心玉尺真無忝，翠軸鸞書恐未停。竚看明年當此際，璧星移位壓群星。

【校】

費君公彦，原誤作『費君彦』，據山東巡撫武隆阿道光五年十二月二十日《呈學政吴慈鶴任内延請幕友姓名籍貫清單》改。

喜雨二首

烏雲結蓋老鳩嘑，萬目田間望一犁。諺云『一犁雨』，蓋深八寸也。忽漫秋聲來夏夜，沿村赤土化爲泥。

松�竹籟奏笙簧，瓦隴抛珠懸瓦當。想到編氓得飽飯，拈毫爲句亦鏗鏘。

題袁蘭村大令所收鈍筆齋仿古錫壺

曩者吾師吟錫斗，嘉興故物歎稀有。俄斷俄續危於絲，沈家幸繼黄家後。工於製錫器者，前有黄元吉，後有沈存周。款題戊戌記年歲，兼憶沈家門外柳。詩云：『髩絲迴憶春波橋，沈老門前緑楊密。』維斗與柳何足吟，筆摇墨舞酣於酒。康熙戊戌年遞道光甲申年，渠家秘妙今猶傳。壺底十字雪浪淺，露花員，香永鳳團。莽飛動，壺腹一銘永寶用之。莊且妍。美器擎須麗人手，那能袖插雙纖纖？人將水厄發嘲弄，百飲何傷廉者廉？

南方世族愛珍翫，斑駁陸離陳几案。彝鼎尊罍藴古香，富收藏者牛可汗。鈍筆齋壺仿前古，何待斤斤考秦漢？司馬相如渴未消，寶玉明珠應不换。秋令來，蟲聲亂，茗香花味入詞翰。吾詩敢望吾師詩，正似松巖壓蓼岸。

送鄒公眉觀察還江南

顛仆出無意，灑然御初服。迴首謝賓僚，泥深慎車軸。達者識進退，雄飛等雌伏。悠悠江上水，燦燦籬邊菊。蟹螯秋夜持，還家酒正熟。老親自强健，中饋亦賢淑。筋骸墮塵網，何年是了局？抽身聊自安，故山可娱目。山上卧僧寮，山下斫修竹。魚竿有風月，簑笠無榮辱。

詠芭蕉

松垂瓔珞碧沉沉，别院蒼苔雨後深。獨自卷舒幽寂處，夜來風雨抱秋心。

寄蔣伯生

猶憶蕪城望麴塵，祇今都作不羈民。豈愁金盡窮難送，唯恐吟酣酒未醇。字煮空鐺尋古味，花鋪綺石卧香茵。乞君老杜南池月，伯生時在任城。照我茅茨傲岸身。

賀蘭村新納姬人

涅水來因大婦賢，涅水出陽城。未須黄鳥薦春筵。娉婷遺嫁星雖小，福澤棲身貌必妍。山道駕輿辭父母，綺幃却扇出神仙。老夫七字相持贈，玉孕方流又一淵。

重陽

老婦簪花呼進酒，小兒磨墨索題糕。奇書未賣家仍富，白髮無愁首不騷。點染秋光生傑卉，匡扶玉畢藉《離騷》。太行風厲誰堪往，岸幘家園興亦豪。

重陽第二首

無邊風雨到柴門，悽絶高枝斷鳥魂。送酒人來雙袖濕，對棋僧至半窗昏。疏簾不見長松影，古硯空留積墨痕。菊制頽齡杯在手，陶家風味想南村。

題東河制府張芥航先生願游第一圖願游西湖也。

風月六橋有花柳，冰霜兩墓有松柏。岳、于二公墓。湖中暮雨秋風句，歸安潘汝龍詩：『秋風雁響錢王塔，暮雨人耕賈相園』，爲西湖絶唱。突兀吟壇立高格。解識此意方可游，湖山可愛亦堪愁。吾發此論在湖上，昔與吟僧小顛和尚。醉高樓。五柳居。滿鏡秋霜吾老矣，湖山寂寞吟僧死。此圖風味似當年，游興勃勃突然起。君償此願終有時，建牙開府摇旌旗。白公蘇公是前輩，千古風流接續之。是時我騁遨游足，與君湖舫酌醽醁。妙手誰爲第二圖，我爲君製《蘭橈曲》。

贈方彦聞

嗜古自成金石癖，打碑來就太行山。過江文字君堪畏，種竹人家我獨閑。若下杯傾秋夜酒，崑崙夢躡嶺頭關。予與彦聞皆曾至崑管。却愁鸞掖揮毫去，只向蓬扉暫往還。

贈吴山子

書著等身藉遠游，天涯心事故園秋。關山久歷不彈鋏，婚嫁未完還買舟。任遺風霜磨傲骨，時因麴蘖署通侯。達人自有逍遥法，豈以青雲换白頭？

贈莊牧堂

帆過白門三十載，孰知謀面始於今。詩書尚帶隨園氣，君讀書隨園最久。談笑依然建業音。潤腹藏書兼貯酒，芳辰善睡亦耽吟。居停舊是倉山主，繾綣交情抱古心。

辭大梁書院掌教上程問園中丞

誰知節鉞森嚴地，夢到烟霞冷落人。士待甄陶成秀質，書馳郡縣蹴寒塵。崢嶸道義應難負，枯槁形骸愧此身。舊學荒疏兼老病，非緣欲往故逡巡。

歲暮解嘲

度歲若受劫，群兒來索債。避債築一壇，元戎印可拜。揮斥群兒用酒兵，旌旗甲胄何崢嶸！狐奔鼠竄不留蹟，凱歌唱到無憂城。元戎揮金如揮土，慷慨之名壓今古。鞭驅猗頓如家奴，醉鄉新立折衝府。

除夕

貂裘典去豈憂寒，擺脱炎涼體自安。豪氣久如冰化水，弱兒纔似鳥生翰。控弦追兔心猶熱，斂子推枰局已殘。何處人敲太平鼓，買春聊復對椒盤。

贈彦聞

君向騷壇立威鳳，敢呼王粲作鴛鴦。兩年同詠嘉平雪，千斝共澆慷慨腸。墨搨秋巖山鬼泣，河内片石有字者，搜羅殆盡。書雕午夜梓刀忙。今宵莫作蒓鱸夢，北地梅花亦復香。

春興乙酉

息機因少事來尋，門閉蒼松與翠岑。疲馬但餘馱雪力，漏航安有挂帆心？鳥聲簷際宣時令，春氣胸中覺淺深。黄山谷云：『春氣爲詩人所覺。』豈卧烟雲愁寂寞，五言詩奏七絃琴。

衰狀

舊事不忘新事忘，胸中了了又茫茫。曾抛判筆操吟筆，直以殊鄉認故鄉。眼似花前隔雲霧，齒難菘際嚼宮商。經書未畢餘生事，猶對諸生坐講堂。

水仙

本自炎陬得，翻從冷處開。無花堪與偶，有地亦難栽。久坐香彌永，清吟興復來。因思《洛神賦》，子建是通才。

將游縹緲閣適值微雨

陰靄壓城闕，柔飇吹不開。入山笻未拄，迎客雨先來。壽鶴殊相契，仙猿豈見猜？卧雲樓有榻，春夢亦悠哉！

柏香鎮題壁

鄉閭凝秀氣，節鉞出中丞。楊公嗣修，萬曆癸未進士，巡撫寧夏。宦裔悲寥落，棲烏識廢興。半篙村外水，一鉢樹邊僧。食罷看山去，扶衰有健藤。

與彦聞飲縹緲閣

會合良非易，青山況復雄。漫移千嶺秀，收入一欄中。歷歷村邊樹，寥寥水際風。江南夢中句，爲問可相同？彦聞《春興》詩：『夢裏江南緑未濃。』

野眺

聳峭峰千疊，縈紆水一灣。桃花自妍媚，牧篴亦蕭閑。楚漢戈鋋鐵，韓蘇隴墓菅。無窮今古意，暝色又催還。

花朝

青帝宰群卉，芳辰得令名。鳩啼含雨樹，田滿叱牛聲。吟歎發天籟，壺觴聚友生。鈍翁呼不起，酣睡野王城。

清明後雪示彦聞

柳枝纔插郡人扉，樹杪綿蠻發吟哢。造物機關孰測度，天驅石麟追白鳳。乍起徐徐似謙遜，稍待紛紛遂酣縱。一整一斜風力微，忽落忽銷春氣重。麥將生穟久不雨，萬井轆轤若無用。驪龍潭底抱珠眠，負耒攜鋤禱者衆。於穆之中寓仁愛，忍使下民爲上控。既欣入土草芽肥，還喜著花心不凍。寂寂無聲是何意，應愁打破游仙夢。游入華胥終一回，滿地琳琅是誰種？山川城郭入畫圖，好手誰及唐與宋？烹茶不汲井中水，開心但擁牀頭甕。濡毫撰作玉樓詩，瑞麥乞君重作頌。彦聞去年有《瑞麥頌》，刊入《河内縣志》。

以榆錢柳絮梨花春約彦聞朝食

歛春名色誰所言，蕪史應隨笑史傳。稍聚甸聚禮則然，見《周禮》。仲冬之月功令宣。今當春仲歲時遷，黄鸝坐樹蕨抽拳。維春可歛頤可占，乃循古例開芳筵。豈以口腹相流連，欲結吾儕文字緣。竈嫗厨婢呼來前，入饌無須羅腥羶。負腹將軍誠可憐，猩唇鹿尾奚取焉？青蚨著樹化爲錢，風摇霧鎖秀宜餐。楊花未曾飄硯田，纖手摘下充蔬盤。賓主不辭誚儒酸，欣欣大嚼成古歡。梨花作釀仙露溥，沽之於市非所難。壺觴恨不如海寬，渴龍一吸旋已乾。醽醁渾如换骨丹，禁臠野蔌平等觀。罇空耳熱聳吟肩，數莖撚斷髭與髯。燕來修壘雀翻檐，午漏沉沉又幾籤。不羈猶復如少年，君應笑我癡且顛。君家學海浩無邊，不我遐棄通至誠。平生未有俗肺肝，釋齊己詩：『吟非俗肺腸。』澹泊滋味貧可安。吁嗟乎！文叔故人性不饞，潛虬穩卧桐江烟，却爲鱸魚買釣竿。

仲春二十八日小兒七十子歲滿三週舉家歡樂作長句二十六韻示吾室張恭人

兒名維嶔以余年七十始生此子故以爲乳名

花以晚開固可喜，子以後結尤足貴。當其未結未開時，爾我共知酸苦味。朝梳短髮悵偃蹇，暮握白髯悲顑頷。寂寂空巢無一雛，爾嘗背我濡雙淚。我心自知不忍言，奴婢還復爲之諱。門户凄凉吾哀矣，中心如搗恒憂碎。小婦晚來家姓李，肝腸坦坦無軒輊。嫁時唯著村舍衣，頭上焉知横珠翠？過門五載無消息，撫時更短衰翁氣。行年倏到六十九，春樹一枝吐芳卉。賓筵不賦弄璋詩，婚嫁惟添暮年累。爾則嬉嬉出後堂，温言軟語來安慰：『李姬寡言多厚福，應有麒麟自天墜。心田種德况有君，得瓜得豆理不昧。遲早有時定須來，鬼神有知天豈醉？』吉祥語出巾幗裏，姑且付之於游戲。孰知所言竟不食，手握《毛詩》吟誕寘。賓客輪蹄深巷滿，太守未歸將軍至。既以矍鑠譽頹慵，更以英明誇幼稚。是時合家改顔色，鞠跽斂衽謝天地。嫡焚海外旃檀香，庶洗佛前瓶鉢器。竈嫗江南流落人，抑且揚揚快其意。兒生忽已届三年，堂中拜舞膝前侍。小手初操戲劇戈，濡毫便寫龍蛇字。試問夫人樂不樂，晚年有此歡娱事。夫人手拍抱中兒，此是君家七十二。次子維崎，乳名七十二。

晚境

晚境無聊賴，詼嘲似滑稽。孔年難再假，莊物或堪齊。風月遲吟叟，壺觴謀老妻。却憐兒子小，癡耳要人提。

蘭村見貽王屋山春蘭數本詩以酧之

雨後挑來重，肩勞卸擔遲。不圖垂晚歲，還覯出塵姿。奪愛分殊惠，浮湘憶舊時。停舟買香草，曾載楚南詩。

牡丹

鳩啼春雨後，芳蕊破朝烟。絶色應無價，東風固有權。賞時人袖手，吟處客摇肩。却憶朝元閣，霓裳舞帝前。

閑適詩

括囊身外事，開篋案頭書。寂處尋消息，閑中慎起居。土肥堪種藥，馬瘦已懸車。影盡春鴻遠，將心赴太虚。

立夏二首

春氣忽已盡，郊原抽麥芒。竹高青玉立，松古翠筠香。課蜜蜂鬚重，泥巢燕羽忙。老翁唯善睡，跂足夢羲皇。

氣候催人老，妍葩亦以疎。貌隨年改變，愁用酒驅除。種樹留嘉鳥，開池養俊魚。吟哦堪送日，墨海産瓊琚。

與恭人遊縹緲閣七十子隨行

皓髮鬅鬙染翠烟，山林眷屬兩悠然。機投妙理心如鏡，恭人云：『遠山近水，村落桑麻，都在目前。到此來，萬慮皆空。』案舉青雲骨欲仙。暇逸與君酬夙約，奔馳隨我已多年。慧兒還助游遨興，手握丹霞獻母前。是時榴花盛開。

得侍讀學士陳碩士書却寄

西園客去後，花落無餘英。正當愁寂寞，公子來上京。出書慰幽獨，如飢得美羹。披函一再讀，春鳥流歡聲。物類復如此，况吾朋友情。喜君晚運佳，頭銜日崢嶸。得近帝顔色，講幄何光榮！階進不忘舊，鳳翥思鷗盟。而我久跧伏，酸寒事舌耕。或出沁溪釣，漁父爲我兄。還家抱兒子，荆妻擎壽觥。出處各守分，所期在忠貞。

寄内閣中書吴蘭雪

客從日下來，聞君抱危疾。身寄藥鼎旁，久曠直廬筆。老友多零落，士龍安可失？嶽嶽人中傑，文章實超逸。蹉跎消日月，偃蹇垂羽翼。雲衢未能躡，玉樓豈容逼？幸見陳公子，數語寬胸臆。我亦老且病，支離狀百出。猶復撑瘦骨，不歇稽古力。天應恕我輩，久在神州立。不爭人海航，但永騷壇日。

寄少司空鮑覺叟先生

見君抑何暮，知君抑何早！名紙入君閭，形骸已枯槁。瓦礫非奇質，青矑視爲寶。揣分生内慚，恐皇積懷抱。上都難久留，歸爲縮翼鳥。别君又三載，塵隔燕南道。纍纍魂夢牽，縺縺肝腸繞。可思不可近，若竚青雲表。君是鄭康成，願爲書帶草。

寄大司寇韓桂舲先生

無端涉逆境，寸心如雪亮。澄渚不受塵，何懼風摇漾？君子多謡詠，耳白例遭謗。察事仰重瞳，處人歸至當。薄謫趨近畿，命襄理萬年吉地。星馳敢推讓。夜則省愆尤，晝乃督工匠。得暇還讀書，襟懷自踈曠。峨峨萬壽山，森森立屏障。元氣藴風雲，群峰盡北向。仙鹿方睡熟，奇葩已開放。徙倚蒼翠間，領略烟霞狀。何者非帝恩，感激生惆悵！

【校】

韓桂舲，底本誤作『韓柱舲』。按，刑部尚書韓崶，字桂舲，劉大觀拔貢同年，據改。

巢松督學重修郟縣二蘇祠墓甚盛舉也爲詩以詠歎之

文忠文定産西蜀，鱗族若龍角如鷹。崢嶸翰墨壓儒林，直諒聲名留國史。初侍乃翁游輦下，韜晦才華慎踐履。一自盧陵語宛陵，萬頸胥延嶔崎士。觥觥不合時宜處，吹壎吹篪一律耳。黄州團練挫圭稜，宛邱學舍沉酸鄙。憂患隨身志不奪，卯君相對説禪喜。藤江風月倍淒凉，離罣一揮又南徙。兩足不能立朝宁，皆以讒舌亂朱紫。迨至浮雲散盡時，恩怨升沉一敝屣。郟縣山名同故鄉，靈秀鍾於上瑞里。粉字銘旌江左來，陽羡一航通汝水。墓誌出於子由筆，臚列生平罄原委。大峨先生何如人，諂以一字則可恥。間嘗披腹呈琅玕，賈茂董醇庶堪比。先帝恩深用猶薄，相公性怪將焉恃！一生牴牾不稱意，舟行逆流觸石齒。弟爲鏤石之文章，兄是終身一知己。骨肉傷心促年壽，輿棺亦復瘞於此。犖洛山川抱左右，麥浪桃花鋪錦綺。正士自爲天所重，鬼車宵遁魍魎死。當時群小游厲魂，只合鞭笞作奴婢。南渡以後五百年，長松翠柏化荆杞。元明士夫盡慵惰，先賢隴隧誰復理？熙朝風化邁秦漢，旌忠獎義肅綱紀。順治三年郯縣令，聞是濟南張石只。名篤行。立碑封樹添俎豆，直似當年營造始。夜臺不負殷勤意，青衣遣送詩一紙。櫟園《書影》《池北談》，載之鑿鑿非妄擬。迄今又是百年後，草木頹唐屋傾圮。二蘇墓側三蘇祠，不復有人來問矣。天意渺茫不可測，春風吹到衡文使。昔有一張今一吴，古心古誼雙峰峙。挽回造化敬前哲，潤色溪山崇祭祀。更有中丞與方伯，不惜千金揮匠氏。萬瓦青煙吐雲漢，野服峨冠悉仰止。紛紛晉儒發迂論：『葬者修者均不是。安土重遷古所云，抛却故山忘考妣。』仰天大笑井底蟲，不識經權守方軌。出使未歸殯冢嗣，嬴博客骸吴下鬼。搟坎三號不復顧，禮之變通由義起。中嶽泉林有程氏，新安窀穸無朱子。身寄東西南北人，埋骨何須定桑梓！

題松圃先生感事詩後

烟浮臺榭雲滿衣，伏波峰下成幽棲。幻塵不入静人夢，高樹時聞閑鳥啼。賓客到門握談麈，但有諧笑無褒譏。與人無忤世無競，吾生所見如君稀。昔我灘江縛印綬，推聾作啞同木雞。動輒得咎想不到，官場日日愁危機。先生知我獨愛我，傾心常吐箴規詞。一挂春帆别嶺嶠，每睎南斗縈遠思。道義文章切肺腑，豈因疎濶爲轉移？昨有書來繫鴻足，低頭諷誦忘朝飢。附以近作八十首，中有一首感事詩。千尺傑松有直影，一潭秋水無濁泥。處妄人中避其妄，遂教脣吻生瑕疵。冰炭不入難强合，賢者命宫防斗箕。韓昌黎《三星圖》云：『我生之辰，月宿南斗。牛奮其角，箕張其口。』蘇内翰云：『吾生平遭口語無數，蓋生時與退之相似。吾命在斗牛間，而身宫亦在箕。』况復水蟲能射影，嶺南逐處有毒谿。勸君種花勿種藥，薏苡明珠人所疑。伏波山高名不朽，讒舌佞齒今何之！古今一理未足怪，請删吟藁沉秋池。

拜孫夏峰先生祠下

故鄉蹂躪不可住，蘇門風月成新交。山徑幽深採薇食，處貧不怨心囂囂。泉上祠堂鏤貞石，蒼松翠竹鳴秋濤。八九年前撰游杖，名香一瓣祠中燒。兩朝徵書十一賁，先生固是人中標。傳經守道學者事，不祖閩洛攻餘姚。廬墓衣傾六年淚，麻冠突兀驚猿猱。此是綱常大根本，一髮不容爲動摇。孝友餘波及義俠，鹿伯順來盟久要。衰季用人不可測，翦除麟鳳留鴟鴞。左魏赭衣赴廠獄，刑餘黨燄方凌熇。先生爲國惜元氣，擬芟荆刺收瓊瑶。高陽入覲事不果，一茅元儀一鹿心空勞。此亦賢者大作用，造物有權不我操。却念并門傅青主，伏闕上書冤獄消。崇禎間，袁臨侯督學山西，爲巡按御史張孫振誣劾被逮。傅山橐饘左右，伏闕上書，雪其冤，馬君常作《義士傳》，比之裴瑜、魏劭。義舉關乎幸不幸，未能一律繩英豪。吴下更有徐昭法，忠臣後裔潛蓬蒿。開府入山屏輿從，終難一靚雲中樵。三子可入《逸民傳》，名可得聞不可招。晚年日飲百泉水，餓夫墓上風蕭蕭。餓夫彭之燦，蠡縣人。甲申後，棄諸生冠服，來游河朔，依先生以居。輝人授以粟，夷然不屑，有延之訓子者，不往，竟坐死於嘯臺之旁。先生義之，題曰餓夫墓，有詩文紀之。理學宗傳初問世，中州人物亦發雕。百年孳孳法孔孟，寸陰尺璧無輕拋。天下讀書向上人，誰不仰視如斗杓？靈皋居士作銘誌，體例森嚴無妄褒。豈必河汾出將相，宏謀大業爭岧嶢。睢陽弟子今廟食，曾受先生甄與陶，先生之風何其高！湯文正公斌，門下士。道光三年，通政司參議盧浙奏請配饗孔廟，禮部議奏，奉旨允行。

題莫青友少司空採芝圖

公昔髮尚黑，握手於邊塞。予牧遼西，公出使瀋陽，始得會合。一傾連七卮，意氣何慷慨！繼詣日下登公堂，公髮蕭蕭初着霜。邀致同人作雅集，公之氣概猶軒昂。天上浮雲倏變滅，命臨箕斗遭讒舌。浮雲散去空復空，已受無窮之挫折。髮之根蒂生於心，何當憂患來相侵？人事翻覆不稱意，一夕秋風霜滿簪。斯圖揮灑在何日，兀坐松陰抱雙膝。猿情鶴意兩綢繆，萬疊青山聳嵂崒。桃花妍麗水聲幽，試問此時奚所求？深谷去尋蕭静之，暮年還我壯年頭。《神仙傳》：蕭静之掘地得一物，類人手，潤澤而白，烹而食之，逾月齒髮再生。一道士曰：『此肉芝也。』公歸道山予老矣，公不我留復焉恃？誰知控鶴上青冥，猶寄鬚眉在此紙。肉食者流無遠謨，黄精白术供山臞。解識簪組塲中味，乃是龍蹤大丈夫。往事追維成幻境，何如種藥蒼松嶺？爲公題詩公不言，燈下依稀見公影。

望雨歎二首

火雲數千里，豈唯燒益州？見李義山詩。炎燭爍陰靄，石頳金欲流。牛喘誰相問，鳥喑高樹愁。社中宣萬鼓，未聞啼一鳩。

千帚掃不去，鬢邊霜與雪。霜雪沁肝腸，奚虞眼前熱？良惜隴上苗，一鋤一汗血。誰是人中龍，洗兹焦壤喝。

立秋日得雨贈奎太守榆村

畏暑如仇不出門，秋風一到雨翻盆。曉來聞得衢人説，沁水橋南長碧痕。
望雨心兼禱雨心，使君頭上雪盈簪。枯苗頓有良苗意，八縣沾濡五寸深。

又贈蘭村

藕花初度遽成秋，吴中以六月廿四爲芙蕖生日。一雨芟除萬井愁。我亦蒼生寄林下，知君豈弟感蛟虬。
農父叱牛來遠皋，泥深及骭不知勞。却愁報雨人歸去，簑笠城中索價高。

觀雨

雨聲雲裏出，浩浩勢難收。若有千軍至，應知萬壑流。損巢禽惜羽，傷穀客生愁。那得斜飈力，驅除弄舌鳩？

次韻芥航先生蘭陽工次夏夜書懷之作

手操《金鑒》水流行，《行水金鑒》，前明河督潘公季馴著。歲序推移戊轉庚。見《焦氏易林》。偶寄雅懷成韻語，誰知商調寓秋聲。炎歊未斂濡毫夜，夢寐常殷獻藎情。莫把閑吟同一律，中藏國計與民生。

墨海元珠照眼來，獨將微妙法門開。良言直似傾仙露，慧耳應如警迅雷。公詩：『任事都同五日官。』又云：『知從何處鑄心肝？』纖羽尚饒填海志，群公豈乏濟川才？宣防力盡鼉龍避，莫但華纓集厚埃。鮑照詩：『華纓結遠埃。』

桃花竹箭漭聯綿，大帥寵縱荷一肩。賈讓遺書迷舊軌，文襄實蹟溯前賢。疏排自古因其性，功過誰能委與天？遺愛他年書峻石，碑趺贔屭壓長川。

静掩蓬扉寡所營，論詩那得似匡衡？琳瑯倏自鈴轅寄，璀璨渾如寶肆行。才比星辰天可挂，量猶溟渤水難盈。深沉智慮軒昂格，厚德從來出義榮。義榮勢榮，見《荀子》。

古渡楊林供所刊，行衣那復問輕紈？蒼生仰恃安瀾手，白鷺來迎治水官。千里波濤風助力，一腔忠義鐵爲肝。森森法令如山峙，弊藪中人生慄寒。

瑶觴瀲灩酒生波，逭暑吟成《子夜歌》。燈下簿書隨手盡，鬢邊霜雪近年多。雖將抱負聊舒展，未免劬勞損太和。俊語遥追張水部，不愁風浪只天河。公詩：『舉頭忽喜見銀漢，萬古安流是此河。』

夜坐

書對古人杯恨淺，事無知己語難深。半窗明月數竿竹，何處秋聲擣夜碪？
螢火倏然來别院，秋光半寸赴花叢。稚兒追向花叢去，捉得一枚呈阿翁。
老妻晚自佛前歸，一片空明湛素暉。説到《華嚴》精妙處，迦陵鳥亦向人飛。
九根芳序盡成秋，迢遞天涯感舊遊。近日有書來桂管，心隨鴻影到榕樓。榕樓，即古榕門，在桂林府城中。

題芥航先生願游第二圖願游廬山也。

吾心久貯香爐峰，吾足未涉虎溪水。窗下讀公第二圖，願吾所願復如此。造物弄人施狡獪，蜃中有樓海有市。須臾變滅隨東風，蘇句。但復想像虛空裏。廬山宜作蜃樓觀，必償所願奚所恃？山之面目寫不得，付之揣測而已矣。因想爲圖寄所寄，達人作達寓深理。意之所之成幻形，作如是觀即如是。陶潛豈是羲皇人，羲皇世界納窗几。上下迢遥數千年，若目可矚手可指。廬山之形疊九疊，高向彭蠡湖邊峙。泉聲樹影自清絶，芝草琅玕又華靡。勝地無人作點綴，猿愁鶴怨山靈恥。遠持結宇役神工，宗雷繕性脱塵屣。麗巖借花助顔色，空庭驅虎作奴婢。是何意態雄且奇，無著天親稱佛子。儒衣僧帽十八人，嘯傲烟霞宅岌嶬。十八人中劉遺民，悟徹《華嚴》之奥旨。我亦攝心於梵貝，欲買袈裟别桑梓。

塵根未絶緣未來，肘爲人掣行復止。永叔住近爐峰下，終身未識雙林美。及送曇穎歸故山，始恨丹青尤畫史。歐詩：『偶病不得往，中流但踟躕。今思尚髣髴，恨不傳畫圖。』可知一游亦有數，順利蹉跎不由己。公以永叔爲鑒戒，摹寫千峰入片紙。燒燭爲公題此圖，秋風夜向毫端起。

飲張小南明府於小瑯玕館佐之以詩兼索和章

何以綢繆意獨親，念吾先世是鄉鄰。予始祖於永樂年間自濰縣遷邱縣。多年共踐中州土，此日同傾若下春。耆舊邇來多墓草，詞源誰復識通津？謂李子喬刺史、王熙甫員外。吾儕幸有盍簪日，來問野王城裏人。

天際浮雲水際萍，寓言精妙亦堪聽。君猶未展調琴手，我自慵梳倦鶴翎。暑雨澆肥王屋碧，秋風吹瘦太行青。此間自是吟哦地，乞取虬珠灑韻亭。

秋夜雜感

實不稱名頻汗下，書能延壽忽眉開。前人立命安身處，尋出幾希逕路來。

沉吟欲罷不能時，古壁秋蛩許共知。各有天機收不住，幾回休歇又遲遲。

昨有故人書送到，已經尋翫又頻開。書中意味如佳茗，何處春山採得來？

療吾深病是何人，門掩秋風絶世塵。還向古人求古藥，崚嶒瘦骨亦精神。

浮雲變滅無憑準，世網糾纏滑性靈。虎尾春冰安樂法，用成語。何勞澼筆寫《黄庭》？
古哲遺蹤未可尋，嘗於秋夜感秋心。功成便擬揚帆去，勾踐空勞鑄象金。
好名即是終身累，窮理惟須讀道書。開到梅花春意滿，芬芳洩盡又空虚。
癡翁擬借魯陽戈，古鑒昬昬要苦磨。書海無涯心有限，只愁餘景付蹉跎。

題郭時齋僉判枕山園

有金須要善於揮，結搆園亭水四圍。花若麗人歸院落，先期老母樂春暉。
怪石蒼松得古歡，每於佳日萃衣冠。芙蕖北岸岧嶢閣，獨有詩翁要倚欄。
城中我有瑯玕館，一院名葩萬軸書。突兀老松如老友，何須顯者到門閭？
就花深處求詩味，怪得近時詩更佳。不負此園唯此事，還期對榻寫秋懷。
篆筋隸髓愛盟津，閣額係勾摹王覺斯舊書。書與此園徵夙因。我趁雨凉揮兔穎，園中屢作看花人。
太行秋色閣頭看，並見橋西浴鷺灘。不是雲林清妙筆，料應摹入畫中難。
能知身外是浮雲，鸂鶒鴛鴦盡可群。果有超然絶俗客，無妨效法孟嘗君。杜審言詩：『酒中堪累日，身外即浮雲。』
觴詠要須風雅地，勿緣世累築愁城。此園名署逍遥數，試聽幽閑水鳥聲。

秋夜雜感

一弓殘月挂書堂，讀徹《離騷》字字涼。香草美人寓忠藎，夜欹竹枕夢蕭湘。
河陽昔拜昌黎墓，午夜今吟子厚詩。筆力皆能壓宇宙，惟憐氣節有參差。
每於《周易》識虧盈，又向《毛詩》見鳥名。謝豹常呼歸去好，天壇許我採黄精。
駑駘那復任馳驅，况我胸中少智珠。埋首多年蓬蓽裏，頹齡得子亦歡娱。
名山猶向暮年青，碞确曾爲足所經。每欲扶筇最高處，將詩贈與少微星。
松似老翁棲磵阿，茯苓應是近年多。養成慵骨須培補，擬訪韓康入薜蘿。
晦跡蓬門歲月深，不曾生箇務名心。車聲入巷從來少，省事因無外事尋。
園中種得吉祥花，不禁兒童摘艷葩。延年自有逍遥散，豈向丹罏煉紫霞？

題太谷孟草亭廿一詩鈔

昔踐并門土，匆匆失此人。嚼來詩有味，拈出字無塵。氣俠毫應健，心虚性必醇。遺山是耆舊，高格仰嶙峋。

效東野體六首

枯木榦無春，寒士骨多瘦。造物焉有仇，苛刻不相宥。木枯或復萌，士寒貧自守。貧身不貧筆，雄文撑宇宙。

菊爲沮溺流，韜光不肯露。自有柴桑翁，東籬名始著。人歸髮未白，花開時已暮。翁心秋水寒，翁腰古鐵鑄。

秋氣入吟骨，北窗不可卧。風寒蠅蚋稀，兹事亦可賀。桂飄天際香，花前不敢唾。但愁被花惱，擁鼻爲詩課。

繁星讓孤月，群木仰高松。月寒輪皎潔，松古枝巃嵸。卓哉磊落人，混跡塵埃中。却以黑白眼，加之峻嶒躬。

蘭爲王者香，東海人逐臭。木樨墮牛口，不如橘與柚。禰鼓快三撾，嵇琴悲一奏。生才復殺之，天意苦難究。

真玉不愁火，真士不畏窮。嘉穀賴以庇，正途資以通。有真必有僞，誰復能彌縫？感深無法遣，揮杯愛酒濃。

吴鶴村大令愛讀翁覃溪先生詩即用覃溪體爲詩贈之

滃秋微雨潤芳田，郭外諸峰隱翠烟。豈弟初來新令尹，宫商自理舊琴絃。停舟買硯他年事，君籍隸肇慶思平，予四十年前經過肇慶府治。握麈談詩此日緣。都是書生真面目，何時得暇劈吟箋？

鶴村家近鶴山縣，我昔曾聞秋鶴鳴。先大人曾官鶴山。逸翮豈同凡鳥陋，仙音合配古琴清。芷灣宋太守湘。慈惠留邊郡，荷屋吴方伯榮光。屏藩有大名。海上魚山馮太史敏昌。生墓草，吾儕感舊不勝情！

中秋夜坐

雙蛩對語愜幽懷，玉笛飛聲散九街。狡兔自操元雪杵，姮娥應掃翠雲階。澄輝晶晶横秋巘，皓質悠悠入我齋。心與九霄同朗徹，還思蓼岸踏芒鞋。

秋夜書懷得七言五十韻

森森衆木鳥棲後，落落孤懷人去時。幾杵鐘聲開智慧，一輪蟾影散階墀。竹君寒瘦秋逾健，石丈峻嶒骨亦奇。物理紛蕃静中格，塵緣疏密晚年知。潛名自是回春藥，角勝終成覆局棋。憶昔揚帆投嶺嶠，初經執版折腰肢。性難趨勢官嫌小，職在臨民位恐尸。遠謗舟停伏波廟，憐才酒酹柳侯祠。盲風怪雨山村夢，鼻飲頭飛感慨詩。逆境艱難成老鍊，前途開廓轉平夷。身抽遠徼揮雞肋，綬綰留都理繭絲。僚友盡容輸肺腑，長官無復索瑕疵。讀書心詎緣温飽，學道風兼要轉移。關外人民饒古性，幽州嶽瀆肇洪基。居官到此生何幸，奉職無愆分所宜。牧令規模猶瑣碎，遨遊興會忽淋漓。丹楓翠竹淮南路，古戍烟樓水上旗。舊雨到門揮麈尾，小奚隨鶴踱花篳。清游自愜扶筇願，侈想何須買鶴騎？久客終非流寓者，雄心猶待展舒之。魯連臺月迎歸櫂，太白樓風勸舉觶。鳳闕遥瞻王者氣，藜樊近訪道旁碑。船窗故國今重到，夢寐都門舊所思。宰相搜羅登薦牘，大學士宗室琳公、禄公，皆有密保。至尊瞻顧若春曦。深宫招對貂璫還，宣室咨詢漏箭遲。帝曰：『平蒲三載旱，誰堪拯救萬民飢？賢名爾自陪京著，要地才堪惠政施。』上諭云：『河東要地，又辨災務，爾素有好聲名，故破格用爾。勿令一夫失所。』感激恐惶臣頓首，寵從灝瀚主垂慈。急難徐待流光迅，事切心忙晝夜馳。語幸投機舟可下，糈能延命運如期。同中丞商酌，以歸綏倉貯，由黄河運至禹門，展振兩月。閭閻菜色回枯槁，父老春風挂頷頤。禹甸溪山抱村落，堯封雨露釀雍熙。黄雲共刈盈郊麥，黎首群歌解愠詞。振務方停鹺政起，兩官重負一肩支。時奉旨復商，以兵備兼理鹽法。殊恩屢荷愁難報，陋質多勞夢亦疲。大吏初來紛耳目，群言淆亂起嫌疑。始陳封事求天聽，非藉彈文發隱私。璧碎有聲成兩敗，鶴歸無意得高枝。懷慶山水甚佳，遂卜居焉。烟霞亦拜朝廷賜，俊彦猶稱指授師。往事都如冰化水，頹齡那禁雪凝髭！移宫换羽招琴友，舉袖添香蓄麝姬。渚隱芳鱗竿可釣，書含至味手難離。爲身後計曾修墓，結世外緣不揲蓍。門下有人成玉筆，老夫何礙伏茅茨？於閑静裏尋安樂，向市廛中購鼎彝。撰句騷壇逢繡虎，支鐺竈婢獻瓊糜。天留矍鑠撑門户，境處逍遥避險巇。王屋泉清初瀹茗，太行霞麗又登陴。吟成晚節心忘老，門閉秋風菊滿籬。老婦授衣來月下，還攜兩箇弄花兒。

蘭皋中丞見寄桂林石搨數種

東樓一石鐫逍遥，龍隱洞中勒黨籍。舊貯巾箱無一存，今又懸乎雪色壁。詩境兩字光熊熊，筆力能彎兩石弓。春孍搨來走蘧使，拈毫欲我如放翁。我書無法詩尤劣，詩境何處尋古轍？空齋卧筆不題詩，恐受譏彈諱予拙。桂管人思范石湖，水月洞有當年書。今君撫粤繼芳軌，甘棠又種幾千株。迢遞五千餘里外，粤雨湘烟杳無害。不知山響狖驚時，更有何人打碑賣？古色古香慰寂寥，大如貧士得金貂。石上題名數十字，石曼卿書氣亦豪。舍利浮圖紀顯慶，銘記有文表誠敬。其書亦守唐人法，可惜不曾載名姓。劉仙巖上青嶙峋，張平叔至語津津。邢魯打化人名。鏤於石，真丹妙訣留千春。崇寧敕書年癸未，獨秀新開石室記。筆畫妍媸難强同，均爲數百年前字。粤西水飲十三年，往事追維猶了然。今見粤西之故物，前緣未了又今緣。

送巢松先生視學山左

秋氣忽已深，丹黄綴郊樹。寒飈自西來，使節向東去。古人重離别，襟臆托章句。凄凄河梁篇，惻惻文通賦。今詎不如古，慹視平生素。體羸愁遠涉，河險怯難渡。欲折東門柳，迢遥隔烟霧。

闕里聖人書，先讀於鄒魯。士風嗟轉移，泥今不師古。宅衷失要道，趨向無專主。即有驚世才，文字焉能補？維彼深沉器，或匿於農圃。亦有卓犖人，茹辛以食苦。君懸大明鏡，去照吾鄉土。物色幽與寂，一蘭勝百杜。

此席百餘載，翹然稱宛陵。施愚山先生。諸生拜祠下，春氣猶薰蒸。四照樓邊月，石帆亭裏燈。精神歸著述，嘉興與大興。錢蘀石夫子、翁覃溪先生，在山左著述最多。君往踐其迹，先後爲師承。玉尺量英物，識高文燗騰。豈獨濯纓水，無垢以爲澂？節署有濯纓橋。

海右空一亭，名士不復見。豈其風雅局，亦復隨時變？亭西小滄浪，乾隆間，都轉阿公於水次築亭館，名小滄浪。可以安筆硯。芙蕖三萬柄，碧波通一線。荷開蘆葦香，鷗浴鳧鷖戀。度君於是時，摇船揮羽扇。小艇附船尾，瑾瑜來自薦。定有傑然作，出自超群彦。

程方雨自大梁來面有憂色吾廣之以詩而解之以酒道義之交當抑鬱無聊之際舍此無他術以寬慰之也

離暌經幾載，迢遥入夢寐。輪轂軋冰霜，倏自夷門至。洪河漾寒流，太行損蒼翠。景物何蕭條，顔色亦顑頷。一語未及發，先墮皋魚淚。家貧道路長，無金買歸驥。扼腕對欷歔，鬱結生芒刺。造物不可測，窮途遭蹇躓。天能厄君身，不能挫君志。至孝通神明，重德輕文字。豈有如斯人，攸往不能利？他日補蹉跎，揚親亦易易。珍衛七尺軀，用作酬恩器。雪後春風來，且斂嶔崎氣。我有忘憂物，爲君濯肝胃。沉酣積鬱消，別有一天地。

哭吴鶴村

屬纊隆冬日，嚴飈徹骨寒。滿城人下淚，都説是清官。德厚年何促，路遥歸去難。銘旌書粉字，觸目已心酸。

【校】

道光《肇慶府志》卷十九《人物》載：『（吴松）復權河内縣，四越月卒于官，百姓巷哭罷市。東昌劉大觀僑河内，哭以詩曰：「滿城皆下淚，盡説是清官。」又，「聖朝失循吏，吾黨喪真儒。」非虚語也。』知時有二詩悼之。

贈錢叔美

才高命偃蹇，咄嗟不稱意。髪白始盍簪，握手於客次。偉軀如瘦鶴，蕭然挺殊致。雲衢欠一躋，聊復就平地。乘軒未必榮，受寵則遺累。嚴冬造我廬，坐我第一位。舉止何雍容，孤清寓嫵媚。留君酌南釀，相與商文字。或出篋所藏，乞君定真僞。南渡馬和之，故明唐子畏。讀畫如飲醇，君心已先醉。《武彝九曲圖》，朱極寫蒼翠。言畫如其人，筆有味外味。宋版小《漢書》，義門有標識。目録著朱筆，晚鑒持精義。更有翁閣學，蘇米法兼備。後車躡前蹤，竟欲奪赤幟。往蹟遘真賞，層層徹幽秘。我德不愁孤，衰駑逢老驥。造物一芻狗，通塞兩游戲。綢繆敦古歡，奚暇問餘事？

余寄錢容齋以新搆之詩容齋報予以夙儲之酒事何韻也更賦截句八首馳往夷門

句拙漫逢青目賞，罍空還有白衣來。周旋冷處肝腸熱，惜爲蓮花誤美才。容齋不得文章之力，屈其才，就開封幕府。

太白先應浮杜康，初開釀法製糟牀。老夫不受人驅遣，却被招邀入醉鄉。

雪夜貂裘付酒壚，常呼猗頓是錢奴。汗牛書篋爲豐産，留與兒孫作丈夫。

書可收心酒養心，醁醽滋味覺尤深。尊中若下如梟將，若下，酒名，見蘇詩。煩惱賊來即受擒。煩惱賊，見《遺教經》。

萬慮消磨藉一酣，頻浮玉斝未傷廉。賓朋散去還高卧，老婦着人來下簾。

中郎碑版寫高人，仰慕當時郭墊巾。絶俗大難諧俗易，貞不絶俗，碑中語。歡場每泥甕頭春。

檢點青衫舊酒痕，寂寥門巷又黄昏。古松年老梅花瘦，中有無窮感慨存。

調叶宫商結雅緣，心於别後倍纏綿。何時得赴無遮會，選韻同參麴蘖禪？

玉磬山房詩集卷十三　娱老集卷三　丙戌、丁亥　古今體詩五十八首

人日偶成得人字

非和亦非介，可卷可舒人。局外渾無事，胸中別有春。小詩教稚子，大樂在天倫。更喜延賓館，和風漾酒鱗。

吴玉松先生八十壽詩

岡陵頌禱沉酸腐，敢用陳言辱罇俎。涵濡道義三十年，矗能撰述翁出處。高松峻石古情性，如漢有汲唐有褚。迨其灑灑脱落時，疎曠又如嵇與吕。詞館迴翔轉言路，繩愆疏有誅心語。老奸巨猾擊不中，霹靂冰霜氣則吐。出守韓公之故鄉，郡齋鄰於晝錦堂。讀先賢書得治譜，收俊傑士羅門牆。談笑之中有經濟，冲和粹美無鋒鋩。政用疏通戒苛細，著手先於提大綱。兵衛畫戟亦安用，下簾唯取凝清香。長官茫不辨真僞，輕睨傑松如衆卉。豈有嵚崎磊落人，羈於挫折身名地？一言不合謝簪組，五馬雙旌鷄肋味。綺陌雖無種芋田，蓬扉自少懸心事。冠蓋里多賢大夫，難進易退真吾徒。榕皋桂舲兩耆

舊，銅阬木瀆游不孤。壺觴跌宕詩成卷，屐笠逍遥繪作圖。更約同年會五老，時摇舴艋開行厨。淡於仕進勇於樂，仙乎仙乎真仙乎！嗟我形骸就枯槁，思君不見令人老。九霄雲翼借不來，縮地神方何處討？意之所之筆可到，襟懷恢濶乾坤小。天涯咫尺夢中尋，夫子門庭我先造。

一冬無雪大中丞程公深以爲憂致書巴祥臨鎮府鎮府設壇禱之越一日雪降如赴約而來者萬井歡騰乃作是詩以賀之

昔者書稱御史雨，今者人賀將軍雪。將軍意氣壓神龍，龍畏將軍令必從。黑虬上天天容變，嶺頭沙尾集爲霰。斜飈挾勢驅凍雲，須臾散作鵝毛片。沁水潺湲碧紋結，太行蒼翠成皎潔。河南河北枯麥苗，都借祥霙一提挈。郵筒遞到中丞書，頗以冬燥爲憂虞。開府心同鎮府意，封圻旋遣瓊瑶鋪。自古至誠天必應，春氣疏通人心定。我有城南百畝田，玉樓銀海發吟興。

題王竹嶼觀察夕陽春影圖

觀察有篷室胡姬，長洲人，心慧色妍，惜不永其壽。觀察悲之，屬屠潛園太守寫《夕陽春影圖》，作序一篇，悼亡絶句十首，一字落紙，皆有淚痕，可謂惜玉憐香之絶特者矣。而僕以硯池功德水作禪語，用洗觀察之痛焉。

𩐍福前世修，風流自風流。福盡緣乃散，悽惋又悽惋。風流始於愛，悽惋生於悲。悲愛摶兩丸，能擊碎者誰？心輪夢轂轉空車，想到斜陽與落花。向春求影恨綿邈，繪圖索句心槎枒。麗魂幽思兩無那，金刀劃水劃不破。無中生有有生無，甚麼遮箇與那箇？

題張芥航先生願游第三圖願游黄山也。

波濤在山不在水，溟涬突從巖岫起。千峰萬峰都是雲，不知雲自何峰始？出没夭矯馳蒼龍，鱗鬣爪牙觸太空。如攫欲挐不可測，乃是穿雲之傑松。元氣盤薄生靉靆，更遣松石助姿態。撰爲盤古大文章，賞識安能無我輩？心蓄此願未一酬，屐齒不蠟爲山羞。蕙疑蘭詫猿鶴怪，《南華》愧讀《逍遥游》。公亦沉沉結此意，思拄一筇不得遂。宣防正藉經綸手，詎得蕭閑涉幽邃？此事端屬著笠人，盪胸無復留一塵。腰健足輕勝可濟，灑然高立青嶙峋。公身維繫在簪組，我事因循在頹惰。不隨麋鹿訪洪厓，那有鐵鞋能踏破？跨海馬，升天都，黄山極高峻處，心怯不敢登，縛身健兒之背，負而登之，土人曰海馬。忘身買樂胡爲乎？文殊洞，小心坡，蛇涎虎氣腥薜蘿。不如繪此圖，可舒亦可卷。夏日炎炎思卧遊，疊嶂層巒忽在眼。

種痘行贈蘇生殿安

奇哉痘可種，先天資後天。術自何人始，遽爭元化權。嬰兒鼻中著痘母，依然下地隨兒走。東鶩西馳氣自雄，呼爺叫媽如龍吼。迨及七日藥力蒸，熱到其股兼其肱。瑟縮嫗懷閉兩目，一輾一轉都未能。一痘先起在顴右，若好民中伏一寇。那知種者是庸醫，徬徨束手不能救。骨肉天親駭且驚，燈光黯淡摇心旌。醫兒委頓百無計，夜不貼枕求天明。晚年生子號家瑞，百事可輕兒獨貴。察寒省燠相扶持，心血不辭幾斗費。邀致街東好手來，磁鋒劃破血盈杯。血盡毒消痘乃暢，危乎兒命春始回。前醫慚恧後醫笑，療病須知病訣竅。謬以南藥藥北人，十帖宜乎九不效。前醫頮首拜後醫，法通微妙真吾師。賀客雙輪巷中馳，黄鸝元鳥鳴春枝。深愁大慮都掃盡，焚香握管爲此詩，醫乎醫乎神且奇。

題王竹嶼觀察松楸丙舍圖

老猿癯鶴叫秋空，一片荒烟鎖殯宫。沁土有痕都是淚，摇枝作籟懼生風。江頭逝水依然碧，墓上斜陽不肯紅。賴有銘書泉下石，世芬千古寓其中。

送李青崖明府還蔚州

綺陌春烟折柳枝，宦囊惟貯餞行詩。歸途馬見崚嶒骨，去後民多愛戴詞。隔院累年傾肺腑，臨歧一送歎暌離。故山回首應懷我，風雨夜來揮麈時。

題竹嶼白雲迴望圖

兩袖滂滂涕未乾，幽棲丙舍已三年。風吹孝子爲游子，席挂江頭入暮烟。暮烟消盡白雲生，迴首何堪別墓情！四百餘言鏤肝膈，吟來句句是秋聲。赴官豈是要家肥，伏枕遺言未敢違。寸草有心酬罔極，垂名乃是報春暉。漫以尋常繪事看，森森宰木不勝寒。子卿亦有傷心淚，想見當時下筆難。

書稚存先生卷施閣文集後

胸有治安策，建言驚舉世。遺言五千首，著述爲餘事。方公弱冠時，外家三口寄。啜棲分半樓，孤孀讀且織。母教森以嚴，寸晷不容戲。酸風苦雨中，歷艱成偉器。別母爲遠游，自抱崢嶸氣。梁園鬻文藻，青門司奏記。所友多俊傑，笑談生慧智。仙句捲春雲，僧榻卧秋寺。客况自瀟灑，殊鄉虞蹇躓。登高望白雲，袖滿思親淚。維彼拔心草，摇曳愁夕吹。所以閣中集，《卷施》取其義。蹉跎又幾年，始展風雲翅。鸞掖濡筆人，玉皇香案吏。帝謂優於學，命作衡文使。黔西古荒服，今亦受培植。椎魯化文明，三年兩考試。彬彬鄒魯風，移到窮僻地。復命回京邸，益堅抒藎志。白簡呈琅玕，赤誠無忌諱。堯舜量如海，不從皋陶議。刑部議以重典，奉特旨改發新疆。迢迢出塞垣，默默滋惶愧。荷戈見將軍，赫然示尊貴。引咎方自懲，賜環書已至。儔侣賀生還，痛定猶驚悸。還家掃墳墓，荒阡薙榛莿。漁莊蟹舍兒，壺漿敦古誼。迴首葭榆關名外，背猶生棘刺。晤徹從兹始，蠟屐窮幽邃。朝握洪厓手，暮枕希夷睡。或撥黄海雲，或披九華翠。或武彝三宿，或天台一醉。更藉廬峰泉，一洗浮生累。緇衣拂杖塵，羽客驅山魅。訪舊揚高帆，看花振輕轡。蒼巒有逸侣，黑夜無瞋尉。巖壑晴晦中，萬狀靡不備。造物與同游，閑福實天畀。讀君《戒子詩》，深沉有至味。作宦而巧取，即是穿窬類。《戒子詩》云：『欲貽子金，我不爲盜。宦而巧取，較盜尤暴。』廉隅立根柢，事業爲枝毯。廊廟與家庭，夫豈分兩致？九州遍蹤跡，五嶽鐫名字。人中有泰山，俗儒難仰覬。嗟予已老矣，交游多顛頓。氣節與文章，先生真可畏。

題竹嶼江聲帆影閣圖

江聲耳造化，帆影目功德。乃被閣中人，横空忽奪得。江聲去無盡，帆影來如織。趁以六朝山，風景何超逸。君子不獨樂，移閣入翰墨。遂使文字豪，靡不快襟臆。横卷三丈長，收盡通儒筆。江底駭魚龍，帆外摇𡾊崒。詩禪與畫禪，是二還是一。我居太行下，嬾雲愁復出。醉卧檣竿底，猶記少年日。形骸倏蕉萃，歲月抑何疾。哦詩復讀畫，不覺摇雙膝。應敵無健兵，騷壇負慚色。

贈錢叔美

筆墨有仙氣，巾綦無俗塵。昏昏老眼中，磊磊見斯人。君於古圖繪，斥贋以賞真。兩眸青炯炯，如鏡鑄於秦。故其有所作，旋爲世所珍。師古不泥古，因勢加染皴。即畫悟詩訣，法老格嶙峋。緬彼輞川居，或是君前身。座中有韻友，還復植嘉辰。陋巷不復陋，當春又買春。玉壺傾麴蘖，醉鄉風味醇。憶自伏蓬蓽，懸車埋我輪。獨居如嚼蠟，味無甘與辛。恃君破岑寂，往來無厭頻。君來鶴迎杖，君去烟鎖門。城中十萬户，少此賢主賓。更乞寫一幅，清歡留墨痕。豈惟自怡悦，兼以貽子孫。

魯巖謂予贈莊牧堂吴山子詩皆適如其人聲音笑貌活活畫出今更以是作贈魯巖

銜署老博士，貌古心尤拙。面不工於仰，腰豈善於折？胸貯五千卷，瀾翻三寸舌。平時緘默若不能言者，一與談今論古，則滔滔不窮。冷似著霜菊，性不因人熱。時復造我廬，茶鼎瀹春雪。

祥符客舍病中

艾香通鼻觀，伏枕未拋書。老友牽懷抱，高僧訊起居。語多傷肺氣，車遠静門閭。此際周旋少，將心赴太虛。

相國寺觀五百應真相以詩印彙章上人

廣廈何年構，容兹五百人？獨來參妙相，還復認前身。花落不著土，風吹能上茵。乞師舟一葉，摇櫓去通津。

汴州逢李蓮塘之子大基

清風亭上客，屬纊在鑾陬。有子今逢我，相看兩淚流。琴亡成一恨，鶴去况千秋。蓮塘、少鶴皆善鼓琴。感舊生惆悵，浮生雪滿頭。

值風爽友人舉觴之約

銜尊固所欲，不待頻頻催。阻格亦前定，驚颷千里來。無故豈妄托，主人勿見猜。性命比酒重，但恐沉沙埃。閉門結憂鬱，卷帙不敢開。更無消遣法，意氣爲折摧。窮理苦不徹，自慚非通才。陸居猶不適，褊淺良可哀。試思泊駭浪，此際危乎哉！

倩彙章和尚製袈裟一具

空門結殊契，乞製忍辱鎧。非欲謝儒衣，別有意所在。鉢洗功德水，潔性未能改。塵滓垢吾身，七十有四載。

蔣超入鸞掖，魂夢寄烟霞。遁跡深山去，旋出翰林家。我牽兒女累，蹉跎空自嗟。佛惱文殊罵，云已製袈裟。超字虎臣，金壇人，康熙丁亥一甲第三人，官翰林修撰。主浙江省試，事竣告歸，不過里門見妻子，扁舟草履，徑自楚之蜀，死於峨嵋之伏虎寺。嘗造施愚山先生曰：『僕有不可解者三，略顯貴而親窶賤，畏館閣而僻山林，薄妻子而篤比邱。』

贈栗樸園太守

安能日日伏巖阿，帆挂危檣涉大河。鞏洛蒼山春氣滿，鄒、枚麗藻舊時多。閑蹤不預塵中事，醉耳惟聞部下歌。七百餘年領兹郡，包嚴歐恕栗中和。

居近僧寮避世氛，華鯨一吼最先聞。此心原是沾泥絮，迴首空嗟出岫雲。沁渚游鱗時入釣，懷州沃土尚堪耘。頹齡只索烟霞趣，却以芳名讓與君。

留别祥符王大令鳴廷

花片打門春已莫，柳絲摇月氣猶清。因思訪舊策羸馬，聞得愛民傳好名。出處未能無顯晦，操持固自有權衡。驪駒晚繫斜陽樹，離索彌深别後情。

留别秦太守苓溪

追維宦游處，桂管是君家。此地揮談麈，春風捲落花。相期成績業，讓我老烟霞。明日出城去，牽懷夕照斜。

吊覺叟先生

馳來一赴動悲辛，海内如何失此人！猶被烟霞牽我夢，那知憂鬱送君身。江山風月堪爲主，用東坡語。氣節文章不救貧。躔落一星光散漫，都城耆舊盡霑巾。

硯滌湖脣作壽詩，吟成適在歲除時。道光元年，先生在西湖卒歲，作《小琅玕館清福詩》八首，壽我七旬。篤於交誼尚如此，不負朝廷自可知。位到司空尤謹慎，工部向有陋規，爲人舉發，獨先生與帥公仙舟一無沾染。詩當晚歲倍嶔崎。黄山埋骨是仙境，要乞洪厓題墓碑。

叔美畫鍾馗於團扇以爲端陽節禮雅人韻事也作是詩紀之

斥邱居士書萬卷，鬼聽書聲逃已盡。書中氣味酸且寒，若輩形蹤那敢近？艾虎摇風值端陽，叔美先生情意長。摹寫終葵入團扇，不容魑魅升我堂。題畫詩中語一轉，魍魎遁去何須翦。終南進士無所營，但以酣酣作消遣。詩情畫意兩嶔崎，味外之味人不知。左手揮杯右摇扇，居士居士樂不支。城中贈答紛成隊，馳驟青衣曉及晦。三湘七澤吊忠魂，變作周旋之世態。幽人灑墨生清風，一筆兩筆更不同。乞將丹赭留餘瀋，更寫山陰陸放翁。

題李五星卓庵集後

初讀五字句，遽深馳仰情。素襟秋月皎，仙籟古泉清。僞體憎時派，名師拜老成。受業於石桐先生。于今授全集，始得慰生平。

待鴻莊上客，碩果但君留。人數一時最，詩含千古愁。惜陰天畏短，汲古綆娱修。冰雪戰吟骨，幸存高士裘。

課耕圖爲程方雨題

彙萃柴桑語，爲圖曰《課耕》。將尋叱牛處，却復抱書行。隴畝終安在，鋤犁亦强名。偶然一游戲，

題滿越王城。

買田無幾許，一研貯巾箱。有豐兼有歉，謀蓋又謀藏。役役人將老，匆匆筆轉忙。別開瀟灑地，獨立詠蒼茫。

題袁少蘭倉山憶舊圖

韶而秀者誰氏子，簡齋先生之冢孫。六朝巖壑蔥蒨氣，醖釀幾年生此人。瓊瑶爲骨雪爲貌，稚川丹液凝雙脣。英姿俊顔當綺歲，定宜繩祖爲國珍。讀不盡者十萬卷，書倉之書高嶙峋。文章盛名滿天下，潘江陸海同渾淪。我泛瀟湘指吴越，笻聲昔叩隨園門。柳谷水通詩世界，蔚藍天外傾酒罇。欲援新雨結殊契，便容詞海留墨痕。選我《嶺外集》詩，刻入《詩話》。繼以吟簪盍虎阜，心愈篤摯情彌惇。我今白髮已垂領，存亡聚散驚心魂。尊甫才高匹嵩嶽，舊家舉止超等倫。又於河朔一邂逅，遥遥後果徵前因。是豈夢寐所能到，其間維繫憑鬼神。握麈揮杯自繾綣，溯洄往事猶津津。太室之外有少室，愛收碑版生古春。性之所嗜非時好，就兹窺見中所存。不泥膏粱炫裘馬，考稽金石尋淵源。昨到吾廬醉醇酎，酣酣歸去馳雙輪。今遣青衣挾錦袱，仙舟李氏爲寫真。錢翁補圖實蒼秀，小倉山色勞擦皴。册中面貌心可識，圖中巒岫手難捫。松窗雨後動吟膝，鏤肝刻肺良苦辛。三世交深一人老，剴切終須求雅馴。吁嗟乎，故者勿失其爲故，親者勿失其爲親。若謂交情到三世，詩爲餘事安足論！

苦熱

癡雲貼天天無縫，夜色沉沉鳥入夢。封姨嬾惰唤不來，輾轉遲回任驕縱。清簟疎簾空復爾，雲廊水榭終安用？雲破九天馳玉輪，惜欠凉飈一追送。老夫畏暑如畏虎，竟夜跼蹐坐愁甕。惟憑羽扇驅炎歊，幾版叢書不能誦。汗浹羸軀望雞鳴，蔗漿每愁飲不痛。已到十分狼狽時，蚊蚋乘機又交閧。詩人慣作杞人憂，獨有昌黎語言重。赫赫羲和操火鞭，龍懼煮鱗托微諷。豈獨關切己一身，後樂先憂繫於衆。吾聞丙吉作賢相，氣候乖違心自訟。觳觫喘月在于今，誰食綸扉一品俸？

飲郭時齋僉判枕山園是日荷花盛開

山横郡北樓，鷗浴橋南水。水北芙蕖中，危構突兀起。炎歊奚以避，云有丁蘭里。里有耽吟人，延賓走名紙。老夫勇游矚，輕輿快一駛。扶杖立松陰，脱帽擲琴几。橋轉水潺潺，樹接山巃嵸。野王城内外，深邃無如此。主人呼酒來，深罇浮緑蟻。賞花須拜花，一花一君子。

主人既俶儻，賓客亦逍遥。逍遥無挂礙，勝於著金貂。初飲不能暢，絲竹猶未調。優伶一小部，隨我來樂郊。麴蘖輔絃管，枯腸盡一澆。賓酣主亦醉，雨至風蕭蕭。驪珠貯荷蓋，葉翻珠動摇。玩物得妙理，酒滯已全消。

錢君予所契，畫禪詩可通。昂藏杜陵格，恬澹輞川風。程子醉書液，沉酣如蠹蟲。詩文與篆隸，一工靡不工。獨有桂林客，散曠成疏慵。有子領鄉薦，亦足以自雄。座中兼有我，論齒稱爲翁。志高多摧挫，譬如偃蓋松。低抑不堪用，那得撑蒼穹？

勝地延嘉客，魚鳥亦精神。嘉賓得賢主，如花逢綺辰。酒旨地不勝，欲醉嗟無因。此會實天幸，雨濯花上塵。竹昂摇鳳尾，松老生龍鱗。醉翁還藉酒，吟籟發天鈞。

送巴鎮府移節綏靖

人生役役無了期，道路誰能絶征鞅？詔遣將軍移楚南，旌旄未動心先往。壁間書畫已收拾，雨後山川倍清爽。東門祖帳風蕭蕭，出送衣冠盡俶儻。握將軍手前致詞，勿負朝廷所依仗。廳曰鳳皇多羽族，駐扎鳳皇廳。地處蠻夷易擾攘。諸葛武侯用兵處，擒縱有法蠻稽顙。至今迢遞千餘年，丞相天威壓南壤。割據三分昔狹隘，車書一統今寬廣。將軍此去鎮荒服，斂戢夷人納手掌。黔愚亦復具人性，頌德銜恩畏法網。勿令戎行肆踐踏，視若嬰兒切痛癢。抱雞來納芋田税，受役還摇榕塢槳。彈壓撫循得其道，豈復操弋逞（犭+麤）獷？臨别贈言止於此，共舉離罇奉几上。將軍欲去復遲回：『老友良言荷開獎。』

叔美以摺扇畫西溪月櫂圖見貽

夢裏梅花十萬株，香霧溟濛赴筆下。遊戲偶然寫扇頭，贈與平生心契者。清流舴艋坐一人，逸氣崚嶒骨嶙峋。疑是當年趙子固，仰天大笑山中春。此花此人此舴艋，無端匠出一仙境。何事復留空洞心，唯有春烟與月影。

再題叔美畫扇

赤日在天愁逐熱，可憐城外有征途。爐烟結篆松窗静，却看《西溪櫂月圖》。
手揮毛穎寫天機，畫理深沉所見稀。恐有高人來釣月，商量著箇緑苔磯。
太行山有洪谷子，筆下烟嵐奪化工。何日與君山裏去，移尊往就鹿皮翁？
胸無城府有邱壑，自是眼中稀見人。跧伏蓬茅羞偃蹇，胡爲於我獨相親？
平生不識簪纓味，却以他鄉作故鄉。脱略形骸疎世故，一貧催老孟襄陽。
一飯不能三勺米，骨如秋鶴瘦崚嶒。興來一試蕭閑筆，詩畫都如王右丞。
身自盧生夢裏來，不知懷抱向誰開。得君爲我烟霞侶，晚盍朋簪亦幸哉！
大暑閉門愁客過，高樓日影轉蒼梧。誰知上古華胥國，別有先生與老夫！是日午睡，夢與叔美泛舟六橋，扶笻三竺。

調莊牧堂

濶腹欲十圍，便便貯經史。如何無一言，發揮於片紙？家饒不趨義，惟知有一己。菽粟等珍貝，何况錦與綺！秦火不能焚，時復自欣喜。恐爲天所怒，六丁來窺視。混沌不鑿開，聰明閉塞矣。何如罄所有，共諸天下士？通儒名字香，勝於掇金紫。才美不可郄，歲月一何駛！富貴良區區，惟兹聊可恃。鐘聲深夜聞，幸勿掩雙耳。

七夕

今夕是何夕，俗云牛女會。謗誣天上星，誰爲破狡獪？稍喜月初吐，斜飈激天籟。清質殊未盈，澄輝略靄靄。吾方謝人事，幽棲塵鞅外。滌暑成素秋，前宵雨滂霈。簾幕失炎歊，肌骨盡舒泰。螢光炫小明，草中見書帶。鵲橋然不然，舉首睨圓蓋。

哭吴巢松侍讀

春深始下都門淚，謂宫詹鮑先生。秋暮還傷稷下心。卒於濟南督學使院。人判死生詩作誄，髮緣悲悼雪盈簪。馳聲著述猶堪讀，屬纊衣冠未許尋。正苦衰頹難赴吊，篴樓音徹遠鴻音。孰鏤肝膈事風騷，帖括磨人氣不豪。獨踞吟壇撐孟骨，常從海國湧韓濤。粤東游覽詩，著名已久。珊瑚網盡心難滿，棫樸才多斧亦勞。魯國諸生皆縞素，銘旌一去淚滔滔。

春晚得玉松書丁亥

花膩蝶心醉，風柔燕翮閑。元機發天籟，鸝語又關關。即景懷真契，離忱障遠山。一函馳水驛，商舶客初還。

青崖明府以疾引退予既有送行詩矣乃因事糾纏遲一年後始得旋里亦可歎也更爲詩以贈之

歸裝久已束，蹉跎復盈載。我身不我由，所以稱幻海。街南沸歌伶，巷北羅珍醢。獨抱一束書，黯黮無光彩。有酒不善酌，奚由洗磊磈？掩扉不受塵，但覺年華改。我與結殊契，共臭擬蘭茝。有花必同賞，有月必相待。談麈盡日揮，一言無鄙猥。抽身始歸去，如脱忍辱鎧。策蹇過邯鄲，有我題詩在。

仿山谷體作拗律二首贈錢叔美

昏目對書嗟渺茫，蓬門寂静日偏長。犬眠清蔭依喬木，蟬唳深叢愛夕陽。畫妙有人同賞識，予得無名氏畫，謂出柯敬仲手，叔美深以爲然。心空無事與商量。擬追韓孟吟雙鳥，不畏拘囚畏遠翔。

宦場曾演收場劇，顔貌幸無敷粉痕。却愛先生大瀟灑，惟磨古硯送朝昏。足誰能刖心無恐，犧憚於爲道自尊。書肆酒樓都絶跡，故人延竚有松門。

還我

矗矗了却平生事，兀兀回思夢幻身。無數悲歡都掃盡，出山還我在山人。

憶乾隆壬子客居吴門詠庭前桂樹云日炙霜摧越幾春崢嶸碧蓋絶纖塵好香韜晦無尋處一夜西風滿四鄰蓋蹉跎困折於粤西十有三載而傲岸不平之氣托物以發揮之也此後結文字緣於天下俊偉之士而宦蹟所經如留都河東亦遠勝於嶺外今老矣跧伏蓬茅而猶以吟詠爲事時值秋仲金粟蕊開感於中輒詠歎之

人到暮年詩亦瘦，花交秋令味彌香。擬收花露沁吟筆，刻露天機學晚唐。

送彦聞往遊嵩山

未穿嵩麓雲，先沐洛陽雨。豪興復豪興，萬夫莫能阻。游山固餘事，立意有專主。歐趙集金石，遺漏思與補。秋巖振響搨，驚竄林棲虎。幽叢邃壑間，猿蜼迎君舞。或遘鹿皮翁，陰厓采石乳。人跡不到處，一洞劈鬼斧。中有面壁人，南華第一祖。壁影未磨滅，鬚眉照千古。可併搨以來，裝池耀庭宇。庶幾滿所願，誇示於疇侶。金石不堅牢，殘闕混魚魯。幻影無真痕，抑誰能攫取？寶山空手出，登頓亦徒苦。然而空非空，吾爲下轉語。維耳之所聞，與目之所覩。溪聲是佛偈，嵐光茹肺腑。

題西陲獲駿圖有序

道光六年丙戌，逆回張格爾畔，喀什葛爾及迤南英吉沙爾、葉爾羌、和闐四城俱陷。容瀾止閣學照奉命率吉林等處勁旅至阿克蘇，佐揚威將軍相國長公，而與參贊陝甘總督楊公、山東巡撫武公，統率兜鍪，分剿逆類。當丁亥三月，賊焰方熾，與官軍憑河而戰，相國、楊參贊一路進兵，武參贊與閣學又分一路截剿。閣學遥望賊中有著紅衣乘白馬者，知爲首逆，命吉林驍將取之，麾下士呼躍競前，驍將舉矛刺，紅衣者墮馬下，群賊膽落，鳥奔狼駭，堅陣遽摧。閣學家奴烏爾袞能相馬，策飛騎賊中取馬，歸獻其主。訊生擒餘匪，據供：紅衣者，張格爾愛將色爾巴爾第，所乘白馬，張格爾愛騎名白布噶爾。自是張格爾遠遁，四城克復。閣學率撤回勁旅旋京師，道出懷慶。閣學在都嘗見觀《玉磬山房詩集》，辱推許，輒訪予陋巷，談軍營事，氣誼款洽若夙舊，並欲繪一《西陲獲駿圖》，屬觀題詩。閣學阿文成公曾孫，直隸制府那公嗣君。文成相業武功，炳耀國史。制府於嘉慶十八年平滑縣逆賊牛亮臣，功亦赫赫。閣學年未四十，復能以武功續承門望，又一偉人矣。當閣學旋師，張格爾猶遁無蹤跡，故詩尾云云。作圖者，錢塘詩人錢杜也。

驥不稱力稱其德，以渠知識通人性。雙眸炯炯秋水寒，豈與狂奴托性命？時維道光之六年，鶻紇遺種來控弦。蟻進蛇趨浩無數，郊圻寸土皆腥羶。相公腰佩將軍印，甲胄森嚴礪鋒刃。內閣學士文成孫，又提一旅列營陣。賊叱逆黨揮長戈，烟塵十丈走妖魔。就中一賊獨英鋭，黨羽咸推曳落河。《回鶻傳》：「曳落河，猶華言梟勇。」閣學指揮一健者，刺賊須臾墮馬下。官軍氣矗邊日寒，賊人膽落鼓聲啞。神駿軒昂首不回，屹如玉立明皚皚。青衣中有崑崙手，於亂軍中攫以來。馬以冰霜作毛色，虎胸麟腹尤超特。豈久羈縻羶穢中，依違偃蹇辱於賊。龍媒萬里赴皇都，鐵骨蘭筋一展舒。蕭蕭聲徹蓬扉外，閣學徵詩造我廬。嗟我摧頽成皓首，終年閉門還閉口。詩得好題聊一吟，聳肩摇膝忘衰朽。吁嗟乎！天生神駿如游龍，下視駑駘羞與同。鞍負今時郭令公，腥羶部落一洗空，捷音馳奏明光宮。烏什和闐伐鉅石，龜趺螭首銘豐功，丈夫氣概何巃嵸！

除夕書懷十二首詩吟於丁亥除夕，張格爾即於是日生擒。

歲籥愁將盡，鐘聲忽已聞。輩行推老宿，身累尚紛紜。自作《歸田賦》，曾燒誓墓文。擬扶巖壑杖，衝雪訪茅君。

舊雨從頭數，寥寥似曉星。襟懷崇淡泊，嗜好避羶腥。在昔如威鳳，於今作凍螢。約來同守歲，縮地乞仙靈。

寸晷殊堪惜，芳辰若箭馳。沽名虞涉僞，賣好即成私。慷慨猶磨劍，牢騷戒入詩。試看小兒女，華帽拜霜髭。

侮人無醉尉，埋我有青山。任取千鍾粟，爭如一日閑。喚奴花外出，沽酒市中還。與世無爭競，何由加謗訕？

滅寇將軍事，憂天蓬蓽心。取書占吉夢，報捷望遐音。敵破端宜雪，兵收乃弄琴。吾將書野史，賊被相公擒。

挾小窺於大，微哉管裏天！易馳平陸馬，難速逆流船。劍澀人嫌鈍，花嬌雨妒妍。天球爲寶玉，不識亦徒然。

歲盡詩應祭，吟哦不遽休。要知能寄托，方可寫離憂。薏苡明珠篋，鸘鷫司馬裘。引來皆可用，豈止大刀頭？

幽棲無外務，垂老愈精神。圃滿柴桑菊，門無庾亮塵。過眉雲裏杖，墊角雨中巾。明月梅花句，前身與後身。

雪向簷邊化，春聲鳥出巢。盈虛參妙理，道義托深交。畫借高僧讀，門愁俗手敲。先生衰邁矣，脚怕出衡茅。

明年七十六，髮秃不勝簪。每到聞雞夜，猶生舞劍心。頽齡嗟老邁，餘事寄謳吟。或向收藏主，松窗借帖臨。

作相亦風流，常思李鄴侯。錦衣還聖主，芒屩下輕舟。恩報無餘戀，功成不轉頭。安能假渠手，支鼎鑄金甌！

不作消寒會，空孤賣餅兒。未嘗無韻友，來與考新詩。局外愁當道，醒人舉醉巵。何時遘孫邈，療却虎頭癡！

【校】

《玉磬山房文集》卷四《致大梁書院掌教家青原書》有云：『予去歲年底作《除夕書懷十六首》，内有句云：「滅寇將軍事，憂天蓬蓽心。」又有「吾將書野史，賊被相公擒」之句，而逆回張格爾即於除夕擒獲。』知原詩共十六首。『吾將書野史，賊被相公擒』，即已删四首中句也。

題黄河歸櫂圖即送竹嶼觀察還金陵

黄流遥接清江浦，勇退人還白下門。砥志常懷三字碣，安瀾未負九重恩。胸中浩浩渾無際，身外悠悠豈足論！兩袖清風一帆月，築園難買謝公墩。

娱老集跋

馮繼照

吾鄉自漁洋、秋谷之後，以風雅名世者，推松嵐先生。繼照在弱齡，嘗聞先大人稱揚不置。嘉慶庚午，先生觀察河東，劾初頤園中丞學術不醇，事多乖謬，天下駭然，以爲霹靂冰霜生於白簡，如古人之峻厲也。彼時照趨事文穎，束於館職，未能一瞻仰顔色。去春，先生游大梁，始得以年家子禮晉謁行館，則和藹如春，依然鄒魯儒者風味。乃知能言人所不敢言，能爲人所不敢爲，固由於道德涵養，非激於一時盛氣也。先生詩、古文、詞皆有集行世，照幸得熟讀之。今以清理滯獄，奉委懷州，先生篤於桑梓，假館支廬，更出近年詩稿未付梓人者，曰《娱老集》，將自序以刊行之。照尤幸覩所未覩，而平奇濃淡，一集有一集之詩境，如深山邃壑，疊出而不窮。然先生豈獨以詩人自了也哉！詩之外，固别有松嵐先生在。道光七年，太歲丁亥，端陽前二日，淄川馮繼照謹誌。

【校】

標題爲整理者所擬。

玉磬山房文集

玉磬山房文集卷一

序

劉大觀

鼒在粵西作縣令，年二十有七矣，始學爲散體文字。其時僚友中有爲之者，組織粉澤，客氣滿紙，於古人立言之義漫無干涉，欲得鉅手以爲指授，鮮其人也。嶺外山川草木多奇詭，猺獞苗蠻，穴食巢棲，其殊情怪狀，多疇昔所未聞，不揆蹇陋，發於泓穎，得撚圓一百四五十枚。過嶺後，浮家吴門，不珍惜失去，從此不復爲矣。繼在遼左十年，邗上兩年，河東五年，長官有知契者，交游有以文藻道義相磋礪者，或於民生利病有知之而不能已於言者，囊不可括，妄爲一鳴，又得數十篇。侍御吴玉松先生、農部員外同年楊蓉裳先生，皆以其所鳴，譬鳥之於春，蟲之於秋，抉乎其性靈，感乎氣候，非有所矯飾而然也，謂宜授梓，質諸高賢，輒不揆蹇陋，獻此敝帚。柳子厚之言曰：『大都文以行爲本，在先誠其中。』歐陽永叔之言曰：『大抵道勝者，文不難而自至。』觀行能無取，信道不篤，平生所讀書，無牛身之一毛，滄海之一掬，厚其顔，濫竽文士，不誠悖哉！吾用吾半生著足之地，過手之吏務，涵濡激發之顯爵通儒，藉是以爲日記而已。嘉慶辛未正月，斥邱居士書。

【校】

底本無此序，據吉林大學圖書館藏《玉磬山房文集》補。

趙浮山先生詩序

蓋自令甲以經藝取士，而嶔崎卓犖負奇才者，多繩束跼蹐於舉業，此外則無暇及焉。迨其得文章之力，躡青雲，歷顯階，而遇物多不能名。或有時僚佐賓朋讌游登覽，亦唯寄情麴糵，流連光景，不能托興於風騷，若是者往往然也。而浮山先生則不若是。

先生舉甲午鄉闈第一人，世祖章皇帝閱闈墨，屢加歎賞，於是負盛名於都下。及由進士入詞館，海内士大夫知先生制藝超軼時流，不知先生工於有韻之言也。先生亦雅自韜晦，不以詩自豪。至年近桑榆，稿藏巙嶬，猶復不輕於問世。越百餘年，裔孫銘彝作宰修武，始搜輯遺稿，擬付梓人。觀與修武君生同梓里，以文章道義相切劘，今讀先生詩，爲之俯首，不翅鄉先達猶在今時，得見衣冠杖履於枌榆社中也。先生詩格甚高，不尚塗飾，而一以深情至性，鎔鑄偉詞，故寖寖入於古厚。然造物予以才，不予以命。少年抱鴒原之戚。有弟名作雨者，死棲霞賊中，賊平後，鳴之於官，官偈潺少決斷，待質五年，窮愁潦倒，而弟冤始雪。讀歷下諸詩，淚痕浹入墨痕，令人悚然念手足之休戚關乎性命。及讀書中秘，回翔木天，聲振業光，彌著彌遠。而古性崚嶒，不諧於臺閣大僚，以翰林改官農部，既又改官比部，非意之所愜也。詩境至此，又爲之一變。比部爲執法之地，人以爲讀書萬卷不讀律，將攻所短而擠排之。先生觥觥獨立，不移情以就法，案有疑竇，燭照如神。於是大司寇以明允無私，列京察異等，擢辰沅觀察。辰沅，苗疆也，撫馭峕蠻，濟威以恩，部下氓視若慈母。又以不諧於中丞，以下考去位。讀《湘芷集》、《于役集》，可想見當時意興之蕭索矣。飴山翁作先生《墓志》，謂『名浮於命，位不稱才』，自是不刊之定論。

顧予陋識，以爲位之尊卑，由於命之通蹇，雖長才大略，不能與造物爭衡。而名者，存乎己者也，造物能厄人以轗軻，不能奪人之聲譽。如吾鄉宋荔裳先生，以族子告密，羈縶縲絏；王西樵先生，中萋菲之言，羅織囹圄。其艱危險阻，侘傺無聊，有數倍於先生者。今其文章之光燄，猶驚爆於藝林也，其端人正士之名，猶不没於天壤也。是造物以偃蹇挫折老其才，使邃其涵養之功，卒得身爲完人，芳流奕禩，夫亦何怨何尤哉！修武君曰：『唯唯。請即以是敘先大夫遺稿，先大夫有餘幸矣！』乃不辭謬妄，而爲之序。

【校】

趙作舟《文喜堂詩集》道光四年刻本卷首冠此序，尾署『道光元年春正月，斥邱後學劉大觀譔』。令甲，作『我朝稽古右文』。壬午鄉闈，作『甲午鄉闈』，是。越百餘年至擬付梓人，作『先生殁後，黔中門士王君名檁，刻其集行世，越百餘年，散軼零落，卷帙無存。裔孫銘彝作宰修武，搜輯遺稿，擬重付梓人』。死棲霞賊中，作『殉邑難』。手足之休戚，作『手足之情』。先生觥觥獨立不移情以就法，作『先生不移情以就法，致涉冤抑』。猶不没，作『猶焜耀』。

重刻唐贒主客圖詩序

《唐贒主客圖詩》，始於張爲。改五主爲二主，辨其源流，求其切當，以位置諸客，則高密李先生石桐也。觀初在桂林，與老友李松圃同受詩法於石桐季弟少鶴先生。未幾，兩先生辭世，後死者分無所逃，遂致書嶺外，分任剞劂，傳遺稿於黃金臺下。既又刻《重訂主客圖詩》。今十餘年矣，海內詩人，走清真雅正一路者，取法水部；走清奇僻苦一路者，取法長江。此風大行，足慰九泉。然都門紙貴，焉得如天女散花，娱及衆生，人人贈與，飽其所願乎！

吾鄉萊陽趙三兄，以此本品擇之精，天下覬覦之廣，爲析薄俸，重役梓人，而問序於觀。觀不辭謬妄，告於趙兄曰：『昔秋谷先生之論詩也，可以驚四筵，不可以適獨坐，蓋猶龍氏知希者貴之義。老杜則曰：「文章千古事，得失寸心知。」是獨坐之適，亦未然矣。精言之，又侈言之，曰可「驚風雨，泣鬼神」。蓋言此物此志，除我之爲我，獨鬼神許其知也，獨風雨許其知也。嗚乎，難言之矣！而忻州元裕之又爲之説，曰：「萬古才人嘔肺肝，乾坤清氣得來難。」於心所獨知之中，拈出一「清」字，余初懵悅不解所謂。及由嶺外還山左，雨後過洞庭湖，澄然皎然，千里一碧，風在帆上，日浮水上，覺天地盤薄之氣，未有清於此時者也。夫人身一小天地，使其心肝臟腑得此氣，發而爲詩，焉有不清者乎，清而焉有不真者乎，真而焉有不雅者乎，雅而焉有不正者乎？其由清而奇，由奇而僻，由僻而苦，此清氣中之間氣也。其視今之以客氣、濁氣、傖夫氣，充塞於五七字之中，不啻蠛蠓之視孔翠、仙鶴矣。此余聞於石桐、少鶴兩先生，研精砥志二十餘年，求得其説於《主客圖》者也。』語未竟，有峨冠博衣而來者，曰：『高叟將破余愚，用詡厥智，持初、盛、中、晚之見，以爲難於張、賈。』余撫掌以語之曰：『荔支與江瑶柱同味，此意不可告人。君請休矣。』

行脚集自序

余罷官後，百體有主，笠屐遠邁。自黄金臺下，至七十二泉，又自大梁、成皋、洛陽，回至鹺城，擬偕妻孥，炊黄粱於破釜，與伏櫪之駑，休息骸骨矣。因念鹺城只尺太華，有杖不撰，山且笑人，爰共癡奴，遥踐勝地。聽雨於玉泉院，訪僧於雲臺峰，濯頑軀於温泉，嚼秋英於韋、杜。如不送去冠上峨峨之獬豸，焉得换來峰頭巍巍之佛髻耶！游蹤所至，輒有題詠，命其集曰《行篋集》，屬同年老友楊蓉裳作序。蓉裳誤聽，以篋爲脚，序中不儒我而僧我，又以不得共遊華山，自名嬾殘，以作序比豐干之饒舌。其文嘉矣，不忍割去。又病其役我於比邱，非名集之初意，促蓉裳改之。蓉裳曰：『吁！用子之硜硜，度我之恢恢耶？士爲名累，如魚中鉤。魚爾，爾不知怒；僧爾，爾則以爲怪耶？夫僧之異於儒者，脱刺促而就逍遥也。子之游，逍遥矣；子之詩，亦逍遥矣。逍遥爾，故僧爾；刺促爾，乃儒爾。爾安於刺促，不安於逍遥，吾將改吾之序矣！』我無以對，而聽其以脚替篋焉。

懷州集序

懷慶之爲郡也，《禹貢》曰覃懷，商周曰畿内，春秋曰晉南。其後爲三川，爲河内，爲野王城，爲王屋郡，在金、元爲懷州，在明及今爲懷慶。太行北峙，沁水東流，南接成皋，西聯伊洛，舟車所會，人稱陸海。郡之週圍，琅玕多如桑麻；城之内外，芙蕖勝於黍稷。蓋得中州之正氣，而風味則近於江南也。觀解組後，祖籍斥邱有屋三十餘楹，田一百餘畝，長兄雪浦先生居而食之。失林之鳥，無所棲托。適婦兄牧村太守握符懷慶，姑作萍梗之游，徐圖燕巢之寄，時嘉慶辛未夏五月中旬也。入郡十餘日，得西域人買氏故宅一區，在郡城西北高臺寺下。其宅有青梧六株，瓔珞松一株，刺松一株，石榴、海棠、椿、榆、槐、柳三十餘株，野鳥依人，突逢新雨，虛堂坐月，如遘夙交，不謂餘生得兹佳地。觀既不敢復作出山之想，閉門省咎，以讀書爲事，稍暇則疊石爲山，疏畦種菜，以爲娱樂。

有同年賈約園大令來，讓予曰：『「無竹令人俗。」君所居，有花有木，有山有石，而無籦籠以摇秋風，美哉猶有憾。』於是移竹百餘竿，種書室之後，額書室曰『小琅玕館』，是爲僕得興吟詩處也。自辛未迄甲戌，得古今體若干首，名之曰《懷州集》。

重修河内許氏族譜序

觀知識庸闇，以言事褫職，來客懷州，是在嘉慶辛未之仲夏也。州爲魯齋許先生父母之邦，托跡於此，實爲厚幸。每元旦，整肅衣冠拜祠下，許氏後人必來答拜，用此眷眷，誼同桑梓。越兩年癸酉，先生十六世孫天鵬，鳴皋，及其族子翠峰重修世牒，用展孝思，以作序無人，諈諉愚拙。竊惶恐不敢承，而鵬、皋之意頗堅，不獲已，乃斂容正襟而告之曰：『帝系載於《禮》經，《世本》甄於史氏，譜牒之學，由斯代興。自魏、晉浮華，以簪纓相耀；齊、梁猥鄙，惟閥閱爲榮。甚有援引聲氣，趨競流品，取同姓有名於時者，附家乘以鏤姓名，此與眉山蘇氏序族譜之義，相距遠矣。陽明先生曰：「虚僞滋而風俗壞，人無實行，家無信譜。」良有以哉！今諸子爲魯齋先生後人，以理學傳家，所以揚世芬，敦宗誼，固有合於眉山要領，簪纓閥閲，豈足挂齒！顧鄙人筮仕也早，接見天下士夫、學子多，大凡稱頌魯齋先生者，以先生之學追配程、朱，講性理而已。而不知先生際遇之時，難於程、朱。先生建立之偉業，有程、朱性量淵涵不能赴機應變，以大其設施者，則今之士夫、學子往往忽之矣。

謹按，先生以太和九年己巳生於新鄭。壬辰，元兵渡河，爲游騎所得。其萬夫長酗酒，殺人爲戲，先生此時，非程、朱所遇之時矣。乃保身爲哲，從容曲譬，活無算生靈，是先生之智也。世祖欲伐宋，朝士紛紛建議攻戰，先生獨苦諫世祖服以德，勿取以力，是先生之仁也。平章阿哈馬奸回貪冒，牽制朝柄，先生劾以罔上不道，是先生之勇也。文中子當隋之亂，隱居求志，頤養天和。及唐之初葉，扶持景運，赫赫數公，半出其門下。先生處金、元之交，與竇默、姚樞爲友，天德王道，探幽析微，而元初名臣如安童、不忽木，皆涵濡訓迪，名垂竹素，是非後世之文中子乎！

語云：「學以致道。」又云：「通經以致用。」道之不致，奚以學爲！用之不致，奚以經爲！先生學程、朱之學，於程、朱幹濟之所未及者，乃能及之，是善於學程、朱者也。善於學程、朱，即善於學孔、孟者也。不然，皋、夔、稷、契無多著述，其學反在董、賈、楊、馬諸人下哉！』天鵬、鳴皋曰：『然然。請以是説爲序焉可也。』

【校】

同治《許文正公世家譜》卷首冠劉大觀此序，異文頗多，兹逐録全文：

觀知識庸闇，以言事落職，來客懷州。州爲魯齋許先生父母之邦，每元旦，肅衣冠拜祠下，許氏後人必來答拜。越兩年，先生裔孫天鵬、鳴皋及其族子翠峰重修世牒，屬觀作序，惶恐不敢承，而天鵬、鳴皋之意益堅，乃斂容正襟而告之曰：『帝系載於《禮》經，《世本》紀於史氏，譜牒之學，由斯代興。自魏、晉浮華，以簪纓相耀；齊、梁猥鄙，惟閥閲爲榮。甚有援引聲氣，趨競流品，取同姓有名於時者，附家乘以鏤姓名，此與眉山蘇氏序族譜之義，相距遠矣。陽明先生曰：「虚僞滋而風俗壞，人無實行，家無信譜。」諒哉！今諸子爲魯齋先生後人，以理學傳家，所以揚世芬，敦宗誼，固自有在，簪纓閥閲，豈足掛齒！抑觀嘗反復先生之本傳，竊有以窺先生之深際焉。蓋世之稱頌先生者，以先生之學追配程、朱，講性理而已。而不知先生際遇之時，難於程、朱。程、朱性量淵涵，事功鬱而未著，先生建立之偉業，赴機應變，其設施有可見者，則道學與功名同一原也。謹按，先生以太和九年己巳生於新鄭。壬辰，元兵渡河，爲游騎所得。其萬夫長酗酒，殺人爲戲，先生明哲保身，從容曲譬，活無算生靈，是先生之智也。世祖欲伐宋，朝士紛紛建議攻戰，先生獨苦諫世祖服以德，勿取以力，是先生之仁也。平章阿哈馬奸回貪冒，牽制朝柄，先生劾以罔上不道，是先生之勇也。

昔文中子當隋之亂，隱居求志，教授河汾，唐初赫赫數公，半出其門下。先生處金、元之交，與竇默、姚樞爲友，天德王道，探幽析微，而元初名臣如安童、不忽木，皆涵濡訓迪，名垂竹素，蓋與文中子後先輝映矣。語云：「學以致道。」又云：「通經致用。」道之不致，奚以學爲？用之不致，奚以經爲？先生學程、朱之學，補程、朱未竟之功，是善於學程、朱者也。善於學程、朱，即善於學孔、孟者也。不然，皋、夔、稷、契未及著書，其學反在董、賈、楊、馬諸人下哉！』天鵬、鳴皋曰：『然然。請以是説爲序焉可也。』嘉慶十八年太歲癸酉四月上浣，誥授中憲大夫，前任山西河東兵備道，兼管山、陝、河南三省鹽法道，署山西布政使司，山左後學劉大觀撰。

續修濟源志序代袁太守繼綱作

予由比部忝操郡符，事有未諳，咨諸僚友，僚友之久於懷者，何君一人而已。君宦情雪淡，思在蒪鱸，縣中士民走大梁籲節府，留之不使去，是在嘉慶壬申夏也。次年六月，君續修《縣志》，請序於予。予曰：『盛舉也。爲此於臨去之際，是作宰之餘波矣。餘波且兢兢不苟，前此十餘年之敬其事可知。縣中士民烏得不留君，而眷眷於君之去哉！』君既以修志爲事，志體不可不講。無志法，斯無志體，志法亦難言矣。得其法而最良者，《鄠志》有王渼陂，《高陵志》有吕涇野，《朝邑志》有韓五泉，《耀志》有喬三石，《秦志》有胡可泉，《平涼志》有趙浚谷，《富平志》有孫立亭，《華志》有張光孝，《武功志》有康對山；是諸志者，猶有《黄圖》、《决録》之遺風。而對山承其先人未竟之餘緒，一書告成，兩世心血，尤爲良中之良者。其書才七篇，愛惜筆墨，縮冗爲促，於古者謹封守而察時變，厚風俗而勵官方之意，已粲然明備，王文簡嘗稱之，見《池北偶談》。予婉轉物色，若藏拱璧，蓋真不愧以史法運諸志法。至於古今沿革，必資徵考，陋儒秉筆，率多訛舛。如中州《通志》所云，士雅山爲祖逖避兵處，註以爲陶侃；鍾皓字季明，訛爲鍾明；杜根郡吏成翊世，訛爲杜根之子；馬知節薊人，隸諸祥符。甚矣操觚之不可不慎也。

予閲濟源舊《志》，以天壇訛天台，置龍潭、瀧水於濟溴之外，幸侍御劉君正之。角亢分野，訛爲室壁；溴水東北逕波縣故城，引爲汲縣廢地。又張禹、郭文、徐有功、張廷珪、温造、裴休有本傳，悉置不録，幸南充令段君正之補之。今續修此《志》，似可無憾矣。

按，濟源分野屬角亢，本諸《明史》。婁樞《星野魏分與衛分考》，據《漢書》，以爲河内應屬觜觿參，予因詳覈，《山西通志》有『絳縣垣曲，胥同觜参』之語。濟源壤接垣曲、河内，是婁説理似稍足，引《明史》以爲角亢者，亦復不足憑也。沁水發源沁州，南逕岳陽，東南逕沁水縣，穿太行至懷慶，逕濟源、武陟入黄河；乃云自山西澤州逕本縣，得毋踈耶？然此猶志乘末節，於治術學術，奚關輕重？段君以禹、文、有功、廷珪、造、休各本傳登之梨棗，固志體如是，抑更有深意焉。如安昌侯之學業，郭文舉之嘉遯，徐參軍之剛鯁，張貞穆之忠藎，温僕射之威望，裴太尉之醖藉雍閑，皆一時人物。載在史册，刊傳於《志》，欲後世居濟源者，學其學，以志其志也。或純疵不掩，屈於千秋之公議，亦可以爲鏡鑒也。吾謂康氏《武功志》，以己之褒譏爲褒譏；段氏《濟源志》，以國史之褒譏爲褒譏；格殊而義則無殊。嗚呼，此盛舉也，予豈復能諱其蹇淺，用括其囊，而無片言以塞君之請哉！

續修濟源縣志序代何大令荇芳作

荇以拙吏飲濟源之水十有八年，病且老，歸志决矣。辱邑中紳耆野叟忘其拙，苦苦見留，馬齒無餘，龍鍾可愧。余既不能别天壇，辭王屋，落帆京口聽潮聲，以樂於桑梓。因追念前此一十八年，欲爲而爲者，已麄麄了事；欲爲而未及爲者，邑《志》年久，不可不修。東門橋摧於水，步者，騎者，負販者，荷耒耜以往耕者，紆道不便，宜急急以築之也。邑中紳耆野叟知余之志，爲余了其所未了，以慰余耿耿之心，不一年而橋築矣。乃相率登余之堂，以告余曰：『邑《志》關風俗人心，有司之政教。疆域、星野、賦税、兵防、禮樂制度及文獻興替，時會變遷，久缺不修，公所歉也，邑人之辱也。公在兹邑久見信，公一言，無不趨義醵金，勇於聽公之所命。公去則難矣。』余曰：『僕素餐此邑十有八年，兹事未舉，面有怍色。今邑人樂於此舉，以衆擎，用洗余所愧，余何惜一言，默嘿孤邑人之意？』不數月，修《志》之資又已集矣。

適天津觀察李誼源先生讀《禮》在籍，察余拙，匡余未逮，設局定章程，採訪節孝，延邑中之秀，分領局事。又值河東劉觀察以言事罷官，客居懷州，延請掌理修纂事，堅辭不允，以誼源觀察敦勸不已，始諾焉。又余辛酉分校所得士王子勳臣，邑孝廉衛君慶悰，明經李際晨，博士弟子員段叙鈞等，相與編輯對校。書成，請序於郡伯袁公，袁公曰：『君在濟十有八年，欲去，邑人留之。爲此於欲去之後，此作宰之餘波也，樂爲之序。』荇蹇劣無狀，受知郡伯，彌滋愧矣。此修《志》之始末，不可無述。《志》刊竣，將携以作歸裝，使後世子孫勿忘濟源士風民情之篤厚焉。

【校】

嘉慶《續濟源縣志》卷首冠此序，無異文，尾署『時嘉慶十八年，歲次癸酉孟秋之吉，賜進士出身，濟源縣知縣京江何荇芳撰。』

周衣亭太史四書文序

人各有性之所近。近則嗜之篤，篤則造之深，深則鈎元索奥，眇慮凝思，必求其工而始輟。梓人營室，磋工琢玉，武夫控弦，調金石絲竹匏土革木，於宫商合變，靡不悉罄其力，役役於性靈。而文字之與學者，尤深乎其深者也。説者謂文字運於筆而發於心，耳濡目染及於是，其心之所發，亦隨乎其耳與目以爲轉移。

時文者，操觚之士鮮有不濡染者也。吾謂時文易，而古文難，予曰否否，古文嚴於體例，而不窘於發揮。譬營室焉，千楹萬礎，匠於一心，拘拘爲庸，恢恢爲哲，惟意所適，疊變不窮，室主人不能奪其繩車，而劫其墨斗也。琢玉，控弦，調音律，大率如是，何也？古文可發揮人之性靈也。時文爲科目階梯，名曰制藝，又别其名曰制義，言以所藝赴功令，合則入彀，離則擯斥，其繩墨瑣屑，其法制煩苛。驥有霜蹄，而不能奔放；鵬具風翮，而無暇展舒。窘窘蹙蹙，動輒岨峿，焉得謂之不難乎？予持此論在四十年前，同學諸子不謬我而然我，遂乃於無佛處稱尊。及遊嶺外，浮湛於簿書，此事遂廢。然亦以非予性之所近，逃所難，諱其所拙耳。今素髮垂領，棲泊殊鄉，忝竊皋比，忘其蹇劣，乃復以此事爲事。學子執業以請者，此物此志也；居停主人儲館穀以相期者，此物此志也。既委身於此，豈復能以非予性之所近，托於不知哉！

而析津殷君乃以其師周衣亭太史制藝遺稿，諉譕作序。太史以乾隆己未進士授館職，戊辰遂初服，蕭蕭然恬退人也。既退，以經史爲菽粟，以著述爲耕耨，流腴翰墨，澡雪精神，不知何者爲身世，何者爲榮辱。其鄉之耆舊與當道之賢者，爭延致於塾於家，得指授以攝青雲者，跐接於踵。今殷君鏤版行世，得時文四十篇。吾觀其筆之縝密，則近於罕皆先生；吾觀其爽朗，則近於望溪先生；吾觀其挺特精悍，則近於素存先生。其於乾隆間徑闢清真，風趨雅正，庶幾乎東皋、鹿泉兩公矣。太史造詣之深如是，由其性之所近，沈酣於此中者久矣，非粗粗涉獵所能襲而冒也。咄哉，咄哉！鷗不以浴而白，烏不以黔而黑，各具其質而已矣。而我顧以己之所難，謂天下皆以爲難，是何啻操斧柄以血其指，遽謂人間不應有公輸子乎！

【校】

吾謂時文易，疑當作『或謂時文易』。

殷雪巖明經制義序

洛陽殷雪巖明經，學務淹博，饒於腹笥。以家貧，念非取科第，登仕階，不足以娛親。故攝心於應制文字，昕夕研磨，造於深邃，其鄉之儕輩工於制義者，咸遜謝而推重之。大河南北，卓犖嶔崎之士，題名於甲乙榜者，亦欽挹雪巖，弗敢藐覷。而雪巖屢薦屢躓，終一明經，非學與時相齟齬也與？雪巖命既蹇，不能得文章之力，鬱而必發，徵諸後人。今教授懷慶，以進士得國子學正，改就廣文者，則雪巖之嗣君也。

雪巖深於制義，不自珍惜，即生平得意之作，亦瓦礫視之，百無一存。廣文曰：『一句一字，皆吾先人凝注之心血，敢視若浮雲，散於無何有之鄉乎！』吉光片羽，殫力搜羅，才得七十餘首，命梓人刊之，而乞序於余。余於此事，非性之所近，未窺名家巨手之籓籬，乃藉此徑跨入仕途，濡跡風塵，垂三十載。今老矣，荒陋彌甚，敢自詡爲解人乎？廣文索序之意彌堅，乃取七十餘首，翫索累日。其氣清，其理透，其鑄詞淡永幽閑，而鏤肝怵腎，語必己出，不屑拾他人牙慧。嗚乎，此賞心愜意之文，非骫骳狡獪，獵取科名之文也！宜其不諧於時，氣抑塞而不能吐。魏叔子與陳元孝論文曰：『吾輩生古人後，當有得於古人真血脉，不可爲人奴婢，依傍門户作生活。』吾謂雪巖之文，庶幾能得前人真血脉，而不以依傍作生活矣。

鎮遠同知姚宇清太翁八十壽序

《春秋》書公孫會自鄸歸宋，傳者以爲賢。何以賢之？以子臧之後賢之。聖人重賢者之後，足延於無窮，如此則稱壽之義，孰有過於此者？今嘉慶乙亥七月二十八日，爲宇清翁八十大慶。翁爲温縣大令山臞君之尊甫，河北觀察趙公，懷慶太守周公及山臞同僚諸君，共謀一言，爲翁侑觴。觀客居懷慶，知山臞賢而友之，不能以不文却焉。

翁之祖，爲少保憂庵公，父爲觀察息園公。翁少孤，事母徐太夫人至孝。乾隆庚辰，以孝廉出身，歷官新城訓導，安徽東流、貴池縣令，宿州知州，署潁州府事。大吏以廉明卓薦，引見記名，授甘肅階州直隸州。服除，揀發貴州，署銅仁府事，補鎮遠同知。所歷之處，不論久暫，必思所以無憾於心，而上可以對先人，下可以對赤子者。臨去時，父老子弟往往泣下。其善政不可悉舉，姑舉其數事之實心愛民者。在貴池，值水災，力請大吏，奏加撫卹。既得請，慨然曰：『金一絲一忽，粟一勺一粒，皆朝廷恩澤，活災黎者也。冒銷一絲一忽，則災黎不得入手；冒銷一勺一粒，則災黎不能入腹。』於是禁胥吏，不使尅扣，清户口，不令偏枯，民情大洽，頌以再生。在宿州，刻刻以地處窪下，民無寧居爲憂。值河決，請賑，活無算生靈，苦心經畫，如在貴池。牧民者之於聽訟，曲直得情，勿牽連，無稽滯而已。其於命獄，求其生而不得，則抵之而已。先生之攝壽州，擢階州，情僞折於片言，稽留不出三日。其鬭毆傷重者，出藥藥之，往往得生。生一人，免抵一人，是一舉造福兩人也。非素有惻隱之心，安能視民飢民溺，如己飢己溺？安能視民之禍福，如己之禍福哉？

夫壽者，生機之所積也。於人之困阨蕉萃，不得其生，而能以天地父母之心生之，故仁者之必得其壽也。在昔少保公微時，於蕭山城外殲兩健卒，救一翁二女之阨。雖出於一時義俠，而不忍翁女之狼狽，則惻隱之心也。後以解組之縣令，投康親王麾下，募健兒殺賊，屢建殊績，位至福建總督，加少保銜。此固非常之人，建非常之業。閩人遭耿、鄭亂，用兵數年，日不聊生。幸而存者，供斂資粮、器械，剥膚槌髓，加之飢饉，轉溝壑無算。公上《平海機宜十四事》，民困始蘇，又以金三十餘萬，贖回士卒，驅繫男婦二萬餘人，此惻隱之心所藴釀而成全者，彌無既極。翁昔推少保之心，行於政事，今温縣又推翁仁恕之政，以愛其民，所謂躄者之後，足延於無窮也。今壽翁，以此説進，或有異乎岡陵頌禱歟？

家譜序

自父子而祖孫，自祖孫而盡服，而十世、百世，推其始，則一人也。萬物之始曰祖，而人之始遷於異鄉，列入編籍，則曰始祖。祖之有始，若水之有源。肇端西極，折赴東墟，初爲胎簪，繼爲巨浸，支分派衍，浩浩乎不可稽矣。故《水經》作於無名氏，而郭景純、酈道元輩皆有注焉。古來大家世族，有念於此，因《水經》而作譜系。譜系不作，則子姓無所統，尊卑名分，生卒月日，及平生之顯晦窮通，後世子孫不得而知之。作於前，不修於後，歲久丁繁，不通慶吊，處一郡一邑，曠若千里，往往覿面不知爲何許人，則後世子孫亦不能逭其罪也。我始祖自濰遷邱，十八世矣。仕宦科第，歷四百餘年，不至凌替，則世芬祖德，豈能殫述？

劉氏有《族譜》，自七世祖廉訪公始，甫脱稿而卒，未及付梓。廉訪公之孫九世祖千子公，始序而刊之，是在前明崇禎十年丁丑閏四月。譜之續修，在康熙五十一年壬辰四月，我曾祖宜齋公與曾叔祖秩公公、睿思公、静葊公互相釐定者也。自曾祖至觀，又越三世，自康熙壬辰至嘉慶二年丁巳，又越八十五年。是時觀作牧寧遠，胞兄雪浦到署，觀告吾兄曰：『我祖我父，嘗以家譜不能續修爲憾，以宦塗坎坷，固無暇也。今觀托祖、父餘蔭，得山海關外一散州，風淳事簡，而薄俸所餘，可仰體祖、父之心，用畢未了之事矣。』兄旋里，約遠近宗族，各以本支排纂世系，不數月而成，寓書於觀曰：『家譜既修，一支有抄本一部，不虞久遠世次凌雜，似可不必復有刊本。』用是因循，未付剞劂。

觀由寧遠知州，加捐道員，籤掣湖北，請訓記名，特授山西河東道。於嘉慶十五年，劾奏山西巡撫初彭齡任性乖張，不學無術。彭齡革職，觀亦以《疏》中一二欵風聞未確，一併斥廢，遂客居懷慶，以讀書游山消遣歲月。因思家譜修於丁巳，今歲次庚辰，又越二十三年矣，亡者，存者，後生者，事蹟、名字、婚配不補入，知後世子孫，誰復以此事爲事者？又念抄本一有散失，則難於再録，不若刊本藏於家廟，有散失可復印也。乃命胞姪維鏞、族姪光庭、姪孫鍾泰，依丁巳初稿，爲增續之，悉奮勉勤事，用殫其尊祖、敬宗之心。觀校其舛訛，彌其踈漏，復據實蹟作《大傳》、《小傳》。《大傳》者，學品、事功兼有者也；《小傳》者，無事功而有行誼者也。是時，胞弟大均以縣令需次直隸，攝篆滿城，請任刊刻之役，吾欣然諾之。今以續修家譜之原委，書之簡首，以告後世子孫。更數十年後，有子孫之賢者，當有感於斯文。

按，劉氏受姓，始陶唐之後，封於劉。裔孫劉累，事夏爲御龍氏，商爲豕韋氏，周爲唐杜氏。杜伯子隰叔氏奔晉，爲士氏，孫士會適秦，後奔晉者，復姓劉氏。漢婁敬、項伯，皆以有功於高祖，賜姓劉氏。自漢以後，顯榮昌熾，唯彭城爲最，雖清河、隴西、瑯琊，不能以族望自雄。然以緣附者日衆，而譜系益繁。其最著者七房：彭城、尉氏、臨淮、南陽、廣平、丹陽、南華，而北魏凌江將軍之後，由襄平徙河南者不與焉。遼陽劉氏，其先傳自太保秉忠之後，至正末，有諱顯者，仕爲通州安撫司副使，洪武中授都指揮僉事，封明威將軍，予世襲。子通，以軍功進指揮使，封懷遠將軍，賜鐵券，作鎮開原，十一傳而徙大興，有《遼陽劉氏族譜》。此舊《譜》諸序未及載，故覼縷書之。

唯我邱縣始祖，遷自濰縣，其本支出於彭城、尉氏七房乎？抑出於襄平、遼陽乎？皆無由稽考。我父桐城公，乾隆乙未以公事赴江寧，方伯劉公諱墫者，諸城文正公統勳姪也，問由何處遷籍於邱？對以濰縣。又問遷籍於邱在何時？對以明建文時。方伯云：『我先世亦於建文初年自濰遷於諸城，是本支矣。可持家譜來印我淵源。』未幾，方伯以疾卒，事遂沈擱。惜乎邱譜，諸城不得而見之；諸城譜，我邱亦不得而見之。他日得諸城譜，則濰縣始祖出於何支，始能了了。又按，曾祖宜齋公作《世表序》云：『從弟秩公赴試濟南，遇宗人之居東萊者，問其鼻祖，乃諱彦誠。是止於邱側，與率濰之滸者，蓋伯仲也。』觀則以爲不然。自濰遷邱之始祖，是濰之末世矣，豈與居濰鼻祖爲伯仲？或以諸城遷自濰縣，而濰屬於萊，以諸城之鼻祖誤書東萊之鼻祖，襲謬承訛，未及釐正耳。我邱縣始祖，以『彦』字排行，諸城始祖亦以『彦』字排行，而遷居年歲又同在建文未遜國以前，是真屬本支矣，是真屬伯仲矣，俟見文正後人一問之。

陽明先生跋《竹江劉氏族譜》云：『王道不明，人僞滋而風俗壞，人無實行，家無信譜。士夫不務修身立德，而徒誇詡其先世以爲重，冒昧攀緣，以亂其宗。不知桀、紂、幽、厲之出於禹、湯、文、武，而顔、閔、曾、孟之先，未始有顯者也。』吾之欲得諸城譜，蓋欲正濰縣之所自出，非以其家累世爲宰相也。後世子孫，亦不可不知。

敕封太孺人劉母王太孺人七十壽序

嘉慶丁丑仲秋八日，吾宗志亭大令之母王太孺人七十大慶。其僚友與治下紳耆，咸欲爲歌詩，祝遐齡而頌懿德。志亭人子之心，勤勤懇懇，復馳書懷慶，來徵壽序。蓋志亭家於義州，余昔牧寧遠，壤圻相邇。又以同宗世好，其兩弟嘗從余讀書，知太孺人之孝慈貞静，視他人爲獨深也。

義州屬留都，山雄土厚，人物多挺特。太孺人出於華族，科第簪組，累世聯緜。年及笄，嬪於家冲杓先生。事翁姑至孝，縫紉瀡瀡，不假手臧獲，既工以精，得二考娱樂。冲杓先生有仲兄早世，嫂年亦促，有遺孤在髫齡，察寒恤餒，逾於己出。尤能仰體翁姑於不言之表。翁姑晚景，怡怡蘧蘧，以壽而康者，得賢媛爲子婦也。冲杓先生抱異姿，寒牕刻苦，艱於一售，文章無靈。嘗語太孺人曰：『數能厄吾身，未必終能厄吾子。吾將訓督吾子，冀其成，用吐吾氣。』故教諸子嚴，教冢子志亭尤嚴。太孺人義通内則，不以嚴於父，輒姑息於母，外施威抶，内無温語，益堅諸郎君憤發之心。

乾隆庚戌，志亭補邑諸生，冲杓先生旋於壬子初夏歸道山。是時丈夫子有四：長曰澍，即志亭也，年二十一；次子澂，年十六；湄年十二，渟年十歲。女子二，俱幼。太孺人守飲冰之操，居懸磬之室，神明不亂，處之澹如。嘗於家祭時，焚香告諸子曰：『吾家故貧也，貧不自今日始也。若輩有父書不能讀，是爲真貧，是爲不孝，何以稱人子之分？』志亭泣，伏地受命，偕弟澂就傅山左。歲戊午，領鄉薦。庚申，澂食餼膠庠，湄入泮。乙丑，志亭成進士，澂以優生貢成均，渟亦補博士弟子員。癸酉，湄赴試留都，登拔萃科。而所撫伯氏之孤名養和者，有勇幹，嫻於弓矢，亦於丙午科列鷹揚之選。自太孺人秉家政十有餘年，貧欲徹骨，撠搨無聊，乃料簡葬祭婚嫁事，不可覼縷。又能手提諸郎君儕於儒冠儒服，飲香名於藝林，不見聲色，行所無事，難乎哉，難乎哉！

志亭既以進士補官西平，大吏知其賢，調補汲縣。嘉慶十八年九月，逆匪牛良臣等戕官於滑，劫獄囚，肆焚擄。志亭以民社之職，謹防守，理驛站，集鄉勇，羽檄飛馳，暇無寸晷。滑距汲不滿百里，閭閻震駭，雞犬皆驚。太孺人則曉以大義，不許念堂上老人，溺私恩，踈於要務，縣之民聞而泣下。五閱月，滑平，邀議叙，調補淮寧。至今父老頌大令之仁，必溯源於慈帷之教，以片言活億萬生靈，使勿蹈鋒刃以淪溝壑。母之仁，母之所以壽也。余戆直，不喜貢諛，推得壽之理，頌壼範，以佐霞觴，用告天下之爲人母者。

殷母郭太孺人七十壽序

太孺人，雪巖先生之繼室，月圃廣文之嫡母也。廣文世父春巖先生，爲余丁酉拔貢同年，以世誼尊視余，執禮甚恭，往來無間。余嘗與論經史，談騷雅，及平生所歷名山大川，以爲娱樂。以其心之誠，誼之篤也，即彼此家庭間事，亦靡所不道。余固知廣文之孝於萲幃，實由於太孺人之克慈其子也。今太孺人年七十矣，廣文之長官僚友，族黨戚屬及門下士，皆擬稱觴爲壽，而徵序於余，以余知廣文家事較他人稍深。余奚能以衰頽不任筆墨爲辭，拂諸公殷殷之意？

太孺人洛陽世家，科第簪纓，綿延數代。所居鄉曰平樂園，蓋昔年建都時名賢故宅，嶽色河聲，孕毓靈秀，故閨閣中音容舉止，與尋常門第不同。及嬪於雪巖先生爲繼室，以不得事翁姑爲憾，歲時祭祀，必誠必潔，理家事以鎮静，不聞怒聲。與廣文生母孫太孺人坦白無猜，意相水乳。視前室、簉室之子，與己之所生，不存私見，悉以慈畜之。即汲奴竈婢，靡不愛戴主母，出於至誠。此如山之有岡嶺陂陀，不競乎峭厲；如水之瀠洄周折，不尚乎奔騰。資之厚，則爲壽之徵也。太孺人所出曰芳蕚者，仰慈訓，能讀書，乃阨於科名，未博一第。以乃兄月圃事太孺人孝，資薄俸，具甘旨，又逢國慶，爲太孺人請封典，以爲榮華。故克盡弟道，循循謹謹，此亦太孺人之教也。

廣文辛酉進士，授國子監學正。念家貧不能迎養，輒陳情冢宰，乞改教授，始補衛輝，繼調懷慶。一河之隔，即是洛陽，太孺人以春秋佳日，駕雙輪，坐輕輿，來往其間，亦晚年之樂也。壽而不樂，何取乎壽？壽而樂，則神明愈健，酌醇醴以養天年，其遐齡愈不可限矣！古者閭必有史，斯一鄉之善，人知所勸。而女子之德，亦必有女史記之，《詩》言『彤管有煒』是也。《周南》一十一篇，言女德者十；《召南》一十四篇，言女德者九。故吾今言太孺人之壽而先以德，言壽之所以永，不敢以無稽頌揚，蹈貢諛之誚也。是爲序。

衛菱江孝廉詩序

水無渠而不潔，山無石而不聳，村墟無樹不茂密而葱蘢，問中州十郡，何州何邑有之乎？他處不恒見，唯濟源風景能似之。泉甘土肥，草木叢茂，窈深繚曲，樂且無央，此昌黎《序》中語也。然盤谷在濟源境誠佳矣，而境之佳者，不止一盤谷也。扶輿盤薄之氣，既鍾於山川草木，必孕毓於翰墨衣冠，此理之可推而弗爽者矣。吾嘗稽濟源人物，學業宏博有安昌侯，剛耿有徐參軍，忠蓋有張貞穆，威望有温僕射，醖藉雍閑有裴太尉，勝地偉人，並垂千古。而以詩鳴當世者，則有玉川子。昌黎贈詩云：『先生事業不可量』；又云：『近來自説尋坦塗，猶上虚空跨騄駬』；則玉川亦昌黎之畏友也。自玉川身後，工詩者不乏，而無良友如昌黎者以揄揚之，又無子孫及門弟子之賢者爲之收拾流傳，遂致沈淪晦昧，非詩之所遭，有幸有不幸哉？

余客居懷州十年矣。物色風雅之士，殊不多覯。所覯者，以衛君菱江爲社中翹楚。菱江之集曰《掃花詩草》，蓋以李太白《贈孟山人》詩『願隨夫子天壇上，閑與仙人掃落花』；因署『掃花』爲名，即用『掃花』名其詩。天壇在盤谷西北，屹立尊嚴，無與匹對，盤西之千巖萬壑，皆拱拱然如兒孫然也。掃花道人嘗爲予言：『人必先掃除世累，使此中空洞，不著一塵，而後可爲仙人。』司一帚之役，則其詩之超塵絶俗，從可知矣。

玉川子以怪辭驚衆，得山川之奇氣。掃花道人息影於巖壑佳處，閉門讀書，頤養性靈。其昕夕所聞，則泉聲之低昂，鳥聲之幽婉，樵斤牧篴之抑揚綿渺也。其所見，則釣翁之綸竿，農父之耒鋤，緇流羽客之梵貝屐笻也。或出而遠遊，則金陵、皖江、盧嶽、武昌，仰慕古人，不狎暱今人。其居家在客，一趨於夷曠，澡元瑩素，蕩累超神，非得山川之逸氣，而近於仙者歟？詞翰所發，皆由於性情所近，蓋如物類，由於氣候之所感。春光妍麗，鳥語含宫聲；秋氣悲凉，蟲聲寓商調。人籟也，即天籟也。掃花道人襟懷超脱，又處於山川深邃之地，則人間烟火氣，豈能復染其筆端也乎？ 令子衛醇抱乃翁遺稿，乞余作序，將刊而行之，余幸《掃花詩草》不墮於晦昧沈淪，濡筆而爲之序焉。

【校】

衛慶悰《掃花詩草》卷首冠此序手跡，尾署『道光辛巳，斥邱松嵐劉大觀謹序』。既鍾於，底本作『既鐘於』，據手跡改。

王楷堂澹香齋詠史詩序

楷堂見予文字於二十年前，予識楷堂鬢眉於二十年後，惜盍簪之晚，而交契獨深。初予作牧寧遠，楷堂客游復州，見予詩，只《留都集》中十數首耳。既見，始出全集，乞爲删訂。楷堂抱古心，於此事無姑息，删予詩數十首，其未删而更易字句者，復十餘首。予喜其直，不怪考詩之嚴也。楷堂以予之不怪，以爲可與言詩，欣然出其《澹香齋詠史》一册，俾予序焉。

夫史者，上溯往古，下衡邇代，前後綿延垂二千年。其君德臣道，治亂興衰，及事功、學術之醇疵，廊廟山林之顯晦，能了然於心，撫掌而談者，代不數人。若考覈陳跡，發爲韻語，蓄陽秋於緘默，揚衮鉞於毫端，不愈難哉！ 昔鍾嶸云：『東京二百載中，惟有班固《詠史》，質木無文。降及建安，曹公父子，篤好斯文； 平原兄弟，鬱爲文棟； 劉楨、王粲，爲其羽翼。』予觀《文選》詠史詩，唯曹子建、王仲宣、左太冲、張景陽、盧子諒、謝宣遠、顏延年、鮑明遠、虞子陽二十一首，而孟堅、孟德、公幹及平原兄弟，悉未採録，豈昭明太子與嶸各有所見耶？《唐詩類苑》有懷古詩，無詠史詩。懷古之作，踐其地，思其人，發諸慨歎，蓋與詠史名殊而意同。《文選》皆五古，而無雜體；《類苑》則七律、七絶居多，而憑吊欷歔，蘊含無際，得絃外之音者，自以老杜爲高絶。北宋以後，迄於元末，詠史詩不一其人，能繼《文選》與少陵者，杳不多見。明李西涯相國，用廿一史擬古樂府百篇，古峭嚴冷，褒刺無乖，傳誦吟壇，九州紙貴。繼西涯而後，爲長洲尤西堂氏，采《明史》遺事可爲鑒戒者，亦擬樂府百首，則染於猥瑣，失大雅之音矣。

澹香齋主人沈酣於老杜三十餘年，以杜法詠史，較五古樂府尤難落墨。非才雄力厚，破堅壘而游刃有餘，焉能矯矯然别創一格也！姑舉其百中之一二言之。如詠賈太傅云：『絳灌功高頌太平，中朝無地著儒生。』詠劉子政云：『天禄書成亦自傷，前遭恭顯後諸王。』詠揚子雲云：『行年四十去成都，七十纔爲莽大夫。』詠馬伏波云：『車中薏苡果明珠，酬得扶風老將無？』詠諸葛丞相云：『成都桑老帶秋烟，回首隆中抱膝年。』詠陸士衡云：『一聲鶴唳送輕帆，不死兵戈却死讒。』詠徐孝穆云：『受禪文偏六代多，才如孝穆奈時何？』詠李太白云：『唐家事業付汾陽，詩酒隨緣到夜郎。』詠裴晉公云：『老年不是愛優游，帝室權都宦者收。』詠司馬君實云：『洛中聽老杜鵑聲，十五年纔返舊京。』此以超脱之筆作起句者也。

如詠吴季子云：『錯落封疆鄰鳥喙，摧殘骨肉歎魚腸。』詠伍子胥云：『故國有人貪寵利，深宫無計出嬋娟。』詠屈正則云：『令尹官高能蠹楚，《離騷》書冷不焚秦。』詠田單云：『墓無完骨生人憤，敵有功臣幼主疑。』詠蘇秦云：『富貴反教勞父母，貧窮原不愧妻孥。』詠張留侯云：『帷幄功高方善病，神仙事杳足消疑。』詠李將軍云：『鄙人不賦封侯命，飛將空生用武朝。』詠司馬子長云：『海内故交無季布，朝中知己獨任安。』詠東方曼倩云：『敢弄公卿真骨力，能誅寵倖即神仙。』詠嚴子陵云：『星辰已動身猶卧，日月能光手不扶。』詠來君叔云：『萬炬影摇抽刃候，一人悲動奏書前。』詠馮節侯云：『河山功業原邊樹，風雨君臣竈下衣。』詠楊關西云：『老臣忽遘雷霆怒，保母猶興土木功。』詠管幼安云：『春喧村落先生井，雪滿頭顱漢代冠。』詠嵇叔夜云：『髪到死時猶未櫛，琴從援後已無聲。』詠劉越石云：『眼底蕭條餘部曲，樽前意氣託豺狼。』詠魏鄭公云：『一代風裁歸嫵媚，貳臣功過費評論。』詠傅相州云：『僧高但許愚西土，佛死何能葬醉鄉？』詠武攸緒云：『未忍朝綱歸母后，幾曾羅織到神仙？』詠李鄴侯云：『獨保皇儲無綺皓，不教宿將似韓彭。』詠陸忠宣云：『賜環詔下亡身後，募格金懸失路時。』詠韓魏公云：『是誰能釋宫幃怨，竟有人彈社稷臣。』詠歐陽永叔云：『海底蛟龍悲孝子，朝中朋黨困儒臣。』詠李少師云：『七旬宰相悲南渡，五國君臣泣朔風。』詠韓太尉云：『萬古風波三字獄，十年魂夢兩宫仇。』此以精警之筆作對句者也。

詠王右軍云：『書法自然能入聖，丹心化出墨花香。』詠虞永興云：『和詩不敢崇宫體，一代元音正此人。』詠杜子美云：『千古江山饒涕淚，耒陽南望渺愁余。』詠李西平云：『能保忠臣唯李泌，怪他仙骨自珊珊。』詠白太傅云：『八節灘頭無黨禍，自編長慶署瑶函。』此以悽惋蒼涼之筆作收句者也。

神龍變化，不可測度，要皆取法於老杜。得其法，則直書婉譬，悉寓樞機，且字字有光燭也。老杜去今七百餘年矣，拈韻操觚之士，皆稱少陵爲『詩史』。吾今讀澹香閣詩，乃愈信詠史者不可以不學杜。

【校】

質木無文，原作『質本無文』，從《詩品》改。王廷紹《澹香齋詠史詩》，絳灌功高，作『絳灌班高』。帷幄功高，作『帷握功成』。土木功，作『土木工』。琴從援後已無聲，作『琴還援處是何聲』。能保忠臣，作『能護忠臣』。自珊珊，作『日珊珊』。

劉雪湖詩序

詩，心聲也。人孰無心，心孰無聲？而音節殊致，妍媸異形，若以鑒鑒人，遁其形而弗得焉。蓋深於機趣，而淺於腹笥，則窘於發揮；書讀五車，而機趣弗深，如富家兒對賓客，猥縮囁嚅，不能盡其辭，或盡力支撐，終見齟齬。其深於機趣，而兼能充於腹笥者，屐笻所至，不離鄉井，則耳目困於狹隘，機趣無所感觸，亦不能驅遣縹緗於腕下。故性靈、學問、涉歷三者，爲諷詠之權輿也，三者悉備，所造乃深。古人之所以凌轢詞壇，壓倒一世者，豈易言哉！

吾宗雪湖，少丁孤苦，及壯，念無以爲生者，日夜鑽研於棘闈文字。以阨於數，屢試屢躓，喟然曰：『儒冠誤我！』遂舍去，而遯於申、韓之學，實非其志也。乾隆中葉，游幕留都，覽毉巫閭之雄秀，潘陽、岫巖人民風俗之敦樸，神來意會，輒染吟毫。繼游粵西，帆挂灕水，見夫尚蠻猺婦，飲血茹毛，其語言啁啾，如子規杜宇，不可解釋，未嘗不歎身爲饑驅，如是之遠也。抑鬱無憀，用詩寫之。由粵入楚，爲觀察史君之揖客，采芳芷，吊湘魂，駭詫嘘嗟，靡由寄托，乃盡洩於有韻之言。是雪湖之性靈近於騷雅，而船脣鞍背，飽歷冰霜，又經萬驛之迢遥，性靈、涉歷實兼之矣。其爲詩，慷慨激發，得雄健於吾家越石，得爽朗遒崒於吾家公幹，所謂『駿馬倏忽踏九州』，不是過也。惜乎所如不偶，春秋榜尾，不能挂一名，稍吐其抑塞之氣，東飄西泊，資食硯田，始在壯齡，遽歸怛化。假使綺年處豐腴之地，以千金買書，昕夕諷詠，又得與天下名士切劘研索，窮探古人之精奥，其造詣淵深，屢變益上，豈佔畢細儒能望其崖岸也哉！

余作牧留都，雪湖已旋梓里，未得展殷勤，娱翰墨。而詩中所游歷之地，如遼左、桂林、楚南，皆我足跡之所到，亦靡不有詩，則知雪湖之詩之甘苦，莫深於我也。今雪湖墓草宿矣，泉臺永閉，寂寂沈沈，又烏知十餘年後，有序其詩而悲悼其人者，有一同宗之斥邱居士耶？

和聲詩草序

吾嘗歎讀書稽古之士，一釋褐而縈圭組，則聲容一變，性情舉止亦爲之一變，前後若兩人焉，何也？束於案牘，疲於奔馳，役其形，以勞其心，則胸中書味掃矣。或酣於聲色利達，逐逐營營，以昬其志，則胸中書味一掃而盡矣。當此時也，以吟嘯風月，發抒性靈，就而與之周旋，則困於案牘奔馳者，將蹙額欷歔，以謝無暇，是圭組不足以俗人，而人自俗也。若酣於聲色利達，則視兹事爲迂腐，趨而避之，唯恐不遠，是圭組不足以溺人，而聲色利達爲溺人之淵藪也。

吾友振衢通守，昔丞河内，治丹渠，有疏有濬，有蓄有濬，相其宜而施之，縣民至今沐其德澤。嘗於公暇談予寓廬，其聲容舉止，藹藹然，循循然，猶似吴門一老諸生。既久，以詩稿來質，予與坐松窗下，論《風》、《騷》源流，辨别雅俗，常至子夜，窺其意，若欣欣者。後遷官德州州同，又通判張秋，數年不相見。及自張秋調衛輝，距懷慶只尺，常藉公事來訪故人。其藹藹循循，猶復是昔年面目，而詩學則進於昔年矣。振衢以恬退之性，厠身圭組，以忠誠爲體，以謹飭爲用，以撝謙抑損爲接物之權輿。唯其忠誠，則弗肯作僞；唯其謹飭，則不屑爲時俗所移；唯其撝謙抑損，則心日虚而能受。心虚而能受，則聲容舉止無驕矜，無蕩佚，有合於温柔敦厚之旨焉。故其爲詩，不修貌飾容以趨於妍麗，不高蹇抗傲以侈其吐屬，不縋幽鑿險，涉於詭怪，駭時流而標新異。其於骨肉交游，聚散離合之間，則忻戚出於肺腑，而流於筆墨。其於得失榮辱，升沉毁譽，若浮雲之過眼，不以瑣瑣攖其襟懷。是詞翰於性情，皆出於真摯，而勤職愛民，亦復與摇膝握管無異同也。今將以《和聲詩草》付之剞劂，慰其平生，以賡唱爲歡娱者，予亦樂焉爲述其梗概如是。

董秋樵雨懷書屋詩序

嗚乎！秋樵年丈屬纊中州，輒已十餘年矣。造物能奪其人，使隕於中壽，不能奪其文藻，使不留於天地之間。今秋樵次子錫恩，將於明年舉父喪，以墓銘乞太谷温制府，而以詩乞序於予，蓋以予與制府，皆其父丁酉拔貢同年也。

初，乾隆戊戌赴廷試，天下同年千七百餘人，而工於詩者，無錫則有楊子蓉裳，甘泉則有江子秋史，江都則有汪子容夫。而吾山左聊城，則有靳子橋村與秋樵數人而已。蓉裳、秋史早已刊其詩，以傳誦於世；容夫於其身後三十餘年，始據阮芸臺先生刻其詩於《淮海英靈集》中，惜乎只選八首，未及多録；橘村、秋樵皆藏稿於家，未付剞劂。秋史、容夫前卒，橘村繼之，蓉裳又繼之，秋樵則卒於嘉慶十二年丁卯。嗚乎！同年中之工於詩者，寥寥無幾人，皆先我而死矣。予亦復龎龎能詩，而視諸子則有所不逮。今已行年七十，猶視此事如疾之與葠苓，飢之與飲饌，寒者之與貂裘，不忍於須臾放去，豈非癡哉！蓉裳序予《玉磬山房集》，在渠未死之前；今我序秋樵《雨懷書屋集》，在渠已死之後。嗚乎，焉能不悲耶！然蓉裳、秋史之刻其詩，皆自爲之；容夫則待乎桑梓貴人爲之；橘村墓草已宿，爲刻其詩者，不知將來屬於何人？而秋樵之子家貧，飢驅於四方，乃急欲刻其先人遺稿，孝也，亦由其沉酣於此道，知此道之可貴也。嗚乎，秋樵有子，吾且轉悲而爲喜矣！

秋樵之詩，工於法祖。其高祖兩江制府默庵公，祖太史曲江公，皆以詩著名天下。秋樵綺歲作時文，則如餐蓼；作有韻之言，乃如啖蔗；固出於一庭授受，亦其天性近於斯，故爲之而能勇，勇而後能工。或問：『《雨懷書屋集》沉雄乎，雅健乎，淡永乎，清奇僻苦乎？請爲鄙人一舉似之。』予高聲朗誦曰：『初日芙蓉謝康樂，曉風楊柳孟襄陽。』其人唯唯，揮袖而退去。

范秋坪見山草堂詩集序

人之立身不孤介，發爲文字，必平平無奇。唯能不逐於時趨，高立崖岸，然後抗雅揚風，皆有可以遺世而獨立者。吾友范子秋坪，骨冷神寒，近於郊島，不輕暱一人而與之游，不草草輕讀一書，不孟浪作事於鄉黨，蓋太行山下一孤介之士也。予以不合時宜，解組綬以脱塵網，鶴野雲閑，訖無定蹤。見此郡有山矗然，有水淼然，有竹森森然，遂蹴居於此。山之蒼翠，可眺可游；水之潺湲，可酌可釣。竹之突兀葱蘢，上插太虚，下蔭洲渚，可結廬其下，消受清風，選地而棲之，以瀟灑送日月，可云適矣。顧吾性嗜静，亦復苦於岑寂，若形影相吊，孑孑無徒，殆非吾性之所樂也，於是以詩致秋坪於門下。秋坪之孤介，老夫之不合時宜，若磁石之與鍼，琥珀之與芥焉。

秋坪詩格初不甚高，而篤好則甚於我，嘗手抄其詩，就予印正。予掇其精華，汰其糟粕，不絲毫作姑息，乃戲語秋坪曰：『「人怪考詩嚴」，王仲初語也。子豈怪我乎，抑喜我之無欺乎？』秋坪怡然不作一語，窺其意，若甚樂者。自此，秋坪之詩進矣，未幾而寖寖愈進矣。予喜其心之虚，好學之勇，嘗告予老友吴玉松先生。玉松守彰德，藉公事來游懷慶，秋坪攜《見山草堂集》晉謁行轅。玉松先生且吟且歎，歎已，牽予袖而言曰：『吾此來，見太行之崚嶒峭拔，樂矣；見沁水之縈洄曲折，樂矣；見修竹於山麓水湄，摇風弄影，樂不可支矣！不意於風雅之中，復得見方干、李洞也。』吾相與一笑。越一日，玉松去矣。玉松居故鄉時，落落寡合，具嚴冷之性。及顯達，作宦京師，非素心不與酬接。至於獎飾文字，務爲標榜，尤切切以爲恥焉。秋坪詩得先生一贊，吾視之若黄河清矣。夫以玉松之嚴冷，秋坪之孤介，而僕以不合時宜，混跡其間，豈非天作之合，開吟壇一勝局歟？吾方屬望秋坪，守生平之夙分，不以寸步離於書室，鞭古心，操古綆，由方干、李洞，以造於少陵、太白，更足以張吾軍也。不謂其役心太苦，精血日虧，遽隨長爪郎赴招玉樓，咄哉，咄哉！吾興掃矣，吾心尤悲矣！

然秋坪死，而其詩固未死也。鏤冰雪於嘉木，散珠璣於九州，誰謂秋坪不尚在人間世耶！吾選其遺稿，存一百六十餘首，視《長慶集》則嫌其少，較唐山人瓢中物，則覺其多，詩之工，原不繫乎豐與嗇也。嗟乎！吾不能復致秋坪於門下，吾差足以慰秋坪於地下。宛陵春雪，繡作弓衣，文之行於遠也，安知後賢不可接軌於前修耶！

【校】

范桂園《見山堂詩草》卷首冠此序，署『嘉慶庚辰夏六月，斥邱劉大觀撰』。

莫青友少司空詩序

曩初識青友先生，在朱章甫侍御座間，談未深，匆匆別去。越數年，予作牧遼左，先生以少司空奉使留都，始與先生欵洽，所言皆經世要務，無客氣，無庸語。或言及於詩，瀾翻舌本，遂滔滔不窮，蓋有真性情者，不覺其天機之流露也。又越數年，予詣都下，先生讌客於紫藤書屋，來赴約者，法祭酒時帆、張太史船山、楊户曹蓉裳、滿洲布衣英夢禪及予爲五人也。時帆、蓉裳性恬静，言寡而意深；船山疎放，或終日不言，言必排今抗古，聳聞舉座；夢禪生於閥閲，其祖、父、昆弟，高軒駿馬，炫耀於九衢，而己獨隱於畫，工於皴染，得麓臺、煙客、且園、南阜之三昧，視簪纓若贅物也。數君子無一熱人，率不合於時宜，而主人契洽之，其性情可知矣。知其性情，而詩之發於性情者可知矣。

先生之詩，以本乎天授者，蘊其真，以游覽山川，憑吊古蹟，發爲感歎欷歔者，寫其寄托。以生平閱歷，物理人情，醇澆冷暖，發爲揄揚諷刺。貌襲漢魏，不屑也；摹倣六朝，不屑也；束縛唐、宋之規模風格，亦不樂也。常於酒次興會飈發，語人曰：『語必自己出。舍去性靈中自有之詩，假借他人口吻以爲詩，烏乎可哉？』座中客悉首肯，以爲至論。然先生詩，只見其吉光片羽，而全豹則未獲一睹。今先生墓草宿矣，時帆、船山、蓉裳、夢禪，皆先後歸於道山，唯留予一人，跧伏林下，如就枯之木。聞舊時京邸紫藤花，亦偃蹇無聊，數易其主，悲已！而先生少君夢蓮，爲校官於林縣者，持公《硯雨山房詩集》，乞序於予，予奚能辭焉！

噫嘻，『文章千古事』，亦難言矣！顔魯公作元次山《墓碑》曰：『其心古，其行古，其言古。』又銘曰：『炳文華國。』李義山謂次山之文，如國大治，如歲大熟。而皇甫湜則曰：『次山有文章，可惋只在碎』。天下無兩次山也。次山文字出一手，非兩人也，顔、李推許之，而皇甫薄之，使後世奚所適從？予之序公詩，亦未敢以爲定評。然以本乎天授者藴其真，以游覽憑吊寫其寄托，以閲歷醇澆冷暖，發爲揄揚諷刺，則先生之天性，即隱躍於吐屬間矣。盧氏多崇巒疊嶂，近於商山、太華、終南，藴釀乎雄秀之氣。乾隆間，有熊耳山人，以詩雄於一世。繼熊耳山人後者，其爲青友先生乎？

重修河内縣志序

昔簡齋先生以翰林出膺民社，由沭陽調任江寧。《江寧縣志》九十年未修，毅然修之，而系以序文曰：『志江寧，難於治江寧。治之者，行其當然之事；志之者，紀其已然之跡。當然者，以意爲；已然者，不可以意爲。然非志之詳，則治之亦必不備其道。』旨哉言乎！志之所以難，在不可以意爲，而要有例義以爲準繩。不能炫華藻，乖文體，以愚瞀儒也。

今河内大令袁公，簡齋先生嗣君也，能讀父書。志先人之志，志在舉其職，不曠於官，不能不稽往牒，以準今時。乃河内之所謂往牒，碎爛糢糊，幾同廢紙，蓋志之不修，已逾百三十年矣。君愀然曰：『此一百三十餘年中，山川猶是也，城郭猶是也，而溝洫田賦，士習民情，非百三十年前之舊矣。職官、選舉，無所稽考；閭閻之孝子、節婦、貞女，率不識其姓名；藝文之有裨於政教，悉就湮淪；碑版足以資考鏡，以覈古跡真僞者，胥棄之。荒烟蔓草，牛礪其角，民甃於垣，守土者得無愧乎？』於是有重修之舉。

是時，有大興方君履籛，吴江處士吴君育，皆績學能文，延以操觚，而以僕參贊其事焉。竊按，漢之河内郡，幅員及於汲、共、温、軹、隆慮、蕩陰諸城邑，隋改野王爲河内縣，歷代沿革不一。元以河内縣隸燕南河北道，初置懷州，此河内爲懷州附郭首邑之始也。其山有太行、紫金、貝澗、水峪、懸谷、雲巖、龍門，其水有沁，有大丹、小丹，嶽毓淵儲，賢俊出焉。其風俗儉嗇，物産豐饒，見於東漢之詔誥。其官師若寇公恂、魏公朗、裴公楷、段公秀實，皆垂大名於宇宙。而袁公應泰，鑿山脇以疏渠，灌腴田數百餘頃。王公漢，丁明季危亡之秋，不假一戎一旅，而戳賊於太行，以衛一邑之民命，亦足以感發後人也。其人物有學問者，如穆輿直、李義山，皆豔稱於世。而以理學名臣，焜耀史籍，元有魯齋先生，明有柏齋先生。魯齋尤以大學問，發爲大經濟，得配饗孔子，廟廷馨香俎豆，世世罔替。夫一邑之中，有配饗孔子之人，則其士習民風，自有可觀者。徵文考獻，牧民之權輿，故曰：『非志之詳，則治之亦必不備其道。』僕與秉筆諸公，仿武虚谷《安陽志》例義，擇善而從也。惟《藝文》衍河内舊《志》，差有增損焉。方君拄腹淹博，邃於考據，補以《金石録》，而例義始備。

書既成，士大夫皆曰：『修殘補漏，慘淡經營於百三十年後，袁君可謂得治績之要，而勇於爲之者矣。』僕云：『事無精粗鉅細，皆有所師，不能師其心以自爲師。先人有治譜，固爲政之師也。賢哉袁君，庶幾無愧於名士之後！』

【校】

道光《河内縣志》卷首冠此序，尾署『斥邱劉大觀撰』。

東河制府嚴公五十壽序

聖天子御極之元年，宵旰勤勞，勵精無逸，以執中繩祖，以不息法天，萬幾凛於寸心，尤以用人襄治爲要道。一時中外臣工膺組綬者，大法小廉，趨事惟謹。然朝廷之用人，遷擢不次，往往出於常格之外，有心腹大臣思慮之所不及，而適合乎海宇公論之所同然者。當是時，東河總督缺人，帝以咨綸扉夙舊，孰可往者？咸矜持默默，恭俟睿裁。上乃擢公於河北觀察，授以河帥之職，蓋慎之又慎，而後用之也。

公初仕，隸於南河，治水之書靡不讀。歷代治水，有利有病，靡不研究其根柢，而窮其源委。法可循也，而不可泥也，能因時度勢，神明而變化之，故由丞倅洊歷監司。一疏一濬，一控一禦，無失策，歲報安瀾。大府上其功，簡在帝心久矣，故決然用之而不疑。

公念受恩深重，治水關民生休戚，非殫誠宣力，披瀝肝膈，無以紓聖人軫卹元元之意。乃飭躬率屬，彌勤罔懈，綜理籌畫，悉中機宜。人事盡，而天道無乖拂焉。去歲夏、秋兩汛，雨數十日，直隸永定河以潰防入告，河南以沁水、漳水決口入告，山左亦復以運河衝損，見於奏疏。獨公統轄黄河，東西綿亘千餘里，固若金湯，魚龍水族不能施其威，民間廬墓田禾靡所損壞，功偉矣！積仁人之德，亦良深矣！

夫永定、沁、漳、運河，皆支水也，非有桃花、竹箭之澎湃淩涔，足以撼城郭而摇地軸，崩隄堰於驚濤也。若黄河則不然。上游來自崑崙，達於西安，若灃，若滈，若涇，若渭，若滻，灞、交、潏、漆、沮、澇、潼、漢陂樊川，當雨淫波漲，悉滙趨於大河。豫省疆域，聯接於秦關者，其水有稠桑、霸底、宏農、盤澗、金砂、玉溪，出於陝州。又有伊、洛、瀍、澗，昌谷、崤澠，出於河南郡。郡之北岸，又有濟、沁、滝、湨諸水，出於懷慶。皆於大河通脈絡，以爲依歸。當去歲奔騰泛濫之時，而大河鞏固，蒼生安枕，固由於修防有備，亦因公愷惻至誠之心，有以感格於川瀆神明也。

今癸未莫春十有四日，爲公五十初度。懷慶太守王君，受公培植，來綰郡符。以其平昔感荷之赤誠，思所以效蓋於萬一者，屬觀作序，頌公德惠。觀林下人，偃蹇頹放，曷敢以草野荒率之筆上辱大賢？而王君諉諈不已，若舍鄙人，無可操觚以助觥籌之興者。乃踐其約，濡麝煤，紀述盛事，蓋觀亦謬以文字辱公之青睞者也。

謹按，古之治水者，禹功大矣。在漢，有賈讓《治河三策》，在元有賈魯，在明有潘季馴，皆深於疏濬之道。國朝則有靳文襄公，集治水之大成，載在《方略》。數十年間，無昏墊，無沉淪，奪千億萬生靈於風濤之險，而登之於休養生息之地，智也，而仁與勇兼之矣。至今文襄大名垂宇宙，祠廟之，俎豆之，江南萬姓子子孫孫尸祝於文襄者，百餘年如旦夕也。不朽之謂，壽享大年，抑其末耳！觀今以壽文襄者壽公，可乎？太守曰：『然。請就此以爲序。』觀曰：『否否。公之經綸事業，巃嵸梗概，猶未足以盡公也。公天性慨爽，不設城府，宣勞敬事之餘，則延賓酌醴，資管絃風月，以暢天機。偉器英才，曳長裾，聳峨冠於幕府者，咸醉公之德，而樂爲公用，如錢塘陳生事文襄於當日也。故事無不集，功無不成。士大夫居顯位，而襟懷空洞，得其所爲我者無，入而不有餘地以自處。今公忘其顯榮，以嶔崎磊落之懷待天下士，即以光風霽月之性靈，而得其所爲我者，量之大，才之雄，德之厚，爲何如哉？若執管蠡之見，以功在河壖，爲蒼生造福，遂足以盡大賢之分量，是猶支筇泰岱，見一峰一巒一瀑布，出於霞表，輒詡爲山之全局盡於一覩，竊恐山靈隱隱嘲魯儒墮於烟霧矣。』

河北鎮府馬公六十壽序代

古人之所謂壽，非兕觥鳩杖，消受遐齡之謂也。小者壽其身，大者乃壽於世。其能紬繹乎壽之爲義，而得其所以然，乃以頌美揚芬，而不戾於古。所謂壽世者何？立德、立言、立功也。德與言，屬於儒冠儒服，功則屬於兜鍪之士。無德與言，不能立坊表，維持名教；無功，亦不足以翦兇逆，以衛編氓。是功勳所以輔道德，苟能有所立焉，則不朽之名，壽於世也永矣。

今河北鎮府馬公，以子月十一日乙亥，爲六旬初度。同官欽其德，敬其人，服其功業，咸欲以序言壽之。某備兵河北，共守斯土，與公有脣齒相關之誼。公之豐功偉烈，建立於烽燹矢石間者，即爲公致壽之由。固宜臚舉顛末，用告壽筵之賓客焉。

方嘉慶辰、巳之年，封疆不靖，蠹叢妖藪，縱橫數千里。天子命大臣有威望者，勦之撫之，垂十年而後克。九重宵旰之憂，諸大帥掃除蕩滌之力，爲蒼生造命，恩良深矣！公當其際，以武庠告奮勇，名隸軍營。嘗謂軍中儕輩曰：『賊以烏合，屢抗官軍，我戎行不能戮賊，爲賊恥笑，以畏死之心，奪梟雄之氣也。誠鼓其氣，不憚死，群賊蟻命握吾手中矣！』大帥聞公言，壯之。遇賊匪勇悍，衆憚於前進者，翼長必以公列前隊。初遇賊通江雙河塘，賊數千，兵勢寡弱，公呼衆伏山背，獨馬冲出，擒賊首屠世龍，衆始信公膽力，服其智謀。而從此攻賊必督公於前隊，退兵必殿公於後隊矣。繼於麻巴寨一戰擒冉文疇，龍山寺一戰擒冉天元，軍威大振。主帥稽功於衆，以公出力尤猛，列功狀，欽賜『西哩德克巴圖魯』勇號，賞戴花翎。

賊首張士舉者，勇無敵，黨羽尤衆，官兵與戰房縣八卦廟，自辰至酉，賊猋張，兇猛不退。公拍馬馳入賊隊，箭斃張士舉，餘悉就擒。主帥上其功，擢以都司。公前後二百餘戰，功不可悉數，舉其大者，可知其餘矣。厥後，由都司擢隕陽游擊，歷江南葦蕩營參將、督標副將。乙亥年，奉特旨授河北鎮。拜印之初，著恩信，嚴紀律，器械鋒不利者，易而新之；操演不如法式者，指揮之，訓督之；士氣軒昂，盡如虓虎，天子屢嘉獎之。撫軍視兵，欣欣有喜色，輒相親如骨肉焉。維公碩軀豐幹，風骨森森，方在壯齡，性烈如火，一日不殺賊，則鬱鬱不快。故梟獍之血漬爲刀痕，多出辣手。

今甲子六旬矣，功成名就，保障封圻，藹然粹然，有海涵地負之量，殆所謂貴人態度，而壽者之徵乎！

馬鎮府德配蔣夫人六十壽序

予自髫齡入塾抱書卷，六十餘年矣，六經群史外，或有時涉獵兵書。每見古之將兵者，風雲龍虎，變化莫測。或出乎九天之上，入乎九地之下，運以精心，駭詫神鬼，則昂昂然觸發予磨盾從戎之志。兵書外，又喜讀吾家子政之《列女傳》。閨閣爲人倫風化之始。每見古之賢媛，孝事翁姑，賢敦伉儷，慈惠嚴明，以教養子孫，則婦職母道，兼盡無虧，亦足以感發後人欽敬之心。然書中纂輯，可稽覈古人，入於追溯而已，尤覬於目中之所睹者，得髣髴於古人，而快吾意焉。

今河北鎮府，予同鄉馬公，在軍營十餘年，與群賊血戰二百數十次，天子賜勇號曰『西哩德克巴圖魯』，由行伍擢方面大員，蓋兜鍪中出色人也。予初不相識，自河東解組，客居懷慶，始昕夕還往，敦桑梓之誼。睨其貌，恂恂然無武健氣，聽其言論，殊有條理，雖讀書未深，而勝於深於讀書者。每炎夏對飲，解衣揮扇，則見其箭痕戈斑，刻劃肌膚。予且驚且歎，謂：『曹參身中七十餘創，始成開國之鉅功，古今人蓋同一揆矣。』公因爲予言：『歲十九，由武庠入行伍。嚴慈見背，家事蕭條，恒鬱鬱不樂。吾糟糠婦從容規諫曰：「貧何足憂？大丈夫不立志，乃可憂也。若局促於家鄉，得一官，授一職，亦庸庸耳。今川陝與南北兩楚，賊氛未靖，君曷往告奮勇，赴軍營，爲出身地乎？」遂出征。十餘稔，甫解鐵衣。』予曰：『賢哉夫人，閨閣中識大體者也！設爲男子，著兜鍪，抑豈尋常傝㒍丈夫耶？』

按，公在軍營，殲除逆匪不可數計。通江雙河塘之戰，賊數千，兵力不敵，公揮衆伏山背，讓賊過山，過未半，公獨馬衝出，生擒賊首屠世龍，餘紛紛散去，從此威名著矣。麻巴寨之戰，夜攻賊巢，天昏黑，衆因循畏縮。公首先持戈登賊寨，戮賊中梟勇者數人，大軍擁入，擒賊首冉文疇。江油縣龍山寺之戰，賊首冉天元督衆萬餘，徑撲大營，官軍戮賊千餘，生擒無算，渠魁冉天元始授首。以公出力尤多，欽賜勇號，賞花翎。房縣八卦廟之戰，自辰至未，賊恃勇，鏖戰不退。公首先衝入賊隊，箭斃賊首張士舉，餘悉就擒。此數戰，勇尤不可及矣。予聞之，躍然而起，實快吾意！公曰：『兜鍪之士，往往不能成功者，以畏死之心切，則氣餒矣，氣餒復奚能殺賊？又或有内顧之憂，念此身不可死於矢石，則心摇矣。心摇則氣散，亦不能與賊爭須臾之命。我嚴慈見背，此身可以報國，雖蹈白刃，赤鑾土，亦無所畏怖。吾家守墳墓，教子女，有糟糠婦在，勝於吾在家鄉。吾心不摇惑，氣不散，而勇於殺賊，以無内顧之憂耳。』予曰：『賢哉夫人！始諫公入軍營，出於閨閣一激之力；繼使公專意勦叛，成赫赫之功勳；亦由閨閣能分疆埸血戰之憂，使無所爲牽挂也。然夫人卓犖不群能若是，其平生克盡壼道，立閨閣之標準，必更有過乎人者。』公曰：『君鄉黨骨肉，譜訂金蘭，家庭事無不可告。』因爲予一一述之。

蓋夫人外家蔣氏，年十六，來嬪於公。是時，堂上有曾祖姑馬太夫人，祖姑郭太夫人，姑郭太夫人。曾祖姑年已九旬有餘，性嚴烈，子婦、孫婦侍奉者，不愜意則怒，皆凛凛畏憚，憚則愈矜持，愈不能愜意。獨蔣夫人能委曲承順，不以怒而生恐怖，彌敬彌勤，不離左右。凡飲食起居，胥投以所好，即中裙厠牏，皆身自澣滌，不假手他人。曾祖姑喜甚，稱孝婦不絶口，年百歲，始以壽終天人。事祖姑與姑，一如事曾祖姑，鄉黨親串，交口揄揚，以爲目無多見。方公之赴軍營也，家留四子一女，而少子宏圖落地纔三十餘日，此時作母，亦良難矣。夫人以寒家而哺衆口，使無飢餒，婚嫁事皆徐徐措辦，儉而中禮，而嚴以爲教，尤嚴於教幼子，不稍姑息。

今宏圖以府倅需次武昌，楚北巨盜，抗拒兵役不受捕，殺人如刈草。府倅承檄捕賊，能隻身入賊巢，捉賊首，大府奇其才，而詑其勇。凡他人不能捕、不敢捕者，悉以委之，甫半年，而盜熸遂熄。又委攝武昌、鍾祥兩鉅邑，以覘其聽斷之才，而所至有循聲。外縣有不決事，縣民上控，乞委馬公，使訟事無冤抑。大府益奇其才，累疏入告，將不次超遷。此皆夫人訓教嚴，而不姑息之成効也。夫人之賢，視《列女傳》中爲何如哉！

今莫春八日，爲夫人六衮佳辰，城中士大夫及屬吏、部民、行伍，皆欲以心所欽服者爲文，以壽夫人，而徵序於予。予與鎮府爲莫逆之交，知家事獨深，用懿德閨範足以壽世者以爲壽，不敢尚浮文，作周旋一字焉。

袁蘭村大令五十壽序

蘭村明府，以香亭郡伯之令子，而嗣簡齋先生爲長君也。生吴越華腴之地，爲嶽嶽名宿之後人，耳所聞，目所睹，自與窮壤瞀儒囿於孤陋者不同。詩書之氣，朝薰暮染，而發爲卓行良規，必翹然而有殊於衆焉。君宰河内之明年，歲次甲申，十月十四日癸酉，值五旬初度。士大夫善於君，而欲舉觴於壽筵者，以序文諉僕。憶在乾隆中葉，旋自桂林，謁簡齋先生於隨園，口未寒温一語，遽伸手索予詩稿。僕出詩於袖，心許之，攎卷中可爲談資者，入《隨園詩話》。越兩年，僕客居吴門，又相值質問風雅，昕夕無間。是僕奉教於大翁在三十年前，今締交於君在三十年後，蓋非偶然也。序豈能復辭？

君秉姿英特，工詞賦，不受縛於時文。常作齊魯燕趙之游，交天下磊落嶔崎之士，看碑吊古，結社推襟，意甚豪也。所著《捧月樓集》，獨標襟臆，别具機軸，都下同人艷稱之。中有契合最深者謂：『君不納身於仕版，則才無所施。吟社酒樓，豈終身棲泊地乎？』乃輪貲農部，得縣丞，需次中州。嘉慶申、酉年間，汝、光多不逞之徒，結鹽梟，肆擾害，强兵悍役束手不敢前，大中丞方公馳羽檄，委以緝捕。君買線賊黨，搗賊巢穴，得渠魁，餘悉就擒。中丞喜，擢汝陽縣令。汝陽圻接正陽，香亭郡伯昔宰正陽，有遺愛，正陽父老入郡謂汝陽之民曰：『爾今父母官，昔吾正陽公子也。父好官，子能讀父書，居官未有不好者。前汝、光匪黨，劫子女、牛馬，白晝殺人，公能捕之，除民間大害。今官汝，必造福於汝矣！』君下車數月，豺狼斂跡，閭閻安枕，而催科撫字，仁惠如正陽。大憲愈賢君，調繁河内，是在道光癸未三月也。

是年六月，沁水溢蔣村隄，工勢危急。君馳往，督夫搶救，立水中三晝夜，水勢猶猛。附近村民向不出夫者，感君慈愛，數千人來助畚鍤，隄固得無虞。未幾，丹河又溢，九道堰横決，水碓機輪，隨敝屋、頹樹翻湧亂流，非人力所能施。水退，民無棲止，無蓋藏，寒餒交困。君不待申報，破成例，先施振卹，振後乃補報，民感切肺腑，多有泣下者。君急民之急，若急於己身如此。《河内縣志》沉擱不修，百三十餘年矣，君愀然曰：『節孝、選舉、風俗、民情，及溝洫、田賦、兵制，皆守土之要務，無所稽，則靡所觀法維挽焉，可不修乎？』遂延大興方君彦聞、吴江吴君山子，設局纂修，而以僕贊勷其事，今已數月，將告成矣。

君之捕黨匪，勤撫字，拯災患，誠有過人者。若志書之殘缺荒蕪，百餘年無人問及，君毅然爲之，不可謂識爲治之大體與夫古人立言之義，必觀其人之所爲，而責其實，期其進於德，而永令聞。今吾所舉蘭村明府事蹟，必有實可責，乃列之於文字，老友貢直不貢諛也。更十年後，宦階、政治，當有與其年而並進者。維時予八十有二，猶可紀述德政於攬揆讌賓之日也。

宋思堂詩序

少司空陳鍾溪先生，余詩友也，兼以道義相切劘。先生校士西蜀，嚴於甄覈，所收盡一時之豪雋，藻鑒精而真才出矣。余棲泊懷州，寂寥無事，嘗於造廬揮麈之賓客，物色詩人，十餘年中，乃得一思堂。問其履歷脚色，云以癸酉選拔貢生，得州倅，實出於鍾溪先生之門。噫！操玉尺而求玉箏，圭棱四射，湧溢光芒，豈獨以風簷筆墨盡其量也哉！思堂别後，鈔其詩百餘首，乞爲審定。予既友其師，切劘道義，又於選拔忝居於三科之前，非泛泛也。若涉於客氣，作泛泛揄揚，負思堂，即所以負鍾溪先生。故於其詩之合於古法處奬許之，有於鄙意不甚相愜者竄易之，不稍將就。王仲初云：『人怪考詩嚴。』知思堂不我怪，故嚴以考其詩。亦惟思堂之詩，有超出乎尋常蹊徑者，乃可嚴。若自負不虛心，儼然以詩人自命，予復何嚴之有？

今督學吴巢松先生得思堂全稿，删若干，存四百五十首，而爲之作序曰：『人之有情，如天地之有情。能情天地之情以爲情，其爲詩必工。』蓋發乎情，止乎禮義，詩教也。其推許思堂天才雄傑有奇氣，適如其分，量非周旋語也，抑何能復置吾喙乎！曩者鍾溪先生與予論詩，要求古人安身立命處。所謂安身立命者，言中有物也。游一山，涉一水，發揮於一草一木；躡古人之陳蹟，溯時代之興衰，悉歸於謳吟寄托；則詩外有詩，其詩魄力乃恢灟沉雄。予時聽而伏之，以爲匡衡説詩，無兹爽朗，執此説以視今人之所謂詩，不知其安身立命者何在。蓋空言自負，皆愚於詩者也。予無以塞思堂之摯意，即以所聞於鍾溪先生之言，言之於思堂。回首曩昔，又不勝人琴之感云。

蘭臺外史序

宋諸大儒講性理，多有《語録》，門弟子記述其師所雅言者，仿《魯論》義例而録之，欲以垂示於天下後世。其始，諸大儒研究性理之精深，各有體會，而發之於言，亦第求其是而已，初非標異擢新，以理學爲獵名之具。故所言不同，而理歸一致，靡不隱合於孔、孟之所説。自宋而訖元、明，先後同揆師語之弟子録之，如《傳燈録》，刊行於梵書。厥後，門弟子附會穿鑿，立門户，施戈矛，祖程、朱則攻陸、王，尊陸、王則詆諆程、朱，窮理盡性之學，日以支離，而不可收束矣。國初諸老輩，避講學之名，而無以發舒其聞見，遂以閑筆著爲緒言，蓋襲《説苑》、《語林》之逸趣。康熙中葉，著述多古雅，足以擴充知識，疏瀹性靈，如闋閲朱門，於峻宇雕牆之外有别墅。石輩於楚，卉移於越，喬木陰森如虯龍，靡不聳奇貢秀，供游覽於無窮，是亦藝苑之有風味者矣。迨乾隆、嘉慶數十年間，説部日多。其中有游談不經，翻舌瀾而無忌憚者，吾不欲舉其人，抑且不欲顯揭其書之名目，有識者當自辨之。

蕅船刺史以詞館出膺外任，需次省垣，著《蘭臺外史》以消遣歲月。其書無侘傺無憀之氣，無詼言以矯俗，無侈言以駭世，不失爲文人吐屬。然此何足以盡漪船？更將於吏治求格物之學，於格物以體察人心之誠僞。風氣之醇澆，山川氣候之寒暄，鳥獸草木，日月風雷之怪變，疆域封圻之錯綜，纂輯成書，因乎地，相乎勢，以大其展用。斯乃以儒術爲治術者也，此亦朋友講習之一義。予何敢以衰庸蹇陋，緘其口如寒蟬，負締交之初意耶？

蘭石齋駢體文序

余於乾隆年間詩人，獨推許武進黄仲則。入都，與内閣學士翁覃溪先生論仲則詩，洽於所見，遂以覃溪删定五百首刊於京師，令海内耽吟之士，知毘陵有此人，而其人有此磊落軒昂之筆。是時，毘陵之宦於都下者，有洪編修稚存，孫部曹淵如，趙舍人味辛，皆與予善。花晨月夕，作文字飲，每飲，輒歎息仲則豐於文藻，而嗇於遇合，卒客死於饑驅。予題仲則集後云：『不知造物有何親，獨將此筆與此人！不知造物有何恨，獨使斯人受奇困！』覃溪先生賞之，以爲仲則不死。

今陽湖董君方立，亦毘陵後起之秀也。戊寅赴北闈，以第四人獲雋，試春官，數見黜，年逾三十，遽捐館舍。遺《蘭石齋駢體文》二十五首，其同年友方子彦聞刊於懷慶，蓋憐其才，不忍使其筆精墨髓，與昂藏七尺之軀同埋没於人間世也。予觀其集中諸作，有以縱横恣肆，寫其襟臆之超曠者；有以酸楚悲凉，寫其平生抑鬱牢騷者。其超曠得之於天，其抑鬱牢騷厄之於境。厄於境，如騹騮騄駬，負重危途，昂首一鳴，聊以舒其傲岸不平之氣，氣竭，而精華亦爲之蕭索，此其所以不壽也。

或謂：『古來之工於衡文者，莫如玉溪生之論元漫叟。如「太虚無狀，大賁無色，寒暑攸出，鬼神有職」，方立集中有是耶？』曰：『無。』曰：『「若以一國換人一笑，若以萬世換人一朝」，方立集中有是耶？』曰：『無。』曰：『「玉溪所云筆力所不到，彦聞奚以刊之乎？』曰：『子不聞「若大壓然，不知其興；若大醉然，不知其醒」。「重屋深宫，但見其脊，牽繂長河，不知其載」乎？若是者，方立集中悉有之，亦難能而可貴者也。夫駢體文，非制藝所需，熱中於科第者，率皆不暇爲，亦不能爲。方立於人所不能爲而爲之，其自命爲何如耶？聞方立所著，有《長安志》三十卷，《水經注疏證》三卷，及天文、歷術、goal數、古今輿地沿革，皆精於研索，足以追配古人。或有古人之所疎，而方立密之；古人所涉者淺，而方立獨深。嗚呼，傑矣！彼光韜秘枕，未出以問世者，皆其肐膏心液所凝鍊，而抵死方休者也。安得文字之交，復有慷慨如彦聞者，以盡發其底藴乎？』

【校】

文題原作《蘭石齋序》，此從底本目録。

李子沆詩序

才鍾於人，而有以自負，必不酸腐其齒頰，而淺庸於語言。言之淺者，必庸於識量，而碌碌乏英氣也。門人范生槼坊，中乙酉鄉試，旋自大梁，告予曰：『寶豐李生子沆，吴巢松督學所取士，以爲選拔百二十人中之翹楚。坊見於省垣，子沆曰：「君見舉於有司，非吾所羨，吾所艷羨於君，以爲松嵐先生門下士也。」』予訝其所語不凡，知爲卓犖之士，而轉惜予蹇劣荒踈，跧伏林下，弗克以自振，猶冒虚名於英彦之口，竊自愧矣。

遲月餘，子沆以書與詩稿，介大梁山長家青原，來乞予序。書中詞旨殷厚，頗撝謙，始知爲衛多先生嗣君。先生爲乙酉拔貢，與丁酉亦稱同年。蓋拔貢十二年爲一科，故上下兩科引爲年誼。而先生令弟諱葛者，與予同拔於丁酉，氣誼相親，嘗一盍簪於京師。先生當乾隆中葉，迴翔諫垣，以建白切於時務，著敢言之名。繼觀察江右，督理漕運，以厚重持大體，士大夫皆稱爲君子，以爲不辱衛多字義。未幾，旋引疾歸林下，其性情之恬退，亦復有人所不能及者。

子沆受庭訓，足以涵養性靈。其隨侍京邸，所遇多偉人鉅公，麈尾一揮，皆文章道義，可云不陋於耳矣。其隨侍南昌，所見多名山大川，江帆一挂，胸次可吞彭蠡，筆頭可撼匡廬，庶幾不孤於目矣。心者，耳目之主宰；耳目者，受役於心者也。語由心出。故其爲詩，如峰巒之有起伏，川瀆之有波瀾也。其五律，如『一鳥隨帆盡，長天入水寬。遠懷落鄉國，瘦骨耐春寒』。則高、岑之雄濶也；如『滄江一夜雨，萬緑入春烟。犬吠桃花外，雞鳴桑樹顛』。則王、孟之澹永也；如『峰巒歸素手，天地老朱顔』。則少陵之高渾古健也；如『泉隨樵磴折，山到寺門深』。則隨州之超逸幽曠也；如『麝蘭銷艷骨，泥絮定禪心』。則香山之沉著通徹也。字字抉唐髓，不降格入於宋派，亦近今之罕覯者矣。其五七古及樂府、截句，淋漓悲壯，感發無端，大率與五律相類。而琢磨凝鍊，間有不及五律者，非其才之優於此而絀於彼，致功有淺深，火候有到有未到也。更十餘年後，讀書愈多，聞見彌廣，其所造，有不與年俱進者哉！

竊念康熙年間，人文蔚起。中州以詩著名者，如櫟園、牧仲、曰緝諸老輩，文采風流，與南朱北王，並驅一世。今百餘年來，不聞有追前蹤而繼起者，其故何哉？大率疲精役志於時文，爲進身之地。有耽志風雅，不屑羈縛於時文者，則以爲迂腐，而群相輕薄之。嗚乎！耽志風雅，誠如有礙於進身，則大梁、商邱、鄢陵諸公，未嘗不顯且榮也。吾願子沉堅其志，勿爲時俗所搖。他日以詩人作名宦，如牧仲先生，則無負於巢松督學矣！

娱老集序

自嘉慶辛未來居懷州，迄道光丁亥，越十七年，而予老矣。一切膠膠擾擾，妄念起伏，皆以老屏絶之。妄念銷磨，歸於閑適，朝哦暮詠，逍遥以送日月，是此生歡娱境也。《懷州集》三卷，始於嘉慶辛未，截自道光辛巳。自壬午以後所得詩，名《娱老集》，蓋以詩娱悦性情，而自忘其爲七旬以外之老夫也。

予詩有數集。序我《嶺外集》、《灘江歸櫂集》者，閣學翁覃溪先生也；序我《留都集》者，侍御出守彰德吴玉松先生也；序我《邗上集》者，粵東制府阮芸臺先生也；《迴帆集》不幾首，則無序。序我《鹺城集》者，少司空陳鍾溪先生也；序我《行篋集》者，農部員外，同年楊蓉裳先生也；序我《懷州集》者，少司空改詹事鮑覺生先生也。翁、陳、楊、鮑，墓草已宿，芸臺制府在滇南，路遥百驛。玉松先生老於江鄉，年八旬有一，近多不稱意事，豈復敢勞以筆墨？而平生文字之交，深於風雅如吴舍人蘭雪者，又牽羈人海，老病窘蹙，無意興及於此事，故是集輒自序之。或問：『集中有傷逝之作，不得以《娱老》概之，曷芟去？』答曰：『「一生身後聖哲，隨俗了悲歡。」子未讀陳簡齋詩乎？』

玉磬山房文集卷二

重修解梁關夫子廟碑記

廟之重修也，其謀始成終之大局，已見於中丞碑記矣。有帝之慈惠，切於桑梓，而感於觀之心脾者，宜紀其略，遂再伐中條之石，覼縷其事焉。

嘉慶九年甲子，河東旱，民饑，聖天子憂之，命緩征，舒民力。乙丑又旱，民益以不支，命發帑撫卹，又以廩糈，食河東二十六州縣之餓者，一夫失所，唯有司是問。是時，河東道鄭人慶有疾，不能治事，觀以湖北試用道員，方陛辭未行，奉恩命補授河東。具疏請訓，聖天子諭以『河東荒歉，民生憔悴，命爾往，爾善卹之，勿溺爾職，孤委任。』觀誠惶誠恐，舉止無措，治裝急就道。道中見有廟廟帝者，肅而入，伏地告帝以天子所命，而以蒼生流離，默乞覆庇於帝。一日一見則一告，數見則數告，自入晉境，無日不見，亦無見不告也。

行至介休，見前任翼城令蔡曾源者，自言能扶乩，甚靈，乞其扶乩。乩動，賦五絶二首，大書『漢壽亭侯』，乃知乩中詩，帝詩也。伏地默告，如前在廟中。帝訓勉愛民濟饑，如天子所命，且言：『吾鄉父老，皆拜觀察之賜矣。』觀且敬且畏，翼翼凜凜，曾源乃相顧悚然，謂觀曰：『源扶乩三十年，未見帝降乩者。』是夜亥時曾源去，寅時聞雪聲，起視庭院，皚皚已尺許矣。感帝之德，喜民之有食也。秉燭冒雪行，行至靈石，蒲、解、平陽諸州邑被災者，悉報得雪尺許及數寸不等。是年麥有收，秋復大稔，皆帝之賜。帝之矜憐拙吏，而蘇其部下之困民，使登於衽席者，何其神哉！是帝廟之重修，觀尤不敢不竭其誠，用殫其力也。

【校】

此碑原件，現仍立於山西運城關帝廟，尾署：『解州刺史吴君率鄉耆翰林院待詔馬見龍、江西安遠縣知縣馬凌雲、陝西試用知縣侯在恩、壽陽縣訓導李遜志等襄理其事，矢潔矢勤，費約而工堅，例得並書。欽命分守山西河東平、蒲、解、絳、霍、隰地方水利兵備道，兼管山、陝、河南三省鹽法道劉大觀撰文並書丹。賜進士出身，山西解州直隸州知州吴邦治監修。大清嘉慶十四年，歲在己巳秋九月吉日立。』

憇圓明園大樹庵記

余自知前生一比丘也。嘗於山間水次，覯一人焉，高笠濶袖，筇聲鏗然，則欣欣而喜。又嘗於深林鉅刹，聞華鯨一吼，則怦怦而動，是以知其然矣。塵纓一縛，垂三十年，五官百骸，率非己物，其於世法，奚所裨也。

今駕輕車，出西郭門，偕二三蠢奴，來大樹庵中。是日甚暖，途多飛埃，耳目口鼻，悉爲所苦。入庵，脱帽置几上，拂塵濯面，心先適矣。啜茗數甌，味甚甘，精神一振，乃觀魚瀲灧之水，翫花崢嶸之樹。

主僧德應來與和南，寒温數語，各歸其室。室右壁丈許横幅，健筆偉力，更無回折，吾鄉竇先生東皋臨顔魯公書也。觀先生之書之古拙，蓋髣髴先生之磊磊嶽嶽，不諧於時，今其人安在哉！室敞雙扉，納諸妙相，佛屋左角，鼠姑一叢，遥睨之，孤蓝破矣，其餘者含苞未解，若將有待。明辰一蓝開，午又兩三蓝開，申、酉之間，頻開不已，紅酣緑湧，力竭造化。嗚呼！余誠何幸以簡牘疲薾之軀，來居此鐘魚疎散之地；又何幸佛土名花，解娱客意，若良友訂期，推襟送抱，不爽其約者。可知天下事，靡不有數存焉。逆乎數，而求數外之數，亦見其夢夢而已矣。

約園記

園中有逸人焉，同年賈子滙川也。賈子以孝廉起家，出宰元和，其才足以了繁劇，刮目上游，縣中民悉畏愛之。乃卒以是見嫉於僚友，受媒孽，以疾歸。歸則跧伏園中，與郊外荷篠兒嬉嬉爲耦，荷篠兒生於草野，漫不知銅章墨綬昔屬此人。園北有翠巘，出茂林修竹之上，爲大行；園南有清流，白鷗、紅蓼照暎牕際，爲沁水。其略彴雉堞，瀕於藕花，時見酒人，樂於桑梓，則園東之幽趣也。其王屋、天壇接於盤谷，五龍口之水來灌禾苗，則園西之沃壤也。園之勝如此，使不得一鎔經鑄史之人，焚香滌硯於其間，則園之不幸矣。夫鎔經鑄史，必有所用。不用以了繁劇，而用以守寂寞，則又元和父老之大不幸矣。其友劉正孚嘗來園中，借滙川書讀，無以報滙川者，爲作此記。其園之以『約』名，别有詮解，見主人《約園記》中。

重修陽武縣文廟記

陽武之有孔子廟堂，未知昉於何代。明洪武後，歷朝修葺，始有可考。國朝，縣令姜光印修於順治六年，教諭栗民梁修於康熙十二年，縣令葉元鈞修於康熙四十四年，縣令麻居湄修於雍正八年，縣令談諟曾修於乾隆八年。此數君者，皆以儒吏知尊聖人，關心教化者也。厥後七十餘年，垣壁剥蝕於風雨，檐甍穿漏於鳥鼠，折榱偃松，無人扶持，遂使荒涼百倍矣。長白壁君，以名閥世胄，由京秩出宰陽武。本趨庭之訓，以愛民造士爲心，下車謁廟，神色悚然，若於肌膚卒生芒刺。遂謀之學官及膠庠識大體者，風行草偃，其機甚速。於是紳耆、鄉老悉願輸誠，酬長官愛民造士之意。計費醵金得一千二百有奇，經始於某年某月某日，落成於某月某日，大成殿、兩廡、戟門、泮池、圍牆，盱盱焉，赫赫焉，頓復前規。又以餘力修二祠，祠鄉賢、名宦。壁君乃走書乞文，鐫諸石，以紀歲月。

夫孔子道隆千古，爲帝王師。孔子之學，王政之本也；宫牆數仞，人材之淵藪也。自漢唐以來，備極尊崇，載在祀典。歷代理學名臣，讀孔子書，致君堯舜，考其始，皆托跡於此。涵濡醖釀，名列大儒，是此地爲造士之地。嫻於進退揖讓之禮，習於干羽管絃之樂，明於天德王道之學，砥礪於孝弟忠信之行，修於草茅，獻諸闕廷，成於己，而及於物也，豈獨取科第以爲榮哉！宋儒陸子云：『聖人之道，位天地，育萬物，可謂大矣，然常寓之於宫室、祭祀、器服、度數之間。』又云：『國家講太平典禮，自學校始；學校之設，自赤縣始。則兹廟又學校之權輿也。』然則壁君此舉，知爲治之要，立作人之基，豈簿書俗吏之所能爲？ 余故樂爲之書。璧公名昌，教諭某，訓導某，紳耆某，皆殫誠趨事，不惜其勞，例得並書。

重修衛輝府富教樓記代郎静谷太守作

城中突兀有樓焉，雕欄四圍，麗甍千尺，郭外數十里，帆檣輿馬，村落山川，一矚可盡，蓋大河南北之偉搆也。樓初名富教，易以璧光，其成毁修葺，歲月姓名，載郡人賈繼春《璧光樓記》。最後修是樓者，爲前明郡守苗自成，至今二百年矣。鳥鼠穿漏，風雨摧剥，其形支離，其氣蕭瑟，一郡之運會，輒與之以頹唐。故比年饑饉，富者貧矣，貧而無憀，於蹈法之事，靡所不爲，則不受教矣。

嘉慶十八年九月，民亂於滑，累及同郡，守土者不能不引以爲咎，而思有以振作之也。謀之僚屬及紳士商民，僉曰：『樓之興替，所關良鉅，願輸資，用襄盛舉。』是役也，經始於某年某月某日，落成於某年某月某日，鳩工凡幾萬幾千幾百有奇，用財凡幾千幾百幾十有奇，盻盻焉，巍巍焉，櫓楹森聳，一如舊規。工訖，余告於衆曰：『樓之初名甚古，包涵甚大，後易名璧光，以近於縣學，取文明昭灼之義。又以斗爲帝車，運於中央，北斗七星前四爲魁，後三爲杓也。然此象緯之學，固區區不足道。昔孔子知周萬物，道濟天下，於衛有三至之勤。庶而不富，無以安其庶；富而不教，背禮義而趨淫侈。鑠其天性，適爲厲階，樓之立名，可遽更乎？』衆唯唯稱善。

余又曰：『富生於勤，義生於教。樓新矣，風俗不新，則襲名而悖實，能恃此樓轉磽瘠爲膏腴乎？

能恃此樓化邪僻爲敦龐乎？蘧大夫爲孔子故人，其所以賢，以其能寡過知非，故曰「衛多君子」也。自古賢人君子，天下仰之，如魯靈光。吾願郡屬耆艾鄉紳，閭閻子弟，無以樓視樓，能視樓如蘧伯玉，以其知非寡過，移俗易風，以孝弟力田，爲居家世業，則富與教寓乎其中，庶幾無負締造經營之意歟！

郡齋宵談記

郡者何？古鄴下也。守郡者誰？侍御吴先生玉松也。所與談者誰？玉松故人斥邱劉松嵐也。松嵐在二十年前，識先生於茂苑，氣誼感孚，屏絶世態，故其交彌久不渝。歲丁巳，先生客寧遠，僕爲主，先生爲賓；兹歲甲戌，僕游鄴下，先生又轉賓爲主。造物者若知吾兩人不諧時俗，而篤於氣誼，輒使之乍離乍合。前興離索之嗟，後有喁于之樂，遇合亦奇矣！

僕自以妄言褫職，偕弱累居野王城，息影蓬茅，混跡樵牧，輟耕撫掌，語止桑麻。欲與平生故人揮麈尾，瀝肝膈，其道靡由。秋風夜來，馳情夙舊，未嘗不吊孑影以欷歔也。今造物示其狡獪，引衣繡鳴騶之士，就披簑叱犢之氓。而故人昵於水乳，追首山觀海之情，召元墓探梅之侶，豈非心輪夢轂，燕豫交馳，結幻想以成真境哉！古君子片言洽契，誼訂久要，商出處，勵名節，共休戚。有師友相兼者，有父子、兄弟骨肉之間所不能言，而良朋戾止，慷慨激發，進藥石以爲調護者。既相信無猜，形骸脱盡，即詼嘲謔浪，亦有肝膽輪囷，寓乎其中焉。夫言者，宣齒牙之慧，達繾綣之情，視其人，因其時，不出乎其位。在壑言釣，在隴言耕，在跧伏言韜晦，在榮顯言設施。對青山而談世務，左矣；結鶉衣而言貂裘，謬矣。何也？語生於情，情生於境，不衷之由，而機之發，何異乎愚工鑿枘乎？

然僕與先生則大不然。城府不築於胸，升沉弗介於意。時而高談偉論，則金縢玉局，墳典索邱；時而興會峥嵘，則蛇神牛鬼，木客山魈。遠之則勾注飛狐，朱厓儋耳；近之則銅雀畫錦，杜墓韓陵。賣扇者神仙，納履者公侯，墊巾者名士，屠狗者大將，補鍋者忠臣，炙轂繅絲，靡所不既。或追懷舊事，如香雪海騎石馬背上；如錦州石堂道院，呼鐵丐與共杯酌，擊鉢豪吟。類乎此者，皆剪燭西牕，翻舌瀾不可控制者也，朋友之樂，於斯爲極。顧酧酢始二十年前，金石堅二十年後，商出處，勵名節，共休戚，有相視而笑，莫逆於心者。蓋僕與先生知契之深，實在乎不言之表。

【校】

揮麈尾，原誤作『揮塵尾』。

拜韓魏公祠記

曩觀待罪河東，拜裴晉公聞喜，拜司馬温公夏縣。今著初服，自懷州冒風雪，策一瘦蹇，來游鄴下，復拜公於祠，時在嘉慶十九年長至月，日在庚戌。公何如人，多後生小子之一拜哉！而後生小子，不能不以拜古之大賢爲榮，一振其意氣。既拜，遂周覽庭廡，搜索碑版。祠左右貞珉頗多，率稚弱巃浮，記銜名歲月而已，無足動游人咨歎者。獨階下古檜一株，依檜置亭，矗亭有碑，後人所鐫蘇文忠《醉白堂記》也，文古而書不古，爲之太息。公立朝本末，載於國史，如日月昭灼九州，僻陲窮壤能識字者，悉得見之。其文章與公德業相並峙者，蘇之《醉白》，歐之《晝錦》，更以兩《記》艷稱於後世。觀少年時讀《晝錦堂記》，推尊魏公，實無慚色，以爲萬古千秋有此偉人，又生一能傳偉人之健筆以發明之，悚於心，噤於舌，欲進一解，措一詞，而不可得。

今寂寥無事，取《宋史》及公家傳，反覆考校，似歐陽公記晝錦堂，發揮猶有未盡也。當時，手扶鼎鼐，平章海寓，以韓、范並稱。范曰：『先天下之憂而憂，後天下之樂而樂。』公之心事，何獨不然？公以相州人，持節守相，著將相衣冠，拜祖宗墳墓，其榮耀尊顯，天下所知。而其所以致此榮耀尊顯者，則以危悚得之，非以暇豫致之也。至和中，造膝密勿，定建儲之議，宦官、宮妾詫於内，臺省大僚沸於外，上意摇動，臨朝默然。公於此時，可不謂危乎？英宗以疎族踐帝位，膺大寶，無幾日病作狂惑，舉朝側目。公於此時，可不謂危乎？及乎撤簾歸政，朝野奠安，恃公以膽力任之。若此者，皆人所不能爲，亦不敢爲。爲之幸，博策命元勳之名；爲之而不幸，有殺身覆族之禍。吾故曰：『晝錦堂中人，非尊榮安富中人，實艱難危悚中人也。』

又，《醉白堂記》云：『道德功勛，安危社稷，公所有，樂天所無；賓朋讌樂，園林聲妓，公所無，樂天所有。』則又不然。按公守相州，園康樂，堂晝錦，亭廣春，臺休逸，引洹水灌蓮養魚，植名花異卉凡數千株。公門下士王巖叟作公《别録》曰：『公在相府，蓄女樂二十輩。』然則蘇氏所云『園林聲妓，爲公所無』者，殆非實録。司馬温公居洛陽，築獨樂園，文潞公攜妓造公不遇，謂園吏曰：『方草木盛時，相公出游弗歸，可謂瀾浪。』夫温、潞皆嶽嶽大賢，未聞以名園麗姝爲盛德累，蘇氏又何必爲魏公諱乎？觀嘗竊謂：『歐能寫公之寵榮，遺公之慘澹；蘇能寫公之建樹，略公之怡樂；皆未窺其本末之全。』

今來拜公祠，敬爲之記，且謬爲之説，不識公靈爽式憑，以妄言斥之耶？抑以䨓有所見，察愚蒙而恕之耶？姑識之以質來者。

武陟萬花莊龍祠記

昭昭也，龍之爲靈，昌黎能識之。故唯昌黎能詰曲婉委，摹寫其情狀，其尊爲鱗介之首，猶羽族之尊鳳皇也。其被五色而游於神，小或縮爲蠶蠋，大則極於天下，其狡獪尤不可測。然龍之見於載籍，行曰龘，飛曰龖，雨曰施，雲曰從，畜而豢之，揉而擾之，何其馴也！戰於野，其血元黄，又何其厲也！而卒未聞幻形鄉曲，役於人若奴隸，又以人爲婦，具衣冠而敎伉儷者也。有之，自武陟萬花莊始。

莊氓高某，有女未字，百媒乃未嘗一諾，媒噪曰：『若家女，簡韶擇秀，聲價獨高，將欲嫁龍耶鳳耶？』高漫應之，謝媒去。高開畦數弓，藝蔬爲業，以力殫畎畝，弗能兼治，傭一人治之。一人來，聳鼻縮目，軀幹昂藏，願受傭供指揮，高曰可，以畦蔬屬之。傭録録，弗示圭角，食已酣睡，睡復食，若此累日。高輒怒，誰責之，傭復睡如故。其女訝焉，往視畦，畦水充矣，蔬之茂過他人之蔬。女以告其父，父乃大驚曰：『予日見其横陳，未見其操綆以汲也，水自何來？』以問傭，傭弗答，而睡與食如故。父曰：『嘻！是豈録録終役於人者？是將破壁而飛，吾女不若人之妻，而顧誰妻？』乃以女妻之。越年餘，傭告其妻以行雨不謹，受帝謫故，今謫滿，將去矣，遂不復見。未幾晝晦，大風雨，妻亦絶其蹤，不知所往。是蓋前明永樂七年事，父老至今能言之。繼萬花莊父老夢一人，偉岸殊常，著緇衮，冠王者冠，來告曰：『吾夙受父老莊中恩未報，吾今居修武太行山，脱父老莊中苦旱，槁田禾，父老愬吾，吾當以雨雨。』父老莊後輒乞輒應，無或爽者。嘉慶壬申夏五，武陟旱，禾槁百里，蒼生遑遑然，以飢饉爲慮。武陟大令孫君肅元，率萬花莊父老子弟，詣修武太行山祈雨，雨隨大令車至武陟，靡晝靡夜，民大歡。是歲復大熟。

又越五年，大令語萬花莊父老子弟曰：『龍受爾萬花莊恩，則思有以報之；爾萬花莊父老子弟被龍恩澤，無以報，寧不辱龍？』父老子弟皆悚然跪階下，求大令所以報龍者。大令曰：『以雨雨人，人得食，賦税有出，父母兄弟妻子不離散，龍之功偉矣！功及於民則祠之，禮也，祀典所載也。』父老子弟咸叩額於地，願醵金築祠。鳩工於某年某月某日，蒇功於某年某月某日，共費錢幾千幾百萬緡，崇垣麗甍，竭梓人之巧。大令伐太行之石，徵予文，爲記顛末。村墟前後左右，珍禽掉舌，嘉卉茹芬，不俎豆而馨香，不筦絃而宫徵，又可以怡神而悦民也。或曰：『龍之功偉矣。事或荒忽不近於經乎？』余曰：『哀牢夸婦，觸沈木於谿，生龍子，見於《漢書》。木何物也？龍可木，不可人耶？婦觸於木，則産龍；女役龍，不可妃龍耶？』

【校】

槁田禾，原作『稿田禾』。按，後文旋有『禾槁百里』，據改。道光《修武縣志》卷十《雜記·軼事》載是記，異文甚多，兹迻録之：

武陟萬花莊氓高某，有女未字。高藝蔬爲業，傭人治之。忽一人來，聳鼻縮目，軀幹昂藏，願受傭，高以畦蔬屬之。傭食已輒酣睡，睡起復食，高怒，譙責之，傭睡如故。其女往視畦，畦水充矣，蔬芃芃然長矣。女告其父，父大驚，曰：

『予日見其偃卧，未見其操綆以汲也，水自何來？』以問傭，傭弗答，而睡與食如故。父曰：『嘻！是豈碌碌終役於人者邪？』以女妻之。越年餘，傭告其妻以行雨不謹受帝謫，今謫滿，將去矣，遂不復見。未幾晝晦，大風雨，女亦不知所往。是蓋前明永樂七年事也。繼萬花莊父老夢一人，偉岸殊常，著緇衮，冠王者冠，來告曰：『吾夙受父老莊中恩未報，吾今居修武太行山青龍洞中，脱父老莊苦旱，但愬吾，吾當以雨雨父老莊。』後輒乞輒應，無或爽者。

嘉慶壬申夏五月，武陟旱，禾槁百里，武陟令孫君肅元，率萬花莊父老詣修武太行山祈雨，雨隨車至，一晝夜，田皆霑足，民大驩，是歲大熟。又越五年，令語萬花莊父老曰：『龍受爾萬花莊恩，則思有以報之，爾萬花莊父老獨不思有以報龍之恩乎？』父老皆悚然，跪階下，令曰：『以雨雨人，人得食，賦税有出，父母兄弟妻子不離散，龍之功偉矣！功及於民則祠之，禮也。』父老咸願醵金，鳩工築祠，崇垣麗甍，竭梓人之巧。祠之前後左右，珍禽掉舌，嘉卉茹芬，不俎豆而馨香，不筦弦而宫徵，又可以怡神而悦民也。

濟源九十七泉記

天不愛其道，地不愛其寶，人不愛其情，而醴泉出焉。正出，懸出，仄出，見《爾雅》；寒泉見《易》，肥泉見《詩》，貪泉見《晉書》，勞泉見《齊書》，廉泉、狂泉見《南史》。齊王憲之泉則忠，淮南子之泉則悲，鮑明遠之泉則媚，柳子厚之泉則愚。嗟乎，泉之時義大矣哉！

嘉慶癸酉，余執筆修《濟源志》，問濟源令何君曰：『濟，四瀆之一也。伏流東阿，歷諸歷水，注不注山，隨地出泉。濟南泉有名者七十二，挂文人之口，着人欣豔，屐笻未莅，形諸夢魂。夫水有源委，譬木之有根，人之有祖。濟源居歷城上游，泉必多於歷下，《志》所載但十有八，何耶？』何君唯唯，既而曰：『邑中泉，誠不止如《志》中數。曩修《志》，以無係乎邑之興替，邦之文獻，故略而弗詳。』余曰：『固也，然未汲於古而得其深。古者以龍泉名劍，以響泉名琴，以甘泉名宫，以酒泉名郡，以平泉名莊，悉有取義，非出漫然。鶴慶有諸葛泉，武侯駐師地也。范文正知青州，而甘泉見，有惠政也。泉果無係乎邑之興替，邦之文獻也哉？又嘗聞慶山者，德茂則生，乘土而王，其政太平，則醴泉出，是又鑿鑿於載籍者矣。』

何君曰：『嘻！泉固如是之不可藐耶？吾將下搜泉之令，令鄉民舉泉。泉舉，請大書於《志》，以無負乎吾今之所聞。』去兩月，以一册來，得泉七十有九，與《志》中已載，合九十有七。玉川子者，濟人也，泉以盧名，一見焉，再見焉，三五見，且弗止，豈玉川子之隴斷歟？抑後人左袒玉川，奉無主之物以貢諂歟？皆未可知也。愚則以爲，是物爲邑之公器，奪焉據焉，泉且弗受。分一泉與張禹，曰安昌泉；分一泉與郭文，曰嘉遯泉；分一泉與徐有功，曰參軍泉；分一泉與張廷珪，曰貞穆泉；分一泉與温造，曰僕射泉；分一泉與裴休，曰太尉泉。泉以人著，泉之幸也；人以泉著，亦人之幸也。余老矣，筆墨荒疎，修《志》實辱《志》。其差不辱此《志》，而於山川勝蹟，發潛德之幽光，厥惟此一端而已。

訪蹟七十九泉：

胎簪泉。濟廟西北二里，舊名萬泉。

安昌泉。

嘉遯泉。

參軍泉。

貞穆泉。

僕射泉。

太尉泉。六泉附郭，在城東北。

白龍泉。城西南方山村。

葦泉。留村南。

半璧泉。碑子村。

音聲泉。禪堂山内。聞人聲，流漸急，鳴金則噴瀉如注。

飛泉。西山偏看村西。

瀹茗泉。五色泉西北，舊名竇家泉。

漱心泉。玉碑子村李氏園中，清澈可鑒。

稻泉。碑子村東北。

露香泉。漱心泉北。荷花放時，遊人甚多。

木槿泉。李氏後圃。長三丈，潤丈餘，上有木槿一株，百餘年物。

怡泉。露香泉東。

崢嶸泉。碑子村北。水常高地數尺，舊名湧泉。

溥惠泉。龍翔宫西北。

五柳泉。邑北鐵岸村東南，前懷慶太守康公基田浚。

泛月泉。鐵岸村南，舊名蔣家泉。

冶泉。鐵岸村東，舊名張家泉。

椒泉。鑒泉東南。

卯金泉。椒泉西北，舊名劉家泉。

史氏泉。滙泉東。

聯珠泉。高家庄西北，舊名連家泉。

白榆泉。龍翔宫東北。

滙泉。龍翔宫東南。

獺泉。椒泉東南。

紫方泉。衛家河。

如意泉。碑子村東南。

垂紳泉。邵原鎮西北，舊名瀑布泉。

白澗泉。縣東北二十里。

天井泉。盤谷山上。

漱秋泉。東張凹村，舊名蔡家泉。

可泉。盤谷寺内。

潔泉。連家泉南。

曲泉。潔泉東南。

楝泉。邑西北龍翔宫外。

黄龍泉。城東北南堰頭村南。

太乙泉。天壇西崖下。

浴鷗泉。邑西百里王家庄溝村，舊名白龍泉。

疋練泉。邑西九十里白龍溝村，舊名白龍泉。

祖師泉。邵原鎮西南。

昭昭泉。邑西一百八里段家凹，舊名黄龍泉。

冷泉。西張凹村。

槐泉。邑南雙柿樹槐灘旁。

懸泉。城南黄龍廟村。

瀼泉。邑西一百里邵原鎮東。

慈悲泉。邑西一百二十里西陽村，舊名菩薩泉。

金粟泉。邑西九十里黄腰村，舊名黄龍泉。

蝦蟆泉。邑西九十里高厚坡，韓退之有題咏。

馬撲泉。邑西一百四十里趙家寨。俗傳龍馬至此欲飲，以蹄撲地，泉湧出。

龍洞泉。邑西七十里，水由洞頂溢出。

岱媚泉。高厚坡村。

湯泉。邑西一百里黄楝村，舊名湯王泉。

舜泉。邑西一百八里段家凹，舊名舜王泉。

鼎足泉。邑西北九十里鴉門村，有三窟，舊名坎泉。

西陽泉。西陽村。

猶龍泉。邑西七十里老君堂村。

黑龍泉。老君堂村。

釋子泉。邑西九十里師龕村，古有禪僧圓寂於此。

神駒泉。邑西八十里上官庄。

鵝山泉。邑西八十里鵝山下。

娘娘泉。邑西北八十五里神溝村。

茹冰泉。邑西八十五里神溝口，泉水極寒。

東陽泉。邑西九十里東陽寺内。

宿鴻泉。邑西一百一十里七溝河，泉四面皆蘆葦，舊名葦園泉。

大王泉。邑西八十里嚴莊。

漱玉泉。邑西一百里黄楝樹村，舊名玉皇泉。

鏗然泉。邑西九十里院科村，舊名倚溝泉。

陰陽泉。邑西一百里歇馬坡，其泉支出，一在山陰，一在山陽。

麗春泉。邑西北花園頭村，舊名花園泉。

柳泉。邑西高厚坡村。

空青泉。濟瀆廟内，舊名眼光泉。

木欒泉。縣西三十里靈都宫後。

棲真泉。縣西北三里賀蘭棲真墓。

濟水源泉。邑西南七十里王屋村。

舊有十八泉：

玉川泉。在縣東淏河北，唐盧仝嘗汲水烹茶，亦名玉泉，又稱玉川井。又，玉陽以東皆爲玉川，故縣亦號玉川。

珍珠泉。在濟池東，泉水湧如貫珠，故名。

五色泉。在縣北竇家溪南，泉下有五色沙石，唐温造别墅在焉。《通志》云：相傳有異人濯五色綺于此，水成五色。

鑒泉。在鐵岸竇家溪南，俗呼琵琶泉。

拔劍泉。在濟瀆池東北。世傳仙人王喬拔劍於此，故名，有題咏。

葫蘆泉。在濟池西。

蜈蚣泉。在西城根罣上，每瀧水泛漲，勢若吞城，賴此泉鎮之不爲害。《龜筴傳》云：『螣蛇之神，殆於蝍蛆』，即此義也。

蒙泉。在枋口内。

甘泉。在大峪。

鳳跑泉。在碑子村。唐寧王避暑，有鳥數百集此，泉水湧出。

龍泉。在蓼塢。

麻姑泉。在靈都宫東。

金蓮泉。在靈都宫北，有題咏。

不老泉。在洗參井北。

天壇靈泉。在什方院側，爲敕封靈佑襄濟黄大王所創。王鞏人，天啓五年遊王屋。先是，院艱於水，王至，衆求之，王以手指地，鑿之，佳泉湧出。

平泉。在堰頭。

雙月泉。

二色泉。二泉見《通志》、郡《志》。

清化祝融道院賞荷記

吴越之交多水郡。導水入城，疏通氣脉，小舴艋拍浮其間，若鳧若鷖，可繪也。惜水中無花，供人欣賞。淮揚迤北數十郡，水縈洄曲折，走於城中，獨濟南與懷慶耳。濟南鵲華橋邊，有酒舫，有芙蕖，接古歷亭下，折而西，達小滄浪，爲士夫游人觴詠之地。懷慶有水而無舟，芙蕖塞於港瀨，無着篙槳處也。其水面寬敞，有亭有榭，有閣有橋，以點綴芙蕖者，曰潮音寺。寺前閣以觀世音大士，閣下有石搨羅漢五百尊，閣之南，有坊曰慧海文瀾，郡人又呼爲小補陀焉。每值夏令，芙蕖開時，余或獨一人對花瀹茗，取花氣水氣，涵養肝脾。或萃賓客，開芳讌取笑樂，展拓胸襟，蓋十餘年於兹矣。獨今夏雨短，濟水不通，芙蕖蕉萃，若嶔崎磊落之士不得其時，而局促偃蹇無善狀者。豈造物厄人於運數，而花之嶔崎磊落者，亦施以挫折，而抑損其妍姿乎？盈虚消長，理或然也。

是時，少宗伯康公方閑居中道，以氣誼浹洽，時至郡城，憩余敝廬，松牕竹榭，靡所不談。余遂以芙蕖蕉萃，談盈虚消長之理，公曰：『清化祝融道院芙蕖盛開，想花之氣數，未齟齬於天道，故鮮葩翠蓋過於往時，曷往一觀乎？』余諾之，欣然一游。同觀者，宗伯之兄二如、武進孝廉方君彦聞。二如性豪爽善談，座中談揚州之異卉名花，與二十四橋之風月，娓娓可聽。彦聞則對花搆思，詩雅麗若初日芙蓉，不翅謝康樂在今日也。宗伯歷樞密，藴綸經，以巡撫皖、粤，恢廓大度，有過人者。雨後，睨天光之清妙，愛賓朋情性之疏曠，舉一大白，謂余曰：『芙蕖之品，見許於周濂溪，非陋質凡容也。今日之飲若不痛，負花即負君子矣！』余起舞揮觴，露衰齡之狂態，衆悉豪飲，不計杯酌，於是茗艼而歸於中道。

既歸，彦聞促余膝而言曰：『清化築此道院，道院植此芙蕖，來與黄冠羽客作緣者，罄恒河之沙，不能盡也。乘軒策蓋，喝叱游侶，惱花矣。處幽曠之境，而談世務，褻花矣。聳儒冠，乏超逸之趣，見酒輒譁，舉止無狀，亦非花之所樂與爲伍者也。清言雅興，無拘束，無放浪，意之所到，神與天游，若今日之會合，庶幾與花中君子無所乖剌乎？』聞所言，蓋有愜乎吾心者，濡筆書之。

汪主簿蔬圃記

樊遲請爲圃，夫子小之，以其身在聖門，與顔、閔諸賢爲儕輩，乃硜硜然欲習於紛紜瑣屑之事，是自小其人矣。然天下人，各有其置身之地與會遇之時，海涯植棗，青門蒔瓜，非挺然傑出之英雄哉！放翁詩云：『閉門種菜英雄老。』著一老字，詩中有深味矣。

吾友汪子湘湖，才吏也，主盂縣簿前後逾十年，偃蹇摧挫，才無一施，而突然有所醒悟，曰：『軒者爲昂，輊者爲俯，騰者爲雄，俯者爲雌，命也，非人力所能奪也。安於俯而守其雌，吾將別開一局面矣。』於是相其署之西偏，得閑土十畝，甘泉一井，槐榆雜木十餘株，而爲畦以種蔬焉。春韭秋菘夏莧，得諳其物性，而澆灌以時。擷其英，以登於俎，奉老母爲壽。母曰：『爾閑曹，不失其職，因閑以爲此，不愈於櫛風沐雨，以事奔競乎？』乃猶以爲未愜也，又開一池，池南築潔室數楹，坐母於室，而著笠於驕陽之下，手握耰鋤，用取母歡，以殷勤於人子之道。余書其額曰『娱母亭』。母見之樂，見於顔色。

道光丁亥三月，予自濟源縹緲閣，紆道於盂。是時，令尹張君厚堂，爲予世交，其客睢州孝廉蔣君梅隱，亦予年家子也，皆胸有邱壑，相與游湘湖蔬圃。汪母喜，出精饌款客，客舉尊酣飲，擊吟鉢而起舞相傳，爲西廳雅讌。而湘湖猶復以爲未愜也，乞錢塘錢君叔美寫《河陽灌園圖》，以衡山、包山之筆，寫庭館、竹石、林木及畦中嘉蔬，蒼然蔚然，悦人心志。而湘湖猶復以爲未愜也，乞河内大令袁君蘭村題《風蝶令》一解，中有數語，如『紅塵飛不到幽棲。只有白鷗知道，早忘機。』實與叔美畫筆，悉有味外味。而湘湖猶復以爲未愜也，執畫册詣余，乞作記。予笑謂湘湖曰：『子身現宰官，佩組綬，而著笠攜鋤，得無不類乎？顧子閑官也，屈吏才，以用於井泉澆灌，爲娱親之地，是寄其所寄，而無乎不可也。無乎不可，斯無乎不樂矣！』湘湖曰：『河陽、潘騎省舊治也。讀《閑居賦》，念念不忘太夫人。彼人子也，治安亦人子也。光華氣燗，遜騎省遠矣。』予曰：『子未見騎省賦《秋興》乎？僕，野人也，偃息不過茅屋茂林之下，談話不過農夫田父之客，攝官承乏，猥厠朝列，譬猶池魚籠鳥有江湖山藪之思。子將欲厠朝列，侶貴人乎？太夫人之所樂，豈在彼不在此乎？』湘湖唯唯，不復答，再拜持圖記而去。

孟縣烈婦張氏碑記

鄉閭婦孺，不讀書而知大義，往往輕其命如鴻毛，以期合於綱常之正道，蓋出於天性也。夫死不適人曰貞，守貞以盡命曰烈。貞烈在巾幗，如忠臣義士之徇社稷，豈可令湮没於荒烟蔓草，不覼縷其事，而勒於貞珉也哉！

貞烈張氏者，孟縣村民花章生之小婦也。章生父春運，念兄春貴無子，以章生繼春貴。章生大婦郭氏無所出，納張氏爲側室，生一子，甫八歲而章生卒，是道光五年十月十二日也。張氏有遺腹，夫死後五日，又生一子，大婦郭氏視若己出焉。章生堂弟聰生，狡詐不良，謀於春運，鬻張氏於李家莊宋姓爲妻，得聘資，與春運分受。春運微示意於張氏，知張氏不從，因私屬村中無賴子，僞爲索逋者，日發惡言，欲以張氏抵債負，郭氏初不知也。無賴子頻頻辱詈，郭氏乃知聰生售計與夫翁春運，遂泣語張氏，隱痛刺心，而無以發聰生譎計。遺腹子彌月，春運露口角，勢將逼遺，張氏倉皇匿鄰人稭垛下。及暝，宋姓迎婦以車至，聰生得張氏匿處，牽攜以歸，慫恿春運厲聲色，執杖作威逼狀，郭氏泣，張氏亦泣。張氏托言入室更新衣，而抱子掩扉投繯死，子在母懷，猶呱呱索乳，嗚乎，慘矣哉！

是時，宋姓偕諸無賴子鼠竄去，郭氏控於縣，縣宰易君得情實，齒不勝切，擬以威逼罪罪聰生，慰貞魂地下。而春運始終憒憒，以意由己造，薄聰生罪，矢口不移。易君稽律例，無以子婦受逼死，而使夫翁抵者。又礙於春運所供，不能坐實聰生罪，不得已，以餘犯罪聰生，摑其面百數，施滿杖，血肉狼藉，通縣悉感服。又命花氏覓乳嫗，乳遺腹子，子竟死。又命諸生花峰奇、花清璧，乞能以文字維持風化者，爲文勒貞石張氏墓前。峰奇，予門人也，來乞予。予謂此事合於綱常之正道，潛德幽光，不可不發明，遂據實書之，命之曰『貞烈張氏之碑』。

河北鎮府巴公恤兵籌欵碑記

上古寓兵於民，無所謂兵也。國家無事，烽烟不睹，民執鋤負耒，殫力於甽畝，則熙熙皞皞之衆，悉屬編氓。有事則擐甲禦寇，草薙禽獮，以編氓化爲卒伍，法至善也。後世判兵民爲二，失井田之制，而後有兵制焉。兵制：練兵責諸將弁，察將弁之稱職與否，權在大帥。今之所謂大帥，曰將軍、都統、督、撫、提鎮、總、千、寄閫，與兜鍪之士，共甘苦休戚，而後行伍無虛名，乃得實効。黃石公《上略》曰：『主將之法，志通於衆。』又曰：『良將之統軍也，推惠施恩，士力日新，戰如風發，攻若河決。』是收千萬億心爲一人之心，先仁慈而後法律。』其義顯然，掌兵者不可不知其本也。

今滿洲廂白旗巴公，於道光三年十二月，奉聖天子命，來鎮河北，九重恩遇，爲一標主帥。將弁不勤恪，兵不奮勇，則爲負職。兵奮勇，而擊刺無法，進退開合，操縱無紀律，器械頑頓不適於用，亦爲負職之大者。諄諄告誡，兵若熊羆，氣象爲之一新。又念兵者，若吾家之子弟也，繩其身以法令，不養其心，以示鼓勵，是漠視也。必籌欵以養其心，使無拮据，兵始爲吾用。將弁肅然起立，對公曰：『向有柳庄官地，歲得租二百餘金，爲軍裝、器械修繕之資。兵奉差護送餉鞘及過境要犯，資無所出，蒙憲諭，以前項爲差費，用示體卹，恩至厚也！然軍裝、器械亦爲兵而設，經費無欵，窘於營務。將弁職微，力難籌畫。』公聞所對，竊憂之。

適乙酉鄉試，撫軍主武闈，鎮府例得監試。試畢，以兵之拮据，修繕軍裝、器械不足於用，謀之撫軍、方伯。大中丞程公，節制鎮標將弁而統率卒伍者也，謀籌欵於方伯，方伯以藩庫閑欵撥五千金，飭懷慶太守發典商，一分起息，歲得息六百金，一半歸司庫，一半歸營辦公。俟藩庫本銀歸完，即不復交其原有五千金，仍歲歲生息，爲修繕軍裝及兵丁出差雜用。是藩庫無所虧，而鎮標久遠得協濟之力也。顧非鎮府之實心愛兵，無以感動撫軍、方伯；非撫軍、方伯深知鎮府之實心愛兵，推誠相與，亦不能如此之通融。是三公者，皆知以兵衛民之道，愛兵即所以愛民。署鎮標中軍吉公，右營都閫哈公屬予作記，勒之貞珉，以誌盛舉，並望後之鎮府、太守，踵前美而無更張。是爲記。

重修孫夏峰先生祠堂記代程梓庭中丞作

容城三賢者，光明俊偉，皆足以撑拄宇宙。元劉子静修，明楊子椒山、明與大清交會之際，則有孫子夏峰。三君子有合刊文集行於世，如華嶽三峰，動千古之翹企焉。

夏峰先生諱奇逢，字啓泰，萬曆二十八年庚子領鄉薦，癸丑試禮部，報罷。是年，交周吏部順昌。庚申，魏科都大中出使江右，詣先生梓里，定交於楊忠愍祠。天啓元年辛酉，客都門，左僉院光斗亦以氣節敦交誼。吏部科都交先生，皆假於鹿職方善繼，而僉院之交先生，則假於科都也。左、魏與周，先後罹璫難，先生與定興鹿氏祖孫父子，苦心營救，不可得，作《乙丙記事》，載集中。僉院身後謚忠毅，科都謚忠節，吏部謚忠介，三忠姓名，芳流史筆。視其人之所友，則夏峰可知矣。崇禎三年庚午，御史黄鶴嶺疏請徵聘，以病辭。八年乙亥，禮科給事中王正志疏舉真孝真廉，乞擢用，不赴。九年丙子，聚義勇守容城，直隸巡撫張其平，恤刑員外胡向化疊次薦舉，皆不就。十一年戊寅，入五峰山，結茅爲避地講習計。國朝順治六年己丑，告墓移家，南徙至祁州。忠毅門下士刁生名包者，留止其家。七年庚寅，徙輝縣。九年壬辰，衛河使馬光裕，以夏峰田廬持贈，疎籬敝席，兀然一榻，先生安焉。順天巡按御史陳溍水舉山林隱逸，世祖章皇帝命督撫巡按起送赴京，以老疾婉辭，聖人寬厚，全其志，不加敦迫。十年癸巳，作十友社講學，月一會於百泉。康熙五年丙午九月，睢州湯公斌詣百泉問學，門弟子負笈數千百里來受教者無數，皆稱爲夏峰先生。十四年乙卯捐館舍，葬夏峰東原，睢州作《啓》，約輝邑合衛郡紳耆、儒生，具牒籲督學使者，祀先生於百泉書院，是即所謂夏峰先生祠也。

方望溪作先生《年譜序》云：『其行事或近於俠烈，而治身與心，則粹乎於先儒。』睢州序《徵君文集》云：『當草昧初開，干戈未戢，人心幾如重寐，賴先生履道坦坦，貞不絶俗，使人知正心誠意之學，爲興朝理學之大宗。』余仰止多年，心切嚮往久矣。仰邀帝命，來撫中州，聞前任河東觀察斥邱劉君，言及夏峰祠堂摧蝕於風雨，日就頽壞，捐俸於輝縣周令際華，俾終其事，遂起工。適稽振務，抵獲嘉，去輝咫尺，拜先生祠下。見祠後有空室數楹，爲比邱積薪所。因思先生嘗救左、魏諸公，多義士冒危險，忘身家性命，相與奔走絡繹，皆以先生之心爲心者也。用空室爲忠義祠，以定興鹿太公正、忠節公善繼及夏峰先生，與三忠頡頏於中，餘子列諸左右。忠肝義膽，既炳照於生前，復得萃臨於奕禩，準以古法，實無乖違，在天靈爽，當亦欣然也。

然扶持正人，動捋虎尾，在人爲一生奇特事，在先生則爲餘事。先生廬墓六年，著麻衣以讀《禮》，是立本於孝也；鶴書頻下，終守白雲，是進退有據也；睢州執弟子禮，得先生指授，以理學名臣配嚮聖廟，是師道立，成就天下之真儒也。夫孝廉、俠烈、隱逸三德備於一身，先生爲何如人哉！然猶未足以盡先生。正心誠意，全節完名，卧巖谷而師天下，其道尊矣。祠續修於道光丙戌之秋，而訖工於冬。爰伐鹿門山中一片石，記述先生之峻德清風，使欽仰者知俎豆馨香非倖致，而出於世道人心之所不能已也！

劉叟傳

叟儒家子，清癯有雅骨，家貧，無以爲業，晚年以種花爲業。懷州近古河陽，種花爲業者多矣，業之精舉莫如叟，資花力以贍家室，亦唯叟爲最。余嘗雨後出東郭門不十里，造叟之居，居有樓，太行一抹，沁流百曲，朝暉夕靄，與樓相迴薄。樓之前，尺泥寸土，悉植異卉。樓東有丁香一株，支矮鐺，樹下作餅餌，舉止蕭然，無村傴態，則叟之白髮荆妻也。其居家之樂如此。叟之花既殊於衆，索值多寡，不售其欺。人或瑣瑣與爭較，則怒，怒則昂其值，亦不復售，用是得窮怪之名。

嗚乎！懷州，鉅郡也，薦紳霞起，門閥高峻，江湖貿遷，城多富室。子孫不能承世業，或數十年而式微者，有矣；或三五年而室如懸磬者，有矣。鄉曲族黨之間，不以爲怪，獨怪此叟，何也？吾意此叟胸中必有怪，其所怪，異乎他人之所謂怪者，故隱於花，以娱其老乎？

賈大令傳

賈大令湘，字滙川，先世自洪洞遷河内，力田有隱德。高祖光烈，順治己亥進士。宰英德，有大猾陳啓吾者，翦除之，藉藉然有神明之頌。曾祖亮，裕州學博。祖宗夔，康熙庚子舉人，鄉黨以孝稱。父履信，邑庠生。出繼世父履泰，亦庠生也。

大令年七歲，束髮就傳，英氣壓群兒。稍長，發議論，以濫竽科第取温飽爲恥。乾隆丁酉入拔萃科，庚子領鄉薦，修書四庫，得議叙，承乏金匱。金匱爲東南文獻之藪，名族勢宦，狎暱官長，雀角鼠牙，動有請託，拂衆意，則不能久於其位。大令毅然以清威治之，手挽狂瀾，力振頹俗。富室某，爲杜氏家奴，尾大不掉，搆訟多年。有邑紳來緩頰，以朱提三千爲壽，大令曰：『僕在家，窮諸生也，豈不知阿堵物舉世所珍？一受奴苞苴，必聽奴驅策。君視此措大能受奴驅策者乎？』其人慚而去。是時，江蘇大吏採賢名，調君震澤。震民健訟，甚於金匱。一下車，先理積牘，批郤導窾，有沈滯十餘年者，輿情大服。監生某，嫂孀，有遺腹子，誣嫂有玷，欲嫁嫂而斃其孤，則兄産可奪。訊實矣，幕客沈姓突然來，以賄動，怒絶之，銜恨次骨，沈恥於家居，遁跡福建。縣民曰：『若人去，抵去一虎。安得吾父母久居此縣，爲吾儕驅虎耶？』

未幾，調任元和，元和父老欣然曰：『是爲震澤驅虎官也，吾桑梓有幸，得父母此官。』元和市儈無賴子，蹙額告其儕輩曰：『是震澤驅虎官也，吾食路絶矣。須斂跡，勿觸其怒。』於是訟簡而民氣和，他州縣有疑獄，悉委之。金壇獲鉅盜七人，解司，情不實，檄君覆訊。君察囚貌，狀無兇色，覈金壇獄詞，無切據，日夜推勘，乃安徽逃荒貧民也，具申文臬司，釋之。後此案真囚别縣發覺，悉抵於法，不然，七貧民之命枉罹刑誅，金壇令亦肝腦塗地矣。是時，福建觀察某擢江蘇廉訪，前遁跡沈姓受廉訪關書，來爲幕客，朝夕塗次，浸潤數千里，大令遂以是罷官。歸田後，筆耕舌耕，苟且枝梧，卒鬱鬱以死，是在嘉慶壬申子月二十一日也。

大令同年友劉大觀曰：吾淮川讀書淹博，有特識。嘗與予論古之循吏酷吏，心術治術，如善弈者，熟弈譜於心，一局一著，一黑一白，弗爽毫髮，豈一縣令足以盡之哉！ 乃以驅虎，爲虎反噬，無異乎今之牧令皆畏虎不驅，以滙川爲覆轍也。

【校】

賈湘《養�軒存稿》載此文，題作《約園先生傳》，署『年愚弟松嵐劉大觀頓首拜撰』。

李南宮先生傳

先生諱友适，字南宮，明大學士李文達公後。 十四世祖茂，自鄧州遷濟源。 祖紹周，以進士擢翰林，晉階御史。 父珣，由湖北縣令，歷任山東按察使司，崇祀名宦。

先生少穎悟，博極群書。 得經腴史液，去其糟粕，作詩古文辭，字字有圭稜，不喜平衍，後起之秀，多出其門。 有周肅雍者，得先生指授，舉鄉試第一。 顧先生數奇，教澤能涵濡人，科第則淹滯於己，屢試屢躓，終於明經。 初侍親楚南，值苗民不靖，烽烟羽檄，日夜驚心。 能仰體親意，襄理簿書，一切徵調遣發及籌餉濟軍，悉權其輕重，度其緩急，卹其勞苦，軍中兜鍪士咸曰：『安得此佳公子耶？』乾隆四年丁母艱，哀毀欲絶，父命食，始粥；父命酌，始水。 踰年又丁外艱，孱孱骨立，殆甚於前。 及扶櫬旋里，經營葬事，悉合禮法。 處諸父昆弟，敬以和，長幼有序，秩然藹然。 歲辛巳，濟、溴、沇、瀧同時漲發，邑受災，邑令張造門，乞襄理賑務，杜胥役有侵冒者，遂毅然赴約。 清户口，衡遠近，無濫無遺，無守候，並出己資，助公賑所不及。 邑有大興作及義舉，力任之，人人敬服。 卒之日，邑中父老咸嘆唶曰：『若人不顯達，年復不永，必食報於其後人也。不然，無天道矣！』卒後，以子師舒貴，勅贈儒林郎，翰林院編修；晉贈朝議大夫，直隸天津府知府；例贈中憲大夫，天津河間兵備道。

論曰：玉水方流，璇源圓折，古名宦之後人必嶔崎。先生能讀書，不能署名榜尾，爲文章吐氣，厄於命也。其分親憂於兵燹矢石之中，佐縣令卹灾黎於飢鴻布野之際，科第中如是者，蓋寥寥也。甚矣，書不可不讀，能讀書而不能用，猶之乎不讀！

李明經傳

明經名師靖，字翊堂，縣庠生，貢入成均。以弟師舒官翰林編修，得貤封儒林郎。靖天性古厚，尚敦樸，不務虛華。年未及冠，父辭世，即內總家政，外接世務，循循然動合禮法。時弟膺、弟舒齒猶弱，弟唐方在繈褓，母督責甚嚴，小不懌，即泣謂諸弟曰：『吾兄弟早失怙，止一母，不能事，何以爲人？』弟唯唯受教。家甚貧，或不能致温飽，必營旨甘悦慈幃，乍見者不知爲屢空也。

歲甲午，靖與膺、舒同入邑庠，族黨親串皆贊其母之能教，並贊靖之受母教，以教其弟。是時，膺、舒年已長，以家計爲憂，靖慨然曰：『書田有菽粟，弟聞之乎？弟立志爲學，餘勿問。』乃出食餼俸，爲養母蓄弟之資。舒之由詞館歷監司，爲一時名宦，皆得於兄之培養，以己貴而貴其兄，實天倫之盛事。舒守正定時，母就養郡署，命靖在籍理家事。靖寢食弗寧，若有所驅迫者，急省母正定，母訝之曰：『胡爲乎來之速也？』對以：『思母，來侍母晨昏』。未幾，忽無疾而逝。精誠之至，通於鬼神，靖之孝乃如此。

李廣文傳

廣文名師膺，字芋山，南宫先生次子。少穎異，髪猶未燥，有神童之目，世父稼軒先生愛之，遂子焉。事稼軒極孝。迨長，益勤於學，作文字，矯健精深，語必己出，弗趨時，弗泥於古，人多奇焉。食餼後，數困鄉闈，母楊太恭人嘆曰：『得不得，命也，勿强求。可援例就學職。』中年以訓導攝封邱教諭，諸學子執經登堂，得指授，如沐甘澤，以不得久留爲憾。平日喜詼諧，風辰月夕，作詩酒之會，時出韻語，用資笑謔，座中人爲之脱頤。及人有小過，侃侃切責不少貸。後生無才藻，務誇競者，必正色臨之曰：『爾欲作江南詅癡符耶？』悉悚息，勿敢放肆。或親串族黨有急事，排遣不開，必傾囊爲斡旋，無吝色，亦無德色，其光明磊落如此。

先是，季弟師舒由編修改廣宗令，侍母楊太恭人就養弟署。入以誠恪左右慈幃，出以友愛怡愉琴閣，有廣威姜伯淮天倫至趣。時縣中有疑獄，罪囚猾黠，不得確情。質於君，君燒燭覽獄案，得案窾卻，告之弟，一訊而伏。弟歷州牧、郡守，所至有賢聲，皆風雨聯牀之時有以討論之也。吁！有此至性，而濟以學與才，偃蹇抑塞，卒不得一握圭組，非數也哉！

衛獻伯先生傳

衛瑄字獻伯，先世自晉之陽城，遷濟源軹深井里，世務耕讀，以忠厚傳家。瑄髫齡器宇英偉，爲世父乾爍鍾愛，遂出繼世父。年十餘歲，父棄世，家貧，性傲岸，奮志讀書，恥以干求踐戚黨之門。而文章憎命，屢試屢躓，揮棄舉子業，砥行修身，自薦紳先生以至布衣野老，皆樂與之游，酣嬉淋漓，容色温粹。鄉里有爭端，輒爲排解，巽言精理，感人肺腑，人亦樂就之判曲直焉。

甲辰、乙巳間，邑歲荒，繼以大疫。族中有饑者，必量力資救。或有父母之喪，無力營窀穸，必典質措貸，使歸骨於土。由是一鄉之中，稱赴義之勇者，千口一律。子際可，教之甚嚴，一動一静一顰笑，時時體察。學不進，交遊或非長者，必厲色以督責之。際可丁酉舉於鄉，丁未揀發楚南，以知縣用，族黨親串皆來賀太翁，舉觴爲壽。乃長揖親族，而誡際可曰：『親民官，與民共休戚。衽席其民，水火其民，或魚肉其民，皆官之一心爲之。爾勿以墨綬銅章一朝入手，遂欣欣以爲樂也。』厥後，際可權城步，苗蠻黠悍不憚法，蠹役奸氓，排擠扇誘，往往成巨案。際可下車之始，欲以峻法激厲頽風，伐山中鉅竹，設爲刑具，而示威縣門。瑄見之，惻然曰：『有虞氏革苗民，不以戈鋋以干羽。矧今嚮化已久，不務綏輯之，而鞭箠使之乎？即蠹役、奸氓，以身蹈法，能感以誠心，移以惠政，夫豈有豚魚之不若者？』命急燬之。際可乃鞠𦝫承教，唯命是遵，終城步一任，口碑載道。嗣是代理新化，甫月餘，頌聲遠播，皆庭訓之有素也。年五十四，卒於長沙，楚人哀之。

何觀察傳

觀察諱達善，字子兼，幼聰敏有至性。雍正丙午舉人，癸丑進士。方試禮部，出闈時心動，榜未發，馳歸省母。至衛輝，果聞母亡，哀號疾走，日夜徒行三百里，足血出，弗知也。繼入詞館，改授廣東恩平令。恩平田賦多積弊，富户狡獪，通猾胥，移賦於貧，貧者賦重，害切骨，爲稽覈更定之，萬口銜恩，悉泣下。聽訟廉察，案無夙牘，以卓異入覲，奏親老，乞恩補近地，改陝西澄城令。同郡郃陽縣有疑獄，奉委確訊，同審官徇情瞻顧，久不决，携骨至省，面爭之，超雪死罪三人。以先在恩平卓薦銓部，推四川劍州。未赴任，遭父喪，服闋，補山東莒州。州頻年荒歉，申請賑濟，買牛五百頭，假民耕作。又爲災黎贖所賣子女千餘，還其父母。因念州民無禦災之策，設樹長，督民種樹；開河渠，令得水利。乾隆十四年，陞授徽州府知府，州民聞之皆失色，赴省乞留，格於例不果。越兩年，莒之父老製屏繪像，刊治莒十二事，走三千餘里，祝壽新安。在新安數年，善政入民肝膈，以頌口碑者，不可枚舉。

屬縣績溪歲稍歉，呼聚多人，乞縣令賑濟，令張大其詞，以民變達府。及往按，有參將帶兵數百，會於路，婉言謝去。民有食，不罹於法，皆安堵。二十一年入覲，蒙温語褒嘉，賜墨刻、紫貂、綺服，旋授江西糧道。調淮徐海巡道，堤工、物料積弊，累年弗能除，一旦除之。辦災無虚糜，有實惠。嘗乘夜遣親信、家奴，訪災黎苦狀，適一孤廟，有兒啼，視之，其母已饑死，兒抱母泣，不知母死，飭乳婦活之。又收養無依子女無算，歲既熟，一一遣歸。二十四年，以捕蝗不力鐫級，制府尹繼善奏留，補授鳳陽府知府。

政務殷繁，勞不支，以疾引退。家居六載，敦古誼，厚風俗，稱人倫模範。年六十有六，無疾而逝。

何部郎傳

部郎諱復善，字完初，達善仲弟，髫年龂龂有英概。乾隆丙辰舉人，丁巳考明通，授山東萊陽令。甫下車，有監生宋某，舊家子，受叔撫養，恩至重，反侮其叔，嚴懲之。巨室亢族，悉畏敬尊長。利有裨於民者開之，弊有害於民者翦之，大吏聞其賢，調清平令。清平田地多斥鹵，耕不償種，本家貧，以別家代納其賦，胥役奸詭，藉端揉弄，民以是搆訟多年。爲平情決斷，更設以調劑之法，不一載，民心大服。民有王丁者，被毆死，置叢棘間，而兇首無王名。百方探刺，得兇首劉柱，置於法，民頌神明。

乾隆十九年，以卓異引見，天顏喜，名書御屏，賜朝服一、朝珠一，遂擢滇南和曲州知州。州隸邊陲，其俗顓愚而梗悍，受漢奸欺弄，藐官爲害。以峻法繩之，漢奸遁，閭閻安堵，囹圄空虛。權臨安府篆，持大體，不尚苛細。二十一年，以疾告歸，病痊，補廣西河池州。署東蘭州太守某者，性卞急，因猺民細故，頗矜張，力諫不聽，卒落職乃悔。後權泗城府篆，調歸順州。有以歸順多蠱毒，勸時時慎重者，曰：『居官有大毒，曰貪曰酷。吾不毒吾赤子，吾赤子豈毒吾耶？』三十三年，推升刑部福建司員外，晉階陝西司郎中。七十有一，卒於家。

何刺史傳

刺史諱樂善，字同人，達善季弟。九歲能屬文，十四入邑庠。乾隆丙辰，與仲兄復善同舉於鄉。歷官山東福山、諸城縣令，晉膠州知州。福山地濱東海，多無業貧民，半走京師謀生，半趁海航泛遼東覓棲止，家鮮恒産，鷙悍難馴，以嚴明治之，柔良不受偪於健者。諸城爲山左鉅邑，薦紳之族甲於天下，中外顯要及牧令、雜職一百八十餘人，以禮義服之，布衣不受辱於閥閲。膠州處腴膴之地，供張醻酢，一不愜人意，則刺促萬端，動有愆，尤以澹泊處之。立身無過，亦無有以排擠而挫辱之者，而福山、諸城、膠州之士大夫，及牧販、農民皆稱頌之。以勞瘁成疾，解組歸田，猶用文字提唱其後輩，守敦樸，維持其鄉黨。殁後，皆曰：『此不愧子兼、完初之弟也。』

李大令傳

大令諱友晟，字慕西，聰穎有至性。甫四歲失怙，擗踊悲泣如成人。事生母陳，仰意承志，曲盡孝道。弱冠赴伯兄友善泰州任，佐兄爲治，井井有條理，人異其才。納粟户曹，得府經歷，借補長清丞。歷攝長清、利津、樂安令，恩濟以威，鋤莠安良，循聲滿山左。以卓薦，授陽穀令。陽穀當逆匪王倫蹂躪之後，民氣未復，輕徭役，卹孤苦，有元道州之遺風。乾隆四十九年，鑾輅南巡，道出境内，詢大吏以知縣贒否，撫臣某以贒對，蒙賜錦綺，以光寵之。嘗疏儀蘭引河，工鉅期迫，人視爲畏途，獨能以至誠感夫役，勇於赴功，如期告蕆。值運河冰結，糧艘滯不能遄行，督萬夫鑿冰推輓，三晝夜無寧晷，遂中寒，委頓不起。年五十有一，卒於官。

衛大令傳

大令諱際可，字式之，乾隆丁酉舉人，分發湖南，以知縣用。權城步、臨湘、宜章、郴州，補安化，調湘潭。平生以俗吏爲恥，公暇輒讀書，取法古人，座右置日記一册，晝所爲，夜必書焉。大司寇姜公晟撫南楚時，察吏安民，杜奔競，爲封疆第一，際可有吏才，受知姜公。適長沙、道州有鉅案，械逮纍纍，委際可研訊，止坐法六七人，鄉愚受迫脅者，悉請超脱。姜公曰：『際可贒吏也。目以才吏，猶小之矣！』在城步，能安撫苗民。在臨湘，不浮收漕米。在宜章，界聯粤東樂昌，兩處爭訟，皆就宜章判曲直，發奸摘伏，以理爲斷，無袒私。及補安化，宜章民赴巡撫戟轅，乞請留任，安化民乞請到任，仍留宜章。及權郴州，且兼理宜章、永興、桂陽縣事，雀角鼠牙，爭來控訴，悉如所願以歸。

是時，衡州安仁縣歲歉，賈航過境，饑民截掠，嘯聚千餘人，觀察某公卒然以兵至，民大譁，將謀爲變。廉訪某公告撫軍曰：『此事非際可不能了。他人往，愈滋大矣。』檄下，際可單騎携數人入寨，出肝膈語，怵以禍福，饑民泣，皆曰：『非青天來，吾儕小人無生理。願俯首，受青天懲創。』際可杖首惡數十人，餘揮去，案遂了結。及調任湘潭，求治愈切，數月了積案千餘起，士民歡騰，顧反以來暮爲憾。

未幾病作，乞回籍調養，而卒於家。

諸生李友博傳

友博字稼軒，居濟源東留村。祖紹周，官御史。父珣，官山東按察使。博天資超邁，讀書等身，作文字，千言立就。其才大，不拘拘準繩墨，困於諸生。嘗語人曰：『仲尼門下士，以孝弟爲仁之本。本不立，奚以學爲？』父母卒，哀禮盡至。篤手足之情，如郊與祁，軾與轍也。伯兄友善牧泰州，往省兄，夜宿逆旅，有宜興儲姓，以窮迫雉經梁間，扶下，傾游資慰，使歸去。泰州在江南，事頗冗雜，佐兄治內事，動中窾郤。又嘗佐其弟友晟宰陽穀。陽穀歲饑，辦振務，慨然曰：『金一絲一忽，粟一勺一粒，皆朝廷恩澤活災黎者也。民，天子授於縣令，使無凍無餒，供力役，以納租賦者也。振之弊，在户口不清。户口清，何弊之有？子其勗之。』是故縣之民頌德政，必兼頌其宰之兄。

一日，居家質衣，得錢伍千文，且有急用。適途間遘一老媪，携稚女，且行且泣，問曰：『夫負夙逋，索之急。夫病且貧，將售女償債家。』慨然以質庫錢伍千，使償債，以留其女。同里有嫁女者，先期一日，粧奩被竊去，女之母將投繯，輒出資，代爲經營。勇於赴義蓋如此。邑中興大役，衆議盈庭，躊躇不決者，可用數語決之。生平與人處，坦白誠愨，無城府，涵養深沉，無疾言厲色，飲其和者，如飲醇醪焉。以胞姪師舒貴，贈文林郎，直隸廣宗縣知縣。卒之日，吊者盈門，無不感傷，授業諸弟子稱爲懋德先生。

陸太孺人傳

閨壼有傳，述其德也。傳於何始？始漢大夫吾先人子政也。吾先人其奚以始？《易》著《坤》卦，《詩》詠《周南》之意也。然則閨壼之德重矣，其有賢者，可無述乎？

武進舉人陸繼輅，側出也，受生母林氏鞠養教誨，得成立。母卒，泣血濡毫，拜柩前，編母《年譜》。母得壽七十五，居繡閣十四年，事輅父恭城君三十二年，撫輅二十九年。雖事瑣如毛髮，靡不有記，記一言一動，靡不有淚痕，嗚乎孝矣！

恭城君己未進士，入詞館，改福建縣令。繼補官粵西，終仕局於恭城，故書其官曰恭城君。母福建閩縣人，幼孤苦，並鮮兄弟。趙編修名晉者，母林氏，以同姓蓄於家。恭城與編修同官翰林，有夙契，及出宰於閩，適編修在籍，嘗揄揚母所撫女之貞慧，出繡囊示恭城。恭城嫡室卒已三年，求所撫女爲簉室，許焉。是輅編其母《年譜》，所謂太孺人也。

婦職之大者有三，事姑，相夫，教子。太孺人事姑，能仰姑意。姑欲勤則勤，姑欲儉則儉，姑欲和娣姒，慈卑幼，御奴婢以恩，則舉措無違，將以柔順。姑喜，視以女，不視以婦。《彙苑》曰：『妾，接也。言得接見君子，而不得伉儷也。』太孺人入室，分屬小星，在大婦既卒之後，委家務於己，此有所難也。乃因難而委曲抑損，敬事君子，課米鹽，察寒温，佐喪葬，辦婚嫁，皆有條理。其尤難者，恭城君被劾粵西，分憂於患難之際也。《説文》曰：『母，牧也。』《易》曰：『坤爲母。』《詩》曰：『母氏劬勞。』恭城君捐館舍，輅在稚齡，太孺人以恭城之喪，得怔忡疾，家且貧，斯時撫孤成立，愈難矣。乃延師必求名士，考日課以生熟，或竊讀閑書，必怒，怒則杖，不稍寬假。及領鄉薦，垂入仕途，時以恭城居官廉惠及所讞疑獄告之輅，如《瀧岡阡表》太夫人告永叔者。嘉慶十四年己巳六月十七日，啜玫瑰露十餘戔，櫛髮易衣卒，神明不亂。

前河東兵備道兼鹽法道斥邱劉大觀曰：　母幼遭屯蹇，鍊爲貞純，動與禮游，植範巾幗。固采蘩却鮓之淑軌，豈椒花、柳絮所能匹亞者耶！

贇母傳

濟源世家，有壼德，人稱以贇，觀察李君師舒之母也。母氏楊，家居歷城，父大立，官陝西河州總鎮。年十七，歸觀察太翁南宮先生。入門，念翁姑已逝，不及事，事庶姑以孝。歲時祭祀，必豐潔，曰：『吾展吾區區，補吾婦職，豈敢忽？』南宮先生既得贇助委家政，下帷讀書，謂躡青雲，無難立致。乃過勞綿惙，適中年，遽見崩殂。母慘怛欲絶，血隨淚墮，人哀之。

是時，遺孤曰師靖，曰師膺，曰師舒，曰師唐，雖不乏丈夫子，齒弱無克與母分憂者。母銜戚營辦幽隧，靡不有法，禮既成，吊者大悅。母課子嚴。諸孤自塾歸，必稽覈塾課，令背誦，誦或不熟則怒，諸孤懼，而業日以進，乃已。師靖、師膺貢成均，師舒以編修，歷官直隸天津兵備道；師唐以戊午舉人，候補甘肅知州。諸孤有所立，胥母手中笞爲玉成之，亦母睫中血有以感發之也。自南宮先生棄世，黠奴悍僕欺少主，無節制，盗售屈塚水田數百畝，鳴之官，官惑奴詭詞，不能决。母呼奴跪階下，檢校簿籍，一一折奴，奴語塞，搗額於地，盡反其所盗。觀察先以編修官縣令，得直隸廣宗，母問曰：『獄中囚有幾乎？』具以實對。曰：『此等人可切齒。其身墮縲絏，如陷犂泥，亦復可憫。』飭施藥餌，夏令施絮，衣冬令。囚悍鷙，無人理，荷慈惠，亦皆泣下。就此一端以推廣之，則仁心仁政出於母教者，可勝言哉！

嘉慶八年，濟源饑，命師唐馳歸，盡散所積穀，周卹族黨，父老子弟賴以生全者，數百餘家。又裁布爲衣，遠寄六親、諸姑伯姊，悉稱修短，母之留心於平日，其精細如此。是時，縣署廳垣圬者發土，得藥酒一甖，母取以酌之，髮白轉玄，脱齒復生，人以爲慈祥之報。觀察自縣令遷擢郡伯，聲譽隆隆然，爲畿輔最。守天津，水陸交衝，海蠻鹾蠹，凌踏柔良，乃繩以峻法。母不懌，鐫責之曰：『若誠惡蹈法，不畏父母官，何遽如是乎？』觀察泣，俯地受教。十三年，聖上幸津門，聞觀察才守克諧輿情，賜錦綺，慰其部下。十六年春，巡幸五臺，於行在授大名道，旋調天津道。召對十次，勅近侍錫内膳十次，問母年、耳目、舉止甚悉，觀察免冠奏：『母耳重聽，讀書猶能讀細字，髮重黑，齒且復長。』上動容曰：『信如是，宜壽百歲。』越日，賜觀察入宴，又賜錦綺、佩囊、帶版，使歸以告母。母曰：『我民間婦女，守節五十年，荷天子寵榮如是，爾何以爲報稱耶？』五月朔，母疾，以六月二十日卒，得遐齡八十有五云。

頌曰：　古之贒母，見於載籍者多矣，未有姑息其子，稱以爲贒者。宋蘇洵母性嚴，家人過堂下，履跡有聲，即恐獲辠，後洵及其子軾、轍悉成鉅儒。蔡襄知泉州，有惠政，仁宗曰：『有子如此，母贒可知。』賜冠帔寵之。其母壽九十，康强如少者。今李母與蘇、蔡埒，可不謂贒耶？吾聞繡水宋瑾作《人譜》，使絶物欲，去習染，爲人矜式。武林陸圻作《新婦譜》，使閨閣傳誦，踐坤道。皆所以激厲風化也。今李母之懿德，述以爲傳，將以爲六珈、褕翟之譜焉。

范節婦傳

節婦徐氏，河内庠生名坤女。幼淑静，舉止不群，得父母鍾愛。擇婿戚黨，無滿意者。同邑孝廉范桂園，以其弟椿園求婚，許之。歸椿園，逾歲生子汝瑛，又逾歲，椿園卒。徐氏爲椿園守節九年。嘉慶乙亥三月十一日，氏亦卒。屬纊之夕，異香滿室，族老鄰嫗競相傳説。予不以爲然，徵諸邑之齒尊無侈語者，實如所聞，異矣！

桂園受業於予門下，謹而信，能敦孝友。一日，奉母命書節婦事略，乞爲立傳。予觀《事略》所列，節婦居孀，屏膏沐，嚴色笑，枯井爲心，秋霜作面，而事姑誠懇，如椿園之事其母。恐姑哀其孀，遺椿園泉下之慟，乃諱其顔色枯槁，提携幼子，嬉娱姑左右，若椿園之未逝者。迨藐孤稍長，飲痛茹悽，教以孝道曰：『祖母在堂，爾父不及事，留此一點骨血，所望以報祖母者，爾孺子也。爾父少孤，鞠養成立，出於爾伯父，氣息臨絶，喉間猶隱隱呼兄，予實聞之。所望以報伯父恩者，爾孺子也。』是時，汝瑛髮未燥，遂如成人。初，節婦有疾，隱忍弗露，姑未知也。疾危喘甚，苦不支，姑臨視榻前，猶强起理髮，作健容，告於姑曰：『兒不耐汝瑛擾，姑携往外家消遣，兒病尋痛矣。』未幾乃卒。其貞孝出於至性如此。卒後，姑哭婦，甚於哭子。不忍没婦之賢，而求文字獎善於寒骨，亦可哀也已。

斥邱劉大觀曰：「柏舟之操，閨閤能知大義者，或間有之。其不以孀爲孀，不以死爲死，轉恐以孀與死，傷白髮老人之心，百計彌縫，瞑目方已，此可下鬼神之泣矣。大節如此，諸細事之可傳者，可以概見。」然守節九年，格於例，不得旌表，事關風化，乃爲作傳，用安桂園之老母。

吴絅齋先生家傳

先生諱錦，字繡章，一號絅齋，始籍洪洞。十二世祖諱蘭者，遷籍於温。曾祖國用，以順治戊戌進士，令江西永豐。豐士民薰其德，築祠俎豆之。祖渤，父廣嗣，悉官訓導，敦實行，工詞翰，嶄嶄軼群。

先生生禀異姿，濡世澤，冠猶弱，已噪英名。學使者按懷州，補博士弟子，齡方十六，郡中耆舊以偉器許之，謂腳底青雲，不十年可平躡矣。而自負亦且不凡，操筆行文，必準古法，未屑低抑以趨時徑。乃竟坐是阨棘闈，卒不見售。適金川蠻作亂，大將軍率兵往勦，聞之，毅然而起曰：「乘下澤車，騎欵段馬，豈錦初志？」乃輸資農部，得縣丞，將展其才兜鍪矢石間。又牽於家累，使嶔崎磊落之氣，卒不得一吐，君子惜之。既抱其才，不獲用於世，遂小施於桑梓族黨。仲兄霈者，無子，孀嫂守柏舟之操，無孤可撫，日夜泣。取伯兄霖庶子，以子仲兄，兄血食罔替，嫂恃以完其貞焉。從兄玶，字叔雅者，宰黔中印江，族子景元、秉鐸、汝寧，悉卒於官，歸柩城外，不得入。或有馳告縣尹者曰：「柩中旅魂，絅齋近支骨肉也。」尹弛其禁，使入城治喪，其德望孚人如是！此姑舉其大者，餘不及覼縷，然其人之矯矯，已自可想見矣。

論曰：先生胞姪名有對者，余丁酉拔貢同年也。元和令河内賈君湘，亦丁酉拔貢，余嘗聞賈君曰：『湘昔赴禮闈，報罷，謁蔡相國葛山師，師問湘：「汝懷慶人，汝鄉文人吴錦今何如？」』盖相國督學中州，先生以文字受知，越數十年，姓名猶復掛相國齒頰。相國，今代名臣也，許一人誠復不易，先生乃見許相國，以文人目之，是科名中無是人，踐仕途無是人，而相國胸中乃有是人。嗚呼，先生非屈於不知己，而申於知己者哉！

原配鄭孺人，有淑姿，不壽，無所出。繼配邱孺人，方在閨閣，即舉止凝重，若古賢媛。及作婦，動循内則，以不逮事翁姑爲戚。是時，堂上有祖姑朱太孺人，性嚴，家事稍不諧即怒，卑幼日夕凛凛。獨孺人先意承志，能解怒爲怡悦。歲辛丑，先生辭世，諸子在稚年，孺人以壼德摒擋門户，事靡不舉，子若孫靡不以教，六親三黨靡不以慈惠，賢明得大體，群相稱頌。孺人次子清文，問字余門下，嘗脱帽叩額於地，乞作傳，表揚父母。余未敢輕許。窺其色，愬然蹙然，若有缺陷在身，不若是，即抱終天之憾者。母賢，彌可徵於其子之孝矣！

趙封翁傳

翁諱永和，字公惠，世居修武牆北村。以孝弟力田，傳於累代，未嘗取科名，登仕籍也。考諱某，移居恩村。翁綺年入鄉塾讀書，器宇不凡，以義俠自許。鄉中長老見其舉止異於庸俗，咸曰：『昌趙氏者，異日必此人！』考以家貧，煑字不能療飢，命棄書習賈。持籌握算，色色精詳，市中老於作賈者，皆以爲不及。然迫於父命，身在賈，而心猶眷眷於書。桑梓中有通才，能不負書者，必以禮接之。或能讀書而家寒，以賈中所得佽助之，以成就其人。族子某，不善持家，棄祖、父遺産，窘甚。翁代爲贖還，使守夙業，而教以修身節用之道，某感激爲泣下。牆南村左姓、劉姓諸戚誼，家落，婚喪不能舉，悉賴翁舉之。

雍正元年飢，村多流亡。族人某，有欲移家河南避荒就食者，止之，屢貸以粟，得甘澍，又資以種，使田畝勿荒。村中有移居而荒其田者，並令代種，曰：『田主歸，析半與之，得情理之平，必無怨。』是歲秋大熟，某由是致小康焉。恩村爲陜、甘、四川往來通衢，村西地窪下，值大雨，泥淖横阻，行旅多陷溺之嗟。先生醵金修治，金不足，更出己資修，使平坦，途中人感徹肺腑。有異縣商販，輦脂麻數百斛到恩村者，損其值，不能售，强售於翁。越數日，價忽騰高，商悔且泣。翁聞之，曰：『脂麻故在也，何泣爲？』以原值還之，其人感謝而去。及晚年，家寖豐裕，呼子孫至榻前，訓以讀書爲善，敦氣誼，勿校錙銖。取族黨鄉鄰夙券一篋，計逋金千餘，悉焚之。翁生平有利人之事靡不爲，爲之靡不勇，雖世族大家，罕聞慷慨有如是者，矧甽畝市廛中乎？乾隆己卯仲秋捐館舍，得年七十有三。長子廷賢，次廷傑。廷傑子三元，乾隆丁酉科拔貢，某科舉人，甲辰進士，自部曹累官廣西左江道，廣東鹽運使司。翁累贈中憲大夫，例晉中議大夫。曾孫遷，由孝廉出身，需次工部員外；遨亦舉庚午孝廉，邃以明經官學博。翁曩者未讀之書，遺之孫、曾，皆已讀之，用慰翁於九泉之下焉！

論曰：『種瓜得瓜，種豆得豆。』種德者，必食報於後人。方翁之隱於市也，作種種善因，實由於性之本善，豈計及身後膺朝廷錫類之仁，受中憲大夫之誥命？理不爽，則事有必至。人亦何憚而不爲善，不以翁爲師耶？

大理寺少卿查公家傳

公名淳，字厚之，號篆仙，系出於姬魯公之後曰延公者，食采於柤，因以爲氏。《春秋》：『公會吴於柤。』即其地。漢唐後，代有顯人，其事蹟載公《年譜》中。七十四世名秀者，明萬曆間，由臨川遷宛平。再傳至諱國英者，是爲公之高祖，早世。高祖妣周，殉甲申難，貞烈載《大清一統志》。考湖南巡撫儉堂公諱禮，性敦厚，有幹濟才，與吴江陸中丞曜，以廉潔凝重，同簡帝心。乾隆壬寅卒於京師，高宗純皇帝震悼嗟咨，謂大學士英廉曰：『查禮死，可惜少一好總督矣！』

公秉於庭訓，性剛直，而練達世務。初仕四川南江縣令，調南部，又調長寧、宜賓，推升雲南趙州。經欽使李公湖、川督文公綬、將軍明公亮奏留四川，辦征剿金川善後事。越兩年抵滇，升補武定直隸州牧。疊遭三年之喪，服除，選福建龍巖。天子念大臣之子官聲好，不辱其親，特簡廣西平樂府知府，異數也。平樂未久，調桂林首郡，旋擢常鎮道，以事左遷。繼復起湖南糧道，歷任貴州、江西按察使，而終之以大理寺少卿。

公涉歷仕途數十年，不媕娿，不膠執，遇事之難且大者，胸次有準繩，故舉措綽然有餘。南江在萬山中，山有名柏陽坪者，古柏夾道百餘里，爲一邑勝概。豪商啖利，結山間不逞之徒伐之，將爲禍藪。公具牒上官，陳利弊，禁絶之。縣北有大巴山、小巴山，綿亘五十里，人跡罕到。募土著及外境民，芟薙荒穢，墾爲膏腴，得良田二萬三千餘頃。宜賓爲叙郡首邑，民雜事冗，告期輒收數百紙，或有疑獄，常累年不結。公至，則釐剔無遺，部民曰：『非官也，吾父母也。』爲醵金立生祠。是時，長寧、南部、南江舊治編氓，有積訟未了者，多赴成都，乞制府批發宜賓。制府賢其賢，目以循吏，公慺然曰：『名所在，嫉忌叢之。吾抽簪去矣！』適用兵金川，不敢引退。善後事雜揉多端，報銷軍需尤重大，自軍興至凱旋，耗損帑金計六七千萬，日夜鈎稽，百欵了了。大將軍阿公謂儉堂公曰：『使天下牧令皆如淳者，我輩高枕無憂矣！』其在桂林也，安南軍興，設軍需局鎮南關内，撫軍孫公永清，奏以公總司其事。奉上諭：『查淳曾在四川大營辦理軍需，素稱幹練。此次軍需局務，即著淳迅速前往籌辦。』荷知遇可謂深矣！軍需要務，徵調夫役，運糧餉，備軍器，及策應防守，撫軍悉賴公籌畫。籌一事，畫一策，靡不中機宜者，撫軍稱『篆仙先生』，不復以官階論勢分。

是年春撤局，五月朔旋會城。時全州有聚衆搶穀之案，攝牧余清標發急遞具禀，事甚急。撫軍陳公用敷頗駭詫，召公戟轅，付以本標精悍兵三百，材官十員，命馳往彈壓。公密白：『此貧民乏食，有穀之家不肯借出，硬語激成，驟以兵往，不便。止需曉事武弁二三人，易服隨行。脱必須兵威，兵乃可動。』因密請令箭三，空白劄一二，便臨時附近調遣。部署畢，故徐徐緩行，至靈川榕江驛，清標復禀：『滋擾已三十七村。』公閲之，不動聲色，仍緩緩行。及入境，攔輿控訴數百人，公怒曰：『年荒，爾積穀居奇，激衆怒。彼無知强借，亦情急耳，欲官以攘奪之罪罪之乎？』裂其狀，痛斥之。訴者語塞，而搶者已心服矣。入城，督州牧捕獲首惡數人，荷校通衢，示懲警，餘悉薄責，釋歸農。其被搶之穀，按數册記，令秋成後償原主，案遂結。公於事之大且難者，以鎮静得事機之竅要，往往如是。由湖南糧道，秉臬於黔，於豫章，衈刑察吏，愛民事績，不能覼縷，然吏民至今猶復津津挂於感頌之口。公恥於及入爲京卿，公年齒已隤矣。嘉慶癸酉九月，逆匪林清驀入禁地，京官多有抗疏建言者。公恥於隨衆俯仰，躊躇審慎，必求一切中時務，以持乎大體者，夫然後披腹以呈琅玕。廟堂之上，求治甚急，以敷陳羈緩，飭部議，鐫五級，予休致。罷官後，家計窘促如寒士，但餘殘書數篋，舊端石研十餘方，漢銅章數百紐，藉以娱老。所與往來者，皆耄年舊雨退棲林下者。年八十五辭世，屬纊之夕，神明不亂。蓋終身無愧怍，達於榮枯消長之理，故來去皆灑然也。

劉大觀曰：觀受知於公最深，知公之天性亦深。公嚴冷之性如冰霜，凛然不可犯。而憐才如命，見人之有氣節而善用其才者，奬誘之，提掇之，欲搜羅衆才，輔翼己之才，以上報國恩。如觀之蹇劣，亦深受奬誘提掇者也。一蹶不振，息影茅廬，回首曩時，能不愓然以呼負負耶！

王廣文傳

有本於正心誠意之功，讀《大學》二十年，弗忍釋手者，曰澹庵王君。君名九齡，字夢錫，大父諱國麟者，自河内遷武陟。考諱守身，以家貧不足以供養，輟儒業，習於貿遷。稍豐裕，則構塾於家，以藏書授之於君曰：『此吾家故物也。吾有書不能讀，今養吾親，䶵䶵有所恃，豈復以家累累汝？汝立志爲儒者，則榮我，即孝我矣！』君雙眸如電，書一過，不復忘。見以時文取科第者，曰：『此進身捷徑耳。讀書有志之士，豈沾沾於此？』後博極群書，不得要領，得孫夏峰著述，而印之於《陽明語録》，有會於心，曰：『孔子一生，根柢在《大學》一書。格致誠正以外，無所謂學也。』於是泛覽他書，而必求其於《大學》相會通者，慎思明辨而篤行之。大梁山長丁先生田樹，蘇先生去疾，皆深於讀書窮理，不趨於時尚，靡不奇君，以君爲士林翹楚。君出身孝廉，授中牟訓導，教諸生，一如其所學，而期以躬行實踐，無蹈虚文。其見解言論在《行狀》，不贅及。

方君之事親也，爲父梳髮，見髮白，即愀然隱懼。母病，侍湯藥，晝忘食，夜不貼枕。母手冷，執母手，竟宵不釋，以爲可煖而熱也。母卒不救，哭母，始以淚，繼之以血。是與孫夏峰之孝，皆出於正心誠意，蓋一時之真儒矣！

贊曰：桐城有左仁，忠毅公後裔，孝而愚者也。其祖遘惡疾，人皆避去，冬夜苦足寒，仁燠之，時年十五。如是者六年，果染疾，繼其祖以死。方望溪先生爲作《傳》云：『當明將亡，而逆閹之熾也，如遘惡疾，近者必染焉。忠毅與同難諸君子，皆明知爲身災，獨不忍君父之寒，而甘爲燠足者也。』左仁以燠祖足爲孝，君以煖母手爲戚，蓋皆有不可及者。設君出仕爲顯官，移孝作忠，當何如耶？乃蹉跎偃蹇，終於一博士，其所學與志之所在，百未一試焉，惜哉！

玉磬山房文集卷三

署山西藩司到任疏

奏爲接署藩司印務日期，恭摺奏聞，仰祈聖鑒事。

竊臣於嘉慶十一年九月十八日，奉護撫臣金應琦行知，九月初九日，内閣奉上諭：『同興已諭令來京，聽候部議。山西巡撫員缺，著成寧調補。其成寧未到以前，山西巡撫印務，著金應琦暫行護理等因。欽此。』藩司員缺，委臣接署。即於十八日，將藩司印信，並一切文案、卷宗，及庫項、册籍，移交前來，臣當即祗領任事。

伏念臣山左庸愚，毫無知識，於上年十二月分發湖北，具摺請訓。仰蒙皇上逾格鴻慈，諄諄訓勉，甫及數日，即蒙簡放山西河東道。受恩出於曠典，報稱不知何由，感激悚惶，形諸夢寐。今署理藩司，有稽查倉庫，察吏安民之責，不敢以爲日無幾，稍有輕忽。惟有刻刻仰念聖主造就培養之恩，竭盡微臣感悚奮勉之力，上酬高厚生成於萬一。所有臣接署藩司印務日期，並感激下忱，理合恭摺具奏。

再，臣奉撫臣行知，接准部文，河東運使勿庸復設，即以河東道兼辦鹽法道事務。竊查，課歸地丁以後，潞鹽由河南一路充斥湖廣，以致淮鹽滯銷，事多窒礙。此時仍復舊規，裕課恤商，事事皆關緊要。

臣當隨時禀商護撫臣，並與各司道悉心籌畫，必使商民兩便，又須斷除潞鹽侵越淮綱之弊，方屬妥協。不敢於立法之初，稍存將就，有負聖主委任之至意。所有籌辦鹽務緣由，合併奏聞。

【校】

中國第一歷史檔案館藏此奏摺原件，前署『署山西布政使，河東道臣劉大觀跪奏』。『理合恭摺具奏』後，尚有『伏乞皇上睿鑒。謹奏。嘉慶十一年九月十九日』。奏摺至此畢。嘉慶帝硃批：『實心勉力辦理。』

劾山西巡撫初彭齡疏

奏爲封疆大吏學術不純，事多乖謬，據實奏請聖鑒事。

竊自古名臣，嘉言懿行，載在史册，傳之不朽。其能肩大事，立大功者，必居心醇正，舉措無疵，方足以寄托重任，成千古之令名。後世臣子，亦必讀書知大義，效法古賢，乃可酬報主知，而立身於無過。今撫臣初彭齡，與臣同鄉世誼，待臣禮貌甚優，並委署藩司，臣自當感其恩，以諱其短。然臣以微末小臣，受皇上天恩最重，感深肺腑，若狥私隱默，將來貽誤國家大事，臣之罪重矣。

竊查，初彭齡素以清介自許，以報稱爲心，此聖主所深知，亦天下臣民所共欽仰者。而自到山西以後，見諸政事，以意徑行，率多不就繩尺。如臨晉縣以磚塊裝入鞘内一案，先發太原府知府錢臻訊詳，錢臻辦詳稿三次，請示初彭齡，皆係從輕完結，初彭齡業已面允。後因前任撫臣金應琦著人檢查巡撫衙門號簿，初彭齡大怒，始和盤托出，據實參奏。設如金應琦不查號簿，則已將就了事。是此案之參及多員，實皆以嫌，並非以法也。冀寧道張曾獻署理臬司，才本平庸，初彭齡參奏因循遲延，未爲不公。查孝義縣一案，臬司先委太原府錢臻審辦，遲延不結，初彭齡改委潞安府知府趙鴻文，平定州知州徐承慶，在貢院封門嚴訊，錢臻並未同審。及發摺前一日，因錢臻懇求，遂將委員徐承慶名字删去，改委錢臻會審，此人所共知。而行司參稿删改字跡尚在，有可稽查。夫臬司之遲延，由於知府之遲延。知府附參而請察議，旋即題陞冀寧道，臬司則專摺參奏。黜陟功過，國有定制。是顛倒輕重，出於一人之喜怒，秉心公正者，固如是耶？徐承慶係初彭齡門生，違例奏陞汾州府知府，蒙皇上申飭。既屬違例，又不避嫌疑，爲臣子者，自當感激天恩，悚惶引咎，乃將廷寄行司所有皇上申飭語句，私自删去。而徐承慶係本省之官，留在署内居住，仍不避嫌疑，令其回州，朝夕飲食，共在一處。是不知有君父之義，只知有師生之情，臣不勝駭異！

又查，署潞安府知府朱錫庚具禀匿名揭帖一案，其中關係甚重。初彭齡於上年十一月初四日，起身赴五臺查工，朱錫庚禀稱：『於是日下晚，在省接著』。當時因何不具禀，遲至初彭齡回省再禀？且撫臣公出，亦當面禀司道轉禀，因何又不面禀司道？實屬詭譎。再查，匿名揭帖即所揭屬實，亦有應得之罪，朱錫庚禀内因何並不聲説，查拿遞帖之人？亦不禀請司道，飭知首縣查拿？是此中疑竇甚多，初彭齡均置之不聞。及奉旨嚴拿匿名揭帖人犯，臣會同臬司積郎阿，委試用從九陳載章，前往潞安訪拿。朱錫庚恐事敗露，密禀初彭齡，另行改委，初彭齡即如所禀，另委一人前去。是視兩司甚輕，視一知州獨重，殊乖體制。朱錫庚署潞安府，凌辱屬員，無所不至，出門儀從，擅用鳥鎗。因長子縣辦理臺差一事，擅動官兵，幾釀鉅案，此初彭齡面告臣者。臣力勸初彭齡，速將朱錫庚撤回，不可滋出大事，仍復隱忍姑息，誠不知是何意見。又如澤州府知府王廷瑛，偶然耳聾，旋即痊愈，遽入奏章；寧武府知府戈瑶，並無不好聲名，即聽信讒言，奏以官聲平常。而朱錫庚無惡不作，天怒人怨，乃引爲腹心，任其恣横，以致街談巷議，皆成笑柄。

又查，試用知縣陶榮淦，因不能逢迎朱錫庚，被朱錫庚私稟初彭齡，將陶榮淦自潞安府調回省城，欲行參革。陶榮淦書生柔懦，無端自縊，人人悲歎。又查，署理巡撫，例食一半養廉，初彭齡要全支養廉，臣查例與看，始無話説。嗣後，蒙皇上恩旨，補授山西巡撫，仍要全支養廉。臣稟稱：『十六年，皇上巡幸五臺，一切工程，自巡撫以至州縣，均應攤扣一半養廉，現已扣存藩庫十餘萬兩。況撫臣爲一省表率，養廉優厚，似不可不攤扣。』乃初彭齡置若罔聞，仍復全支。是其慳嗇褊狹，不知大體，尤爲離經之甚者。

臣於嘉慶十年臘月，蒙皇上格外恩慈，放河東道。請訓之時，仰蒙聖諭：『山西省如有應奏事件，隨時具奏。』又蒙皇上體恤小臣初經擢用，恐過於冒昧，復諭令：『事關緊要，必應具奏。然不可多奏。』仰見聖主培養教誨之恩，無微不至。臣在河東已經四年，因無要事，不敢冒昧陳奏。初彭齡負天下重望，荷皇上特達之知，其操守尚好，而處事任性乖張，不學無術，臣不敢不據實奏聞，伏候皇上睿斷。臣不勝惶恐待命之至！　謹奏。

【校】

中國第一歷史檔案館藏此奏摺原件，前署『山西河東道劉大觀跪奏』，尾署『嘉慶十五年正月初九日』。嘉慶帝硃批：『即有旨。』此摺附片亦藏中國第一歷史檔案館：『再，臣聞得平定州知州徐承慶虧空甚多，初彭齡狥庇門生，不肯參奏。署潞安府知府朱錫庚擅作威福，使屬員畏懼，因而需索屬員。所屬各知縣皆恐朱錫庚撥弄是非，立挂彈章，不敢不違例饋送。人心吏治所關，合併奏聞。』嘉慶帝硃批：『覽。』

上伯少司農書

前詣會垣，躬侍左右，荷蒙老夫子大人略勢分之榮，敦師生之誼，慈祥愷惻，形諸面顔。每於問公事外，輒論古人經濟之學。以其嘉言懿行，豐功偉烈爲不可及，而刻刻求其可及，又刻刻以唯恐不及爲憾。我夫子虛心好學如是，何患古人終不可及也！

觀愚以爲，古人之所以不可及者，忠君愛國之心也。有是心，則有是志；有是志，則爲是學；有是學，則可以肩大事，成大功，除大患，爲朝廷之大臣，造蒼生之大福。如漢之張良、汲黯、趙充國、蕭望之、第五倫、諸葛亮，唐之魏徵、狄仁傑、郭子儀、李泌，宋之吕端、李沆、王旦、王曾、張詠、富弼、范仲淹、韓琦、司馬光，元之耶律楚材。其心爲何如心，其學爲何如學，其經濟爲何如經濟，可考而知也。我夫子既有其心矣，必時時以其學爲學。時時以其學爲學，則古人於大事何以肩之，於大功何以成之，於大患何以除之，自可了然於胸中。是古人已往之陳跡，皆後人臨事之規範。孔子曰：『工欲善其事，必先利其器。』規範者，器也。持此器以忠君愛國，如圬者之操鏝，梓人之治宫，不勝任而愉快者，未之有也。

又嘗聞我夫子言少極貧，寄食於親串，養生甚苦，發跡甚艱。一旦受知於主上，由寒儒而登顯秩，心惴惴有難安之意，言次天性激發，淚涔涔下沾衣。維時觀且敬且佩，亦相與對泣。言者，心之聲也。此豈有所矯飾，而故爲之者哉！觀以是知我夫子忠君愛國之心甚堅。而又自念受知於我夫子恩誼最重，思所以報夫子者，其道無由。故前在省垣，以《宋名臣言行録》獻之，蓋以此書爲我夫子必需之物。我夫子讀之，必能有動於心，而以不及古人爲憾。以不及古人爲憾，則去古人不遠矣。方今楚黔閩粤，皆有不靖之民，聖天子宵旰勤勞，以漢、唐、宋、元諸名臣望今之臣下，非一日矣。觀踈逖小臣，未敢作非分之想，而所以仰望於夫子，不能不遠且大。匹夫之言，聖人擇焉。故遂恃恩以獻狂瞽，唯俯鑒愚誠，幸甚幸甚！

上伯夫子書

觀以菲材，仰蒙知遇，至深至厚。去冬，我夫子大人入覲天顔，侍教終日，依戀彌深。繼聞有留京之命，竊以不能常依宇下，寸心耿耿。夏初閲邸報，恭諗夫子大人仰承優眷，往撫晉陽，歡欣鼓舞，莫可名狀。夫今之督、撫，昔之節度也，察吏安民，提督軍務，體制尊而職任重，未有過於此者。我夫子以忠君愛國之心，居九重倚任之地，平日慷慨激發所欲爲者，今可爲矣。然初莅外任，節制封疆，亦非易事。以觀所聞，督、撫大憲老成持重者，大概以用人爲第一要務。首府、首縣爲一省領袖，日在耳目之前。用一君子，則外府、外州縣皆趨於君子；用一小人，則外府、外州縣皆趨於小人。是首府、首縣，斷不可不慎也。若武弁最緊要者，則在中軍；佐雜最緊要者，則在巡捕；皆朝夕左右供趨走，通聲氣之人，喜怒言動，不可使之窺測。外省大憲，體制尊嚴，謁見有時，進退有節。如中軍、巡捕之流，不能窺測大人之喜怒言動，必百計迎合司閽，其禮甚恭，其跡甚密，其技甚巧。若司閽不得老成端謹，結實可靠者，其弊不可備述。司道方面大員，多屬歷練有爲之人，有事禀商，如不愜意，不可稍動聲色。或密傳首府，詢以事之原委，再見司道時，徐徐定之。設或初論不合，即挽回之，愈虛心，屬吏愈敬。若有真知卓見，印之司道、首府，人人以爲是者，切不可以旁人之言，復有摇惑。首府、首縣，何以知其賢否而任之？觀其言貌舉止，敬而不諂，婉而不媚，論事詳明而無額外枝節，不以喜怒爲從違，觀人之法，不外是矣。

此時鄰省用兵，急務差遣。姑不論其人之賢否，但有才具，敏捷不誤事者，即是能員，須獎勵之，使其樂於効力。而恩又不可濫，只淡淡獎勵數語，已不勝榮幸，若過於優待，無知者視爲尋常事矣。至於粮務有粮道司之，鹽務有鹽道司之，刑名有臬司主之，各有專責，無須深求。留有餘之精神，以用於當用之地。此時川、陜不日奏捷，釜底游魂，尚延餘息，或有征調之事，亦未可定。須時時練兵、籌餉，以待接濟。州縣壤接川、陜之處，須嚴飭設法堵禦，以防竄逸。本省百姓，須使安其心而樂其業，不爲匪徒煽誘，皆此時急務也。

蘇文忠公云：『求治不可太急，聽言不可太廣，進人不可太鋭。』此三事，尤屬切要之言，幸不時體察。凡此蒭蕘之獻，皆早在我夫子大人熟計之中。所以不辭冒昧而瑣瑣上呈者，以受恩重，寤寐不忘，不敢以泛然貢諛之詞，負師生名分之重。惟冀俯鑒愚誠，垂賜採納，幸甚幸甚！

上岳方伯書

丙辰夏間，叩違棨範，苒苒駒隙，歲已三周。每於都中人至，詢悉體候安和，藉慰私衷。而近年來音書久濶，非敢忘知遇也，以風塵碌碌，無可告慰之事，故不敢飾浮詞，以瀆尊嚴。今者一元復始，百度維新，溺職孤恩者相次罷去，公忠體國者採録無遺，早知閣下不能不爲蒼生出矣。昨見薩少空，果不出私心所料，且言閣下垂念舊屬，至殷至厚，欣幸難名，感荷無已。觀祖籍邱縣，今閣下所莅之地，觀父母之邦也，以本省之部民，原不敢妄言本省之公事。然觀受恩深重，非泛泛可比。又深知閣下公正廉明，刻刻以吏治民生爲念，自問無私，何嫌可避？用敢以耳之所聞最切實者，覼縷陳之。

大率圖治，以得人爲本。山左十府一百餘州縣，其中豈無可用之人？用一君子，則君子進矣；君子進，則賢者益出其力，以挽頹風。用一小人，則小人進矣；小人進，則不肖者益殫其精，以希寵利。此必然之理也。前任一二年來所以受病之處，一在用人不得其當，一在河工不善籌畫。以公事而耗公帑，朝廷原無所惜，何必派之州縣？即令派之州縣，亦須審擇其人，熟籌其地。其地饒富，其人忠信可托，素日見信於民，事亦未嘗不可行，行之亦未必有驚擾之患。乃不問人之賢否，地之肥瘠，一例派之。有挪庫項爲捐欵者，有取資於民而民樂從者，有民不相信而因以抗官聚衆者，其弊不可勝言。試思庫項非公帑乎？子民非皇上之子民乎？設如有變，將如之何？是見其細而遺其大，知其利而昧其害也。且聞合省捐輸之項，多虛糜而鮮實用，此尤爲失筭之甚者也。山左民風，素號醇朴，近日亦頗有不畏法者。其過在官則責官，其過在民則懲民，亦不可稍有成見，使有偏重之勢。民驕則玩，玩則恩不可感，威不可服矣。頃有便人，謬獻狂瞽。非素蒙見信之深，斷不敢如此冒昧，唯俯察。幸甚！

覆洪稚存太史書

去歲讀先生大考文字，切中時病，鍼鍼見血。其論山川形勢，擒捕方略，亦深有見解，歎服歎服！適有便人赴京師，寄一書，用展馳系，並以宣紙長幅寫《西涯詩》呈教。其人至，先生已挂帆去矣。厥後南北修阻，音問遂稀。今歲，聞有特旨起先生於卧廬。四月中旬閲邸報，知已到都，正擬馳書作賀，補寄去歲所寄之詩，郵籤未行，誨帖先至。仰見德愈尊，名愈重，而心愈抑損以自下也。

竊念先生負奇才，藴奇氣，以身許國，以文章經濟受知於君、相，偃卧林泉，徵車在路，此何等氣象也！方今聖天子至仁至孝至聖至明，破苦口以求言，用苦心以求治，所謂披腹呈琅玕，在此時矣。先生當人所不敢言之秋，而能言人所不能言之事，況在此際，益復何如？然不肖所望於先生者，不敢以今而以古。古之所謂琅玕，是何物事？若今之獻納，置之古人奏疏之中，未必盡如古人，恐或爲古人所不甚許耳。讀書多而不識時務，非琅玕也；識時務而無經術，苟且遷就，無遠大之規，亦非琅玕也。若以迂濶難行之事，瑣屑無謂之言，徒使聖天子以有用之精神，批答無已，阻防機務，是言路之開，適爲廟堂之累。所以求言之初意，豈在是哉！先生前此既能言其大而中欵節，今後得君愈深，進言更易，自必有所以報知遇者，不僅以纂修之事爲事也。

朱高安云陸忠宣公『知無不言，言無不盡。』又言：『剛直如魏徵，而性行較醇；方正如宋璟，而謀略更優。指陳時政，洞若觀火，皆本仁祖義而出之。』唯其剛直，故知無不言；唯其性醇謀優，暢達時務，故言無不盡。仁義者，體也；時務者，用也。體不明，則用爲無舵之舟；用不達，則體爲不馳之馬。嘗與玉松先生言論及此，頗相契合，而不能不持此以望閣下。握叙無由，臨書增悵，伏惟照察。不一。

上錦州太守佛公書

本年，直隸水災甚重，饑民困苦，將軍晉公會同兩大憲，奏請採買奉天粮石，運赴直隸糶賣。此舉上爲朝廷分憂，下爲鄰省接濟，深得封疆大吏之體。聞已奉旨，以此奏爲是，飭令直隸總督查明被災各州縣需穀若干，採買運往。觀識陋才庸，位卑職小，何敢妄參末議！然在奉天七年之久，歷任承德、開原、寧遠三處，於奉省物産、民情，及閭閻之蓋藏，子民之苦樂，稍稍有所見聞。如避僭妄之咎，緘默無言，於心實有所不安。因不揣冒昧，謬獻狂瞽，不日憲臺因公赴省，或可採擇一二，以備各憲之籌議。

一，採買糧石，接濟鄰省，宜先籌計本省出産五穀，何者最多，何者價賤，易買何者，於鄰省饑民食性相宜？庶不至顧彼失此，臨事棘手也。查奉省旂人、民人，日間所常食者，以高粮爲本，食者多，則種者亦多。大率每年所種，高粮居十之六，其次則黑、黄豆，再其次，則係粟穀；此外各項雜糧，不及十分之一。是奉省所最多者，無如高糧；價賤易買，亦莫如高糧。直隸百姓所食用者，亦以高糧爲本。是與鄰省饑民食性相宜者，亦莫如高粮也。若買穀石接濟直隸，似不如買高糧爲便。況奉天採買，不能挨户零星買之於百姓，即街市集場所售賣者，亦屬無多，只可向棧房採買。而棧房囤貯，皆係高粮、小米，黑、黄豆，未聞囤貯粟、穀者。將來辦理掣肘，稽延時日，穀米上船，海口已凍，既與接濟直隸有礙，且與小民鋪户亦多不便。是不可不通盤籌計也。

一、採買糧石，接濟鄰省，宜先籌計本省每年所得糧石，除完糧、食用之外，所餘若干，外省販運若干，下餘之數，可以採買若干。以盈補絀則可，以絀補絀則不可。況奉天與别省不同，尤宜格外慎重。近閲邸報，湖廣道御史汪條陳：『在奉天採買糧石百十萬石，接濟直隸。』經朝堂會議，乾隆十五年，直隸督臣方奏請暫開海運，接濟民食，奉天將軍、府尹咨覆於寧遠州等處海口，准商買十萬石在案。本年，盛京地方收成豐稔，商船由關東糴賤售貴，自必照舊倍增。如果商運米石絡繹而至，粮石既多，價值不期平而自平。若令官爲購運，倘所運無多，不值遠道採買。即如該御史所奏，裝運百十萬石，運至津倉，則現在盛京各屬，除本地需用酌留外，是否能餘出百十萬石，難以懸揣。況陪京根本，亦宜積貯充裕，以備不時。是所見甚大，所籌畫亦甚周，真千古不易之論也。然汪道長奏稱採買百十萬石，固不知奉天情形，亦未檢查乾隆十五年奏案。即部中查出奏案，在寧遠州海口採買十萬石，並無百十萬石之多，固已詳細於汪道長矣。而商人實在買運之數，並不足所奏十萬石之數，部中猶未知也。

查乾隆十六年舊卷，盛京將軍阿，奉天尹憲圖，准令直隸商人，在寧遠州釣魚臺海口，買運粮石十萬石。後有天津縣商人房大輝等，在直隸總督衙門呈稱：『寧遠州粮石，係從錦縣販去。錦縣與義州接壤，北邊一帶蒙古地方，米、糧俱至錦州售賣，實係聚集之所，情願在錦州採買』等語。直隸督憲奏請在錦縣採買，該商等並未在寧遠買過一石。聞在錦縣採買，亦不及十萬石，是皆有案可查也。伏思御史爲直隸災民起見，中堂、尚書爲直隸、奉天兩省籌畫起見，皆係實心爲國爲民。而深知本省情形，籌畫盡善盡美，則非本省將軍、尹憲不能爲也。

今奉上諭，飭令直隸總督，酌量直隸來春平糶實需穀石若干，預行約計，俟覆奏到時，再降諭旨。直隸被災九十餘州縣，需用穀石必多。且因奉天奏明採買接濟，以爲奉天菽粟，如水火取之不盡，用之不竭，必然奏請多買。將軍、尹憲又因奏請於前，若辦不足數，是前後矛盾，必得多爲採辦，方成事體。觀局量淺狹，昧於事機，未免斤斤以此爲憂也。蓋直隸被災九十餘州縣，奉天近海州縣止六七處。以六七州縣之餘糧，補濟九十餘州縣，力既不贍。況天津商船來奉天販運者，今年必較往年增倍，百姓貪圖貴價，必將所有糧石爭先糶賣，是所餘者亦無幾矣。以所餘無幾之糧，再加官爲採買，又有本省買補上年平糶之米，則此事之難辦，不問可知。

以觀愚昧之見，只可採買高糧，不可採買穀石。只可查核乾隆十五年及四十九、五十八等年採買接濟直隸共有若干石，斟酌辦理，不能以直隸需用之數爲定。如此，則與直隸有益，於奉天亦無大損，且與中堂、尚書、各大憲奏議相同。未知是否有當，仰祈憲臺格外留神。倘將軍、尹憲商酌及此，可將所獻卑瑣之見，俯賜採納一二，曷勝幸甚！此合省公事也，敢於妄參末議，亦因此心出於至誠，爲公事策萬全也。不勝惶恐冒昧之至！

上鐵冶亭先生書

闗外地左郵稀，致疏禀候，寸心思仰，積久彌深。近者恭維台座安和，糧艘暢達，欣慰無量。漕務廢弛久矣，釐剔整頓，誠非易事。自閣下經理以來，如名醫醫病，動中肯綮，故法立而民不怨。今歲章程已定，尤覺順適。楊村一帶，河水漲發，地方官辦理不善，而旗丁慮及回空太晚，願出己資，起撥趲運，此可見平日駕馭有方，故受恩者知所奮也。靳文襄公治水，得治水之法，至今運河一帶猶有生祠。閣下治漕，可與文襄之治水齊驅並駕矣。

去冬，皇上有謁陵之旨，閣下歷舉從前辦差之累，臚列奏章。仰蒙聖天子採納良言，宣諭中外，此實熙朝盛事也。召伯去後，人見甘棠而思之。孰知召伯愛其去後之民，如在未去之日耶？今年奉天雨水亦多，因地處高亢，易於宣洩，尚不爲害，收成可有八分。以闗外之有餘，可以稍補直隸之不足。而糧價增長，亦可免穀賤傷農之歎。

閣下前奏奉天各州縣，將積貯米穀出陳易新，每萬石歲糶二千石，此深知州縣受病，曲爲調劑，以重倉儲。然各處情形不同，有必需平糶者，有不必平糶者。如寧遠，每年征收秋糧五千石，每年有撥運山海闗兵米五千石，歷來以新者貯倉，以陳者撥運，霉變之米較他處較少。去年平糶九千石，倉中已無陳米。若拘於原奏，年年平糶，固屬不必。而民間户户有蓋藏，不藉官米糊口，若勒令糴食，反滋擾累。是以今年再三詳請免糶，蒙尹憲批准。此舉雖與原奏相反，而仰體閣下愛民之意，正所以善行閣下之法也。然奉天十二州縣，獨寧遠一處不辦，則近於立異矣。因閣下刻刻垂念舊屬舊治，故不辭煩瑣，覼縷稟聞。

上伯夫子書

違侍左右，倏屆三年，寤寐所縈繫者，不僅在師生離合之跡。每有晉人出關外者，與諸大憲來自京師者，必敬詢起居安否與政治得失，大率皆以廉明謹慎稱之。雖捐輸一事，所用非人，而一有控訴，即掛彈章，外議自當釋然。近年輿情愈洽，聖眷愈隆，正可建樹之時。且用兵年久，剋期告捷，一切培養元氣，尚費經營。知我夫子以殫誠報國之心，居朝廷倚任之地，必有可以不朽者，垂青史於將來也。觀忝列門墻，豈勝欣頌！

直隸今年雨水過多，被災者將近百城，奉天幸無此患。唯出關難民絡繹於道，將軍、各大憲奏請捐廉撫恤，又採買米糧十五萬石，協濟直省，現在諸事已有章程。觀自到寧遠，毫無補濟，唯學校諸生延名師授讀，學業較前有進，亦彬彬知禮法。再，州城之東，舊有海口一處，封閉五十餘年，於商民大有不便。去歲詳請復開，蒙將軍、尹憲奏，蒙特旨允行。此時帆檣集於水次，輪轂萃於城闉，似較從前稍有起色。觀限於職守，侍教無由，望於公務餘暇賜訓言，以爲鞭策。幸甚！

上翁覃溪先生書

去歲冬月初十日，伏奉十月二十日誨書，及垂賜臨褚《蘭亭》數番，欣感不可言。王、褚墨跡，人間久無存者，所見搨本，又多贋物，嘗鰓鰓以爲憾事。今所賜臨本，能追攝古人精靈，運之腕下，即在當日，亦足以獨張一軍。後此數百年，有見之者，其與今人嚮慕往哲，正復何異？觀每得先生片楮隻字，輒擎持索玩，數日不離手。每困於俗冗，神志昏瞀，不能振作，必取之篋中，用以湔雪。壁之所懸，笥之所貯，内外左右，魂夢起居，皆有先生翰墨存焉。今更得此希世之珍，何翅目睹嵇叔夜彈《廣陵散》也！歲杪，又得繭紙《宋式訓言》一通，謂：『作詩之法，先就一體，研究到極至處，乃可處處通徹。』仰見先生開示後學之殷意，於受病處下一鍼也。

觀在嶺外，學詩於高密李子喬。其所論，亦復如是。其見觀入手諸詩，慨然曰：『此爲《才調集》所誤，急火之。』又曰：『子之詩，如康崑崙彈琵琶，雜而不純，急於要好。崑崙十年不近樂器，始可教；子之詩，三年不作，始可教。』觀唯唯，謹受命，取平日所作二百餘首，付之祝融一炬。三年後，從新作起，得五、七律數十首，子喬曰：『此非《才調集》中詩矣。顧格律不合，色相不配，一半賢人，一半屠沽兒，猶不可存也。』觀又火之。故嶺外之詩，僅存數十首，其餘皆與子喬別後之作，子喬多未及見，而其墓草已宿，不能復得其指授。又以才質庸鈍，所謂專攻一體，研究到極至處，乃可處處通徹，此中途徑，至今尋覓不着，可愧也。

賜書又云：『近日頗專力考索《禊帖》。』昔人所編緝《蘭亭考》，苦泛論，不親切，許以先生所著，垂示於暗室之盲人，以潤其眼目。觀於書法，如瞽者摸象，聾者聽樂，益復檮昧無知。乃不見棄於大人先生，以爲孺子可教，則狂喜不知所措也，幸早得一讀爲感。觀嘗獨坐靜思，晉人尚清談，多幽閑之致，世風所染，流爲習俗。故詩之稱淡永者，有陶淵明；書之稱俊逸者，有王右軍。古人云：『技也，進乎道矣。』蓋百事必進乎道，而技始能精。陶之詩之所以淡永，王之書之所以俊逸，必有所得於詩書之外者，其詩與書乃能絶倫而軼群。淵明之所得於詩之外者，夫人能知之，能言之矣。右軍之書高絶千古，夫人能知之，能言之；其所得於書之外者，未見有人語及，竊以爲疑。茲見青田誠意伯《題蘭亭後》云：『王右軍抱濟世之才而不用，觀其與桓温戒謝萬之語，可以知其人矣。』又云：『放浪山水，豈其本心？臨文感痛，良有以也。而獨以能書稱於後世，悲夫！』讀至此，竊歎以爲先得我心也。唐宋詩人之稱爲大家者，必有《年譜》。後人不讀《年譜》，則其詩中之感寓，茫然不知其所謂。誠意伯論右軍之書，正是此義。

夫詩，心聲也；書，心畫也。二者皆出於心。心之所感，則有所寄。寄於詩，寄於書，蓋無二也。擔夫與公主奪路，雅州江水暴發，與書有何干涉？見見聞聞，皆能寓之於書，書之爲義大矣。觀之瞽説如是，未知馬勃牛溲，可備藥鼎之一物否？乞先生切實教之。

與曾賓谷都轉書

觀游興已闌，此月下旬，便携妻孥北去矣。竊念閣下經腴鎔於腹笥，賢德播諸政聲。磊落詞人，覆之廣厦；寂寥才鬼，發其幽光。斯固海内士夫無不傾心推重者矣。顧余蹇劣無狀，辱愛特甚，智淺才踈，無以報知己者。念古人責善之義，則思報閣下以言。

嘗聞閣下愛士之心，非不厚也；朋友之誼，非不篤也；心之所愛慕，未嘗不謙而敬也。獨是涇渭太明，崖岸太高。人之才行不可尊意者，則名紙入門，日久不報；詩箋投户，或令反擲。抑亦過矣！阮嗣宗口不論人過，至性過人，與世無侮，猥以酒失，不爲舉世所容。范希文大賢也，知張元、吴昊之詭譎，棄不收録，卒爲夏人所資，與中原爲難蓋數十年，蒼生疲弊，海宇繹騷。此蓋君子之過，可不引以爲鑒乎？又聞閣下一事牴牾，怒徵詞色，無稍從容含蓄之氣。其在麄人，則不足憂；其有城府在胸，設坎穽以報睚眦者，將奈之何？簪纓紱綬，動伏危機，婁師德之言，不可不細繹其味，而佩之以爲圭臬也。人之相交，貴識其天性，因而濟之。知其美，不爲頌揚；知其病，不爲攻發；違心貢諛，乖於友道，是庸醫牟利，棄絶古方，將爲其友之蠹人，可恥孰甚！

觀今將去矣，風檣在水，離緒在心。惟俯鑒迂狂，格外珍重，幸甚幸甚！外呈七律一篇，用補書中所不及。王介甫云：『君知富貴亦何有，諂譽未足償譏排。』又云：『低心收蠢友，似不讓塵壒。作詩寄微誠，誠語無綵繪。』故詩中五十六字，更不作駒元柳碧諸泛泛周旋語。

留别賓谷詩

歸帆將挂一商量，心識使君情意長。相馬未容拘牝牡，安絃定遣合宫商。離群鶴睨將斜日，辭樹花含不盡香。樂境要知留退步，盧陵有母在高堂。

再與賓谷書

器質有短長，朋友有切磋。玉美者，未必不待於攻；鑒光者，未必無假於拭也。僕前竭赤誠，謬獻狂瞽，蓋以閣下篤於友誼，不以衆人見待，用輒効其區區。今辱報函，反覆細繹，似未達鄙人之意，而以其言爲不然者。雖欲無對，其曷能已？

竊僕魯人也，性質麄率，鮮有倫比。前者備員留都，受知於京兆岳公，少司農兼攝京兆伯公，少司馬兼攝京兆鐵公。厥後，岳開藩山左，伯撫晉陽，鐵督漕淮南。其用人行政，籌策運務，或有未恊，不乎輿論，無所聞則已，聞則披肝瀝膽，遥相規正。非蚍蜉足以撼喬木也，非爝火敢於爭烈日也，一得之愚，奉爲敝帚，報知遇以匡救，勝於報知遇以恭維也。脱使諸公以爵位自高，納言爲耻；或自問口懸於此，意注於彼，謬爲矯激，沽名剛耿，則亦適足以取笑於士類矣。

僕與閣下，友道也，視屬吏之與長官，又自有間。自居此地，始甚踈濶，繼則稍稍相近，近則親，親則愛，此朋友之義也。譬之爲伊、吕，尊之爲孔、孟，古君子之愛其友，固若是哉？夫同道爲朋，同志爲友。觀於所忽而知其過，聞有不利於其身者，如己身之不利，苦言如藥，進而不疑，庶幾其無愧矣。閣下欵愛名士，推德委誠，矜己傲物，未之聞也。僕前書所云，非欲閣下等碔砆於圭璧，視訓狐如鵔鸃也。疾不仁於已甚，則致亂之道，夫子之教也。所謂張元、吴昊，今實有其人；所謂操戈以報私忿，今亦有其事。幸立身不敗之地，未爲所中傷耳。古人稱：『人之不善，隱其名，不直書，使以意會。』然則其人其事，閣下獨未之知耶？僕之癡愚若此，閣下不此之察，謂僕奉書諄諄，徒以拒客之故；且云『萬金之家屢落，千户之富罕聞。莫不工執牙籌，巧鑽李核。從事趨謁，便嫌臘酒；微生比鄰，誰許乞醯？』是僕之披腹呈琅玕，非所以敦友誼，直爲摇尾乞憐之士作説客矣。豈其然乎，豈其然乎？

僕早墮塵網，文字荒蕪，意爲詞害，筆乏潤色，無異乎荆人獻璞而刖其足也。顧足雖刖，志不可奪，曝背食芹，終思有以獻君。且閣下官此十餘年矣，交游不爲不廣矣。仲宣、子美、彭羕、袁宏，皆讀汗牛之書，識時務，關休戚者也。請示諸子以荆人之璞，以爲何如？

附録曾賓谷覆書

煥再拜。一昨伏奉教書，敬審北行有期，重爲此别，眷焉末契，贈之以言，君真仁者哉！稱太邱之道廣，惜孤竹之量隘，以僕崖岸過峻，言論過戆，慮其荆棘叢生，干鏌傷缺；鐘鼓振迷，藥石起痼。開題信紙，背汗面頳。僕雖汎交，稀聞忠告，辱兹至愛，書紳敢忘。然而來教諄諄，徒以拒客之故，則僕猶有説。請布委曲，惟君亮察焉。

夫古稱好客者，人有殊途，道非一揆也。若夫珠履齊會，銅槃定盟，焚券市中，懸書門上。出函關之公子，送易水之荆卿，鑄相印以尊蘇秦，竊兵符而椎晉鄙。此則朝爲合縱，暮爲連横，方今同文一統，無所用之。若夫樓護合鯖，灌夫使酒，敬容殘客，平津惡賓。翟廷尉之舊宅，可張爵羅；衛將軍之昔游，去從驃騎。此則勢移盛衰，蹟多翻覆。方今綱紀最肅，門户不分，市道之交，亦豈宜有？

至如西園渌池，南樓明月，東山絲竹，北海尊罍。待車公而設筵，迎仲宣而倒屣。蘭亭則右軍之字，歷下則子美之詩，僕雖不才，蓋嘗樂此。每當楚山送碧，喜見故人；籬菊綻黄，輒思高隱。聞鄰舫之高詠，求識袁宏；領床上之深談，大奇彭羕。曷曾矜己傲物，謝客而勿通哉！然孟嘗、信陵之風，有未逮也；魏其、武安之爲，亦有不屑也。是故求田問舍，非所願聞；倒篋傾筐，不無異視。以此招尤溝閔，夫復奚辭？

然僕居此官，已逾一紀，脂膏不潤孔奮，苞苴不污裴寬。故鄉無負郭之田，官署有懸磬之室。賀監沽飲，恒至典裘；馮煖無魚，能不彈鋏？所望知我者之諒我！獨念昔者南陽孔氏，西蜀王孫，石季倫之開園，王元寶之掃徑，並皆瓊厨金穴，豔舞清歌。亦有文人，共爲豪友，登貨殖之傳，負游俠之名。此則揚州巨商所當慕倣，而今亡矣。萬金之家屢落，千户之富罕聞。莫不工執牙籌，巧鑽李核。從事趋謁，便嫌臘酒；徽生比鄰，誰許乞醯？所謂徒杠不具，輿梁不成，而責濟人以乘輿，宜其維日不足也。雖豨膏之妙轉，而不能運方穿；雖鷁首之善浮，而不能行平陸。事勢相阻，僕如之何！君爲寓公，亦嘗洞鑒，但虞衆怨漫歸一人，故爲僕警醒耳。允當佩若韋絃，去其圭角，相馬勿拘牝牡，安絃必合宫商。惟素稟之顓愚，恐有辜於期望。書此奉報，悚息悚息。

【校】

曾燠《賞雨茅屋外集》載是札，題爲《答劉松嵐觀察書》。爵羅，作『雀羅』。最肅，作『維肅』。床上，作『上牀』。亦有不屑也，作『有不屑也』。所當慕倣，作『昔日所行』。『安絃必合宫商』後自註：『「相馬未容拘牝牡，安絃定遣合宫商。」君贈句也。』

上鐵冶亭先生書

觀謁辭後，於八月十三日行抵臺庄，湖南第三批米船，已全數出江南境，淮、揚二衛回空粮船，已陸續入江南境。未知此時義壩已堵合否？運河已疏通否？不勝懸系。

竊維閣下負天下蒼生之望，荷九重眷顧之隆，自移節兩江以來，虚心採言，實心理事，用人、行政數大端，悉中窾郤，不啻春風之被物，明月之麗宵。其或有未能遽及湯、尹二公者，非才與學之不逮，今與昔時有不同也。文正撫吴之時，士習輿情，尚存古厚，故法令易於施行。文端節制兩江之時，成法未變，河流順軌，專其功於察吏安民，故用力不勞，而百事熙然以就繩尺。今之士習輿情，化古厚爲澆薄矣。河之形勢與治河之法度，亦與曩日有變更矣。士習輿情，可用威慈以感格之，河工有人力所不能爲者，亦有經費所不能供者。且人各一見，口各一舌，任師心則拘於墟，徇衆議則聽於瑩。雖靳文襄公復生於今日，亦有智窮心困之嗟矣。

閣下欲於洪澤湖東面築護堤一道，於汰黄壩要工處加高培厚，又欲明年復文襄公刷黄舊制，此三事，皆今日之急務。人力尚可爲，經費亦不甚多，似宜決意行之。觀前在揚州，諸紳耆皆曰：『清江浦之淤墊，由於雲梯關之堙塞。尾閭不能舒暢，上游焉能濬達？』觀生平未讀治水書，不敢以蠡測之愚，作無稽之論。昨閣下謂觀云：『疏濬海口，工不可施。惟當築堤合流，導之冲刷。』觀亦唯唯，不敢置喙。今舟中無事，取《治河方略》，稍爲涉獵，始知閣下本於前明中丞潘公印川也。然文襄幕友陳省齋，又有開引河之一法，未知其説，孰爲可行？似宜親爲履勘，相其形勢，並與誠樸幹練之員，徵之於古，準之於今，經費、人力、功效，三者皆有可憑，而後乃可入告也。

又查，黄公曰：『謹深以周家橋，斷不可開。開周家橋，淮水必泛衍而東，黄河必躡淮後。於是清口必淤，運道必阻。』不知今日所開之義壩，與當日周家橋有異同否？而淮水東趨，黄躡淮後，何其不謀而合也。在閣下，以湖水漲溢，異於往時，恐倉卒一決，淮、揚數十萬生靈，溺於湍流，不得已而爲此舉，實仁人君子之用心。然群瞽摸象，各爲異説，防人之口，甚於防川也。觀再查，河防素有遥隄，遥隄皆有減水壩，所以防其潰決，以殺其怒。在靳文襄時，偶一放之，衆口嘵嘵，猶有以爲厲民者。今仁、義、禮、智、信五壩，屬於湖，不屬於河，其不可輕開，似較甚於減水壩。是則據人言或不足信，據《方略》之載於書者，又若有可採也。觀蹇劣無狀，於水利尤非所習，何敢越俎，以兢謬臆。然子輿氏論性，及乎禹之治水，質疑問難，亦固其分也。謹佈愚忱，伏冀垂察。

籌議加賑兩月乞同中丞具奏書

職道才疎任重，時切悚惶。竊以此時之急務，無過於賑災，而賑災宜有實濟。不體察民隱，隨時變通，則部下之良民，化而爲溝中之瘠矣。職道自省中告辭，越三日抵靈石縣，入河東境，被災二十六處，靈石即在其中。絡繹災民，赴城領粥，悉有菜色，窮蹙可憐。乃停輿城外，告以聖上恩慈，惟恐一夫失所，命來撫恤。大憲仰體天恩，亦時切憂念，欲登水火於衽席，各災民無不感激涕零。因詢户口有遺漏否，書役有尅扣否，地方官能視爾等如子女，救荒有實政否？僉云：『無遺漏，無尅扣，縣官辦理，尚屬認真。』遂至城中粥廠，一一檢視，並親嘗賑粥，無攙灰漲米之弊，各領粥災民，亦屬安静。遂諭令該縣及監放粥飯之佐雜、紳士，各秉天良，勿令疎漏，以致飢餒。有冒銷尅扣者，一經告發，當申詳上憲，立置重典。次查霍州、趙城，次查平陽各屬，次查絳州各屬，次查蒲州各屬，次查解州各屬。諸處查竣，始抵運城。其中有米色不純者，或煮粥不如法者，有章程未善，男、婦同領，或致喧閙者，已訓飭地方官，令其妥協辦理。仍一面委明幹之員，前往幫辦，又細細咨訪，尚無尅扣冒銷。

唯賑粥至三月底爲止，四、五兩月，新麥不能成熟。數百萬生靈，一日不食則飢，三日不食則死。若拘定三月停賑，不設法速爲接濟，恐非聖天子憂恤災黎之至意也。聖天子之所愛惜，在閭閻之死生，不在粟穀之多寡。寡而無濟，則冒濫之誅，有所不恕。多而有濟，以粟穀充餓民之腹，而蘇其垂斃之命，亦何禁焉？是在有司官相機而動，不欺其心耳。職道責有攸歸，不敢輕視倉儲，妄滋縻費；亦不敢玩視民命，致有逃亡。况憲臺虚衷偉量，不用師心，以二十六州縣之困民，專委任於職道一人之手。如不抒誠殫力，籌酌稟商，豈唯負倚任之意，而溝壑多一餓莩，即衾影之間多一愧怍矣。謹以實情上達憲聽，乞察核具奏。不勝感切！

籌議蒲縣無着丁銀上成大中丞書

嘉慶十二年四月二十九日，仰蒙鈞檄，以藩司具詳隰州所屬蒲縣丁銀無着，縣民席桂檑等屢控不休，該州縣所議，均不妥協，請委明幹大員，前往查辦。蒙憲臺飭委職道前詣蒲縣，督飭該管牧令，確查地方情形。並傳集丁粮各户，訪詢明確，必須如何攤征，可使輸服，將來催征，不致掣肘，作速移司，覆加核議詳辦等因。

職道伏查此案自乾隆四十一年辦起，迄今三十餘年，議論多歧，遷延未定。其中有議以三分、四分、五分歸入粮户者，有以無差新丁及寄居客户按額按丁均勻攤納者。嘉慶六年，前任喬令詳請丁銀全歸地粮，經前任藩司飭取丁粮各户踴躍輸納甘結，加具州縣印結。喬令卸事，署任俞令差傳取結，丁粮各户互相滋訟，未能詳覆。現任嚴令到任後，照案差傳取結，從違不一。該令以代納賠累，輾轉株連，民間不勝其苦，詳請不必取結，徑行請題歸辦。又據隰州趙牧詳稱，該縣額征粮銀四千二百八十九兩零，應征丁銀一千八百八十五兩零。若盡歸粮户，每粮銀一兩加銀四錢三分有零，丁户固所樂從，粮户賠累太重。請飭該縣，親赴各里村莊，確查老户之有粮有丁者，有丁無粮之赤貧者，續生新丁並寄居民户有粮無丁者，逐一清釐造册。除丁粮兼有之老户毋庸核辦外，將老故、逃亡及赤貧之丁户，包賠代納之徭銀，攤撥於無差新丁及入籍新户等語，藩司具詳憲臺。内開丁歸地粮攤征，從前原辦有成案。但其中有全歸或半歸，及歸幾成攤征，辦理不一。均係酌看地方情形，確核丁銀多寡，奏明辦理。

今蒲縣丁徭既經查明，實有逃亡故絶，並有地盡獨剩丁銀無力完納之户，自應酌歸地粮攤征。惟查該縣額征地粮，僅止四千二百餘兩，應征丁徭内，除鹽課歸商完納外，尚有一千八百餘兩。若照該縣所請，全數歸入地粮，核計每兩須攤銀四錢三分有零。在丁户免賠納之苦，而粮户則受賦重之累。若照該州所議，將丁户中實在逃亡故絶，包賠代納，及赤貧無力之丁徭，撥入無差新丁及入籍新户，雖屬變通救弊之一法。第查，盛世滋生人丁，永不加賦，且於乾隆三十七年，奉旨停止編審。今若以賠累丁徭，攤撥無差新丁入籍新户，豈不復行編審，有違定例？並因昔年安邑縣丁歸地粮，辦理不妥，釀成巨案。詳請憲臺，飭委職道，前往確核輿情，妥爲籌酌，使丁户不致受累，粮户亦所輸服，方可辦理等因。

伏查此案關乎民間疾苦，且户口衆多，非止一人一家。若不確核輿情，妥爲籌酌，則丁户地户均難輸服，必致輾轉因循，案無了期，民間之受累，亦終無了結之日矣。若照蒲縣嚴令所請，將丁銀全歸地粮，不惟地户每兩錢粮攤銀四錢三分有零，爲數過多，難以代賠。而丁户中之有丁有粮可以完納者，亦俱置身局外，豈足以服粮户之心？若照隰州趙牧所請，將無着丁銀盡行撥入無差新丁及入籍新户，使該縣粮户絲毫不攤，亦未免矯枉過正。查明季蒲縣民田，共征銀一萬二千五百兩有零，後因兵火之餘，民多逃竄，地亦荒蕪。國朝順治年間，節次蠲免，只征銀四千二百兩有零，較明季減去三分之二。迄今培養百有餘年，荒蕪之土，已成膏腴之田，而國賦未嘗加增。所有粮户，即爲逃亡、故絶之丁户分納千餘金，亦不得稱爲苦累。是趙牧之議，與嚴令之詳，均涉偏枯，不能塞閭閻之口。

今職道熟籌審計，思一變通之法。請將有丁有粮可以完納者，先行查明，實有若干。其逃亡、故絶及地盡獨剩丁銀，無力完納之户，共有若干，以故絶、赤貧之丁數核計，歷年賠納之銀數，實須分撥若干銀數核定。再查無差新丁，入籍新户，實有若干，將無着丁銀，斟酌人數多寡，量爲撥補，不可有丁而無賦，亦不可加增過多，致令拮据。其餘銀兩撥入粮户，均匀攤征。如此辦理，則無差新丁，入籍新户，與該縣納糧之地户同出其力，以補國賦之不足，苦樂既均，而加增銀數亦可輕減，想當樂從矣。

至藩司所議『滋生人丁，永不加賦』一層，如於舊額一千八百餘兩之外，復有增益，是爲加賦，斷不可行。今通融籌辦，以均苦樂，仍照舊額，並無絲毫增益，與加賦有間，似屬可行。又議：『奉旨停止編審。今攤撥無差新丁，入籍新户，即同編審，有違定例』一層。查編審之例，他省尚行與否，不能盡知。職道前在奉天，仍係五年編審一次。山西一省奉旨停止，必因從前清查户口，騷擾民間，遂禁止不行。然爲合省州縣户口衆多，故有停止編審之恩旨。今蒲縣偏僻小邑，户口稀少，因丁粮無着，設法調劑，不過行之於一時，與五年一次編審作爲定例者，亦有區别。似不妨因時制宜，略爲變通。但如隰州所議，飭令該縣親赴各里村莊，挨户稽查，則跟隨書役紛紛下鄉，一切供應，取之小民，其弊有未可勝言者，故藩司不得不慮及此也。

職道再三思維，每年催納丁銀，或責成鄉約、里長，或各鄉輪派催頭，其承辦之人必有底簿。其中本力能完納者，或旁人出資墊完者，底簿所開，可以調查，無須官役赴鄉。至無差新丁，入籍新户，亦可責成鄉保、甲長，查明造册，不假書役之手。並須嚴切曉諭，如有狥情漏報，查造不實，即以無着丁銀撥入查報之鄉約、甲長名下，令其賠納。在鄉約、甲長，既有所畏懼，不敢狥隱；而新丁新户，知此項無着丁銀，與該縣粮户酌量籌撥，不令向隅，亦必各發天良，踴躍從事矣。

籌議河東鹽價具詳初中丞書

爲籌議河東鹽價，詳請具奏事。

竊查嘉慶十一年八月，蒙户部議覆，憲臺會同欽差侍郎英奏：河東鹽務首在招商，晉省商人所以易於賠累者，實緣從前原議以賤價定爲長額。從前按照成本，長落隨時，最爲允協。請照乾隆十年以前成例，按每年鹽收豐歉，成本輕重，自定賣價，不限定數。經部查議，晉省産鹽、濟運情形，於各省不同。令各商按本售銷，不定價值，又恐漫無限制。飭令於設商後，將各處售賣鹽觔實價，按月造報，俟試辦一年，再行酌中定價。嗣於十一年十月，復蒙户部議覆御史涂奏請給引，宜爲變通，不必拘定舊額，試辦三年，再行酌中定制。河東額引僅六十餘萬，自乾隆六年以後，户口日益，而引額不加，並非由商人畏累少銷，實因民販口鹽侵佔引地。今口鹽既一體歸商，則河東引地無虞私販充斥，其引票自可加增，令照前議，將課、引一併酌加，試行定制。經部，以招徠商販，諄諄以不定價爲請，自爲裕商便運。但鹽不定價，誠恐漫無限制，行之日久，致啓抬價病民等弊，是以前議令試辦一年定價。今引、課既准其試辦三年，請將鹽價一併試辦三年，再行酌定。

又，奉部飭，遵照原奏，按月將賣鹽實價造報等因，當經職道將現賣實價，開摺詳請咨部。旋於本年三月初七日，奉户部咨覆，三省現賣鹽價，究係憑何增添？是否只就貴價開報？因何並不遵照原奏，按月造報？或係地方實有格碍難行之處，逐一詳明具奏。並將現在三省各州縣每引成本若干，賣價若干，按月分晰造册，送部以憑查核等因。職道覆查，嘉慶十一年定議復商，因商人運鹽銷賣，近年脚價、辛工、伙食等項，較之乾隆五十七年，增至十之三四。若照從前定價出售，虧本甚多，難以辦運。是以鹽價加增，並將實有格碍難行，造報遲延，及各商開送引鹽成本、賣價，分晰造册，詳請具奏各在案。自嘉慶十二年正月，復歸商運。今將試辦期滿，自應遵照原奏，酌中定價。

查河東鹽務，從前並無定價，准令各商按成本輕重，自定賣價。乾隆十年，以賤價定爲長額，商力漸疲。乾隆二十六年，經前鹽憲薩奏准，加價二厘。四十七年，又蒙前撫憲農奏准，加價二厘。後因商力仍復拮据，辦理維艱，於乾隆五十七年，奏請改歸地丁。及嘉慶十一年，奉旨仍歸商運。蒙部議，復商之始，鹽不定價，試辦三年，使其稍得餘潤，以爲資本，三年後再行酌定。職道正在悉心籌議，旋據衆商禀稱，商等從前辦理鹽務，因鹽價不敷成本，以致賠累，不能支持，改歸地丁。自嘉慶十二年復商辦運，當日舊商力能復充者，不及一半。此時新商資本不如舊商充裕，近年諸物昂貴，運脚、辛工、伙食等項，較未歸地丁以前，增至十分三四。兩年以來，鹽課如數完納，幸不虧短，皆因仰沐天恩，鹽不定價，是以不致貽誤。

俯查淮北、河南、江蘇、安徽等省現行之例，俱係價隨時售，並無定價，且與山西從前舊例相符。仰懇詳請具奏，以恤商本而裕課食，庶幾商等身家可保，感恩無既等情。職道伏查，鹽務關乎國課，而裕課必先恤商。從前河東本無定價，自乾隆十年以賤價作爲長額，未將商人行運成本，通盤籌計，以致日見消乏。後雖屢經調劑，增價四釐，而轉運維艱，猶多掣肘。各商身家從此凋落，卒致改歸地丁，是不惟累商，兼且累民。今因民販運鹽太多，充斥兩淮引地，復歸商運，辦理誠屬不易。且近年運脚、辛工、伙食，種種昂貴，一經定價，實有格碍難行。似應俯如所請，照淮北、河南、江蘇、安徽等省現行之例，按其成本，價隨時售，庶可行之久遠，且與山西從前舊例相符。或恐漫無限制，仍將成本按月開摺報部，如有抬價病民情事，亦可隨時懲辦。如此辦理，於鹽課、商本、民食，均有裨益。是否有當，擬合具文，詳請察核具奏。

再籌議河東鹽價具詳初中丞書

嘉慶十五年正月初六日，蒙鈞檄，内開嘉慶十五年正月初二日，准河南撫部院咨開，准貴部院籌議潞鹽各屬賣價少多之處，量加核減，並請展限兩年，再行試辦，會同各稿咨送查核，書奏移還，以便繕摺具奏等因。查鹽觔增價舊案，從來不過一二釐，今試辦之價，核之乾隆五十七年以前商辦原定賣價，就豫省潞綱各處而論，河、陝二屬，每觔增價尚在一分以内；南、汝、許等屬，則多增至一分以外。若不大加核減，必至漫無限制，益爲貧民之累。自復商試辦以來，豫民雖無赴貴部院衙門控告鹽價昂貴之案，而南、汝所屬士民赴本部院衙門，呈請定價，及控商抬價者，歲歲有之。是豫民於鹽不定價，並未相安，已有明驗。且豫省並銷蘆鹽、東鹽，價俱平減。若潞鹽不減定價值，恐小民貪賤，勢必蘆、東各鹽攔入潞綱，漸致滯銷潞引。將潞商獨居貴價之名，轉受滯銷之害，是體商轉致累商。雖極力緝私，恐衆心所注，力難净盡，亦非兩益之道，應請仍照乾隆年間各州縣原賣價值定價。或因現在成本較貴，亦止可按五十七年原價，酌增二三釐，於裁抑之中，寓調劑之意，始能經久無弊。此意倘與貴部院意見相合，仍由冰案主稿，會合具奏。否則兩省情形既有不同，商民損益，又難一致，似不妨因地制宜，各抒所見，陳請聖裁。爲此，合咨貴部院，請煩查照，裁酌賜覆。准此，合即轉行再議等因。

職道查，河東鹽務，從前原無定價，各商計本銷售，長落隨時，是以商力充裕。於雍正三年至乾隆初年，陸續加增餘引數十萬，增課數十萬。自乾隆十年，以賤價定爲常額，商力遂漸消乏。嗣後雖屢次奏請減引增價，商力仍復拮据，以致改課歸丁。嘉慶十一年，復歸商運。經欽差侍郎英，内閣學士初，訪察利弊，洞悉前情，奏請仍照乾隆十年以前，鹽不定價，聽各商計本售賣。經大學士、九卿，以鹽不定價，漫無限制，議令試辦三年，再行酌定。今試辦期滿，復蒙憲臺奏請鹽不定價，經部議，與大學士、九卿原議不符，且恐抬價病民。惟事關三省民食，或今昔情形不同，實有格碍難行之處，着三省會商，妥議具奏。

兹查陝省來咨，内稱各屬現賣鹽價，商民尚屬相安，似可毋庸另行定價。又查，護理豫省撫憲錢奏稱，復商之舉，仰荷聖恩，諄諄以累商爲戒。今若即時定價，勢不能照舊價過於議增。現今成本費多，倘商本賠折，無力辦運，必致漸又墮誤不前，甚或虧欠國課，視爲畏途。且恐攙雜舞弊，短少觔兩，又於民食有關。若不定價，又恐奸商藉詞抬價，以致商民訐訟。如豫省之南陽、汝州二屬，較舊價有浮多者，似須酌量大爲議減，是專指南陽、汝州二屬也。今豫省撫憲欲照乾隆年間各州縣原賣價值定價，或因現在成本較貴，亦止可按照五十七年原價酌增二三釐，是與錢護撫所議稍有不符。

查河東鹽務，從前屢次加增鹽價，商力不能支持，奏請歸入地丁。若乾隆五十七年可以增二三釐，即不累商，何至歸入地丁？况近來諸物昂貴，運脚、辛工、伙食，較從前增至十分三四，各商成本更重。上年，兩淮因成本不敷，增價五釐二毫，以紓商力，奉旨允行。兩淮係以舊有之商，行舊行之例，且係水運。河東係新復之商，行新行之例，又係陸運，其中又有區別。請照兩淮加增五釐二毫，以固商本。又以每鹽一觔酌增一釐，以濟河工。所有河東行鹽三省各州縣，按照五十七年原價，一律加增六釐二毫。在各商内，有一商兼辦數處引地者，或可以彼處之有餘，補此處之不足，庶各商無蘆、東侵越之累，小民亦無食貴之虞，或可行之久遠。若止加二三釐，誠如錢護撫所云：『商人賠折，無力辦運，必至漸又墮誤不前，甚或虧欠國課，視若畏途。』於鹽務大有妨碍。至恐價貴病民一層，查鹽歸地丁，三省百姓每年爲鹽商代納鹽課五十萬兩。今復商之後，免其代納五十萬兩，每鹽一觔加增六釐二毫，計一人終歲所食之鹽無幾，實不足以爲病。所有核議河東鹽務實在情形，備細上陳，伏候察核，咨商會奏。

致安康馬大令允剛書

雨峰大令足下：觀前此關中之游，非徒䳒䳒縱覽眺於巖壑也，欲用看山爲名，因以親炙關中士大夫之賢者，濡其教，以薰其德，庶以磋礪庸頑，取資於學問。上年九月，始到西安，謁大中丞董公。温語如春，冲融摯厚，藹然静穆，足鎮浮囂，固知大君子平日所養如此。其清峻絶塵，不以自矜，公事入手，體用兼備，實足與前任撫軍方葆巖先生合德濟美，造西南之福。繼見方伯朱公，偉幹雄姿，音宏語徹，其勦寇山巢，致身通顯，亦當道中之烈烈有光燗者。如興安太守葉公，延安太守趙公，皆以修謹持身，培養民氣，其循聲每每挂於人口。是數公者，所趨不同，其所樹立，皆有可觀也。顧惟足下厄於群言，有迂怪之稱，心竊異之。

夫不適於用之爲迂，事之反常則爲怪。墨綬銅章，閭閻托命，控訴不能判黑白，疾痛不能施方略，是如臃腫之木，偺踞幽壑，而取其材，不足以爲屋宇以庇細民也。是誠所謂迂矣。其或憧憧昏瞀，與人異趨，袒逆爲順，徇曲爲直，臆斷而佐以武斷，秉法而乖於用法，是如浮海而以車，陟巘而以航也。是誠所謂怪矣。乃所咨於吾之所知者，足下則有異於是。其淑民於善，衛民於難，昔嘗見稱於韓城相國，以爲秦中一好官也。相國具人倫藻鑒，立朝鯁亮，不市私恩，如加好官之名於一迂怪之吏，則斷斷無是理矣。相國之言，既不敢不信，則衆人之所謂迂怪，亦迂其所迂，怪其所怪而已矣。

夫雌黄靡定，市虎堪嗟，時俗之百詆，不如君子之一諒。幸而受諒於君子，則衆人之督責由是以深，而彌可懼也。《易》云：『懼於終，始其要，无咎。』柳子厚曰：『苟不知我，謂我盗跖，吾又安取懼焉？苟不知我，謂我仲尼，吾又安取榮焉？』吾望足下勿懼赤舌之燒城，而以青目之屬於君子，兢兢然益進其德也。臨書悚然，珍重珍重！

致吴玉松先生書

四月十七日，黄左田先生校士解梁，道出鹾城，以會合之難，留住一日。城外里許，爲大舜鼓琴歌

《薰風》處。迤西再有里許，中條山對面，有一小山，山上有吕仙閣，閣下有泉瑽然，有樹森然，有池湛然。數百年來，出使鹾城者，皆以此爲賦詩讌客之地。十八日，飲左田於泉上，幕中許子牧田對泉理琴，左田作畫，山光樹影，皆有樂意。某遂出羅兩峰所畫羅漢八軸，及以羅漢陪兄度歲詩示左田。左田曰：『此古今朋友所無，亦古今詩話所無，此事可傳矣。』某曰：『玉松先生清峻絶塵，超然物表，其子藹人玉骨冰心，能讀父書，而娱親志。其喬梓濟美，卓犖不群，亦爲目中所罕見也。』左田繪事，牧田琴事，皆竚興而作，興盡而止，遂自泉上策騎入城，張燈酌酒。

酒行數巡，《題名録》自太原馳到，藹人中進士矣。某之樂，蓋不可支，左田亦脱帽起舞。座中張進士雀舫，朱參軍湘霞，亦各浮巨觥，爲朝廷慶得人。夫數千里外朋友聞之，其樂如此，未知都中諸友，知喬梓之賢，朝夕相見者，其樂何如！又未知揭曉時，報馬紛馳，名喧日下，老太翁之樂又復何如！夫三年一科，一科得士二百數十人，亦尋常事耳。數千里外，樂不可支者，何耶？所樂不在進士也，在進士之得乎藹人也。敢以此爲老兄作賀。戊辰四月十九日。

上少廷尉查厚之先生書

覲自違函丈，倏經四年，北望斗杓，時切馳慕。以身居草野，鱗羽難通，久無寸書，敬陳左右。去冬閲邸報，敬悉夫子以遲緩言事褫職。國家當多事之秋，求治甚急，採言必廣，聖天子期望於臣下者殷，故鐫責於臣下者嚴，此必至之理也。然覲侍夫子最久，知我夫子最深，竊嘗見憂國憂民，見於詞色，形諸慨歎，此豈漠然不關心者？蓋不欲以瑣屑浮淺之詞，隨衆敷衍，期於免過。亦不欲以鋪張揚厲之説，期於聳聽，徒飾虚文。言之而必行，行之而可久，又必於國計民生，有裨無疵，故遲之又久，躊躇而未發也。陽城居諫垣，五年飲酒酣嬉，不上一疏。及後，申雪陸忠宣之忠，擊彈裴延齡之險，中外傾服，光榮史册。然此五年之前，雖韓昌黎不能不以緘默爲疑，豈昌黎之有意於苛刻哉？春秋責備賢者，不得不厚耳。

觀客居懷州，去歲滑縣賊起時，只隨同地方官倡率鄉勇，防守城池。温制軍、那總統素俱刮目，不赴軍營投効者，以年逾六旬，精力摧頹，不勝勞苦，故未獲効區區犬馬之力也。瞻謁無由，但增惆悵，伏望千萬珍衛。不一。

代袁太守禀那總統書

竊卑府先以長垣賊匪逃入原陽一帶，該縣等飛禀告急，刻不容緩。遂將危迫情形禀懇欽差，撥兵勦殺，以免賊人西竄。發禀後，卑府又再三籌酌，原陽固屬緊要，滑縣此時功在垂成，分兵於吃緊之際，恐有未便。適據河内吴令面禀，續調甘、陝兵二千名，分起行走，第一起五百名，已於初九日過鐵門，一二日内，可由孟津渡河等語。卑府愚昧之見，多一支賊匪，則多苦幾縣生靈；遲一日翦除，則多增大人無窮憂慮。若堵勦旁出之寇，借手於順路之兵，民解倒懸，績奏反掌，則事機爲甚順，而收功亦可速。不然，地方百姓，多遭塗毒。賊由温、孟、濟源竄入山西之垣曲，或由陽武竄入輝縣，山深徑險，搜捕難周，更費經營。卑府不敢存一隅私見，山川形勢如此，賊人蹤跡亦必如此，伏冀大人垂察。如事屬可行，即懇飛速飭知甘、陝帶兵將弁，由河内馳赴原陽，勦寇安民，斷賊去路。或由陽武竄入輝縣，爲入山之計，即追往截殺，勿留遺孽。庶大營不受牽制，一鼓成擒，迅奏膚功。卑府不勝惶恐待命之至。

覆吴玉松先生書

沈大令帶來手書，於閏月朔日奉到。别經兩年有餘，時時思仰，每得一信，日讀數回，越數日，輒復讀之。或粘之壁間，無時不見，則無時不讀。此其故何耶？即某亦不知其所以然也。然《棠棣》之詩，於此蓋稍有悟矣。

吾兄以蘇州十九年中，鼎元凡四見，未知數十年後誰挂人口，切切爲藹人懼。不知者或以爲謙，某則深信非吾兄之謙也。蓋平日刻苦自鞭，在學問，不在科第，以是責躬，以是教子，初無歧念。今藹人以綺年得科第，又得科第之最榮者，並聞傳臚之日，聖上有『其父爲通人，其子亦是好狀元』之語。此等恩寵知遇，爲千古所稀見，爲臣子者，焉得不感且懼耶！自古聖賢，無日不在畏懼之中；自古名臣碩士，亦無日不在畏懼之中。唯其懼也，則寸陰不肯輕輕放過，思所以行其所學，報其所知，此必然之理也。古人做秀才時，即安排作狀元、宰相。及其作狀元、宰相，文能華國，功能安國，載在史書，至今稱之。藹人平日安排作狀元否，吾不得而知。今既作狀元，須要安排作宰相。古之宰相，以大本領，肩大事，成大功，議大禮，排大難，皆在吾兄稽考醖釀之中。下直趨庭，從容討論，將爲天下蒼生造福，將爲後世狀元、宰相作矜式，夫豈僅數十年後傳佳話，飲香名耶？適有便人，再抒積臆，唯照察。不一。

覆玉松先生書

前函正在緘發，適奉到長至日誨書及江西鄉墨，已拜領。書中以藹人不能慎交游，攔截門徑，頗有怒意。而藹人書中亦復有『不能論學取友，束身寡過，爲庭闈所呵責，凛凛滋懼，欲杜門却掃，息交絶游』之語。反覆紬繹，欽佩良深。竊意藹人此時所交游者，必無離經畔道之人。其同年留館、留部者，慕其才學，朝夕往還，遂疲於應酬，不能收心讀書，此勢所必然。少年新進，講性理，談經濟者，如陽明十二歲即問業師：『何者爲學人第一等事？』少長即精究兵法，賓客游讌，聚果核爲陣勢，求之今人，豈能多見？此藹人之過，亦可恕矣。

大率常人之情，其子弟少年能取高第，必多溺愛。其子弟有過，必曲爲遷就，代爲文飾，它人有言，以爲謗讟。吾兄於無過之中，求其有過；於可恕之過，視爲大過。而藹人受庭訓之嚴，如聞雷霆，舉措無地，此弟之感歎不已者也！肅此奉覆，唯亮詧。不一。

致吴藹人殿撰書

藹人殿撰起居安和。得牋教，詞旨謙厚可念。尊大人出往衡文，未見塲中文字，先携善書，期正士習，此可不負君命矣。教足下時時提起一種清氣，此宋儒主静之學，釋子所謂：『性水澄清，心珠自見也。』來書中以相好期望，問下手工夫。僕當少年，出爲俗吏，於學問之道，不翅瞽人摸象。幸遇少鶴先生與尊大人，愛侔骨肉，下以鍼砭，始稍稍知讀書。今足下氣質才華，高人數倍，乃不鄙其庸陋，殷殷諮詢，何敢諱其愚，以緘其口，有孤盛意？

所謂肩大事，成大功，議大禮，排大難，代不乏人。在唐，則推陸忠宣公。宣公之學，本乎賈、董，而又充之以浩然之氣。宋以韓、范爲最，富、歐次之。韓以識勝，范以學勝，富、歐皆近於韓，所處之地，差有不同。范文正之奏疏，切實條達，不亞忠宣。其和婉而易入，不致批鱗，實爲臣道之圭臬。元之耶律文正，有經天緯地之才，惜其抱負多未設施。明之王新建，本理學爲功業，如在宋時，不在韓、范之下。一部廿一史，無從説起，姑舉此數公，以言其概。朱夫子手輯《宋名臣言行録》，最有益於經世之學，《明名臣言行録》亦多可采。本朝朱高安、蔡漳浦集《歷代名臣傳》，每傳之後，加以論斷，考其時事，正其得失，悉皆允當，令後學讀之，一目了然，並足啓發善心。有志於世道者，當以此數書爲入手工夫，再以陳文恭公選訂吕新吾《呻吟語》，熟思而審辨之，則中邊俱徹矣。然讀書必先取友，交游中擇三兩人，朝夕討論此事，其爲功更捷。僕之識力，只能如此，其所議論，亦只能如此。俟尊大人還朝復命，以此迂淺，質之於趨庭之暇，當更有老成之見，足爲矜式也。

答藹人殿撰書

嘉平二日得手書，以益友難得，欲爲閉門却掃之計，此亦甚難。於不得不應酬之中，稍爲節制，其人學問識見有勝己者，宜開徑以延之，相與討論，以爲切磋。貴同年劉芙初者，學極淵博，其嚴冷之性，頗似少鶴先生，此人不妨時時親近之，久必有益。兹以其來書抄寄，讀其書，可知其人矣。尊大人望足下成大器，與古人相埒，故督責愈嚴。人樂有賢父兄，此實家庭盛事。將來移孝作忠，成不朽之建樹，胥於此日基之矣。

覆王瑶峰刺史書

前辱誨函，詞旨殷厚，反覆申詠，感荷良深。書中自居於俗，以僕爲雅，此則不然。僕跧伏草茅，一無所事，清閑或有之，雅則未必。若以閑爲雅，頽慵枯寂，飽食安眠，俱可謂之雅乎？吾兄以讀《禮》息肩，不能無未了之事，事未了，不能不奔馳勞碌。事雖近於俗，而心不染於俗，亦復不失爲雅也。承惠南食，皆吴門妙品，謹已拜登。閔仲叔不以猪肝數片累安邑故人，今所貽，豈猪肝可擬？而僕之抱歉於心，乃甚於閔仲叔矣。

前與吾兄清談累日，皆披肝瀝膽之言。大率吾輩一生喫虧處，皆坐於『負氣』兩字。昔高忠憲公以氣節自許，屢遭抑挫，塗中阻風五六日，困卧舟中。天霽登岸，入旅舍，忽推窗，見桃花盛開，遂有悟，並氣節之想，亦冰消矣。古來尚氣節者，往往多怒。怒，秋氣也。桃花得春風而開，灼灼夭夭，飲大造之和，娱人心目。故忠憲由此悟入，覺得世上無不可交之人，無不可處之事，氣節兩字，遂無所着。僕居林下，讀書十年，方寸中稍有所得，因以獻之閣下，亦曝背食芹，思獻於君之意也，幸垂察。藉候起居安適。不一。

上大學士伯玉亭夫子書

日前閲邸報，知老夫子年邁七旬，起跪不便，奉旨原品休致，仍食半俸，總裁實録館，纂修文字。聖主眷念老臣，格外恩卹，可謂優且渥矣。觀竊念古之大臣，以忠誠報國，偶罹愆尤，仰邀責備，則悚然曰：『風雨雷霆，無非教也。』乃益深其惕厲之心，不敢稍踈兢業之意，想老夫子大人，此時亦必如是。實録館總裁事宜，上關乎帝典王謨，垂法萬世，其任匪輕也。

我夫子在仁宗時，閫寄封疆，托以重任，亦先朝之柱石屏翰，受知爲獨厚也。今聖天子垂念及此，委以館務，使夙夜勤勞，上報先帝，用意亦良深也。願我老夫子大人，用十分心，竭十分力，以綸扉樞部理事之精神，用於纂輯校讐之歲月，勿以衰頽，踈於覈檢。責歸於己，功諉於人，則群心孚而奏功無滞，此觀日夜孳孳所翹祝者也。觀擬於冬初旋軫懷慶，當紆道都門，躬侍左右。先此獻蒭蕘之愚，仰冀垂察。

覆韓大司寇書

前在都下，幸坐春風，祇聆訓言，敬銘肝膈。夏間寄《九十九硯圖》詩去，未及奉書，疎節之愆，至今耿耿。頃辱牋誨，再三申詠，藉慰斗山喬嶽之思。觀細繹書中眷懷舊雨，思緬故鄉，逸韻高情，自是古人風範，仰佩何深！

觀嘗讀慕廬先生《蕢村壽文》：『東方詼諧，而詼諧之外有東方也；淵明喜酒，而酒之外有淵明也；安石近絲竹，而絲竹之外有安石也。』又曰：『三仕之外有於菟，三黜之外有柳下，官何與焉？士君子得其所爲我者，無入而不有餘地以自處。』今閣下位居爽鳩，法行秋令，而忘其尊嚴之分，不以人爵抑損天機，是胸臆恢恢，得其所爲我矣！觀竊謂司寇之外，別有一桂舲先生。若以執法惟允，天下蒙福，稱頌大賢，則猶是管窺蠡測之見也。梧亭見貽端硯，石質腴潤，制法古雅，拜納之，切感切感！但以佳硯而酧拙什，慚不相稱，殊滋厚顏。觀擬於下月中旬，自豐潤俶裝，由京師旋懷慶。瞻依德輝，近在彈指，並欲與梧亭一見，用抒馳結。

致鮑覺生先生書

心醉盛名，久歷年所，去冬始得親炙顏色，大幸大幸！竊見閣下吐屬無庸語，詞翰高古，擺脱時近。而真氣藴於襟情，古心流諸齒頰，實足令人欽挹不置。瀕行，辱賜吴澹泉先生《文集》一部，歲暮閑居，焚香敬讀，乃知近時天都峰下，復有此偉人。天都以安身立命之學，接軌夏峰。夏峰廬墓六年，汲引後學五十餘年，皆以躬行實踐，涵濡天下卓犖軼群之士，故及門有湯潛菴，爲大儒名臣。偕潛菴同游門下者，其文章、氣節、政治，亦復磊磊嶽嶽，樹立非常。天都去夏峰百有餘年，時會風氣，駸駸漓薄。所謂溺没於科舉舊習，叩以聖賢之道，則群怪以爲狂癡，誠有如書中所歎者。閣下受業天都，篤信弗疑，不翅睢州之與容城，豈僅以文字末節，遂了一世？固知有淵源者，其學必大且遠。若第以筆墨區區，揄揚大賢，其所見亦陋矣！澹泉先生之言曰：『君子之志於道，合衆人之賢明，以群相誘掖，雖中材，企及之而有餘。竭一己之私智微能，委曲與道相從，雖豪傑有所不足。』觀於此不勝喟然。

觀蹇劣無似，幼乏師承，年二十有六，濡跡風塵，作宰嶺外，所見多俗吏。幸有同鄉李君子喬，鞭以古心，授以從政作人之道。或問於五七字，示以真裁僞體，從此如昏鑒被磨，略見微光。及壯遊都下，交游日廣，然於往還酬酢之際，求多聞易，直諒難。惟吾宗岸淮先生，侍御吴玉松先生，皆勖以正軌，俾踐古道。而論詩嚴切，不稍姑息，則翁覃溪閣學，頗復有前輩激奬之風。

今岸淮、覃溪下世，玉松先生亦遯於江楓漁火之間，撫往念今，衷腸一熱。幸辱閣下不以衰孱鄙猥，棄同瓦礫，坐之以精室，觴之以醇酎，酒酣語深，時見肝膈，若張水部之與朱慶餘者。又與楷堂比部定鄙人詩稿，不使疵纇引世譏彈，觀拜大賢之賜厚矣深矣！惜以頹齡，跧伏下澤，不能久留都會，日受切劘，爲悵悵耳。臨書馳切，伏望道履珍衛。不一。

覆吴巢松督學書

夏杪辱誨帖，詞旨殷厚可念。彼時困於炎歊，羸軀委頓，故遲於裁答。厥後，使節西指洛陽，玉尺無閒，扃闈校士，又不便以蓬茅簡牘，漫入鈴轅。迨及十月下旬，王迪民太守旋自衛輝，而熊子升太守始以先生賜題賤照，託渠帶來。是時觀方染寒疾，杜門枯坐，得伏几吟之，委薾形骸，突然一振。輞川畫痛人痁疾，子美《花卿歌》能驅瘧鬼，焉見今人不及古人也。觀擬於閣下試畢旋省，馳書報謝，長至後五日，又辱芳椷及《和榕皋翁重赴鹿鳴宴》七律四首，鄙人何幸，乃承慇懃眷念如此！不惟眷念鄙人，並殷殷念及孺子，此豈泛常通候之書，但煦煦作寒温語耶？

書中又云，蓮幕諸君子皆有見貽之作，介蘭村明府轉致敝廬，遂親詣縣署，索於蘭村。始知署中戚友，人人傳誦，且有潛自抄録未及脱手者，珠光劍氣，幾至沉埋，此亦翰墨緣中一風流笑典也。明歲春融，擬將尊作冠首，七君子詩，及方彦聞《小瑯玕館讌集序》，裝一長卷，以薰染懷州士子，使知名教中有樂地，抆雅揚風，倍勝於掇巍科，資顯耀也。七君子詩，逸情高韻，出於性格，而各擅所長，不能一一酬酢，謹以今歲散體文及古今體詩摘録一帖，呈閣下雪政，並質七君子，以爲消寒之具，或不啻身在梁園，與鄒、枚握談麈也。

致李松圃先生書

觀今行年七十有二矣，白髮垂領，知交落落。嘗回首三十年前，與少鶴先生促膝韋廬，談文字，瀉肝膈，相勖警以道義，輒栩栩如在夢中。每當風雨夜來，追憶疇昔，輒思仰吾兄不置。試問韋廬賓客，猶有如曩日之一鶴一松者乎？而觀於後三十年，交游差廣，吾兄所識者，吴玉松、陳鍾溪也。今鍾溪謝世，玉松又遠居吴下，觀形蹤愈孤，惟日取《韋廬詩稿》與少鶴遺刻，申詠數時，用慰離索之感。吾兄近年光景，久無消息。前歲入都，向陳碩士、吴蘭雪詢及，稍稍知梗概，大率不如意之事居多。而所謂如意者，惟春湖奉養水西別墅，遠避塵囂，得天倫之樂。春湖之子已登賢書，足爲德門之慶也。

觀河東解組，於懷慶買宅一區，竹塢苔岑，奇葩怪石，足以觴詠風月。又於濟源城外，得嘉壤數弓，疊嶂重巒，目極無盡。而三溪薈萃，緊抱一邱，地師曰：『前案有三台峰，後案有貴人峰，此大江左右不多見之地。如用之，必生佳兒，將來子孫世澤，亦復能久遠。』遂以元配王恭人葬焉。葬後三年，姬人李氏果生一子，相貌性靈，似非庸品，遂以干支八字寄於玉松。吴門有精於命理者，玉松命其推算，於大運流年之外，批曰：『相貌靈秀，發科必早，終身爲顯達中人。是厚德所積，風水所致。』星師與地師所言，默默符合，亦一奇事。暮年得此子，出於望外，如不解組居懷州，焉有今日？可見失馬得馬，順逆相乘，不到此時，誰知造物別有安排耶？然其中更有可詫可異之事。昔在留都作石桐輓詩，末二句云：『人間無此風流骨，應向韓、蘇近處埋。』今濟源穴地，去昌黎葬處僅四十里，去郟縣蘇文忠墓在三百里内，昔以之祝頌石桐者，今乃己身自踐之，冥冥中，不有物以爲主宰者乎？

觀昔解組時，不識者以爲可惜，其識者以爲失官勝於得官，初不知二者孰是。去年夏間，聞得劾奏初彭齡一疏已進呈御覽，刊入《仁宗實録》，乃知失官果勝於得官矣。觀與吾兄，情侔骨肉，一别三十餘年，迢遞五千餘里，不辭瑣瑣，以晚年景況，爲知己述之，亦古人長勿相忘之義也，惟亮察。不一。

復鄒公眉觀察書

前者高軒俯臨敝廬，深以盍簪爲幸。而冲襟雅度，春氣盎然，挹之無窮，測之無際，真有令人不酣於醁醽而沉沉心醉者。

觀蹇劣無狀，浮沉仕途三十餘年，牽於簿書，抛離舊業，卒以妄言褫職，是進退無據之人也，跧伏蓬茅，亦固其分。乃辱琅函，殷殷獎飾，對書增愧，彌切悚惶。拙詩規模狹隘，視古哲巨刃摩天，鯨魚掣海，則渺乎小矣。若論立身砥行，無學問，無事功，碌碌魚魚，疚心俯仰，完人二字，何德以稱之耶？觀惟平生得麗澤之益，文章氣誼，有超然絶群者，則師之友之，終身不敢忘。或迢遞山河，未謀一面，亦欽欽在抱，讀其書而思其人。乃今老矣，而學卒無所成，業終無所立，不亦愚且陋乎！先生古誼古心，不以疎拙，而辱掛於齒頰，其終何以教之耶？來春有會合之期，夢轂心輪，時切跂望。天寒，伏冀道履珍衛。不一。

復鮑覺叟先生書

覺叟先生起居萬福。四月十九日，奉到正月中旬賜書。因青園初抵大梁，人地生疎，故遲數十日方能寄到。書中以觀於垂暮之年，連得兩子，殷殷作吉祥語，以寵榮之，已感銘肺腑。又以文恪公見貽少君之玉鎖，及文清公所書老杜《入奏行》頒賜兩兒。念文恪、文清，皆係劉氏達尊，而期望於黄口孺子，意何摯且深耶！先生偶患足疾，想久已就痊。足底爲風泉穴，一中濕寒，則窘於跬步。或以尊中物濕氣下注，亦易於受病，年逾壯齡，望格外珍嗇。世兄舊疾復作，父母之憂，豈能禁制？然疾不始於今日，而憂已深於往年，祇宜排遣而已。唯窮之一字，彼此相同。家累固不待言，有好書不能買，有良友不能時時聚會，見親愛之在窘鄉者，欲一援手而不能。《送窮文》千言萬語，不敵張道陵一道勅符，奈何奈何！今願先生得一試差，即放學政，既便於游覽，用潤胸襟，或網底珊瑚，一洗荒蹇，亦可樂也。

觀踽踽林下，債如積薪，車馬屬於鄰翁，貂裘寄之質庫。唯殘書數卷，不忍舍去。每當無憀之際，呼大兒揮扇，小兒坐膝，與老婦談《般若經》，作逍遥偶，遂覺目前之不窮者之役役於名利，轉不如窮者之得超然於塵俗之外也。良覿無由，發此醉語，用博先生一粲。臨書馳切，臨書馳切！

致韓桂舲年丈書

前三年都門一別，不勝惆悵。老同年寥寥落落，千七百人中，存世者不知有幾？其能見面而時時維繫於心者，不過三五人。三五人中，尤相契洽，惟閣下與不佞耳。兩翁又皆在垂暮之年，别櫜一揮，何時再見，不能問之於造化。江文通『黯然神傷』，固非謬語。脱不知文通之肝膈，而以交誼爲可重可輕，亦漫不識『黯然』兩字作何解也。

閣下居青雲之表，近日月之光，欲罷不能，今罷矣，亦天之所賜也。百年如夢，寄於一枕，推枕而起，我自我，而夢自夢，於我何涉！既收回夢中之我，則真我出矣。真我出，乃可栩栩然游於大造之間，無所牽礙。不日賜環，停帆梓里，與榕皋翁、玉松老叟，游木瀆，登穹窿，便是神仙中人。惜觀老於太行山下，不能支一筇，逐籃輿竹兜之後也。良覿無由，發此囈語，用慰離悰，唯鑒察。不一。

致古北口楊提台書

濶違英範，寒燠頻更，夢轂心輪，時切思仰。恭維閣下以震世之經綸，作鎬京之保障，胸藏武庫，名壓九州。羊叔子之風標，杜元凱之幹濟，蓋兼而有之。聖天子知人善任，以北門鎖鑰寄於偉人，良有道也。昨見進呈《陣圖詳説》一編，既練射，練槍，練騎，練矛，又於常操之外，加車騎、合步、連環三項，實於戎行色色周備。而《論射》一編，有固精定神，養氣風度之説，皆與戚南塘先生練心、練膽、練耳、練目諸論，脉脉融洽，先後同軌，此又叔子、元凱本傳中所未及者。觀佩服欽挹，豈管城子所能代宣一二？

觀蹇劣無狀，跧伏草茅十餘年矣。漁弟樵兄，混跡藏影，久不作出山之想。在懷慶教書數年，受業弟子舉孝廉者九人，進士入館選名李棠階者，亦門下士也。數年館穀，尚非虚耗。六十歲以前所生子女，殆將十人，一無存者。今行年七十矣，息胤猶缺，更復絶望。乃不意去歲春間弄一瓦，今年二月又弄一璋，信我人阨，非天窮也。閣下昔對飲於我小瑯玕館，謂晚年必有二子，今幸托吉言，造我癡福。晚歲欣愉之事，良友關注之心，有非塵世中泛泛然者。謹以奉聞，用慰知己。

家弟春帆，作宰豐潤。此地路當孔道，差務冗繁，民則醇良，役多積蠹。因念手足之誼，不得已，姑來一游，匡其未逮。於閏月初旬到署，約冬間仍旋懷州。未識此數月間，幸得與閣下有盍簪之慶否？西望喬輝，倍切馳誠。

覆栗樸園太守書

新春六日，伏誦手書，意旨殷拳，有逾常格。寄到吕新吾先生《去僞齋集》、《實政録》、《呻吟語》各一部，又佐以都門珍食四種。理義之悦心，芻豢之悦口，兼拜閣下之賜矣！吕子遺書，自二十五歲登仕版，即已涉獵，所得猶淺，中年已後，稍稍有醒悟。年既衰，讀書多於少壯，閱歷、人情、世故熟矣，乃能咀嚼其深味。今讀世老先生重刊諸序，深醇雅飭，無一字不切實。其排纂次第，網羅散逸，檢校譌脱，雖參贊有人，而商訂斟酌，耗心血亦復不少。

若《實政録》，當時編輯無好手，指其六病而更正之，非徒以重梓先賢遺書，博嘉名於士大夫之口也。愚謂去僞、實政、呻吟，是一串事。僞不去，誠奚以存？不存誠，焉能有實政？孟子講歸仁、好仁，而譬之以病求艾，滕五十里，猶可以爲善國。又喻以『藥不瞑眩，厥疾不瘳』；《呻吟語》實本於此。新吾先生自序，述司農大夫劉景澤之言曰：『《呻吟語》有三益焉。醫病者見子呻吟，起將死病；同病者見子呻吟，醫各有病；未病者見子呻吟，謹未然病。是子以一身示懲於天下，而所壽者衆也。』愚始讀桂林陳文恭公節録本，其中偶有過高語，稍節去，以求得乎大中至正之歸。後又有節録補遺，小序云：『其中切近精要之言，多向所未見。』乃知舊時所讀非全書。今閣下又網羅散逸，靡所不收，可稱完璧矣。然今本爲呂子之全帙，桂林本得呂子之精要，善讀者更可於博約之中，別具眼力，得旨趣於無窮也。

閣下昔宰寧陵，在睢州河決之後，田有陸沉，民多逃散。及其歸也，前官仍以原額征索，鬻兒女，完廢田之税，閣下屢請於上官，奏請豁免。愚讀詳稿，而喟然曰：『此呂新吾之實政也，不愧宰寧陵矣！』閣下以新吾著述洊經水患，捐俸修補之，今又重梓行於世，可謂至誠出於肝膈矣！而寧陵紳士李銘恩等，籲控撫轅，乞以新吾配饗聖廟，大中丞程梓庭先生即允具題，成千古之盛事，未嘗非閣下贊成之力也。有司中得一循吏，豈獨愷惻慈祥，拯民於陷溺中哉？而新吾先生施德惠於晉身後二百餘年，食報於閣下，亦天道自然之理也。

唐孫樵書褒城驛壁云：『刺史、縣令，視其官如傳舍，當愁醉醲，當饑飽，鮮囊帛櫝金，笑與秩終。』

蓋有深慨於當時民牧也。今承平之際，斷無此等，或萬一有之，可分贈吕子遺書以爲藥石，則功不在孫思邈下矣。即愚年近八旬，跧伏陋巷，省察身心及持家接物，終不免有氣質之偏，而身蹈於過，亦呻吟中之一人也。今刊本字大，紙鮮明，易於吟諷，一展卷一快意，若病肝鬱者服逍遥散也。

【校】

底本目録無此文，當爲後補刻者。

玉磬山房文集卷四

祭本家陳太淑人文

嗚呼！今年閏五月，觀以職事道出洪洞，聞太淑人訃音，馳詣蘇堡，拜木主而哭焉。越兩月，葦間廉訪麻衣瘠形，旋自蘭州，復相與握手而哭。北相旅次，葦間走都門，扶太淑人柩，還其里第，是在十月之杪。觀與葦間，同姓兄弟也，又以同年選舉，氣誼最篤。太淑人令德，堪爲我劉氏作母儀者，十餘年前，粗識梗概。歲丙寅，觀來視事河東，見蘇堡劉氏族人，乃益得本末事實，倍於昔年。

太淑人姓陳氏，邑諸生碩庵公第三女，失恃稚齡，育於繼母。能俯仰視母意，受母指揮，舉止幽閑，動合禮則。及長，兄謀生異地，家事蕭條，嫂獨力不能撑拄，太淑人奉母命，代爲經理，悉中窾郤。母喜，而親串長老咸相謂曰：『是女之德與才，嶷嶷出衆，其他日福澤，豈尋常閨閣能望巔厓邪？』迨于歸家光禄公，爲再繼室，前太淑人所出子若婦，其齒半與相埒。食指上下，仰顏色以資衣食者，且數百計，蓋亦難乎分光禄公之憂，而毅然以艱鉅自任矣。太淑人乃嚴以律己，而人無肆志，有條有理，秩然也；惠以周物，而人無怨心，相欽相仰，藹然也。光禄公志趣高尚，適中歲，輒抽身部曹，娱志林泉。使内無賢助，則刺促紛沓，日交於前，求一息暢其天機，優游無悶，曷可得耶？光禄公有孀姊，無子而貧，久居母家。太淑人慨然曰：『吾爲劉氏婦晚，不及事翁姑，吾心耿耿。吾移吾事姑之心，而事吾姊，吾心稍安矣。』姊食也，察其豐嗇；姊衣也，酌其寒暖；姊疾也，慎其藥石；姊終也，厚其殮葬，以恤其後人。以己之肫誠，成夫子之友愛，乃能如此。脱使翁姑無恙，甘旨承歡，益復何如？

太淑人天性仁厚，責望己出諸幼子，不少存寬假。塾歸非時，嚬笑一苟，輒怒色臨之，凛如秋霜。葦間自部員出爲觀察，常勖以勤慎供職。前年，奉命秉臬甘肅，太淑人於其出都之日，諄諄訓以『天恩至厚，勿得忘；人命至重，勿得忽』。以故葦間所至，以清潔慈惠，感乎其吏民，皆太淑人教也。觀不孝，五歲失母，聞葦間得賢母慈誨，陶鎔其志節，隕涕如雨，不復欲生！今以猶子哭太淑人，與他人之哭囿於禮而不出於哀者，蓋有不同。嗚呼哀哉，尚饗！

祭同年賈滙川文

以甘醴庶饈之儀，致祭於滙川三兄年丈之靈曰：嗚乎嗟乎！浪浪老淚，惜之如珠。揮灑無制，目憂其枯。乃如今日，時窮道孤。亡我老友，淚能制乎！老友堂堂，實爲通儒。彭宣受業，爲賢大夫。老友出仕，嵚崎齟齬。車還洛下，名在姑蘇。姑蘇校士，網得珊瑚。入爲國彦，絶大規模。老友居鄉，蓬蒿敝廬。樂人爲善，正士相趨。嗚乎嗟乎，蒼狗白駒。奔馳變滅，乃在須臾。吾與老友，身出一途。蹤分宧轍，情興則殊。蠻烟粤嶠，塞月留都。那如吴下，山麗水紆。昔從桂海，泛宅吴趨。醉以醇酎，勖以遠圖。及其老也，同歸於愚。君鎩鸞羽，我捋虎鬚。魯郊無産，沁溪有魚。來尋舊雨，宅卜仙區。

君之視我，蛩蛩駏驉。偕游有杖，借觀有書。我或不樂，肝膽相輸。藹容温語，化我糊塗。我或幽寂，心如朽株。掀髯鼓掌，若飲醍醐。疾則相問，傾則相扶。過則相督，愁則相驅。如斯人者，能多有諸？如斯泣者，誠不能無。惠子怛化，莊周無徒。涕隕雙袖，豈止唐衢？髮之白矣，雪盈一梳。那堪駭詫，出於不虞！增此一痛，如鏃在膚。以老哭老，用迂憐迂。蒼烟瘦日，冉冉西隅。不知所適，瞻望嘻吁！觴陳舊釀，情繫生芻。英靈未遠，仰莅仙旟。嗚乎哀哉，尚饗！

祭薛提軍文

嗚乎！觀也藴唐衢之淚，不知幾斗，渟然凝然，莫由傾瀉。公病在榻，月淒風啞。天星夜沈，公忽我捨。嗟肺腑之誰知，繼自今而彌寡。心無刃兮如割，淚如泉以交灑。唯斯人之奇特，始堪爲吾之一哭者。維公少孤，得於母教。光明其心，嚴厲其貌。匪仁靡踐，唯義乃蹈。母面冰霜，希逢一笑。定省慈幃，儼趨廊廟。干城偉器，熊丸所造。霓旌後擁，虎賁前導。豪傑智謀，旂常功效。能若是者，誰堪比較？我淚浪浪，哭公之孝。公著兜鍪，初事福公。人皆俯首，公氣獨雄。青矚相照，凡馬一空。提之攜之，勳業隆隆。維廓爾喀，雪深道窮。人懷退志，公無懼容。福恃公勇，卒成大功。前乎此者，鹽茶石峰。入巢搜逆，探穴翦兇。後乎此者，海泛艟艨。臺灣奏績，心乎計從。川陜楚北，又起妖烽。礮摧峰裂，血染川紅。公提一旅，左突右衝。靡堅不破，靡塞弗通。鴞群落膽，獍黨無蹤。威名著矣，山嶽巃嵸。精力竭矣，危疾在躬。戈揮萬里，恩報九重。臨敵驍健，易簀從容。涔涔老淚，哭公之忠。嗟古之人，孰不有死。庸骨愚骸，死復可恥。公之忠孝，大端而已。其不可及，寧獨如此！小有《家傳》，大有《國史》。誰染霜毫，紀公終始？

祭外舅張雲樵先生文

嗚呼！客臘二十七日，潘震賚赴來，時近歲除，寒風凛冽，若公在天之靈與赴音偕至敝廬者，酸耿愴惻，交戰於心，不可以文字形容。公春秋七十有五，氣血虧矣，示疾兩年，竊慮不永於人世。今溘焉就冥，果如所慮，能不悲哉！夫人生修短，有必盡之期。公耆年令終，俯仰無憾，又奚以悲爲？以赴來於屬纊之後，疾而毋以侍枕茵，殁而毋以聆遺言，追憶曩時所仰慕與受知於公之深，羊曇有淚，何待過西州門而始涔涔不可遏制也！

乾隆辛卯，讀公元墨，知讀書有根柢，故巽學宏識，氣壓棘闈，心悚然以伏。及作宰桂林，與岑溪李大令子喬，爲文章道義之交。一日，維舟伏波山下，燒燭夜談，因問子喬曰：『君性不諧俗，嚴於交游，平生推許者爲何等人？』子喬略舉一二，以公爲翹楚。旋啓篋，出贈都門詩三十韻，俾予讀之。三十韻中，彌超絶者：『默默獨相許，淩淩無妄干』；『熱腸得民易，冷面事人難。』予肅然起，謂子喬曰：『詩格高，雲樵先生之品格與詩並高矣！』

越十餘年，予前室王恭人卒，又越三年，廷尉劉公岸淮爲予作伐，遂聟於公。予不敢違岸淮先生，誠以出於長者之命，亦以子喬三十韻詩先媒於嶺外也。又越十有餘年，以言事褫職，見公濟南。公不愚我而賢我，竊窺公意，亦復以冷面熱腸，不合時宜，隱隱相許云。及客居懷慶，見公舊治溫縣，若薦紳，若鄉耆，皆歌頌公之遺澤，衆喙同音。其高明有識者云：『我張父母之失官，失於慈愛，且失於不獲乎上。在他人，工於周旋，官可以不失，吾父母竟失之矣！』嗚呼！易於得民，必難於事人者，人於無過中求有過，故不得久於其位。易於得民者，雖去位已久，而人之思慕慨歎，歷久如初，人亦何樂而不爲君子哉！

公與岸淮、子喬同學於灤源書院，齒相若，舉止端凝亦相若，當時濟南月旦呼爲三君子。岸淮德望重於朝，尊於鄉黨；子喬以縣令始，以州牧終，岑溪、歸順俎豆之，奉爲神君；又皆所謂久要不忘者。觀以後進得親顔色，爲生平至幸。乃始以詩哭子喬，繼以詩哭岸淮，今復以文哭公。人生知遇之感，離合之戚，固有不容已於心者。而自顧齒髮就衰，德業靡進，桑梓間二三老成，略無一在，又烏能不哭公於今日，並哭岸淮、子喬於往日耶！

懷慶平原，途隔千里，重以哀損，不能遠馳，謹設位於瑯玕館，泣而祭之。公其鑒臨，用紓惋悼。

劉太淑人陳氏墓誌銘

墓之有銘，非古也。既銘矣，必其墓中之人之賢，書諸貞石而無愧，銘之其庶幾也。婦人不特銘。婦人之特銘也，則又非古矣。然婦而賢，而其掩壙之辰，在夫子墓木已拱之後，則禮緣義起，固無傷矣。洪洞劉太淑人，刑部雲南司員外郎，議叙光禄寺少卿照嚴先生之繼室，甘肅按察使名大懿之母也。大懿與觀爲同姓兄弟，又屬同年，素深知契。太淑人既卒，葬有日矣，以母《行述》來乞銘。懿母不啻觀母也，其何敢辭！

謹按，太淑人姓陳氏，洪洞庠生諱五政第三女。生而端莊明慧，育於繼母，幼以孝聞。年二十二，歸光禄公。是時，光禄公前室子女及諸婦，半與太淑人年齒相埒，上下食指，率以千計，親串族黨來與光禄公酧酢讌游，歲無虚日。非德足以容衆，才識足以服人，精神周摯，無微不照，蓋未易當此任也。太淑人從容處之，無疾言遽色，而事無不辦。光禄公有姊，嫠孀無嗣，家且貧，寄養母家，朝夕事之，若以婦事姑，終姊之世，敬禮無失。光禄公疾革，仰息承志，婉委扶持，竭瘁忘身，相與同命，見之者靡不感歎，有泣下者。嗚呼！閨闥之中能肩重負，以誠恪而殫勤劬如太淑人者，於今時蓋不多見矣。

太淑人生二子，長大哲，次則大懿，鞠養督責，慈嚴互濟。懿少年作諸生時，偶荒於學，垂涕訓飭，脱指上金環以示戒。懿以刑部郎中擢福建粮道，迎養署中，太淑人慨然曰：『汝今爲方面矣，當盡方面之道，勿曠汝職。』懿調任臺灣，以重洋風濤險阻，太淑人遂還京師。厥後，懿以事被劾，事白復官，補安肅道，請慈輿之任，又復慨然曰：『凡人服官，但自問所爲，於心無愧，即升沈可以不計。我不以汝之進退爲喜愠，汝此去，能爲朝廷出力，無愧汝衾影，我心安矣。我年老，不復能遠行，京居甚適，勿以我爲念。』懿由安肅道擢甘肅按察使，廉謹不苟，有慈惠之稱，皆太淑人平時訓誡之力。嗚呼！天下之母，無不欲其子之顯達而爲名宦者。而教其子之所爲，往往以身家爲重，稍有得失，則戚戚見於顔色。其能愛子以德，持大體，勿務姑息如太淑人者，又豈目中所得見者哉！

太淑人以嘉慶十三年五月二十五日戌時，壽終於大哲京寓，距生於雍正九年九月初一日子時，享壽七十有八。兩遇覃恩，封太宜人，再封太淑人。子男八人，長大慶，議叙運同；次大慧，議叙道銜；高太淑人出，俱先太淑人殁。次大愨，貴西兵備道；次悳，議叙運副，亦先殁；俱丁太淑人出。次大悊，都察院都事；次大懿，乾隆丁酉科舉人，歷擢甘肅按察使司按察使；俱太淑人出。次大懋，議叙布政司經歷，出嗣堂叔雅塘公；次大忠，貢生；俱庶母賀氏出。女四人，孫三十四人，曾孫三十五人。嗚呼，盛矣！今卜於嘉慶十四年二月十六日丙午，祔葬光禄公、高太淑人、丁太淑人之原上舊塋，謹爲之銘。銘曰：

持家無所私，如秋月照人於晴昊也。訓子得其要，使蒼生無窮之福，由於慈闈一言以造也。是謂賢母，壼職以修。伐姑射山之片石，銘德於幽。

張雲樵先生墓誌銘

雲樵先生，余外舅也，殂謝之明年，歲在戊寅，月辛酉，内弟霦自平原走千餘里來懷州，諉作墓誌，將以己卯四月舉葬事。觀惶恐不敢承，弟曰：『骨肉至親，莫子若；諳吾先人生平行誼，莫子若；吾先人於近日桑梓文人，喜其䢼達清切不支離者，亦莫子若。子以文文吾先人言行於貞珉，用寘諸泉壤，此九原靈魄之所愜也。霦何敢舍吾先人之所愜，而他人是求？』余聞所語，悲感莫狀。又竊念相去千餘里，跧伏蓬茅，不復任奔走，紼謳舉襄，弗獲躬詣。又弗獲如昔人會葬者，刊姓名於碑石，於心戚焉，乃泣而諾之。

謹按狀，公姓張氏，諱予定，字汝安，一號雲樵。先世居歷城王舍人莊，明初諱善者，遷居平原。傳八世，諱國柱，萬曆庚戌進士，官川、陝兩省布政使，是爲公高祖。諱完臣，順治乙未進士，官國子監助教，是爲公曾祖。諱拭，康熙乙卯舉人，内閣撰文中書，是爲公祖。諱方佳，雍正乙酉拔貢，湖南城步縣知縣，是爲公考。

公髫年骨秀神清，舉止不凡。八歲就外傅，十六歲補博士弟子，乾隆乙酉登拔萃科。辛卯舉鄉試第一，三赴禮闈，厄於數，不售。就縣令，揀發河南，權西華、尉氏、寧陵，悉藉藉有賢聲。以母喪回籍，服闋，補温縣。縣多積訟，民失業而苦羈留，公到官未滿兩月，遂乏滯獄，輿情大洽。民納糧，假手胥役，或已納無執據，勒民重完，令自封掣串，夙弊一清。温，水國也，城近洪河不百步，又有沁、漭交錯，一漲即危甚，公預籌方略，邑無所患。癸丑六月，沁水漲，河内堤崩，大吏派温民出稭料五十萬恊濟。公於近工村落捐資購買，不累民，民爲泣下。沁水有波及於温者，罹災之區，請大吏入告，悉得緩征。大將軍福公率兵勦賊西藏，奉檄辦車馬船隻。公苦心籌度，不令失期，亦不令守候，事集費省，萬口稱頌。

攝篆陽武，瀕河村墟多被沙壓，公詣村履勘，得實具報。旋卸事，被壓田未得開豁，陽武民數千，呼籲軍門，三日不退。撫軍以公係始勘之員，民心愛戴，檄公與新任勘覈會詳，終豁至四百八十餘頃。父老曰：『張公，慈父也。微公，吾閭閻之累，且及子孫矣！』事畢旋温縣，以緝兇未獲干吏議，紳耆數百人，復頂香呼籲軍門，乞留公，以格於例，不果。次年，武陟水災甚鉅，撫軍乃具疏奏留，襄理振務，奉旨允行。振竣，以疾請回籍調理，遂不復出。家居二十餘年，修譜牒，建宗祠，以績學砥行，勖勉族黨，皆人所不能及者。出不愧民之父母，抽簪宦海，爲政於家，足爲鄉社之典型。嗚呼，公之過人遠矣！

公生於乾隆八年正月十七日丑時，卒於嘉慶二十二年十二月初七日酉時，享年七十有五。配宋孺人，乾隆乙丑進士、甘肅按察使德州宋公弼女，賢孝慈明，識壼中大體，族戚咸欽服。生於乾隆六年三月初七日子時，卒於嘉慶六年七月十六日戌時，享年六十有一。今祔平原城南之新阡。側室孫孺人、劉孺人、周孺人。丈夫子二，爲霖，庠生，劉出；爲澍，周出。女九，宋孺人出者四，孫出者一，劉出者三，周出者一。余婦居三，宋孺人出也。孫一，畯；孫女一，尚幼；皆霖出。銘曰：

文可壓乎鄒魯，健且清也；德可孚於肝膈，政之成也。可以止則止，忘乎此身之枯與榮也。粹然藹然，不絕俗以爲貞也。土腴原曠，響松濤而矗螭首，則迢遞千古之佳城也。

中憲大夫江南江安督糧道署江蘇按察使前翰林院編修誼源李公墓誌銘

去吾邱未百里，爲直隸廣宗縣。嘗聞廣宗縣令治民嚴肅，藐法者悉繩以法，不姑息。其黠徒憚於觸法，或紛紛竄去，部下民頌爲神君。吾邱西北村落壤鄰廣宗，有蠹民蘇牛者，用左道引煽黨羽，殺所仇二命，地方官不能捕，爲廣宗捕去，寘首惡重典，餘者論罪有差，蠹藪遂絕。余時爲寧遠州牧，心異之，未及問縣令爲誰。越十餘年，余在河東，以妄言褫職，客居懷慶。誼源先生以天津道丁憂回籍，得謀面締交，始知曩者余所聞廣宗事，乃即誼源作縣令時事也。誼源服闋，復察觀江寧，未幾歸道山。其孤杰來郡，控額於地，曰：『昔吾先君乞尊筆爲王父、王母作傳，刊入《縣志》。今先君誌墓之文，非父執之求，而復誰求？』其言也甚哀。余何忍負乃尊之所知，而虚孝子之所懇耶！

公姓李氏，諱師舒，字誼源。先世居鄧州，代有偉人，明大學士文達公，其尤著也。始祖諱茂者，隨父宦陽城，以濟源山水盤薄迴繞，得天地雄秀之氣，遂家焉。十一傳諱端，爲公高祖，讀書砥行，邑人宗仰，公舉入鄉賢祠。曾祖諱紹周，康熙辛酉舉人，丁丑進士，歷官翰林院檢討，山東道監察御史，亦崇祀鄉賢。祖諱珦，康熙辛卯舉人，任黄梅縣知縣。以平苗功，晉階辰州知府，辰永沅靖兵備道，累官至山東按察使，崇祀濟南名宦祠，又與祖、父列祀鄉賢祠。父諱友适，歲貢生，績學而扼於數，未踐仕途，以子貴，誥贈中憲大夫，直隸大順廣兵備道。

公少孤，恃母楊太恭人鞠養教誨，而天性醇篤，以孝友爲立身之本，以砥勵爲進身之階。十六歲入邑庠，以明經肄業太學，授訓導。乾隆己酉舉於秋闈，癸丑成進士，入詞館，乙卯授編修。嘉慶戊午，大考，改授知縣，銓直隸廣宗。太恭人曰：『汝以翰林出膺民社，勿輕視此縣令。汝祖按察山東，入名宦祠，固自黄梅縣令始也。』在廣宗七年，無兇不剪，無弊不革，公暇，輒爲諸生講經義，課詩文，士習民風，爲之一變。升霸州知州，邑父老子弟赴郡攀留者，千有餘人。抵霸未十日，革蠹書悍役十四人，民心大洽。尋加捐知府，制軍裘恭勤公以循聲素著，奏留直隸。補正定府，察吏安民，懲奸戢暴，悉畏憚之。調天津府，九十餘日，問結積案三百八十餘起，鹽梟、海蠻、地棍諸亡命不逞之徒，變色相戒，悉潛其蹤。戊辰三月，皇上幸天津，以差務寧帖，天顔有喜，拜文綺之賜。辛未春，上幸五臺，即行在，擢授大名道。召見十次，垂問地方輿情，並問母年及耳目、舉止甚悉。賜宴，又賜錦綺、佩囊、帶版。旋調天津兵備道。皆以官聲達於天聽，故優眷如此。

丁太恭人憂，讀《禮》三年，復起爲江寧鹽巡道，以清而有威，受知於制府百公，奏署江蘇按察使。念睢州湯文正公、商邱宋中丞，皆鄉前輩，撫吴多惠政，益勵其精，以求無憾。吴門士大夫稱頌廉直，制府亦寓書贊揚，爲國家慶得人。是時，浙撫楊公自京師回越，道出吴門，向吴撫胡公曰：『皇上呼李師舒名，甚加優奬，謂渠在直隸是一好官，今在江南，亦甚好！』制府於是奏調江安糧道，督運江寧、安徽十九府、州正供，禁浮折，裁冗費，漕政肅然。而殫誠畢力，片晷無暇，血氣兩虧矣。運務畢旋署，以疾卒江寧，子民多泣下者。濟源紳耆、父老具公牒，乞祀鄉賢，與高、曾、祖三世，共馨香俎豆之榮，亦世所罕覯者矣。公生於乾隆乙亥年十二月二十四日，終於嘉慶二十二年八月二十八日，年六十三。元配何恭人，乾隆年間刑部陝西司郎中復善女，以孝慈勤儉聞；暨側室周孺人，俱先公卒。今於己卯正月二十五日，祔葬濟源城西杜村之新阡。子二，杰，廣西新寧州知州；烈，邑增生。孫二，予墀、予培。銘曰：

王屋天壇，吐吞秋氣。近山以居，性則剛毅。窮經讀史，期於有濟。扶弱鋤奸，魑逃魅避。封疆薦舉，黔首心醉。帝曰斯人，足了民事。行將大擢，壽不償志。趙北茹恩，淮南隕涕。骨埋嘉壤，令名罔替。

候選直隸州同知河内任君墓誌銘

余於嘉慶辛未，棲泊懷州，舊家世族，靡不往還。丁丑夏，始見任君松圃，蓋以其作宦武昌也。任君與河南督粮觀察張牧村先生爲姻親，余爲牧村妹婿，有戚誼，初不知有世誼。戊寅七月，任君以太翁彰亭先生誌墓之文，諉諈於觀。閱其家世，君祖眉州刺史，雍正乙卯選拔貢生，乾隆戊午舉人，壬戌進士，出宰四川郫縣。始知刺史公與先大父榮經公爲乙卯同年，又同官四川。三代世交，則筆墨之役，義不容却。

按狀，河内任氏，其先晉人，始遷祖諱成，僦居河内留村。曾祖諱起鳳，遷居城中，身務耕桑，潛德弗曜，以刺史貴，貤贈奉政大夫。祖諱宏烈，例補縣主簿，亦得誥贈如刺史官。父諱履素，由四川郫縣知縣，擢眉州直隸州知州，明察仁惠，有循聲。計典卓薦，咨署嘉定府知府，親老乞終養，回籍。母陳，封太宜人；生母余，封太安人。陳生登萊，太學生。余生登善，字從如，號彰亭，以明經候選直隸州同知，即松圃太翁也。又生登彦，乾隆己酉科拔貢，授汝州伊陽縣教諭。

君未出仕，以乃弟官教諭，貤封修職郎。君隨侍郫、眉任所，刺史公察君能事，非碌碌者。乾隆甲申，刺史公乞養旋里，以長子登萊有疾，少子登彦在稚年，悉不克分勞，委家政於君。君秉承嚴命，不敢違，而黄卷青燈，遂疏以遠，乃弗暇以文章取科第。壬辰遭刺史公喪，癸巳遭祖妣馬太宜人喪，辛丑遭陳太宜人喪，戊午遭余太安人喪，疊膺大故，方寸無撓。生致養，殁盡哀，葬不逾乎禮，族黨親串咸謂刺史委家政於君，知君之才與德，克以負荷之也。堂屬兄弟姊妹數十人，有敬以事之者，有教養婚配須慘澹經營者，皆如其分，用殫厥誠，無私曲苟且。嘗語人曰：『此吾先人未了之事，吾遵遺命以了之，但期無負先人而已矣！』歲乙未，廣濟、利仁兩渠湮塞，損壞牐口，濟源、河内百餘里村墟，不得沁水澆灌，父老子弟紛紛控愬。邑侯延紳耆百計籌畫，苦不得其要領。紳耆舉君，君固辭，邑侯敦請彌切，乃出以應命。出則指揮有方，衆情大洽，渠之湮者疏矣，牐之崩者甃矣。是年值荒歉，野滿饑鴻，藉渠工以無餒者數千人。邑侯喜，謂紳耆：『所舉得人，公私兩濟。』君生平大略如是，餘不及悉録，蓋傳誌體例戒冗雜也。

君生於乾隆十一年八月初九日未時，卒於嘉慶五年八月十五日酉時，享年五十有五。配顧氏，例貢生，直隸天津府鹽山縣巡檢諱爾杰女，貤封孺人，晉贈安人。性賢淑，明大義，事祖姑、翁姑以孝，持家有法，夙著壺儀。生於乾隆九年九月十六日未時，卒於嘉慶二十一年六月十五日巳時，享年七十有三。子四，長松圃，監生，湖北按察使司經歷；娶吴氏，同邑貢生諱世勳女。次柄一，武生，候補糧運千總；娶羅氏，貢生諱丙炎女；繼娶張氏，邑武庠諱帝賚女。次檑閲，業儒；娶何氏，濟源縣賜進士出身，翰林院編修，授浙江糧儲道達善孫女，邑庠生永清女。次棅廉，嘉慶辛未卒，今隨葬；娶郭氏，邑庠生奉恩女。女一，適同邑太學生楊緒榮子天馥。孫一，嗣倫，幼，聘馬氏，太學生元斌女；松圃出。孫女一，字山東平原縣甲辰進士，由編修庶子擢授河南懷慶府知府，晉升河南督糧道諱翶次孫，己酉科拔貢，候選知縣諱維垣次子；棅廉出。今於嘉慶二十三年九月朔七日壬寅，諸孤奉君與顧太安人之喪，葬於郡城西郊之新阡。銘曰：

升沉顯晦，悉由於命。此中消息，疇握其柄。不顯而顯，允卓其行。身修家齊，是亦爲政。鬱鬱新阡，上應星躔。嗇於前世，豐於後賢。後賢卓犖，洪鉅可肩。華衣拜墓，世澤綿綿。

貤贈登仕郎上舍汪君林齋墓誌銘

曩余出宰粵西，得汪龍莊先生《佐治藥言》，朝夕申詠，如抱痾而飲沆瀣，愈頭風而讀檄文也。以蹤跡寥濶，會合無由，嘗思得先生後人，索龍莊著述，一盡讀之。既久，乃得孟縣主簿名治安者，龍莊後裔也。治安有文藻，屢試不售，奉父命，就職閑曹，得暇必讀書。嘗來余懷州客邸，以政事文章相質正。其尊甫林齋上舍望治安甚厚，而治安亦能孝於其親。嘉慶丁丑春，林齋回籍修墓，九月旋開封，以疾卒。明年戊寅，治安來乞作墓誌，不獲辭，乃諾其所請。

按，汪氏系出唐越國公華，居安徽婺源，傳十八世諱謹者，遷浙江鄞縣。又四世諱大倫，自鄞遷蕭山大義村。曾祖瓚，祖成賢，父兆培，皆隱於耕讀，未登仕版。所謂龍莊先生者，乾隆乙未科進士，官湖南道州州牧，君從父行也。所謂《佐治藥言》者，道州公未釋褐時，家貧以幕學佐人爲循吏也。

君諱蘭，字德章，號林齋，天性真摯，矯矯過人。年十二，侍父疾，矢以血誠。父疾危，焚香泣禱，有他家壯年兒不能及者。既孤，事孀母，能視母顏色以爲欣戚，寸步凛凛，恐傷母心。年十六，而母又卒，哭母之淚，麻衣有血，族老鄰嫗，靡不嘅歎。服除，無所營，附舟入杭，問字蒙館，贄薄無良師，不能得讀書之力。從母舅柯君，握算持籌，隱身𦂳市，柯察其無欺，以女妻焉。仁和沈瓠也，客吴下富翁王宏川家，賢君舉止，引君見宏川。宏川亦復以君舉止殊衆，出三千金，使操猗頓之術，君曰交淺，拒弗受。宏川益奇君，益欲結君爲洽友，君始納之。越數年，自大梁歸吴下，還金宏川，本息井井。更以其餘贖祭田，修宗祠，無稍顧惜。族黨戚屬貧乏者，度親疎遠近，一一周濟。

是時，龍莊先生方退居蕭山，君往謁，頗相欵曲，謂族中父老曰：『林齋家寒，而智慧不寒，又篤於信義，爲難得也。』子治安涵濡庭訓，擬取科第，慰君晚年，而文章憎命，屢躓棘闈。君輸資户曹，俾治安得主簿，承乏孟縣。嘉慶十七年五月，就養於孟，訓飭治安曰：『吾生平得良友之助，不敢負友。爾一行作吏，有職守在，勿以官微負其職，吾始有顔見龍莊公矣。』君生於乾隆二十一年四月二十四日，卒於嘉慶二十二年九月初十日，年六十有二。配柯孺人。生子四，治安、步蟾、步鼇、步雲。治安卜於己卯某月某日，舉君柩以安窀穸。銘曰：

身不論顯晦，有德爲賢。曷賢乎？爾孝於親，而信於友，庶無怍焉。君乎君乎，貧而有骨，埋骨於阡，秋月春烟。嘉禽棲止，遐裔綿綿。

豐縣知縣齊公墓誌銘

齊公春圃，予兄雪浦先生兒女姻親也。甲子冬，予客揚州，公以豐縣大令謁太守，過予寓廬，始得會合。剪燭夜談，有精悍之色，叩其政績，娓娓動聽，知非俗吏以温飽亂其志操者也。越十三年丁丑，予以言事褫職，客懷慶，其子履年以行述乞銘，始知春圃歸道山矣。生死離別之感，曷勝惋悼！謹按銘法，考公行，得其大者，餘事瑣瑣，不復覼縷。

公籍隸直隸南宫縣，諱紹甲，字雲階，起家乾隆丙午舉人。嘉慶乙卯，春闈報罷，揀發江蘇，以知縣用。權淮安府通判，及沛縣、桃源、興化，庚申補豐縣知縣。其權通判，奉檄修佃湖、廟灣、鹽城三營，締造有法，不虛帑，不擾民業。權沛縣，適值水災，饑鴻流離，申請振卹，閭閻有再生之慶。縣俗恃强悍，呼嘯爲群，作拽刀會，奪柔氓牛馬、子女，兵役袖手不敢捕。公親踏其巢，獲兇渠置法，散厥餘黨，縣中民始得安枕。方伯許公因公詣沛，沛千餘人乞留賢父母，以乖於例，不果。桃源、興化感孚輿情，率皆如是。豐縣瀕黄河，輸柴供官，滋爲夙累，以疾苦上達，出於至誠，上官知無私，除之。縣苦水患，樓櫓雉堞，攲斜墮落，申請修築，復設牐，用司啓閉，沿堤植柳，備料木。父老曰：『公彌患衛民，如病在身，公力竭，公心苦矣！』部民多泣下。邑學博陳君介亭，爲有韻之言以詠歎之。嗚呼，非賢者能若是耶！

公年未衰，澹於榮進，歲丙寅，退居林下，訓子弟族黨以孝弟。出其緒餘，甄陶後生，門下士有以文藻登進士者。丙子十二月十四日，以疾告終。卜於丁丑年十一月二十九日，葬於村北新塋。元配董孺人、王孺人，孝謹有淑行，皆先公卒。今合葬，禮也。子大年，太學生；履年，廩膳生；熙年，幼。銘曰：

豈弟心，合上考，囊琴載鶴抽簪早。留惠於民民頌禱，馬鬣春生三秀草。

國子監貢生燕瑞符墓志銘

懷慶府學諸生燕際春，受業覃懷書院，爲予門下士。甲申冬十月，賫其父瑞符翁行實，泣且拜曰：『際春父母皆棄養，著於本年仲冬二十七日歸窀穸。際春仰事無狀，誠不孝，又不能取科第顯揚父母，而益深不孝之罪。今吾父母雙柩將掩於馬鬣之下，吾父生平行誼，有見信於鄉人者，得夫子誌而銘之瘞，片石泉壤，是吾父死而不死也，感且不朽！』予察其言，窺其色，出於人子之誠悃，乃書其父行誼梗概，俾鏤於貞珉焉。

按，燕氏祖籍洪洞，有諱旺者，客於濟源玉川里白碉村，遂入編户，是爲濟源燕氏始遷之祖。第九世國瞻，瞻之子廷揚，皆習農業。廷揚子天序，納粟爲國子監生。天序子鳳鳴，字瑞符，輸貲農部，爲國子貢生，是爲際春之父。瑞符醇謹有才幹，始昌大其家，而務行善事。予於嘉慶乙亥年九月，作天壇之游，始識瑞符。是時，瑞符年七十矣，癯貌豐髯，有鄉曲敦厚之氣，與之語，有條理而無世故。其庭院有叢卉，有竹石，家塾有書聲，蓋以桑麻爲世產，以經史佑啓其後人者也。

予自白碉至天壇，重巒疊嶂，百有餘里，每憩息村舍，與父老談桑麻，輒問：『白碉村有一燕翁，其生平行事，爾知之乎？』父老曰：『燕翁篤於孝。』問何以見其孝？曰：『翁母存，察寒暖，竭奉養，曲盡子職。母亡，銜哀盡禮，出於至誠。父鰥，仰體父意，乞續娶，以主家政，事後母，如所生之母。厥父嘗告吾儕曰：「吾子鳳鳴，孝子也。」』回至白碉，又問諸村人，村人曰：『燕翁，尚義人也。』問義何由見？曰：『曩值荒年，村十室而餒其九，親串鄉黨有所干，必應。其自遠鄉來者，乞糴，輒賤值售之，無矜語，無德色。鄉中子弟，能讀書而困於貧乏者，設鄉塾，延師長，代其父兄造就培養之，能文章爲秀才者二十餘人。其鄉閭子弟骪骳游惰，不習正業，翁必數其過，而使速改，輕薄兒多畏避。知禮義者，服其教，無所違。』吁！翁一生行誼，爲桑梓中之所信服者如是，豈非一鄉之善士哉！厥配牛氏，亦能敦孝道，持家節儉，絲粒無曠廢。瑞符翁昌大其家，實賴中饋有襄助之賢者。

翁生於乾隆十一年六月初六日亥時，卒於嘉慶二十五年十一月二十三日寅時，得年七十五歲。配生於乾隆十一年三月二十七日寅時，卒於道光四年六月二十六日亥時，得年七十九歲。今合葬於曲陽之原。子二，際春、慶春。孫六，傑、偉、儒、儀、倬、信。曾孫二，鶴來、鶴齡。銘曰：

孝以立人倫之本，義以敦任卹之風。有茂才而無師以造就者，悉仰賴於此翁。宜其宰木葰蘢，蔭後人福澤於長眠之宫。

貤贈昭武都尉郭君逸園墓誌銘

水北郭氏，結姻於平原張牧村觀察。余與牧村，至戚也，遂因張氏論戚誼於郭氏。候選通判名維信者，以其季父昭武君行實，率其姝世楹，再拜乞墓銘。辭不獲已，乃按銘法，用述其生平大略焉。君諱奉欽，别號逸園。受姓之始爲虢，盖王季之穆。虢叔有懿德，文王咨焉，建國命氏。後以郭易虢，行誼功勳，代有偉人，不悉述。居河内，以孝子稱者，有郭巨焉。君始祖春，於洪武初造，自洪洞遷河内，以丁蘭、郭巨同爲孝子，遂居於水北丁蘭巷。數傳至君祖之棵，讀書入成均。棵子訓，少游太學，以家貧，饑無以奉祭祀，竭供養，乃棄書，習於貿遷，握算持籌，家漸殷實。是爲君之繼父也。君本生父諱誠，候選布政司理問，踐履端方，爲鄉閭推許。君事繼父，先意承志，恂恂然稱子職。事本身父母，肫誠懇摯，亦復能得歡心。君兄弟三人，伯兄奉詔，仲榮昌，皆篤於友愛。君念其尊甫不得已而棄書，非本志也，仰體先人意，取家藏舊書，刻苦研究，遂工舉子業。而數蹇，屢試不售，以明經需次布政司經歷。子維智，天姿踈朗，讀書有慧性，以體弱，先君兩年去世。君生於乾隆九年三月十五日亥時，卒於嘉慶九年六月初五日戌時，得壽六十有一。孫世楹納貲農部，例授都司，以國有慶典，貤贈君昭武都尉。

君在時，嘗語人曰：『吾郭氏以孝著名，所居丁蘭巷，爲孝子故里。脱不講孝道，辱先人，並辱此土。念族黨無親疏遠近，皆出於一本一源，不敢恝視。』其視猶子若己子，以養以教，本於慈愨。值歲歉，閭閻窮蹙，曰：『此父老子弟，吾先人之鄉鄰也。餒鄉鄰，非先人意。』日出粟數百斛，以生活之。嘉慶丁巳，懷慶修北城，發荒塚數十，纍纍見白骨，曰：『此皆吾先人桑梓中人也。視暴露不關心，吾何以對先人九泉之下？』置槽器，斂骨瘞之，並諄諄屬其從事：『勿遺寸骸，勿男女錯雜，爲死者憾。』其他濟人利物諸盛德事，不可覼縷。凡此，皆錫類之仁，以先人之志而繼於其身者也。維時築屋落成，茁紫芝一莖，長尺許，瑩然燦爛，數月不萎，郡中士大夫多有歌詠其事者。嗚乎，有君子之風矣！君配郝氏，慈孝勤儉，有賢德，貤封恭人；側室馬氏、王氏。子一，維智；孫一，世楹，候選都司。今卜於道光元年四月初二日壬午，葬於郡城西北之祖塋，郝恭人祔焉。銘曰：

蹈義若不及，是爲勇；以輔仁下，昌後之種也。太行之雲，時靉靆於其隴也。碑穹柏翠，是逸園參軍之冢也。

孝廉方正傅君柳崖墓誌銘

魯山諸生傅奎瑞，素無舊，一面未謀。忽造予廬求謁，首控於地，甚恭謹。予訝之，問以遠來之故，乃徐徐出其先人行實，再拜曰：『奎瑞向讀先生散體文，有誌銘數首，皆徵實無溢美，合於古法。今吾父瘞壙之石，得先生文字光榮九泉，感切骨。』予以其孝且誠也，負則違義，輒許之。

按，傅氏舊籍襄城，東漢佐命封積弩將軍諱俊者，其始祖也。後裔皆力學積善，隱於農桑。前明庠生諱瑶者，母死，廬墓三年。一日，有盜盜其家，次夜送還，語人曰：『我所盜，悉盜不義。傅孝子物，奚盜爲？』事載襄《志》。有諱廷獻者，崇禎癸未進士，授兵部職方司主事，守鎮江，國初大兵南下，懷印綬坐堂上，自刎不殊，士民泣救之，乃奉母歸隱於襄城赤礀，著有《夢翁行録》四卷，聖祖仁皇帝勑入忠義祠，奬其高節。高祖庠生諱經邦者，於康熙初年授經魯山，遂移籍爲魯山人。嗣是七世同居，敦慈孝，巡撫具疏奏，高宗純皇帝賜額及詩寵之。祖諱良毅，父應甲，皆太學生，居鄉循謹。

君諱作師，字天寵，別號柳崖，應甲長子。涵濡先世忠孝之風，窮經稽古，期爲世用。方少時，侍父收租於鄉，途遇數人擁一少婦就車，婦披髪扼腕，甚慘悽。怪問之，内一人泣而前曰：『某嵩民，逃荒，母死無以葬，謀諸婦，鬻身以葬母。』君急請諸父，贖婦，買棺瘞之，夫若婦泣謝去。父歎曰：『此子將有爲，非自了其身者也。』年二十三，補博士弟子，數奇，屢薦不售。嘉慶元年丙辰，仁宗睿皇帝勑封疆大吏舉孝廉方正，魯山令以君名上巡撫，奏蒙欽賜六品職銜，候簡用。君躓於鄉闈久矣，不能博一孝廉之虚名，今以躬行實踐，得孝廉方正之舉薦，受天子之殊寵，不優於署名榜尾，飲鹿鳴讌一罇酒耶？

二年丁巳，楚白蓮教謀逆，殺人如麻，迫官兵追逐，將竄魯山，鄉父老子弟聚泣，欲移家避賊。君曰：『賊未至，蹤跡無定。若先去，是拋家以速盜也。』後賊果以有備，不敢入。五年庚申，賊起寶豐人和寨，所至猖獗，鄰村有爲賊煽誘者，臨去，語其黨曰：『赤硼村傅先生是好人，勿毀其居宅。』而一鄉胥受蔭庇。後大兵追賊，賊渡滍水南竄，近其鄉咫尺，鄉人恐，請計於君。君曰：『賊畏兵，氣餒矣。』率鄉勇集村北渠上，使老弱揚塵村中以疑賊，又鳴金作趨戰勢，賊遽喪魄，遁去。鄉父老子弟，至今猶嘖嘖壯君膽略。

初，巡撫景公督師抵魯山，飛輓不繼，兵乏食，縣令猝不能辦。君呼於衆曰：『兵所以衛民，兵乏食，民復奚恃？』首輸六百金，諸紳耆皆從君輸庫。景公曰：『善士也！』其他可述者甚多，姑不具論，舉其大者而已。君晚年娛志林泉，手録前賢遺事，爲忠、孝、廉、節四卷，指誨諸孫，爲立身行己之要，則其人生平可知矣。君生於乾隆十六年十月十六日申時，卒於道光四年九月二十五日亥時，得年七十有四。配陳氏，例封宜人。子四人，人瑞、桓瑞、奎瑞，皆庠生；信瑞，監生；奎瑞出繼次房。孫十一人。卜於道光五年九月某日，葬於張官營祖墓之側。銘曰：

干將鏌鋣，未出於鞘。風雨夜來，寒芒炳耀。其柳崖之爲人歟？吾假是銘以相吊。

封翁李斐然墓誌銘

河内諸生李君賡颺，循謹篤行之士也。初未謀面，因其子棠階受業余門下，始造余廬。與之語，懃懃謙下，鬚眉溢善氣。及棠階入詞館，典試於蜀，督學於滇，身家既貴矣，而君器量淵涵，猶謙抑若舊時一諸生也。頃者出太翁斐然先生狀略，屬爲墓誌，以交誼，不得辭。

按，李氏系出隴西，支派繁衍，衣冠薦紳滿天下。落籍於河内者，譜系淪亡，無可考。自河内始祖，遞傳數代，隱德弗耀，晦跡桑耕。迄諱琮者，移居南堡封村，始讀書習儒業。斐然先生諱成章，仰體親志，益自奮勉，期有所樹立。以命蹇，而艱於一試，遂棄所學，營家務。其素性耿直，重信義，鄉閭有睚眦不相上下者，從容以數語解之，悉爲傾服。族人親串，喪葬婚姻，力有所不給，或佳子弟貧不能讀書者，恒引以爲己任，慨然周恤之。坐是家中落，而無悔於初心。夫以布衣薄産爲義俠，視高門鉅室之富且貴者，難矣！高門鉅室往往能爲而不爲，而布衣爲之，是所秉於天性者厚，爲蓄德昌後之基，宜乎有賢孫英年顯耀，猶得目睹也。

公生於乾隆二十三年十二月十二日亥時，卒於道光七年三月二十日未時，得年七十歲。元配直氏，以孝敬勤儉得賢名；繼配范氏，亦有賢淑之德；俱先卒。又繼配杜氏，今在堂。公以孫貴，受封如其官，德配皆封太孺人。公長子賡颺，邑庠生，直太孺人出；次同升，太學生，范太孺人出。長孫棠階，翰林院編修，乙酉科四川正主考，雲南學政；莓階，庠生；俱賡颺出。漢階、星階，俱同升出。曾孫寶鏡，棠階出； 瑞鏡，莓階出。

今於戊子年二月初四日，安窀穸於祖塋外，相距不一里。直太孺人葬其地已五十年，得扶輿靈秀之氣，故子孫榮貴。脱使改遷，大不利於後人，此《葬經》所深忌者。以封翁與范太孺人合葬於直太孺人之吉壤，權也，而無乖拂於義焉。銘曰：

造物之於人，固無私也。福以畀之，或有待於時也。善積而偃蹇，其再世必嶔以崎也。

書絳州李孝子行狀後

絳，晉獻公建都地也，世子申生死於孝，千古哀之。其後，以孝聞於其鄉者，北魏吴悉達，北周梁慎，唐趙師舉，元吕佑、姚孝治，悉見於書。明三百年，衣冠之族，畎畝之子，孝事其親者，寖寖日多。迨及國朝，以孝治天下，絳之民涵濡至化，殫心怙恃，遂以成風，廬墓旌閭倍於往代，亦盛矣哉！余於嘉慶丙寅觀察河東，嘗行部平、蒲、解、絳諸州邑之間，部民樸厚，尚懿德，習勤儉，猶不失《風》詩遺意。庚午暮春，余以言事褫職，將收拾殘書歸故山矣。絳州李生光禄以其祖養亭行狀，丐余數言，鏤諸家乘。余歎曰：『爾祖不愧爲申生鄉人，埋骨於絳矣！』

按，養亭年在幼弱，讀四子書，志曾、閔之志。及長，讀《孝經》，日不釋手，如庾子輿，非柳柳州所謂『稟承粹和，篤守天經』者耶？父母卒，結團茅松楸之下，與父母魂魄相依爲命，風雨寒暑，不知有身。彼孝者見之，心彌堅矣； 不孝者見之，愧而悛矣。其以精誠陶薰里黨，如以春風風宿草也。其負笈從師，視師如父，侍師疾，如侍父疾。師易簀時，貧無以斂，劼勵斡旋之。師有遺文，質衣鏤板，壽之於世，亦近今所稀覯者。其鄰里戚黨，親所愛也，行有瑕疵，禮以箴之；事有急迫，義以援之。愛親之所愛，而篤於親之所親，是無形無聲，視聽於墓木已拱之後也，嗚乎難矣！

書安康大令馬雨峰前在略陽沔縣禦寇事

雨峰名允剛，以孝廉出身，作宰秦中。明鐵忠烈公死建文難，有經歷宋某負義，以杵臼自許，遣幹奴，私挾忠烈二子福安、康安逃開州。開州巨姓李氏收福安，馬氏收康安於家，二子畏禍，從其姓。雨峰氏馬，蓋忠烈次子康安之後也。

嘉慶戊午七月，奉撫軍檄，轉運甘肅恊川軍麥十萬石，赴略陽濟軍食。運至，賊高三、馬五餘黨有先聲寇略陽，其四鄉居民恐陷賊，偕衰稚啼泣，避難城中，武弁閉城勿納。雨峰曰：『城以衛民，不納，民奚往？』遽出城，立嘉陵江上，謂其民曰：『爾父老子弟入城避難，無不許入城理。但城中少食，何以食爾父老子弟？吾所運麥在城外，爾壯者囊麥入城，衰稚者許隨入。不爾則不得入。』須臾麥盡，賊已半渡嘉陵江矣。賊將欲攻城，城年久，門扉朽敝不可恃，雨峰以麥囊堵，城恃以無恐。其在後未入城者，縋巨繩三十餘條，引以上。設廠煮麥飯食民，民之父母、妻子，依君以爲命。三日後大兵至，賊解圍去，民皆曰：『吾儕肝腦不塗於地，馬公力也。』

己未八月，雨峰任沔縣，賊勢方張，戕掠民妻女牲畜無算，具牒問於鄉間父老曰：『爾父老受困於賊久矣。爾將坐以待斃乎？抑設方略以禦賊乎？』父老咸叩頭，問方略所在。乃命築堡，堡四十餘處，賊技窮，秋毫不復能掠取。是時，有以築堡爲沽名無實效者，目雨峰爲迂怪。未幾，朝廷有堅壁清野之命，大吏檄州、邑築堡，州、邑同僚始服雨峰先識。方賊圍沔，城中無備，請發鉛丸、火藥以爲備，軍門以所在多壘，發鉛丸、火藥不足以支賊。雨峰乃設一策，以火藥一囊分十餘囊，多製竹籠貯火藥，籠標一旗，曰軍需火藥，其可須臾運畢者，乃令民間累日運之，賊聞有備而去。賊入境時，戒兵勇：『勿擊，擊必敗。』賊去，乃令擊其尾。賊復折轉，兵勇已先回堡中，其兇悍一無所施。賊令於衆曰：『此縣有好官，勿再犯其境也。』其後，有他賊犯境，集鄉勇斃賊甚衆，並擒著名首逆羅半年。吁！當有事時，有縣令如此，亦已難矣。

書王李氏覺孝事

氏粤東南海尉李羽皇女，弱齡字本邑孝廉王鵬舉之子。羽皇貧而鰥，客游山左，遺氏與幼子師亮守家。氏此時才八歲，視弟師亮泣，亮亦泣。風雨夜來，庭中樹颯颯有聲，亮泣尤慘，延族中世母來共朝夕。族中人有幸其家無壯子者，羽皇薄産，數來侵削。氏延族中老年人，出身摒擋，數年盡返其侵削之田。亮是時漸長，氏延師課讀，不少寬假，稍惰，則揮涕切責之。如是者十有餘年。羽皇歸，視其子彬彬也，視其家肅肅也，視其廩儲又綽綽也。族中老年人歸功於氏，氏泣謝，羽皇遂泣之不已。

先是，王問字時，婿殊慧，眉宇軒昂。後忽染異疾，首縮脊突起，臂股拘攣，目睠睠不復識人。或坎地爲凹，手穢物，雜鬻糜，俯以就食，有岐黄書所不載，耆年夙醫所未聞者。是時孝廉已久歿，孝廉婦授意媒妁，俾來見羽皇曰：『吾子齒已過婚期，吾子疾，如此狼狽，欲不爲授室，王氏遺此頑鈍肉，將焉置之？』羽皇曰：『禮有婚，期有後也。若子疾，狼狽如此，後可期乎？王氏後不可期，李氏女將焉置之？』氏閨閣寢有聞，不食，淚跡涔涔，見於襟袖。乞族中世母語其父曰：『兒此身，在昔已屬王矣。王有疾，命也，亦兒命也。違命乖禮，生不如死。』父視其志堅，乃歸於王。事孀姑盡孝道。姑悲泣，左視兒，右視婦，有難乎其爲姑者。氏侍夫十餘年，夫不知氏爲誰，寒暑疾痛，飲食起居，氏晝夜調護。其便溺惡濁，手爲滌澣，若天經地義不可違者。夫死，取夫弟之子某後其夫，喪葬以禮。及姑歿，哀戚徹骨，鄰嫗族媪亦相與泣下。氏今甲子垂六旬矣，有子有婦有孫，能仰承氏志，守孝廉家風，以續其祖宗血食。嗚乎，其孝與贒皆不可及也。

書滑縣教諭吕公全家死難事

吕公諱秉鈞，字倚平，世居河南新安縣横山村，明南京兵部尚書吕忠節公維祺裔孫。乾隆丁酉科拔貢，甲寅舉人，任滑縣教諭。

嘉慶十八年九月，教匪牛亮臣等倡亂，知縣强克捷全家死賊。訓導趙某者，畏死，入賊黨。賊以秉鈞裕經濟，勵節行，有端人之稱，軟語誘致，許以顯爵。秉鈞不從，賊露刃威脅，秉鈞紿賊曰：『欲吾從，須用吾策。否則死耳。』賊問策何出？曰：『自古仁者，不嗜殺，衆乃歸附。欲得衆，勿擅殺一人。』賊曰可。曰：『城勿閉，閉阻人歸附路。』賊曰可。又曰：『滑，故鄉也，宜守根本，招致外來歸附者，勤加訓練。官兵至，遣驍勇頭目，相機應敵。爾爲首者，仍居此堅守，部署軍械，備接應。如是，則大事可成，策之善莫若此。』亮臣以所言可信，語賊中頭目曰：『呂先生讀書人，謀畫非吾儕所及。』傳語群衆：『呂先生戚屬、子女、奴婢，好衛護，勿稍驚擾。擾則戮，勿赦。』秉鈞於是益自持重，足不踏賊營。賊就署乞方略，曰：『此細事，吾不勝勞。有緊要機密，始來告我。』賊諾而去，心不疑。

是時，巡撫台公費蔭率兵自大梁來，河北鎮總兵色克精額率兵自懷慶來，與賊戰累日，賊死兵者十三四，兵亦間有折傷。未幾，山東曹州賊徐安國，以敗於運使劉清之兵來附，賊勢乃愈張。撫鎮以賊多兵寡，戒勿輕戰，以待總統。賊問秉鈞：『總統至，何策應之？』秉鈞曰：『宜固守，待時而動，勿躁勿亂。』賊曰：『事急矣，策宜預定。』鈞弗答，賊乃知三策紿己。不閉城，欲居民出城而逃也；不擅殺，使威不立也；堅守不他徙，欲大兵圍困使不得脱也。乃始有殺鈞之心。鈞語婦兄洛陽唐生會一曰：『吾死期至矣，即日將見吾忠節公！』唐生泣，默無一語。鈞入内，語眷屬曰：『吾死，爾輩當隨死，勿辱於賊！』眷屬環泣哽咽。鈞出投繯，賊偵知擁入，曰：『爾賣我，爾賣我！欲好好死耶？』鈞從容語賊：『我新安呂尚書後人。尚書不屈於闖賊，我豈屈於爾，辱我尚書？』賊怒，呼其黨拉鈞下，褫衣磔之，一磔一駡，氣絶乃已。鈞家屬男女上下十七口，不及自死，賊牽擁文廟壁後，一一屠之，洛陽唐生在十七人中。有鈞門生馮書田者，目覩其慘。是時，總統尚書那公彦成，固原提督楊公遇春，前寧陝鎮總兵楊公芳，以征調各省勁旅，圍滑如鐵壁。城破，以渠魁亮臣、安國獻俘京師，餘孽悉剪除，無一賊得脱。以訓導從賊，並賊誅之。是在嘉慶十八年十二月初十日也。

明年春，鈞次子式淦，歸鈞骸骨於新安。十七口遺骸，雜亂屍中不能辨，滑紳耆父老靡不哀之。式淦扶櫬過懷慶，泣語教授殷芳庭，殷以告余，相欷歔泣下。式淦癸酉科拔貢，亮臣殺其父鈞，時適應試開封，故不及於難。鈞尚留一子一孫，不絶忠臣義士之宗緒，此其中蓋有天焉！同被難十七人，唯唐生會一知其名，餘十六人何氏何姓何名，例得並書，待訪實補録之。此事關人名節，而繫於風化，不敢疏，亦未敢一字有虚飾焉。

怒説

維天有怒，乃發雷霆。雷霆者，威也。無威胡以震懾萬物，無震懾胡以長養萬物，無長養胡以化育萬物。夫雷霆，發聲仲春，收響仲秋，一歲之間，不必月有雷也；有雷之月，不必日有雷也；其有雷之日，不必時有雷也。天之不輕發雷霆，天蓋所以善養其威。威少則怖人，威多則習見而狎矣，狎則奚怖？

人道也，則天者也。『王赫斯怒，爰整其旅，以按徂旅。以篤周祜，以對於天下。』子朱子云：『因其可怒而怒之，無所爲畔援歆羨也。』夫文王善用其怒，若盛夏不雨，陽愆陰伏，發雷霆之威，疏磅礴之氣。世有孔子，千古之聖人也，用威于夾谷之會，不用於陳、蔡之間。怒少正卯，不怒陽貨，夫豈與攘臂按劍，恣恣睢睢，用盛氣爲驕凌者一日語哉？及門負王佐之才，夏時殷輅周冕，不屬他人，而期之於顔子，其氣宇濶矣。然其端倪不多概見，過不貳，怒不遷，其可見者如是而已矣。夫文王廟堂之怒，孔、顔閭里之怒，亦復如是而已矣。秦始皇乖戾狠忍，一怒而儒冠淪溺於坎矣，再怒而竹簡漆書化而爲燼矣。陳涉以匹夫之怒，敵天子之怒，祖龍氏之血食，因涉以斬。隆凖以怒起於泗上，重瞳以怒起於吴中。泗怒以仁，吴怒以猛，猛仁既判，天命有歸。李唐、趙宋，迨及元明，以怒定蒼生之難，以斧鉞之威得國者也，怒得其道，大事乃舉，其國祚亦久遠勿替，史臣載筆，班班可考矣。

夫人之有怒，如劍之有鋒，矢之有鏃，牛之有角，虎豹之有牙，鷹隼之有爪。鋒鏃欲其貫扎，角欲其牴，牙欲其齧，爪欲其搏，亦視乎用之得其時耳。司馬懿以三十萬軍軍西城，是時，武侯用怒以嚇懿乎？用智以走懿乎？澶淵之役，寇凖坐樓中飲酒歡呼，真宗曰：『凖如此，朕無憂矣。』夫是時，强敵壓境，不怒而鬬，乃逸而樂，孰謂萊公竟不讀書？楊椒山志凛風霜，憂在王室，氣節足以厲名教，不足以剪奸雄。徐華亭貌敬分宜，分宜父子暱而親焉，其掃分宜之蠹者，舉朝正士，不能不遜讓華亭。陽明子學道而講良知，遘閹兇張永，宜其怒而遠之矣。顧交納如良友，托爲心腹，卒寄宸濠於永，脱身難以濟國是。嗟乎！薛文清讀書養氣三十年，治一怒字不去，文清晚年自訟其短也。士之傝㒆自安，浮沈碌碌，則亦已矣夫。或堅定其操，卓犖其志，欲以一肩肩天下鉅任，可不兢慎其怒，抑損其威，休休藹藹，用養平昔海涵地負之量哉！

程號庵字説

吾友程生鼎，沉潛之士，習舉業，屢試屢躓，命也，非學之不勤也。以親老，養無所資，降其志，寄身冗僚，又不能補官食俸。郡縣之賢者聞其名，延教子弟，兼濡毫於記室，而書生面目，不着一塵，蓋亦難矣！一日，寓書於予曰：『鼎受以震，爲長子，仔肩重矣。父喪未舉，母在堂，苟不時深恐懼，可乎？字曰虩庵，時加警惕。願先生錫以字說，銘於心，罔敢疎曠。』

按《震》卦，一陽始生於二陰之下，陽動則爲雷。聞雷，未有不凛然生恐懼之心者，故曰『震來虩虩』。知恐懼，則亨矣。如震來蘇蘇，是以剛處柔也，焉能自震？至于索索矍矍，以陰柔處震極，焉有不兇者乎？聖人之道，戒慎乎其所不睹，恐懼乎其所不聞。又曰：『相在爾室，尚不愧于屋漏』。蓋言獨之不可不慎也。如聞雷動色，始生恐懼，雷不聞，此心將着於何處？吾輩要須無所聞，而時時若有所聞。春鳥秋蛩，松吟竹嘯，念此身之負荷，感時序之推遷，皆作雷聲之虩虩於耳，則庶幾又進一境矣。

蔡邕論

議者以邕負大才，爲儒者，不自愛其身，濡足卓庭，卒歎卓而死。責邕以黨惡之罪，與雄之黨莽，融之黨冀，一例而並觀，愚謂過矣。天下有跡同，而其事與心皭然不同者。公山、佛肸之召，子欲往，子路佛然，顔、閔輩悉無異辭，知孔子之心，欲化惡爲善，藉手以行吾道。覆舟之下無仲尼，仲尼豈黨公山、佛肸者哉？若邕，處漢季，其所著他書，足以凌跨揚、馬。其陳政要，答詔問，駸駸乎頡頏董、賈，共抒忠藎。固亦讀孔子書，欲以其才用於世，非潤色浮詞，而墮於僞學者。不幸處亂世，混跡庸俗，漫無人知，知己者，獨一卓耳。

邕豈不知卓之在漢，如公山、佛肸在周之晚歲耶？ 姑念卓權勢，足以振紀綱而安社稷，彼才我而國士遇我，我言必見納，納則漢室頹運，庶幾藉手以扶之。孰意卓終然一卓，惡積愆盈，殞身呂布耶？卓死而歎，非以卓之用己而私卓，以卓之昏，不己言是納，匡扶漢室，立千古勳名，乃死布手，如滅蟻然，謚爲至愚也。或謂子言涉於袒矣，袒邕何以服雄與融乎？ 嗚乎迂哉！ 是繩人以跡，未識繩人以其事與心也。脱邕實黨卓，必懼禍而重其身。卓之死，吕布殺之，實王允殺之。允方以殺卓爲快，邕則歎卓於允，座中懼禍者當不如是，不懼禍，乃敢一歎。其所以不懼，乃其心自問非卓黨也。雖允欲殺之，亦坦坦不允懼，此亦事之昭昭易見者矣。

夫卓死而邕歎，不聞莽死而雄歎，冀死而融歎，其事與心，皭然不同。雄、融又奚以不服？ 且夫褒譏者，天下之大公，狥私情以爲倒置，是亦儒林之蠹矣。莽以權術欺天下，天下頌莽功德者，四十八萬七千五百七十二人。恩則歸己，怨則誰歸？ 使天子任怨，而己任恩，莽之心，可怒雷霆。雄於此時不引身而退，更作《劇秦美新》，以助莽欺天下，邕《集》中有此等文字乎？ 融在朝，以李、杜異己，假手冀以殺李、杜，是甘心黨惡，不恤爲名教罪人。而邕於太邱之卒則碑之，於有道之卒又碑之，以陳、郭爲黨，又昭昭可見。比之於融，賢不肖又何如？ 長垣杜芳曰：『陳壽志三國，語多附會，邕實無歎卓之事。』其然，豈其然乎？ 信如芳語，則邕以何事見殺，更築後世以聚訟之階矣！

李白論

賀知章目白爲謫仙，以其天才放逸，而跌宕於風騷也。吾謂白實具仙骨，如安期生之混跡於人世，白所遜於安期者，以多一翰林供奉耳。或曰：『安期友蒯通，鴻才大略，欲展布於時，不用則仙去。白有鴻才大略若安期者乎？』曰：『奚以見白才略不安期若耶？安期在秦之晚季，劉弱項强，未知鹿死誰手。其以策干項，天下無定局也。白在天寶間，與安期不謀，庸可膠於一律？顧當元宗昏湎於妖麗，亂倫隳紀，一任玉環之所爲。華清宫，帝室也，雖親王骨肉，不奉宣召不敢入，安禄山入之，若游其沙漠氈廬焉；視天子貴嬪，若視其羶腥眷屬焉。此時爲何如時耶？白知禄山叵測，念一書生不能制，而舉一能制禄山者，用安高祖、太宗之天下。是恢復唐室，在赫赫一令公；而使唐室不終於傾覆，實出於酒顛詩狂之一翰林。吾謂白功不在蕭何下。』

或曰：『白，詩人也，其詩實遜於甫。』曰：『此説自元微之始，耳食者執爲定論，亦淺見也。白《集》中推許甫者，僅見之；甫之傾倒白，層見疊出，慨歎咨嗟於不容已，有詩可考也。即昌黎之所謂「光燄萬丈」，亦先白而後甫。』

或曰：『白通脱不羈，詩有仙氣，終不敵甫憂國恤民，身比稷、契。』此又不然。白《古風十九首》，開章第一義即云『大雅久不作，吾衰竟誰陳？王風委蔓草，戰國多荆榛。』何遜於『秦山忽破碎，焉能辨皇州』乎？又曰：『我志在删述，垂暉映千春。』此固儼然法孔子矣，何啻於甫之身許稷、契？若於千年後尊白而抑甫，謬矣！軒甫而輊白，又奚可哉？夫白與甫，皆志稷、契之志者也。假使郭子儀獲罪，白袖手不一申救，則安、史黨羽，誰殲薙之？而魚朝恩、程元振佞舌讒口，翻覆功罪，子儀之立脚亦難矣！吾故謂白功不在蕭何下也。何舉一韓信，而漢業成；白救一子儀，而唐室恢復。白豈可以詩人目之哉！至白陷身於永藩，非其罪也。璘知白嶔崎磊落非常人，不能羅致，黑夜馳兵船以劫之去，納白藩邸，並欲因白交通子儀，用爲羽翼也。而白卒不爲所用，抵隙逃歸。白屈申變化，不可測度，亦類於安期者哉！

籌酌賑務示諭災黎文

頻年以來，河東所屬臨汾、永濟等二十六州縣被旱成災，聖天子時時憂念。本省撫憲奏懇聖恩，將上年未徵錢粮、鹽課，概行緩徵，九月内撫䘏一月，十、冬兩月辦理大賑，分別貧民極次，銀、穀並施。仍恐冬月以後，民食維艱，復奏請賑粥兩月。仰蒙皇上俯恤黎元，疊加慈惠，命將粥廠展至本年三月，方行停止，仁至義盡，無微不周。

本道恭膺簡命，觀察河東，於二月初二日接印任事。自入靈石交界，即將各屬設立粥廠，逐一查驗。其中有放粥者，有放米者，事雖出於一律，辦則順乎民情。蓋因晉省風俗，最尚廉恥，若執拘墟之見，定行放粥，不唯遠村赴廠領食，艱於跋涉。而因一時饑餒，使老嫗幼婦露面出頭，是愛以姑息，非愛之以德也。因面諭所屬州縣，及在廠協辦紳士，不拘放米放粥，宜隨時變通，總以便民爲要。查各處紳士，誼重桑梓，有捐輸銀米以助賑者，有無力捐輸，出實心實力，在廠帮辦賑務者，此等古風，誠堪嘉尚。但官賑、私賑，同爲灾黎，必使一顆一粒未有虚耗，方稱盡善盡美。本道誠恐書役人等，有侵蝕尅減之弊。

今詳細查明，奉文碾撥倉粮若干，按依被灾各村户口，均匀攤派。將所派數目，逐一分晰明白，出榜示知，庶使書役人等不能高下其手，而待哺窮民均沾實惠，合行出示曉諭。爲此，示諭軍民人等知悉，倘有地方官不認真經理，或玩法書役侵蝕尅減，許爾等灾民呈控參究，斷不稍爲姑容。倘有無知棍徒，不安本分，希冀冒名多領，或挾嫌誣告，或煽誘鄉愚，藉端生事，亦一並治罪，决不稍寛也。

告誡應試生童文

爲勸勉士子修身改過，以挽頽俗事。

照得平陽、蒲坂、安邑，皆聖帝明王建都之地，其俗甚古，其風甚厚，其人心樸直，恥於詭譎，實爲千古首善之區也。地脉所鍾，風教所習，醖釀數千年之久，代有偉人，載諸史册。如文中子教設河汾，門多將相；薛文清學本程、朱，配饗孔廟。如聞喜裴氏，淵源有自，世代功勳，一族之中，宰相五十二人，尚書四十一人，大將軍四十七人，刺史一百五十五人，簪纓世胄，曠絶今古。如司馬温公正色立朝，肩負社稷，定大策，排大難，與海宇共休戚，田夫野老，婦人女子，皆知宰相姓名，煦煦濡濡，相依爲命。此數公者，皆如景星慶雲，在九霄之上，天下蒼生偶一見之，靡不舉首稱慶者也。夫以河東數百里之地，大儒名賢，接踵累世，何其盛哉！

本道奉天子恩命，忝任觀察。過聞喜，則拜晉公之祠；至夏縣，則拜温公之墓；抵河津，則稽首文清堂下，肅衣持爵，罔敢褻慢。蓋以先賢者，後輩之師也，何敢不敬？然所以敬先賢之意，固欲尊典型，以爲身範，亦欲部下士民有所觀感，革其非以從善也。乃去歲有稷山生員朱貽謙鬧考一事，自投法網，身死囹圄，吾甚憫之。今歲解州、蒲州應試童生復因觀劇，幾釀大案。在其初，搆釁甚微，一人倡之，千百人和之，恃衆膽麤，恣縱無忌，儒冠儒服，若此無狀，豈不可哀？試思爾等鄉先生，如文中子、薛文清、裴晉公、司馬温公，其作童生時，有如此不經之事乎？司馬長卿《喻巴蜀檄》云：『父兄之教不先，子弟之率不謹。』此不唯童生之過，童生之父兄、師友，亦宜引以爲愧。設有人於此，謂爾童生讀書稽古，將來可作文中子、薛文清也，可作裴晉公、司馬温公也，爾童生必喜。謂爾童生不學無術，如周處少年之横行不法也，爾童生必怒。乃所喜者在此，而所行者與此相悖，夜氣猶存，能無慚色？設有人於此，謂爾童生之父兄、師友，爾庭訓館規，動合古法，爾子弟門人，將來可作文中子、薛文清，可作裴晉公、司馬温公，爾童生之父兄、師友，必爲之欣然。謂爾子弟門人，失於教誡，如周處少年之横行不法也，必爲之怫然。乃任其子弟門人，行其所怫然之事，而不爲之痛加懲創，因循姑息，縱惡養奸，使將來淪於下流，不能上達，是不亦愚而且悖乎？《語》云：『君子之德風，小人之德草。』蓋上下感孚之義也。

本道有移風易俗之責。不能使各屬士子敦孝弟，習禮讓，砥礪身心，挽回風氣，亦不能無曠職之羞。兹以苦心，教以苦語，爾諸生童各宜凛遵勿違。如經此諄諄勸戒之後，仍有不自愛惜，任意非爲者，國法具在，不敢不仰遵功令以示威嚴也。

武陟縣烈女王氏碣文

嘉慶丙子春正月，武陟大令孫君屬書烈女王氏行略，勒諸石，用流其芳，此賢者之所爲也。

按，邑中紳士任應昌等舊具公牒，云烈女，駕部村民王聚女，乾隆四十五年字大司馬鎮劉萬國長子戊。五十一年，萬國故，女隨父母往吊舅喪。次年，戊出外營食，越五年，無歸耗。女年已二十有六，父母欲改字，女執意不從。詣姑鄭氏，姑家貧，令還母家。女哭，姑亦哭，始留之。女勤苦作勞，事孀姑十有三年，女今甲子三十八矣。嘉慶九年正月十九日，姑鄭疾終，女率夫弟某營葬畢，遂自經死云云。以余所聞烈女事實，有牒中所未盡者，當時特述大略，得旌表，樹綽楔而已。然烈女苦心孤詣，十有三年，足以驚風雨而泣鬼神，可以草草疎漏之筆，負貞魂毅魄於地下耶？

初，女父王聚以戊遠適，無下落，欲改字，女不從。聚强奪其志，女遁姑家，姑鄭氏曰：『我老而貧，子幼，一日不能謀兩餐焉。所得食，食汝乎？我子無歸期，汝倚我，苦汝終身。汝從汝父命，我不汝咎也。』女拜且泣：『願以兒十指養姑，兒不敢累姑。』姑始許之。女初以女工得錢，具姑食，稍有所積，作餺飥，令小叔持賣。又積蓄數年，買田築室，棲有廬，廩有穀，宛然小康。繼復爲叔娶婦，延劉氏宗祀。迨叔生子，姑乃亡，料簡姑衾斂甚備。姑既葬，以家事付叔及婦，咸泣謝，不敢承，迫之受，始受。及夕沐浴，梳髻如處子，從容就縊，異香聞四鄰。其鄉老爲之立廟，俎豆馨香，奉爲神明，固三代之遺直也。

夫婦之守貞曰節，女之殉夫曰貞，不曰婦而曰女，未成婦也。未成婦，而從一以終，難於已成婦者也。以王氏未婚之女，事劉家垂白之母，生養死葬，曲盡婦職。又爲姑之幼子成家室，置生業。身爲完人，可以勿死，乃卒死，若有所迫不及待者，嗚呼烈矣！沐浴焉，昭其潔也；髻焉，明其未成婦也；死焉，父以其身許戊也；姑死乃死焉，心無遺憾也。是《儀禮》所不載，而以鄉曲女子動合天機，夫何貞操慧性，超軼千古耶？閭旌之，鄉廟祀之，庶幾乎無愧！

温縣石烈女碣文

寧陵大令栗君，前於嘉慶乙丑權温縣事，以豈弟之心，維持風化，詳請旌表烈女石氏。既得請，立木主於節孝祠。越十有一年丙子，因公來郡，造余敝廬，乞爲文鏤石。此賢者之所爲，未敢却也。

按，烈女父壽昌，以女字徐開文之子酉。女年八歲失母，年十三，壽昌又死。歲饑，依兄嫂爲活，累日斷炊，族中父老以女送酉家，爲童養婦。入門數月，姑亡；又數月，酉亦亡。是時，酉祖及祖母尚在，年七十餘矣。女自念以身許酉，褵未結，亦夫也，夫死，無他適理。祖翁、姑年衰，翁前死，姑與夫又死，誰爲侍養者？既爲酉也婦，則宜爲酉也養。於是曲盡婦道，事一老以孝以誠，未數年，酉祖及祖母相繼以逝。頽室數間，時聞鬼氣，孑身之外，但有悽風。女是時形影相吊，猶未敢委身於溝壑也。竭力營辦窀穸以安，乃告鄰嫗曰：『吾職盡矣，吾身不能復留矣！』是夕乃自經死。

劉大觀曰：歸震川引『曾子問婿弗取而後嫁』之文，謂：『從父，則一聽之於父，而義不及於夫。女子固不知身之爲誰屬也。夫死守貞，與奔同。』此説迂矣。女字人，即以身屬之也。以身屬人，名分已定也，名分已定，豈私奔者哉？婦守節於成婚之後，恩情繾綣，誓不再生，出於伉儷之不容已也。若貞女，未覩夫面，無所爲恩，名分相關，只憑寸紙。乃飲冰茹蘗，苦若蓼蟲，必待婦職已盡，始從夫於地下，抑又難矣！震川先生一世名儒，操此説以繩人，夫猶未免文人好奇之弊歟？

濟源何大令誄文諱荇芳，號綺川，丹徒縣人。

嘉慶十九年六月二十七日丙戌，皇清賜進士出身，勅授文林郎，例晉奉政大夫，河南懷慶府濟源縣知縣何君卒。其友人前任河東兵備道，兼管山、陝、河南三省監法道，斥邱劉大觀哀而誄之，曰：

溯君淵源，系出韓氏。阨於祖龍，廬江托趾。世資仁厚，齊芳競美。明德尤馨，揚州刺史。陵川雪羽，東閣梅花。豁達情性，風流世家。尚書衣白，隱者餐霞。文淵寡欲，麾莅永嘉。逮及遠胄，支析派別。揭車有根，陸地可茁。六朝京口，蹟留嶢嵲。中有一人，卓犖爲傑。江山秀氣，萃於筆頭。珠光夜斂，意蘂晨抽。迨其雄快，鑿險縋幽。一捷再捷，名挂神州。出宰山縣，冰心一片。昨日書生，今豈改變？陶潛有酒，胡威無絹。部下蒼生，春風可扇。吏職必舉，民病必除。損俸飢饉，免料河渠。咸曰惠哉，公始下車。公曰予分，爾勿我譽。文昌有閣，孔子有廟。棟折榱崩，成何學校？公曰築之，胥來赴召。不日成之，星輝日耀。橋以濟涉，波以利田。長虹亘矣，涉無憂焉。巨壑通矣，田有賴焉。頌德於公，公曰不然。造士之地，荒蕪歲久。衡文之堂，亦復苟苟。公勞其心，恥袖其手。作養斯文，近今無偶。志滿思歸，夢逐霞飛。大江南岸，有公釣磯。長官意左，細民願違。兩不相放，苦縶征騑。浙東師相，激揚倫類。謂此門生，必爲循吏。心枯於民，德稱其位。一夕蓋棺，滿城揮淚。嗚乎哀哉！

防守懷慶要略上温制軍

嘗讀《漢書》，高祖以關中爲根本之地，命蕭何守之。光武以河内爲根本之地，命寇恂守之。又按《唐書》，史思明以全力爭懷州，李光弼以全力守之。是懷慶一郡在古時，無不以爲要地也。今滑縣賊匪滋事，河北鎮色公在軍營捉獲賊人，據供：『本擬九月十五日起手，一股攻彰德，四股攻懷慶，然後兩路夾攻衛輝。不意九月初五日，滑縣知縣將牛亮臣收監，於初七日動手，未得到懷慶。』都中拿獲滑縣賊人，亦有『四股賊匪攻懷慶』之語。是賊人未經起手之先，早已窺伺懷慶，數百萬生靈未遭兵燹，實天幸也。

蓋懷慶北有太行通潞澤，南有黄河阻洛陽，土地肥饒，閭閻富庶，得其地可守。且硝磺、鐵器俱産於此，尤足以資戰具。若不添兵防守，萬一稍有踈虞，是增齒牙於虎狼，添巢穴於梟獍也。此時河南之兵，只足供軍營之用，不能派來守城，陝西征調之兵，亦斷不能留於此處。查從前陝西賊人滋擾，山西伯撫軍帶兵在蒲州防守一年有餘。今河南賊人滋事，山西亦必有兵防守隘口。與其在太行山防守，以待賊人之衝突，不如在清化防守，與本地鄉勇聯爲一氣，互相控禦。如此安頓，則懷慶如金湯之固，而太行之北，黃河之南，均可無虞。且又不多費錢糧，遠調兵馬，似爲策之上也。

書河督張芥航先生夏夜書懷詩後

國朝抱經綸，持節鉞，爲河工大帥，而善於治水者，如漢軍靳文襄公，遂寧張文端公，長沙陳恪勤公，其功績著於國史，其姓名傳於工次兵民之口碑，偉矣哉！三公者，有奏疏，有咨，有檄，有劄，而不聞有詩也。有之，自今東河制府張芥航先生始。豈文襄、文端、恪勤之不能爲詩哉？指揮調度，日不暇給，非其性之所好而優於此事者，故不復以此事爲事。芥航先生優於此事，晝則勤勞於指揮調度，夜則有所思焉。思聖人委任之重，則以勵精勿懈爲懷；思屬官才識有短長，受役兵民有勤惰，則以表率訓飭爲懷。時當夏令，伏汛堪憂，憂生於思，無所爲寄托，此所以有書懷之作也。

詩，心聲也。《三百篇》中，多流連詠歎之詞，憂深慮遠也。憂深慮遠，則詩之爲義大矣。韓昌黎謂『詩之爲聲，如以鳥鳴春，以蟲鳴秋』。則小焉者也。蓋孟東野無鉅任，無偉績，故以其不平之鳴，托之於微物。今芥航先生位居河督，憂深慮遠，而托之於有韻之言。其聲如雲霧中之雷霆，如高岡之有鳳，九皋之有鶴，深山古刹之有華鯨，郡縣高樓之有蒲牢。聞之者激發警醒，皆歸於效蓋奉公，而不敢踈曠。人以爲制府之詩，觀則以爲制府雷厲風行之檄也。

書耆英會圖後

君子道長，小人道消，此天下蒼生之幸，亦朝廷之福也。方在元豐盛時，如文潞公、富韓公、宣徽院使王公、司馬温公及會中諸耆宿，皆負衣冠之偉望，足以承荷大任。而維持紀綱，志得道行，君臣魚水，是何等氣象也！其心休休，其貌峨峨，其器量囊括宇宙，泰然充裕，不能窺其崖岸。即退處山林，草木烟霞，亦爲之生色。故瞻君子顔色之榮悴，可知國事之興衰。然泰久而否萌，通久而塞至，盈虚之理，遞相起伏，誰能握運數之柄，以爲之撑拄哉？自元豐以往，迄於元祐，小人道長，君子道消，讒搆侵尋，毒猶蛇蠱。而螭頭鸞掖之人，驅而爲海澨天涯之客矣。即如司馬温公，以人望所歸，入登宰輔，鄉閭市井，愚夫愚婦，及悍卒武人，無不知其姓名。遼主勅其將吏曰：『中國相司馬矣，慎無生事，啓邊釁。』豈非嶽嶽然熙朝一柱石哉！及其薨逝，京師罷市而往吊，粥衣以致奠。上遣大臣護其喪歸涑水，而錫以忠清粹德之碑，螭首龜趺，上矗霄漢，抑何其榮也！乃未幾曳倒墓碑，而置黨籍碑於端禮門。公豈賢於生前，而愚於死後耶？豈生前譎詐掩飾，邀殊寵於朝，博大名於舉世耶？萋菲之中傷，而群奸之赤舌，亦可畏矣。

予自嘉慶中葉備兵河東，陟郭北崇阡拜公墓，又入夏縣，拜公祠下，肅衣冠，凛心神，罔敢褻慢。祠中二碑，一鏤公朝冠朝服像，一鏤公深衣博帶像，皆有朱文公像贊，遂搨以歸。又於壁間搨此圖，流連瞻仰，鬚眉如生，而想見當時壺觴賓主，杖履優游，皆出於經綸道義，而不免咨嗟太息於元祐用事之臣，摧挫君子，於己何補？但辱史筆，有斧鉞之誅耳。

蘭亭修禊有圖，王右軍之序多感慨，蓋晉之永和非盛時也。輞川有圖，只王、裴兩詩人姿意邱壑，寫境地、賓朋之幽曠而已。西園雅集有圖，蓋名士風流之讌集也，而不汲汲於名利，不營營於富貴，於此中亦有寄託，淺識者往往略其命意之所在。獨此圖別開生面，寫諸鉅公有遭逢明盛之樂，而不知隱憂已伏於此，故予有盈虚消長之歎云。松嵐自注。

大中丞程梓庭先生撫豫紀略

受節鉞之委任，出爲巡撫，銜必加以副都御史，何也？御史爲風憲，將使其雷厲風行以爲治，收實効於封疆也。威權立，無涵養學問，以濟其圭稜，則措施鮮當。不能揆時度勢，振舉百務，亦不足以仰酬聖人之知遇。新安程梓庭先生撫豫六年，洪流順軌無决溢，雨暘得時歲大熟，民飽以嬉。藪有盜剪之，役有蠹懲之，勵精圖治，政通民和，聖天子無南顧之憂。乃於道光丁亥十月，丁内艱去位，素旃白馬，千萬億赤子不得留。而慘澹經營，昕夕靡間，留治績於口碑者，猶幸濡毫可龎舉其梗概焉。

公始至，以察吏爲先務。得一賢且能者，則密疏薦舉，澄叙官方。庸懦無才，或簠簋不飭，劾去之，不稍姑息。政本既清，則素心所欲爲者，節次舉行，必求其毫髮無憾。於嵩，捐俸金修程夫子祠；於郟，助督學吴公慈鶴修三蘇祠墓；於輝縣百泉孫夏峰講學之地，亦重築藻飾，若初創焉。孫，直隸容城縣人，避明末寇亂，隱輝縣山中，以理學扶持名教，睢州湯文正執弟子禮，則其人可知也。以寧陵吕新吾中丞學貫天人，望隆朝野，淵源直接程、朱，疏請配饗聖廟。以興縣康茂園河督，前守懷慶多惠澤，士民愛戴，疏請入名宦祠。皆報可。又以南陽、汝寧、陳州、歸德郡屬州縣，民多悍厲，往往欺柔弱，劫其子女、牛馬，勒取贖。公以峻法繩之，既而曰：『法可止暴，不能革心也。』檄飭郡守牧令，設義學，籌經費，延師教讀。並申明律令，使無以身蹈法網，而風氣爲之一變，觸法者十減其九。只汝寧一郡士民，捐田廬爲義學二百餘區。張益州嘗有言曰：『夫以待盜賊之意，而繩之以待盜賊之法，民始忍以其父母妻子所仰賴之身，棄之於盜賊。以齊魯待蜀人，而蜀人亦自以齊魯之人待其身。』公所見與所爲，有古今遥遥默相符契者。

是時西陲用兵，公整飭軍政，較昔尤嚴，蓋以備征調也。河北鎮總兵楊公得《速戰陣圖式》，欲標下演習，而不敢專，請公示，許之。及閲兵河北，陣勢頗整齊，離合變化，極便捷有法度，公喜，謂楊公曰：『兵不虚設矣。』賞賚將士倍往例。旋於前明戚少保遺書，選訓兵六章，曰忠愛，曰敦睦，曰信義，曰敢戰，曰守法，曰勤習，刊行撫標及南北兩鎮，使將弁書識通曉文義者，宣講於操演暇日。沁水發源於晉，由濟源、河内入大河，有害而無利。明萬曆間，河内令袁公應泰，鑿五龍口三洞，引沁水成二十五堰，溉田數萬頃，武陟、温、孟諸鄰邑，悉享其利。歲久，有堙塞斷流者，公嚴檄疏濬之，民心大洽。乾隆二十六年，沁水入城，深丈許，懷慶府、縣文廟多隙地，民占據，築廬以居，且有愚賤無恥之民，混跡其中。公詣廟，見所占據，頗驚詫，諭府、縣驅之，以廓清俎豆衣冠之地。不數月，民遷去五十餘家，移其屋廬百三十餘間。遂檄飭修葺廟宇，無草率，守令悉捐俸金倡首，士民悉勇於輸資。未一年而工蕆，頹垣折棟，瞻視一新。

大凡封疆大吏，率屬以正，而罔有不殫其心力而奉行者也。登封耿逸菴先生，究心理學，矢身不苟，湯文正同年至契，而舉薦輔導東宮者也。其所著《文集紀年》、《理學正宗》，多殘缺譌舛，公爲釐定而重刊之。是時，開封栗公毓美，亦刊吕新吾中丞《去僞集》、《實政録》及《呻吟語》諸書，涵濡深而觀感切，理固如是。是皆以涵養學問，發爲經濟，不假乎揚厲鋪張，始能振舉百務也。竊聞新安程氏，皆宗墩篁，爲二程子系所自出。所謂涵養，即程子所謂主静之學，蓋其淵源深且遠矣。

書魏復江妻陳氏守節事略

陳氏，候選從九品慶喜女，年十九，適國學生魏復江。復江死，其父宗良，前母段、李皆已故，再繼母劉氏，恃節婦以盡餘年。節婦事姑孝，姑卒，喪葬盡哀，合禮法，鄉閭稱之。復江有母舅，老而孤且貧，養於家，卒，殯葬之。復江有同母妹，適李氏，孀居寒苦，來就養於節婦。妹有二女，飲食教誨之，及嫁，與己出無異。是皆仰體其夫於九泉之下，以成其義舉者也。

節婦子四人，曰德聰、德明、德正、德鳳。家祭日，焚香再拜，起謂諸子曰：『爾父死矣。爾成敗得失，責歸於我一未亡人。耕無田，奚以糊口？爾德聰、德明，習賈於市；書不讀，不知禮義，爾德正、德鳳就師於外塾。供爾衣食，操家務，我自任之。爾賈不能養家，讀不足以立身，是我無母教，負爾父矣！爾問心，何以對我？』諸子拜且泣，謹受母命。今德明已故，德聰善持籌，致家温飽。德正念母勤苦，負笈余門下，發憤讀書，入邑庠。德鳳就塾師受讀，兼習其兄市廛舊業。嗟乎，守節難！不徒守其節，而孝孀姑，卹親屬，教諸子，皆合乎天經地義，此守節之尤難者也。宜書之，載於《縣志》，以維持風化，而待數年後請旌表，樹綽楔焉。

致大梁書院掌教家青原書

青原老姪，近狀何似，念念。愚眩暈之症，偶然一發，正坐讀書過於勞心之故，積習難破，奈何奈何！予前歲慫恿梓庭中丞重修夏峰祠堂，從諫如流，不數月而工蕆。又屬予代作碑文，鏤之貞石。今閱邸抄，南皮張侍御以夏峰理學正宗，疏請配饗聖廟，中丞聞之，當以予言不妄發，而自喜從善之勇也。

予去歲年底作《除夕書懷十六首》，内有句云：『滅寇將軍事，憂天蓬蓽心。』又有『吾將書野史，賊被相公擒』之句，而逆回張格爾即於除夕擒獲。程隔萬有餘里，而遥遥相照，亦山林中一快事也。其詩曾寄於東橋太守，吾姪必已見之矣。入今年，得近作二十餘首，不能悉録，録《送别方彦聞》七古一篇，有『發乎情，止乎義理』之意，不欲作尋常應酬語也。寄去盤谷石兩塊，石質尚滋潤，可爲硯材。舉家悉安適，無以爲念。修夏峰祠堂碑文，輝縣周公已搨出，如未見，可寄書索之。

【校】

底本目録中並無此文，當爲後補刻者。

跋

章玉森

斥邱劉松嵐先生，以詩雄海内。上自王侯鉅卿，下逮緇流羽客，閨閣名媛，罔不耳其名而齒其秀句，今所傳《玉磬山房詩集》是也。其散體文字，早年多散佚，近始收拾叢殘，都爲一集，顧秘不示人。甲戌秋，長洲吴玉松侍御出守相州，招先生來，玉森始識於郡齋。因得讀《韓魏公祠記》及《宵談記》二篇，怖若河漢無極。先生長身鶴立，銀髭飄然，神觀清越，見者疑爲神仙中人。而郡伯性矜嚴，罕所交接，獨與先生爲莫逆友。玉森竊於公退燕閑，披帷侍坐，爐香杯茗，傾耳清言，雖未能仰窺涵藴，而抖擻俗塵，覺胸中宿物都盡。不揣愚闇，請悉發篋衍所藏，付諸剞劂氏，以廣其傳。作於遼東、河東者，已刊一卷；作於懷州客邸者，更得數十首，續刊一卷。噫！備員銜劇，往來冠蓋多矣，而因緣邂逅，獲覩清光，殆非偶然，附名簡末，有深幸焉。嘉慶乙亥秋七月，新建章玉森謹跋。

劉大觀詩文補遺

劉大觀詩文補遺

詩

書藺相如傳後

我愛相如膽，倚柱叱王王震撼。六國諸侯盡小兒，禽息烏視無一敢。我愛相如識，不急私讐先家國。惡言瑣細何足爭，當途衹合引車匿。嗚呼，盟壇進缻却威秦，相如豈畏廉將軍！

【校】

十桐評本第二句，劉大觀原作『怒斥秦王抱璧返』。李十桐眉批：『按，侵、鹽、覃、咸後四韻，在歌曲家爲閉口，不與真、删等韻通，故返字韻不宜參入感琰部。』第六句，劉大觀原作『不急私讐唯念國』。七、八句，原作『丈夫功名垂萬年，睚眥細故豈足憶』。李十桐眉批：『引車避匿，用《本傳》語，押韻較穩。功名垂後，義雜出。』其後尚有『門下紛紛朱履人，引車迴避輒生嗔』一韻，爲李十桐删去。李十桐眉批：『著此二語却鬆，故删之。』『盟壇進瓶尚無懼。』詩後批：『真、文通韻。』『以膽識讚美相如，如依《本傳》，不著議論，極得風詩之旨。再有新義諷勸，當更佳也。』『膽識二字，亦即從太史公智勇兼之義得來。』

待李子喬不至

昔君還故鄉，送君灘水限。今我理歸棹，君從故鄉來。君來我未去，積抱聊可開。胡爲久淹滯，令我多疑猜？

【校】

十桐評本，劉大觀原作爲：『昔君還故里，送君灘水限。今我理歸棹，聞君還復來。君來我未去，積鬱聊可開。胡爲久濡滯，令我多疑猜？應已過南嶽，豈猶在東萊？鶴舉已雲中，下視仍徘徊。易退必難進，唯君有是哉！』眉批：『竟陵每好截斷成篇，以爲留不盡，大陋大陋。此詩却是多了六句。』

子喬字我曰正孚復爲字説以明其意古誼可感爲報以詩

字我兼箴我，今人如古人。訓辭非表德，雅意請書紳。言行如忠信，舟車任楚秦。視伊勢交者，浮若路旁塵。

題鶴道人圖

偶向人間寄此身，身邊不著有微塵。浮雲看盡仍閑坐，幾箇人如此道人？（以上十卷本《玉磬山房詩集》卷一）

【校】

十桐評本，詩後批：『爲人題跋《行樂圖》，大是苦事。吾子喬竟亦未能免俗。如此詩，却不染題跋氣習。』眉批：『初意換「著有」二字爲「使染」，細按不如原句妥。蓋不使染，猶似有可染；不著有，乃真著不得一灰星矣。』

別汪同年研香

記得並車出，馬頭分路塵。每逢過江使，即問在官人。粵嶠霧常暗，吴洲花幾新。我來行復去，空使淚沾巾。

【校】

故宫博物院藏此詩手跡，詩題作《留別汪曉山司馬兼呈敬亭先生居停主人郢政》。全詩爲：『昔日辭丹陛，同爲出谷鶯。鳩鳴憐我拙，鸞已聽君鳴。炎徼十三載，歸帆千萬程。已逢還乍別，此際不勝情。』尾署：『前在新安，與曉山有金蘭之契。繼爲丁酉選貢同年，又同揀撥出都，判袂一十三載，今始見於吴門。崧嵐弟觀。四月□。』十桐評本詩題作《別汪司馬》。劉大觀原詩爲：『昔日辭丹陛，同爲出谷鶯。每逢過江使，即問在官名。粵嶠十三載，吴門千萬程。乍逢還乍別，臨去不勝情。』尾聯李十桐改作『纔逢旋又別，空復淚沾巾』。李十桐詩後批：『只爲三四名句，必當通體改韻。』『在官名與在官人，初看似不甚相遠。吟哦再四，畢竟名字尚欠一分，人字才妥帖穩善。故通首改韻。要於作者本意，未曾絲毫剌謬也。』眉批：『並車出，不註知是出都。』

泊汶水

繫纜泊汶水，茶鐺煎汶泉。篷牕對疎柳，秋色滿歸船。棗曬臨溪屋，梨垂傍井田。宛然故鄉景，不見已多年。（以上十卷本《玉磬山房詩集》卷二）

瓜洲

十年過嶺客，一櫂渡江還。又見瓜洲月，高懸北固山。江潮猶似昔，鬢髮已成斑。且喜鄉園近，行過淮浦關。

【校】

《癸酉集》《朋舊及見録》，十年，作『十載』。十桐評本第三句旁批：『若不費力，要知佳處，不獨在本句中。』尾二句，劉大觀原作『欲乞長生藥，何人能駐顔？』旁批：『結意長生駐顔，非此處所應想。通首祇是還鄉喜意耳。』詩後批：『一氣感生，情餘於言。』

紫薇花

絳雪飄風委碧苔，令人愁緒鬱難開。呼童送汝清流去，化作翩翩鳳子來。

【校】

十桐評本詩題，劉大觀原作《掃紫薇花投溪中》。飄風，原作『因風』。詩後李十桐批：『言外不盡。』

淮西夜泊

舡頭風露夜淒淒，戍卒鳴鉦過柳隄。散盡浮雲天似水，坐看明月渡淮西。

【校】

據十桐評本，夜淒淒，劉大觀原作『已淒淒』。散盡，劉大觀原作『掃盡』。皆李十桐所改。詩後李十桐批：『可入《三昧集》。』

桂林僧院

蠻煙長護孔明臺，春色已殘猶未開。僧院榴花初照眼，梧州已送荔支來。

【校】

十桐評本次句旁批：『開甚的？』詩後批：『詩義未參透，不敢下斷。』

示弟

瘦骨怪不肥，年來猶聽熒。紛華戰胸中，夫子何時勝？緬懷古君子，心地澄如鏡。忘世兼忘身，通塞坦然聽。或鳴緑綺琴，時作青山詠。豈以鸞鶴姿，而與雞群競？

【校】

十桐評本首句旁批：『何取於肥？』第四句旁批：『請從今日始，究竟如何？何時勝三字，該盡二語。』第七句旁批：『似説向外道去，便是外道亦有個安身立命處，此却懸空無著也。』眉批：『聽熒之熒，與瑩同在仄韻，當作瑩。聽瑩二字，常解訓疑惑，合起句看，似欠融。又或訓不光明貌，仍不甚比附。』

聞李子喬辭官歸故山却寄

卷舒有哲人，懷邦固有道。出山本無心，歸岫亦了了。不爲世網拘，寧向風塵老？嗟我還滯留，空羡柴桑好。

【校】

十桐評本題下批：『題目直是賀監入道，顧飛熊歸茅山。』頷聯旁批：『出句用白雲無心，次句歸岫了了，未知所出。』眉批：『文必實而後切，切而後工。吾子喬解岑溪任，乃告歸也。如此詩，是高人行徑。辭字告字迥不同，歸山歸養又不同，故詩極清永，而未免空浮。』

題石桐先生畫

此理未深造，安知厓與巔？空負故人惠，塵埋經兩年。結□就清曠，漸次憧擾捐。始知箇中趣，不在琴上絃。

【校】

□字原缺。十桐評本首聯旁批：『即不深造，猶當辨厓巔。呵呵！』第七句旁批：『竟未點明畫字。』眉批：『詩佳，但非唐賢體例，即不敢置喙。』『宋元人如此説，唐人定不如此説。慧心自辨。』

邕州

建牙置帥控蠻疆，郭外江村似豫章。水下壺城灘勢急，雁回衡浦客愁長。講臺煙月王新建，戰壘秋風狄武襄。仙跡尚存飛瀑嶺，崑崙山色曉蒼蒼。

【校】

十桐評本第三句旁批：『氣能自舉其辭。』第四句旁批：『此地尚得聞雁聲耶？』尾句批：『或即崑崙關耶？要當分別「崑崙」字。』詩後批：『凡起句，如高屋建瓴，此獨「戰壘秋風」句相應爾。未詳邕州地，不便代酌，請自換却首一句。初不知邕州屬何郡，既考核，蓋即今南寧府也，唐時稱邕州。朱文公禁約，詩文題目，不宜用古名，恐觀者失據也。』

題襟江亭

雲廊水檻枕江湄，鷁首蒼煙鎖去津。前度已如隔世我，今來遂是客舟人。疏星煜煜明秋渚，曉角沉沉吹夜闉。讀壁感懷賢刺史，尚留遺愛與州民。亭爲河間李刺史建。

【校】

十桐評本第三句旁批：『七字中惟兩平聲，便不諧矣。』第四句旁批：『遂字與已字如何呼應？』第六句旁批：『闉字押韻稍生。』眉批：『「煙鎖池塘柳」，自昔稱名句，特以取備五邊旁耳。煙鎖畢竟做作。學《主客圖》者，此等字法，俱請勿用。』『七律與五律，聲調長短，相似而不同。如「別離已昨日」，在五字中便不礙。』

與子喬敬之晉之遊棲霞寺

愜心三兩友，因興出東城。秋水城邊過，蒼烟寺裡行。逢僧無一語，聽鳥自孤鳴。靄靄峰頭月，增人幽曠情。

【校】

十桐評本詩後批：『若未甚經意。』

酬敬之惠菊

晉人籬下著霜花，來自風流比部家。嶺外秋容澹如此，客中心事正無涯。浮生碌碌雲過眼，舊蹟茫茫鳥篆沙。明歲濟南湖上住，與誰同看海西霞？

【校】

十桐評本次句旁批：『風流二字，與菊品不合。』第四句旁批：『章法從此句拓出下半篇，腕力可觀。惜菊品高閑，不應相對有此心事。』尾句海西霞旁批：『菊花名耶？須注。』

醉中吟

湘潭酒味似吾家，誰道人生樂有涯！醉裏狂吟醒後看，一江煙雨到長沙。

【校】

十桐評本次句旁批：『似只宜説樂無涯，易有字便不是。』詩後批：『似率意作。』

題功德泉

峭壁誰持巨斧開，雲根瀉乳落蒼苔。衆生都有雲霓望，須向神州一灑來。

【校】

十桐評本詩後批：『詩自穩成，却嫌太沾滯「功德」字。』

登焦山

高士逃名處，却教山著名。海門秋月上，庵下晚潮生。夜静僧無語，松高鶴有聲。此心無住著，覺得漸光明。

【校】

十桐評本，住著，劉大觀原稿作『所住』。一二句旁批：『似傷巧，焦徵君隱事，恐屢經前人道過矣。』

哭耿伯符

書生有積習，到死祇吟詩。衣典赴官後，琴亡易簀時。此生成永絶，再見杳無期。我下南來淚，九泉知不知？

【校】

十桐評本第四句旁批：『客氣句，易簀二字更客氣。』五六句旁批：『似不消説之言。』眉批：『五、六若移贈遷客流人，則通矣。』

晚秋道上

木落秋風厲，雲開晚日斜。渚禽唯有雁，岡樹久無花。役役勞人事，垂垂逝歲華。那如共鄰叟，抱膝説桑麻。

【校】

十桐評本眉批：『詞、意俱率。』

過潘侍御都城舊居

嶺外聞人説，清時有典型。對天焚諫稿，奉母讀《心經》。門外馬無跡，階前草自清。幾時故山去，枕石聽泠泠。（以上《十桐先生評定劉松嵐詩》）

【校】

十桐評本三、四句旁批：『似未恰好。』尾句旁批：『湊句。』

客居歷下漫興

客居寡人事，閉門讀我書。一日如兩日，閑中趣有餘。陰雲生遠岫，片時周四隅。讀書未終卷，朔雪盈階除。有酒自斟酌，清興豈云孤？

【校】

十桐評本詩題，原作《濟南雪後作》，李十桐改爲《客居》。第二句後，尚有『時有素心人，來與相歡娛。胸次本空洞，交接無親疏』四句，爲李十桐删去，旁批：『去四語更淨。』第九句，原爲『無事不出門，有酒方在壺。一斟復一酌』三句，爲李十桐所改。詩後評：『陶、韋遺韻。』

潞河舟次答李石桐

在船惟静坐，百事耳無聞。曉漱瓶中水，閑看浦上雲。得書欣自遠，相寄況爲君。讀罷清飔起，溶溶蹙浪紋。

題潭西夜話圖

中秋後五日，與嘉興吴竹虚集研慮上人潭西精舍，竹虚作《夜話圖》，以寫清曠之樂，因題其後。

一僧潭上居，二士來叩門。數千里外客，把臂相寒温。鐘罷四山暝，語盡一燭昏。寫與後人看，知有誰收存？

贈新城劉大令寄庵三首

今之從政者，誰似我公賢？衣有泣囚淚，囊無染指錢。放衙松落子，煮茗竈生烟。轍跡所到處，棠花明野川。

馬瘦不養鶴，債多難買琴。苦心搜利病，餘興及泉林。得士漁洋後，逢僧佛峪岑。他年《循吏傳》，猶使後賢欽。

借寇鈴轅外，三千人上書。子難離父母，信可格豚魚。性潔廉隅勵，民淳法網疎。幾時觀雅化，獨策石橋驢？

【校】

『得士』句，《癸酉集》有自註：『謂王子文。』

古廟

古廟無人葺，榱崩瓦漏天。佛身秋著雨，鼎足夜生泉。野鼠時穿牖，折碑空記年。盛時能造福，何至此蕭然？

徐孝廉謝山見貽湖筆

坐看蓂葉已垂盡，竹上寒雲翻翠濤。閉門終日謝還往，藥臼茶鐺身自操。曉起稜稜雪盈尺，酒腸生刺吟肩高。有客欵門來清話，袖出十枝秋兔毫。大似窮軍入絶境，忽逢玄女貽兵韜。我書意造不師古，季海當前心鬱陶。

吴中以六月二十四日爲荷花生辰素齋是日招飲

畏熱如仇不出城，江邊鷗鷺忽相迎。得同君子爲嘉會，勝在侯門獻壽觥。九月寒花差足擬，六郎何物敢爭名？清樽瀲灧香風遠，夜半回舟海月生。

西湖十詠

孤山

曾住兩名僧，一思兼一勤。不見宋賢跡，但見秋空雲。

六一泉

地非廬陵闕，名自玉局命。文液爲醴泉，獨有歐陽稱。

花神廟

入廟從不拜，素非佞佛者。來此欲折腰，斯神頗風雅。

九里松濤

百萬蒼虬舞，爭作拏雲勢。風挾海潮音，翠滴游人袂。

水樂洞

仙人小游戲，驅石爲樂工。祇宜洞中有，俗耳多不聽。

淨慈寺

宸濠已就擒，釋甲來養疾。往事化雲烟，寺蛩猶唧唧。

六橋

六橋如六龍，下飲湖中水。人在龍脊遊，影落澄波裏。

韜光庵

庵在碧峰頂，江山一覽盡。詩叟攜杖來，謂飴山翁。意氣淩飛隼。

李文襄公祠

文襄樹奇績，卓卓如文成。一檄妖藪絶，千秋湖水清。

飛來峰

海上辭群仙，來此秀絶處。幸爲西子留，不然又飛去。

題黄忍齋桐陰聽瀑圖

來了西湖願，遂依廉訪公。湖爲水中傑，公爲人中雄。六橋湛秋月，幾柏摇清風。一君復一我，榻聯風月中。相見各撫掌，似曾何處逢。一談遽終夕，滔滔猶未窮。越日出長卷，早歲圖芳容。竹木滴寒翠，泉石鳴璁瓏。貌與今則殊，興與昔則同。握卷一長歎，往事横心胸。我初仕嶺表，年富氣亦充。羽竟十年鎩，心爲千慮攻。今似歐陽子，四十已稱翁。姑作匣中劍，寧爲牀下蟲？再過十年後，未必遂龍鍾。湖上千萬峰，峰峰插蒼穹。志氣稍舒展，重來扶舊筇。子摇手中麈，我垂磯上筒。物色李龍眠，更寫君與儂。

留别李平山

十載隔萬里，兼旬同一房。今聞浙西雁，昔踏嶺南霜。寒日縮爲短，清樽引愈長。明年當此際，蹤跡又殊方。（以上十卷本《玉磬山房詩集》卷二）

五榆歌

盛京兵部大堂有榆五株，老幹槎枒，冲霄蔽日，不知爲何年物也。玉閬風先生作《五榆歌》，時方禱雨，歌中有『爾榆胡不爲民請命』云云。歌成之次日，甘霖大沛，詩之有靈與？榆之有靈與？至誠格天，於理可信，乃歌此以和焉。

司馬堂前樹高古，天上星精謫下土。根株猶帶九霄煙，色澤常沐三陵雨。時當仲夏已將半，清飔緩度不知午。白晝陰森翠影垂，堂前時引商羊舞。置身自高骨自重，上帝所命誰敢侮？蘢蔥欲擬魯檜三，褦襶却羞秦松五。司馬爲誰乃玉公，兩承恩詔來關東。在府無事自蕭散，欲憑辭賦爭元功。五株森立府門中，修枝密葉凌蒼穹。是時關外久不雨，致令司馬心忡忡。乃以詩歌祝此樹，使之上告蒼生窮。一告天閶已洞開，再告雨師承旨來。三告四告猶未已，天瓢擊碎傾九垓。吁嗟乎！維皇穆穆渾無迹，自來惟有誠可格。司馬硯池飛墨龍，吐作人間白雲液。

上福大京兆二首

讀書功力深，富貴不能淫。畫戟森嚴地，蓬廬淡泊心。部民耕樂土，庭樹集祥禽。爲國養元氣，祇憑三字箴。

聖朝根本地，草木盡崢嶸。雁送朝鮮使，山圍險瀆城。慶雲終日紫，活水出泉清。五斗縻天禄，能無砥礪情？

【校】

故宫博物院藏此詩手跡，詩題作《初至瀋陽》。日本東京國立博物館藏《國朝名人尺牘》載此詩手跡，「山圍」句，作「人漁渤澥鯨」。

迎春

春向何處迎，東郊有古例。赫赫走赤幢，肅肅朝青帝。簫鼓爭前趨，輿馬紛後繼。出觀傾一城，環列以萬計。隄柳眉未舒，巖松色已麗。風收不測威，冰作涣然勢。時與歲俱移，寒以温相濟。顧此熙熙民，生逢皞皞世。欲譜爲樂章，惭才鮮雅製。

【校】

日本東京國立博物館藏《國朝名人尺牘》載此詩手跡，「顧此」句前，尚有「王道無闊迂，天心豈凝滯」二句。尾署：「近稿寄呈梧門老先生雪政。《詩龕桂馨圖》，容題就續寄。乙卯花月十三日，後學劉大觀。」按，「近稿」還包括《上福大京兆二首》《次韻司農伯公見示七律二首》，共五首詩。

初至開原

雨壓輕車入縣廛，兒童騎竹迓雙輪。冥冥山色渾如醉，淺淺溪流未下綸。命已早知無貴相，天猶不許作閑人。栽花種樹養心血，好向扶餘安弱民。

投壺

製出何人手，銅爲鑄鼎餘。多年隨老吏，遠道附輕車。地冷花難好，愁深意不舒。鏗然一兩下，清似墜瓊琚。

哭富治川郎中二首

丈夫胸次本嶔崎，一息尚存還索詩。治川屬纊之日，握余手曰：『子必有詩哭我，幸焚之柩前。』手未濡毫心已慟，句初著想淚紛垂。冰寒情性成高躅，火熱肝腸托故知。遺事寫來愁不盡，僧寮燭影碧離離。

【校】

其一底本已録。

宿石匣僧院

石匣無金鑰，誰憑赤手開？問人人不識，夜叩佛扉來。

喜雨

天象須臾變，沈雷激怒雲。田疇方霡霂，枯槁便欣欣。谷水巖腰瀉，蛙聲閣夜聞。竹刀裁疏紙，爲草祭龍文。

西齋叢菊

著霜庭樹挂蕭寒，兀兀空齋減舊歡。誰戰秋風爭氣數，惟餘傑卉守欄干。無蜂作鬧留香久，著意行吟入妙難。舉酒和花語心事，留花作伴莫凋殘。

飲酒

簿書隨手過，官身亦灑然。得酒於吾婦，感兹中饋賢。因呼吾兩女，圍坐秋英前。花根培植厚，一株一嬋娟。適性良有餘，銷憂亦自便。用以制頹齡，窺理或稍偏。昔日柴桑翁，所值非盛年。顧兹霜下傑，觸彼心上悁。託物寄幽興，隱痛難爲傳。隔世讀文字，要以精心研。奈吾頭已白，當花空自憐。

當兒小三台旗人子也。

當兒來我前，高聲問我好。出腹才四歲，頭角已矯矯。其父叱之去，飄然如輕鳥。既而門外觀，又復膝前繞。厥意殊諄誠，非是來相嬲。我心因兒動，悦兒無栗棗。乃分餅與肉，結識此英小。欲窺其器量，是瀾抑是眇。坦然大口嚼，氣舒睛晶晶。我視彼則畏，彼視我則藐。他年作健兒，一舉凌天表。

遼東方物十詠

哈什馬

厥形如蛤蚧，其性亦相仿。而以什馬名，何人爲標榜？

八帶魚

一身綴八帶，怪狀人間無。我作《魚春秋》，貶爲魴鯉奴。

【校】

前八首底本已録。

陳竹溪爲董竹君畫海棠蛺蝶圖竹君乞題詩

北竹揮毫南竹藏，溪篠四尺耿秋光。兩君無限綢繆意，寫作翩翩小鳳凰。

【校】

共兩首，底本已録其二。

西齋雜詠六首

臂已成三折，俗猶未可毉。自憐非國手，那便有僊棋？半世蹉跎甚，群書擁護之。長竿與大餌，海上覔安期。

【校】

此爲其五，另五首底本已録。

送詹笥山大令還會稽

宦海誠不測，罷官忽無故。我公高曠懷，甑破寧復顧？但捨一縣民，袖著清風去。何以樂餘年，癡人爲公慮。

旅次聞琵琶

野店正寂寥，絃索忽一弄。靡靡無善音，鄉愚視爲重。不知何宫徵，嘈雜如爭訟。嗟哉好絲桐，乃爲是人用。曹綱骨已朽，頽俗真可痛。驅之不近情，恕之無乃縱。何以避此劫，覆衾逃於夢。

白旗堡月色甚嘉

日夕塵埃定，解裝卧茅廬。同榻薛少府，静似閨中姝。夜深語時事，理足味有餘。群籟方岑寂，鼻音出倦奴。是時疎櫺上，白練誰爲鋪？嗟伊泠泠色，照我役役軀。勞境得逸趣，豈非天厚余？天厚

己不厚，食粟無遠圖。歲寒心惻惻，負此居與諸。（以上十卷本《玉磬山房詩集》卷三）

題胡西甫詩意卷子

小杜南陵繫纜時，高樓紅袖觸秋思。誰知野婦籬花外，亦有騷人作怨詩。

世累纏身智慧窮，方知樂事屬漁翁。初秋樹影長淮月，都在渠家網罟中。

【校】

共四首，底本已録其二、四。

贈榕臯先生

面有烟霞色，知君上塚回。書從閑裏讀，門爲故人開。麈尾摇清晝，松花落碧苔。十年離復合，情興兩崔嵬。

病中作四首

嚴颸不恕苦吟身，五字初成二豎臻。怯與梅花爭瘦影，愁將藥氣染芳鄰。思量聽笛湖邊月，孤負消寒會裏人。不慎起居應惹怨，妻孥相慰又相嗔。

【校】

後三首底本已收，詩題作《病中作三首》。

休園讌集和周竹樵

留春恐春去，今爲賞春來。歌扇摇書幌，朋簪聚酒杯。花柔風不峭，笛盡日將頹。正爾吟情健，無勞用鉢催。

波紋成瀲灩，竹勢聳崔嵬。談掌頻相抵，塵襟各自開。衆芳靡不備，元化亦多才。載筆修花史，誰爲匠物材？（以上十卷本《玉磬山房詩集》卷四）

苦雨

去歲惜爾少，今年憎爾多。數州成浩瀚，頻日復滂沱。野父愁傷稼，平時不洗戈。濕雲方夢夢，誰遣入巖阿？

宿介休縣

歸雅集樹暝烟橫，忌坂沈沈吊古情。蕭瑟燭花凝濕氣，依微螢火撼高城。愁生旅枕渾無畔，雨瀉簷牙又有聲。山水夜來風助吼，似馳千騎搗巢兵。

時維九月道出祁縣宋大令鄰岩留飲署齋其戚王公子來與共酌言楚北粵西事極詳楚粵余舊游地也欣然有作

琴邊静氣庭無訟，郭外歌聲歲有秋。千里遠來詢蟹價，宋、王皆天津人。終宵同酌亂觥籌。西風象郡古榕樹，客夢武昌黄鶴樓。説起十餘年外事，還如雨過聽鈎輈。

乞假養疾喜鍾溪學使見過

守此硜硜分，形骸役簡書。漫云庖可代，爭誚食無魚。小病成孤賞，高軒落外閭。語深人不識，寒日轉階除。

觀朱湘霞作畫

勢大難收束，如何運筆來？寫成僧出定，謀始將登臺。林壑清無極，烟雲鬱不開。更於舟繫處，立我石橋隈。

奴子朱蘭和余牡丹詩甚好爲之怡然又爲之慨然

亦復耽吟詠，青衣似此難。佐余爲政事，憐爾不儒冠。嶺外蠻烟重，遼西雪夜寒。視同階下竹，頻自祝平安。

綿上

事徵盲左書，行忽至山隅。古殿癯僧下，秋風野鳥呼。漱泉香入胃，投麓翠生膚。焚溺酬忠藎，天南望左徒。

錢光禄於靈巖山册子補畫一圖以詩酬之

訪僧絶巘似前生，擲向天涯夢不成。那得一枝神妙筆，模糊極處轉分明！

聞鐘

了了百八杵，沈沈烟際鳴。杵收衆星盡，天地爲光明。
金藉資於木，神妙乃如此。幾人徹於心，幾人受以耳？

六月二十日雨

此樂此辰靡以加，天瓢碎處白珠斜。芸窗濺濕欣移座，畫卷看完復對花。燕掠泥歸修故壘，人沽酒去散朝衙。沈沈一縷香凝篆，消受兩甌龍井茶。

題高且園畫拜石圖

米子如驊騮，神駿不可制。拜石不拜人，眼中空一世。
畫理不可測，畫禪由心造。窮形盡相時，唯用一指了。
皴法無前師，衣紋有今創。懸之秋色中，形神兩舒暢。
海寧有綯雲，時時入夢寐。久欲折吟腰，誰作將軍饋？

輓李同年載園

斯人劇如此，能得不生哀！地速欲收骨，天何必降才？哭聲紛舊治，錢紙冷新灰。嶺上銘旌過，梅花未忍開。

題吴漪園太史椿萱永慶圖

太史心如赤子心，京華日日念雙親。上書省親未得報，作圖寄意先求人。此意深沈未易寫，丹青盡力調丹赭。大椿鬱鬱聳雲烟，靈萱藹藹榮春夏。圖成偏索詩人題，筆力崢嶸華嶽低。傳唱幾人到我手，我才盡矣筆難提。雅命難方一賣老，焚香夜坐打吟稿。燈花結穗稿初成，笑似秋蟲叫枯草。我與君翁是同年，翁猶未老我老焉。我子未墮人間世，君今已作玉堂仙。老翁恃老爲君語，讀五車書須有補。移孝作忠古有云，要慰親心必報主。金石之交不貢諛，藉兹文墨展區區。試用此詩獻尊老，太翁先生曰何如？

【校】

偏索，疑當作『遍索』。

監榆將還都下用詩餞之

一月沈酣三十日，座中因有故鄉人。宵亭樹影月如水，曉院花光秋勝春。天許勞躬賺逸興，山移翠髻爲芳鄰。來青館去探驪手，傾罍爲君壓路塵。

讀書夜半忽寒嗽閨中人以燒春菘虀暖我胃膈置書於案援毫作詩用答美意

百事不挂心，一編難放手。書中有嘉味，妙於秋畦韭。今日送客行，促膝悵無偶。用書爲偶之，不覺坐來久。坐久陰寒重，肺膈生稂莠。書味沁吾腹，嗽音發吾口。豈以一嗽微，令書任其咎？譬如寒家女，機杼常相守。譬如田舍翁，魂夢依畎畝。縹緗留蠹餘，空齋作老友。方將依爲命，那忍抛而走？

愈嗽乃愈讀，愈讀味彌厚。孑孑牧牛子，中年得美婦。蹙蹙狹水麟，悠然脱敝笱。此時讀書樂，類彼十之九。閨閤例姑息，勞之以美酒。書與酒交戰，遁入逋逃藪。此舉雖造次，厥意不可負。起視醉中天，寒光麗牛斗。更酌酒數巵，化爲詩一首。

醉吟

元功惜世墮憂煎，鞭下酒星開酒泉。蕭颯轉爲春旖旎，窮愁化作老神仙。撑胸壘塊冰投冶，刺目仇讐石墜淵。酬答鬼神報天地，策勳應在醁醽邊。

途中微雪

天際烏雲壓翠螺，元功試手玉初磋。霏霏著隴欣宜麥，漠漠何村許借蓑？樵徑斧寒山雉隱，肆帘風峭酒人多。虬松蓋偃臨溪寺，墨擬尋僧與夜磨。

寄玉松

大造生才意獨憐，新收門下幾彭宣。迴旋皎皎洪都月，古驛沈沈皖水烟。竈木從知焦婢手，驪珠寧遣閉鯢淵。馳書遠翼寒雲外，别袂翻愁已數年。

爲友人題畫

借取唐賢詩，臨摹侍御圖。春山正如醉，看花還讀書。妙境不易得，艷福人間無。君其欲兼之，更闢温柔區。嶙嶙峰千疊，灼灼桃萬株。有人在簾下，烏雲盈一梳。春日照帷幔，春風飄衣裾。却移讀書眼，笑睨閨中姝。瀟灑送日月，杜句。山鳥來相呼。昔日元與裴，未得山中居。偶然得妙句，心跡實紛拏。君無簪纓累，俯仰能自如。程生奮其筆，所見未爲虚。我曾賃一舫，看山西子湖。湖山君故里，其地美且都。何時謝羈縛，偕君侶樵漁？漉我春甕醅，剪君夜畦蔬。月明江潮上，登樓撚吟鬚。

題静齋中丞聽雨圖

民生繫懷抱，終日少歡娱。時當用雨際，不雨禾將枯。正切霑濡望，荷蓋翻明珠。民樂公亦樂，開襟坐庭除。瓊琚散池竹，沆瀣傾岡梧。維公受以耳，怡然見眉鬚。一泓漱階級，十郡成膏腴。

年五十六始舉一子

舉子勝遷官，親疎共一歡。遲來彌足貴，老去乃知難。問乳趨床側，擎珠視掌端。啼聲入醉耳，星斗夜漫漫。

未負鹺城印，於今有宦囊。馳書報桑梓，聞客詠珪璋。鏡雪由棲髮，愁城不築腸。庖人具蔬豆，食粥亦馨香。

哀小伶張芳蘭

嗟爾微生似鷓鴣，啼晴叫雨血爲枯。血枯難久人間世，知爾淒涼獨老夫。昨日筵前正歌舞，今爲郊外一邱土。爾肉無温骨亦寒，孤魂弱魄誰爲主？有爾鄉人欲還家，口信寄爾孃與爺。爺來取爾江南去，孃淚江頭濕落花。

送王大令石浦歸新鄭

嶷嶷人中傑，鬢白氣逾壯。當官訟牘清，去官形骸暢。千年古松柏，植根於高嶂。豈以冰雪寒，而作偃蹇狀？堯都君所治，與君傾佳釀。數尊雙頰紅，慷慨見腑臟。少年事俠遊，結客習兵仗。中年入仕版，與民務休養。别此縣民去，心爲縣民諒。歸有田可耕，宗有子能亢。烟簑雨笠間，寧知有得喪？吾不爲君惜，但復爲民悵。民淚如秋霖，愁教濕祖帳。

和答黄左田督學游晉祠之作

磊磊晉祠環晉水，森森周樹始周時。去年樹下携公袖，今歲祠邊寄我詩。杯斝山川供嘯傲，古今憂樂動嗟咨。秋宵讀罷生遥感，誰劖惠卿書裕之？呂惠卿五律猶在壁間。元裕之《過晉陽故城》之作，正多感慨，而隻字無存，豈不惜哉！

虞山七檜圖沈石田作爲初中丞題

檜與松柏同其壽，始自何時不可究。七星羅列昭明臺，人人謂是齊梁舊。風摇雨沁日銷蝕，霹靂燒穿穴鼪鼬。四逐刼去三猶存，虞仲祠前聳神秀。鶖胆湖西落孤蓬，祠前一叟扶高筇。見此夭矯立晴晝，已藏畫稿於胸中。一筆兩筆意慘澹，三筆四筆神冲融。迨其興酣筆逾怒，虬枝化作蒼精龍。質厚堪爲廟堂用，工師不遣千牛送。偃蹇荒祠壓卧碑，只供游人發嘲弄。誰圖節概傳千秋，傑筆崢嶸遇沈周。攝檜之神在筆頭，不施丹赭貽其羞。明珠往往惜暗投，千軸萬軸平章收。秋壑雲烟不久留，何若

付之寒具油？此圖有幸幸無極，未曾收入絳雲樓。以上十卷本《玉磬山房詩集》卷六

唐六如畫獨樂園圖爲曹給諫定軒題

偉業如司馬，堂堂社稷臣。闢園名獨樂，持贈苦無人。《獨樂園記》：『有人肯同此樂，則再拜而獻之矣，安敢專之哉！』踈筆作文筆，絲綸成釣綸。誰知有才子，寫作畫中身。（十卷本《玉磬山房詩集》卷七）

題袁梅莽承歡追慕圖

堂上無親夢有親，丹青撰出滿庭春。音容已散蒼茫外，几杖還思定省辰。萊子衣愁斑有淚，丁蘭像恐刻無神。歡娛意隱悲傷意，寫到難爲落筆人。

寄吴觀察

蟬聲在樹日猶長，一枕秋風卧草堂。慵骨畏人來説事，閑花委地尚凝香。逢僧只問山深淺，憶舊都如夢渺茫。聞説使君新喪子，觸余心病淚浪浪。

送朱星海赴西安

因貧不作詩，潦倒損嵚崎。愁若與相戰，問將何物支？上天留此路，名士始容馳。寒餓鑄吟骨，古賢多類斯。

【校】

共兩首，其一底本已録。

戲贈王廣文精毉善卜。

桃李涵濡化雨新，宛邱學舍不生塵。春回三指薄思邈，書讀五車輕景純。厚朴蜀山今已貴，神著曲阜久難真。我詩有病煩君療，不以窮通問鬼神。

新春

鳳歷初頒紙染黃，蓬廬鬢白又成蒼。鬢髮轉白爲烏，十之二三。不知高興在何許，夜睨欃槍失舊芒。

雪中賦小詩贈紫峰

點綴懷州借兩人，居停磊落是鄉親。戈鋋靖後談仙佛，筆墨深時動鬼神。閑雲過嶺來爲客，老馬辭鞍不踐塵。明日天晴還造訪，因君眉宇有陽春。

對雪又作長歌

一雪再雪仍三雪，用雪爲題吟不休。閑居滋味如雪澹，遂教雪上詩人頭。雪上我頭豈敢怪，麥田三寸宜豐收。一畝收麥兩三斛，十畝收麥齊山邱。麥種城西一頃半，劆刀欲動牛生愁。屑麥成霜作餅餌，此腹不負餘奚求？有人踏雪叩蓬户，峨冠博帶披羊裘。吐屬典雅貌磊落，眼中所見無此流。問我『讀書爲何事，只營温飽誠堪羞。曲肱飲水有真樂，食不可謀道可謀。即今西南有兵事，雪中殺賊馳兜鍪。不往荷戈效尺寸，乃揮兔穎耽吟謳。仰愧於天俯怍地，寧非吾黨一贅瘤？』對曰『君言正且大，惜以明珠來暗投。君子思不出其位，乘軒有鶴終無鷗。用君所責叩疑義，凌烟閣欲圖巢、由。酸寒骨格配榮貴，試問君能如是不？』客遁於詞揮手去，笑人簷雀鳴啾啾。

草堂

結茅爲屋壁鐫銘，野鳥呼群來曝翎。愁入鬢絲都化縞，暖回春樹又還青。無憂勝飲逍遥藥，不辱常吟《道德經》。誰謂此身無著處，舟藏夜壑水泠泠。

送陸祁生繼輅赴試都門

相逢數語太倉黄，有客南來自洛陽。見説邱遲饒錦繡，誰思王粲詠鴛鴦？瓊花寂寞春烟冷，才子蹉跎筆燭長。此去上林開綺讌，期君舉首酌天漿。

【校】

陸繼輅《合肥學舍札記》卷十二『松嵐先生詩』條引此詩，作『相逢旋别太蒼黄，且解征鞍盡一觴。詩筆果然傾六代，史才誰與薦三長？璚花寂寞春無主，祁孫及王惕夫、劉芙初、吴蘭雪、樂蓮裳、彭甘亭皆久客題襟館，賓谷擢官，諸君子不復相聚矣。名士蹉跎鬢有霜。此去大羅天尺五，老夫傾耳聽《霓裳》』。

潭西精舍捉醉圖爲張鹿衾題

杜康造以逍遥枕，只許崚嶒逸骨眠。飲者留名在宇宙，騷人吐氣化雲烟。空靈肺膈如冰鏤，促刺光陰劚火煎。憑藉丹青一揮灑，泉聲竹色兩蕭然。

贈家都轉松齋

家具無多真易退，功名壓衆轉生愁。提戈擊賊如兒戲，積累縈身作贅疣。常説仕途馳健馬，不如農舍聽春鳩。酒悲時見真肝膽，恐負朝廷老淚流。

贈張鹿衾

幕府書生亦奇特，軍中籌策嶽難摇。少陵應是寒巖虎，嚴武能收惡木梟。夜搗賊巢風獵獵，朝還軍次馬蕭蕭。文章得力翻垂首，抑斂雄心謁大僚。

周禮堂太守饋冬笋作二短章

蓕龍歲暮又生孫，來自江南橘柚村。夜詠梅花將進酒，玉包黄箬到蓬門。

得與秋菘薦齒牙，無須勾漏訪丹砂。不知此後詩腸裏，可有清吟似永嘉？

朱仙鎮吊古二首

樹叫寒鴉秋氣深，裁詩吊古不堪吟。金牌得力宫車遠，宰相能知密勿心。

曾見蒼虬壓墓碑，萬牛難掣向南枝。又來此地瞻遺像，暮鼓聲如夜戰時。

栒杞一本鎮海寺僧善一所貽今善一已化去矣

上人留别敬，猶在石欄前。著雨白花嫩，經霜紅豆鮮。扶衰須藥餌，感舊入詩篇。欲訪無蹤跡，華鯨吼暮烟。

寄遼陽那刺史前粵西通判

帆挂灘江遠夢勞，不期意外復相遭。松柴鼎煮桃花飯，藥酒罌沈鹿角膏。此味應知非舊日，故人相勸只清操。未能同看千山月，想見公庭墜鶴毛。遼陽産桃花米，色味俱佳。千山亦遼陽之山，其雄秀不在醫巫閭下。聞山中有三百六十僧寺，往往有異人。（故宫博物院）

錦縣武舉魏雲武生蕭元龍搆訟七年不決余奉府檄以數語決之兩造悉感泣今過大凌河魏雲來謁道左

日色荒涼風力嚴，車前迎謁有蒼髯。塗人隱隱交頸語，解訟還家武孝廉。（故宫博物院）

高麗貢使金錦汀見予詩稿歎曰君詩可繡也願攜歸以供國人乃與之

蠻布弓衣七百春，梅家韻事記來真。不期洧井開前路，留與朝鮮踏後塵。戰壘神旗行篋物，白駒烏帽渡江人。鴨綠江東屬高麗，西屬中國。弗能橐筆從君去，却憶徐郎奉使辰。宋宣和間，徐兢奉使高麗，作《高麗圖經》。（故宫博物院）

獎案吏

州役捕盜，有誣民取貨者，案吏劉槐發其罪，作詩獎之。

役出如虎民如鼠，鼠腹有冤不能吐。我掾我掾爲吐之，其於我缺真能補。我民受病我不知，自慚憒憒如庸豎。五品俸錢肥妻子，此州安用有我爲！我掾清秋立霜鷺，水隱狂鱗爾能捕。從此州官高枕眠，衙中有掾衙無蠹。（故宫博物院）

鐵少冢宰改授盛京少司馬將出榆關以詩迎之

帝重留都選上僚，天官持節下青霄。臨風祖席爭相送，夾道戎裝靜不驕。隔樹看山雲靉靉，逢人問俗馬蕭蕭。前驅尚有相如弩，欲挽狂瀾請射潮。寧遠州治，距海僅數里。（故宫博物院）

【校】

以上五首見故宫博物院所藏書軸，該軸將劉大觀詩八首，與何凌漢一札同裝。引首劉大觀題：『前仲睦寓書來，替竹泉索余拙書，久之未有以報也，今得閑，始書數紙。然寫它人文字，不如寫自己文字事半功倍也。因書余塞外之詩，爲竹泉銷夏。塞外之作，三百餘首，不及悉録，今所録者共八首。』尾署：『嘉慶己未六月十四日，松嵐劉大觀書。』

案：八首中，《初至瀋陽》《望海》《登錦州紅螺山頂作長歌》三首，正文已收録。

送末谷先生出宰永平

髮白始南征，蕭蕭萬里情。爲君計程限，何日到昆明？寒蟬秋夕諾，亂石馬蹄聲。舊雨寓庵在，應傳循吏名。丙辰六月，適在都中，送末谷先生出宰永平。斥丘劉大觀。（故宫博物院）

圖裕軒曹慕堂兩先生戒壇合祀圖

山凝翠黛樹凝煙，煙裏祠堂兩大賢。柱石幾弓壇坫土，斗星千古帝京天。門生主祭神先爽，宰相爲文筆更圓。明月夜來笙鸛影，前身道義後身僊。劉大觀敬題。（故宫博物院）

贈杲堂上人

夜半人聲船解纜，海門潮水後門通。頻頻觸動揚州夢，尚欠秋帆幾頁風。

比來猶未翦塵根，擬向江圻覓爪痕。吴下有僧如惠遠，不逢我去不開門。蘇州海會萚杲堂和尚，操行恪潔，閉關十年，不踐門外之土。與僕若有夙緣，一見傾心。僕此歸，送之舟上，吴人至今以爲異事也。觀又書。（故宫博物院）

次韻司農伯公見示七律二首

春入陪京萬象新，雲中雙闕倍精神。到來佩玉鳴鸞客，都是經天緯地人。寸半銅章吟赤子，尺餘手版奉清塵。諄諄耳聽廉慈訓，恥飲貪泉苦弱民！

翠軸鸞臺天上傳，司農官爵不須遷。舊銜仍與新銜並，臣力宜隨帝力宣。濟美協恭民受福，利人備物史稱賢。懸知它日還朝去，馬首牽衣幾萬千。（日本東京國立博物館藏《國朝名人尺牘》）

宿松筠菴吊楊忠愍公

易軒以爲菴，不見軒前樹。我來卧僧寮，慨然動餘慕。公名壯千古，公像菴中塑。門閉秋風寒，猶疑公生怒。在昔嘉靖初，匪人亂國步。白簡走霹靂，欲掃群奸霧。皇帝豈不明，困于一老蠹。公命送人手，朝綱亦顛仆。後人懷往哲，欲買精金鑄。磊落東海徐，美髯贈一具。懿德人所好，穢土衆斯惡。不知嚴分宜，何人指其墓！（法式善輯《朋舊及見録》卷二十三）

題師子林圖

舊日逍遥地，今來不姓倪。松風猶謖謖，水月但凄凄。石罕癡人拜，門無大手題。東畬作此畫，功與補天齊。（徐立方輯《師子林紀勝續集》卷中）

題鮑秋田摹石谷種梅圖卷

潦倒丹青老居士，緑楊城裹作人家。將爲後裔調虀計，細仿前人索笑花。
我亦邗江來種樹，康山影裹結鄰家。行裝未解奴先報，已破衝寒幾點花。
苦吟三日方成稿，只爲前頭有宋家。恐見吾詩還技癢，醉時重寫歲寒花。邱縣劉大觀題。（裴景福編著《壯陶閣書畫録》卷十九）

爲潘榕臯題歸帆圖

得了清津望要津，急流勇退是癡人。濤驚色變閑鷗笑，日莫風狂老鱷瞋。一縷名心收不住，無窮世事總來巡。此公雙手何其辣，中歲已抽蓬島身！（潘奕雋輯《歸帆圖題詠》）

寄興

尋繹花香通智慧，茹含書味養肝脾。陰晴逐序分寒暖，樞紐何人爲轉移！巢燕夜來通繾綣，洞猿疲久畏驅馳。寂寥人有天機在，説與尋常恐未知。（以上十卷本《玉磬山房詩集》卷八）

星海重赴西安過懷州夜話有贈

多少古心血，銷磨此事中。大才還自匠，青鬢轉爲翁。視若平平路，行之往往窮。丹砂及九轉，火氣已全空。

橋住斷青門，水中多淚痕。薄裝從此去，孤店亦難存。廢壘函關雨，殘碑霍姓村。滿途蕭索色，須自慎寒温。（朱道衍《鑄亭山人詩續抄》之《過懷慶留别松嵐先生》詩後附）

鳳巢山房漫興

吾身聊寄此間房，竹簟湘簾納午凉。百里青山分左右，三年烏帽驗行藏。每從樂意得生意，只在花香與墨香。富貴浮雲如是耳，人生碌碌亦空忙。（道光《永福縣志》卷四）

戊午仲夏二十九日奉和時帆先生西涯詩

國子先生古誼敦，苦將往事索其根。獨於人所不經意，發出己之超絕言。繪像徵詩珠滿握，對花招客轂盈門。誰知積水潭中月，曾照茶陵十友魂！

詩境詩龕古趣同，相期共拜藕花風。覃溪先生因無錫賈生每歲六月作荷花生日，與先生約於六月九日，於西涯舊址作李文正公生日。香飄逐逐徵徵外，客坐亭亭冉冉中。想見昔時肩社稷，每來此地萃文雄。琅玕萬个圖猶在，更遣時人步啓翁。覃溪先生家藏李西涯種竹詩，並沈石田作《西涯移竹圖》，今便倩人作《西涯圖》。（見法式善輯《詩龕聲聞集續編》）

舟中寄時帆先生

平生愛友真如命，六十四篇懷遠吟。久入青霄猶鎩翮，誰知白髮忽盈簪！招邀酒社游山侶，排遣詩龕種竹心。我挂蒲帆真幸事，可憐落老不同岑。（法式善輯《詩龕聲聞集續編》）

胥江懷古

江上寒雲入亂山，閑愁似草不能删。問誰解得鴟夷恨，西子隨人奏凱還。（北京匡時國際拍賣有限公司二○○九春季藝術品拍賣會圖録）

【校】

圖録載劉大觀手書扇面一幅，録《述夢》詩及是詩，署曰：『舊作二首，録呈小松先生誨政。時甲寅中秋濟寧舟次，劉大觀。』

題永濟寺壁

心燈夜炳原無夜，意蕊晨飛□□晨。能托未來作已往，除將默默有何人？

梵宇層層吐篆煙，人來此地即神仙。犬心尚且澄如水，日在如來殿外眠。隨園老人過此見之，未識以爲野狐禪否？（《袁枚日記》乾隆五十九年二月初八日條）

自嘲

祇有鬢絲禪榻畔，絶無腸斷掌中輕。花羞月閉江雲冷，難買揚州薄倖名。（《龐虚齋藏清朝名賢手札》第

三册《劉大觀致蓮浦札》）

題唐寅五十小景

嚇人文字君如虎，照鏡鬚眉我似兄。再過八年年五十，以何本領傲先生？乾隆甲寅年五月朔日，劉大觀題，時年四十有二。（北京翰海拍賣有限公司二〇〇四年六月拍賣會圖録）

題羅聘桂枝圖軸

鐵桿横秋著子遲，天香散盡又生枝。含茹湛湛清華氣，孕育森森秀挺姿。邘上老翁來寫照，劍南儷耦并居奇。綺年身列瓊枝讌，還是徐陵未冠時。（趙蘇娜編注《故宫博物院藏歷代繪畫題詩存》）

題羅聘香雪圖

香雪仙史體姿貞静，德性嫻雅，爲達齋先生金屋所貯第一人。丙辰夏，予自開原赴京前，達齋屬予題詩，以示都中丹青好手，使作圖。今之以畫著名者，無出羅兩峰公，因語兩峰圖之。松嵐劉大觀。

不是爭豔奪媚花，神清骨瘦玉無暇。羅浮迢迢孤山冷，宜在金枝玉葉家。

庭列金釵十二行，春風著處總芬芳。闌中漫引朝元口，不許梅花吐暗香。

緑葉成陰子滿枝，蛾眉怕到色衰時。君家自有宜男草，莫誦當年小杜詩。

子建才華世所無，不逢公幹亦嫌孤。金鍼繡出新花樣，先索□□後索圖。（佳士德香港有限公司二〇〇六年秋季藝術品拍賣圖録）

宿丁孟鼎比部雙藤書屋有作

海上三年夢此廬，今於夢境一宵居。無窮夭矯飛騰意，好對龍蛇學篆書。

京師此樹創朱王，學士吟箋在屋廧。我到此來春已去，不問絳雪散幽香。孟鼎二兄年丈雅鑒，斥丘愚弟劉大觀。（西泠印社拍賣有限公司二〇一二年春季拍賣會圖録）

龍神祠落成卜吉修祀製迎送神曲使工歌之知州劉大觀松嵐進士

其一

撞鯨鐘，擊鼉鼓，朱鼇浮波商羊舞。修鱗之而挂廊廡，玉女披衣歎神雨。驂屏翳兮鞭豐隆，水晶擎出海底宫，撒作香稻珍珠紅。搴桂旗兮風吹瓦，子若孫兮紛紛而來下。

其二

首山之雲兮油油，停陰岡兮冒崇丘，神駕翩其言旋兮不少留。偃師曼衍陳百戲，蝌椒尺木酡顔醉，萬夫紛挽扶桑轡。千倉兮萬箱，樂歲豐兮農夫慶。叶音羫，七陽韻。神降福兮穀收其薌，倏華星兮滿堂。（民國《興城縣志》卷十五《藝文》）

對菊讀陶詩有感答南屏年丈

肅肅衆擾屏，寥寥心境閑。有花如老友，終日對衰顔。彭澤縣猶在，柴桑人不還。誰能當此際，提筆咏南山？（浙江黄巖《西橋王氏家集》外編卷一）

程子質

隆陁盤夷壤，敻檻俯遥岑。節警朱陽謝，風逼積靄沉。寒臺膏游軫，選勝盍朋簪。豐穎罥原黍，凉葉翻喬林。肅肅靈爽閟，颯颯候蟲吟。橋斷水聲急，麓明峰背陰。就景固多娱，投分實所欽。量以觀海潤，交從論事深。松鳴寫超詣，梵起革塵心。芳醑暢兹飲，華顛霜易臨。（戴元立摹劉大觀贈憲父書册）

和徐瀅修韻

何人兀兀以窮年，掃盡浮華得意筌。把臂忽逢徐季海，自注：徐浩字季海，文章爲晉人眉目。山中艸木亦欣然。

醁醽同醉白雲隈，隔水斜陽樹杪開。自古詞人具仙骨，不煩爐裡畫殘灰。自注：『僕是王漁洋先生姻家。而漁洋宋錢宣靖公宅相，曾拜漁洋小真，其仙骨酷宣靖云。而閣下又酷類漁洋，故云。』（徐瀅修《明皋全集》卷二）

贈徐瀅修

鑄史鎔經問幾秋，相逢已白著書頭。吟毫欲捲寒雲去，別恨應隨碧艸抽。雁寄書來人又遠，鐘敲夢散月難留。浮生盡是違心事，擬署頭銜作醉侯。（徐瀅修《明皋全集》卷二）

次韻易晴江春日郊遊

曉晴聯騎共尋春，野草平鋪作碧茵。壓渚長橋排雁齒，横堤矮屋次魚鱗。釣鉤沉水餌牽荇，樵斧出山雲覆薪。追憶永和修禊日，管絃不奏自怡神。（清華大學圖書館藏《玉磬山房詩集》卷尾補鈔）

送方彦聞之官福建

契洽方留戀，征軺不可停。名高眉早白，交久眼彌青。著述文章老，登臨草木馨。携琴向南去，循績頌漳汀。（清華大學圖書館藏《玉磬山房詩集》卷尾補鈔）

宵舟拯溺圖爲周理堂題

駭浪深難測，衰軀餓不任。死之以凶歲，生之以仁心。仁者患安樂，積歎從來深。對兹發三歎，鄭僑猶在今。理堂三兄屬題，斥邱愚弟劉大觀。（北京保利國際拍賣有限公司二〇一五春季拍賣會圖録）

文

奏爲奉旨分發湖北試用謝恩事

分發湖北試用道臣劉大觀跪奏，爲恭謝天恩事。

竊臣由知州捐陞道員，籤掣湖北省。本月初九日，吏部帶領引見，奉旨：『劉大觀著照例發往。欽此。』伏念臣山左庸愚，毫無知識，由拔貢生歷任廣西、奉天知縣，洊陞知州，供職有年，涓埃未效。遵例加捐道員。本年十一月，因前在寧遠州知州任内，承辦撥運通倉糧石，經理不善，部議鐫級，仰沐恩綸，特予寬宥，仍以道員選用，聖慈高厚，銜感難名。兹籤掣湖北，奉旨發往。楚省爲地衝事繁之區，監司有察吏安民之責，撫躬循省，倍凛冰淵。臣惟有矢勤矢慎，潔己奉公，力圖報稱，以期仰副皇上鴻恩於萬一。所有微臣感激下忱，謹繕摺恭謝天恩，叩請聖訓，伏乞睿鑒。謹奏。嘉慶十年十二月十一日。（嘉慶帝於劉大觀職名下硃批：『可用。』）（中國第一歷史檔案館藏宮中硃批奏摺）

奏爲奉旨補授山西河東道謝恩事

新授山西河東道臣劉大觀跪奏，爲恭謝天恩事。

本月十五日，内閣奉上諭：『山西河東道員缺，著劉大觀補授。欽此。』竊臣由知州捐陞道員，掣分湖北，本月十一日叩謝天恩，仰蒙召見，聖慈高厚，訓勉有加，銘刻五中。正擬俶裝赴楚，兹奉旨補授河東道缺，聞命之下，感激悚惶，莫知所措。

伏念臣山左庸才，供職州縣中二十餘年，遵例捐陞，勉圖自效，循資試用，得缺需時，乃荷皇上逾格殊恩，特加簡録。臣自顧何人，膺兹異數！感深淪浹，報矢捐糜。惟有殫竭愚誠，實心實力辦理地方公事，以冀仰副聖主鴻施於萬一。所有微臣感激下忱，謹繕摺恭謝天恩，伏乞睿鑒。謹奏。（中國第一歷史檔

案館藏宮中硃批奏摺）

奏報接署藩篆日期謝恩事

署山西布政使，河東道臣劉大觀跪奏，爲恭報微臣接署藩篆日期，叩謝天恩，仰祈聖鑒事。

竊臣於本年十月二十一日，接奉署撫臣初彭齡行知，欽奉上諭：『藩司劉清著來京聽候部議等因，欽此。』所遺藩司印務，奏委臣署理。并准藩司劉清，於二十一日，將藩司印信、文卷等項，移交前來。臣當即恭設香案，望闕叩頭，祇領任事。伏念臣一介庸愚，毫無知識，仰蒙聖主逾格鴻慈，簡放河東道。於嘉慶十一年九月，蒙前護撫臣金應琦奏署藩司印務，殫竭駑駘，幸免貽誤。是年即隨同撫臣成寧，辦理河東復商事宜。嗣經部臣議奏，以河東道兼管鹽道，才微任重，彌切悚惶。茲復署理藩篆。

伏查藩司爲錢穀總滙，一切收支出納，頭緒繁多，並有察吏安民之責，在在均關緊要。臣惟有小心謹慎，諸事稟商撫臣，次第辦理，不敢稍有踈懈，以冀上酬聖主培養恩慈於萬一。所有微臣接署藩篆日期，謹繕摺具奏，恭謝天恩，伏乞皇上睿鑒。謹奏。嘉慶十四年十月二十五日。嘉慶帝硃批：『實心任事，毋忽。』（中國第一歷史檔案館藏宮中硃批奏摺）

四松堂集序

昔賈長江自註其《送無可上人》詩云：『二句三年得，一吟雙淚流。知音如不賞，歸卧故山秋。』可見古今攢眉摇膝之人，得一真賞識，固非易事也。觀初閲《四松堂詩》，以爲不過偶然遣興而已，非如《談龍録》所云『詩中有人，言外有事』也。及讀其文，如《筆塵》，如《記夢》，如《南村記》，如往來筆札二十餘帖，忽爲漆園之達，忽爲柱下之玄，忽爲釋迦、維摩之通透，忽爲正言莊論如陸贄，忽爲旁引曲喻如淮南。忽爲悲歌慷慨，如易水之荆卿；忽爲弄月吟風，如濂溪之茂叔。相由心造，情隨境生，一切歡喜煩惱之因，升沉聚散之感，悉於三寸管城子宣洩而無遺。夫然後乃知居士胸中，固無物不有，其詩亦無義不該，鄙之所謂偶然遣興者，非徒遣興已也。自古金枝玉葉，耽志風雅，如昭明太子而外，則唯唐之李才江，宋之趙松雪耳。才江愛賈島爲詩，鑄其像，事之如神。吾今乃欲奉居士如島，而竊僭擬於江，未知無本禪師塔下塵，容我敝帚一掃否？乾隆壬子閏四月中澣，山左後學劉大觀。（《四松堂集付刻底本》卷首）

秋水亭詩叙

吾鄉老友子文，詩中壯士也。其氣壯，其筆乃壯；筆壯矣，其足跡之所及，耳目之所聞見，意思之所注，沈鬱於中，揮灑於外者，自不至如新婦子以扇障面，作羞縮態也。其詩壯，由於其筆與其氣；其氣壯，非盡托諸空言也，蓋嘗見諸於其事。初，子文客京師，授讀敦多克額臨欽家。侍衛靈昭者，當時顯貴之尊親而受恩育者也，與敦多克額臨欽善，因與子文亦善。顯貴一日造昭所，見子文詩於昭案頭，奇之，請昭達意子文，延子文於第，代捉其刀。昭曰：『此人豈爾所能致耶？爾其休矣。』又假敦多克額臨欽之友登州某，百計羅致子文，以必得子文爲快，而子文卒峻拒不往。

滇南劉先生寄莽者，山左循吏也，宰新城，繼遷曹縣，兩邑父老子弟視劉，如乳哺兒之視其母。丙午年在新城，時值歲饑，新城之民所恃不死於溝壑，劉之力也。未幾，慈惠之聲聞山左大吏。適他邑有民將因饑爲亂，大吏檄劉往，急牒飛馳，日且數至。父老子弟皆相顧愕眙，思所以留之者，計無所出，子文獨能畫策以留之。劉後以事被議，將有軍台之行，新城士庶及婦人女子，咸嚄唶曰：『吾父母，生吾一邑之命者也。今乃如是，恐不得生還，以沉淪異域，且復奈何！』因相顧泣下。子文乃奮然以起，走書曹縣，醵若干金，新城士庶及婦人女子，亦傾囊相佽，得金如曹縣。子文乃徒步冒險阻風雨，三至京師，飲泣於當道之門，乞贖劉罪。劉已赴戍，行數日，得追還於中塗。嗟嗟，子文何其壯也！

夫詩者，心之聲也。以如是之慷慨義氣，發而爲詩，其詩之壯，亦復何怪？韓昌黎形容賈島之詩曰：『無本於爲文，身大不及膽。蛟龍弄角牙，造次欲手攬。』蘇長公形容李太白之詩曰：『平生不識高將軍，手汙吾足乃敢嗔。』觀懦夫也，無韓、蘇之筆以形容子文，姑略舉其平生行誼，以告於天下讀子文之詩者。子文家甚貧，無力刊行其詩，侍御王公熙甫有書來，觀擬代子文刊之，而纚述顛末於卷首。

嘉慶七年，歲次壬戌，八月既望，邱縣劉大觀序。（王祖昌《秋水亭詩草》卷首）

重訂中晚唐詩主客圖序

余與高密李少鶴先生同官粵西，時臨川李松圃爲寓公，稱嶺南三友。松圃及余皆從少鶴學詩，而少鶴又受詩法於其兄石桐先生。石桐常裒録貞元以後諸家五言律詩，倣張爲例，重定《中晚唐詩主客圖》，尊張、賈爲主，而以朱慶餘、李洞以下諸賢爲客，學者宗之。因以石桐爲張客，少鶴爲賈客，曩余所刊《二客吟》者是也。

是選搜擇精審，句評字勘，稱量高下，直與古人精神命脈相引接。其持論欲使世之觀是圖者，求爲古之豪傑，一洗時俗鄙瑣之見，又非止以格律對偶，求工於字句之間而已。石桐、少鶴遺集，前既與松圃梓以問世，今復取是書，商定付刊。嗟乎，石桐已矣，余與松圃數十年流連唱酬，研窮聲律，於此道少有所得，沿波討源，指歸斯在，先河後海，本不可誣，寧敢私爲枕中秘哉？廣其傳，所以報也。嘉慶乙丑嘉平望日，邱縣劉大觀序。（李懷民評選《重訂中晚唐詩主客圖》卷首）

鑄亭山人詩抄序

平陰茂才朱星海者，予同年友渭占公子也。其父與予同入丁酉選拔，繼又同官嶺外，以詩名相重，爲金蘭交。嘉慶二年，予補官寧遠刺史，渭占公已早故，星海以詩來謁予。予遍覽之，見其詩有奇氣，而疎於法律，予嚴爲删削，十不存一二焉。星海大駭，又大喜，遂折節事予。予出《聲調譜》示之，又與《全唐》半部，恣其博覽，時以己意指點其間，數月之後，拔毛洗髓，翻然改觀矣。星海性適幽僻，大類孟貞耀，詩亦肖之，然愁苦無聊之中，豪邁之氣自不可揜。嘗與予論兵及古今成敗得失之際，眉飛色舞，踔厲風發，雖宿將名儒，不能過也。予與周道如云：『星海奇人，腹内大有鱗甲在。道如識之，終非池中物也。』何期十年以來，窮愁如故，而鋒芒頓縮，癡立如木雞。然豈天將欲窮星海之才，故令摧折氣盡耶？抑道不翕聚，不能發散？或將降大任於是人，使盡歷險阻艱難，老其才，以迄於今耶？

星海於去年八月中秋前，由長安攜家來，求援於予。予憐其才而悲其遇，月給柴米，以至年終。又爲薦館安邑，不數月，安邑令楚君因事去職，星海可謂數奇，苟至此，天亦窮矣，而况於予乎？秋七月十五日，星海謀赴長安，將爲賣詩計，出其全集，求序與予。細閲之，酷似《主客圖》。夫詩不窮則不工。以如此之才，值如此之遇，安知天非欲成星海之名，故艱其遇，以啓其衷，使幽愁憂思發爲文章，以致必傳於後，如今無疑耶？與其立事功於一時，何如留詩名於千載？大觀老矣，詩未行世，先出星海以張吾軍，亦快舉也。是爲叙。嘉慶十四年己巳秋七月十五日，邱縣松嵐劉大觀，題於河東道署之來青館。

（朱道衍《鑄亭山人詩抄》卷首）

蓮舫詩鈔懷州集序

懷州爲河朔勝地，沁水東流，太行北峙，西連鞏洛，南接成皋，舟車所會，人稱陸海。郡之週圍，琅玕多於桑麻；城之内外，芙蕖勝於黍稷。蓋得中州之正氣，而風味則近於江南也。余解組後，遂結廬於此。

會周太守理堂握州符，其故友王生偁以燕趙之才，來參籌畫，聞於公務之暇，吟哦不輟，余甚異焉。訪而識之，生骨格高奇，音情頓挫，有古士風。後因甘晴軒託余函丈，余亦樂有邱遲稱弟子，得與亦莊、卉町，共吟憩於嶽麓蓮溪間也。至乙亥，刊《主客圖》成，余分賜諸生，並以聞於石桐、少鶴兩先輩清奇妙論授於生。生即能解悟而擴充之，其所爲詩，天機清妙，寄託深遠，初不泥於二李之説，即於興懷古歌，亦不專主滄溟之格調，抑且不專執漁洋之三昧也。余與生相處久，得盡覩其舊作，時相商酌切規。其發於易而失於精，閱數年後，生氣骨日益高，取法日益上，余畢生研精砥志，求得於石桐、少鶴爲詩之道，將與生此去馬首俱東矣。臨别聊序數語，題於《懷州集》首。乙酉秋七月望日，斥邱老友劉松嵐書於小琅玕館。（王偁《蓮舫詩鈔》卷十一《懷州集》卷首）

知恥齋文集序

余與薌泉先生，皆懸弧矢於乾隆癸酉，齒相同也。先生丁酉領鄉薦，余丁酉由選拔，出身不同而同也。余以朝考異等，出宰粤西，先生以進士登詞館，中外懸殊，入仕版不相同矣。先生以侍御忤首揆休官，余以道員劾巡撫褫秩，是出處進退又相同也。先生耽吟詠，篤知交，愛遊覽，而尚氣節，觥觥然不與衆俯仰；余生平稍稍近似，是性情亦相同也。其不能相同者，先生有記性，兼有悟性，經史過目輒不忘；　余差有悟性，而不能强記，年十四，日課十行，終不能成誦；　此姿質不同也。先生長子入翰林，以散館文字不諧於顯貴，改爲選人，宰寶豐，調固始，兩邑紳耆父老稱豈弟君子；　次子亦以謄録得敘宰官。余年七十始舉子，越兩年又生一子，今尚在髫齡，入蒙館讀書。是得子遲速不相同也。先生年五十有七，遽歸道山，經綸事業，百未展舒其一二。而余今行年七十有九，迄未聞君子之道，是後死者偃蹇蹉跎而負愧也。

先生門下士，黄大司農鉞，位躋正卿，爲輔弼大臣，多建樹；　吴侍御雲，抗疏劾權貴，直聲滿天下；　今皆告老歸林下，年越八旬無恙。或曰：『天何嗇於其身，而豐於其門牆士耶？』余曰不然。先生未竟之志，惟兩君繼之；　兩君所行之事，惟先生倡之。是天之嗇此豐彼，固自有在，余所萬不能及先生者。又余嘗游華嶽，乘筍輿，涉横流，踏亂石，轉數十折而抵松柯坪。手握鐵緪，陟千尺幢，又轉數折，而及百尺幢。一山中斷，接以危橋，度橋而登雲臺峰，夜懸星斗近眉睫，如可仰探而掬於掌握之中，斯時意興頗自以爲豪。而蒼龍之脊，左右無攀援，瞻顧傍徨，遂爾中止，抑何懦歟！先生則過通天門，叩金鎖關，坐三峰之麓，古松著風，謖謖然若奏鈞天之樂，其豪情堅力爲何如也！由是觀之，余於先生，其天淵矣乎！

今先生令嗣果堂，刊行《知恥齋詩文》，徵序於余。余曰：『先生以學問經濟傳，詩文其餘事。然先生之詩文，即先生學問經濟之見端也。若遂足以盡先生，譬如見鳳之一毳，麟之一趾，遽以爲知鳳麟，是何異群瞽摸象，各以爲得象之所以爲象，豈其然哉，豈其然哉！』余垂老荒廢，覩是集，棖觸數十年事，不能自止，爰即余襟臆所感，而發以爲序。道光九年，歲次己丑冬仲，八十老人松嵐劉大觀。（謝

持雅堂詩集序

長江迤西，風雅之藪也。淵明爲柴桑詩祖，後起者代不乏人，見於《詩徵》，不暇枚舉。國朝祖淵明而不宥於淵明者，奇才博學，以鉛山蔣太史心餘爲最，東鄉吴刺史蘭雪次之。其詩之波瀾，如九江之納衆流，愈闊愈深；其詩之挺特，如廬山之上撑雲漢，峻削離奇。扶大雅之輪，樹吟壇之幟，當以二公執洪都牛耳矣。南昌尚君喬客，以《持雅堂詩抄》索序於予，豈以予讀《忠雅堂》、《香蘇山館》二集，稍得其崖岸耶？

開卷讀《湖口曉發》二首，撰力風神，已踐鉛山、東鄉之蹊徑。諷吟終卷，則亦後起之矯矯者。然君以詩爲餘事，其雜著皆有卓識妙解，而尤精於考據之學。其《三國志辨微》，抑劉知幾、蘇洵而揚陳承祚，又折衷朱、何、錢、惲，以造於精確。此等筆墨，未多見於蔣，亦不偶見於吴也。其《新疆南北路總記》，書今名，必曰古某地；某地設軍臺幾處，必計其里數修短；某年平定，歸於版圖，必大書其人與官爵；某處設某官，以專控制，又必書其總統、官俸、兵糈；每年所出庫帑若干，必先書回疆税課若干。又謂俄羅斯西北有控噶爾者，其地富饒，兵甚精，而以用兵爲戒。用心良苦，而寓意甚微，實爲聖朝不可少之文也。

李太白《嘲魯儒》詩云：『魯叟談六經，白髮死章句。問以經時策，茫如墮煙霧。』所謂通儒者，於書無所不讀，於事靡不可了，如君者，誠無愧色，豈獨是揚風扢雅中人哉！年近五旬，猶復沈淪於博士弟子，睽離骨肉，棲泊異鄉，吾不知居顯要，乘高軒者，誰任其咎？道光十一年，歲次辛卯春正月，斥邱劉大觀譔。（尚鎔《持雅堂詩集》卷首）

且住草堂詩稿跋

壬戌嘉平十日，公述職赴闕，道出寧遠，咨問地方公事外，出所和門下士程君小泉贈行詩三十首，俾觀讀之。詩雖偶然酬唱，不甚經意，而胸次之磊落，性情之敦厚，旨趣之幽閑，皆有過乎人者。讀竟，剪燭深談，意興甚適。又出全稿一帙，持以示觀，曰：『詩非余所習也。顧爲余性之所近，嘗藉是以爲消遣，隨作隨棄去，不甚愛惜。今所存者，小泉、畊畬取紙簏撚團，私爲收録者也。其果可存乎，否乎，吾未能決，將決於子之一言。』觀唯唯，謹受命。明日，送公至沙河所，前旌已發，衛士鵠立，公猶與觀及周子可庭立車前，誦館夜新詩二章，始從容上車去。噫嘻，此等風度，蓋不多見於古人，矧近世耶？

公詩自庚申歲留守盛京，念朝廷倚托之重，懼不稱職，矢以忠藎愛國之丹誠，見於詠嘯。如開卷諸作，具見大意。《途中遥祝太福晉壽詩》四篇，發言爲聲，出於肺腑，固非由勉强然。如『總爲昇平難仰報，致令身寄在天涯』。則視《北山》、《陟岵》諸賢，以行役不得養親爲憾者，不愈揭乎移孝作忠之義耶？《書》云：『詩言志，歌永言。』《記》言：『温柔敦厚，《詩》之教也。』彼鋪陳終始，排比聲偶，以錯采鏤金，凌顔轢謝爲能者，又奚足以語是？觀蹇劣無狀，嘗據臆説以告人曰：『詩之正變源流，時代風氣，姑置勿論。欲知其詩格高下，且先觀其舉止。舉止由心而發，潤大褊淺，雅俗真僞，胥有不可掩者。』觀嘗竊見公之舉止，而肅然起敬於心矣。

夫奉天爲國朝發祥之地，日月精華之所吞吐，岡陵地脉之所盤薄。其發爲物産，珠則漁於水焉，貂則獵於山焉，瑶光墮地，化爲三椏之草，則採掇於豎子焉。是皆天下之所貴，而欣慕以求之者也，公獨夷然不屑介於其意。麾下裨將有才能者，士有善行者，或有一藝之長，足以致用者，則收羅之，宏奬之，忘其爲公侯上爵，而屈己以相就焉。是又何等器量也！鉅公偉人，有其量，則有其肩荷之事，詩其細焉者也。若徒以批風抹月，爲公生平之所長，猥以佔畢之士視公，則又瞽人論天，不知天之爲方爲圓矣。（晉昌《戎旃遺興草》卷下《題詞》）

悔存齋詩鈔題記

大觀不識仲則。乾隆己酉，識其友施雪帆於嶺外，得讀仲則詩，才十餘首，一鱗片甲，已爲傾心。又七年，客吴下，求仲則遺稿不得，得《吴會英才集》，亦非全本。及至都下，謁翁覃溪先生，乃見鈔本八卷，擬爲付梓而未果。今再來都下，始請於先生，得如初願，竊自幸也。嘉慶元年丙辰六月，丘縣劉大觀記。（嘉慶元年劉大觀刻黄景仁《悔存齋詩鈔》目後）

松陰精舍詩集序

集中古今體詩僅三十七首。《酌酒與張如》起句云：『有客横頰隆然骨，肌老蒼鳩身硉矹。少年戰馬從將軍，萬里鑾塵走滅没。』奇横如李太白。餘變一體，如杜如韓。《河隄行》如次山之憂憫，香山之諷諭，義山之警拔，又或如遺山之秀茜。萃四山於腕下，而運於一己之性靈。名不沾於時，法師乎古而不泥於古，豈若今之依草附木，漫無所得於胸中者？《紫竹杖》七絶云：『礪雪滲霜老籜龍，湘斑不辨點深紅。葛陂若過休輕擲，留拄先生杖國躬。』古今體皆出一色。魯巖云：『碧川以詩爲餘事，嚴於删削，又不自愛惜，多零散，故紙麓撚圓，所存無幾。』予云：『明珠一粒，勝魚目百斗，奚以多爲？然詩也者，心之聲也，韻之府也。聲出於心而韻隨，一生之履踐繫焉。醞釀於春氣者，多榮貴福澤；發泄於秋氣者，多偃蹇蹉跎，而亦不得其壽。碧川詩，如秋巖冷峭，草木不肥；寒渚澄澈，魚龍不宿。其詩與人皆可傳，而不免於貧賤。』（李洲《松陰精舍詩集》卷首）

愛莪山房詩存序

梅宛陵詩云：『聖人於詩言，曾不專其中。因事有所感，因物以興通。』今讀香蘅《楓香嶺》詩，而嘆忠臣之有後也；讀客遊諸詩，而嘆詩人之多窮也；讀登臨吊古諸詩，而嘆史裁卓識，淵淵乎言之

有物也。其庶幾能得宛陵論詩之遺意耶！（徐璈輯《桐舊集》卷三十五引）

跋玉保所臨趙文敏書汲黯傳

世人謂趙承旨書姿媚逞丽，非八法正宗。嘗見小楷如《七觀》，行書如《十札》，直入晉人之室。即停雲老人亦云公嘗書歐陽氏八法，以教其子，可知妄論者不翅仰面唾天矣。《汲長孺傳》鈔本雖未及見，觀閬風先生所臨，骨重神寒，實有率更風概，豈如世俗所云姿媚者耶？劉大觀謹述。（天津市文物公司二〇〇八年秋季競買會圖録）

皇清例授修職佐郎附貢生若采唐府君墓表

古之論士者必於鄉，爲其耳目最近，信而可徵也。人固有跧伏閭里，不獲登諸廟朝，而篤行純修，潛而弗耀者矣，然其鄉人則知之。抑鄉之人猶僅得其大略也，其有親戚子弟，熟觀深察於其旁，美斯愛而愛斯傳，雖甚踈逖，亦豈能易之哉！夫子曰：『鄉人之善者好之。』而於程士品，則曰：『宗族稱孝焉，鄉黨稱弟焉。』蓋公論必於其近且真者，誠之不可得而掩也。

吾鄉唐府君若采先生者，篤行君子也。早年力學，思自奮於功名，已而連試有司不遇，修政於家，當世蓋無深知之者，而吾鄉之人豔稱之。先姑母實爲先生元配，大觀則先生之妻侄也，聞其内行爲尤審。今距先生之卒將十年矣，大觀烏可無述，以碣諸其墓！

先生系出鳳陽，明洪武間，始祖伯皋遷丘邑平恩鄉之北新店堡，遂入籍。十傳至名懷章者，隱居尚義，邑宰黄公旌其門曰『善行可風』，是爲曾祖。祖默，附監生。父文林，優貢生，歷城縣儒學訓導。母張孺人，生子二，長名汝爲，先生其次也。事訓導公甚謹。訓導公晚年家居，遊心藝事，醫卜、堪輿及星命家言，皆妙契宗旨，先生旁侍默識，不展卷成誦。有疾，侍湯藥百餘日，足盡腫。先是，訓導公將修宗祠未果，疾革，引以爲恨，先生卒與伯兄成其志，且拓地爲後人絃誦之所，規制翼然。又念家乘未纂，爰取邑《志》及故老傳聞，考訂搜討，五閲月而書成，宗人頌其賢。張孺人早世，事繼母陳孺人、冀孺人及邢孺人，皆克盡色養。先生卒，邢孺人哭之慟，蓋大觀之審知其孝於親者如此。

先生之事伯兄也，友恭無間言，凡事必禀命而後行。有妹適李，貧不能自給，爲之築室，衣食饋問無缺，及卒，營喪葬之事甚備。唐氏族故繁，才俊子弟，資其膏火；應試，命與其子行同車，止同舍。有喪偶者，代謀續娶成家。其他爲同姓均徭役，賑匱乏，難僂指數。先生之弟於長而慈於幼，大觀所得諸見聞者又如此。

先生娶先姑母，早卒；繼娶史卒，再繼娶張，先五年卒；又繼娶田、張，有賢德。生子五人，正學，邑廪生；大學，武庠生；典學，附生；殖學、宧學。女一，先姑母出。孫三，玉柱、玉田、玉望，玉柱出繼兄之子。先生名汝明，補博士弟子員，中年病目，援例貢成均。生於雍正二年四月五日，卒於乾隆五十四年十月十六日，年六十有六。嗚呼，自先生殤，而吾鄉人士皆哭失聲，大觀聞之，尤不勝老成凋謝之痛焉！其豈非誠能動物，而人之得於其近且真，自不容已歟！夫道其鄉先生之微行，以風示來者，亦直道之公也。他日名賢蒞止，聞先生之流風餘響，而登乎其堂，入乎其祠，庶幾有如古人立通德之門者乎？姑伐石紀以竢焉。誥授奉直大夫，奉天錦州府寧遠州知州，内姪劉大觀頓首拜撰。（光緒《邱縣唐氏家乘》第三册）

鑄亭山人詩抄題詞

劉松嵐先生云：『星海詩多奇驚之句，筆意不平，能寫人所難寫之景，大有《主客圖》風味。以如此美才，加以静細功夫，學到古人不難也。』嘗謂星海云：『與其登高第，不如作名士。李唐以詩取士，獲高第者不可屈指數，其可傳者，四百年間，寥寥數人耳。此寥寥數人中，又率多不得志之士。如方干，一生知己只姚武功一人，迄今方干之名與武功並垂不朽，文章知遇，殆非偶然也。』先生蓋以武功自許，以方干望星海與？

又云：『星海詩有奇氣，能奏得出。從此加功，三年之中可冠山東，十年之中可冠天下，何患不獨成一家，自名一世乎？星海勉之，勿忘吾言矣！』（朱道衍《鑄亭山人詩抄》卷首）

題石濤武彝九曲卷子

此畫吾不知何者爲山，何者爲水，何者爲林麓屋宇，何者爲烟雲？更不知何者爲筆墨？吾年五十有二，足跡萬里有奇，交趾行軍，扶餘驟馬，吾目中如見實有此山，實有此水，實有此林麓屋宇，實有此烟雲。獨未見九州之内，有此筆墨，乃今竟見之，奇哉奇哉！嘉慶甲子三月二十六日，書於廣陵客館，山左書癡松嵐劉大觀。

石濤《武彝九曲卷子》，鑿險縋幽，神出鬼没。其下筆處，皆人執筆而不敢下者也。此是堂堂之鼓，正正之旗也，不用奇兵，走僻道，以爲制勝之策。其下筆處，示人執筆而不敢下者也。嗚乎，此濤之所以爲濤也！大觀又記。（《歷代名畫大觀·題跋書法》）

杜詩附記跋

覃溪先生評論杜詩，專講音節，前人所未有也。此秘千古不傳，始發於撵石，而先生暢言之。此論極有見地。嘉慶癸亥秋七月鈔訂於京師，潞河舟次記。（《王子霖古籍版本學文集》）

虎崽説

虎崽者何？永人給役於官者也。人與虎不相謀，而命名以虎崽者何？以其在襁褓時，其母懷子夜出，爲虎挾至鳳巢山，傷一足而死，此子自懷中遺橋下得免，永人於是以虎崽名。嗟呼，虎崽是時尚不盈尺，烏知其母之死於虎？又烏知其不死於虎，以其母之代其死也哉？越十五年，余來知永福，虎崽方給役署中，余未知之也。及衆呼其名而異之，始得其故，不禁爲虎崽悲，而更有念於前此之官是邑者。聞之江陵之火反風，潮州之鱷驅海，是皆有司之德，足以感且化之也。

夫風可反，鱷可驅，而虎獨不能遣之乎？且虎崽之居，與縣官之署，僅隔一城耳。設無一城之隔以爲保障，虎且登縣官之堂，入縣官之室，縣官其奈之何？夫既無德以化，又不設法以除之，以致虎之肆無忌憚，以民爲食，是虎殺之，而實官殺之也。官之不能防民於虎，即不啻驅虎而殺民也，又何辭哉！余不敏，不能以德感虎，使不傷民，然不忍再見虎崽之事，敢不反躬克己，兢兢自修，以與虎爭此民哉！（道光《永福縣志》卷四《雜著》）

錦縣泮池井記

嘉慶三年秋七月，廟工將蕆，修及泮池。郡伯阿公告於教授陳國麟曰：『殿宇閈閎，悉闊以高，池小不稱，奈何？』其指工復鑿而大之，畚插既下，得一井焉，甃石無缺，泉洌而甘。郡伯甚喜，在工之紳士與執役之細民，靡不驚喜跳躍，圍井而觀。井之築，始自何時，不可考。或曰：『井因池而有也，知池則知井矣。』或曰：『否。井因池而有，豈任其淤塞不治？井之有，當在池之前也。』

越日，寧遠州知州劉大觀以事來郡，郡伯告以故，大觀哉異曰：『曲阜孔子廟、顔廟、曾廟悉有井，獨鄒縣孟子廟無井。國朝乾隆初年，忽天震一井，豈古聖賢英靈之氣，結聚磅礴於天壤之間，鬱鬱無所洩，而假是以洩之歟？不然，四廟之井，胡不約而同也？今天下郡縣皆有廟，廟之戟門皆有池，池中有井，未之聞也。天下所無，而兹郡突然有之，豈無因哉！耿恭拜井，而泉溢於井，愛民之心誠也。兹不拜而得井與泉焉，尊崇夫子之心，倍甚於耿恭拜井之心也。』敬書其事，而勒諸石。（民國《興城縣志》卷十五《藝文》）

【校】

大觀哉異，疑有脱誤。

重建龍神祠碑記 清嘉慶四年己未仲秋，知州劉大觀。

出寧遠東門，循首山之麓，有隆阜突起，緜亘若隄，而龍神祠實枕其上。其創建不知昉自何時，雖屢經苦葢，而楝甍卑庳，廧垣陊剥，龕像亦亂暗沈輝。觀來治是邦，欲新之而未暇也。越三年，道士亟請，乃始克爲之，不數月而工成。廟號曰龍神，而旁列雹神及雷公、電母之屬，從民志也。蓋昔先王體萬物之情，凡有功德於民者，皆尊之曰神，而莫不饗之，以爲報効。其制禮精義，時散見於迎貓祭虎之文。而龍爲三百六十鱗蟲之長，鼓風雲，歕雷雨，蟠祭天地，其功德豈顧出貓虎下哉！後世州縣，無不設立城隍神，古制所無，而儒者不以爲誣罔。然則禮以義起，所謂『使之必報之』，龍王之得列於祀典也固宜。且龍神之憑依於兹土也，視其它爲尤異。

寧遠隸留都，山拱而海環，又距京師不及二千里，風聲速於傳郵。今天子至仁聖，紐結綱提，禮化翔洽，薄海徵風雨和甘之應，而斗大一州，首被風教。自春徂夏，神虯躍淵，曦陽頓斁，澍膏被野，嘉禾怒生，維神實效靈焉。夫神，與時消息者也，而人則體神之精氣，爲顯藏者也，雖微道士之請，其烏可以已？祠有門有堂，皆拓舊制加廣，丹楹爛然。治東西二軒，其西軒如舫形，窗牖洞開，諸山納諸襟裡。又以其餘工，爲修廊尋丈，栽樹結亭，陰不漏晷，遊屐之戾止者，休夏爲宜。是役也，紳士、氓庶皆踴躍輸綘輦材，衆心畢萃。董其事者，單恩、張霖、張震尤力，而觀因得目營指畫，藉手而仰其成。工蕆，遂書其事，而刻諸石，以志所以仰答靈貺者。而一時歲物之豐成，民氣之康樂，亦於是可考焉。（民國《興城縣志》卷十五《藝文》）

【校】

嘉慶四年，歲次己未，底本原作乙未，據改。

天馬山文筆峰碑記

余莅河東之三年，孝廉郭子兄弟返自都門，持余友宋芝山書，以馬鞍山文筆峰爲屬。夫運、安兩城，鹺海爲堂，條山作案，離、巽之間，兩峰並峙。其象爲天馬，其嶺爲分雲，亦名彩雲。其貴爲太乙，其星爲天節，爲天錢。倚峰建塔，爲貴人秉筆，爲貴人乘馬，爲文筆凌雲。余雖未諳陰陽之書，而深信陰陽之理，即捐廉俸，屬郭子相其基址，擇吉修築。同志紳士，亦殊踴躍輸貲，共襄盛舉。起工於庚午二月下浣，落成於四月上旬。

是役也，或疑不利於平邑。而庚午之秋，安邑舉孝廉三人，平陸舉孝廉一人，辛未之春，又復各捷南宫一人。可知天挺其秀，地效其靈，而文星普照，原所在皆吉也。或曰：『偶然耳，未必其應如是之速也。』余亦曰：『偶然耳，然因是舉也，人人各懷一文筆發祥之意，人人各勵其讀書上達之心。吾知其科第聯翩，正未有艾，是亦鼓勵之一端爾。』

辛未夏，紳士將勒石，屬余記其事，因書其事之緣起而記之。至若總理何人，出貲姓氏，捐貲若干，工費若干，悉屬郭子勒之碑陰，以垂不朽。即以復諸芝山，未知芝山以爲何如也。（江人鏡等纂修《增修河東鹽法備覽》卷八《藝文門》）

飲曠如亭記

其足以破天械，超塵網，納此身於逍遥暢適之鄉，以大快其神志者，奚所恃哉？恃乎酒也。其足以侣朱霞，友白鶴，升此身於空虚之際，以大縱其覽觀者，奚所恃哉？恃乎亭也。亭建於州東龍神祠，爲父老遊憩之所，觀有暇，則嘗與賓朋飲於此者也。故是亭無人而不登，登是亭者，無人而不飲。其足以使吾登高而興發，飲酒而狂發，傲睨九垠，揮斥八極，觀風雲之變態，而有得於冲襟，其又將奚所恃乎？恃乎吾友程子質也。

子質固亦人中一人也。非獨與人多一目，增一耳，加一鼻，以駭人而標其異也。其又何所恃，而能使吾登高而興發，飲酒而狂發，傲睨九垠，揮斥八極，觀風雲之變態，而有得於冲襟邪？曰：『恃其胸中有書也。』書之爲物，誦於口，融於心，無誌可尋，無痕可捫，有物而無物者也。夫唯其無物，始能物天地古今之物，以物其物。能物天地古今之物，以物其物，則其爲物也始大。日月也，星辰也，山川也，草木也，蟲魚鳥獸也，物也；天也，地也，人也，亦物也。物之理有可通，而不能無所寄。寄於一物，而傳之千萬億年，足以不朽者，唯書而已矣。書無人而不讀，讀而不博則陋，博而不達則愚。愚於書，將奚以書爲也？不愚於書，而能以受制於物者，以資其談笑詼諧於心曠神怡之地，始足令人樂，樂極而狂也。嗚乎！莊以惠爲質，吾今而後，將質吾子質矣。飲酣濡筆，而爲之記。（戴元立摹劉大觀贈憲父書册）

懷州買宅記

予以言事罷河東觀察，斥邱祖居居予長兄之子維鏞及其眷屬子孫，了無空室。予初擬僦居平原，將擕眷以往，道□□□，□□□□□村墟多叢篠嘉樹，蓊然蔚然，私臆自忖曰：『棲能擇木，爲羽族之良，況人邪？予家累蹙蹙無定棲，得棲於此地，足矣。』適有西域賈姓，以故宅售予，是在嘉慶辛未之孟秋也。宅以地計可十畝，以屋計可百楹，蒼梧傑松，似偉丈夫，可朝夕相對，槐榆蔭夏，不苦炎歊。花有藤蘿，松有瓔珞，樹有海棠，皆足以怡情悦目，置予孱軀於風廊月榭之間。笻可支，榻可卧，客至而麈尾可揮。院有石，玲瓏緻瘦，輦自太行山下者，築爲小阜。阜上用琴磚爲几，横三尺許，縱尺有餘，可設酒尊茶具。几四圍種花，如俊奴豔婢，環侍主人。阜北有小樓，樓前皂莢一株，竦然而挺立，風撼之，謖謖有聲。阜西南有書室，室北種竹數十竿，題曰小瑯玕館，以不及維揚洪氏館中竹蘢葱茂密，蒼翠矗天，故小之也。

内室三面，皆高樓巨窗。主樓前，有古榴對峙如虬龍，入秋令，榴實下垂，小兒女持竿攫食，有家庭之樂。老妻張恭人曰：『買宅易，買樂難，今宅與樂兼買之矣。』樓正南有堂，貯經、史、子、集近千卷，收藏古琴、名畫、印章、銅甆器，皆取其有韻趣者，交遊知契來款洽，則出以娱客。堂左右爲少室，後生晚輩、門下士來謁，予扶杖一揖，寒温數語而退，命猶子維峻代周旋。瑯玕館西北隅爲學堂，稚兒少女讀書其中，子曰詩云出髫齡之口，人籟實如天籟。學堂北築一室，爲養愚軒，取韋詩『園林養愚蒙』之意。蓋不愚則不至以言褫秩，不褫秩則不能物色此園林，以養其鈍拙也。宅之妙，以在僻巷，門外有水車聲，賣花聲，肩挑瓜果過門聲，無市衢徵逐之喧呶。門内東偏迤北有佛廬，梵唄聲，磬聲，隱隱然出於簾外，則恭人誦《華嚴經》也。噫，幽棲得如此之閑適，幸矣！

或謂：『子不翕翕然想，不嶢嶢然以絶俗，攝養天倪，遯於韜晦，此豈愚者之所爲乎？顧予不能無疑者。不故鄉之高卧，而托跡異地，有乖於安土重遷之義。』予莞然而應之曰：『天地逆旅也，生寄死歸也。范希文、歐陽永叔、新安二程氏、峨眉兩蘇氏，皆名臣大儒也。范骨瘞於洛陽，歐穸封於新鄭，程墓木拱嵩高山下，蘇馬鬣築郟縣。數人之土，距其故鄉，皆在數千里外。死遷生遷，一理也，子奚默默，不責以重遷之義乎？』或詞窮，卷舌而去。（北京保利國際拍賣有限公司二〇一五年第三十二期精品拍賣會圖録）

【校】

文中缺字，原册頁漫滅不可識，前三字疑爲『經懷慶』。

得黄仲則吟詩硯記

予在乾隆年間作宰粤西，見無錫施雪帆於老友李松圃家。雪帆，太倉畢尚書詩弟子也，其案頭有抄本，皆江左才人之詩，就中有仲則十餘首，尤矯健不群。予讀之狂喜，轉惜其抄録之無多。及予讀《禮》回籍，道出白下，得《吴會英才集》，録仲則詩九十餘首，稍慰薦，而猶不滿於心。次年到京師，見閣學翁覃溪先生，論詩蘇齋，予曰：『乾隆年間詩人，當以仲則爲翹楚！』先生喜見眉睫，出手定仲則《悔存齋稿》見示，予請付梓，先生問曰：『君與仲則有舊乎？』曰：『無舊。但〔其〕予即仲則詩與行狀，賦長古一篇，中有句云：「不知造物有何親，獨將此筆與此人。不知造物有何恨，獨使斯人受奇困！」又云：「坐此佯狂寄於酒，芒刺在心詩在口。驪龍潭底抱珠眠，赤手奪來如固有。」若此等句，平日筆力所不能，髣髴仲則英靈來助予者。』覃溪先生歎賞之。

予作牧寧遠八年，苦風塵碌碌，納粟大司農，得道職，旋藉此抽身，攜眷南遊，客維揚二年。前河東都轉沈公，以文字定交，讀予所刻仲則詩，每嗟其才之奇，未一二展用於世。予於嘉慶十年七月，自維揚赴都，十二月，拜河東觀察之命。先是，河東鹽課改歸地丁，轉運使裁革，今河東道署，即轉運舊署。予私心自忖曰：『與既堂有夙緣，既堂昔所居，予今乃得居之，一奇也。署中有萬笏樓，即仲則客死地。予始刻其詩，繼見其客死之所在，又一奇也。』嘉慶十二年，河東鹽務復歸於商，予奉命以河東兵備兼山、陝、河南三省鹽法事宜，印、敕都換新製。是不唯居既堂之所居，且以兵備而兼都轉之事，三奇也。

予以嘉慶庚午罷官，僑居懷慶十餘年矣。今道光戊子仲夏，前協揆長公之嗣君名聯璧者赴蘭州，道出於懷，造予廬，談詩頗契洽，謂：『君刻仲則詩，讀之久矣。前備員江寧，得仲則吟詩硯，珍藏行篋。璧得之，未嘗不樂，然素與硯無干涉，持贈君，則有因果在焉。』予欣然受之，而硯蓋題以五字，即稚存太史。今覃溪先生、既堂、稚存悉歸道山，予行年七十有六，跧伏茅茨，頽唐日甚，出門百里，便若天涯。硯乃於數千里外，假聯君之手，而歸於老夫，冥冥中，不若有使之者與？是不可以無記。（北京保利國際拍賣有限公司二〇一五年第三十二期精品拍賣會圖録）

李懷民李憲喬傳

懷民名憲暠，以字行，又字仲敬，又字仲渾。所居村圃有十桐樹，因復自號十桐主人。同人稱之，亦曰石桐。按，石桐律體初學王右丞，渾淪不破。因抄張、王樂府，改學張、王。五七律於仲初尤篤好，後復專攻水部五言，得其律格。及選《主客圖》，遂奉水部爲清真雅正主，蓋有意附爲及門云。得詩五十七首。

憲喬字子喬，一字秋岳，一字少鶴，懷民弟。按，子喬律體初學李太白，把捉不定，因學韓昌黎、孟貞曜古詩。得賈生詩，大説之，遂改學其五七律，後益專攻閬仙五言。及兄懷民選《主客圖》，遂相與尊閬仙爲清奇僻苦主，而自附爲門下。得詩五十二首。（《二客吟》卷首）

上時帆先生書

時帆先生閣下，比年困於俗冗，音書久濶，有自京師來者，無不敬叩起居。而觀蹇劣無狀，仰荷摯書，曾兩見於詩，真可感也。王秋水十年不見，今出關見訪，甚樂。其詩擬代爲刊行，然其中沙礫與瓊瑶互見，須爲撿擇，始可問世。現今天天與之商訂，尚未卒業。觀已八九年不作古文，秋水諄諄乞與作序，不得已作一首，録呈教削。又有近詩數首，並呈吟閣，用書數年垂注之敬意。

觀此時鬚髮已白十之六七，興致漸不如前，宦情比詩情更澹。作州縣二十五年矣，忽然走入捐班，與有銅味人爲伍，可發一笑！然所以如是者，非躁進也，欲因是以避衝塗之累也。八九月間掣籤，如掣在前列，明年得入選格，則當別塞塵以親雅教，豈不幸甚！聞今年都中甚熱，伏望千萬珍衛。不一。

（法式善輯《朋舊及見録》）

與法式善書一

後學劉大觀頓首謹上時帆先生祭酒大人閣下。觀以蹇劣之姿，走俗狀，抗塵容，浮沈于下僚，十有餘年矣。不能奴顔婢膝，以事長官，宜爲長官所擯棄。然坐是得以奔走之苦轉而爲吟詠之樂，故作宰十年不遷，作詩則稍有所進。放翁句云：『沈沙洲畔千帆過，蓢翮籠邊百鳥翔。』過者自過，翔者自翔，沈者自沈，翦者自翦，已久不在意中矣。

昔在嶺外，抑且無人知觀能詩也，辛亥春過金陵，隨園老人始加稱許。是年冬至都下，未修晉謁之禮，先辱閣下採虚名而枉顧。及以拙什奉教，遂賞歎之不已，屈于十年，而申于一朝，何其幸也！捧檄出關，復以姓名游揚於當道，司馬玉公，今之京兆福公，推愛垂青，矜寵備至。上玉公詩云：『迂拙獨見許，風騷真有靈。每憐魚入肆，常與鶴梳翎。』實不勝知遇之感！

壬子癸丑，客於吴下，夙學耆英，如嘉定錢辛楣先生、松江王蘭泉先生、桐鄉馮孟亭先生、錢塘梁山舟先生，皆得負笈于門，親承指授，咸以爲孺子可教。此數年来不幸中之大幸，敢布心腹于執事之前。今歲冬月十九日，復至瀋陽，將軍麟公及各當道，無不刮目相待，此非閣下品題之力耶！

詩之爲教，以温柔敦厚爲主，竊欲以詩教爲事上臨民之資，庶幾不辱汲引獎勵之雅意。冗次，肅陳下悃，不莊不備，伏唯亮鑒。天寒，萬祈保嗇爲禱。大觀再拜。（故宫博物院藏札）

與法式善書二

後學劉大觀恭候時帆大人起居萬福。玉亭大人紀綱帶來之信，于冬月初九日接到。兹於嘉平朔日，續奉鈞函，及見懷詩二首，《西涯》詩一首，感激欣躍，如拜美官。當即懸之署齋，朝夕吟誦，每恨不能陪侍左右，日受陶甄，得此稍爲慰藨。辰下俗冗甚多，形神役役，不能即有和章，先以所書長卷，呈請誨教。賦鈔現存袁生處，明春有便，再爲領取。白鏹百金，聊助梓人之費，幸祈鑒納。邇值歲籥更新，

遥祝潭第休和，鼎裀集慶，並請金安，伏惟霽鑒。大觀再拜謹上。（故宫博物院藏札）

與法式善書三

手誨，知觀《玉磬山房》舊稿，辱賜品題，榮幸無量！觀智拙如鳩，攝篆首邑，才微任重，夙夜兢兢。幸福、伯兩憲，推閣下之愛，逾分優容，猶得以書生本來面目，與部下子民，相安于無事之天。得暇更且讀書作字，景堂、玉亭兩先生，亦時有吟詠，以爲訓勉，真此生奇遇也。遠勞記注，謹述以聞，恭請台安。大觀頓首載拜。乙卯二月十三日。（日本東京國立博物館藏《國朝名人尺牘》）

與法式善書四

劉大觀頓首奉書梧門先生前輩閣下。觀才淺學疏，蹇劣無似，謬邀青睞，有逾尋常。拜辭出關之日，又蒙延譽於諸當道，使不以俗吏相待，寸心銜泐，曷有已時！首夏中旬抵瀋陽，各上游俱爲刮目，而福景堂、玉閬風兩先生，尤爲憐才如命。以庸衆之姿，竊國士之名，能不汗流浹背耶！方幸伯樂一顧，天以策勵駑駘，不意福薄災生，旋有失怙之痛，天實爲之，謂之何哉！

兹於端陽前二日，行抵通州，不敢以不祥之身，趨侍左右，臨風仰企，嗚咽難名。謹肅寸函，恭候起居，伏唯亮鑒。大觀再拜謹上。同鄉吴先生，不及耑函，統此奉候。外有稟啟一封，懇遣尊紀轉送玉閬風先生府中，遇便轉寄瀋

陽爲感。（北京保利國際拍賣有限公司二〇二四年秋季拍賣會圖録）

與法式善書五

《癸酉集》刊刻拙作百餘首，馳上，以備採録，不暇另抄矣。略具不腆，用抒別忱，深以輶褻爲憾，想蒙鑒宥也。肅此，奉候日安，不一。梧門先生侍右。大觀再拜謹上。（故宮博物院藏札）

與法式善書六

後學劉大觀，恭候時帆先生起居萬福。違教七年，時切思仰，明年夏當造崇墀，用抒積悃。關外比日寒甚，因念先生入直内廷，不可無禦寒之衣，敬製狐裘一襲，遣人馳上，伏冀垂納爲幸。嘉平朔日，大觀再拜。（上海馳翰拍賣有限公司二〇二〇春季藝術品拍賣會圖録）

與胡枚書一

客臘十九日，新合藥局人來，接到手誨一通。藉悉應酬之繁，得項所存無幾，猶復殷殷關注，惠以三百金，以濟然眉，不勝感荷之至！即有報書，假河内郵筒馳去，度已久入青覽。今歲二月初五日，袁璞山旋自仁疆，又得誨函，詞旨殷厚，逾於常格。並承惠老山人葠一兩，雅誼隆情，有加無已。其葠業已煎服，頗有滋補之效，感荷彌深。

弟年近八旬，精力日衰，齒痛飲食，皆有不便。夜間上焦火盛，亦難於安眠，真是苦事！惟兩小兒讀書尚不愚蠢，差足以娱老。終日悶坐，無可談之人，今康蘭皋中丞，以四品京堂休致，從此可不寂寞矣。

玆奉去洋煙一拉，安邊桂五枝，蜀厚朴一匣，范志神麯一匣，聊展區區，伏冀垂納。順候陞禧，不一。絜雲大兄明府閣下。愚弟劉大觀頓首。新合藥局有人旋懷慶，祈賜蝦醬十觔，此弟所深嗜者也。（故宫博物院藏札）

與胡枚書二

臘月初間，有門人劉廣湄回義州，匆匆未及寫信，只將趙鳳厓書令其帶去，約正月中旬始行寄到。嘉平十九日，得大兄手誨，藉悉一切。承惠《毛詩》一部，頗濟然眉之急，感荷隆情，銘諸心版，有未可言語形容者。

錦縣負美缺之名，大兄又慷慨好義，一年所入，盈餘無幾，理有固然也。五舍弟名大雅者，繫山西蒲州府永濟縣縣丞，去歲保舉堪膺民社。今年如補實缺，則日用有接濟，斷不肯再累吾兄。若不能即補，冬間仍祈慨挪二百金，救涸轍之鮒，非承厚愛侔於骨肉，斷不肯出此言也。肅此奉謝，敬候春祺榮暢，不一。絜雲大兄明府閣下。愚弟劉大觀頓首。（故宫博物院藏札）

與彭兆蓀書一

辱誨帖，字字珠璣，不勝傾倒！　蘭池大兄愛弟之硯，欲作蘇、王交易，此亦吾儕韻事，未爲不可。但邢太僕硯，係富陽師相所貽，用意頗深厚，不敢轉贈。文氏題跋之硯，係慶將軍晴邨所貽，晴邨曰：『吾老且病，不知復相見矣，留此硯爲後日之思。』是又不忍以轉贈也。非敢厚於白厂，薄於蘭池，幸轉達。祗候日安，不一。甘亭先生侍右。同學愚弟劉大觀頓首。

蘭池大兄統此奉候，並將原璧歸趙。義門先生法書，近日已得兩幅，於願已足。不然，雖不易硯，亦可劫取也。大觀又頓首。（故宫博物院藏札）

與彭兆蓀書二

前以拙稿二本呈左右，乞賜巢雪。詞淺味薄，不足細觀，度此時已雪定矣，幸擲還。藉候時安，不一。甘亭先生吟長。　愚弟大觀再拜。（故宫博物院藏札）

與玉保書一

拜讀賜章，至『相看愁見晚，不忍説歸期』。詩似張水部，情亦似張水部，回環展誦，何禁淚下耶！古人每云『感激涕零』，今始知非周旋語。觀擬於十三日起程，如有書致梧門先生，可自通州達去。肅此鳴謝，恭候起居萬福。劉大觀謹上。（故宫博物院藏札）

與玉保書二

《喜雨》詩謹受讀，《五榆歌》尚未寫就，明日再呈。另單所示，昨日已有所聞，可感可感！然此非吹嘘之力不能，自當銘泐心版耳。跋宋揚，愈爲才色，銘著銘著。觀謹上。（故宫博物院藏札）

與翁方綱書

聞尊目不適，曷勝懸念！素有薰洗藥方，頗有奇驗，專人馳上。承賜詩序，無妨暫緩書寫，乞先將詩稿擲下，以便商量發刻。詩序稿，未知可以先賜一讀否？此請覃溪先生福安。後學劉大觀頓首。

（故宫博物院藏札）

與黄易書

劉大觀恭候小松先生起居萬福。朱敬亭人來，伏誦牋誨，知嵩岱之游，興復不淺，金石文字，搜羅愈富矣。東河舊游之地，總持局務，自有茂績可觀。以襟懷恬静之人，而治水利，胸中無風波，則水中之風波，亦無自而興也。

觀前在蘇州，主於朱敬亭家，出入共一門户，眷屬悉同娣姒。深知敬亭孝於其親，友於其弟，光明磊落，體用兼優。今與先生共事一方，知必有鍼芥之投。但以寒士初入仕途，非强而有力者比，一切均希委曲照拂，感荷無已！觀以踈慵，謬當衝劇，竊以弗克勝任爲恐。幸關外民情樸厚，控訴甚罕，得暇猶可吟眺。惜萬疊雲山，盍簪無由，但切悵惘。兹乘友人富花洲之便，敬泐寸楮，用展遥遥。天寒，伏望珍重。大觀再拜。外呈先祖墓志一副，代刻黄仲則詩一部。（故宫博物院藏札）

與張翽書

大觀頓首奉書牧邨先生侍右。觀蹇劣無狀，仰邀勝遇，時切冰淵之悚。年餘以來，困於鹺務，簿書填委，遵諭奔馳，刻無暇晷。音候多踈，時或假手它人，負疚深矣。近者歲事頗好，鹺務亦粗有頭緒。而才微任重，鬢髮俱白，小人不可大受，非至言耶！

先生學有根底，智有經濟，吾鄉劉岸淮、初頤園、孫嘉樹、宋小坡諸先生，皆愛之重之。山西學使陳鍾溪閣學，端人而有幹濟者也，嘗與觀論當代賢者，亦甚推許閣下，清論如歸，自有公鑒。惜未得追隨左右，日就陶鎔，但增惆悵。

五舍弟姻事，前蒙岳父大人定于九月二十日過門，兹遣人前往迎迓，計菊秋可達貴治。如得有入境信息，乞假郵籤，賜以寸楮，俾另遣僕役，接至陝州，至禱至禱！肅此，上請崇安，並抒積悃。草草奉狀，深蹈不恭，格外鑒恕，不一。仲秋嚴日，大觀再拜謹上。同鄉陶司馬令弟薌林，與觀舊好，兹有書一函，挂屏六幅，祈藉便寄祥符吴二兄轉達爲感。令郎四兄，統此致候。（故宫博物院藏札）

與大哥三哥家書

去臘接讀手諭，備悉一切。新弟婦性情和平，嫻於婦道，甚屬可喜。莊太親翁屬望女婿如此之切，四弟真真可愧，如從此再不發憤讀書，可謂厚顔矣！望前專差赴津，與四弟送盤費，並苦口勸勉，以激其羞惡之心，想必自怨自艾也。今值國喪，學臺按臨，定必稍緩，未知四弟曾否回家。復莊親翁書，已致謝。沈、李二公，事忙未得專函。

寄家之項，在天津用去三百餘金，度歲自然拮据。本應歲前遣人續寄，一則水盡山窮，實難措辦；二則年盡歲逼，亦趕不及，非敢以家事不在心也。壽官甚屬頑劣，弟以官身，不能時刻照料，勢必流爲膏粱子弟，一無所成。今遵兄諭，令其回家與鍾泰讀書，吃些苦，或稍有長進。朱姑娘靈柩，一併送回，或葬於新塋之外，或葬於塋内左近，兩兄酌量行之，弟不敢自專。吾邱邵二之事，甚爲懸心，未知近來如何光景？再有信來，詳細示知。

和、蘇二相，福傒、蔣少農等，均干嚴譴。朱中丞、尹閣學、洪太史諸公，將有大用，此實天下蒼生之福，盗賊不足平，元氣不難復矣。從此各省吏治，皆要整頓，倉庫皆要彌補。奉省雖與他處不同，然生逢盛世，自當各發天良，以盡職守。四弟、鏞姪赴歲試，均令其小心謹慎，不可稍存微幸之心，至要至要！

署中均平安。六女數月以來，漸覺健旺。鄧氏三月間分娩，前歲扶鸞，來年生子，未知果能應否。新年，署中用度，毫無所出，兹勉將庫中大□錢□錢二百兩寄家，稍爲接濟。弟明日赴府，會勘錦、義兩處地界，燈下怱怱，不及備述，一切詢之魁元可耳。肅此，恭請姑母大人萬福金安，大哥、三哥大人金安，大嫂、三嫂、諸妹均好。弟大觀頓首。弟婦、姪女、鄧氏輩均請安。正月二十四日戌時。（故宫博物院藏札）

與四弟書

三月間，有一信去，想久已接到。前月得吾弟手書，知五月初十日爲維巘完姻，合家歡喜之至！馬廠控案，受累如此之深，而終於不能了結，可歎可歎！

至量移首縣之説，自是吾弟無聊之極思。首縣要有過人之本領，又要耐勞耐苦，有堅忍之性，方能煞得出頭，吾弟皆不能也。一入苦海，不能抽身，求仍回豐潤，不可得矣。豐潤之難，我所目睹，欲稍爲更張，萬萬不能！只好將就下去，再作道理。

蔣制軍前在滿城，曾誇吾弟作官，愛民而不縱役，今備員宇下，相待必優。雙五先生熱腸人，必能推愛，從中周旋。前任廣東撫軍康蘭皋先生，寄居懷慶，今丁憂在家，與我相好，亦非泛常。今冬服滿入都，我必托此公照拂，蓋康公亦己未進士，與方伯同年至好也。

我今年精神，遠不及去年，而筆墨應酬，日多一日，大是苦事！幸小兒女均已出過天花，真是合家之慶。幸維峻之子，與履泰之三子，均已出花無恙，亦復可喜。莊八弟少年窮困，刻苦讀書，將來必有所樹立，遠繼家聲，亦祖、父積德之厚也。可見居官不憂困苦，於苦境積福，百倍於處樂境，吾弟勉之。草此數行，問□□□□□。十嫂屬筆問好，鄧氏、李氏、孫婦，皆秉筆請安。恭喜四太太，又問于姑娘好。昨接維鏞書，云鍾泰可於五月底回邱，故不與伊書。維峻現在屈家收麥，履泰感冒，故皆無稟帖。

吾弟果能補缺，甚慰甚慰！但恐補缺不能好好做去耳。（故宮博物院藏札）

與姪維鏞書

閱來稟，知鍾泰於《五經》之外，又讀《周禮》一部。此後可讀全《左傳》，將來大昌吾家者，必此子也！好生培養他，明年且在家再讀一年，後年正月，務必送來署中，請好先生教他。汝頗以署中事爲念，此近年來學問識見有進處。今歲諸事，另改章程，汝妹夫頗能任勞任怨，遂大有起色，專靠周老厚，何能爲耶！

汝四叔於制藝不能成篇，亦甚可憫，今欲其改就前途。邱縣拔貢，爾當極力爲之，古學不能，可以不必進場。上科以此誤事，此十二年中，仍不肯於此用功，不知是何意見！倘此科再不能得，恐賢姪無顔復見阿叔也。勉之思之！松嵐叔字，鏞姪閲。十月十八日燈下。（故宫博物院藏札）

與姪書

劉和來，接閲來稟，悉吾姪右手麻木，不能執筆，甚爲懸念。我今年夏間，手心忽然發麻，正作書，筆落於几，蓋以氣血不足之故，心甚著急。日飲五加皮酒，麻木遂止，切恐復發也。

爾四叔豐潤，虧缺九千餘金，高州尊以伊應領五千金，代爲作抵，已稟明各尊，是以送部引見。不意高公於三月内作古，此事尚未了結，而董臬台又升四川藩司，此後諸事，皆難預料也，奈何奈何！懷寓老幼，尚屬平安，不必結記。仲叔松嵐手書。李棠階放四川正主考，足爲門牆生色，可見有志者不畏貧也。（故宫博物院藏札）

與吴之勷書

蘄艾甚佳，已拜領，謝謝！承屬，自當如命，不敢不竭誠也。肅此，奉候時安，不一。淦厓世叔大

人侍右。世愚姪劉大觀頓首。（故宫博物院藏札）

致師友三札

頃聞王春涯云春園館事，尚復猶疑，今再作書督之。玉琴亦有所托。此公斷不可直言，拜上，只可以詠諧出之，借題發揮之。今有覆玉琴書，送老弟發一粲也，然不可出示別人。劉大觀上。（故宫博物院藏札）

粤西詩友有三李，一李石桐，一李子喬，一李松圃。松圃名秉禮，字敬之，觀詩稿中，多有酬答之作，《灘江歸櫂圖》，有松圃五律一首。袁子才先生以三李詩刊入《詩話》者，薈出呈閱。大人憐才如命，他日遇此三人，可收入珊瑚網也。三人詩皆有可傳，而其立品亦甚高。（故宫博物院藏札）

蒙題《歸櫂圖》，感泣感泣！當攜歸里，奉爲瓣香。李子喬先宰粤西岑溪縣，以親老乞養林下。庚戌歲服闋，仍赴嶺南，補柳城令。石桐不習舉子業，尚爲明經。阮樹南，浙江孝廉，擢粤西寧明州刺史。（故宫博物院藏札）

與婁謙書

大兄先生：　政通民和，聞於稼軒廣文之口；　學問淹博，翰墨精良，見於明經尚君之文集。惜未謀一面，但切翹勤而已。又，役來讀誨帖，雅意殷殷，見於言表，以感以愧。僕一生交游，多俊偉之士，而於洪都尤多夙緣。初筮仕粤西，得交李松圃先生，維時春湖尚在少年。繼入都，得交周駕堂侍御、吴蘭雪中翰。春湖已登詞館，於其寓，得識陳鍾溪少空，後遂結姻，其次子孚恩，僕婿也。繼在揚州，得交湯户部西橋、李侍講玉漁，曾都轉賓谷，因交吴白莽、樂蓮裳兩明經。文字因緣，實湊合如針遇甆石，琥珀逢芥草也。今於衰朽之年，跧伏於野王城下，復得神交於尊兄，又得以詞章締結於尚君喬客，尤爲意想所不及，爲幸深矣。（婁謙《北埜閑抄》卷二）

與錢泳書

梅溪先生吟丈足下：　别久無由會合，而音敬亦濶於郵籤，月夕花辰，但切思仰而已。嘉平三日，徐君寄到尊函並詩刻一部，申詠累日，欣忭無涯。昌黎以建封爲居停主人，園囿花深，壺觴趣永，曷勝健羡！　先生年逾七秩，鬢髮無一黄白者，濟勝有具，游興方豪，此尤不可及也。

弟行年七十有八，頽顔尚不蕉萃，然讀書至廿餘頁，輒目昏如漆，姑且放下。促膝揮麈，亦乏可談之人。所幸懷州郭外，有水有竹，久稱爲小江南，太行山色，接乎城雉，朝暉夕陰，可資吟興。又於濟源山水佳處，得埋骨之地，黄松翠柏，手種者均已上插雲霄。墓左爲陵地十餘弓，築縹緲閣，三面開牕，足窮遠目，王屋、天壇之峰巒，時出没於杯斝之間。此与先生買古宅，築生壙，均可載入《年譜》也。唯散體文及詩未刊者甚多，敝篋撚圓，無力付梓，此窮官下場頭，反不如富賈之優裕耳。泐此布臆，聊慰遠懷，臨穎馳切不尽。吟社弟劉大觀頓首。（陶湘編《昭代名人尺牘續集小傳》卷二）

與潘焕龍書

四梅尊兄明府足下：虚名出於浪得，雅翰來自郵筒，顧影滋慚，披函負愧。伏讀北闈試卷，靈舵在手，操縱自如，題理題神，並入高格。故秋榜列十名以前，主司進九重之上，青年妙筆，應置木天，鸞掖螭頭，踐覺叟、蘭雪之後塵。乃以《遼》《金》《元》三史校讐報竣，出宰中州，詞館中少一俊才，銅章墨綬中多一儒吏，亦蒼生之幸也。弟蹇劣無狀，少不讀書，筮仕桂林，年方二十有五。所得詩文小技，皆在抗塵走俗之時。仕自仕，學自學，兩不相妨，且可相濟。聞足下治洧川，琴閣垂簾，案無留牘。更以其暇，宅心於翰墨，將來事業與文章並進，所至豈有涯量！《都門留别》詩瀟洒自然，直是大蘇，惜乎覺叟未及見也。弟拙刻刷訂數百部，都被交游索去，只剩《娱老集》一册，奉質大雅。《潄芳閣詩鈔》語多空靈，《寫懷》一首，魄力尤大，見解亦高，豈是拈韻便露脂粉氣者所能望見？（潘焕龍《卧園詩話》卷四）

答徐瀅修書

去年嘉平五日，伏讀賜書，詞旨殷厚，感荷彌深。竊以閣下琅玕在腹，冰雪爲貌，一望知爲有道之士。僕以尊範近於錢公，故以急流勇退，襲言相法。然以閣下之年與閣下之經綸抱負，恐造物不許優遊林下耳。進退出處，不居成心，方合仕止久速之旨，幸毋决於鄙人之謬語也。觀空踈無據，智拙才顛。客冬，大京兆王公欲以賤名列之薦章，以格於例不果。到州未滿五年，例不准卓異。卒加上考，曰：『守潔才優，循聲頗著。』未免居之有愧。考績之年，雖不聽薦剡，亦出考語具題。然幸未得遷移，猶可音問相通。或有後會，亦未可知。伏望。庚申正月二十八日，大觀再拜。（徐瀅修《明皋全集》卷六）

致蓮浦札

惠泉之水，�山之花，得了夙願，幸甚！至常州，新雨舊雨，紛至沓來，牽留五日，始肯放行。到鎮江，又與夢樓先生盤桓一日。二十日渡江，僑寓興教寺旁佛裔庵内，揚州士人，來與周旋者甚多。惜有酒無花，頗覺寂寞，有《自嘲》一截云：『祇有鬢絲禪榻畔，絶無腸斷掌中輕。花羞月閉江雲冷，難買揚州薄倖名。』查觀察見過數次，其意頗殷，刻下商舶甚稀，搉税缺額，每一言及，輒爲眉縐。幸節度如此，杜書記之下場，即可想而知，顧此迢迢，豈遂減松嵐豪興耶？羽便數行，稍控愚悃，伏望善事萱幃，以

時自遣，至祝至禱。蓮浦大兄大人師事。弟觀謹上。（《龐虚齋藏清朝名賢手札》第三册）

致揚州友人札

孫淵如、洪穉存與黄仲則，稱文字中廉、藺之交，其贈答之詩，猶不免客氣，可見此事甚難。拙作寒淺浮薄，不及淵如、穉存遠矣，獨此四十字，可爲鄭堂定論。蘭泉先生以仁壽鏡照天下苦吟客，不日到關，可出以就正。同社友弟劉大觀頓首。（《龐虚齋藏清朝名賢手札》第三册）

致何錦札

讀手翰，懃懃謙下乃爾，可謂虚懷若谷矣。弟與石桐、少鶴兩先生，跡則友也，心則師也。今以《二客吟》公諸同好，亦不敢據爲己有之意，但心悦誠服如足下，恐無幾人耳。《鏡鏡圖》與扇，容題畢奉繳。賤體猶不甚精爽，承注念，謝謝！　豈匏大兄詞傻。弟觀載拜。（《龐虚齋藏清朝名賢手札》第三册）

致程贊皇札

彼此往返數次，均不相值，仄仄！　昨晚湖上歸來，伏讀佳什，無體不妙，知致功於此事，非一日矣，欽佩無已。但弟與大令兄同年，三兄亦弟兄行也，而撝謙過甚，不勝惶恐。稍暇，當再詣尊府謝教也。年愚弟劉大觀，頓首上平泉三兄先生吟閣。（《龐虚齋藏清朝名賢手札》第三册）

致顧張思札

前日小譚，未罄積臆，欲造尊齋，又爲俗冗所牽，歉甚歉甚！湖州鄭生持手書來，當留古書數種，以補平生所未讀。弟擬于廿外揚帆，會少離多，但有惆悵。先生如有空閑，可於後日絶早過我一叙，當面呈尊稿也。雪亭大兄先生詞伯。同社吟弟劉大觀頓首謹上。（《龐虚齋藏清朝名賢手札》第六册）

致秦恩復札

昨奉謁不值，歉歉。兹有致印渚先生書一函，奠儀十二金，祈付尊紀帶去爲感。弟曾作印渚先生屬官，當此大禮，既不能親往，又不能恭製輓幛，且家人亦不能遣去，惶愧極矣。如尊處有書去，務祈代達歉衷，至感至感！敦夫先生侍右。愚弟劉大觀頓首。（上海崇源藝術品拍賣有限公司二〇〇二年首次大型藝術品拍賣會圖録）

致鮑珊札

子瞻爲天下名士，子由定然不凡。觀以從遊於覺生先生爲生平至幸，而寸心翹仰於閣下，久如渴驥之望甘泉矣。頃讀誨函，知以上考達於楓宸，仲秋入都，道出懷郡，當掃瑯玕馆，懸以覺生先生曾卧之榻，以待我三兄大人。會合之緣，通於夢寐，何幸何幸！肅此，奉候起居，敬先芳刺。不一。愚弟劉大觀頓首，七月十六日拜書。（西泠印社拍賣有限公司二〇〇六年秋季大型藝術品拍賣會圖録）

再致鮑珊札

馳企多年，去歲有盍簪之幸，惜見晚別促，未暢所懷。迨驄從西旋，又未得攀留一兩日，彌切耿臆。頃得誨書，敬悉三兄大人已抵渭南新任，以詩書之膏腴，潤色吏治，知必能以風風人，以雨雨人，如管夷吾所云者，思仰德暉，神與俱往！

覺生先生宧情雪澹，游興方豪，通鼻觀於梅花，瀚詩腸以湖水。此清福天所吝惜者，而慷慨以贈之，可知人阨，非天窮也。弟日内可望生子，暮春之初，赴家弟春帆豐潤任所，合述以聞，恭候升吉。不一。愚弟劉大觀頓首。（西泠印社拍賣有限公司二〇一三年春季藝術品拍賣會圖録）

三致鮑珊札

判蘐以來，時勞夢轂，比維起居榮鬯，定如頌私。弟於三月初八日自懷州起身，廿四日抵都。適覺生先生旋自珂里，昕夕過從，篤如膠漆，何其幸也！於閏月初七，到舍弟春帆豐潤署中。旋於懷州家報，得誦琅函，以弟晚年生子，喜出非常，關切殷懷，侔於骨肉，可感可感！弟今年春間，八十日中，得一子，得一姪孫，又得一曾孫，老運亨通，並以告慰，敬候崇安。不一。愚弟劉大觀頓首。（西泠印社拍賣有限公司二〇一三年春季藝術品拍賣會圖録）

致某札

風塵歷碌，漸入老境，時不我留，常以爲歎。乃荷摯愛，錫以瓊章，已有殊榮，而復佐以珍異，曷勝銜感！香足以静人心志，鞠華能制頹齡，吾兄用心如此其勤，能不感且愧邪？西園新結一亭子，樹影森然，花光燦然，左右三小石峰，且磊磊然，吾兄可踐去歲之約乎？書此鳴謝，即候安祉，唯亮督。不一。愚弟劉大觀拜白。舊書小楹貼一副，用以爲報。字不佳，陶詩頗佳也。（上海鴻海商品拍賣有限公司二〇〇八年冬季藝術品拍賣會圖録）

致林芬札

近日得兩書，藉慰離忱。吾弟貧病交加，自是意中事，悵然悵然！愚於十三日自懷慶起身，二十日抵運城，僚屬、商人均有殷殷之意，尚屬難得。擬於初十日自運城俶裝，由絳州、曲沃至平陽，各處均須耽延一兩日。到靈石，打聽葉仲田太守消息，如在署，則到汾州；如不在署，則一直到省，與老弟早見一日，便省却一日懸結也。

昨聞姪女欲持守節大義，不肯赴省，急往一見。謂守節之人，未有不孝其父母者，父母痛女情切，眼淚不知落却幾斗。今千里遣人來，父母之心與來人俱到運城矣，孝女獨不念及此乎？説至此，姪女歸寧之意始決。先此布達，諸唯面悉。不一。希白五弟足下。愚兄劉大觀頓首。（北京百衲國際藝術品拍賣有限公司二〇一三春季拍賣會圖録）

再致林芬札

頃接手書，知有會檢之案，不能即來。適安邑少尹令大兄在座，云調榆次件取因病不到，會檢尚無的期，至早亦須出月始得前往，老弟可即來一晤，望切，望切！聞姪兒夭殂，不覺淚下。又聞已過繼七令弟之子，稍爲慰藉。僕至今無子，已於去年過繼一孫，年二十一歲，且有曾孫年三歲矣。同病相憐，並以相慰。兹因來紀，帶去詩文稿一部，楹帖一副，祈鑒納。即候安祉。不一。希白老弟足下。愚兄劉大觀頓首。（《小莽蒼蒼齋藏清代學者書札》）

致朱鶴年

（前缺）奇緣，皆有詩奉和，幸轉達。此時小婿入都十分匆劇，不敢草草作書，稍暇當録拙什數首，肅函奉致耳。天寒，珍重，不一。野雲先生足下。弟劉大觀頓首。外奉白金四十金，聊作椒盤之助，幸望納。嘉平一日。（北京保利國際拍賣有限公司二〇一五年第三十二期精品拍賣會圖録）

書贈陳希曾

余學草書三十餘年。初以周越爲師，故二十年抖擻俗氣不脱。晚得蘇才翁子美書，觀之乃得古人筆意。其後又得張長史、懷素、高閑墨迹，乃窺筆法之妙。今來年老，不復能工，顧異於今人書者，不紐捏容止，强作態度耳。凡書要拙多於巧。近世少年作字，如新婦粧梳，百種點綴，終無烈婦態也。書意與筆皆非人間軌轍，所謂『無智人前莫説，打你頭破百裂』者也。元符三年二月己酉夜，沐浴罷，連飲數杯，爲成都李致堯作行草。耳熱眼花，忽然龍蛇入筆，學書四十年，今夕所謂鰲山悟道者也。張芝叟學古法帖，用筆如快劍斫陣，乏和氣。或身往而腰體不隨，蓋用功少，不盡古人筆意耳。山谷老人語。鍾

溪先生雅鑒，松嵐愚弟劉大觀。（北京東方藝都拍賣有限公司二〇一〇年春季拍賣會圖録）

書贈星渠

華原嗜酒工畫，隱居終南、太華之間，攬其雲烟變幻。興之所至，盡寓於豪素，千岩萬壑，運化無窮，暑日閱之，如挾纊也。星渠老長兄屬。大觀。（河北邱縣劉大觀研究會藏）

題沈周瓊江寒月圖

啟南少時作畫，不過盈尺。中年始拓爲巨幅，粗枝大葉，草草而成。是幅細潤蒼古，而其機法全出於董源。如唐子畏之清真，文徵仲之古雅，視此則有間矣。松嵐劉大觀題。（東京中央拍賣〔香港〕有限公司二〇一五春季拍賣會圖録）

天寧寺三聖塔題記

塔始於唐，重建於金，甃石剥落久矣。住持比丘道源，毅然以鼎新爲任，積戾醵金，用還舊觀，蓋闍黎中之勇於趨事者也。相傳塔頂有蚊巢，日夕飛騰，其狀如烟之盛，則科第亦盛。舊地居巽方，上徹文

明，理有可信邪！嘉慶壬申六月，工落成，山左邱縣劉大觀記。（河南沁陽市博物館院内三聖塔塔身）

銘程祖洛所贈硯

石邪玉邪，潤澤而膩。人硯交磨，斯成偉器。見貽於大君子，寓深心於古誼。石田七寸，宜讓宜饁。子孫耕之，勿荒勿棄。吁，要假硯以榮身，戒孳孳以爲利。程梓庭中丞以此硯留别，越三年，始鐫銘硯側。時道光庚寅冬月中澣，大兒維嶔，次兒維崎，侍老人於西樓，供磨墨捧筆之役。松嵐迂叟記。（硯爲國内某藏家所實）

硯銘

深潭鑿出，潤澤而膩。耨茲硯田，允無惡歲。道光癸巳，松嵐老人銘，時年八旬有一。（硯爲長春劉先生所寶）

録筆媚箋題記

此摘録孫月峰《笔媚笺》，以爲書課，消遣岑寂也。長洲顧氏宗孟云，色之媚，聲之媚，未必盡合有道之欽仰；熊之媚，詞之媚，未必盡諧大廷之觀瞻。而媚茲之誠，則足以獻天子，此《媚笺》所由名也。道光辛卯仲春書，時年七十有九，松嵐老人並記。（中國嘉德國際拍賣有限公司二〇一九年秋季拍賣會圖録）

附録

附録一　劉大觀年表

乾隆十八年癸酉（一七五三）一歲

四月初五日，劉大觀生。

民國《邱縣劉氏族譜》卷四：『（劉大觀）乾隆十八年（一七五三）四月初五日戌時生。』父劉曰燮時年三十一歲，尚未納捐出仕，劉大觀當誕於邱縣祖宅中。母姚氏，爲劉曰燮繼配，年二十六歲。邱縣時隸山東東昌府。

劉大觀一世祖諱彦實，明初由山東濰縣徙邱縣，是爲遷邱始祖。劉大觀爲邱縣劉氏第十五世，二世至十二世祖，依次爲剛、慶、憲、三聘、韶、嘉禎、爾浚、中鼇、世寵、若敞、秉義、士縉、曰燮。昆仲五人，名大程、大觀、大夏、大均、大雅，皆同父異母。

乾隆二十二年丁丑（一七五七）五歲

九月初一日，生母姚氏卒。

民國《邱縣劉氏族譜》卷三：『（姚氏）生於雍正六年（一七二八）九月初六日子時，卒於乾隆二十二年（一七五七）九月初一日酉時，享年三十歲。』又：『次孫大觀五歲失母，（大母崔氏）恩養教誨二十年。

觀嘗茹淚焚香，夜禱於天，願早登仕籍，報祖母恩。』

乾隆二十四年己卯(一七五九)七歲

六月，父劉曰燮補廣東新會縣丞。

安徽巡撫李質穎乾隆四十年十二月十二日《奏請以劉曰燮陞署桐城縣知縣事》摺有云：『劉曰燮，年四十四歲，山東監生。捐納縣丞即用，揀發廣東省。乾隆二十四年，咨補新會縣縣丞。』

乾隆二十七年壬午(一七六二)十歲

十一月初八日，祖劉士縉卒。

民國《邱縣劉氏族譜》卷三：『(劉士縉)生於康熙三十三年八月二十五日申時，卒於乾隆二十七年十一月初八日辰時，享年六十九歲。』劉士縉雍正十三年拔貢，官貴州天柱、四川榮經縣知縣。

本年，遊粤東。

劉大觀《玉磬山房詩集》卷八《謝人贈橄欖》詩，『都因風味好，棖觸少年時』句自注：『余十歲遊粤東，十九客吴門。』卷十二《吴鶴村大令愛讀翁覃溪先生詩，即用覃溪體爲詩贈之》，其二『鶴村家近鶴山縣，我昔曾聞秋鶴鳴』句自注：『先大人曾官鶴山。』劉大觀父劉曰燮曾署廣東鶴山、翁源縣令。

乾隆三十五年庚寅(一七七〇)十八歲

二月,補諸生,受知於學政韋謙恒。

吴雲《皇清誥授中憲大夫山西分守河東兵備道兼管鹽法事劉使君墓誌銘》云:『年十八,補東昌府弟子員。旋食餼,爲學使韋公謙恒所賞,謂其人及學有英氣。』按,劉大觀次女,乾隆五十九年字韋謙恒之孫韋寶善。

乾隆四十二年丁酉(一七七七)二十五歲

六月,受知於學政錢載,列名拔貢。

錢載乾隆四十一年十二月十四日《奏爲半年以來經辦兖州等府考試情形事》摺有云:『來歲新正,臣擬於未開印前起程,行九日先至登州,開印即考登州。遂回考萊州而青州,即趨曹州而東昌,約於六月中旬,此五府又可考竣。回省後,七月初即舉行録科,可於鄉試届期之前,一切告竣。』臨清本爲散州,隸東昌府,去歲升直隸州,下轄邱縣。臨清尚無考棚,士子仍須赴東昌府應考。

七月,覆試於濟南使院。

錢載乾隆四十二年六月二十二日《奏爲報滿科考事》録副摺有云:『今通省共拔得一百三十三名,日内循例在省取齊,會同護撫臣,定于七月初一日嚴行覆試一場,再即會同驗看,分别一二三等,發榜即日,會稿具題。』拔貢十二年一科,由學政發給貢單咨文,赴部朝考。

乾隆四十三年戊戌（一七七八）二十六歲

五月，朝考一等，揀發廣西。

盛京户部侍郎伯麟，奉天府尹福保乾隆六十年四月初十日《奏請以劉大觀補用開原知縣事》摺有云：『（劉大觀）由拔貢生朝考一等，引見，奉旨以知縣試用，分發廣西。』劉大觀起家試用知縣，秩正七品，與乃祖劉士縉全同。

秋，出都前拜辭錢載。

劉大觀《玉磬山房詩集》卷六《贈錢光禄楷》詩有云：『我年二十六，受知以文字。明年荷君恩，墨綬爲邊吏。入門拜吾師，師有愀然意。謂爾疏無術，如駒不任轡。今遽效馳驅，恐爲爾之累。』劉大觀自都南下，當順道省親後赴任。

乾隆四十四年己亥（一七七九）二十七歲

二月，署柳州府融縣令。

道光《融縣志》卷五《秩官》知縣欄載：『姚龍光，江蘇江都縣舉人，乾隆四十二年任。劉大觀，山東臨清縣拔貢，乾隆四十四年署。孫國泰，江蘇長洲舉人，乾隆四十四年任。』孫國泰十一月到任後，劉大觀即回省覆命。按，劉大觀初爲令宰，動輒得咎，恒抑鬱不適意。

乾隆四十五年庚子（一七八〇）二十八歲

五月十七日，署桂林府永福令。

《宫中檔乾隆朝奏摺》第五十七輯，載廣西巡撫朱椿乾隆四十八年八月初三日《奏請劉大觀調補天保知縣事》摺，言劉大觀『題署今職（永福令），先委署理，四十五年五月十七日奉文試署，四十六年七月二十二日奉旨實授。』

乾隆四十六年辛丑（一七八一）二十九歲

七月二十二日，奉旨實授永福令。

《宫中檔乾隆朝奏摺》第五十七輯，載廣西巡撫朱椿乾隆四十八年八月初三日《奏請劉大觀調補天保知縣事》摺。

乾隆四十七年壬寅（一七八二）三十歲

五月，在永福令任内，記録一次。

廣西巡撫朱椿乾隆四十七年五月二十八日《題爲廣西省乾隆四十六年分實徵起運地丁存留學租銀米等項分晰造册奏銷事》題本。

本年，署理馬平令、象州牧。

大學士管理户部事務和珅，户部尚書綽克託乾隆五十三年四月十六日《題爲遵查廣西省馬平縣續行全完乾隆四十七年鹽引請開復原參各員事》題本。廣西巡撫朱椿乾隆四十八年五月二十九日《題爲奏銷粵西乾隆四十七年地丁錢糧事》題本。馬平爲柳州府首縣，象州爲柳州府所屬散州。

乾隆四十八年癸卯（一七八三）三十一歲

八月初三日，廣西巡撫奏請劉大觀調補天保令。

《宫中檔乾隆朝奏摺》第五十七輯，載廣西巡撫朱椿乾隆四十八年八月初三日《奏請劉大觀調補天保知縣事》摺。本年八月，劉大觀仍在署象州牧任上，待新任象州知州熊家振抵任後，始回省覆命。

十月二十二日，劉大觀准調補天保令。

《乾隆帝起居注》乾隆四十八年條有云：『又議覆陞任廣西巡撫朱椿奏，天保縣知縣員缺，准以永福縣知縣劉大觀調補一疏，奉諭旨：「劉大觀依議調補。餘依議。」』

乾隆四十九年甲辰（一七八四）三十二歲

五月，在署馬平令任，督民抗洪柳江。

劉大觀《玉磬山房詩集》卷一《甲辰夏五紀事》詩。

本年，抵天保令任。

盛京户部侍郎伯麟，奉天府尹福保乾隆六十年四月初十日《奏請以劉大觀補用開原知縣事》摺有云：『（劉大觀）四十九年，調補天保縣知縣。』天保爲鎮安府首縣，知府孫曰秉。

本年，乞李憲喬改所作詩，遂師事之。

劉大觀《玉磬山房文集》卷三《上翁覃溪先生書》文有云：『觀在嶺外，學詩於高密李子喬。』《高密三李詩話》載李憲喬《桂林家書摘録》有云：『劉松嵐亦求評其詩，如石桐先生改定松圃詩。松圃私語人曰：「松嵐言何易也！」蓋謂其詩可改，而松嵐詩難改也。故詩中所改删，心悦之至。』

乾隆五十年乙巳（一七八五）三十三歲

六月初八日，三弟劉大夏卒。

民國《邱縣劉氏族譜》卷四：『（劉大夏）卒於乾隆五十年六月初八日卯時，享年二十五歲。』劉大觀時知天保縣。

乾隆五十一年丙午（一七八六）三十四歲

六月初八日，李憲喬終養，餞於桂林伏波亭。

李憲喬《北歸續日記二》有云：『六月初八日，下船，劉崧嵐置酒於伏波亭，餞别。王若農亦追至，飲酣題名壁上。』劉大觀時知天保縣。

乾隆五十二年丁未（一七八七）三十五歲

本年，與知府陳玉麟重修府學。

光緒《鎮安府志》卷十四《建置志二》有云：『府學，國朝康熙七年，通判彭權建於府治東。二十九年，通判王洪移建於城外東街，今墟場，其舊址也。雍正元年，署通判林兆惠遷於城内東隅。九年，知府孔傳堂重建。舊《志》。乾隆五十二年，知府陳玉麟、知縣劉大觀重修。』陳玉麟本年三月二十二日到鎮安知府任。

乾隆五十三年戊申（一七八八）三十六歲

冬，朝廷進剿安南賊匪，嘗攝鎮安府篆。

劉大觀《玉磬山房詩集》卷四《贈汪觀察春田》詩，『却憐兵燹後，同自瘴鄉歸』句自注：『戊申，出師安南，余以天保令代鎮安府事，親履戎行。』

乾隆五十四年己酉（一七八九）三十七歲

六月二十八日，繼母陳氏卒，旋丁憂去職。

盛京户部侍郎伯麟，奉天府尹福保乾隆六十年四月初十日《奏請以劉大觀補用開原知縣事》摺：『（劉大觀）乾隆五十四年六月，丁繼母憂回籍。』據《邱縣劉氏族譜》卷三，劉大觀繼母陳氏本年六月二十八日卒，享年四十二歲。

秋，李秉禮有詩贈别。

李秉禮《韋廬詩内集》卷二《題〈灕江歸櫂圖〉送劉正孚》詩。

乾隆五十五年庚戌（一七九〇）三十八歲

五月，與王尚玨、李秉禮、嵇存之、施晉飲省城。

施晉《一枝軒稿》卷二《夏日同王若農、李松圃、嵇存之過榕樹樓，劉松嵐明府留飲，以『山如碧玉簪』分韻得碧字》詩。

十二月十七日，大母崔氏卒於粵西。

民國《邱縣劉氏族譜》卷三：『（劉大）觀二十六歲，以拔貢朝考一等，得廣西永福縣令，署理象州、馬平、賀縣，調補天保，迎養至署，年已八十有七。又越十年，無疾而終。……（崔氏）生於康熙三十三年（一六九四）六月十六日亥時，卒於乾隆五十五年十二月十七日子時，享年九十七歲。』是日當一七九一年一月二十一日。

乾隆五十六年辛亥（一七九一）三十九歲

春，由粵西赴江南。

劉大觀《玉磬山房詩集》卷二《湘口寄子喬》《暮春江上》《洞庭湖》詩。劉大觀或因交代未完，故延宕年餘始去粵西。

五月，訪袁枚於金陵。

袁枚《隨園詩話補遺》卷三有云：『辛亥端陽後二日，廣西劉明府大觀袖詩來見。』劉大觀繼過鎮江、無錫，客寓蘇州。

秋，買舟北上返里，冬客濟南。

劉大觀《玉磬山房詩集》卷二《清江懷子喬》《東昌舟次寄兄》詩。十卷本《玉磬山房詩集》卷二有《客居歷下漫興》詩。

乾隆五十七年壬子（一七九二）四十歲

二月二十五日，引見，奉旨發往奉天。

《乾隆帝起居注》乾隆五十七年二月二十五日條：『是日，吏部帶領揀發奉天委用知縣之候補知縣龍澍等引見，奉諭旨：「阿昌阿、劉大觀俱著發往奉天，交與該府尹等差遣委用。」』

四月二十三日，在京聞訃，丁外艱。

盛京户部侍郎伯麟，奉天府尹福保乾隆六十年四月初十日《奏請以劉大觀補用開原知縣事》摺有云：『（劉大觀）服闋赴部，五十七年二月揀選引見，奉旨發赴奉天差遣委用。是年四月二十三日聞訃，丁父憂回籍。』本年三月二十日，劉曰燮卒於里，享年七十歲。

夏，出都，有詩答李憲喬，過天津訪劉湄。

劉大觀《玉磬山房詩集》卷二《天津別岸淮先生》詩。十卷本《玉磬山房詩集》卷二《潞河舟次答李石桐》詩。

九月，客濟南，旋返里。

劉大觀《玉磬山房詩集》卷二《沈石田畫爲吴秋鶴題》《别吴秋鶴》《齊河旅店》《夜宿楊官屯》等詩。

冬，辭家南遊，過常州，抵蘇州。

劉大觀《玉磬山房詩集》卷二《歲暮過常州題黄仲則墓》詩。《玉磬山房文集》卷四《祭同年賈滙川文》曰：『昔從桂海，泛宅吴趨。醉以醇酎，勖以遠圖。』賈湘時宰蘇州府震澤縣。

乾隆五十八年癸丑（一七九三）四十一歲

二月初六日，偕胡量等游蘇州支硎山。

劉大觀《玉磬山房詩集》卷二《德雲庵看桃花戲題》詩。德雲庵，在支硎山上。胡量《海紅堂詩鈔》之《二月六日，雨阻支硎道中，山左劉松嵐明府用東坡宿海會寺韻紀事，爰和其作》詩。

夏，謁錢載於嘉興。

劉大觀《玉磬山房詩集》卷二《秀水謁錢夫子》詩。錢載本年九月二十一日卒於里第。

由嘉興抵杭，訪李坦，盤桓兼旬。

十卷本《玉磬山房詩集》卷二《題羞墓》《與吴竹虚登南屏山訪小顛上人》詩。同卷《留別李平山》詩：『十載隔萬里，兼旬同一房。』李坦爲大觀堂妹婿，時官杭州府東塘同知。

乾隆五十九年甲寅（一七九四）四十二歲

二月十五日，原配王氏卒於蘇州。

民國《邱縣劉氏族譜》卷四：『（劉大觀）配王氏，威縣太學生建西公女。生於乾隆十八年（一七五三）四月二十六日戌時，卒於乾隆五十九年（一七九四）二月十五日巳時，享年四十二歲。』

四月，客揚州，與黄文暘、焦循、江藩、李斗等詩酒酬酢。

黄文暘《埽垢山房詩鈔》卷五《贈劉嵩嵐》詩，焦循《雕菰集》卷四《贈邱縣劉松嵐明府》詩。劉大觀七月由揚州買舟北上。

十月十四日，在都訪張問陶，遂訂交。

張問陶《船山詩草補遺》卷四《十月十四日，劉松嵐明府大觀過訪，談詩竟日，賦此訂交》詩。

十一月十九日，抵瀋陽候補，翌月署承德令。

盛京户部侍郎伯麟，奉天府尹福保乾隆六十年四月初十日《奏請以劉大觀補用開原知縣事》摺：『（劉大觀）五十九年七月二十三日服闋，呈領咨文，於十一月十九日來至奉天候補。』劉大觀乾隆六十年致李斗書有云：『客歲冬抵瀋陽，越二十餘日，委治承德。』載李斗《揚州畫舫録》卷六。時盛京將軍麟寧，盛京户部侍郎兼管奉天府尹事伯麟，奉天府府尹福保，奉天府丞兼奉天學政劉躍雲。盛京附郭承德縣爲京縣，知縣秩正六品。

本年，所校《二客吟》，鋟板蘇州。

《二客吟》牌記題『劉崧嵐手校，凝寒閣藏板』，尾署『吴門近文齋穆氏局鎸』。共選録李懷民詩四十五題五十七首，李憲喬詩四十六題五十二首。

乾隆六十年乙卯（一七九五）四十三歲

四月，補奉天開原令。

十卷本《玉磬山房詩集》卷三《初至開原》詩。盛京户部侍郎伯麟，奉天府尹福保乾隆六十年四月初十日《奏請以劉大觀補用開原縣知縣事》摺。

夏，偕舊友王克紹游開原古塔。

劉大觀《玉磬山房詩集》卷三《王閑雲至自膠州》《開原古塔與閑雲同作》詩。

嘉慶元年丙辰（一七九六）四十四歲

夏，在都刊刻黄景仁詩集。

黄景仁《悔存詩鈔》，牌記題『悔存齋詩鈔，武進黄仲則著，嘉慶丙辰邱縣劉松嵐梓』。劉大觀時以題陞寧遠州知州抵都，祗候引見。

七月初六日，引見，准陞署寧遠知州。

《嘉慶帝起居注》本年七月初六日條：『（吏部）又帶領盛京户部侍郎兼管奉天府尹事務伯麟等題請陞署寧遠州知州，現任開原縣知縣劉大觀引見，奉諭旨：「劉大觀准其陞署寧遠州知州。所遺開原縣知縣員缺，准其將候補知縣章廷樺補授。」』寧遠知州秩正五品。

本年，劉湄作伐，續娶張予定女。

劉大觀《玉磬山房文集》卷四《祭外舅張雲樵先生文》云：『越十餘年，予前室王恭人卒。又越三年，廷尉劉公岸湄爲予作伐，遂婿於公。』

嘉慶二年丁巳（一七九七）四十五歲

春，黄景仁遺詩在都刊竟，洪亮吉有寄詩。

洪亮吉《卷施閣詩》卷十八《劉刺史大觀爲亡友黄二景仁刊〈悔存軒集〉八卷工竣，感賦一首，即柬刺史》詩。

本年，分俸葬祖父母，續纂家乘，託長兄劉大程董理。

民國《邱縣劉氏族譜》卷四劉大程世表云：『仲弟觀服闋補奉天開原縣，升寧遠州，是在嘉慶元年。明年春，舉祖父大事，弟觀羈於職守，一切喪葬儀禮，皆一身任之。』同卷劉大程《族譜後跋》云：『前歲丁巳，弟大觀擢寧遠州牧，慨然念家乘之闕有間也，獨引以爲己任。書來，囑予董其事。』

嘉慶三年戊午(一七九八)四十六歲

八月,奉天府丞劉躍雲晉京過寧遠,有詩贈劉大觀。

劉躍雲《貽拙齋詩集》卷十《過寧遠州贈松嵐刺史》詩二首。

秋,邀吴雲遊寧遠。

劉大觀《玉磬山房詩集》卷三引首,吴雲《留都集序》云:『嘉慶丁巳仲冬,余遭母憂,居京師。會漕河水溢,弗克南下,遷延至戊午秋,食不給。是時,松嵐爲寧遠州牧,遣伻來迎,余遂越禮出塞。』

嘉慶四年己未(一七九九)四十七歲

二月,築退思草堂於署西偏,曾燠有贈詩。

民國《興城縣志》卷十《古蹟》云:『退思草堂題額,在縣署院内西偏,有州牧劉大觀書「退思草堂」四字横額,清嘉慶四年己未孟春立,現已無存。』

冬,獲薦卓異,格於例未果。

徐瀅修《明臯全集》卷六,載劉大觀嘉慶五年正月二十八日致徐瀅修札有云:『客冬,大京兆王公欲以賤名列之薦章,以格於例不果。到州未滿五年,例不准卓異。卒加上考曰:「守潔才優,循聲頗著。」未免居之有愧。考績之年,雖不聽薦剡,亦出考語具題。』大京兆王公,指奉天府尹王秉韜。

嘉慶五年庚申（一八〇〇）四十八歲

閏四月十七日，抵瀋陽，以楊和春控案受質。

盛京刑部侍郎瑚圖靈阿嘉慶五年五月十一日《奏爲遵審楊和春誣控田宗搶米寧遠州知州劉大觀不爲公辦一案按律定擬事》摺有云：『隨調取錦州府知府阿永，寧遠州知州劉大觀，錦縣知縣英亮，來省質訊。英亮業已告病，不能動履；知府阿永，知州劉大觀，於閏四月十五、十七等日先後到省。』

八月十九日，欽差奏請將楊和春發邊遠充軍，劉大觀免議。

盛京將軍晉昌，盛京兵部侍郎穆克登額嘉慶五年八月十九日《奏爲遵旨會審監生楊和春越控兩次誣揑刁健一案定擬事》摺。

嘉慶六年辛酉（一八〇一）四十九歲

冬，遵工賑例，捐陞道員。

《清代官員履歷檔案全編》云，劉大觀『六年，遵工賑例，捐陞道員』。

嘉慶七年壬戌（一八〇二）五十歲

五月，在瀋陽，與程偉元、孫錫飲胡長齡署中。

胡長齡《三餘堂存稿》卷下《夏日招劉松嵐、程小泉、孫雪帷諸子小飲齋中，疊前韻》詩。

十二月初十日，盛京將軍晉昌過寧遠，屬劉大觀删定詩集。

劉大觀《且住草堂詩稿序》文，載晉昌《戎旃遺興草》卷下。

冬，刊王祖昌詩集於京師。

王祖昌《秋水亭詩草》四卷，署『鐵冶亭、阮雲臺兩先生鑒定，嘉慶七年冬邱縣劉崧嵐刊行。』

嘉慶八年癸亥（一八〇三）五十一歲

閏二月，以捐陞道員離任候選，後由寧遠赴都。

盛京户部侍郎德文，奉天府尹良貴嘉慶八年閏二月二十日《奏請以克星額調補寧遠州知州那昌調補遼陽州知州事》摺：『竊照寧遠州知州劉大觀捐陞道員離任，所遺員缺係衝繁疲難兼四要缺，例應在外揀員調補。』

十月，友人招赴揚州，十一月十九日抵揚。

劉大觀《玉磬山房詩集》卷四《冬月十九日作》詩：『去年今日到揚州，掃地焚香並掃愁。』莫瞻菉《硯雨山房詩集》卷二《送劉崧嵐由天津水程之江南》詩。

嘉慶九年甲子（一八〇四）五十二歲

三月初三日，偕張桂林、孫廷璧、張燾、李廷敬等修禊狼山。

李廷敬《平遠山房詩鈔》卷四《三月三日渡江將之海門，適通州張一山刺史招同孫瑶山鎮軍、張慕青學士、劉松嵐觀察、吴庶常、程别駕脩禊狼山，即席賦此二首》詩。劉大觀二月由如皋至通州，後亦取道如皋返揚。時孫廷璧官江南狼山鎮總兵，李廷敬分巡蘇松太道，張桂林知通州，張燾以書院山長客通州。

四月十二日，與吴錫麒、胡長齡等集揚州筱園。

劉大觀《玉磬山房詩集》卷四《甲子四月十二日，與吴穀人祭酒、胡西庚少京兆、家淳齋觀察、鄭東亭侍御、黄朗峰舍人、周竹樵助教，陳惺齋、王春涯兩明府，謝蒼厓廣文集筱園賞芍藥》詩。

夏，遊杭州，秋返揚，過蘇州謁錢大昕。

劉大觀《玉磬山房詩集》卷四《韜光庵》《紫雲洞》《呈辛楣先生》《京口阻風八首》詩。

九月初九日，與諸友會飲江振鴻康山草堂。

劉大觀《玉磬山房詩集》卷四《九日康山宴集》詩。

本年，遵衡工例，加捐過班。

《清代官員履歷檔案全編》載，劉大觀「八年，離任候選。九年，遵衡工例，加捐過班」。

嘉慶十年乙丑（一八〇五）五十三歲

七月，由揚州北上，赴京謁選。

劉大觀《玉磬山房詩集》卷四《留别揚州諸友》詩。

十二月十五日，補授山西河東道。

劉大觀嘉慶十年十二月《奏爲奉旨補授山西河東道謝恩事》摺。本月初九日，劉大觀以湖北候補道分發試用，旋改補山西河東道，新正十九日抵山西省城。

嘉慶十一年丙寅（一八〇六）五十四歲

二月初二日，抵山西河東道任。

劉大觀《玉磬山房文集》卷三《酬酌賑務示諭災黎文》。時晉省巡撫同興，藩司金應琦，署臬司李會觀，提學陳希曾。河東道秩正四品。

本月，上書山西巡撫，加賑兩月。

劉大觀《玉磬山房文集》卷三《籌議加賑兩月乞同中丞具奏書》文。吴雲《皇清誥授中憲大夫山西分守河東兵備道兼管鹽法事劉使君墓誌銘》載：『是歲晉饑，賑務三月將止，君至，力主展賑兩月之議，活數十萬饑民。』

九月十八日，署山西布政使。

劉大觀《玉磬山房文集》卷三《署山西藩司到任疏》文。劉大觀十月二十七日卸布政使任，十一月回河東道任。

嘉慶十二年丁卯（一八〇七）五十五歲

三月，學使陳希曾科試解州，留宿運城。

劉大觀《玉磬山房詩集》卷六《陳鍾溪學使留宿運城，得一夕之歡，明日自解州寄詩來，却寄二首》詩。陳希曾次子陳孚恩，後聘劉大觀女，未及娶而女卒。

十二月十九日，山西巡撫密陳屬員考語。

山西巡撫成寧嘉慶十二年十二月十九日《奏爲密陳鎮司道府各員考語事》摺，後附《山西省太原、大同二鎮及司道府考語清單》有云：『河東鹽法道劉大觀，年五十五歲，山東拔貢。守潔才明，爲人精細。巡察地方并辦理鹽務，俱能詳慎周妥。』劉大觀官年、實年相符，山左人之英挺篤實，可以概見。

嘉慶十三年戊辰（一八〇八）五十六歲

夏，側室邵氏舉一子。

十卷本《玉磬山房詩集》卷六《年五十六始舉一子》詩二首。民國《邱縣劉氏族譜》卷四：『（大觀）生子三，禹都，邵出，少亡。』

八月，朱道衍攜家來依。

朱道衍《鑄亭山人詩抄》卷首，劉大觀《序》云：『星海於去年八月中秋前，由長安攜家來求援於予，予憐其才而悲其遇，月給柴米，以至年終。又爲薦館安邑，不數月，安邑令楚君因事去職，星海可謂數奇。』朱道衍，劉大觀同年朱熊光之子。

嘉慶十四年己巳（一八〇九）五十七歲

十月二十一日，再署山西布政使。

署山西巡撫初彭齡嘉慶十四年十月二十四日《奏爲委令劉大觀署理山西藩司印務并委任錢臻護理河東道等員缺事》摺。劉大觀十二月十二日回河東道任。

本年，捐俸重修關帝廟，自撰碑記。

劉大觀《玉磬山房文集》卷二《重修解梁關夫子廟碑記》文。

嘉慶十五年庚午（一八一〇）五十八歲

正月初六日，初彭齡具摺請將徐秉鈐革職，併指劉大觀徇縱。

初彭齡嘉慶十五年正月初六日《奏爲特參聽囑枉斷事後受財之前署平陽府知府徐秉鈐請旨革職事》摺内有云：『再，河東道劉大觀於所屬知府受賄枉斷，經前撫臣據儀李氏呈控，批令親審。該道詳結案内，並未訊及府縣受賄情節。』初彭齡於離晉之際，特參劉大觀舊屬徐秉鈐，并指摘劉大觀有徇縱情弊。劉大觀獲知後旋反制，具摺劾之。初彭齡此摺，應即劉大觀劾初彭齡之導火索。

正月初九日，上疏劾初彭齡。

《玉磬山房文集》卷三《劾山西巡撫初彭齡疏》文。一檔館藏此摺原件，署『嘉慶十五年正月初九日』。正月初八日，初彭齡將山西巡撫印篆交布政使素納護理，本日起程，前赴陝西巡撫新任。

二月二十六日，嘉慶帝諭將初彭齡、劉大觀交部嚴議，劉大觀來京候旨。

《嘉慶朝上諭檔》嘉慶十五年二月二十六日。又，嘉慶帝三月初二日降諭，初彭齡以四品京官補用，劉大觀照部議革職。

三月，交卸河東道印務，起程赴京。

兼護山西巡撫、布政使素納嘉慶十五年三月十六日《奏爲委任慶福護理河東道事》摺有云：『臣查河東道劉大觀赴京候旨，新授河東道茅豫來晉尚需時日。所有該道印務，自應委員接護，以便劉大觀交卸起程。查有蒲州府知府慶福，辦事安詳，堪以暫委兼護。』劉大觀六月由都門返運城，過濟南時，嘗晤外舅張予定。

四月，翁方綱序劉大觀詩文集。

劉大觀《玉磬山房詩文集》刻本，卷首冠翁方綱嘉慶十五年四月所撰序。計詩六卷，文一卷，是爲首部劉大觀詩文合集，當刻成於本年或稍後。

九月初，游西安，晤董教增、朱勳等。

劉大觀《玉磬山房文集》卷三《致安康馬大令允剛書》有云：『上年九月，始到西安，謁大中丞董公。』《玉磬山房詩集》卷七《藩署賞菊贈朱虛舟方伯》詩。時董教增爲陝撫，朱勳任陝藩。

嘉慶十六年辛未(一八一一)五十九歲

閏三月,迎鑾五臺,進獻詩冊,後賞通判銜。

劉大觀《玉磬山房詩集》卷十一《寄懷潘榕臯先生》詩,其三『我亦虚銜無實相』句自注:『迎鑾五臺,賜通判職。』

五月,攜眷客懷慶府城,旋購宅以居。

劉大觀《玉磬山房文集》卷一《懷州集序》文。據《玉磬山房詩集》卷十《示姪維峻》詩,劉大觀本年迎堂兄劉大鵬妻孥來懷同住。

嘉慶十七年壬申(一八一二)六十歲

四月,訪舊太原。

北京保利國際拍賣有限公司第十二期中國書畫精品拍賣會圖録《松嵐遺墨》中,有《次韻阮芸臺先生見貽》詩手跡,尾署『壬申首夏,攜顔魯公《乞米帖》訪舊并門』。

嘉慶十八年癸酉(一八一三)六十一歲

春,主覃懷書院講席,有詩示諸弟子。

劉大觀《玉磬山房詩集》卷八《示書院諸生》詩四首。

九月，天理教徒起事滑縣後，協助地方官防守城池。

劉大觀《玉磬山房文集》卷三《上少廷尉查厚之先生書》云：『觀客居懷州，去歲滑縣賊起時，只隨同地方官倡率鄉勇，防守城池。温制軍、那總統素俱刮目，不赴軍營投效者，以年逾六旬，精力摧頹，不勝勞苦，故未獲效區區犬馬之力也。』

本年，應何苻芳請，續纂《濟源縣志》。

劉大觀《玉磬山房文集》卷二《濟源九十七泉記》文有云：『嘉慶癸酉，余執筆修《濟源志》。』何苻芳時知懷慶府濟源縣。

嘉慶十九年甲戌（一八一四）六十二歲

春，遊濟南，秋返懷州。

劉大觀《玉磬山房詩集》卷八《題〈洗石圖〉時游濟南》《過東明滑縣亂後諸村墟》詩。十卷本《玉磬山房詩集》卷八《潭西精舍〈捉醉圖〉爲張鹿衾題》《贈家都轉松齋》等詩。

十一月，應吴雲邀，北遊彰德府。

劉大觀《玉磬山房文集》卷二《郡齋宵談記》文有云：『兹歲甲戌，僕遊鄴下，先生（吴雲）又轉賓爲主。』同卷《拜韓魏公祠記》文有云：『今著初服，自懷州冒風雪，策一瘦蹇，來遊鄴下，復拜公于祠，時在嘉慶十九年長至月，日在庚戌。』是日爲十一月二十三日（一八一五年一月三日），劉大觀當於此前數日抵彰德府首縣安陽。

嘉慶二十年乙亥（一八一五）六十三歲

九月初四日，偕友遊天壇、王屋，半月而返。

劉大觀《玉磬山房詩集》卷九《嘉慶乙亥九月初四日，作天壇、王屋之遊，遊十五日。目之所見，足之所履，興之所發，情之所感，悉於詩乎寓之，得十九首。同遊者誰，懷慶府學廣文王霖庵，濟源秀才燕際春也》詩。

本年，刊《主客圖》成，分送諸弟子。

王偁《蓮舫詩鈔》卷十一《懷州集》卷首，劉大觀《蓮舫詩鈔懷州集序》云：『至乙亥，刊《主客圖》成，余分賜諸生，並以聞於石桐、少鶴兩先輩清奇妙論授於生。』按，《主客圖》，即《重訂中晚唐詩主客圖》。

嘉慶二十二年丁丑（一八一七）六十五歲

四月，南下遊武昌，湖廣總督阮元招飲劉園。

《玉磬山房詩集》卷九《芸臺制府招飲劉園與張水屋刺史同賦》《留别》詩。

秋，屬章煒重刻黃景仁《悔存齋詩鈔》。

章煒《悔存齋詩鈔序》云：『《悔存齋詩鈔》者，武進黃君仲則之詩，翁覃溪先生爲删存五百首，而劉松嵐觀察于嘉慶丙辰刻之都中者也。越二十有二年丁丑，觀察攜之來楚，以其校讎未精，取以畀煒，使重刻焉。』章廷樑時署鹽法武昌道，其子章煒年二十四，尚未中舉，隨侍署中。劉大觀十月由武昌北返。

本年，補刻詩文集。

劉大觀《玉磬山房詩文集》十卷本，本年補刻竟，計詩八卷，文二卷。

嘉慶二十三年戊寅（一八一八）六十六歲

秋，重遊運城、太原，冬返里。

劉大觀《玉磬山房詩集》卷九《新安》《周衣谷方伯署中與學使賀耦庚廉訪邱南屏觀察趙雪村及太原太守德潤齋同賦》等詩。

嘉慶二十四年己卯（一八一九）六十七歲

春，置穴地於濟源城外，葬原配王氏。

劉大觀《玉磬山房文集》卷三《致李松圃先生書》云：『觀河東解組，於懷慶買宅一區，竹塢苔岑，奇葩怪石，足以觴詠風月。又於濟源城外得嘉壤數弓，疊嶂重巒，目極無盡。而三溪薈萃，緊抱一邱，地師曰：「前案有三台峰，後案有貴人峰，此大江左右不多見之地。如用之，必生佳兒，將來子孫世澤，亦復能久遠。」遂以元配王恭人葬焉。』

嘉慶二十五年庚辰(一八二〇)六十八歲

本年,主修《邱縣劉氏族譜》。

劉大觀《玉磬山房文集》卷二《家譜序》文。

道光元年辛巳(一八二一)六十九歲

二月二十九日,側室邵氏卒。

劉大觀《玉磬山房詩集》卷十《悼亡四首》詩。

夏,側室周湘花歿。

劉大觀《玉磬山房詩集》卷十《哭周姬》詩。

八月,與懷慶府學教授張宗泰論詩,往來頗密。

劉大觀《玉磬山房詩集》卷十《贈張學博魯巖》《以羊裘贈魯巖學博,附五言一篇》詩。

道光二年壬午(一八二二)七十歲

二月二十八日,妾李氏生子。

民國《邱縣劉氏族譜》卷四:『維嶔,觀次子,字大松,號晨峰,歷任鞏縣、陳留典史。生於道光二年二月二十八日。配康氏,前任兩廣總督紹鏞公長女;繼配楊氏。』

三月初八日，自懷慶起身，二十四日抵都。翌月初七，抵劉大均豐潤縣署。

劉大觀《三致鮑珊札》有云：『弟於三月初八日自懷州起身，廿四日抵都。適覺生先生旋自珂里，昕夕過從，篤如膠漆，何其幸也！於閏月初七，到舍弟春帆豐潤署中。』《玉磬山房文集》卷三《致古北口楊提台書》文云：『家弟春帆，作宰豐潤。此地路當孔道，差務冗繁，民則醇良，役多積蠹。因念手足之誼，不得已，姑來一游，匡其未逮。于閏月初旬到署，約冬間仍旋懷州。』

十月，由豐潤入都，乞鮑桂星、王廷紹刪訂詩稿。

劉大觀《玉磬山房文集》卷三《致鮑覺生先生書》文云：『心醉盛名，久歷年所，去冬始得親炙顏色，大幸大幸！……又與楷堂比部定鄙人詩稿，不使疵纇引世譏彈，觀拜大賢之賜厚矣深矣。』劉大觀十二月由京師旋懷慶。

道光三年癸未（一八二三）七十一歲

四月初十日，邀學使吳慈鶴等飲小琅玕館。

劉大觀《玉磬山房詩集》卷十一《次韻吳巢松學使見貽之作》詩四首。吳慈鶴去歲八月授河南學政，十月初二日到任。

夏，偕康紹鏞等游祝融道院。

劉大觀《玉磬山房詩集》卷十一《康蘭皋中丞約游清化祝融道院賞芙蕖值雨》詩。《玉磬山房文集》卷二《清化祝融道院賞荷記》文。

道光四年甲申（一八二四）七十二歲

夏，聞劾初彭齡疏，載入《仁宗實録》。

劉大觀《玉磬山房文集》卷三《致李松圃先生書》文云：『觀昔解組時，不識者以爲可惜，其識者以爲失官勝於得官，初不知二者孰是。去年夏間，聞得劾奏初彭齡一疏，已進呈御覽，刊入《仁宗實録》，乃知失官果勝於得官矣。』

本年，辭省城大梁書院教席。

劉大觀《玉磬山房詩集》卷十二《辭大梁書院掌教上程問園中丞》詩。程祖洛道光二年至七年任河南巡撫。

本年，子維崎生。

民國《邱縣劉氏族譜》卷四：『維崎，觀三子，字小松，候補州吏目。生於道光四年。配燕氏，繼配段氏。生子二，耀堂、繩祖，俱段出。生女三。』

道光五年乙酉（一八二五）七十三歲

二月二十八日，子維嶔三周歲，有詩示夫人張氏。

劉大觀《玉磬山房詩集》卷十二《仲春二十八日，小兒七十子歲滿三周，舉家歡笑，作長句二十六韻，示吾室張恭人。兒名維嶔，以余年七十始生此子，故以爲乳名》詩。

本年，參訂《河内縣志》。

劉大觀《玉磬山房文集》卷一《重修河内縣志序》文。按，道光五年刻本《河内縣志》，卷首冠吴慈鶴、程祖洛、劉大觀序。修志姓氏中，劉大觀列名參訂。

道光六年丙戌（一八二六）七十四歲

春，遊開封，晤栗毓美、馮繼照等。

劉大觀《玉磬山房詩集》卷十三《祥符客舍病中》《汴州逢李蓮塘之子大基》《贈栗朴園太守》二首詩。同卷尾馮繼照跋云：『去春，先生遊大梁，始得以年家子禮晉謁行館。』

道光七年丁亥（一八二七）七十五歲

本年，刊行《娱老集》。

劉大觀《玉磬山房文集》卷一《娱老集序》有云：『自壬午以後所得詩，名《娱老集》，蓋以詩娱悦性情，而自忘其爲七旬以外之老夫也。』《娱老集》三卷，收詩至本年，包括在十七卷本《玉磬山房詩文集》内，計詩十三卷，書簽題『玉磬山房詩定本』，文四卷。翌年續補刻文一篇，補鈔詩二首。

道光八年戊子（一八二八）七十六歲

夏，姚椿遊懷慶，留宿養愚園。

姚椿《通藝閣詩續録》卷七《懷州留宿劉松嵐觀察十丈大觀養愚園六首》詩。

夏，招錢杜賞柯九思畫，各有詩。

錢杜《松壺畫憶》卷下：『柯博士工書，其畫傳世甚少。劉松嵐觀察藏其青緑山水一幀，筆致醇静，士氣盎然。戊子長夏，招過小青琅玕館，相對竟日，與松嵐各賦一詩。』

道光十四年甲午（一八三四）八十二歲

三月二十三日，卒於懷慶府城。

國家圖書館藏《皇清誥授中憲大夫山西分守河東兵備道兼管鹽法事劉使君墓誌銘》揭本。是日當一八三四年五月一日。

除已梓詩文外，遺稿尚有《玉磬山房筆記》《玉磬山房賸稿》等。

陶湘編《昭代名人尺牘續集小傳》卷二，載劉大觀道光十年十二月致錢泳札，有云：『唯散體文及詩未刊者甚多，敝簏撚圓，無力付梓。』民國中州文獻徵輯處《第三期徵輯書目》中，著録劉大觀《玉磬山房筆記》鈔本二册，《玉磬山房賸稿》鈔本一册，應是道光八年後所作，生前無力付梓之詩文。

道光十五年乙未（一八三五）

三月二十六日，家人葬之濟源三河口。

國家圖書館藏吴雲《皇清誥授中憲大夫山西分守河東兵備道兼管鹽法事劉使君墓誌銘》搨本有云：『以明年三月二十六日，葬於濟源三河口之新阡。』按，劉大觀墓誌及墓蓋，一九八〇年五月由河南省濟源市軹城鄉趙李莊出土，原物現藏濟源市博物館。墓誌楷書四十行，行四十二字，高、寬各六十七厘米。墓蓋題『皇清誥授中憲大夫山西分守河東兵備道兼管鹽法事劉使君墓誌銘』，篆書六行，行五字。

附録二　族譜方志檔案

皇清誥授中憲大夫山西分守河東兵備道兼管鹽法事劉使君墓誌銘

賜進士出身誥授中憲大夫晉封通議大夫前翰林院編修掌山東道監察御史河南彰德府知府長洲八十八叟吴雲拜撰

賜進士出身敕授承德郎國子監司業前翰林院編修乙酉科四川正考官提督雲南全省學政辛卯科順天鄉試同考官加三級受業李棠階書丹並篆蓋

山東劉松嵐使君，與蘇郡吴雲爲生死交。臨殁，執其子維嶔、維崎手，而遺命曰：『我死，必得吴君銘予墓。』訃至，并以狀來，予爲位而哭，蓋逡巡不能下筆者旬日於兹。顧義弗可辭，謹撮其大者書諸石。

按，使君名大觀，字正孚，號曰松嵐。先世居萊之濰，明建文時徙於邱縣。六世祖嘉遇，萬曆間進士，官至山西按察使，爲當時名臣。曾祖秉義，歲貢生。祖士縉，拔貢生，榮經知縣。父曰燮，桐城知縣，生君兄弟五人，君其次也。年十八，補東昌府弟子員。旋食餼，爲學使韋公謙恒所賞，謂其人及文有英氣。二十四歲，錢公載按試，亦知之，舉臨清州拔貢生。蓋邱本隸東昌，後改臨清直隸州，邱爲所屬，實自乾隆丁酉始。戊戌，廷試一等，分發粤西，以知縣用。補永福，權馬平，調天保。先後丁母及父憂，起復，改官奉天。權承德，補開原，擢寧遠州，陪都大臣多薦其能。捐升道員，後官止山西河東道。

君之牧寧遠也，當嘉慶五年，營造昭陵牌樓。會有議輦州治祖大壽故址移建者，君念丁運重累民，且大壽亡國臣，其故物亦不堪供上用，陳請當道，事遂寢。城東釣魚臺，爲海口通商，旋封閉，君請復開禁。未幾，直隸水災，州氓以糴穀獲厚利，至今食其德。君既負吏才，思爲時用，顧沈滯牧令，謀弗伸，乃援例納貲，乙丑冬分發楚北，以道員用。仁廟召對，嘉其才，命記名，越三日，遂有河東之特簡，蓋異數也。是歲晉饑，賑務三月將止，君至，力主展賑兩月之議，活數十萬饑民。其鹽法，以往年課歸地丁，蠹叢積弊，乃晝夜苦心調劑，商民俱稱便。旋權山西布政使事。時中外想望，寖寖將大用，而巡撫初公不甚洽，又門下多蜚语搆釁，君掣肘，憤甚，乃抗疏劾其失，初公以是罷，而君亦褫職。厥後遇恩給六品銜，君亦不復出矣。

先是官粵西，時馬平積雨，柳江暴漲，城不没者三版，呼號望拯。君謀諸營弁，募兵三千，立水中堵築，凡三晝夜，城得完。晚居懷慶，值滑匪牛亮臣、李文成作亂，君著《防守要略》達總統，據以入奏，上命總兵帥師駐清化鎮及三苗莊，聯絡聲勢。君復率家丁、團練、鄉勇，得二千五百人。賊偵知懷郡有備，不敢窺，乃罷。入輝縣，終破城。君儒者，未嘗臨行陳，而事機猝發，逆料如神，果決有斷制，雖知兵者弗逮。平居喜與雄偉大將才相往來，異日品第人物者，可想其英概焉。嗟乎哉，輪囷合抱之姿，旦夕不經見，而又未嘗乏也。□□者既生之，日月照焉，雨露濡焉，而弗令處長樂之宫，搆含元之殿，卒與朽株枯木同，豈不可悲可惜也哉！予觀君《玉磬山房集》中年以後詩，沉雄硉矹，時露其氣於弩張劍拔間，恨不能起九原而一問之也。

君長身玉立，美鬚髯，能飲酒，工詩及書。其詩壯年與高密李石桐、少鶴相切劘，後稍放。既罷官，無所發抒，愛懷慶山水竹樹之勝，有買姓者，空其宅數年矣，君願得之。既立券，又召其人來，謂：「我乘人之急而獲産，不祥。」復與若金如干，買姓者再拜去。君後謂其繼室張曰：「吾欲今後之買宅者，亦得主若是也。」又於濟源置生壙。太守張延主覃懷書院山長，教誨將二十年，舉鄉薦者十九人，三人成進士，有官至臺閣者。性慷慨好施，赴人之急，居懷常空乏，然恤鄰人萬氏之喪，葬其九世十二柩，其勇於爲善類如此。中年孕嗣多不育，逾七旬，生嶔及崎，今俱成立，清白傳家。齒臻耄耋，蔚爲人望，大河南北，尊之曰松嵐先生，其亦可以無憾矣夫。

君生於乾隆十八年四月五日，卒於道光十四年三月二十三日。以明年三月二十六日，葬於濟源三河口之新阡。當乾隆庚戌、辛亥間，君來吴，始相識。厥後邀予遊寧遠。君至京，恒主予家。曩在相州，相聚者百日。前二年，君壽八十，時久不得予札，訛傳予卒，傳書問所葬月日，予大笑。今予僅存，而君則長已矣。無以寄哀，爲之銘曰：

匯㵐王屋，西拱群山。維沇及濟，靈壑攸環。左龍右虎，金鎖幽關。縈卯金之寓公，廼藏魄於其中。余既不能乘素車而陳奠兮，翩尻輪其御風。召趾離使執紼，俄朝旭之升東。（中國國家圖書館藏搨本）

邱縣劉氏族譜序

洪亮吉

今海内劉氏，最著者凡十數宗，率皆以彭城爲望。然彭城之劉，亦不下五六宗。《宋書·劉延孫傳》：『延孫與帝室雖同是彭城人，别爲吕縣劉氏。居彭城縣者，又分爲三里。帝室居綏輿里，左將軍劉懷肅居安上里，豫州刺史劉懷武居叢亭里，及吕縣凡四劉。雖同出楚元王，由來不叙昭穆。』外若《劉穆之傳》：『東莞莒人。』《劉粹傳》：『沛郡蕭人。』是四劉之外，又别出數劉，支派即不同，然地皆不出數百里。若今邱縣之劉，本自濰縣徙，於諸城劉氏爲一宗。披輿地圖，諸城之南已與豐、沛接壤。《漢書·楚元王交傳》，交以帝弟封楚，其先實兼郯、薛諸郡，彭城、吕諸縣，實皆此數郡所屬。是此上諸劉，爲楚元王之裔無疑。子姓處國封，及宗派蕃衍，又就近遷徙，若今諸城、濰縣之劉，或即其一也。《邱縣劉氏族譜》僅自明初起者，蓋傳信不得不如此耳。

劉氏徙邱縣以來，又皆以循吏世其家。七世祖嘉遇，以前明進士起家，宰偃師，以多惠政，入名宦祠，歷官至山西按察使司。入本朝來，十三世士縉，宰貴州天柱、四川滎經；十四世曰燮，宰安徽桐城、涇縣；均有惠政，載之《行實》。今吾友大觀，由明經亦以縣令起家，擢州守，今晉階觀察，所至民誦之不置口，可云克守世業矣。

夫古人有爲宰相，而其聲績反不若爲牧守時者，春秋之蔿敖、鄭成子，漢之王成、黄霸是矣，是以司馬遷、班固皆入之《良吏》。即以劉氏論，劉寵於後漢時亦嘗爲太尉，而范《史》亦以《循吏》傳之，則不没其實也。吾又願劉氏子姓讀是《譜》者，凜凜於祖宗之循績，克世世守之，由是以大其宗，而保其族。使後之論者，以爲諸城劉氏以相業傳，邱縣劉氏以吏聲著，吾得援蔿敖、鄭成子、王成、黄霸及劉寵之例，以告於世曰：『循吏之功不減宰相。且有已爲宰相，而良史反目之爲循吏者。』是不特可爲劉氏勸，亦足以風世之在位者矣。翰林院侍讀，前貴州學政，陽湖洪亮吉撰。（民國《邱縣劉氏族譜》卷首）

劉大觀先世世表

一世彦實，爲人有隱德，有遠識。今城北祖塋，相傳其所自擇者。系出本省萊州府濰縣，有明初服，卜居於邱。祖塋東偏南去二里許，屹相向者，是其舊址也。編户奉化鄉。邱邑有我劉氏，自此始。後因黄侯順里，遂散入别鄉云。配趙氏，生子剛、寬、海。

（二世）剛，彦實長子。克守先業，兩弟俱避徭役，六子各授室，散而之四方者五，蓋纘承若斯之難也。配王氏，生子六，順、鎮、慶、英、端、宣。

（三世）慶，剛三子。獨能守業，以吏員爲南京司獄。嘗集《爲善陰騭》、《孝順事實》等書，享年七十二歲。配張氏，繼配王氏、宋氏、高氏。生子二，憲、章。生女一。適清漳賈門。

（四世）憲，慶長子，字士賢。甘澹泊，慎取予，志潔行芳，表表在人耳目間。生於天順四年十一月二十二日，卒於嘉靖九年二月十九日，享年七十歲。元配王氏，孟固人，無所出。繼配王氏，南哱囉省祭官王公弼女，貞淑仁慈。愛孫婦武氏者，爲其能體敬姜逸勞意也。享年九十九歲。生子四，三錫、三省、三聘、三禮。

（五世）三聘，憲三子，小字周兒，字以道。性平和，善經理，家道漸豐，子姓漸昌。生於弘治十六年癸亥，終於嘉靖二十二年癸卯，享年三十有二。配魏氏，北街魏公堂女，半世孀居，一生嚴厲，持家教子，卓有賢聲。生於弘治十七年甲子四月十六日，終於隆慶五年辛未五月初一日，享年六十七歲。生子三，韶、歆、韻。生女一。適南辛店蔣嵩。

（六世）韶，三聘長子。小字宅兒，字子善，號北池，例貢生。剛方正大，事母孝，課子嚴。葬兩弟，撫姪婦並成完節。保孤侄，嫁孤侄女，仍葬孤侄，撫兩弟婦亦成完節。更保孤侄孫成立。又給族人衣食以養生，棺具墳地以送死，鄉里推重。凡六舉鄉飲大賓。以子爵，封文林郎，加封承德郎。臨終，晨起沐浴，整衣冠，端坐如常，無病而逝。加贈奉政大夫、兵部職方清吏司郎中，又贈通議大夫、山西按察使司。生於嘉靖七年戊子十二月二十四日，卒于泰昌元年庚申十二月十二日，享年九十三歲。配武氏，北關武公府女，孝慈和順，撫孀恤孤，稱賢内助焉。以子爵，累贈淑人。生於嘉靖十年辛卯十月初十日，卒于萬曆三十四年丙午二月十八日，享年七十六歲。生子四，嘉禎、嘉祥、嘉兆、嘉遇。生女一。適壽官楊英。

（七世）嘉禎，韶長子。小字映珊，字時熙，號小池。篤德行，創基業，田地百餘頃，樓房百餘間。以祖宅讓仲弟，聞季弟捷至，代造新宅一所。年過古稀，猶著萊彩娱親。……晚年推舉鄉賓，恩給冠帶。雖子弟科貢聯登，全無貴介氣習，布衣徒步，澹如也。生於嘉靖二十六年十月二十五日巳時，卒於崇貞元年十月二十四日寅時。元配張氏，王馬村張公洪極女。繼配石氏，無所出。生子三，爾淇，夭；爾濬、爾潔。生女一。適新莊吴新民。

（八世）爾濬，禎次子，字淵如，號向若。監生，姿魯而困於學，遂治家人生産，刻志勤儉，丕振世業。後以子爵，贈奉直大夫、鴻臚寺右少卿。生於隆慶五年辛未九月二十日，卒於天啓元年辛酉十月初四日，享年五十一歲。配王氏，南新莊王公養民女。以子爵，贈宜人。生於隆慶四年十月二十六日寅時，卒於天啓五年正月十三日午時。生子三，中鰲、中鱣，俱王出；中鰝，庶出。生女一，適七方睢煜宸孝廉公諱珅子也，王出。

（九世）中鰲，濬長子，字占之，號雲九。讀書能文，持躬有體，按察公于諸子侄中，特器重之。由例貢累官奉直大夫，鴻臚寺右少卿，典禮王廷，循循然中規矩，其宏音亮節，每爲上所褒嘉。轉左少卿。鼎革後，抑鬱以没。生於萬曆戊戌年十月二十四日申時，卒於崇貞甲申年八月二十九日未時。元配李氏，申二寨某公女，誥贈宜人，無所出。繼配靳氏，館陶縣蔡家口文光公次女。再繼配袁氏，曲周縣袁家莊某公女，誥封宜人。生於萬曆四十一年十二月二十三日，卒於順治六年正月二十四日。庶張氏。嗣子世寵。生女三，長夭，次適直隸威縣任松江府同知次子，生員高履恂；靳出。次適北羅恩貢生長男，生員趙士樸，袁出。

（十世）世寵，中鰲嗣子，行三。年二十二歲，甫遊泮即棄世。後年餘，其仲兄憫弟妹王氏孀居無依，以少子過房，復續奉直大夫嗣。生於明崇貞元年十二月十五日，卒于順治四年十二月初六日。配王氏，曲周縣東目寨生員元通公女。年二十四歲守節，子女皆無，撫兄次子，歷盡寒暑，完成大節。有《柏舟》之風，未經旌表。嗣子若敞。

（十一世）若敞，寵嗣子，行二，字景原。例貢。爲人淵涵静默，不言躬行，孝友性成。父命承叔祧，以孀爲母，能得心養志。每舉趾，不忘敬慎，母恃以完節。其後事生身父母，孺慕依依，温情無或間。比及終藏，曲盡哀毁，竭蹶拮据，與兄並襄喪具，全不以降服之故，力稍自私。兄弟怡怡，憂樂相恤，有司馬氏旦光遺風。黄邑侯以孝行聞於臬台，給匾旌奬，載《縣志》。鄉飲，闔邑公舉大賓，庚辰進士、永安令紫庭李公爲之志銘。生於順治元年正月十四日亥時，卒於康熙三十八年六月初七日卯時，享年五十六歲。元配耿氏，梁莊任盧江令槐三公女。孝事孀姑，姑因子非己出，有疑志，每故爲苛試，卒能委曲承順，得其心歡。及姑病偃床，晦明風雨，數年間無廢事，亦無倦色。姑病篤，穩知純孝，悉白諸姑伯姊，即今舅氏家猶稱道不衰云。生於順治元年五月初七日寅時，卒於康熙二十一年十一月十一日酉時，享年三十九歲。繼配汪氏，館陶縣汪家堤生員愛蓋公長女。得大家體段，視前子女一如己出，撫而能慈，慈而不溺，恩義兼至，繼母中絶無而僅有者。生於順治三年九月二十一日戌時，卒於康熙二十八年四月初四日亥時，享年四十四歲。再繼配馬氏，陶邑沃頭村近池公女，順治九年五月十一日未時生，無所出。生子三，秉義、秉信、秉方，俱耿出。生女二，長適例貢生左允宜，耿出； 次適清源孫家樓業儒孫裔獻，汪出。（以上民國《邱縣劉氏族譜》卷二）

（十二世）秉義，敞長子，字伯由，號宜齋。例貢，敕贈文林郎、四川榮經縣知縣。寬裕莊嚴，端凝謙光，穎慧什伯于衆，而渾融不露。遇劇難事，盈庭聚訟，片語剖決，驍然以解。天性孝友，恪遵先世家風，事父母承顏怡志，曲盡敬養，奉兩繼母如所生。兄弟間怡怡一堂，恩義綢繆，大類真慶遺徽。仲弟早逝乏嗣，慨然以次子承祧； 尋夭，復以季子承祧； 撫育義方兼至。邑侯贈匾曰『寅清振武』。康熙庚寅纂修邑史，修飾潤色，多出其手，雖未付梓，遺稿實爲繼起藍本。族舊有公廟在城隅，爲漳流所浸，謀復營建，而亟不得善地。乃就家中立支祠，設廚匣，藏封誥卷軸並先人遺像。又念族姓繁衍，家乘缺遺，因舊本而增譜之，其編次《表》、《傳》，體制規爲，務期詳審，鏤諸板，藏家廟中。又念水源木本，期會闔族，每歲履端之上丁日，赴塋祀墓畢，叙世次，行慶賀禮，次朝仍宴飲竟日； 蓋于尊祖、敬宗中，寓合漠渙萃之道焉。晚年尤工詩律，與蔣介石先生朝夕唱和，蔣公嘉其詩有中唐氣味。卒後，邑紳士哀之，聊攝鄧殿撰爲誌其墓。嘉慶十四年，以曾孫大觀爵，貤贈中議大夫。生於康熙四年十月二十六日子時，卒於康熙五十八年五月二十九日卯時，壽五十五歲。元配李氏，同邑陽穀縣學博肇修公孫女、庠生連珠公長女。敕贈孺人，以曾孫爵，貤贈太淑人。德性賢淑，克勤克儉，事翁姑以孝聞，諸事每爲娣姒先。當兩姑相繼違養，以弱媳揞拄中饋，操作縫紉、浣洗烹飪之事，皆獨任之。又迭遭閔凶，佐理大事，一切内外賓客之需，布帛、酒漿、蔬米之出納，皆有條理。翁常歎其賢能，以爲不愧吾家塚婦云。生於康熙四年六月初八日巳時，卒於康熙三十九年十一月二十七日丑時，壽三十六歲。繼配郭氏，館陶庠生郭公三女。質直簡易，言笑不苟。于歸後，事繼姑惟謹，姑殁，盡哀盡儀，卒襄大禮。嘗云：『吾爲劉氏婦，獨以不逮事先舅爲憾耳。』性嚴厲，不輕假人以顔色，撫前子如己出，殷勤教養，至於成立。以子爵，貤贈孺人；以曾孫爵，貤贈太淑人。生於康熙二十五年七月三十日丑時，卒於乾隆四年十一月初十日亥時，壽五十三歲。生子三，士綱，出繼秉信；士縉；俱李出。士絟，郭出。生女一，郭出，適同邑翟孝樓例監殷木王公男，太學生兆圻。（民國《邛縣劉氏族譜》卷三）

（十三世）士縉，義次子，字覲宸，號笏庭，行四。雍正乙卯拔貢，歷任貴州天柱縣知縣、四川榮經縣知縣。性沉厚，務博覽，有幹濟才。事父母至孝，處兄弟，友愛無間，處瘠讓腴，視若固然。接族党戚友，忠信無欺，遇有緩急，不吝推解。故月旦之評，咸推人望。拔貢朝考一等，揀發貴州，補天柱。天柱，苗疆也，初改流官，百事草率。縣有三里，曰居仁、由義、循理。定糧額時，田未履勘，多有糧無田之户。胥役追呼，輒鬻牛馬以應官税，牛馬盡則鬻兒女，紛紛控訴，前任官悉置不理，而追呼敲撲如故。公下車之始，慨然曰：『閭閻脂膏，焉有納無田之稅者乎？』亟請于上官，許之。乃親詣隴畝履勘，年餘丈始畢，免三里虛耗無算。民泣下，謂其兒女曰：『爾得不鬻，幸值好官。不然，明歲此時，以爾納官稅矣。』他善政多類此，頗受知于上官。是時聞訃，丁郭太淑人憂，值黎平軍興，制府張公奏留辦理軍務，帷幄運籌，悉以咨問，益奇公之才。軍務畢，回籍守制。邑之南寨村與直隸曲周接壤，地界不清，搆訟多年。經兩省道府大員親臨會勘，終不允服，而怨毒之結愈深，蜂聚數千人，將持械以死鬥。其村中父老有識者，聚而謀曰：『吾兩造所爭者，非地也，氣不平耳。兩省道府各袒其民，適足釀禍。天柱公信義著於鄉黨，非此公不足了此事。』乃來見公。公謙遜，以婉言謝之。父老請愈堅，不得已，約期至界所，爲曉大義，陳利害，父老子弟靡不悦服，訟解並相推讓焉。乾隆十三年服除，揀發四川。時金川苗蠻不靖，制府張公移節蜀督，馳檄日八百里召至軍，使辦總糧台，支發無私，一軍稱頌。制府喜，復使帶兵開美諾道。周覽山川形勢，繪圖貼説，凡屯軍積糈、備禦扼要之處，無不具悉。及進軍，與圖合，制府以是益奇之，將特薦以道府用。是時，金川經略諸親與制府有隙，誣劾制府，逮繫入都。公被牽連，落職待罪，人皆危公，公坦然。未幾，後任經略傅忠勇公恒奏雪張公被誣狀，諸親伏法，公開復原官，補榮經縣。榮經爲西藏衝衢，民疲於撥役，爲定輪役法，輿情大洽。時詔捕妖人馬朝柱甚急，或言匿榮經者，大吏紛紛密遣探刺，公如常理民事，暇輒弈，不問捕事，幕友官戚咸愕然。事寢問公，公笑曰：『我知此縣數年矣，百姓灶洞門向那邊開，我都知道。焉有馬朝柱在我治下，我茫然不知？此必有人俠仇，藉以傾陷，一涉張皇，無柱有柱矣，誣民駭聽，故不爲也。』官榮經十年，囹圄空虛，未嘗禁一囚，古之循吏不是過也。素强健，無疾病，壬午冬，忽覺臂疼，然猶神閑意適，理官事如平素。忽一日晨起，具衣冠，端坐而逝。壬寅修邑乘，載入《鄉賢傳》。嘉慶四年，以孫大觀升任寧遠州知州，貤贈奉直大夫；繼任山西河東道，加一級，晉贈中議大夫。生於康熙三十三年八月二十五日申時，卒於乾隆二十七年十一月初八日辰時，享年六十九歲。配崔氏，館陶縣韓莊，原任山西布政司理問泰階公孫女，封太孺人。天性慈祥，容止莊重。于歸後，繼姑郭太孺人治家嚴肅，娩婉聽從，曲盡婦道，處娣姒，謙而有容，喜怒不形於色，烹飪浣濯皆獨任之。嘗暑月執炊，汗覆於面，不暇拭。臧獲下人不能忍之事，皆以爲分所當然。侍姑疾數十晝夜，目不交睫，姑屬纊之夕，執衣裾呼孝婦者再。性勤儉，不尚華飾，佐理翁姑喪葬事，靡不勤恪周至。年六十餘，猶紡績不輟。榮經公仕宦三十年，未嘗一至任所，族黨皆難之。子曰燮爲江南桐城令，始迎養焉。敝篋敗絮，瑣細百具，皆賫行，謂：『老婦朝夕需此，勿爲民累。』次孫大觀五歲失母，恩養教誨二十年。觀嘗茹淚焚香，夜禱於天，願早登仕籍，報祖母恩。觀二十六歲，以拔貢朝考一等，得廣西永福縣令，署理象州、馬平、賀縣，調補天保，迎養至署，年已八十有七。又越十年，無疾而終。觀遷擢奉天寧遠州知州，貤贈太宜人；陞山西河東道，加一級，晉贈太淑人；族党戚屬皆以爲孝慈之報。生於康熙三十三年六月十六日亥時，卒於乾隆五十五年十二月十七日子時，享年九十七歲。生子二，曰煜、曰燮。生女二，長適同邑翟孝樓徐公充符長男，例監淮，夫亡守志，建坊旌表；次適北辛店歷城縣訓導唐公貢庵次男，附貢汝明。（民國《邱縣劉氏族譜》卷三）

（十四世）曰燮，縉次子。字理齋，號鼒堂，行三，安徽桐城縣知縣。以子爵，誥贈奉直大夫，奉天寧遠州知州；晉贈中議大夫，山西河東兵備鹽法道。氣象偉岸，品度端凝。性最孝，敦于倫紀，兄弟同居，深相友愛，終身無間言。與人讜直好盡言，或面折人過，聞人一善，則亟稱之。至於急人之難，則慨慷無吝色，亦無德色。少隨父任，能指陳官事利弊，多中竅要。好讀書，手不釋卷，凡名臣大儒嘉言懿行，輒手録之。嘗訓子侄曰：『范文正公做秀才時，即以天下爲己任。爾輩淺學陋質，何敢仰希古人？亦當以一家一族爲己任。不然，祖、父何須有此子孫耶？』乾隆戊寅，納貲農部，得廣東新會縣丞，歷署鶴山、翁源縣篆。他邑有疑獄不能決者，上官檄往會訊，咸得其實，民心悦服。在新會時，有客民告盜者，云在舟中失銀六百兩，拘同舟者至，語言質樸，衣服完潔，絶不類盜，問數語，輒遣之。再鞫再訊，一無端倪。忽詰之曰：『爾此地有親乎？』曰有。即出其不意，往所親，搜獲全贓。蓋客民受人寄託，匿金而誣控者。同舟人悉以首控地，頌爲神君。署鶴山時，有告謀殺其子者，往驗屍，屍父哭甚哀，而供詞恍惚，呵之曰：『爾殺己子，欲坐罪他人乎？』屍父語遁，不能支吾，唯叩頭伏罪，旁觀者數千人，呼爲『青天』。忠信明決，發奸摘伏類如此。署翁源時，值縣試，典史吕法泗受紳士之托，壽以千金，曰：『我有兒孫要讀書，獨不爲我後人計乎？』法泗慚而退。旋丁父憂，里居三年，足不踰外户。服闋，揀發安徽，補休寧縣丞，升桐城縣知縣。甫下車，久旱不雨，民心皇皇，即具文請平糶，恤民饑餒，又齋沐虔禱，未逾日，大雨如注。偶遇偏災，日馳四境中，計口授食，所存活無算。桐民頗健訟，有市猾數十輩，骫法作奸，武斷鄉曲。廉得其實，置一人於法，而群邪斂跡。在桐二年，惟與總憲張公若淮友善，其餘顯宦大族，均不得妄有干請。後以疾引退，病痊，署理涇縣。是時，僚友有倪廷模者，趨走迎合，舉止不端，心鄙其爲人，卒爲所中。解組後，次子大觀迎養於粤西官署，遊覽佳山水間，飲酒嘯歌，意甚適也。忽丁崔太淑人憂，哀毁骨立，痛不欲生，七千里外扶櫬歸里，形容枯槁，頓異昔時。越明年，以哀毁卒。生於雍正元年五月二十七日未時，卒於乾隆五十七年三月二十日寅時，享年七十歲。配王氏，曲周縣雍正壬子科舉人友仲公三女，贈孺人，誥贈太宜人，晉贈太淑人。賢而孝，儉而知禮。相夫子以敬，處娣姒以和，待嫗婢下人以恩，族党稱爲女宗。生於雍正元年五月二十三日寅時，卒於乾隆十一年四月初三日酉時，享年二十四歲。繼配姚氏，館陶縣原任江西九江府同知某公孫女、上舍某公女。敕贈孺人，誥贈太宜人，晉贈太淑人。天資明慧，識大體，讀《孝經》、《論》、《孟》、《列女傳》及紫陽《綱目》，皆了然於心，不徒記誦。事姑孝謹，家庭雍和，待前子如己出，撫摩噢咻，教養兼至。持家豐儉適中，御下寬恕，不事嚴苛。而體羸多疾，病危時，姑崔太淑人至榻前，猶强起理髮，叩頭謂姑曰：『兒短命，數也，姑勿傷心。兒不能事姑，輒先死，兒死不瞑目。』太淑人相對而泣，委婉寬慰之。太淑人去，呼子大觀至前，曰：『我不能報祖母恩，爾稍長，要學好，努力讀書。如得一官，迎養祖母，我入土，猶在世間。』少頃揮觀去，恐亂方寸。手握《通鑒》一卷，讀數行，擲書而氣絶，可謂神明不亂矣。生於雍正六年九月初六日子時，卒於乾隆二十二年九月初一日酉時，享年三十歲。再繼配李氏，紹興山陰縣太學生某公女。敕贈孺人，又贈太宜人，晉贈太淑人。生而婉嫕，體質柔弱，善女紅，得姑歡心。無非無儀，不妒不忌，真賢媛也。於歸後，逾年卒，無所出。生於乾隆十年十月初七日戌時，卒於乾隆三十一五月二十五日酉時，享年二十一歲。再繼配陳氏，天津武庠生某公女。敕贈孺人，又贈太宜人，晉贈太淑人。孝慈恭儉，柔順嚴明，克嫻婦道，垂範母儀。生於乾隆十三年八月初三日戌時，卒於乾隆五十四年六月二十八日午時，享年四十二歲。副配袁氏、朱氏，俱卒。生子五，大程，王出；大觀，姚出；大夏，袁出；大均，陳出；大雅，朱出。生女三，長適惠民縣大學士李文襄公曾孫，原任陝西鄠縣知縣李公四男，太學生寶篆；次適同邑例貢若采唐公三男，廩生典學；三適若采唐公四男，廩生殖學；俱陳

出。（民國《邱縣劉氏族譜》卷三）

（十五世）大程，燮長子，字翼雲，號雪浦。舉孝廉方正，未出仕。四歲，母王太淑人見背，事繼母姚太淑人至孝。髫年值母病，不離卧榻數月之久，母卒，哭甚哀，一如成人。年十八入膠庠，隨任粤東，從學于太史馮潛齋先生門下，學識日進。入京兆試，翰林侍讀學士韋約軒先生薦而未售，識者惜之。從父桐城任所，佐理案牘、驛站，一切能中窾要，分親憂。及桐城公解組，就養粤西，乃旋故鄉，益肆力于祖父家藏舊書，學逾淹博。而秋闈屢薦，終見厄于主司。丁桐城公憂，哀毁骨立，人稱孝焉。仲弟觀服闋，補奉天開原縣，升寧遠州，是在嘉慶元年。明年春，舉祖父大事，弟觀羈於職守，一切喪葬儀禮，皆一身任之。殯事畢，又續修家譜，編次排纂，良費苦心。晚年杜門謝客，日以讀書吟詩、灌花種魚爲樂，雖年逾七旬，手不釋卷。著有《半舫詩文集》若干卷，《炳燭隨抄》若干卷，《漢魏六朝唐宋元明歷代詩選》若干卷，藏稿於家，未及板行。以痰疾辭世。生於乾隆八年八月十三日戌時，卒于嘉慶二十四年正月二十三日未時，享年七十七歲。配唐氏，北辛店例監輔公公女，例贈太孺人。生於乾隆九年三月十五日卯時，卒于嘉慶二十四年二月三十日申時，享年七十六歲。生子二，維鏞、維翰。生女三，長適冠縣監生錢公沛雲男，例貢用杲；次適臨清州舉人，泗水縣教諭雲漢鄭公長孫，例貢堃；三適直隸南宫縣舉人揀發江蘇，現任豐縣知縣雲階齊公次男，廩生履年。

大觀，燮次子，字正孚，號松嵐，行十。丁酉拔貢。初任廣西天保縣知縣，再任奉天寧遠州知州，升任山西河東兵備道，兼管山、陜、河南三省鹽務，署理山西布政使司。乾隆十八年四月初五日戌時生。配王氏，威縣太學生建西公女。生於乾隆十八年四月二十六日戌時，卒於乾隆五十九年二月十五日巳時，享年四十二歲。繼配張氏，平原縣辛卯山東解元，原任河南温縣知縣汝安公女，乾隆三十九年十一月二十七日吉時生。副配鄧氏，無出；周氏，無出；邵氏；李氏，無出。生子三，禹都，邵出，少亡；維嶔、維崎。嗣孫履泰，鏞次子，字清臣，號次山，行五，嘉慶二年八月初七日戌時生。配張氏，直隸曲周縣辛酉科進士，原任户部四川清吏司主事曉園公長女，嘉慶元年六月十四日吉時生。曾孫衍慶、衍福，俱幼。生女二，長適江蘇元和縣原任湖北安陸府知府徐公孫，廣西河池州州同徐公三男，候補府經承緒；次適安徽蕪湖縣原任貴州布政使司約軒公長孫，張家灣通判韋公男，太學生寶善。

大夏，燮三子，字禹聲，號松溪。年十六入庠，生而秀朗，穎悟絶倫，六歲讀《毛詩》，日誦七百餘字。年未弱冠，補弟子員，豐神奕奕，對之如珠玉在前。誦詩讀書，聲音清越，若出金石。能屬文，然不常作。尤工書法，善小楷，又能書擘窠大字，咸目爲玉堂金馬人物。而享年不永，惜哉！生於乾隆二十六年七月二十四日辰時，卒於乾隆五十年六月初八日卯時，享年二十五歲。配李氏，陶山生員聲和公女。生於乾隆二十三年十月初三日吉時，卒於乾隆四十六年五月二十日吉時，享年二十四歲。嗣子無。

大均，燮四子，字平宇，號春帆，行四。附貢生。前任長蘆濟民場鹽課大使，保舉縣令，署滿城縣知縣。乾隆四十三年八月初七日未時生。配莊氏，廣東鶴山縣舉人、現任天津分司運同栗堂公三女，乾隆四十三年三月十九日子時生。副室于氏。生子維四；生女二，未字。

大雅，燮五子，字扶輪，號竹泉，行五。監生，山西候補布政司庫大使。乾隆五十五年六月十五日辰時生。配張氏，平原縣辛卯山東解元，原任河南温縣知縣汝安公女，乾隆五十六年二月十五日吉時

生。副室范氏。生女一，幼。（以上民國《邱縣劉氏族譜》卷四）

贈文林郎四川榮經縣知縣劉士縉暨配孺人崔氏敕命

制曰：任使需才稱職，志在官之美；馳驅奏效報功，膺錫類之仁。爾原任四川雅州府榮經縣知縣劉士縉，乃廣東廣州府新會縣縣丞劉曰燮之父。雅尚素風，長迎善氣。弓冶克勤於庭訓，箕裘丕裕夫家聲。兹以覃恩，晉贈爾爲文林郎，錫之敕命。於戲！肇顯揚之盛事，國典非私；酬燕翼之深情，臣心彌勵。

制曰：奉職無愆，懋著勤勞之績；致身有自，宜酬鞠育之恩。爾原任四川雅州府榮經縣知縣劉士縉之妻崔氏，乃廣東廣州府新會縣縣丞劉曰燮之母。淑範宜家，令儀昌後。早相夫而教子，俾移孝以作忠。兹以覃恩，晉封爾爲孺人。於戲！賁象服之端嚴，誕膺鉅典；錫龍章之涣汗，用表榮施。

乾隆二十六年十一月二十日。（民國《邱縣劉氏族譜》卷四）

贈文林郎安徽桐城縣知縣曰燮暨配孺人李王姚陳氏敕命

制曰：求治在親民之吏，端重循良；教忠勵資敬之忱，聿隆褒獎。爾原任安徽桐城縣知縣劉曰燮，乃廣西桂林府永福縣今調天保縣知縣劉大觀之父。禔躬淳厚，垂訓端嚴。業可開先，式穀乃宣猷之本；澤堪啟後，貽謀裕作牧之方。茲以覃恩，封爾爲文林郎，錫之敕命。於戲！克承清白之風，嘉茲報政；用慰顯揚之志，畀以殊榮。

制曰：朝廷重民社之司，功推循吏；臣子凜冰淵之操，教本慈幃。爾王氏，乃廣西桂林府永福縣知縣今調天保縣知縣劉大觀之前母。淑慎其儀，柔嘉維則。宣訓詞於朝夕，不忘育子之勤；集慶澤於門閭，式被自天之寵。茲以覃恩，贈爾爲孺人。於戲！仰酬顧復之恩，勉思撫字；載煥絲綸之色，永賁幽潛。

制曰：壼教凝祥，懋嘉猷于朝宁；國常有惠，揚休命於庭闈。爾姚氏，乃廣西桂林府永福縣知縣今調天保縣知縣劉大觀之母。勤慎宜家，賢明訓後。相夫以順，含内美於珩璜；鞠子有成，樹良材於楨幹。茲以覃恩，贈爾爲孺人。於戲！昭茲令善之聲，榮施勿替；食爾劬勞之報，遺範長垂。

制曰：閫儀濟美，既並播其芳聲；策命揚休，宜均霑乎渥澤。爾李氏，乃廣西桂林府永福縣知縣今調天保縣知縣劉大觀之繼母。毓英名閥，儷德高門。琴瑟調在御之和，令模夙著；機杼媲中閨之美，慈訓攸昭。茲以覃恩，贈爾爲孺人。於戲！情深鞠育，恩不間於所生；典重顯揚，榮豈殊於自出？

制曰：閫儀濟美，既並播其芳聲；策命揚休，宜均霑乎渥澤。爾陳氏，乃廣西桂林府永福縣知縣今調天保縣知縣劉大觀之繼母。毓英名閥，儷德高門。琴瑟調在御之和，令模夙著；機杼媲中閨之美，慈訓攸昭。茲以覃恩，封爾爲孺人。於戲！情深鞠育，恩不間於所生；典重顯揚，榮豈殊於自出？乾隆五十年正月初一日。（民國《邱縣劉氏族譜》卷四）

贈奉直大夫四川榮經縣知縣劉士縉暨配孺人崔氏誥命

制曰：考績報循良之最，用獎臣勞；推恩溯積累之遺，載揚祖澤。爾原任四川榮經縣知縣劉士縉，乃奉天寧遠州知州劉大觀之祖父。錫光有慶，樹德務滋。嗣清白之芳聲，澤留再世；衍弓裘之令緒，祜篤一堂。兹以覃恩，貤贈爾爲奉直大夫、奉天寧遠州知州，錫之誥命。於戲！聿修念祖，膺茂典而益勵新猷；有穀貽孫，發幽光而丕彰潛德。

制曰：册府酬庸，聿著人臣之懋績；德門輯慶，式昭大母之芳徽。爾崔氏，乃奉天寧遠州知州劉大觀之祖母。箴誡揚芬，珩璜表德。職勤内助，宜家久著其賢聲；澤裕後昆，錫類式承乎嘉命。兹以覃恩，貤贈爾爲宜人。於戲！播徽音於彤管，壼範彌光；膺異數於紫泥，天庥允劭。嘉慶四年四月初八日。（民國《邱縣劉氏族譜》卷四）

四川榮經縣知縣笏亭劉君墓誌銘

翁方綱

君姓劉氏，諱士縉，字覲宸，山東邱縣人。其先自濰縣遷於邱。祖若敞，縣學生；父秉義，歲貢生。君以拔貢生，授知貴州天柱縣，又知四川榮經縣，卒於官。君治二邑，績不勝書，志其最著者。天柱縣，苗疆也，有三里，曰居仁、由義、循禮者，田亡而賦猶存，雖稔歲不免鬻子女。君慨然曰：『是縣吏責也。』亟請于上官，除其賦，甫得請，而君以母憂當去，三里之民相謂曰：『非公，孰救我？』趨而號於總督廨，請留君。總督疏請留之，除賦定，乃歸。服除，揀發四川，時大兵征金田，經略即前疏請留君之張總督廣泗也。識君名，馳檄日八百里，召至軍，使辦餉。餉既集，復使開美諾道。君周覽山川形勢，繪諸圖，凡屯軍、積粟、備禦扼要之處，無不具悉。及進軍，一一與圖合，張以是益奇君，將特薦以道府用，而張緣事坐法死，君亦罷職。上知君無罪，得復官，授知滎經縣。滎經爲西藏孔道，民疲於拔役，君爲定輪役法，民便之。時詔捕妖人馬朝柱甚急，或言匿滎經者，大吏密檄君搜捕。君則如常理民事，暇輒弈，不問捕事。逾月事寢，或問之，君笑曰：『馬朝柱果在吾境，吾必知之，此必有挾仇藉以傾陷者。遣捕或得近似，則墮其術矣。擾民駭聽，故不爲也。』其鎮定如此。

君自少時，以誠見信於人。雖仕非劇邑，然所施設，雖素號能吏者，皆自以爲不及。其里居時，邱縣民與直隸曲周縣民爭地界，二縣官各直之，數十年不決。民滋忿，將以死鬥，父老懼，請君解之。至則衆各數千，嘩不可辨。君謂其人年五十以下者勿前，呼其年最長者，爲剖説利害曲折，就界上指畫，甫數語，衆欣然曰：『令縣尹如君者，吾何爭！』各麾其曹散去，咸顧相讓，君爲經界立石，報於官結案。而二邑民感君甚，歲時令節，或君家吉凶事，各以其力來饋，君勞以酒食，極歡然後去，至今二縣人猶能言之。君生於康熙三十三年八月二十五日，卒於乾隆二十七年十一月八日，年六十九。配崔氏，以孝慈勤儉聞，年九十七卒。子二，曰煜，曰燮。燮，安徽涇縣知縣。孫六，大鵬、大程、大觀、大夏、大均、大雅。大觀，亦以拔貢生官知縣，今知奉天寧遠州。曾孫二，維鏞、維翰。銘曰：

宰二邑，名千春。炯其哲，肫其仁。既著用於世，而未報其勤。故曰不於其身，必於其子孫。（民國

文林郎四川滎經縣知縣顯祖考笏庭府君暨祖妣崔太孺人行述

劉大程等

嗚呼，痛哉！　先王父棄不孝程等迄今三十六年，未即窀穸。先府君仕途坎坷，家計蕭條，痦痳中時以淹柩爲隱痛，逮彌留之際，猶諄諄諭不孝等。　今先府君辭世又六年矣，不孝觀由奉天開原令擢寧遠州牧，節縮廉俸，始謀於不孝鵬與不孝程，安王父、王母兩櫬於吉壤，蓋不容復待也。　痛念先王父德望著於鄉邦，經綸見於吏治，誠恪契於上游，先府君每爲不孝等口述之。　若不及今記載，以備大人先生採覽，則不孝等罪戾彌大。　謹瀝血濡毫，詮述梗概，伏冀當代名公錫之銘誄，先王父死且不朽，不孝等感且不朽。

先王父諱士縉，字覲宸，號笏庭，先世萊州府濰縣人。　明建文時，始祖彥實公徙于邱縣，遂家焉。世有隱德，子姓繁衍，爲邱邑望族。　七世祖諱嘉遇，明萬曆癸丑進士，知河南偃師縣。　循聲惠政，報最一時，舉卓異四次，列薦剡者二十三次，閭閻愛戴，入名宦祠。　由偃師陞户部主事，兵部員外，陝西驛傳道，擢山西按察使司。　後以驛務，降補懷隆道，卒於官。　忠藎自矢，爲世名臣。　九世祖諱中鰲，官鴻臚寺左少卿。　再傳至高王父諱若敞，縣學生，以舉止端方，舉鄉飲大賓。　曾王父諱秉義，歲貢，舉鄉飲正賓，贈文林郎、四川滎經縣知縣；　元配李氏，繼配郭氏；　生子三，先王父居次。　偉軀豐貌，舉止不群，自束髮入塾，即慨然以古人經濟之學爲念。　雍正乙卯應拔萃科，貢入成均，廷試異等，分發貴州，補天柱縣知縣。　清慎廉明，輿情翕服，如七世祖治偃師時。　鄰邑某自殺其兄，指控爲仇人某所殺，已鍛煉誣服。上官檄令覆訊，得實，冤乃白，以殺兄者抵罪。天柱，苗疆也，初改流官，百事草率。邑有居仁、由義、循理三里，定糧額時，未經履勘，多有糧無田之户，大爲民累，甚至有鬻牛馬、賣兒女納官税者。亟請于上官，清理豁除。事甫畢，遽丁曾王母憂，治下子民咸戀戀如嬰兒之失慈母。

是時黎平軍興，制府張公奏留辦理軍務，既凱旋，乃旋里終喪。里居時，有邱縣南寨村與直隸曲周縣南堤村犬牙相錯，地界不清，控於官，數十年各袒其民，案懸不結，兩造糾數千人，將以死鬭。父老懼，相與謀曰：『是非德望如劉君，不能了此事。』請從以去，爲陳説利害，公平剖析，兩造帖然罷訟，且感德焉。迄今數十年，不孝等家有吉凶事，兩村人爭遣其子弟、輿馬來助，當日事未及見也，見今日之人情，則當日之感荷可想也。服闋，揀發四川。值金酋跳梁，前制府張公移節蜀督，入境飛檄，召至行轅，諮以軍務，動合機宜，籌餉咄嗟立辦。美諾者，出兵要路也，重巒疊嶂，人跡不通，命往開闢之。道所經，某處可以集餉，某處可以置兵，反命時，繪圖貼説以進，了了如指掌。張公乃益大奇之，謂將吏曰：『使在事皆如劉某，吾事何患不濟？』是時先世父隨行，飛芻輓粟，頗著勤勞。張公召至幕中，欲奏予以官，先王父堅辭乃止，以是愈見重於張公。張公曰：『才幹如爾或有之，急國事，曉大義，誰如爾者？事竣，當據實上聞，待蒙優擢。』未幾，張公爲大學士經略諸親誣劾，逮繫刑部，坐法，先王父亦罷職。越一年，張公事雪，諸親以罪誅，先王父奉特旨復官，補榮經縣知縣。

榮經爲西藏咽喉，民苦力役之征，下車即定輪役法，萬民稱便。會有造飛語於成都者，云妖人馬朝柱匿榮經，大吏羽檄交馳，不絶於道，遣心腹武弁私赴偵訪。父老皆震懼，署中親串幕友相顧失色，先王父坦坦然，終日與人對弈，若不聞有其事也。逾月，事果寢。或問以故，乃笑應之曰：『吾知此縣久矣。吾部民竄何向，悉知之，安有妖匪匿吾境内而不知者？若妄動，擾民滋事，墮奸人術中，傾陷者快其志矣。』衆乃歎服。先王父卒後十七年，不孝觀以拔貢朝考一等，備員粵西，由永福縣權馬平縣。馬平爲柳郡首邑，提督駐節於郡。是時，有懷遠參將周公，潯州都司余公，前在金川充行伍，識先王父於軍次，見先王父遺像，驀然伏地，謂神光隱躍，猶似當年，並述軍前事甚悉。且言身爲卒伍，不能悉當年帷幄事，而群知我公爲軍門所倚重，剿寇奪卡攻克事，竊竊然意出我公贊畫也。嗚呼！先王父之獲上心，愜輿論，於二君之言見之矣。此外智略謀猷，多有不能盡悉者，不孝等殊痛心於此述之掛漏也。

先王母崔太孺人，原任山西布政司理問泰階公孫女，太學生星源公長女，天性慈祥，容止莊重。于歸時，先曾王母郭太孺人治家嚴肅。王母將以至誠，曲盡婦道，處娣姒謙而有容，烹飪瀚濯，皆獨任之，嘗暑月執炊，汗覆於面不暇拭。臧獲下人不能忍之事，皆以爲分所當然。侍郭太孺人疾數十晝夜，目不交睫。太孺人屬纊之夕，執王母衣裾而泣曰：『吾死於孝婦之手，雖死猶生。』王母哽咽目視不能言。少頃，曾王母氣絶矣。先王父被事於軍前也，有詔籍産。山東大吏引甲士執鋃鐺，卒然至前，六親失措，面無人色。王母徐謂家人曰：『宦海風波，自古有之。在官者，立身不敗，旦夕且荷昭雪，奚恐爲？』從容偕家人寄居别院，炊煙屢絶，恬如也。未幾，先王父果復官。自患難之後，益事勤苦，年六十猶紡績。稚婢童奴衣履，皆自手出。壬午夏，就養府君廣東任所，遇風彭蠡湖，波軒水立，危檣欲折，舟中人靡不變容，獨先王母鎮静如平時。不孝程四歲失母，不孝觀五歲失母，皆王母撫養成立。而愛憐觀之不肖，更有倍于諸孫者。觀仕粵西，王母就養於署，觀勤於政事則喜，否則，不怒亦不言，使自省之。觀以少年多造次，得免於咎戾者，王母警惕居多。年近百歲，見五代元孫，無疾而終。前一夕，呼觀婦至榻前，指謂觀曰：『此賢婦也，勤儉足以持家，爾與若無反目，吾目瞑矣。』嗚呼，痛哉！　王父生於康熙甲戌年八月二十五日申時，卒於乾隆壬午年十一月初八日辰時，享年六十九歲。　四川滎經縣知縣，敕授文林郎。　王母生於康熙甲戌年六月十六日亥時，卒於乾隆庚戌年十二月十七日子時，享年九十七歲。　敕封孺人。　今卜於嘉慶二年三月十二日申時，合葬于城南三里之新塋。

生子二，長諱曰煜，太學生，例贈登仕郎，卒；　娶曲周縣上舍苞九趙公女。　次諱曰燮，原任安徽桐城縣知縣，歷任涇縣知縣，敕授文林郎，例贈奉直大夫，卒；　娶曲周縣壬子科舉人友仲王公三女，繼娶館陶縣原任江西九江府同知姚公孫女，再繼娶紹興李公女，再繼娶天津武庠陳公女。　生女二，一適同邑庠生徐公充符長男例監淮，一適同邑原任歷城縣訓導唐公貢庵次男、附貢汝明。　孫六，煜出者一，大鵬，增監候選，從九品，娶徐氏，繼娶王氏。　燮出者五，長大程，附監，嘉慶元年舉孝廉方正，娶唐氏；次大觀，丁酉拔貢，前任廣西天保縣知縣，現任奉天寧遠州知州，娶王氏，繼娶張氏；　次大夏，庠生，卒，娶李氏；　次大均，業儒，聘莊氏；　次大雅，幼，未聘。　孫女三，俱燮出。　曾孫二，長維鏞，廩膳生，娶牛氏；　次維翰，未聘。　俱程出。　曾孫女五，程出者三，觀出者二。　元孫一，鍾泰，幼，維鏞出。

憶王父之歿也，不孝程甫髫齡，王父宦游西蜀，未嘗隨侍。　乾隆庚午，王父起服入都，居家僅數月，而不孝程年方八歲。　王父之音容笑貌，不過得之仿佛，於事業何能叙述萬一耶？　謹即府君平日口述及親友傳誦者，臚列如右。　不孝孫劉大程等抆淚謹述。　賜進士出身，誥授中議大夫，鴻臚寺卿，前光禄寺少卿，吏科掌印給事中，掌廣西道監察御史，翰林院編修，欽命稽查覺羅左翼學，巡視瓜儀、天津漕務、西城察院，充國史館四庫全書處纂修官，辛丑科會試同考官，加一級，清平宗再姪湄頓首拜填諱。

（民國《邱縣劉氏族譜》卷四）

文林郎例贈奉直大夫顯考鼒堂府君及顯妣王姚李陳太孺人例贈宜人行述

劉大程等

嗚呼，痛哉！吾先君子之棄不孝等而長逝也，六年於兹矣。先君子體質素健，以先王父停柩在殯，時疚於心。先王母又於前兩年棄世，以衰年而丁大故，精神寖寖不逮於前，不意壽數遂因孝思以告終也。不孝等奉侍無狀，抱痛子職，若又不能勉繼志事，其何以視息人間耶！不孝程四歲，親母王太孺人見背，權厝城東鄉。不孝觀五歲，親母姚太孺人見背，權厝城南新塋。繼母李太孺人、陳太孺人，皆先府君卒，府君以王父、王母大事未舉，不敢先葬也。不孝兄弟五人，程居長，囿於才而蹇於命，年逾知非，弗克樹立。季弟夏早世，四弟均、五弟雅，皆在童稚之年。惟仲弟觀以拔貢出宰粵西，擢奉天州牧，始克爲祖、父兩世謀歸道山。謹卜於嘉慶二年三月十二日，安葬於城南三里之新塋，冀得當代名公大人一言，勒之壙石，用垂不朽，屬不孝程爲先父母狀。嗚呼，痛哉！不孝忍以文字叙述府君耶？府君歷宦二十餘年，芳躅遺規，卓卓可紀，雖不能列狀史官，以備採擇，抑家乘有缺，寧非不孝之罪？用是漬淚濡毫，勉次梗概。

府君諱曰燮，字理齋，號鼒堂，世系見先王父狀。先王父生二子，長先伯父，次即先府君也。府君生而英敏，氣象偉岸，十四歲侍先王父赴黔中，山川形勢，土俗民情，寓於目，即識於心。讀書官廨，問難輒出人意表。先王父治官事，朝夕勤勞，能視於無形，聽於無聲，雖成人不及也。先王父再赴蜀，世父隨行，府君家居，事王母如事王父，里中長老愛敬之。伯舅趙氏窘於積逋，將鬻產以償，府君曰：『產破矣，奚以爲生？』竭力代償之。至今其家後人，猶有感激涕下者。初，先王父之赴蜀也，治裝將發，叔祖忽有析產之議，王父以府君留事王母，無一語及析產事。及事竣，處瘠讓腴，動合古道，府君之所行者，皆王父之所樂，蓋王父之留府君，早信之矣。府君初仕粵東，補新會縣丞，權鶴山、翁源兩縣事，所至有賢能之頌。會有匿金於其親屬，而訟失盜舟中者，訊同舟人，無影響。問之曰：『爾附近有親乎？』曰：『有。』即往搒捕，果得所匿金。又有告謀殺其子者，對尸哭甚哀，而供詞閃爍，呵斥曰：『爾殺子，而誣人乎？』其人色變，窮詰之，盡吐厥實。圍而觀者數千人，齊聲一呼，不數日，名滿嶺南矣。翁俗重財輕命，口角細嫌，多有食斷腸草陷人者，廉知其弊，從未科之罪於無辜，其風不禁自息。值縣試，關防甚嚴，弊不得逞。典史呂法泗受人請托，以千金求疎其防，府君愕然曰：『吾家子孫亦讀書，此可爲耶？』峻拒之。及榜發，列前茅者多寒畯，縣人大服。是年計典列正薦，旋丁先王父憂，匍匐歸里，以不得親視含斂，爲終身之戚。服除，揀發安徽，補休寧縣丞，陞桐城縣知縣。久不雨，禱而輒應。後值偏災，既開倉平糶，救民之急，復申請轉奏賑恤之，所全活者無算。府君性耿介，不屑媕婀，取容當道，以牴牾引疾去。繼因家貧，再赴安徽，權寧國府涇縣，卒以不獲乎上罷職。解組後，仲弟大觀迎養於粵，桂林山水甲天下，意甚適也。乾隆己酉，先母陳太孺人見背。次年庚戌，先王母崔太孺人亦卒於桂林。府君哀毁骨立，痛不欲生，七千里外，扶櫬旋里。不孝迎於臨清舟次，見府君形容枯槁，迥異昔時，心惻惻以爲憂。明年，仲弟揀發奉天，府君曰：『奉天，國朝發祥之地，土脉醇厚，山勢雄偉，吾服闋可往一游。』詎不孝等罪孽深重，不自隕滅，我府君奉天之游，竟托空言也，嗚呼痛哉！

府君生於雍正元年五月二十七日未時，卒於乾隆五十七年三月二十日寅時，享年七十歲。勅授文林郎。原任安徽桐城縣知縣，例贈奉直大夫。元配王太孺人，直隸曲周縣壬子科舉人友仲公女，生於雍正元年五月二十三日寅時，卒於乾隆十一年四月初三日酉時。不孝程方四歲，憶吾母屬纊時，呼不孝使出，曰：『勿亂吾心也。』猶彷彿憶音容，其他絶不能記矣！先王母嘗語不孝曰：『爾母素嫻閨訓，德性婉和，修内則之儀，事我孝，與爾父相敬如賓，娣姒間怡怡如也。凡蠶績女紅，蘋蘩酒饌，無不躬親爲之，待婢僕輩以恩，此吾家賢婦也。』不孝聞之，銜痛何極！繼配姚太孺人，館陶縣原任九江府同知姚公孫女、上舍某公女，生於雍正六年九月初六日子時，卒於乾隆二十二年九月初一日酉時，享年三十歲。天姿明敏，喜讀書，《孝經》、《列女傳》及紫陽《綱目》，皆能通其大義，非獨誦其詞也。每閨中與府君偕坐，言不甚及家事，往往援引古史，爲出身治民之本。視不孝程如己出。不孝七歲出就蒙師，自塾歸，必命背誦所讀，有過則督責之。不孝十歲能作文，喜形於色。見背時，不孝觀甫五歲，尚無所知，不孝程十五歲矣。母執不孝手曰：『吾病久，賴兒侍醫藥，真孝子也。吾病必不能起，恨不見汝成立矣！』又謂伯母、姑母曰：『死者人之常，不足爲念。上有老親，不克終婦道，吾泉下不能瞑目。吾子女且幼，幸教之，毋姑息。』屬纊前，手握《通鑑》一卷，讀數行，擲書而氣絶，可謂神明不亂矣。繼配李太孺人，紹興太學生李公女，生於乾隆十年十月初七日戌時，卒於乾隆三十一年五月二十五日酉時，享年二十一歲。母體姿柔弱，天性和藹，事先王母恭順懇誠，見於容色；待庶母吴氏、袁氏，忘勢分，篤恩誼，旁觀者以爲罕見。歸府君始一載，即去世，無所出。繼母陳太孺人，天津武庠生陳公女，生於乾隆十三年八月初三日戌時，卒於乾隆五十四年六月二十八日午時，享年四十二歲。不孝等母氏四人，惟陳太孺人事府君最久，相莊二十二年，佐府君治桐城，操理内政，井井有條。待不孝程、觀及兩子婦最慈愛。四弟均與兩妹適唐氏者，皆母出，督責之，不稍姑息。王母崔太孺人以是愈愛重之。

先君子生子五，長大程，附監，嘉慶元年舉孝廉方正，娶同邑例監輔公唐公女；王孺人出。次大觀，丁酉科拔貢，由廣西天保縣知縣，服闋揀發奉天，現任寧遠州知州。娶直隸威縣太學生建錫王公女，繼娶濟南府平原縣辛卯解元、原任河南温縣知縣張公女，姚孺人出。三大夏，庠生，娶館陶聲和李公女，俱卒，副室袁氏出。四，大均，業儒，聘現任天津府同知莊公女，陳孺人出。五大雅，幼未聘，副室朱氏出。生女三，長適惠民大學士李文襄公曾孫、原任陝西鄠縣知縣李公四男太學生名實篆，副室袁氏出。次、三適同邑例貢若彩唐公三男庠生名典學、四男業儒名殖學，俱陳孺人出。孫二，大程出，長維鏞，廩膳生，娶曲周縣庠生盛羽牛公長女；次維翰，未聘。孫女五，程出者三，長適冠縣太學生沛雲錢公長男例貢用杲，次、三俱未字。觀出者二，長適江蘇元和縣原任湖北安陸府知府徐公孫，廣西河池州州同徐公三男太學生名承緒；次適安徽蕪湖縣原任貴州布政使司，繼任鴻臚寺卿約軒韋公長孫，原任直隸張家灣通判韋公長男太學生名實善。曾孫一，維鏞出，鍾泰，幼未聘。凡此子姓姻婭並述，附行實末，以備名公大人採擇焉。孤哀子劉大程、觀、均、雅泣血謹述。賜進士出身，敕授文林郎翰林院檢討，尚書房行走，戊申科陝西鄉試副考官，壬子科順天鄉試同考官，甲寅科貴州鄉試副考官，乙卯科云南鄉試正考官，丙辰科會試同考官，加一級，紀録五次，年姻愚姪張翺頓首拜填諱。（民國《邱縣劉氏族譜》卷四）

族譜後跋

劉大程

蘇洵曰：『親盡則途人。』夫一人之身，分而至於途人，良可悲已。又曰：『幸其未至於途人也，使之無至於忽忘焉可也。』三復此言，愀然興歎，此譜之所以作也。我劉氏自九世祖創修家乘，閱七十有五年，而十二世祖因之重修，蓋即予之曾祖也，溯自始祖造家於此，已五百五十餘年矣。予束髮後，受而讀之，即曉然於木本水源之義。嘗于正月初丁，合祀于城北祖塋，與祭者百有餘人，睹先塚累累，古柏森森，豐碑之高豎，翁仲之對峙，未嘗不歎夫祖功宗德之流澤長也。蓋是時予尚未逾十齡，今且五十七歲，而距曾祖之修譜時，又幾及百年。

憶壬寅夏，予旋自江南，十三世祖士諤與予商修譜事，予曰：『善哉！此予志焉未達者也。但劉氏式微，所費無出，奈何？』諤曰：『先人之墓木一株，可貨百金。』予曰：『嘻，此何可言！盍俟諸。』蓋至是又十七年矣。前歲丁巳，弟大觀擢奉天寧遠州牧，慨然念家乘之闕有間也，獨引以爲己任，書來囑予董其事。適予保舉孝廉，往返省會，疲於奔命，又復延擱年餘，至己未四月始爲編次，越三月告竣。爰於上下六百年間，遞傳一十七代，絲聯珠貫，葉布條分，世次明而昭穆辨。庶幾覽者興感，油然生孝弟之心，而篤親親之誼，謂非先人所厚望歟？嘉慶四年七月朔日，十五世孫大程謹跋。（民國《邱縣劉氏族譜》卷四）

光緒山西通志

劉大觀，字松嵐，山東邱縣人。由拔貢累官河東兵備。嘉慶十一年，鹽政復改商運，與藩司金應琦悉心籌畫，招徠得宜，一時稱便。十四年，金升巡撫，旋以疾乞假。侍郎初彭齡來攝撫事，性煩苛，以整飭吏治爲名，陰排金，代其位。川北道劉清，方以平賊功洊擢晉藩，甫兩月，即被劾去，州縣掛彈章者累累，有迫辱至自殺者。明年，大觀調署布政，乃摭其任性妄爲，前後糾參不實諸款奏之。時初已改授陝撫矣，仍召歸，大觀亦被議落職，不以爲忤也，時論偉之。（光緒《山西通志》卷一百四《名宦録四》）

光緒鎮安府志

劉大觀，字崧嵐，山東邱縣人，貢生。始仕遼陽，仁聲懋著。《湖海詩傳》。旋宰天保縣，每月收公牒一二紙，獄無一犯，胥吏辰來聽役，午即歸耕。縣中無乞丐、倡優、盜賊，亦不知摴蒲等物。其《率郡人種花》詩云：『此樂真吾有，分春與衆同。』《隨園詩話》。可想見其性情坦易，有非俗吏所能爲者。後晉觀察。（光緒《鎮安府志》卷二十二《宦績志・循良》）

光緒邱縣鄉土志輯稿

道光紀元，修《仁宗實録》，以劾初彭齡奏疏，奉旨刊入《名臣奏疏》中，此言之於廊廟者也。讀孫夏峰《湯潛庵語録》，有領會，作《陸王心學彙編》，藏於家，此言之立於典籍者也。《玉磬山房詩》，天機清妙，寄託深遠，海内風雅士翕然宗之，高麗貢使購覓回國，群相傳誦，此言之立於藝林者也。（節録壽序。

光緒三十一年《邱縣鄉土志輯稿·耆舊録》『立言不朽』條，載《邱縣舊志校注》）

民國興城縣志

劉大觀，里貫未詳，字松嵐，進士。嘉慶十年任州事，聽斷如神，無伏不發。既而訟庭草長，與民無事，振興書院，開課衡文，得士如劉登泰、潘紱麟、吴景春、朱孔揚、唱學誠、王元濤、姚夢瀾諸人，皆文名冠一時。州署西偏有隙地，構退思草堂三楹，爲公餘讀書之所。曾製一聯云：『袍笏呼來先拜石，管絃揮去獨聽松。』頗膾炙人口。移官至山西河東道，去官後，隱於王屋山。著有《玉磬山房詩文集》。

（民國《興城縣志》卷九《人物》）

龍神祠，在城東三里許，俗呼龍王廟。地勢隆起，樹木陰翳，東倚首山，南望大海，爲夏日避暑佳境。其西軒如舫形，窗牖洞開，凉陰滿座，遠山排闥送青，胸襟爲之爽豁。每逢伏暑，文人學士率多携酒往遊於此，俗曰賞青。其間名筆題額甚多。詳見碑額。創建年月已無考，惟於嘉慶四年，經州牧劉大觀重修時，增建廊廡，以便遊人憩息，《碑記》猶存。正殿右側，現供有劉大觀泥塑肖像。相傳公重修此祠時，工人素感其德政，因於工作之暇私塑公像，以誌不忘，置於正殿梁間，而他人未之知也。嗣因拂掃殿堂，乃得而供奉之。按公知本州事，時在嘉慶初間，迄今百餘年，而儀容宛在，瞻拜之下，猶覺凜凜有生氣焉。爰附録之，一以見德惠之及人，一以見民情之愛戴矣。

龍神祠題額，在城東三里，其間名筆題額甚多。最著者，有清嘉慶年鐵保書『霖雨蒼生』四字横額。右書：『己未調京吏部，路經寧遠，小憩龍神祠，書此以識神堂，並質松嵐先生。』有勸勉之意焉。左書『梅庵弟鐵保。』現移縣城裡南校堂壁間，以便保存。又，嘉慶己未，州牧劉大觀書『永懷靈祐』四字横額。（以上民國《興城縣志》卷十《古蹟》）

民國山東通志

《玉磬山房詩稿》六卷，據本書。劉大觀撰。

大觀字松嵐，邱縣人，乾隆丁酉拔貢，歷官河東道。是集嘉慶間刊，分《嶺外》、《灘江》、《歸櫂》、《留都》、《邗上》、《迴帆》、《鹺城》六集，一集爲一卷。魯山張宗泰《交遊記》『劉松嵐』一條云：『先生早學詩於其鄉人李少鶴，從晚唐入手，以冥搜奇僻爲主，往往蹈江西派生硬之習。然如《嶺外集》、《灘江歸櫂集》中，多精美深厚之作，要不愧五言長城也。先生以拔萃科作宰粵西者十年，牧寧遠州者八年，援例補河東道員，緣事褫職，遂僑寄懷州。生平浮沈宦海，境遇不齊，而潛心詩律，不以仕途蹭蹬敗其意，故所造益進。』

又宗泰《魯巖所學集・書嶺外集後》云：『山左劉松嵐先生，自言以拔萃科官粵西州縣者十年。爾時少年氣盛，不能俯仰隨人，又性喜談詩，深中宵小之忌，因而媒孽其間，跼天蹐地，幾爲上官所不容，恒拂鬱不適意。一日遊伏波亭，援筆題一絶云：「銅柱功初就，明珠謗已歸。千秋此亭上，空見白雲飛。」借他人之酒杯，澆一己之塊壘，無限感歎，畢現於二十字中矣。又《與王都尉出獵西郊》詩，第三聯初稿是「大羽霜鋒箭，雄心短後衣」。已自真力彌滿。後易爲「馳驟無空闊，縱橫在指揮」。則上聯「落高弓力滿，追曠馬蹏飛」用實寫，此聯用虛寫，似於詩法爲合。然不免用杜之嫌，則又不如原稿之爲得也。』

《書留都集後》云：『松嵐先生官寧遠州時，作《望海》詩云：「到兹生遠愁，碧浪與天浮。一覽更無際，四時惟有秋。匯川成水伯，推轂借陽侯。試問扶桑外，何方是盡頭？」通體神完氣聚，更能含不盡之意於言外。惟「匯川成水伯」句，質之《莊子・秋水篇》云：「秋水時至，百川灌河，兩涘渚崖之間，不辯牛馬。於是焉河伯欣然自喜，以天下之美爲盡在己。順流而東，行至北海，東面而望，不見水端。於是焉河伯始旋其面目，望洋向若而歎。」則是河神名伯，而海神自名若，似爲誤於用事。然韓昌黎《東海神廟碑》：「海於天地間，爲物最鉅，而南海神次最貴，在北東西三神河伯之上。」則是海神亦可稱伯，而《望海》詩爲不誤也。』（民國《山東通志》卷一百四十五《藝文》）

瀋故

楊同桂

寧遠州龍王廟，有劉松嵐方伯大觀，曾任知州。小像。（《瀋故》卷四「專祠」條）

清代官員履歷檔案全編

劉大觀，山東人，年五十三歲。由拔貢生以知縣用，歷陞廣西、奉天知縣。嘉慶元年，洊陞奉天寧遠州知州。六年，遵工賑例，捐陞道員。八年，離任候選。九年，遵衡工例，加捐過班。十年十二月内，分發湖北，以道員試用。夾批：『嘉慶十年十二月内引見，可用。』眉注：『嘉慶十年十二月内，用山西河東道。部議革職，賞給通判銜。』（《清代官員履歷檔案全編》）

大清搢紳全書

天保縣，要缺，難。煙瘴，苗疆，附郭。徵銀七百九十一兩，倉米三十三石零，倉穀一萬二百六石零。養廉八百五十七兩。知縣加一級劉大觀，山東邱縣人。拔貢，（乾隆）四十八年九月調。典史董邦治，浙江海寧州人，貢生，（乾隆）五十年十一月調。（乾隆五十三年春《大清搢紳全書》廣西欄）

開原縣，中缺。衝疲。邊口，（奉天）府東北二百里。徵銀千十三兩零，米千九百三十石，豆二千八百二十三石，雜税三十五兩，穀七千三百石。養廉百三十九兩。知縣加一級劉大觀，山東邱縣人。拔貢，（乾隆）六十年四月題。（嘉慶元年春奎文閣刊本《大清搢紳全書》盛京欄）

寧遠州，最要，衝繁疲難。沿海，（錦州）府西南一百十里。徵銀二千五百五十六兩，米五千五十石，豆六千一百七十石，雜税二十七兩，穀一萬百三十五石。養廉四百二十二兩。知州加一級劉大觀，山東邱縣人。拔貢，（嘉慶）元年三月陞。（嘉慶二年冬奎文閣刊本《大清搢紳全書》盛京欄）

分守河東平、蒲、解、絳、霍、隰地方兵備道，兼管水利事務，加三級劉大觀，山東邱縣人，拔貢。管理蒲、平、解、絳、霍、隰錢糧盜案。衝繁難要缺。養廉銀四千兩。（嘉慶十一年春京師崇名堂刊本《大清搢紳全書》山西欄）

公事

奏爲遵旨查明已革降調知縣劉士縉原籍人口財産等項并請估變充公事

準泰

山東巡撫兼提督銜臣準泰謹奏，爲遵旨查奏事。

乾隆十三年十一月十三日，准兵部火票遞到軍機處字寄，内開：乾隆十三年十一月初九日奉上諭：『四川汶川縣降調知縣劉士縉，領運軍糧，營私貽誤，據署撫班第等參奏，已降旨革職嚴審。此等劣員，不惟膜視公務，遲誤軍糈，且營私舞弊，尤爲國法所難容。伊原籍山東，由拔貢出身，著傳諭巡撫準泰，將伊所有家産，嚴行查明具奏，如有私毫隱匿寄頓，惟該巡撫是問。欽此。』寄信到臣。臣查劉士縉係東昌府邱縣人，當即欽遵，密委候補道府德文，前往督同該地方官，將劉士縉家産，盡行嚴查。并諭按察使定長，會同布政使衛哲治，嚴督該府縣，搜查造册具報去後。

嗣據該司等詳據邱縣知縣閻大綬覆稱，遵同委員德文，密赴劉士縉家，嚴守門户，仔細搜查，起獲銀錢、首飾、衣服、糧食、牲畜、器皿、什物，公同封固。隨提伊子劉曰燮嚴訊，將伊所有買賣，館陶縣并邱縣境内地畝、房屋及人口，悉行開册呈送前來。臣恐此外或有搜查不盡，及隱匿寄頓等弊，又經嚴飭該司及東昌府知府趙之埰，復行查訊，并將所有房田、人口、牲畜、糧食、衣物等項，分别加謹看管，確估價值，不得任聽牙户以多估少等因去後。

兹據該府縣訊據劉士縉家屬并族親地鄰人等，及士縉之子劉曰燮，堅供所有産業、什物，前已查明封貯，並無隱匿。此外只有桅木板大小四十九塊，窑土自燒的磚一萬二千多塊，地内枣樹四十一株，佃户王直義代放羊二十隻，猪四口，常國正應交棉花三百五十斤。又崔承祖借當珠冠一頂，米成章借當袍褂二件，劉曰燮自當金鐲二副，銅盆一個，錫盆一個，前因驚慌，不能記憶，未經供出，今已報明入册。此外敢有隱匿寄頓，情願甘罪等語具結。經兩該縣一併造册，加具印結，併按照人口、田房、衣物等項，逐一估計，共值銀二千五百一十九兩八錢零，由府司核明，轉呈到臣。

除飭令該縣等嚴加看守，候旨欽遵外，合將查明劉士縉原籍人口、財産、衣物等項，恭繕清單，奏呈聖覽。再，臣伏查劉士縉係遲誤軍糈，營私舞弊之員，按之國法，殊屬難容。所有查出家産等項，應請飭令地方官，照估變價充公，以示懲儆。其所變銀兩，應交何處，理合一併恭摺請旨，伏乞皇上訓示欽遵。謹奏。（乾隆十四年）正月十九日。乾隆十四年正月二十三日奉硃批：『覽。欽此。』臺北『故宮博物院』藏軍機處録副奏摺

準　泰

查抄劉士縉家産清單

一，人口。除劉士縉親屬並隨任家人外，在籍家人郭玉龍、使女紅梅等，大小共八名口，共估價銀三十七兩。

一，田房。坐落邱縣當出地，共七十一畝，時價共估銀二百八十四兩，内除應給還當價銀二百三十九兩外，餘銀四十五兩。坐落館陶縣當出地，共九十二畝，時價共估銀二百三十兩，内除應給還當價銀一百四十四兩六錢五分外，餘銀八十五兩三錢五分。又，見存地四頃五十二畝五分六釐，時價共估銀一千一百三十一兩四錢。又，已買未過户地二十七畝五釐九毫，原價銀七十兩四分。坐落館陶縣蔡家口生房一所，内瓦屋十五間，土草平房三十四間，共估銀一百五十兩。坐落邱縣城内空房一所，内瓦樓房一十八間，土草房一十間，共估銀一百七十五兩。以上田房，共估銀一千六百五十六兩七錢九分。

一，銀錢、首飾等項。碎銀二兩二錢。小錢八十四千一百六十文，估銀五十二兩六錢。九成色碎金五錢，估銀四兩五錢。借出銀四十八兩八錢。九成色金簪一對，重八錢五分，估銀七兩六錢五分。九成色金花，重五錢，估銀四兩五錢。九成色金課一塊，重二錢，估銀一兩八錢。飛金一百張，估銀二

分。八成色銀冠一副，重五兩五錢，估銀四兩四錢。八成色銀簪十枝，重二兩，估銀一兩六錢。八成色碎銀首飾，重二十九兩三錢，估銀二十三兩四錢四分。八成色銀花四對，重一兩五錢，估銀一兩二錢。八成色銀戒指十二個，重六錢，估銀四錢八分。珠花一朵，計珠七粒，重一錢，估銀一兩八分。八成色銀麒麟一個，重六錢，估銀四錢八分。八成色銀簪一枝，重三錢，估銀二錢四分。八成色銀首飾一錢，破碎零星，估銀八分。八成色銀牙籤五枝，重二錢，估銀一錢六分。八成色銀牌花一朵，重五錢，估銀四錢。八成色銀麒麟花三件，重一兩，估銀八錢。八成色銀簪二枝，重一兩，估銀八錢。八成色銀花二十三個，重三兩，估銀二兩四錢。

八成色銀茶匙六個，重三錢，估銀二錢四分。八成色銀墜四副，重一兩二錢，估銀九錢六分。八成色碎銀首飾，重一兩，破雜零星，估銀八錢。八成色銀調羹七張，重七錢，估銀五錢六分。八成色銀耳圈一個，重一兩，估銀八錢。八成色銀花簪一副，重二錢，估銀一錢六分。鑲銀壺、碗、杯、盤各物，共七十件，共估銀四兩六錢八分。珊瑚粒花一朵，重二錢，估銀二錢。細瑪瑙數珠一對，三十六粒，估銀三錢。瑪瑙手鐲一對，估銀三錢。珍珠抱頭蓮一對，珠二顆，重一分二釐，連銀重四錢，估銀一兩。攢子壹個，上帶米珠十一粒，重一分，估銀一錢八分。珊瑚一粒，估銀一錢。米珠十一粒，重一分，估銀一錢八分。石朝珠一掛，上有珊瑚大小六顆，估銀八兩。蜜蠟二塊，估銀一錢四分。假蜜蠟花大小十一對，內有破碎六對，估銀二錢。蜜蠟花四塊，重二錢五分，估銀一錢。蜜蠟一塊，估銀六分。玻璃盞一對，估銀五錢。玻璃鏡一面，長六寸，估銀一錢。假瑪瑙帶鉤一個，估銀二分。假玉杯一個，估銀三錢。殘破蜜蠟小盒一個，估銀一錢二分。牙梳、牙筯、牙棋子、牙牌、牙筆筒、牙圈共一十件副，共估銀一兩七錢八分。雄黄、朝珠、扇墜、杯、壺、瓶、盤等，共四十五件，又十三兩，共估銀九兩八錢六分九釐。以上共估銀二百九十一兩二錢七分九釐。

一，銅錫器皿。各項雜銅器八十六件，共估銀九兩八錢五分四釐。各項雜錫器五十九件，共估銀五兩四錢八分五釐五毫。鉛鐵雜器一十五件，共估銀二兩三錢六分二釐。以上共估銀一十七兩七錢一釐五毫。

一，衣帽、紬緞、布帛、羢氊、鞋襪等項。各色舊緞、帳帷、被褥、枕頭、靠背、袋幔等項，計二十二件，共估銀一十一兩九錢。各色緞單夾棉衣三十三件，共估銀二十三兩二錢八分。灰鼠、羊皮等緞面衣六件，共估銀二十兩。各色零緞二十二件塊，共估銀六兩八錢六分。緞靴鞋襪六雙，共估銀一兩三錢一分。各色綾衣被、中衣二十七件，共估銀一十七兩八錢。米色綾一疋，估銀一兩二錢。各色零綾一十二件塊，共估銀一兩一錢五分。各色紬絨衣、帳褥等一百七十五件，共估銀五十四兩九錢六分。舊藍紬一疋，估銀五錢。舊桃紅紬一疋，估銀七錢五分。舊綠紬一疋，估銀三錢。舊錦一疋，估銀八錢。各色零紬絲綿共二十九件塊，共估銀一兩八錢五分。各色紗衣三十六件，共估銀七兩五錢四分。舊青紗一疋，估銀七錢。舊白紗一疋，估銀七錢。各色零星紗絹五件塊，估銀九分。氊袖氊襪，以及零星氊物，共二十三件塊，共估銀三兩一錢七分。各色舊破布衣、被褥等一百九十二件，共估銀二十四兩一錢八分八釐。舊白布、藍布四疋，估銀一兩二錢。零布五十七件塊，共估銀六兩一錢四分。棉花、棉綫一十四斤八兩，共估銀一兩四錢。帽緯、荷包、靴鞋，並落毛舊皮等物九十六件隻，共估銀四兩五錢六分。以上共估銀一百九十二兩三錢四分八釐。

一，雜項物件。硃砂石筆架一個，重八兩，估銀二兩。黃連六兩，估銀九兩。硃砂七斤二錢，估銀二十八兩五分。銀硃一斤，估銀八錢。山羊血三錢，估銀二兩一錢。筆、硯、圖書、畫帖、杯、墨、棋、扇，共一百三十件，共估銀三兩七錢五分八釐。麝香一個，估銀三錢。藏香八兩，估銀八錢。普茶一團，估銀三分。阿膠五塊，重一兩，估銀五分。普茶膏二兩，估銀七分。川椒三錢，估銀九分。陳香一斤，估銀三錢。以上共估銀四十七兩三錢四分八釐。

一，木磁等器。木器並箱、籠、盤、盒等二百一十四件，共估銀五十四兩七錢。磁器各物二百六十一件，共估銀六兩。碾磨、平斗等雜物四十七件，共估銀九兩六錢八分。以上共估銀七十兩三錢八分。

一，糧食、牲口、雞鴨等項。高糧米、麥、豆、穀三十石九斗，草五千斤，共估銀三十七兩七錢一分四釐。馬、騾、牛、羊、豬三十二隻，共估銀四十五兩二錢五分。雞、鴨共估銀三錢七分。以上共估銀八十三兩三錢三分四釐。

又，存貯梔木板四十九塊，估銀一百五十二兩。在窖瓶一萬二千一百塊，估銀二十四兩一錢。當出金鐲二副，重三兩八錢，除當本三十兩外，十成色，估銀八兩。當出珠冠一頂，原當十五兩，應追令崔承祖贖出，估銀二十八兩。米成章借去舊楊青布褂一件，估銀三錢。

米成章借去舊青紬袍一件，估銀四錢二分。常國正欠交生棉花三百五十斤，估銀七兩。地内所植棗樹四十一株，估銀三兩。當出銅盆一個，重五斤，除當本小錢一千文，估銀六錢。當出錫盆一個，重四斤，除當價錢四百文，估銀二錢五分。以上共估銀二百二十三兩六錢七分。以上通共估銀二千五百一十九兩八錢五分五毫。（臺北『故宮博物院』藏山東巡撫準泰乾隆十四年正月十九日《奏爲查出四川汶川縣知縣劉士縉家産

由》録副摺後附）

奏爲廣西鎮安府天保縣知縣楊懋學丁母憂遺缺請以桂林府屬永福縣知縣劉大觀調補事

朱　椿

廣西巡撫臣朱椿跪奏，爲烟瘴要缺需員，仰懇聖恩，俯准調補，以裨地方事。

案准江蘇撫臣咨開，廣西鎮安府天保縣知縣楊懋學，有親母彭氏，在伊胞弟長洲縣知縣楊懋珩任内病故，例應丁憂等因。經臣行司，轉飭該員遵照，並取具聞訃供結至日分咨外。所遺員缺，附郭首邑，漢土雜處，民情刁悍，治理不易，係專難烟瘴要缺，五年俸滿，在任候陞，非精明强幹之員，不克勝任，例應遴員調補。伏查粤西烟瘴各缺，先經前撫臣舒輅奏明，不必計俸，惟擇才優與能耐烟瘴之員，即准陞調等因，奉旨俞允，欽遵在案。兹天保縣缺出，臣與布政使瑺齡，署按察使事鹽法道周廷俊，於通省知縣内詳加選擇，非居要缺，即人地不甚相宜。

惟查有桂林府屬永福縣知縣劉大觀，年三十一歲，山東直隸臨清州邱縣人。由乾隆丁酉科拔貢，乾隆四十三年朝考一等，挑選引見，奉旨以知縣試用，籤掣廣西，於四十四年正月二十五日到省。委署融縣知縣，題署今職，先委署理，四十五年五月十七日奉文試署，四十六年七月二十二日奉旨實授。現署象州知州。該員年力正壯，辦事克勤，能耐烟瘴，以之調補天保縣知縣員缺，實屬人地相宜。合無仰懇皇上天恩，俯准將劉大觀調補天保縣知縣，庶烟瘴要缺得人，臣亦得收指臂之益。如蒙俞允，所遺永福縣知縣員缺，係内地腹俸岀衝簡缺，查粤西現有未經實授，丁憂起復，仍來粤省候補知縣，應請扣留在外，容臣另疏題署外。至劉大觀係對品調補，毋庸送部引見。再，該員任内奉行參罰案件，另繕清單，恭呈御覽。臣謹會同兩廣總督臣巴延三合詞具奏，伏祈皇上睿鑒，敕部議覆施行。謹奏。乾隆四十八年八月初三日。乾隆帝批：『該部議奏。』（《宫中檔乾隆朝奏摺》第五十七輯）

伯麟　福保

奏請以劉大觀補用開原縣知縣事

奴才伯麟、福保跪奏，爲奏懇補用知縣，以裨地方事。

竊照錦縣知縣姚守書，先經奏請陞署義州知州，並請以開原縣知縣明亮調補錦縣知縣。今奉部文，准令姚守書赴部引見，所遺錦縣，准以開原縣明亮調補在案。查明亮所遺開原縣員缺，雖應歸部揀選，但係調補所遺，現有揀發人員，理應請補。查有候補知縣劉大觀，年四十三歲，係山東臨清直隸州邱縣人，由拔貢生朝考一等引見，奉旨以知縣試用，分發廣西。乾隆四十五年，題署永福縣知縣，期滿實授。四十九年，調補天保縣知縣。五十四年六月，丁繼母憂回籍。服闋赴部，五十七年二月揀選引見，奉旨發赴奉天差遣委用。是年四月二十三日聞訃，丁父憂回籍。五十九年七月二十三日服闋，呈領咨文，於十一月十九日來至奉天候補。

該員年力壯盛，明白勤慎，現在委署承德縣印務，並無貽誤，以之補用開原縣知縣，實堪勝任。奴才等謹專摺奏懇聖恩，俯准以候補知縣劉大觀補用開原縣知縣，於地方實有裨益。如蒙俞允，該員係候補知縣請補知縣，銜缺相當，毋庸送部引見。再，該員前在廣西知縣任内有無參罰案件，現經行查，合併陳明，理合恭摺具奏，伏祈皇上睿鑒。謹奏請旨。乾隆六十年四月初十日。（中國第一歷史檔案館藏宫中硃批奏摺）

奏爲審擬奉天府府尹恩明不能管束家人任其滋事各款與實相符請交部嚴加議處等事摺

傅森　晉昌

奴才傅森、奴才晉昌跪奏，爲遵旨審擬具奏事。

竊奴才等於三月二十六日接奉軍機大臣字寄，三月二十日奉上諭：『朕前聞恩明由安徽陞任河南藩司，經過地方，不能約束家人，任其在外生事。近又聞伊赴奉天府府尹新任，于出關後，有管門人烏春，沿途需索門包使費，甚不安静。又借用馬姓太監送伊家眷赴瀋，按站勒措，甚至有與辦差家人爭鬧之事。恩明雖並無得受餽送及自行勒索情節，然縱容僕役滋事，已可概見。且思恩明係三品京堂，亦不應私用太監服役，並隨帶出京，致令沿途生事，不可不嚴行查辦。此事著交傅森、晉昌，即提恩明隨帶家人烏春及太監馬姓，向其切實研究，如審訊得實，即行按律定擬具奏，並將恩明一並嚴參具奏。欽此。』

奴才等當即提集恩明家人烏春及太監馬德慶等，督同隨帶司員，切實研究。緣烏春向在恩明任所管門，本年正月間隨赴奉天新任。出關後，見所屬州縣差人迎候，該犯即起意需索使費。各州縣家人因該犯係管事家人，不敢違拗，所過寧遠州、錦縣兩處地方，每處送銀一百二十兩，廣寧縣送銀一百兩。除分給張寬等七人每人銀四十兩外，該犯實得銀六十兩。此外廚役人等八名，每處各得銀四兩至六兩不等。又，太監馬德慶向在原任大學士福康安家服役，上年因人多放出，本年正月間恩明到京，該犯先期求人轉薦，恩明彼時雖未收用，允令護送家眷赴瀋，二月初八日，該犯即同王喜等八人送眷屬起身。到寧遠州地方，該犯即起意需索，該州家人李榮以本官公出，不能做主，只好隨後帶到瀋陽等情回覆。該犯初未應允，經李榮口許銀一百八十兩之數，該犯始即允從。至錦縣地方，該犯見辦差家人，謊稱上站業已給過銀一百八十兩，向其索取，該家人亦照數付給。至廣寧縣地方，該犯復行如數需索，有王姓家人付給銀一百八十兩，二共得銀三百六十兩。除沿途盤費及零星花用共銀二十五兩，分給王喜等銀兩之外，該犯實得銀一百一十兩。此外，趙二等每站另得銀三兩至五兩不等。此烏春、馬德慶沿途需索，及各該犯分得銀兩之原委也。奴才等以上司經過地方，家人索取使費，久干例禁。若非該犯等用强嚇詐，各州縣等何以甘心給與？即所得銀兩，亦自不止此數。並恐恩明知情故縱，及到任後另有索取門包、陋規等弊，若不嚴行訊究，恐致不實不盡，遂向該犯等逐一研訊。

據烏春供：『我們所得銀兩，實不敢叫主人知道。如果我有打鬧勒索及多得銀兩，併此外另有索取門包情事，現經嚴訊，何敢不據實供明？只求質對』等語。據馬德慶供：『我送家眷出關，因一路乏銀使用，向寧遠州家人索取使費，當時許銀一百八十兩，至今並未收到。錦縣、廣寧兩處地方，所得銀兩實止此數。那時我主人已經到任，無從知道。我記得于二月二十一日到廣寧地方，因風大難行，要在長興店住宿，令差役董利找尋店房。董利不肯，彼此口角，我一時糊塗，順手用馬鞭打他幾下，原是有的。此外實不曾有因勒索銀兩與人嚷鬧的事，情願與各處家人質對』等語。奴才等各加刑嚇，不特該二犯堅供如前，即提到隨同分銀之廣福等，按名隔别研訊，衆供無異。並傳到因公來省之寧遠州知州劉大觀、廣寧縣知縣張炳，及錦縣家人張林、管福等，詳加質訊，與該犯等所供情節均屬相符。併稱：『我等應付使費，業已自取咎戾，如果該犯等有用强嚇詐情事，如何反肯替他隱瞞』各等語。奴才等反覆究詰，各供不移，似無遁飾。……所有各該犯等應得杖罪，俟命下之日，交與兼管奉天府尹侍郎穆克登額，照擬折責發落。仍于各該犯名下，將所得贓銀照數追出入官。……

至恩明由河南布政使調任府尹，不能管束家人，出關後，輒向所屬州縣索取使費。雖無自行勒索情弊，誠如聖諭，其平日之縱容僕役，已可概見。且該員係三品京堂，率意借用太監，尤屬違制。應將奉天府府尹恩明，請旨交部嚴加議處。其被索之寧遠州知州劉大觀、錦縣知縣英亮、廣寧縣知縣張炳，于該犯等需索銀兩之處，並不據實稟報，均屬不合，應請交部議處。所有奴才等遵旨審擬緣由，理合恭摺覆奏，併另繕供單，謹呈御覽，伏乞皇上訓示遵行。謹奏。嘉慶五年四月初六日。嘉慶帝硃批：『即有旨。』（中國第一歷史檔案館藏宫中硃批奏摺）

恩明等供單

恩明供：『我正月間，烏春等跟我赴奉天新任，在寧遠州等處索取使費，我實在不能知道。至太監馬德慶，原是我親戚金家薦來的，我當時並未收留。後來我家眷赴任，叫他一同送到，再行回京，以致他一路上需索使費，我竟毫無覺察。總之，我受皇上天恩，不能約束家人，胆敢沿途索取銀兩，又違例借用太監，實屬咎無可逭。只求將我從重治罪。』

寧遠州知州劉大觀供：『本年正月内，府尹過境，有管門家人徐姓，即烏春，向我家人趙陞要去使費銀一百二十兩。後來家眷過境，有馬姓太監索取銀兩，我家人説主人不在家，隨後帶到省裡去罷，後來並没有給他。兩次過境，也不曾與我家人有打鬧的事。所具親供是實。』

錦縣家人張林、管福同供：『本年正月内，恩大人過境，有徐姓家人要去我們使費銀一百二十兩。二月間，大人家眷過境，有馬太監問我們索去使費銀一百八十兩。此外零星小費，都記不清了，俱没有打鬧的事。所供是實。』

廣寧縣知縣張炳供：『本年正月内，府尹過境，有徐姓家人即烏春，索去使費銀一百兩。又，二月内，府尹的家眷入境，住宿長興店。時有馬姓太監與縣裡差役董利，因找尋店房，彼此口角，馬姓太監用鞭責打，幸不成傷。次日住縣城西關，經馬姓太監索去銀一百八十兩，所有零星小費，也記不清了。此外别無嚷鬧的事。所具親供是實。』（中國第一歷史檔案館藏兵部尚書傅森、盛京將軍晉昌嘉慶五年四月初六日《奏爲審擬奉天府尹恩明不能管束家人任其滋事各款與實相符請交部嚴加議處等事》摺後附）

烏春等供單

烏春供：『我現年三十七歲，順天大興縣人。於乾隆四十七年間跟隨主人，至本年正月内赴奉天任所。到了關外，有寧遠州家人前來迎接，我遂向他要使費，説之再三，他始給我們銀一百二十兩。到錦縣，亦照樣應付，至廣寧，止給了一百兩銀子。三處共得銀三百四十兩。……』

馬德慶供：『我現年三十八歲，直隸滄州人，自幼淨身，在福四中堂家當差。去年三月間，因人多放出，央金五奶奶送到恩三太太處服役。當時不肯收留，直至本年二月初間，始叫我同王喜、沈泰、馬祥、三元、周鑒、曹福、麻子、連福等送家眷出關。到寧遠州地方，有辦差家人前來迎候，我想可以需索使費，向家人説要銀子的話。他説：「向無此項規禮，且本官也不在家，我們不能做主，只好替你商量罷。」他就回州去了。直到晚上，始説定了一百八十兩銀子，應許我隨後帶到省裡。我怕他不帶來，他説：「官府不給，我給就是了。」至今並未帶來。……』（中國第一歷史檔案館藏兵部尚書傅森、盛京將軍晉昌嘉慶五年四月初六日《奏爲審擬奉天府府尹恩明不能管束家人任其滋事各款與實相符請交部嚴加議處等事》摺後附）

奏爲遵審楊和春誣控田宗搶米寧遠州知州劉大觀不爲公辦一案按律定擬事

瑚圖靈阿

（盛京刑部侍郎）奴才瑚圖靈阿跪奏，爲遵旨嚴審，定擬具奏事。

竊照提督衙門具奏：天津監生楊和春遣家人倪順呈控，伊主之船在奉天錦州裝載糧石，在河停泊，被王泳發船上舵工田宗，因下鐵錨扎破船身，致被沉溺，搶去客粮，呈控州縣，不爲公辦，將伊主鎖押各等情。奉旨：『此案着交盛京刑部，提集犯、證，嚴審定擬具奏。所有原告倪順，着照例解往，以備質訊。欽此。』欽遵由提督衙門咨行到部，並將原告倪順解送前來。是時正值奴才奉旨署理學政，封門考試，一面提取人証、案卷，派委司員，先行隔別研訊。及奴才考試事竣，親自提犯研訊。

緣楊和春籍隸天津，有海船一隻，交與劉富武撐駕，裝載客貨。上年六月内，在錦州裝載粮米一船，於七月初八日在錦縣老河套地方，與王占鰲、田宗等船隻灣在一處。田宗之船在西，王占鰲之船在中間，劉富武之船在東。田宗之船緊靠河岸，頭錨不能正下，微向東邊斜下。十三日風雨大作，河水暴發，劉富武、王占鰲之船均已起錨，令田宗起錨，田宗不肯。不意劉富武船上帮頭衝斷，碰在田宗船錨上，將船扎漏，劉富武恐船沉溺，在船頭喊衆起米救護。維時天津米船共二百餘隻，俱着水手撐小船，帮同起米。田宗亦令水手撐駕小船，起米四口袋。是日下晚得遇順風，田宗及衆船不及還劉富武之米，隨各起篷出海。劉富武即寄信楊和春，在天津縣呈控田宗横下霸錨，扎船搶米等情。因事在錦縣地面，經天津縣移送到錦，錦州府知府阿永委寧遠州知州劉大觀審訊。

據田宗供認，偏下鐵錨屬實，並無率衆搶米情事。即劉富武亦供認，實因船將沉溺，故喊衆救護，起去米石，原想伊等隨即退還，不謂其得遇順風走了，故告他搶米等語。並訊取海保正楊泳利，及天津縣移文内録取要証王占鰲口供，均稱並無搶米情事。經該州斷令田宗賠銀三百兩，爲楊和春修船，其客米令劉富武賠出，楊和春未肯允服。嗣該州票傳劉富武復審，楊和春令其潛赴海口，不行到案，並出言不遜，該州即將楊和春鎖押，並差拿劉富武到案，一同鎖禁，楊和春遂令家人倪順赴京具控。旋經該府接准府城三大店張文登、周西池、謝會徵等調處呈詞，願賠楊和春銀六百兩，代賠客人王述米一半，該犯等俱各具遵依甘結在案。因楊和春已令倪順在京具控，奉旨交到奴才衙門，該府未經定案，此楊和春疊次具控，及被鎖押後又赴京呈控之原委也。奴才研訊之下，其偏下鐵錨，扎壞船隻之田宗，業經認賠修理船隻。至搶粮一節，不特衆供確鑿，並無搶粮情事，即楊和春之駕掌劉富武，亦供認委係喊央救護，帮同起米，實非搶奪等語。

查楊和春原呈内，有縣幕潘老虎與王泳發交好，潘老虎曾邀請府州縣各官在家宴會一節。伏思官員及幕友同席宴會，已干功令，若再有商謀囑托，高下其手情弊，尤屬目無法紀。且縣幕而有老虎之名，其平日之窮兇極惡，已可想見。所告此款，最關緊要，不可不徹底嚴究，以期水落石出，從重參處，庶足以警官邪而正風憲。隨調取錦州府知府阿永，寧遠州知州劉大觀，錦縣知縣英亮，來省質訊。英亮業已告病，不能動履。知府阿永，知州劉大觀，於閏四月十五、十七等日，先後到省。

據知府阿永供稱：『知府於上年十一月初八日，因新修府學文廟完竣，前往查看立碑處所。知州劉大觀因調來府審案，與教授陳國麟，府經歷孫王民，巡檢薛文濤，典史陳青，同在廟内伺候。知府查看完後，即行回署。潘廷澍寓所在文廟旁邊，從他門口經過是有的，並没宴會的事。』再三嚴訊，據阿永稱：『我蒙皇上天恩，授爲知府，有表率屬員之責。豈有在幕友寓所，與巡檢、典史同席宴會之理？且上年冬月初旬，錦縣知縣英亮因公來省，到二十邊纔回去，省中都是知道的，楊和春告他也同宴會，這便是虚誣。只求嚴審，如果得實，甘當重罪。』

據寧遠州知州劉大觀供稱：『我前在開原縣任内，請過潘廷澍作幕，是舊日賓主。去年冬月初八日，奉調到錦州府，委審楊和春控告田宗、王泳發一案。適值本府到文廟查看立碑的地方，也隨着同到廟裡查勘。本府走後，我因潘廷澍寓所住在文廟旁邊，就近拜望他，在他寓所坐了一會。走出門口上車，楊和春在那裡遞了一張呈子，知州帶回店裡批示是有的，那裡有宴會的事？這是楊和春捏造的』

等供。奴才猶恐各該員規避處分，不肯認實，隨又出其不意，將該府家人吕福，該州家人王利，密傳到部，加以刑訊，俱堅供實無宴會之事。

訊據潘廷澍供：『我是海城縣人，在奉省作幕多年，從未出省。王泳發是天津人，從未來奉，我如何得認識他？至楊和春告我名叫老虎，我實無此名。因去年他在錦縣遞呈，告田宗横下霸錨，扎漏船隻，搶去米石，錦縣因他强詞誣賴，曾批他喪良無理，他疑是我的主意，故捏造此名告我。至我在錦縣作幕，署内屋少，纔將家眷在文廟旁邊賃房居住。我舊日與寧遠州劉知州是賓主，十一月初八日，他來拜過我一次是有的。至本府知府，與我並無來往，如何有同各官在我家宴會的事？只求嚴行審訊，如果屬實，情甘認罪。』

問據王泳發供稱：『我在天津住家，雖有海船到錦州裝載，都是店夥經營，我從未到過錦州，如何認得衙門幕友？只求問楊和春，指出實據來，情願領罪』等語。當即質之楊和春：『潘老虎之名聽自何人之口，宴會有何指據？』楊和春始而强詞支吾，及再三窮詰，始據供認：『因在錦縣遞呈，錦縣幕友潘廷澍批我喪良無理，我心裡恨他，纔叫家人倪順赴京告狀，說他有老虎之名，與王泳發認識，希圖聳聽。其實並没别人叫他老虎，亦無與王泳發往來實據。至所告府州縣官同在潘家宴會一節，因那日寧遠州到府，往遞訴呈，是在潘姓門首遞的，見有許多車輛，是以疑爲宴會。今蒙嚴訊，並無宴會之事，我亦不能指出實據』等語。奴才復將各犯隔别嚴審，再加刑嚇，矢口不移，案無遁飾。

又，呈内有州縣不爲公斷，將楊和春鎖押一款。問據楊和春供稱：『上年寧遠州審辦此案，斷令王泳發出三百銀子給我修船，我嫌少不依，寧遠州就把我鎖押。』據劉知州供稱：『知州審得，此案田宗、王占鰲、劉富武三隻船灣在一處，田宗的船在西邊，王占鰲的船在中間，劉富武的船在東邊。當日風雨大作，河水驟發，各船舵工、水手，原該各自保護己船纔是。因田宗船上的錨與王占鰲的船緊挨着，不扎壞王占鰲的船，反扎壞劉富武的船，是劉富武自不小心，與人無尤。至其告田宗率衆搶米一層，是他因船扎漏，恐怕沉溺，央告衆人起米救護。各船上起米之後，得了順風，揚帆而去，未及還米。且據海保正楊泳利與王占鰲各供，均稱並無見有田宗搶米之事。況劉富武始在錦縣告稱船上米石漂没無存，後在錦州府控告，又稱撈獲濕米二百石上下，尤見語言矛盾。遂斷令客商王述之米四百零二石六斗，着劉富武賠還。又因田宗下錨微向東偏，王占鰲與劉富武曾令起錨，田宗執意不起，亦少有不是。姑念劉富武船已扎破，又賠王述之米石，纔酌量斷令田宗出銀三百兩，帮劉富武修補船隻。因田宗一時辦不出三百兩銀子，飭令船主王泳發先行墊繳存庫，次日早上傳劉富武領銀繳米。楊和春始而抗拒，不令到案，繼而付與盤費，令劉富武逃走。知州恐劉富武藏匿店内，往傳店家，楊和春仍復不許店家到案，且對着差役出言不遜。知州因他種種抗横，過於刁惡，纔派府衙門差頭韓世泰將他鎖到府署，問明抗拒緣由，將他鎖押，一面派差查拿劉富武。後在海口龍王廟拿獲，訊明楊和春縱放是實。何曾是斷給他三百兩銀子，他嫌少不依，將他鎖押的呢！』遂傳府差韓世泰，州差涂岱，縣差馬柱等，與楊和春、劉富武質証，楊和春、劉富武皆俯首無詞。

復據知府阿永呈稱，當該州縣審擬具詳後，即欲據文轉詳府尹。後有府城三大店張文登、周西池、謝會徵等，因楊、王兩造俱與伊等交易多年，情難坐視，出來調處。所有王述之米，讓劉富武少賠一半，其餘一半，三大店代爲賠補。又勸王泳發念楊和春係屬同鄉，於前繳三百兩銀之外，再出三百兩，帮楊和春修補船隻，兩造允服，懇求息訟。知府恐兩造未肯遵允，批飭傳訊明確，再爲定奪。隨傳到楊和春、王泳發、王述，當堂覆訊，俱各遵允，當堂遞具遵依甘結。正在具文轉詳府尹間，據楊和春供出，已差家人進京上控，自應聽候奏辦，是以未敢轉詳。所有伊等遞具懇呈遵依甘結，至今尚在。遂查得楊和春所遞甘結，内有田宗並無搶奪米粮之語，以之詰訊楊和春，愈覺理短。忽又供稱，王泳發出銀一萬五千兩打點官司，潘廷澍得銀一萬，劉知州得銀五千，有錦州鋪户宋澤普、謝會徵過付等語。

查贓款至一萬五千之多，又有見証，伊在提督衙門具控之時，因何並不指出？事關枉法行賄，倘或屬實，則與者、受者，均應問擬大辟。若不提到見証，徹底嚴究，不足以爲信讞。遂一面將王泳發、潘廷澍嚴行收禁，一面行文署任錦縣知縣伊誠，飭令密拿宋澤普、謝會徵，星夜解至刑部，以防日久弊生，串供脱卸。及將見証提到，俱供此事毫無影響。又復再三刑嚇，堅供如初。問之楊和春，據供：『王泳發説我訛遍天下，我也説他行賄一萬五千兩，好嚴審他，出我的……』（整理者按：據刑部尚書成德摺，有『該犯亦供明，因王泳發説我訛遍天下，我也説他行賄一萬五千，好嚴審他，出我的氣，俯首叩頭，只求超生一節。』知此處遺失一葉。）州縣宴會，赴京具控。及奉旨嚴審，全無實據。該犯既已詞窮，又捏供贓款，隨口誣扳，以冀拖累無辜，遷延時日，實屬狡猾。此而不嚴加懲治，恐奸民滋長刁風，所關非細。楊和春應格去監生，照依藐越赴京告重事不實例，發邊遠充軍。事犯在嘉慶五年四月十八日清理庶獄恩旨以前，所得軍罪，減爲杖一百，徒三年，解交原籍天津縣定地充徒。

劉富武捏報搶粮，致啓訟端。又復聽從楊和春，抗拒官差，潛逃海口，應于楊和春軍罪上減一等，杖一百，徒三年。恭逢恩旨，所得徒罪，應減爲杖一百。田宗訊據實無搶米之事，然帮起米石，理應交還，乃乘風回船，竟不交還原米，亦有不合。田宗應照不應重律，杖八十，恭逢恩旨，杖罪援免。潘廷澍既作縣幕，即不應在外居住，且以本省人作本省之幕，亦干例禁。查得尚無别項劣跡，應遣回海城縣原籍，無許再行干預公事。知州劉大觀斷案尚無枉縱，然奉委審案之時，往拜縣幕，亦屬不應，請旨將寧遠州知州劉大觀交部察議。其餘無干之人，概行省釋。所有奴才遵旨審擬緣由，除另繕供單，恭呈御覽，聽候飭部核議外，理合專摺具奏。是否有當，伏乞皇上睿鑒，訓示施行。謹奏。嘉慶五年五月十一日。嘉慶帝硃批：『刑部核議具奏。』（中國第一歷史檔案館藏宫中硃批奏摺）

奏爲天津監生楊和春遣家人呈控販粮被搶錦州州縣不爲公辦等事

成德等

刑部尚書臣成德等謹奏，爲遵旨核擬具奏事。

先據步軍統領衙門奏，天津監生楊和春遣家人倪順，呈控因伊主之船在奉天錦州裝載米石，在河渟泊，被王泳發船上舵工田宗下錨扎破船身，致被沉溺，搶去客糧，州縣不爲公辦，將伊主鎖押等情一案。欽奉諭旨，飭交盛京刑部嚴審，定擬具奏。兹據盛京刑部侍郎瑚圖靈阿奏稱：楊和春呈控田宗下錨扎船搶米等情，屢經審訊，供証確鑿，委無搶米情事。前經錦州府知府准依店户懇呈賠銀賠米，該犯等俱各輸服，仍交該府，令其自行清理外。楊和春抗拒差傳，於寧遠州票傳伊舵工劉富武之時，膽敢不令到案，種種逞刁，致被鎖押。又捏造縣幕潘老虎之名，並誣以府州縣違例宴會。又捏供贓款，隨口混扳，以冀拖累無辜，實屬刁詐。將楊和春依鶩越赴京告重事不實例，發邊遠充軍，援赦减徒。劉富武捏報搶糧，又聽從楊和春，抗拒官差，於楊和春軍罪上減等擬徒。田宗照不應重律，杖八十，援赦分別減免。潘廷澍既作縣幕，不應在外居住，且本省人作本省幕，亦干例禁，查無別項劣蹟，遞回原籍管束。知州劉大觀斷案尚無枉縱，惟奉委審案之時，往拜縣幕，亦屬不合，交部察議等因具奏。奉旨：『刑部核擬具奏，欽此。』欽遵於五月二十五日抄出到部。

臣等正在核議間，據楊和春遣家丁趙禄，於六月初三日赴部呈稱：『此案蒙盛京刑部審訊，伊主已據實供明。今因案内人等俱已放出，獨伊主仍行監禁。伊主所供情節，並無犯罪之處，因何仍行監禁？恐供詞有裝點改飾等弊。』將伊主在盛京刑部所具親供，抄録粘呈。臣等隨將所遞供詞與該侍郎所奏情節，逐加詳核，多有不符之處。如楊和春前控被寧遠州知州劉大觀鎖禁一節，據該侍郎奏稱，因該犯阻撓票傳之劉富武，不令到案，並出言不遜，是以該州將其鎖禁。而現在抄呈親供，則稱因該州斷令王泳發賠銀三百兩修理船隻，該犯楊和春未允，知州次日改毀前斷，將其鎖禁受罪。

又，前控縣幕潘老虎與王泳發交好，潘老虎曾邀請府州縣各官在家宴會一節。該侍郎奏稱因潘廷澍曾充錦縣幕友，楊和春在縣具控田宗横下霸錨，扎船搶米等情，强詞誣賴，經潘廷澍批斥其喪良無理，該犯挾恨誣捏，已據供認妄控，實無別人叫他老虎，亦無與王泳發往來之事。並因寧遠州到府，該犯往遞訴呈，在潘姓門首見有許多車輛，疑爲宴會，不能指出實據。而現在抄呈親供則稱，潘廷澍在錦住家已久，聲名狼藉，錦民皆稱老虎。寧遠州奉委承審，潘老虎請該州到家，由辰至午，尚未回公館。該犯往具哀呈，到潘家門外，等至申刻席散，眼同各官，向該州呈遞等情。又據奏稱，詰訊之下，該犯愈覺理短，忽又稱王泳發出銀一萬五千兩打點官司，有宋澤普、謝會徵過付，嚴審見証人等，僉稱此事毫無影響。該犯亦供明，因王泳發説我訛遍天下，我也説他行賄一萬五千，好嚴審他，出我的氣，俯首叩頭，只求超生一節。現在抄呈親供内，並無一言敘及，亦無輸服認罪之詞。提訊該家丁趙禄，據供所有親供呈詞，俱係伊主自行寫就，交伊來京呈遞。呈内供内各情節，伊俱不知道等情。

臣等伏思民人赴京控訴案件，欽奉諭旨，飭交大臣覆訊，原期核實秉公，無稍枉縱。此案現據該侍郎瑚圖靈阿遵旨審訊，原告楊和春所控全虚，問擬軍罪。甫經奏到，而楊和春即遣家人，以供詞恐有裝點改飾，赴部翻控。臣等細核供情，與所奏情節種種互異。如果該侍郎所訊公允，取具輸服供詞，何至原告旋行翻控？惟查該犯抄呈親供，亦多有支離含混之處，亦難保無逞刁翻異，希圖卸罪情事，亦不可不防其弊。且案内犯証卷宗俱在盛京，若遽信該犯一面之詞，即行提京審訊，未免更滋拖累。該侍郎瑚圖靈阿係原審之員，自不便復令審訊，相應請旨，飭交盛京將軍，就近提集犯卷，查照楊和春所遞親供，秉公研鞫，是否虚實，務得確情，按律定擬具奏，到日再行核覆。謹將該犯遞到親供，恭録呈覽，俟命下時，臣部即將該犯抱呈家丁趙禄，并原呈親供，咨解該將軍衙門收審。是否有當，伏祈皇上睿鑒。謹奏請旨。嘉慶五年陸月初捌日。刑部尚書臣成德，太子太傅大學士暫署尚書臣董誥，左侍郎臣德瑛，左侍郎臣熊枚，右侍郎臣高杞，右侍郎臣莫瞻菉。（中國第一歷史檔案館藏録副奏摺）

奏爲委令河東道劉大觀署理藩司等員缺事

金應琦

護理山西巡撫，布政使臣金應琦跪奏，爲委署司道府各篆，恭摺奏聞，仰祈聖鑒事。

竊照撫臣同興欽奉上諭，來京聽候部議，山西巡撫印務，著臣暫行護理。欽此。所有藩司印務，理應奏委遞署。臣面商撫臣同興，新任臬司常明尚未到任，現係冀寧道吉隆阿署理。查有河東道劉大觀，精明幹練，現在省垣商辦鹽務，可以就近委署，以資會議招商等事。其河東道篆務，查有平陽府知府錢臻，老成練達，前經屢次護理，均無遺誤，堪以委護。其平陽府印務，查有大同府豐鎮同知訥福，才識開展，業經保舉堪勝知府，引見回晉，堪以委署。除檄飭遵照外，謹恭摺具奏，伏乞皇上睿鑒。謹奏。嘉慶十一年九月十八日。嘉慶帝硃批：『覽。』（中國第一歷史檔案館藏宮中硃批奏摺）

奏爲委令劉大觀署理山西藩司印務并委任錢臻護理河東道等員缺事

初彭齡

刑部右侍郎，署山西巡撫臣初彭齡跪奏，爲山西藩司印務，請旨先令河東道劉大觀暫署，并遞委署理道府各員印務，恭摺奏聞，仰祈聖鑒事。

本月二十一日，奉上諭：『劉清著交部嚴加議處，即來京聽候部議。欽此。』臣查山西臬司積朗阿尚未到任，現係冀寧道張曾獻署理。查有因公在省之河東道劉大觀，曾經署理藩司，於藩司政務頗能諳習，應請旨委令署理。其河東道一缺，兼管鹽法，亦關緊要。查有太原府知府錢臻，歷練老成，堪以委護。所有太原府知府印務，查有潞安府知府趙鴻文，心地明通，辦事詳慎，堪以署理。所遺潞安府知府缺，查有候補直隸州知州朱錫庚，才具明晰，堪以署理。所有遞行委署各員，除檄行遵照任事外，理合恭摺奏聞，伏乞皇上睿鑒。謹奏。嘉慶十四年十月二十四日。嘉慶帝硃批：『知道了。』（中國第一歷史檔案館

（藏宫中硃批奏摺）

奏爲遵旨查訊初彭齡被參前在山西巡撫任内任性乖張等款一案定擬事

托津　穆克登額

臣托津，臣穆克登額跪奏，爲遵旨查訊，定擬具奏事。

竊照河東道劉大觀，參奏初彭齡前在山西巡撫任内任性乖張等款一案，奉旨交臣等查辦。臣等於馳抵山西後，就現案人証查訊大概情形，奏蒙聖鑒。隨於二月十五日奉到上諭：『現在查出各款，著俟初彭齡到晉之後，再向其逐一質詢，核實辦理。朱錫庚著革職拿問，嚴審定擬具奏等因。欽此。』查初彭齡已於初十日到晉，當將劉大觀參奏各款，令其據实登覆。並传旨將朱錫庚革職拿問，提集應質人証，調齊各案卷宗，督率司員户部候補員外郎任蘭祐、主事伊星阿，刑部郎中舒靈阿、員外郎屠之申等，连日逐款查訊。

其原奏太原府知府錢臻承審臨晉縣假鞘一案，初彭齡三次令改詳稿，俱從輕擬結。因金應琦查看號簿，初彭齡大怒，遽行嚴辦一款。據初彭齡供稱，金應琦正在病中，本不應查看號簿，曾於司道前指斥其非，原是有的。至所辦假鞘一案，因甫經到晉，未延幕友，令錢臻代为辦稿，復以擬罪較輕，令其改擬。嗣因金應琦移交各案内檢出此案，司詳聲叙甚明，即照依原稿具奏。質之錢臻，供亦相同。

又，錢臻於改委後未經會審之案，懇求初彭齡列名入奏一款。卷查汾陽縣監生李佐禹，因賭控欠，在押自縊一案，初彭齡批令署臬司張曾獻親訊，張曾獻轉委錢臻訊詳。初彭齡因錢臻未能審出實情，於參奏張曾獻摺内，聲明改委署太原府知府趙鴻文、平定州知州徐承慶審辦。及奏結摺内，又將徐承慶名字改爲錢臻，並以錢臻先未審出實情，請交部議。劉大觀見其前後兩奏互異，即以錢臻懇求列名參奏。質訊之下，不獨錢臻堅稱並未懇求，即初彭齡亦稱此案先委趙鴻文、徐承慶同審，後欲趕辦各案，復將徐承慶改委另案，仍令錢臻會同趙鴻文審訊，遂於摺内將徐承慶之名改爲錢臻，委非因其懇求列入。質之趙鴻文，供亦相符。劉大觀亦自認心疑錢臻有懇求情事，並無實在憑據。

又，朱錫庚署潞安府任内接得匿名揭帖，並不即日稟明各上司查拿，遲至初彭齡由工次旋省，始行稟出。及兩司委從九品陳載章前往訪拿，朱錫庚又密稟初彭齡另行改委，殊乖體制一款。卷查初彭齡於接到朱錫庚稟送匿名揭帖，當即札飭兩司查拿，其不令陳載章提集案犯，亦係據朱錫庚稟請，改委辦理。訊之朱錫庚，供稱伊由省赴任時，接得文書甚多，因起身匆促，到署後始行拆看，見有匿名揭帖，即稟送巡撫。經巡撫轉飭兩司，札委陳載章赴潞安府密訪，並提集另案人犯。又因陳載章與所提案犯熟識，慮其串供，復密稟巡撫，另行改委，均未稟明兩司，罔知體制，辦理實屬錯謬。

又，澤州府知府王廷瑛偶然耳聾，旋即痊愈；寧武府知府戈瑶並無不好聲名，初彭齡聽信讒言，遽行入奏一款。據初彭齡供，伊到任時接見王廷瑛，實係耳聾。戈瑶彼時亦有民人控其斷案不公，及伊家人等詐銀未得之事，因以王廷瑛現患耳聾，戈瑶官聲平常，附片奏明，並非聽信讒言。臣等卷查，初彭齡於附片具奏後，隨飭兩司，札調王廷瑛到省驗訊，該員服食凉藥，耳聾業已痊愈；並委員提訊戈瑶所斷鄉民王昱等控争山廠之案，并無不公。監生吴鶡等控争煤窑案内，戈瑶家人等亦無詐銀情事。劉大觀係以初彭齡於未經查確之事遽行參劾，疑其聽信讒言，不能指出確據。

又，初彭齡所食養廉不肯攤扣，全行支領一款。據初彭齡供，自上年九月到任，俱係照例支食半廉。迨十一月實授後，因不敷辦公，支食全廉屬實。

又，平定州虧空甚多，初彭齡狥庇門生，不肯參奏一款。經臣等派委刑部郎中舒靈阿，會同劉大觀及該州徐承慶前往盤查。該州庫應存正、雜各款銀五千二百餘兩，眼同劉大觀當堂彈兑，並將城、鄉二倉應貯穀四萬二千餘石，依法丈盤，均無虧短。現據劉大觀自認該州虧空係得自風聞，未能查實，遽行參奏，實屬冒昧。

又，朱錫庚因試用知縣陶榮淦不能逢迎，稟請初彭齡撤回省城，陶榮淦自縊一款。正在查訊間，據陶榮淦之弟陶步鈞以朱錫庚挾嫌揑稟，致伊兄被誣自縊等詞呈控，當即飭傳陶榮淦家人甄三，尚未到案。臣等隨就現在人証，詳加研究。緣陶榮淦係分往潞安府聽候差委之員，朱錫庚以其素非端人，稟知初彭齡，將陶榮淦撤回省城，札委兩司，訊無不安本分情事詳覆後。初彭齡於十二月十九日，提訊太平縣儀之屏家争繼一案，陶榮淦先經審過此案，聞信恐懼，曾向太原府司獄江清及候補知州王立言探聽消息，即於是夜在寓自縊。後經究出陶榮淦承審争繼一案，得過銀二百兩，自係因贜私敗露，畏罪自盡，並非因朱錫庚稟請撤回，懷憤輕生，已屬確鑿。現據陶步鈞及劉大觀僉稱，陶榮淦自縊時，伊等均未在省，不知其有畏罪自盡情事，委非有心誣指。並據初彭齡供，於陶榮淦自縊之處，未經附摺奏聞，自認疎忽。

又，初彭齡違例保舉門生，奉到申飭諭旨，初彭齡將申飭語句私行删去，仍不避嫌，令徐承慶居住署内一款。據初彭齡供，伊於陳奏匿名揭帖摺内，附片將門生平定州知州徐承慶奏陞知府，奉上諭，飭令嚴拿匿名揭帖之人，並以另片不應違例保舉門生，傳旨申飭。奉到後，當即給予署藩司劉大觀、臬司積朗阿公同閲看。迨將批摺行司，稿内原註明『恭録札知』字様，如今始知札文内並未粘連諭旨，委係一時疎忽，將全道諭旨遺漏抄粘，實無私行删去語句情事。至徐承慶係本省屬員，與太原府知府趙鴻文俱曾留署審案，係因慎密起見，亦經附摺奏明。臣等檢查撫、司各卷，提訊承辦經、書，均與所供相符。質之劉大觀，則稱初彭齡給予諭旨閲看，見有申飭語句，迨接到行司文札，並無粘連諭旨，一時誤會，以爲私行删去，遽入奏章，亦屬冒昧。

又，朱錫庚署潞安府任内，儀從背負鳥鎗，並辦理武生郝殿英等鬬毆，擅動官兵一款。據劉大觀供稱，係初彭齡當面告知。詢之初彭齡，則稱係屬風聞，曾向劉大觀告知，後密加查訪，並無其事，是以未經參辦。隨有簡發知府俞廷愷來晉，當即將其撤換。訊據朱錫庚供稱，辦理長子縣武生郝殿英與貢生鮑應元等鬬毆，曾隨帶快役十餘名，背負刑杖，各騎馬匹，前往彈壓屬實。嚴詰朱錫庚家人林陞及長子縣知縣陳繼仁等，俱各堅供實無背負鳥鎗，擅動官兵情事。

又，朱錫庚擅作威福，需索屬員一款。臣等以事關官吏需索婪贓，必須澈底究辦。除潞安府所屬之長子縣知縣陳繼仁，屯留縣知縣張錦榮，襄垣縣知縣王元㮰，均因公在省外，並飛調潞安府首縣長治縣知縣宋文彬來省，提集朱錫庚家人林陞、吴魁、王大等，逐加研究。緣朱錫庚於上年十月委署潞安府事，宋文彬亦同時委署長治縣事，赴朱錫庚寓所禀辭先行。朱錫庚諭將府署書房及幕友住房收拾乾净，其鋪墊、執事等項，照舊備辦。宋文彬赴任路經屯留、長子兩縣地方，曾將朱錫庚面諭言語，向陳繼仁、張錦榮告知。後朱錫庚走至屯留，因轎夫失跌，當即責打，至余吾驛公館，又令該縣家人取紅毡鋪地。宋文彬聞知，愈恐挑斥，隨與陳繼仁、張錦榮，並襄垣縣知縣王元楀，潞城縣知縣崔偲，公同相商，湊銀預備鋪墊、執事等項，共用銀四百五十兩。宋文彬係首縣，出銀一百兩；陳繼仁久任長子縣，出銀一百兩；張錦榮、王元楀、崔偲各出銀五十兩；壺關縣在省，黎城縣尚未到府。宋文彬因甫經到任，無銀代墊，陳繼仁又墊銀一百兩，約俟與壺關、黎城二縣見面時，告知出銀歸還。隨有長子縣郝殿英等鬪毆，朱錫庚前往彈壓，以陳繼仁家人周五素不安静，當衆責打。

又，朱錫庚因公進省，將屯留縣驛馬二匹騎至省城，迨該縣稟知臬司，始行發還。本年正月初五日，朱錫庚在省卸事，欲接取幕友並開消府署一切，省中無銀寄去，憶及陳繼仁胞弟與伊姪係屬同年，藉此年誼，於初七日令家人王大賫書，向陳繼仁欲借銀四五百兩。陳繼仁不敢違拗，措給銀三百兩，遣役送至府署，朱錫庚家人林陞等收用。嚴詰該知縣宋文彬等，並朱錫庚家人林陞、吴魁、王大，咸供朱錫庚在任未久，此外實無另有婪索贓私情事。

以上各款，初彭齡辦理錯誤之處，已據另具親供，按款承認。其劉大觀參奏未能確實各款，亦據自認冒昧。而朱錫庚需索屬員，嚴加究詰，供証確鑿，案無遁飾。查律載，監臨官吏求索借貸所部財務，計贓，准不枉法論。又稱，准者罪止杖一百，流三千里。又，去官後於舊部内求索借貸，各減在官時三等各等語。此案已革試用直隸州知州朱錫庚，於委署知府任内，因細小事故，責打轎役人等，及擅騎驛馬二匹至省，並面諭屬員預備鋪墊，均罪止擬杖，各輕罪不議外，惟業於卸事後仍復倚勢索借舊屬銀三百兩，應即按律定擬。朱錫庚應依監臨官吏索借所部財務，准不枉法論，去官減在官時三等。律於滿流罪上減三等，杖八十，徒二年，雖據供現有八十二歲老母，應不准其留養。

初彭齡於劉大觀所參各款，除辦理尚無錯誤外，其行司札文遺漏抄粘諭旨，並知縣陶榮淦在省自縊，不即附摺具奏，已屬疎漏。且該撫身任封疆大吏，於委署府篆，理應悉心遴選。乃誤認朱錫庚爲有才，率行奏署，以致朱錫庚種種妄爲，漫無覺察，實屬錯謬。應請交部嚴加議處，仍令在晉聽候諭旨。

河東道劉大觀，除參奏得實各款外，其於初彭齡遺漏粘抄諭旨，誤會爲私行删去語句；初彭齡參奏澤州、寧武二府，疑其聽信讒言；汾陽縣案内改列錢臻名字，疑其懇求；及平定州並無虧空，均未確切查明，遽行入奏，均屬冒昧，應請交部議處。

長治縣知縣宋文彬，因署任知府朱錫庚面諭預備鋪墊，並聞朱錫庚責打轎役，索用紅毡，慮其挑斥，與長子縣知縣陳繼仁，屯留縣知縣張錦榮，襄垣縣知縣王元楀，潞城縣知縣崔偲公同商議，各措銀兩，預備鋪墊等項。陳繼仁於朱錫庚去任後，仍不敢違拗，借給銀兩。雖該員等係畏朱錫庚諸事挑斥，勉强應付，亦有不合，應請一併交部，照例分别議處。壺關縣知縣王勳，黎城縣知縣劉汝舟並未應付銀兩，應毋庸議。太原府知府錢臻訊無懇求列名入奏情事，其承辦控賭斃命一案，先未審出實情，業經初彭齡請交部議，應與並無虧空之平定州知州徐承慶均毋庸議。

撫書王新潞，於行司札文，初彭齡未將諭旨發房，該書吏亦不禀請抄粘，以致遺漏，實屬疎忽。應照不應重律，杖八十，交與地方官折責發落。陶步鈞不知伊兄畏罪自縊情事，誤指朱錫庚禀撤所致，所控尚非無因，應免其置議，無干省釋。謹將初彭齡及劉大觀自具親供，恭呈御覽。除全案供單咨部外，所有臣等查訊定擬緣由，理合恭摺具奏，伏乞皇上睿鑒，敕部核覆施行。謹奏。嘉慶十五年二月二十二日。嘉慶帝硃批：『另有旨。』（中國第一歷史檔案館藏宫中硃批奏摺）

初彭齡親供單

初彭齡親供：　我上年蒙皇上天恩，署理山西巡撫，後又奉旨實授，先後在任共四個月。因感激聖恩，諸事不敢顢頇。今河東道劉大觀參我學術不純，事多乖謬，我實不敢置辯。至參我不知君父之義，彭齡循分自省，斷不致昧良若此！　悚惶戰慄，無地自容。謹將查訊劉大觀參奏各款，逐一登覆，不敢稍有迴護。

一，劉大觀原參臨晉縣以磚塊裝入鞘内一案，先發太原府知府錢臻訊詳，錢臻辦詳稿三次，請示初彭齡，皆係從輕完結，初彭齡業已面允。後因前任撫臣金應琦著人檢查巡撫衙門號簿，初彭齡大怒，始和盤托出，據實參奏。如金應琦不查號簿，則已將就完結。是此案之參及多員，實皆以嫌，並非以法一款。

彭齡查臨晉假鞘一案，我未到山西以前，藩司劉清委太原府知府錢臻審訊。我到任後，據劉清以應奏應咨請示，我覺假鞘情節重大，覆以應行奏辦。其時甫經到任，公事較繁，又未延定幕友，原令錢知府照所審供情，擬稿送核。錢知府初次呈稿，將臨晉縣知縣程安解任，我因事關侵盗錢糧，諭令應該革審，錢知府又另行叙稿。所擬之稿，只此兩次，並無三次。嗣我於金巡撫移交案卷内查出此案，司詳所叙情節甚明，我即據原詳參奏，將錢知府兩次擬稿發還。至金巡撫著人來我公寓抄録公文號簿，與此案無干涉。金巡撫遣人來抄號簿，我因金巡撫正在病中，何以無端要抄號簿？　恐係吏胥等託名從中舞弊，於司道前指斥其非，原是有的。

一，劉大觀原參署臬司張曾獻才本平庸，初彭齡參奏因循遲延，未爲不可。查孝義一案，臬司先委太原府錢臻審辦，遲延不結，初彭齡委潞安府知府趙鴻文、平定州知州徐承慶，在貢院嚴審，錢臻並未同審。及發摺前一日，因錢臻懇求，遂將委員徐承慶删去，改爲錢臻會審。此人所共知，而行司參稿改竄字跡尚在，有可稽查一款。

彭齡查監生李佐禹在押自縊之案，係汾陽縣的案，並非孝義縣案。我到任後，准金巡撫移交署臬司張曾獻審擬詳册，核其情節，多有不實，兩次駁飭張署司親訊，張署司並不遵照提究，因循遲延，又轉委太原錢知府審訊。錢知府未將汾州府經歷受賄請託實情審出，我因將一干人証提齊，奏明飭委署太原府趙鴻文、平定州知州徐承慶在内署審訊。我隨於十一月初四日前赴台山查工，途次發摺之便，即將署臬司張曾獻承審要案遲延參奏。迨自台山回省，要迅速辦結。其時徐承慶已委審另案，又令錢臻隨同審訊，所以奏稿内將徐承慶銜名改爲錢臻，仍聲明錢臻前未審出實情，開叙職名，請交部議。如我因錢臻懇求，瞻徇添改，儘可將行司文札飭書另録，何肯自留指摘之據？

一，劉大觀原參署潞安府知府朱錫庚接到匿名揭帖，並不即日禀明各上司查拏，遲至初彭齡由工次旋省，始行禀出，此中疑竇甚多，初彭齡均置不問。及奉旨嚴拏匿名揭帖之人，兩司委試用從九陳載章前往訪拏，朱錫庚又密禀改委一人前去，殊乖體制一款。

彭齡查上年十一月十八日接閲朱錫庚禀送匿名揭帖，當將所揭情節恭摺奏明，一面將原呈揭帖飭發藩、臬兩司，嚴密查拏揭帖之人究辦，有案可憑，並未置之不問。至云其中疑竇多端，彼時劉大觀署理藩篆，又經札飭，會同臬司查拏，何以不即查明禀辦？至從九陳載章，據朱錫庚具禀，係往潞安府提解揭帖案内秦、牛二姓械鬪一案，及屯留縣搶鹽一案人証，並非訪拏揭帖之人。朱錫庚以陳載章甫經署過長治縣典史，恐其徇情串供，未便委解，禀請添委，我以所言似有情理，是以據禀改委。

一，劉大觀原參澤州府知府王廷瑛偶然耳聾，旋即痊愈，遽入奏章；寧武府知府戈瑶並無不好聲名，即聽信讒言，奏以官聲平常一款。

彭齡查澤州府知府王廷瑛，我於到任後接見，實係耳聾。寧武府知府戈瑶，因其承審民人争控山厰木植之案，兩造上控呈内，有該府斷罰銀兩，並有控告該府家人親友詐騙銀兩未得之事。我因知府有察吏安民之責，耳聾如何聽斷？若能居官清慎，何致被人指告？是以將王廷瑛現患耳聾，戈瑶官聲平常，先行附片奏明，一面行司札調王廷瑛查驗，並提寧武府控案，委員審訊。嗣王廷瑛遵調來省，已能隨問應對，詢稱服食凉藥，調治痊愈。寧武府控案，未據委員審定具詳，我就調任陝西，未及覆奏，都有案卷可查，並非聽信讒言。

一，劉大觀原參署理巡撫例食一半養廉，初彭齡要全支養廉，查例與看，始無話説。嗣後補授山西巡撫，仍要全支，禀應攤扣五台工程一半養廉，初彭齡置若罔聞，仍復全支一款。

彭齡於上年九月初八日到任，計署事七十五天，俱係按日支食半廉。迨十一月二十六日蒙恩補授山西巡撫，本年正月初八日卸事，共支食全廉四十五天。所有應扣半廉，因辦公不敷，是以全支，未及攤扣。

一，劉大觀原參聞得平定州虧空甚多，徇庇門生，不肯參奏一款。

彭齡查，我到任後審辦臨晉、平魯各案，俱因虧空而起，恐此外州縣虧空尚多，曾經奏明清查，並札藩司嚴查在案。其時劉大觀署理藩司，倉庫是其專責。如徐承慶果有虧空，劉大觀署藩司任内，何以並未查揭？今忽以聞得徐承慶虧空甚多，列入參款。只求將該州倉庫查盤，果否虧空，自知確實。

一，劉大觀原參試用知縣陶榮淦不能逢迎朱錫庚，乃朱錫庚私稟，將陶榮淦撤回省城，欲行參革。陶榮淦書生柔懦，無端自縊，人人悲歎一款。

彭齡查試用知縣陶榮淦，據朱錫庚稟其逗遛潞安，我批行兩司調省查問。經兩司查明，陶榮淦係分在潞安試用，並非無故逗遛。又據司詳，飭令在省聽候差遣，業經批准。迨十二月十九日，我將太平縣儀姓爭繼一案提署查訊，初不知與陶榮淦有關涉。二十日，據陽曲縣稟稱，陶榮淦於十九日夜在寓自縊身死。並據該縣查得，陶榮淦於十九日午後，曾赴太原府司獄江清署内，探聽我提訊儀姓一案消息，又向試用知州王立言借用護膝各情事。嗣後，儀岐陽等供出陶榮淦得過賄銀二百兩，我始知儀姓案内陶榮淦有受賄情節，我即奏明移交護撫素藩司審辦在案。其時陶榮淦因何自縊之處，尚未據司府縣訊詳，未於摺内聲叙明晰，原屬疎漏。

一，劉大觀原參平定州知州徐承慶，係初彭齡門生，違例奏陞汾州府知府，蒙皇上申飭。既屬違例，又不避嫌。爲臣子者應感激天恩，任咎悚懼，乃將廷寄行司所有皇上申飭語句私行删去。而徐承慶係本省之官，留在内署居住，仍不避嫌，令其回州，朝夕飲食，共在一處。不知有君父之義，只知有師生之情，不勝駭異一款。

彭齡竊思仰蒙皇上特達之知，畀以封疆重任，即認真秉公辦事，尚恐上負天恩，何敢稍涉徇私？即如劉大觀，係屬同鄉世誼，較之師生，尤爲切近。其於承審太平縣儀姓爭繼一案，未將知府徐秉鈐、知縣陶榮淦受財情節審出，顯有徇縱情弊。我雖調任陝西，猶於正月初六日奏明移交護撫素藩司，於定案時將劉大觀照例查參，請旨辦理，不肯略有徇庇。至平定州知州徐承慶，係我薦卷中舉門生，由孟縣調繁陽曲縣首縣，洊陞今職。我因其才具明白，官聲亦好，前任巡撫曾經委署汾州府篆，辦理無誤，是以汾州府出缺，我於奏辦潞安府匿名揭帖摺内，附片奏請試署汾州府知府。欽奉諭旨，因違例保奏，傳旨申飭，跪讀之下，實切悚惶。維時劉大觀與積臬司進見，當將奉到諭旨給與公同閱看，現有積臬司可問。我一面即飭書吏恭録行司欽遵，所以行司札稿印文内，俱有『恭録札知』字樣。今查行司文内並未抄粘原奉諭旨，始知將諭旨一道遺漏粘發，是封發文書時未及親自檢點，實屬疎忽，並無私行删去語句情事，有卷可查。劉大觀參我將奉到皇上申飭語句私行删去，不知何所憑據？請確切查明，如果屬實，願甘治罪。至平定州知州徐承慶，係本省屬員，委同太原府在署審訊案件，原係慎密起見，曾經奏明聖鑒。我委徐承慶審過三案，係於十月十六日同署太原府趙鴻文進署，於十一月十九日將案審定，即令出署，衆所共知，並非長留在署。

一，劉大觀原參朱錫庚於署潞安府任内，儀從背負鳥鎗，及長子縣武生郝殿英等鬭毆，朱錫庚擅動官兵一款。

彭齡查朱錫庚署潞安府時，我風聞有背負鳥鎗儀從及帶有營兵隨往長子縣之事，曾向司道面告，囑令確查。迨後查明朱錫庚雖未擅帶官兵，而辦事不能妥協，適奉簡發知府二員到晉，即將朱錫庚奏明撤回，有案可查。但我委令署理知府，就無知人之明，實在悚惶慚愧。

一，劉大觀原參朱錫庚在署府任内擅作威福，需索屬員一款。彭齡查上年潞安府篆需人署理時，我到任甫及一月，所屬各員接見無幾，朱錫庚貌似有才，且係已故大學士朱珪胞姪，想來必有家教，不致荒唐，是以飭委暫署。後聞其在潞安不甚安静，又辦理長子縣郝姓鬭毆一案不妥，我即以辦理公事諸多生疎，奏明撤回，原不敢始終信任。今查出朱錫庚竟有需索屬員之事，這是我委用非人，咎有應得。

以上各款，除劉大觀所參未能確實外，其誤認朱錫庚爲有才，委署知府；及行司文内遺漏抄粘諭旨，試用知縣陶榮淦在省自縊，未能附摺具奏，都是我的不是。彭齡渥受皇上天恩，委以封疆重任，不能隨事留心，以致屬員列款參奏，咎有應得。所有彭齡慚恐下忱，袛求代奏聖鑒。初彭齡親供。（中國第一歷史檔案館藏初彭齡供單）

劉大觀親供單

劉大觀親供：我蒙皇上簡任河東道，署理藩司篆務，受恩深重，報稱情殷。因見巡撫初彭齡諸事率意徑行，不就繩尺，慮恐將來貽誤公事，不敢不列款具奏。如初彭齡誤以試用直隸州朱錫庚爲有才，委署潞安府知府。朱錫庚出門，儀從背負鳥鎗，辦理長子縣武生郝殿英鬭毆，擅動官兵等事，係初彭齡當面向我告知。又，初彭齡巡撫任内，養廉不肯一體攤扣，全行支領。又，錢臻承審臨晉縣假鞘一案，初彭齡三次令改詳稿，俱從輕擬結。因前撫金應琦查看號簿，初彭齡大怒，遽行嚴參等情。今據初彭齡承認，兩次令錢臻改擬詳稿，後因金應琦查看號簿，指斥其非，均實有其事。以上三款，初彭齡據實承認。

又，朱錫庚接到匿名揭帖，並不即日稟知各上司查拏，遲至初彭齡由工次旋省，始行稟出。迨兩司札委從九品陳載章前往潞安密訪，並提集械鬬等案人犯，朱錫庚直稟初彭齡，另委一人前去，不尊體制稟明兩司等情一款，現據朱錫庚供認辦理錯謬。又，朱錫庚署潞安府任内擅作威福，需索屬員一款，亦經查訊，朱錫庚得受銀兩屬實。

又，初彭齡將上諭内申飭語句私行删去，並將伊門生徐承慶留住署内一款。據初彭齡聲稱，將徐承慶留署辦事，前經奏明有案，既奉上諭，當避嫌疑，亦不應仍留署内。其將徐承慶違例奏陞知府，奉旨申飭，初彭齡曾將上諭給我看過，見有申飭語句。迨後接到初彭齡文札，止有『恭録札知』字樣，並未粘連諭旨，疑係恐人知覺，私自删去。今據初彭齡聲稱，此件上諭係令嚴拏匿名揭帖之人，並傳旨申飭不應違例保舉門生，辦稿行司時，將全道上諭遺漏抄粘，並無將申飭語句私行删去之事，這是我一時誤會。

又，初彭齡聽信讒言，將澤州府王廷瑛、寧武府戈瑶參奏一款。王廷瑛暫時耳聾，旋即痊愈，戈瑶並無不好聲名，初彭齡遽行入奏。今據初彭齡聲稱，王廷瑛先患耳聾，後經醫好；戈瑶因有控案，所以奏他官聲平常。查戈瑶審辦寧武縣民王昱具控山廠一案，寧武縣監生吴鵾具控私開煤窑一案，在巡撫衙門呈告，提人到省，委署太原府趙鴻文訊詳，戈瑶所斷，並無不合，亦無需索情事。初彭齡於未經訊詳之事，即行參奏戈瑶官聲平常，似是誤聽讒言，我不能指出確據。

又，太原府知府錢臻，於改委後未經會審之案，懇求初彭齡列名入奏一款。我於署藩司任内接初彭齡行知，汾陽縣因賭控欠，押斃人命一案，奏委潞安府知府趙鴻文、平定州知州徐承慶審辦。及結案摺内，又將徐承慶名字改爲錢臻。今初彭齡聲稱，伊曾督同錢臻審訊録供，將伊名列入，錢臻並未懇求。我止據初彭齡前、後兩摺互異參奏，並不知其有督同過堂之事。

又，朱錫庚因試用知縣陶榮淦不善逢迎，稟請初彭齡撤回省城，陶榮淦自縊一款。陶榮淦係分往潞安府聽候差委之員，朱錫庚毫無所據，輒以並非端人，慮其在外招摇，密稟初彭齡，撤回省城，委兩司訊問，旋即自縊，我因據以參奏。今蒙訊究，陶榮淦於兩司訊無不安本分情事，稟覆初彭齡。後因初彭齡提審儀之屏家争繼一案，陶榮淦曾經審過此案，得有賍私，慮恐敗露，自縊身死，這是去年十二月十九日之事，在我出省之後，我不知道，並非有心誣指。平定州虧空，我本得自風聞，今蒙派員會同盤查，並無虧空，是我未能查實。

至初彭齡辦理公事，本屬認真，惟性急多疑，任耳爲目，不能辨别屬員賢否，實無絲毫貪婪款蹟。即朱錫庚任意妄爲，初彭齡亦止輕聽誤用，委無得受餽送情事。我所參各款，除已問明屬實外，其餘如初彭齡遺漏抄粘諭旨，並非删去語句；及初彭齡參奏澤州、寧武二府，疑其聽信讒言；汾陽縣案内改列錢臻名字，疑其懇求；並平定州實無虧空，我俱未能確切查明，冒昧具奏，咎有應得。所具親供是實。劉大觀親供。（中國第一歷史檔案館藏劉大觀供單）

嘉慶朝上諭檔

嘉慶十五年二月二十六日，内閣奉上諭：『前據山西河東道劉大觀，參奏初彭齡在山西巡撫任内任性乖張各款，特派托津、穆克登額前往查辦，並令初彭齡回至山西，聽候質詢。兹據托津等按款確查，分别虚實，各取親供進呈，請將初彭齡交部嚴加議處，劉大觀交部議處，並其餘案犯，一併定擬具奏。朕詳加的核，尚有未盡平允者。

上年，金應琦患病請假，派令初彭齡前往署理山西巡撫。伊陛辭時，朕並未降旨，令其密查金應琦任内有何款蹟。乃伊到晉之後，遇事搜求，動形白簡，計前後數月，所參司道府縣等官，爲數實屬不少。其中固有實在應參者，而其偏執己見，任情憎惡，率行糾參者，亦正不免。

今閲托津等查奏各款，其最甚者，如因金應琦查看號簿，即行嗔斥一款。試思金應琦不過暫時患病之員，並非解任去官，不應妄行干預者可比。伊查看號簿，正係留心公事，初彭齡自應將應辦之事，與之商榷，方爲和衷集益，何至遽加憎惡，甚至向司道前指斥其非！是其居心實屬褊淺。至于試用知縣陶榮淦之死，固緣贓私敗露，畏罪輕生。而該員身係職官，何得隱而不奏？此一節，亦屬疎漏。且既知朱錫庚辦事不妥，已向司道告知，並不即時參辦，亦不免有瞻徇情事。初彭齡照托津等所奏，交部嚴加議處，仍令回陝西本任聽候部議，俟議上時，再降諭旨。

至河東道劉大觀參奏初彭齡各款，其最重者，如稱初彭齡删減諭旨一事，如果屬實，則初彭齡之罪甚大。現在查明，初彭齡上年奏請將伊門生徐承慶陞補汾州府時，于接奉申飭諭旨後，當經給予署藩司劉大觀、臬司積朗阿公同閲看，不過行司札内未經抄粘，止于遺漏，實無删減諭旨情事。又所稱陶榮淦之死，因初彭齡偏聽朱錫庚之言，撤回省城，欲行參革，旋致自縊一節，如果屬實，案關重大。今查明陶榮淦委係畏罪自盡，是所告重事，均屬不實。

又如所參平定州徐承慶虧空一事，現據劉大觀自稱，前此得自風聞，此時會同盤查，方知不實等語。伊以本省之官，言本省之事，何得隨意入奏，諉之風聞乎？劉大觀于初彭齡分居僚屬，當初彭齡在山西時，既覺其辦事乖謬，即當隨時勸阻。乃不面加匡正，轉一一默誌其短，待其去任之後，加以參劾。此非因初彭齡有將伊參劾之處，借此報復，即係晉省怨恨初彭齡之人，紛紛向其慫恿，伊遂不顧虛實，冒昧臚參，此等攻訐上官之風，亦不可長。托津等僅請將該員交部議處，所議尚輕，劉大觀亦著交部嚴加議處，即來京候旨。餘著該部議奏。欽此。』（《嘉慶朝上諭檔》嘉慶十五年二月二十六日條）

嘉庆十五年三月初二日，奉旨：『吏部議奏請將初彭齡實降七級，任内有革職留任之案，無級可降，應行革任，劉大觀革職一摺。初彭齡莅任山西，於地方公務立意整頓，乃偏執己見，諸多過當。即如金應琦查看號簿一事，伊並非解任去官，不得謂之非分干預，初彭齡自應與之和衷商榷，何至遽加憎惡，直向司道指斥其非！且知縣陶榮淦畏罪自盡，隱而不奏；任用朱錫庚委署潞安府篆，既知其辦事不妥，又不即時參奏，不特知人不明，抑且跡涉瞻徇。伊於外省情形，本不甚熟諳，其咎尚不至于罷斥。初彭齡著加恩改爲降四級，來京以四品京堂補用，就近侍養其親。劉大觀於初彭齡離任後具摺彈劾，所參各重款，均屬虛誣。且分居僚屬，此等挾嫌攻訐上官之風，尤不可長。劉大觀著照議革職。欽此。』（《嘉慶朝上諭檔》嘉慶十五年三月初二日條）

附録三　唱酬題贈

劉松嵐觀察大觀舊嘗宰鎮安之天保縣在余守鎮安後二十餘年矣兹過常州偕稚存來晤具言鎮民已爲余立生祠虔奉弗替感賦

趙　翼

南徼歸來已白頭，鴻泥那復瓜痕留！　誰知三十餘年後，尚有遺民祝故侯。自知無績可流傳，只有硜硜不愛錢。　始識愚民原易感，不爲貪吏即稱賢。在任原思死葬桐，余在鎮，愛其民淳事簡，實擬老於是官，不願遷也。　豈期民已社欒公。　不愁身後無歸處，九朵蓮花一畝宮。赴鎮安必由蓮花九峺而入。（《甌北集》卷四十六）

湘花詩和吴蘭雪二首并序

王文治

周氏女，家於蘇，年十九，歸山東詩人劉松嵐。　姿性閑麗，吴蘭雪字之曰湘花，潘榕皋農部爲畫蘭以代寫照，蘭雪復賦長篇，邀同人屬和。　予更命女孫玳梁寫蘭以和榕皋，而綴詩於尾，以和蘭雪。　和詩僅二絶句，殊不稱蘭雪之長篇，亦各舉胸情而已。

衰年無福賞湘花，紙上幽姿亦足誇。　爲命女孫重寫照，國香分影上窗紗。

遊盡江南春暮天，劉郎風韻勝前賢。河陽空有花千樹，不種幽蘭亦枉然。（《夢樓詩集》卷二十三）

繡詩樓歌爲吴蘭雪作

王文治

蘭雪客吴門，爲劉松嵐明府姬人周氏賦《湘花詞》，周德之甚，爰繡其與蕙風夫人石溪看花唱和詩以爲報，蘭雪將爲樓以供之，予爲之歌。

彩鸞夫婦詩如繡，瑶英拈繡腕有詩。十二瓊樓霞萬片，化爲人間五色絲。兩首新詩八十字，鳳凰和鳴曉鶯膩。當時挽手石溪行，花光十里春烟織。才子從來多旅愁，青春還作吴門遊。飄零月下吹簫市，冷落雲中寫韻樓。劉郎重友逾趙璧，藍橋特出傾城客。心感多情黄絹詞，鍼神摹就簪花格。不繡西方兩足尊，亦復不繡平原君。以詩爲繡心良苦，以繡酬詩古未聞。一幅瑶光錦繡段，蠅頭排列明珠貫。弗惜春纖挑刺勞，轉愁落紙雲烟散。蒲帆早晚泝江歸，對展還應向繡闈。想到雲鬟繡衣濕，繡詩樓上倚清輝。（《夢樓詩集》卷二十三）

題劉崧嵐詩卷二首

翁方綱

仲則云亡蘭雪病，君才二子欲兼之。前年愧我新城宿，遜爾毗陵吊墓詩。予自濟南往青州，欲拜漁洋墓而未果。

海東吟到嶺西村，心匠何人與細論？只合金鍼能度繡，石溪詩話寄梧門。君有姬人，繡《石溪看花》詩卷。昨吴生蘭雪書，吴下女士金逸題此繡卷六詩，以寄梧門學士編入《詩話》也。（《復初齋詩集》卷四十六）

題二客吟呈崧嵐

翁方綱

誦爾壎篪唱，如披《主客圖》。翻新生頓挫，峭響出臨摹。如五律第一字第三字仄平互换之格。是有君形者，於誰匠意乎？終須窺杜法，萬象一元珠。（《復初齋詩集》卷四十六）

崧嵐索予所定黄仲則詩八卷爲付開鋟即用其過仲則墓詩韻

翁方綱

緑窗明月東陽訊，南浦飛雲玉甫愁。青眼人來圓宿夢，千巖萬壑翠交流。予編次仲則詩在癸卯冬，諸沈既堂觀察之屬也，故有沈東陽句。洪稚存編修爲仲則作《行狀》，弁於集前，故用洪玉甫編山谷詩事。（《復初齋詩集》卷四十九）

劉松嵐知州寄其祖笏亭遺照求題

翁方綱

我銘劉公墓，肅然清風起。我無此筆力，是公神所使。又值風雪中，神來照書几。不寫棠芾陰，不繪民俗徙。並不貌官銜，冰霜勤礪砥。而其仁知勇，廉能奇且偉。浩乎颯英靈，一備於縑紙。夫何畫史技，傳神至於此！幅中兩嗣君，初髫肆書史。賢孫今政聲，遺訓逾光啟。我欲語觀者，此卷論畫理。中間深厚氣，非關墨與指。真精貫耿耿，名姓軒磊磊。所以墓銘篇，非從落筆始。（《復初齋詩集》卷五十一）

劉松嵐刺史屬爲書予峽山寺諸舊作賦此奉寄

翁方綱

舊墨巖雲夜吐吞，風泉佩響尚留痕。試將過去翻瀾偈，重與前來宿客論。三峽怒濤喧石榻，半江凝碧在松門。更添轉語知多少，臘雪蘇齋叩酒尊。去臘，姚秋農使粵歸，言寺壁予舊題幅後，和者甚衆。（《復初齋詩集》卷五十五）

書道園學古録卷尾寄松嵐

翁方綱

石帆片石追東州，米老拜後誰丹邱？一碧登萊玉環捲，濤音和答來汀洲。羼提老禪趺坐處，談笑辟易千戟矛。南岳真人未通夢，七言三昧功焉收？蹇予要眇美宜修，彀弦志已馳四矦。嗚呼杜韓不傳秘，豈在鑿險搥深幽？六朝腹笥空半豹，三唐目力無全牛。動操故在弦指外，聲畫詎以形聲求？樂府遺徽氣逼古，丹室煮术香生秋。翰林珠玉芝亭篆，處處碎佩叢芳留。邵庵眉庵一轉語，蜀江章江萬古流。我師石帆真鑒後，松嵐緩步來同遊。昔題谷園日銘坐，愧嘗問櫂章江舟。廿春拈花佇迦葉，軸尾細字盟銀鈎。（《復初齋詩集》卷五十六）

致劉松嵐

翁方綱

昨莫韻亭東使石印作札者，因尊兄囑寫之紙，實再三覓不得，以爲深愧耳。昨料理書篋，始於篋背得之，已爲雨後沙土所霾皆敝，尚不知可用否？已交裱店收拾去矣。適吴江刊就拙詩兩卷，即以刷印草底奉鑒，緣丁表姪日内起身，不暇裝綫也。外一札，便致滄雲。（翁方綱《復初齋文集》稿本）

致劉大觀十札

翁方綱

敬候崧嵐先生大兄陞禧。捧誦手札，快若晤談，兼承厚貺，何以克當，且感且慚！誘諈志銘已屬草，尚未寫真本，不知石式尺寸也，今先以草底呈閲。仲則詩，承高誼付梓，一時紙貴。兹問之小兒，乃知前日匠人處短發五部，今再補上五部，容再令續刷也。並仲則詩原底三册奉上，此皆文字精靈，得逢真賞，非偶然也。小壻處，已如命代致矣。明春伻來之便，仍希順帶厚薄毛頭紙數番，至感至感！諸惟照察，不盡馳切。敬璧謙柬。弟方綱頓首崧嵐先生尊兄左右。十一月十九日。

昨於江西李太史處，寄緘上候老先生新禧。並道及梁壻於二月初七日，纔得自京起程之語，想已鑒入矣。兹小壻已愈，乘其東來之便，肅此致候近祺。伏惟政成頌沛，著述益深，以慰以念。時帆祭酒近作《西涯考》並詩，欲求大匠賜和。弟亦因收藏李西涯《種竹》詩，並沈石田作《西涯移竹圖》，今已託友爲作《西涯圖》，若得大作以光此卷，尤感感。前已將尊著《鮑貞女詩》，並周君文寄上。茲梁壻持來尊著附跋，並呈惠寄毛頭紙，妙甚！但欲再求大幅者，妙妙！無厭之請，笑笑。崧嵐先生尊兄侍史。弟方綱頓首。二月六日。

敬候崧嵐老先生尊祉。茲以小壻承老先生推誼之愛，延主掌席。小壻夙未深研古學，其於時藝，亦不過服習場屋墨義，爲應科舉之功，不知能勝講肄之任否？此州人文，久在大君子涵育之中。况季考官課，皆必親承論定，切望不吝指示，俾小壻得所稟承，非獨肄業生徒受益已也。再，小壻向來僅訓蒙於比閭，未嘗出外，一切未經嫻習，更望推愛，曲加提誨，即不啻弟身受之感耳。尊題仲則詩，已裝一卷，俾同人和作。而吴穀人即請假歸杭，都中深心此事者，益罕其人矣，安得如吾兄雅志切劘者，日相酬對邪？諸惟心照，念切念切，臨穎馳系。弟方綱頓首。二月廿二日。

崧嵐先生尊兄近禧。弟昨奉命前往裕陵守護，三月十二日出都，此後音問，仍可常通也。年來屢費清心，頻加惠貺，正在慚仄。而無如此行閑居，一切無措，半俸以外，絲毫不能支持，小兒京中又不能相濟，不得已，恃知愛，竟相瀆陳矣。此刻到彼，賃屋諸費，一無所出，直欲赧顔，懇加誨益，不復作謙遜套語矣，諸惟心照。匆匆束裝之頃，不及多述，容再報，不宣。弟方綱頓首。三月八日。

敬候崧嵐先生尊兄近禧。接手札，兼荷惠貺五十金，並帖紙二大包收到，感愧曷似！承尊兄手教，幸弟得借考訂以爲消遣。然弟却非借此消遣，實乃必如此，乃可以補從前闕陷耳。在都中，無日無筆墨應酬，竟有隔二旬未嘗得料理新得一條者。今到馬蘭峪，每日計收拾舊疑之籤一二三條，實爲寸衷深自感幸！俟諸經粗有頭緒，即自己再大加删改舊詩，未刊者尚有四十四卷，前後整理，須一片神氣，又要補其所失。删改舊文。大約題跋爲多，尚未分類。若非此閑静之地，斷不能遂此願者也，尊兄當爲我快幸耳！蘭雪現寓戴五先生處。西華門内，想可常住也。兄有致蘭雪札，或即交弟，俾小兒致之。或交李春湖亦可。使者守候回札，恐將陰雨泥濘，是以匆匆奉謝，餘容續致。再，此後手札，務求隨意行草，乃見真趣，懇懇！弟方綱頓首。五月廿六日。

敬候崧嵐先生尊兄近禧。前承尊惠，即匆匆草緘覆謝，未盡鄙懷。嗣以溽暑霖潦，道途多滯，往來乏便，久稽叙述。而京師所留屏幅舊紙，久未向雅宜齋取來，誠恐污濕處未能收拾入用耳。偶撿硯池之側所硾小箋，草寫數番，不辭塗鴉之醜拙，以供法鑒，以代面談，伏惟教其不及也。弟近日竟不作詩。其向來拙稿，尚多稚弱，有需塗改者，又有自知章法所欠闕者。擬以稍暇，粗加修治，未知得有整理處否。因知己之前，輒覥顔説之，總以苦不自覺其受病處爲慚汗耳。餘容續上，臨穎悚仄，不宣。弟方綱頓首。七月十日。

敬候崧嵐先生尊兄近禧。入夏多雨，道塗泥濘，書問多滯。際兹秋晴，遥想雅人墨緣增勝也。正在馳切間，快誦手教，喜若良覿同几之樂。承詢及賤稿，此事愈作愈形其疏。董文敏論書，謂用盡平生之力，不離故步，真閱歷語也。弟意欲稍取暇日，力加删改，但多少前人不能攀躋尺寸，正復從何處下手定之，汗流浹背。如吴生蘭雪，初展才情，尚恐未能悉其甘苦耳。弟近已擱筆不爲詩，俟收拾拙草，粗有緒，當以質之知己也。今始以《三傳》訂證《三禮》，每午後則專於唐碑尋隸法。大約禊帖是上下千年得脈之關鈕，凡後人重刻《蘭亭》，皆有資質訂也，恨不日日與我尊兄共賞析耳。伻來催信，諸惟心照，臨穎馳切。弟方綱頓首。八月廿九日。

崧嵐先生左右。壬戌三月廿七日，方綱謹緘。

方綱頓首崧嵐先生尊兄執事。奉到手訊，懇款備至。又寄示詩草，再三讀，不敢輒下筆，此中秘要，不能以筆罄也。既而覆誦手諭，實欲鄙人陳其愚，因復下筆縷縷，又不能以曲達其隱微也。蓋此事本性求情，是固然已；處處求之實境，是又固然已。要之，有出路焉，有體格焉，有家數焉，非可曰吾已詣實境，遂不復理論體格、家數者也。人固各有路徑，即古人亦各有極至，然而千途萬軌，皆適於大道者也。縱吾心之所之，而不問途徑，則不可也。尊筆清勁直達，於香山、半山爲近。香山廣大，無所不有，半山則學王建耳。尊筆宜以杜法爲圭臬也。杜亦非可執定之，呆矩如空同、大復之學杜，則非矣！兄若有便人到都中，可覓一繕寫楷書，不致訛誤者，弟有手注《杜詩》廿册，即可命培兒開篋取出，謄寫一部，暇日静觀之，大有妙會也。因兄知我之深，故不憚瑣屑陳之。《悔存詩》板，已語培兒，覓便奉寄也。方綱頓首具。

敬候崧嵐先生尊兄近禧。承伻紀專札，並承貺惠百金，感謝感謝！　弟前奉札時，正在估計舊住之屋，其費太甚，而原主尚居奇不讓。因不得已，將蔣公原買之宅，只修補其東所十餘間，並借其外廳，以作書室，此皆兄之惠也。承示近詩，即遵諭直筆矣。此事必須垂煉，萬象歸一，牟尼靜照中，智巧勇力，皆無所參預，惟寸心自喻耳。又必時刻親近古人，乃喻深處。弟此刻即寫家信，命兒子取出《杜詩》批本，而兄託人於京中覓楷手能不錯誤者，則更妙矣，餘已附注詩卷後。王子文詩，不知可便中見示一二否？　弟近已擱筆不爲詩，而温經之暇，輒復收拾拙草，已得五十六卷，尚時時有删改處，此事甘辛，只自知耳。使者在門，不及多述，晉將軍紙幅，即寫封入。諸慚，匆匆未展所懷，諸惟知心鑒察，不宣。弟方綱頓首。八月十三日巳刻。

敬賀崧嵐先生尊兄新禧。除夕前二日，奉到手教，並承貺惠度歲之需，深感深感，深謝深謝！　兄以經術爲吏治，而潛心風雅，爲近今所罕見者，乃更虚懷下採葑菲，更滋慚恧耳。諉諈小兒所抄拙批《杜詩》，冬月已兩次家信内催之，而此次信來，云尚未得細校畢，今又催其速校矣。又札以虞道園詩，欲得拙批，此意尤爲深切。南宋以後，所謂『蘇學盛於北，程學盛於南』。惟一虞文靖公，貫串群經之秘，而收拾樂府以下，六朝三唐之精粹，此風雅之中流砥柱也。《道園學古録》，弟所手輯，增廣舊本至加倍矣，此時却在京中，未帶來。已命小兒倩人抄出，俟其寄來，弟即如數細批之，其味非一言能罄，容續陳奉鑒也。

又承寄來褾裝拙書一册，其木匣途中因裹紙過粗致裂縫，弟題後完竣，仍須寄京收拾，再奉上也。內册却完好未損耳。諸惟心照一切，不備，臨潁馳溯。弟方綱頓首。新正二日，呵凍。（以上皆故宫博物院藏）

三月二十四日金秀才青儕學蓮諸子邀鳳喈及予小集山塘舟次樽酒飛騰笑譚拉雜書截句以紀之（其三）

王昶

玉磬山房體格遒，清蒼一氣邁時流。相思甓社湖邊別，疎柳新蟬報早秋。劉子大觀，有《玉磬山房詩集》，今官遼左。去歲别於高郵，故及之。（《春融堂集》卷二十二）

次劉松嵐觀察見贈詩韻

沈業富

轉恨識君遲，憐余禁作詩。尚餘披簡興，君贈予題柱句：『書猶能看未爲老，詩亦莫吟方是閑。』難忘戴花時。寇萊公事。百里賢人聚，三冬老病支。消寒梅點九，先揀向南枝。信美非吾土，登樓且賦詩。繁華從過眼，高義足匡時。生死交情見，君于純齋身後之誼，最爲諄篤。升沈晚境支。春來聞好語，瓊樹發新枝。頃有徵蘭之喜。（《味燈書屋詩集》卷八）

以陳宣紙贈松嵐兼索其書聯

沈業富

十番宣紙贈君行，四十年前况味清。余守太平日，不却人紙墨之贈。賦句爭傳洛陽貴，人情休訝繭絲輕。芸牕静展留香古，棐几平鋪對玉瑩。便乞管城更題柱，雲烟落處墨花生。（《味燈書屋詩集》卷八）

送松嵐入都

沈業富

日暮江東酒一尊，此邦人士仰龍門。兩年投分心期合，四海論交古道存。醉墨飛騰書内史，新詩綺麗錦天孫。灌河秋水深如許，祝爾雲帆穩夢魂。

山林敢説布衣尊，日日扶筇杜里門。君去共瞻雙節迴，吾衰漸少故交存。京華文酒懷簪紱，素業琴書遺子孫。車笠尚能尋舊約，未須離别黯消魂。（《味燈書屋詩集》卷八）

贈劉嵩嵐

黄文暘

巨椎當頭無不中，利斧從不避横理。丈夫披胸對天日，安用兒女語旎旎？門户餘習涴風雅，描畫頭角工摩擬。天下文章奉官樣，筆墨無靈性情死。我是涪翁後代孫，濯腸愛掬西江水。生平崛强期自立，眼中落落輕餘子。甲寅之歲夏四月，月陽在己陰在巳。時良月吉占同人，我輩聚會觀天咫。千秋事業待評論，豈似浮萍合風裏？翩然仙令遠相訪，叩門一介通名帋。我似任華識李杜，把箒掃逕爲狂喜。是時當堦綻紅藥，香風吹入鮒魚市。青梅如豆枇杷熟，天爲詩人供芳旨。江郎子屏開讌特招邀，促膝啣杯共汝爾。座上汪倫情最癡，蔚雲。淚滴重泉憶簪珥。美人黄土名士老，滿座慘然共傾耳。心傷腸斷醉不知，失足一跌笑短李。艾堂。知己悦己惟一情，何分几席與床笫？劉郎感此飲愈豪，酒氣淋漓出十指。據案草成《芍藥吟》，六義紛綸追正始。懷中更出一卷詩，力厚氣清絶渣滓。巨靈揮斧劈青山，朱亥袖椎擊晉鄙。軒豁呈露萬象開，元氣充周豈形似？天風鼓盪山嶽走，紛紛吹盡糠與粃。直把肝腸寫似人，知爾生平絶摩揣。我有新詩三百首，一一襟懷竟端委。愛惜不與世人見，每每挑鐙自臧否。讀君兹編我知愧，誓將爲君執鞭箠。（《埽垢山房詩鈔》卷五）

錦州道中先寄劉明府開原

王克紹

未入開原境，開原我已知。無多案前吏，幾首縣齋詩。草放防秋馬，山收帶箭麋。承平百年久，恬澹性相宜。（余正酉輯《國朝山左詩彙鈔後集》卷一）

開原縣齋見劉松嵐

王克紹

握手如新識，聞聲認舊身。乍驚頭上雪，不似嶺南人。縣僻吟能苦，官清客亦貧。遠來持一卷，閑共話邊春。（余正酉輯《國朝山左詩彙鈔後集》卷一）

開原古塔和松嵐韻

王克紹

遠意望中停，心隨上碧青。從來此突兀，知有古精靈。圓影落長水，孤標撑亂星。扶餘無地誌，往蹟向誰聽？（余正酉輯《國朝山左詩彙鈔後集》卷一）

署齋小集開原劉明府大觀有詩見貽次韻爲答

劉躍雲

開尊臨霽雪，冷署破幽寥。宦跡若爲寄，天涯共此宵。一編珠玉聚，見示所著《玉磬山房詩集》。五字羽商飄。衰憊憑君發，言觀八月潮。（《貽拙齋詩集》卷九）

松嵐刺史自寧遠惠寄湖筆即次見示遊湯泉作原韻爲謝

劉躍雲

平生腕力柔，漫與管城遊。汲古資爲綆，臨池濟作舟。湖州傳舊製，《考槃餘事》：海内筆工，皆不若湖之得法。諸葛想名流。來自鵝群所，尋常伴野鷗。（《貽拙齋詩集》卷十）

過寧遠州贈松嵐刺史

劉躍雲

吾宗賢刺史，東魯老詞人。悃愊能華色，風塵不著身。買書頗積俸，拂甑爲留賓。筆跡誰從乞，頻將訟牒陳。

吴下萍踪値，乾隆辛亥，君僑寓蘇州，余訪兵部周君，君適在座，余因事亟去，不及通名，君近爲余述之。東都宦跡聯。訂交欣此日，相見動經年。夜雨一尊酒，曉風千里鞭。回車期信宿，濯垢試温泉。距州城四里，山出温泉。（《貽拙齋詩集》卷十）

評定劉崧嵐詩題記

李懷民

劉明府名大觀，字正孚，號松嵐，東昌邱縣人。拔貢選知縣，官廣西，好作詩，師事子喬。余遊廣中，與相識平樂江上，贈之詩云：『屢誤剡溪訪，乃有石邱遇。輟棹一歡然，天涯感鄉故。雲山杳無際，江郭靄方暮。會合良難期，分舟復相顧。』松嵐因十桐、子喬，並知廉夫、蜀子及橋東諸子之名。昨以移官入都，特訪王考功熙甫，因寄近稿求判斷。前桂林李松圃屢以詩寄評，松嵐見松圃評本，深嘆羨，求得《主客圖》詩，加意研究。余又贈之詩云：『村外一鳩喚，小園花盡開。山人入城返，朝客寄書來。憶别粵江遠，閑居華髮催。新詩進高格，不復騁狂才。』感其學詩專篤，爲詳評近作，因便寄宋步武，使知外方學《主客圖》詩者，有此人也。壬子閏月，十桐記。（《十桐先生評定劉崧嵐詩》卷首）

平樂遇同鄉劉明府松嵐即别

李懷民

屢誤剡溪訪，乃有石邱遇。輟棹一懽然，天涯感鄉故。雲山杳無際，江郭靄方暮。會合良難期，分舟復相顧。（《回帆集》）

劉明府正孚都門寄書並新訂詩卷報以短韻

李懷民

村外一鳩喚，小園花盡開。山人入城返，朝客寄書來。憶别粵江遠，閑居華髮催。新詩進高格，不復騁狂才。（《還山集下》）

柬劉崧嵐大觀

王宗獻

直從千里泝扁舟，來借僧房最上頭。倚樹看雲山到眼，捲簾邀月水明樓。安排琴枕消殘夏，收拾風烟賦早秋。獨坐不須愁寂寞，湖心時有待盟鷗。（王賡言輯《東武詩存》卷九下）

和崧嵐與諸公棲霞寺待月

王宗獻

巖寺背森聳，月出苦不早。僧語聽未終，林影動浩浩。却看山缺處，一綫露稍稍。微聞墮竹露，時復驚山鳥。泉聲在何處，寂歷出幽窅。此時諸静侶，乘閑事搜討。爲問遠秋思，有得誰多少？（王賡言輯《東武詩存》卷九下）

舟行即事懷松嵐

王宗獻

斷岸繫孤舟，巖壑盡暝色。竹樹翳江村，鐘聲出深黑。却念解纜時，夕照何閑閑！放舟背落日，遠見波上山。幽賞趣迢遥，孤吟興超豁。念我素心人，永夜如飢渴。（王賡言輯《東武詩存》卷九下）

江行寄劉崧嵐

王宗獻

林際衆鳥鳴，江上微雨歇。遥峰藹虚翠，歸雲遠欲滅。和風扇旭日，緑草沙上茁。石磯艤舟處，前秋從此别。重來春又深，寓目皆可悦。會面諒不遠，此情期共説。（王賡言輯《東武詩存》卷九下）

送劉崧嵐赴任奉天

潘奕雋

觸熱更何去，臨歧各黯然。人榮歸捧檄，我信退無田。鐵嶺雲千樹，金閶月一船。相思不相見，鴻影盼遥天。（《三松堂集》卷十）

劉崧嵐刺史大觀

潘奕雋

每從海舶誦新詩，苦恨酬箋去燕遲。捧硯司香還進酒，風懷是否似年時？『捧硯司香還進酒』，崧嵐自賦《湘花詞》也。（《三松堂集》卷十《懷人詩四首》其四）

南鄉子　畫禪寺步月，即送劉崧嵐之官奉天。

潘奕雋

良夜碧雲收。抽得閑身共獻酬。笑指畫禪竹柏好，清幽。步月承天故事留。　有客鳴鞭不自由。塞北江南無限夢，悠悠。明歲今宵憶此遊。（《三松堂集》卷十九）

百字令

潘奕雋

乾隆甲寅，崧嵐將之奉天任，余邀張子東畬同遊畫禪寺，訪昆峰長老，步月庭中。東畬爲寫圖贈行，並繫以詞，余繼作《南鄉子》一首。今嘉慶甲子，崧嵐復至吴門，出前圖共賞，回首舊遊，恍如昨日。流光彈指，蓋已十年，東畬歸道山則五年矣。喜良會之能再，慨逝歲之不居，復填此闋，以寫離緒，記新歡云爾。

山塘淥漲，報雲帆漠漠，仙舟纔泊。舊恨新愁難縷述，喜看鬚眉如昨。細檢行囊，重提往事，一幀珍林壑。故人安在，謂東畬。墨香猶染簾箔。　十載按部班春，關鴻梁燕，矯首天寥廓。前席蒼生他日事，且把繡衣遲著。退院僧歸，謂昆峰。閑吟客健，商略吾儕樂。清光依舊，一尊來共斟酌。（《三松堂集》卷十九）

劉崧嵐書來知卜居懷慶却寄一首

潘奕雋

故人河内住，昨到數行書。爲説休官樂，翻嫌把袂疏。崧嵐曾訂居吴。今已定居，來吴之期未果何時也。仙壇春暖後，王屋雨晴初。那得攜樽榼，花間並載余？（《三松堂續集》卷二）

若農正孚追送至伏波山遂飲於伏波亭留題壁上

李憲喬

櫂人已催發，前舟詎相待？送客亂山間，歸夢飛鳶外。惜歡難爲别，感往益多嘅。一尊有與同，此意亦千載。（《少鶴詩鈔·内集》卷九）

寄劉正孚

李憲喬

歸順有小吏，應仁其姓黄。頗自喜爲書，意態亦翺翔。聞有能書者，乞取日不遑。予試索觀之，並詰心所臧。云有劉明府，數帖在篋箱。劉君乃吾友，開卷如在傍。前後多詩筆，中論殊激昂。言古作詩人，真氣必堅剛。此氣不可闕，乃於詩而昌。非徒競博辯，非徒事夸張。鄙夫談忠義，忸怩詎得藏？末語因及僕，生無時俗腸。爲親偶求仕，棄去亦洋洋。獨抱不貪寶，傲然歸其鄉。故其所爲詩，超超異等常。予觀始慚汗，洎乃自忖量。實固不及此，此義吾敢忘。好善苦汲汲，古風今渺茫。吾友信有之，豈爲當世名？却顧問此吏，我感汝得明。可語惟汝輩，此道亦足傷。既書跋其尾，還復寄此章。（《鶴再南翔集》）

登鎮安西樓懷劉正孚

李憲喬

高樓當極邊，獨上意蕭然。海寓重氛隔，交夷夕照連。壯顔銷瘴癘，衰眼送山川。忽憶前吟侶，曾經住幾年。（《賓山續集》）

攜黄生鶴立登西城帶山亭子坐竟日鶴立有詩予和之訪此亭爲前令劉正孚所結因並寄劉

李憲喬

孤亭遥對處，谷瀑激瀧瀧。却念隔城聽，惟當半夜中。無言經久坐，有得豈頑空？爲問前吟客，此懷應許同？（《賓山續集》）

十二月十五夜劉觀察松嵐乘月過康山草堂文叔招同袁又愷張可亭壽伯海家長卿集飲作詩紀事拈得山字

方正澍

何年無皓月，何地無名山？不逢儔侶游，光景付等閑。嘉平十五夜，客款月中關。主人急延入，山徑共躋攀。冷魄懸碧落，金波浸人寰。照見江南峰，盤雲整髻鬟。勃勃清興發，亟呼傾小蠻。浮文暨虛禮，相約悉從删。巨鎗賭戰拇，更迭相循環。久侍霜華裏，如弓僮背彎。因詣黄梅苑，畫境描應艱。花開無萬數，濃香薰兩間。舉琖酹花月，禮拜伏且跧。一時花與月，似亦俱開顔。隨意坐莓苔，那顧衣裳斑。揮毫復聯句，達旦竟忘還。庶幾竹林賢，清狂若是班。拘拘禮法者，訕笑吾儕頑。（《子雲詩集》卷九）

送劉觀察松嵐入京謁選

方正澍

五言真可號長城，吴越才人幾唱賡。游興方濃官興淡，蒼生爲重友生輕。魯山仁愛移風俗，涑水兒童識姓名。謁選有程須速去，暫攜眷屬住蓬瀛。

三拜家風但率真，感公説項誼超倫。替憂送老無長策，刻意憐才有幾人？絲竹暇須娱耳目，猷爲期不負君親。來朝折柳相持贈，難免分攜暗愴神。（《子雲詩集》卷十）

劉松嵐邱县人。憶戊子秋曾至其邑，賦以誌感。

莫瞻菉

梁苑飄蓬繞斥邱，衙齋重九揖荆州。主人酒盡青鐙夜，歸路車疲白草秋。潴野舊懷神禹跡，大伾新换衛河流。渡黄已有滄桑感，古道何當宦海求？（《硯雨山房詩集》卷一）

送劉崧嵐由天津水程之江南

莫瞻菉

閶雲洋雨送吟鞭，又訪江南舊墨緣。十載春風留福地，一帆秋影入詩天。膾鱸却爲他鄉感，烹鯉因將客夢牽。此行有以書招之者。相伴揚州仍塞月，二分解向古人圓。

津門山色上秋篷，櫂入吴淞海尚通。太史遨遊傳著作，使君才調本英雄。三生詩酒歌樓畔，六代煙花廢壘中。我亦曾聞商女唱，恨無曲和《大江東》。（《硯雨山房詩集》卷二）

劉松嵐以大滌子畫十二幅中三分之一留贈

莫瞻菉

吴淞翦取送行時，人戲言之我見之。十二巫雲裁四朵，畫中山亦悵分離。『翦取吴淞半江水，惱斷蘇州刺史腸。』見漁洋山人《筆記》。（《硯雨山房詩集》卷二）

朱埜雲爲劉崧嵐作西園畫卷歌

莫瞻菉

崧嵐祖德留西蜀，遺照曾瞻清比玉。熊耳山人舊句題，續吟我亦翻新曲。君家與我邑中人，文字緣深結契真。追畫西園參後繪，偶遊東海溯前因。風雪榆關寧錦路，崧嵐一見交如故。承平時節吏多閑，奉使從容遼易度。度遼兩月使車還，十日偕君轡影聯。匆匆寒夜衙齋訪，未到西園意惘然。松漠寄詩春日詠，草堂入畫埜雲傳。埜雲生長江南地，摹遍湖山風景麗。客舍閑情憶里居，名園勝跡懷游記。詩中有畫更推尋，筆底無塵自深邃。却將花月故鄉思，都向關山新繪寄。園裏林泉郭外山，主人嘯傲萬花間。試與祖傳遺照比，一般布置景蕭閑。當年門對峨嵋雪，此際亭分島嶼煙。獨訝寧前擅形勢，龍蟠虎踞鍾靈異。刺史農郊按部時，放開眼界無窮際。蜃樓東望極扶桑，雁塞西南度太行。夜月潮喧姜女廟，朝霞日出范公塘。幾多奇景天圖畫，絶好名流詩世界。樂遊此即是芳園，別搆幽居得無隘。想君佳句滿奚囊，中有千厓萬壑藏。收拾煙雲作詩料，剪裁岩岫傍琴堂。四壁蒼茫涵海氣，一簾青翠挹閭陽。不須藻繢高堂榭，錯落編茅類田舍。樸與民同槿緝籬，雅宜物産藤纏架。閑來池館樂琴魚，快比春秋課耕稼。磧路無寒地氣開，三江嘉卉廣移栽。東南海道乘風利，滿載都飛大舶來。大舶遥來望松杏，桑麻蔽野烽煙靖。大凌河更小凌河，換出農歌續凱歌。況劃怪石雲根斷，幾朵蓮烽渡洋面。雪浪齋新字可銘，覺華島近移尤便。在昔塵埋戰壘邊，於今茖長書齋畔。即此需材任轉輸，可知向若全清晏。西園雅集宋賢稱，今豈無端借盛名？蘇米工詩復工字，君原擬與古人爭。誰料埜雲千里外，伯時長卷亦摹成。摹成索我詩題尾，昨夢重提遊畫裏。民比湯泉氣更温，官隨邊雪心先洗。不徒地暖遍栽花，並道洋開遥販米。販米沙船次第通，棧房村市起城東。成例更新原復舊，餘糧招賈並宜農。懋遷萬權滄洲水，卧治三春緑野風。日日西園望遥影，釣魚臺下泊煙篷。（《硯雨山房詩集》卷三）

張豳原囑題二客艤舟圖 一爲劉松嵐觀察大觀，山左人；一爲張水屋刺史道渥，山右人。皆能詩工畫，同時來楚。

錢清履

二客何來者，江干一繫舟。青山多蒼莽，黃鶴任遨遊。各有詩盈篋，相携酒上樓。雲龍韓孟契，邂逅兩情投。

張籍記曾識，予相識水屋於都下，已卅年餘矣。劉楨悵未親。才名滿天下，齊晉兩奇人。仕隱途雖異，松嵐時已隱退。疏豪意自真。煩他大癡筆，圖爲黃穀原畫。畫出楚江春。（《松風老屋詩稿》卷十五）

三月三日渡江將之海門適通州張一山刺史招同孫瑶山鎮軍張慕青學士劉松嵐觀察吴庶常程别駕修禊狼山即席賦此二首

李廷敬

勝日多逢鞅掌餘，芳游恰及暮春初。憑君綺席邀心賞，爲我塵襟一祓除。四野連雲新穲稏，三峰出水舊芙蕖。狼山舊在江中，近今漲沙數十里，皆成沃壤。行春政暇宜行樂，况集群賢盡阮徐。

一帆宛借馬當風，把酒天涯舊雨同。驥足紛馳思冀北，德星偶聚忽江東。琴樽引興徘徊久，江海憑闌顧盼雄。誰共浮槎攜酒去，空教新月送花驄。（《平遠山房詩鈔》卷四）

松圃先生詩筆高古與高密李少鶴並爲海内所推重劉松嵐觀察嶺南三友之説乃出自矜評詩家多未之許也全州舟次重讀韋廬吟稿率題一律寄呈　言朝標

少鶴傳可必，先生詩合昌。群賢盡推重，二李相頡昂。彭澤留正脈，韋廬熏古香。松嵐曾附和，五霸列宋襄。（《孟晉齋詩集》卷四）

酹江月　豳原大使爲松嵐觀察、水屋刺史作《二客艤舟圖》屬題。　詹應甲

相逢一笑，笑長天帆影，等閑吹度。不信主人真好客，目送賓鴻來去。吹篴登樓，倚簫擊檝，往事風流古。茫茫海内，幾人屈指曾數。難得李郭同舟，高岑投轄，彌月勾留住。能令江山生筆底，題遍雄風三楚。張渭詩豪，豳原詩先成。黄荃畫史，圖爲轂原貳尹所作。寫出鬚眉舞。後之覽者，此圖誰與重補？（《賜綺堂集》卷二十七）

南南吕 題劉松嵐五十二歲小像。

吴錫麒

【香遍滿】鬢眉依舊，燕臺別君春又秋，那料蕪城重聚首。牡丹紅起樓，楊花雪作毬，東風容易愁。莫放過，韶光脆。【懶畫眉】年華半百付波流，漸有雙華白上頭，正須行樂及時謀。縱然件件丹青湊，也要我者饒舌豐干説一周。【二妃梧桐樹】那書阿，《梧桐樹》。曹倉萬卷搜，鄴架千編授。冷䰟前身，孔孔鑽能透。《鍼線箱》。算十年辛苦丹鉛手，只拄腹撑腸願待酬。《五更轉》。喜今日春明善本抄全有，落葉黄昏，判與箇青燈廝守。【浣溪紗】那美人阿，綵袖拖，金釵溜。挂臣冠常自香留，吴孃軟語聽須又，陶令閑情檝又兜。珠幾斗，買他箇心兒頭肯，真實不虚，教月鏡懸樓。【劉潑帽】那劍阿，雨風聽作蛟龍吼。到朝來拂拭吴鈎，記曾在徐君墳上挂松楸。瀌瀌瀌，心血酬，直驚得白日沉，妖魑走。【秋夜月】那酒阿，糟一邱，哄動了流涎口。蓮臺米汁親傳授，長齋繡佛休孤負。聽呼伊紅友，莫化成烏有。【東甌令】念君家，邊關月，塞垣秋。算只有甘棠一種留，心中那管閑花柳。到者裏，須消受，儘説伊蛟門三好擅風流。合輪與，前度種花劉。【金蓮子】憑逗遛，道東山女妓蒼生舊。只休把，英雄氣收。救瘡痍，要商量《魯論》熟從頭。【尾聲】玉節馳，花驄走，此身原是濟川舟。早博得，五十功名賽馬周。（《有正味齋詞外集》卷二）

與劉松嵐刺史書

吴錫麒

荷花一夢，柳影雙旌，别緒相牽，吟心頓減。足下觀奇滄海，企勝白山，奏清角於馬頭，種甘棠於塞外，不亦豪哉！所刊黄仲則詩，已得寓目。玩其旨趣，元本風騷，清窈之思，激哀於林樾；雄宕之氣，鼓怒於海濤。傳之千秋，斯人不死矣。足下交無半面，契若三生，定敬禮之小文，編駱丞之遺集，豈真空王佛所有香火因緣哉？良以湌勝如歸，矜善若始，斯汲汲爾。僕愧無可述之業，徒負一得之名，蒲柳憂來，蓴鱸戀往。青山之外，亦有敝廬；白雲之下，即是親舍。拾春滋於釣竹，采秋味於園壺，養志可希，歸耕早决。惟是宿逋未了，影質無償；諛墓金空，辦裝錢少。勢難使馮驩毁券，陰鳳還衣，以此羈留，不無悵結。北風告勁，嚴寒中人，幸慎起居，不勝勞佇。（《有正味齋駢體文》卷十七）

題劉崧嵐同年玉磬山房詩集後

陳　燮

鳳巢山下訟庭閑，几上煙雲自往還。信是名山愛名士，度遼更過十三山。崧嵐先官廣西，後官奉天，俱極山水之勝。

湘水溪深似若耶，醉呼明月照湘花。崧嵐納吴姬湘花，性聰慧，手繡法書極精。唾絨繡出簪花格，郎似王家儂衛家。崧嵐工書。

揚州小駐佛同龕，墨雨橫飛海氣涵。半夜濤聲催客去，可憐江北望江南。

海内君真長句工，新詩字字虎生風。他時魯仲連臺畔，坐嘯誰當角兩雄？崧嵐山東冠縣人。（《憶園詩鈔》卷五）

題黄仲則悔存詩集用劉松嵐刺史韻

楊　倫

竹馬論文感舊游，苦吟風月爲君愁。遺編幸有中郎識，始信青藤絶衆流。（《九柏山房詩集》卷十四）

劉刺史大觀爲亡友黄二景仁刊悔存軒集八卷工竣感賦一首即柬刺史

洪亮吉

一瓣心香契獨神，此公高義出風塵。應憐少日齊名者，已作千秋傳世人。檢點溪山餘笠屐，刪除花月少精神。詩爲翁學士方綱所刪，凡稍涉綺語及飲酒諸詩，皆不録入。向平婚嫁爲君畢，君一子一女，皆君没後爲之婚嫁。亦擬穿雲訪列真。（《卷施閣詩》卷十八）

二月六日雨阻支硎道中山左劉松嵐明府用東坡宿海會寺韻紀事爰和其作

胡　量

春山招人出郭行，湖波漲連遠樹平。六客一舫浮空冥，遊興乃與造化爭。斯須雲氣彌巖坑，玉女忽挾風雷鳴。礸硡響應鍾魚鏗，小桃破萼尤傾城。溪頭拍拍群鷗迎，林煙乍暗禪扉扃。使君談笑一座傾，軒冕視若鴻毛輕。山中猿鶴喜且驚，紅燈照水船窗明。葡萄瀲灩冰壺清，坐聽溪聲和雨聲。（《海紅堂詩鈔》）

方菊人月查兄弟招同黄秋坪焦理堂劉松嵐李艾堂江鄭堂洪江門汪味芸葉霜林黄倉雅朱藹亭游上方禪智寺雨阻藉緑軒用三絶碑東坡次蘇伯固韻

胡量

高齋晝岑寂，詩出含風蟬。琅玕互掩映，萬卷開雲煙。夫君抱幽姿，清氣霜豪顛。凭軒灑飛雨，顆顆明珠懸。山光落遥空，咫尺宴群仙。南風草木香，景付冠世賢。勿謂牛礪角，碑刓出重泉。開襟一舒眺，新月凉而娟。紅粧照座隅，短棹來聯翩。飛牋告山靈，吾興無間然。（《海紅堂詩鈔》）

題灘江歸櫂圖送劉正孚

李秉禮

故國何時到，西風鬢欲斑。幾人臨水别，半舸載書還。葉落湘中樹，雲連海上山。應知展圖卷，重爲慘離顔。（《韋廬詩内集》卷二）

得劉正孚之官奉天書並新什却寄

李秉禮

生事偏多累，棲棲途路中。一書傳嶺表，匹馬去關東。作吏貧猶昔，爲文老更工。遠懷杳無際，萬里託歸鴻。（《韋廬詩内集》卷三）

春日得劉正孚書却寄

李秉禮

萬里郵筒至，鐙前幾度看。不知遊宦遠，祇道寄書難。嶺外春光早，關東氣候寒。後期應不負，惟惜鬢彫殘。（《韋廬詩内集》卷四）

得正孚書却寄

李秉禮

獨倚小樓聞雁唳，故人書札到南天。相思遠隔五千里，一别俄經三十年。我久浮家依桂海，君今卜宅近伊川。舊時朋輩凋零盡，凝望關河意渺然。（《韋廬詩外集》卷四）

懷州集序

李秉禮

余於四十年前，獲交劉松嵐觀察。維時石桐、少鶴兩先生同官粤西，建幟吟壇，余與松嵐相共切磋，秉教二李。松嵐豪於才，已先登岸。自其改官扶餘，再官山右，亦祇雁魚問訊，遂不復覩其鬚眉矣。客冬，王曉堂以詩來謁，余接見語論，知其出於松嵐之門，並得悉松嵐近況，余甚慰藉。閱生所爲詩，才思英雋，格局清嚴，學二李而擴充之。漁洋聲調，隨園性情之説，固不專執，亦不偏廢也。余老矣，不能再戰詩場，轉喜松嵐之道獨有傳人，亦斯文一脈者所同慶也。生居大都，人才藪聚，漸資觀摩，將見主持風雅，獨步江東。余爲生勗，兼爲生望，即質諸松嵐，當必以余言爲韙也。旹己卯六月朔日，臨川李松圃書於桂林之湘南別墅。（王偁《蓮舫詩鈔·懷州集》卷首）

出山海關寄寧遠劉松嵐刺史二首

百齡

滄溟東望數低徊，立馬雄關曉日開。絶塞長城千里住，中原詞客幾人來？閭閻樸地民情古，風雅如君僞體裁。打疊新篇慰行旅，驛亭邀月共銜杯。

古調獨彈應和寡，平生未見已情親。曾攜玉磬房中句，松嵐曾以所著《玉磬山房詩》見寄。說向金華殿裏人。鬚鬢相看憐暮景，海山重到感前塵。絃歌近洽文翁化，四牡深慚大雅輪。（《守意龕詩集》卷十七）

至寧遠知松嵐已適瀋陽作此寄之

百齡

關河寄遥想，常恐會面難。兹來適所願，一愜平生歡。郵亭明月皎，照我如君顔。我至君忽行，對案忘晨餐。烹魚見尺素，字字琳瑯玕。亦知旦暮遇，長路猶漫漫。昨夢東入海，手拂珊瑚竿。臨風一笑粲，羽客同驂鸞。天飈忽引却，夜半星闌干。探囊覓君句，把作洪濤看。（《守意龕詩集》卷十七）

湘花曲爲劉崧嵐大令大觀作

徐鏶慶

瀟湘夜緑飄月絲，瀟湘美人行步遲。芙蓉剪出雙秋波，秋波彎彎渡銀河。龍綃鸞袖鏘瓊琚，天上愛讀人間書。白雲如花採不得，同住江南不相識。山矗矗，江斜斜，寧教秋目濕斑竹，莫教春恨入桃花。（《玉山閣詩選》卷五）

戊辰夏四月既望自絳至解道經運城劉觀察大觀招觀鹽池憩於野狐泉聽許山人彈琴鉞爲寫圖並紀以詩

黄鉞

我來絳守居園池，直抵鳳皇城下住。故人邀我觀鹽池，百里皓然如積素。振衣獨上歌熏樓，扁舟忽落江南路。嚴飈一夕凍長河，雪屋濤山不能渡。冷光晃眼眩生花，寒氣侵肌衣欲絮。那知觸熱治畦夫，鹽汗交流濕衣袴。主人前席更致詞，再請肩輿向西去。有屋三楹泉一泓，苔磴數重槐幾樹。此間宜畫復宜琴，佳客二三先已赴。入門漸聽響玲瓏，洗耳先令去塵霧。登山臨水遂忘疲，觸我年時林壑趣。揭來半載倦征軺，堆案時文費箋注。吟詩作畫復何時，對酒看花更無處。寒竽久澀不成聲，枯管無花那能賦？怪底君詩爾許清，爲有泉琴時在御。南風一曲對中條，夢寐五弦如或遇。吮豪聊用紀清游，洗盞雲中日將莫。惟虞明月照銀沙，泉畔野狐聽終誤。（《壹齋集》卷二十一）

再過晉祠簡劉觀察大觀

黄鉞

昨來正月月既望，落鐙風裏泉不壯。口吟李白舊游詩，心寫扁舟昔時蕩。今年再到中秋過，魚鱗活活摇緑莎。門前平田已穫稻，池上敗葉攲殘荷。此祠此水幾千載，逝者如斯常自在。過盡飛鴻影孰留，只有蒼官顔不改。祠前古柏，相傳猶周時樹。我笑并人不曉事，亭子須當佳處置。束將碧玉走溝渠，高起朱甍祀非類。祠左右有苗裔堂、三王殿、魯般廟。簫鼓浮舟事渺茫，石渠夾道歌歐陽。能援蘇白西湖例，水側涼堂築未妨。吁嗟憂樂審所急，豈有古人不可及？浩歌泉上少知音，惆悵題詩寄劉十。（《壹齋集》卷二十二）

中秋後二日黎明偕同年雪浦松嵐兄弟登寧遠州城樓觀海日

王于宣

昨夜城頭待明月，銀光百道生溟渤。今朝更上一層樓，曉月迴光日華發。日華初似虹霓翔，又疑河漢雲錦張。咸池丹泉不易到，目力真欲窮扶桑。但見大如車輪疾如驥，上則經天下行地。六龍横駕驚破空，三足陽烏駭鼓翅。懸崖孤島摇髻螺，緑烟紫霧相盪摩。飛帆簸揚時隱現，萬怪惶惑胸中羅。我聞泰山日觀觀東海，羅浮子午亭尚在。天綱地軸由左旋，望洋不信滄桑改。又聞周穆西馳近虞泉，秦皇東出施神鞭。豈知日月代明非幻景，何必蓬瀛方丈遺世而求仙？吁嗟乎，古今逝者常如此，禹寸陶分自兹始。聞雞起舞及是時，收之桑榆亦晚矣。（浙江黄巖《西橋王氏家集》内編一）

劉松嵐年丈招集曠如亭小飲

王于宣

緩轡出城東，平岡地勢雄。空亭惟落葉，曲檻不遮風。海氣横秋碧，山光返照紅。此間兼曠奥，爲寫入詩筒。

九日晴延爽，千秋響送秋。黄花如我瘦，紅葉使人愁。寒翠空無礙，暝煙澹不收。飲醇心共醉，欲去尚遲留。（浙江黄巖《西橋王氏家集》内編一）

西齋盆菊盛開率成四律寄呈劉松嵐同年（録一）

王于宣

秋興老猶健，秋花瘦更繁。冷香清澈骨，真意澹無言。濺淚人千里，銷愁酒一尊。欲歸歌采采，懷抱與誰論？（浙江黄巖《西橋王氏家集》内編一）

中秋日至奉天寧遠州晤同年劉松嵐太守即席賦此

王于宣

雲停日落出榆關，聽鶴聞琴到此間。遼海寧遠即遼西界。一塵清似水，長城州在長城外。五字屹如山。閣中藜火聯奎壁，腕下雕龍擗馬班。又見南陽古遺愛，蒲鞭懸處訟庭閑。（浙江黄巖《西橋王氏家集》内編一）

松嵐詩格力追盛唐，爲袁子才、鐵冶亭、翁覃溪所稱。

與劉松嵐書

韋協夢

協夢再拜松嵐太守親家閣下：　頃辱奉手書，以協夢五月生子，殷殷申賀。不孝有三，無後爲大。長子既没，晚年得兒，未嘗非吉祥善事也。然此以理言之，若數則不在是。協夢屢生子不育。長子寶善，讀書受室，年二十四，復以瘵疾終。彼昂藏七尺之軀，且命之不長，此牙牙者，安必其頭角崢嶸，承先而啟後耶？昔人謂天道無知，使鄧伯道無兒。天道何無知？若果伯道生兒，亦不過與草木同腐，何至令千古太息，流芳齒頰！况姪與兒同爲祖之遺體，無子特我絶，而祖並不絶。即以一子而繼兩祧，亦何不可？積善之家，必有餘慶。善人有後，此理之常也，數之正也。自其變者奇者而言之，則泰伯至德，初無繼嗣。且林林總總，誰無膝下之兒？謂若輩盡善人，説果通乎？善哉袁簡齋太史曰：『無兒時要當有兒看，有兒時要當無兒看。當有兒看，便不至抑鬱；當無兒看，便不令驕縱。』可爲暮年得子者之冰鑒。閣下獲子之艱，與協夢等，目下想有石麟消息，望誦太史之言，而不狥流俗之見，斯爲達人曠懷，斯爲君子知命。協夢再拜。（《帶草軒文鈔》）

清江遇劉松嵐觀察大觀即以贈別

唐仲冕

覿面自今日，論交已十年。重雲通筆札，一揖問詩篇。興欲傾家釀，官如種石田。天涯幾同歲，獨我鬢蒼然。予與君同癸酉生。因言法時帆、謝薌泉、楊蓉裳、孫淵如、李松雲，皆同歲生也。（《陶山詩録》卷九）

題劉崧嵐大觀明府詩草後即送之官奉天

法式善

之子未相覯，好詩嘗一吟。此時太古月，照見梅花林。萬里鑾江路，千秋大雅音。清泠石牀句，爲爾寫冬心。

我有數知己，宦游遼海東。詩隨春雨散，人去塞門雄。雙髩柳邊緑，夕陽花外紅。長安暫沽酒，莫負海棠風。（《存素堂詩初集録存》卷四）

題劉松嵐玉磬山房詩後

法式善

寫出古今怨，得來天地清。十年偏遠宦，五字獨長城。花滿石溪路，秋寒玉磬聲。梧桐踈雨夜，百感爲君生。（《存素堂詩初集録存》卷五）

贈劉松嵐兼寄吴蘭雪

法式善

劉郎詩澹冶，吴生句幽艷。皆我同調人，三年不得見。側聞《湘花詞》，江南傳寫遍。繡出《石溪》篇，脱手萬花絢。芳草别江渚，野雲散林甸。晞髮嗟太閑，謂蘭雪。彈琴亦已倦。松嵐久官縣尹。更有梧門客，懷人增眷戀。清風越遼海，澹香吹吴絹。茶烟濕不飛，庭樹緑忽變。依稀寒玉聲，泠泠響清院。又如空谷中，乍覩美人面。芳氣襲衣袂，可佩不可援。瘦吟樓已空，蕙風閣久羡。如何二妙辭，都入湘花卷？惆悵雪中人，低徊潭上讌。壬寅秋，余于積水潭集諸詩人看荷，繪圖分韻，蘭雪詩先就。今舉嘉讌，感觸前遊。藉此欲題襟，笑余誰捧硯？好花能幾枝，明月只一片。照我三人心，拳拳永相念。（《存素堂詩初集録存》卷六）

袁雙榕詡文訪劉松嵐於寧遠州署旋都出遼東壯遊圖松嵐既書五十韻余亦續作

法式善

君從桂林來，衝此松間風。五年倏兩度，騁馬東天東。使墨如使劍，遠勢尤能工。借酒筆力出，一掃雲霧空。丈夫負奇氣，焉肯囚樊籠？冒雪出巖關，行李何匆匆。劉侯君所師，循吏而詩翁。贈君五百字，一串珠玲瓏。百里蒼生救，松嵐句。此語何朴忠！凡百厚責己，持論亦至公。吾詩乏藻采，又窘偏師攻。相期勿因循，意與劉侯同。牽連綴紙尾，藏君懷袖中。（《存素堂詩初集録存》卷十一）

劉松嵐州署闢新園作詩寄示答之

法式善

近聞關以東，民和由歲稔。長官日無事，高齋足幽寢。五畝搆新園，三年節俸廩。山容見娬嫿，松陰坐清凜。石青浮差差，雲白吹淰淰。塞垣霜雪早，魚潛更鶴澿。耽閑君閉户，賞奇客伏枕。抗懷讀古書，卑禮獎寒品。賣花傭到門，問字人接衽。菘韭妙及時，葵菽不失飪。杖履帶草香，襟袖餘墨瀋。固是示別裁，要自擅異稟。我久困衰病，萬事付嬾噤。歷境輒忘棄，下筆少研審。故交零落多，晚景頽唐甚。感君意興豪，敢以詩相諗。（《存素堂詩初集録存》卷十五）

松嵐代王子文刊秋水集喜而賦此

法式善

仲則與少鶴，詩集君梓行。士林感高義，二子死猶生。傳聞王秋水，跋涉寧遠征。想當負笈來，足疲還肩赬。君時坐西園，佳句無人賡。留客宿南軒，逞意摧强勍。閑軒坐兩月，侯也中懷傾。王生落拓人，富貴非所爭。胸中鬱奇氣，發而爲音聲。當途知者鮮，生益傷孤惸。侯謂救生急，莫若成生名。薄薄一寸紙，欸欸千載情。生昨過我廬，忍餓仍長鳴。方欲挾詩筒，襆被遊南衡。殷勤祝劉侯，早樹湖湘旌。（《存素堂詩初集録存》卷十五）

松嵐州牧以西園落成詩示余既和寄矣野雲山人愛之寫圖乞余書前詩更爲賦此

法式善

西園我未到，風景却能説。袁生翊文嘗宿此，寫圖記離别。生亡圖亦亡，念輒中心結。聞君除蕪穢，務使纖塵絶。堂室動洒掃，一如束身潔。心苦物力省，中恬外緣滅。青山借遠勢，開窗萬岫列。城角落清笳，松梢響殘雪。晚閣夕陽明，高天歸鳥悦。坐令淡蕩人，富貴有不屑。使君題成詩，筆筆參畫訣。怪哉朱山人，詩中三昧泄。神仙丹九轉，國醫肱三折。詩畫皆技耳，中自有巧拙。此畫與此詩，費盡幾斗血！（《存素堂詩初集録存》卷十五）

劉松嵐觀察

法式善

四海知君我最早，一官未免傷潦倒。只有耽詩性不移，收盡人間未完稿。没齒感恩誰得知，孤寒生恨識君遲。才人心血江山色，都被先生袚濯之。（《存素堂詩初集録存》卷十六《懷遠詩六十四首》其十八）

劉松嵐過訪不值留示新詩和韻

法式善

蓬蒿雨後高於屋，水氣如雲路不通。怪爾白頭老詩客，八年重爲寫屏風。坐破蒲團尚鈍根，一年一認雪泥痕。余頻年改官。而今擬築盤山屋，飽喫黄精自閉門。（《存素堂詩初集録存》卷十七）

讀主客圖懷李松圃劉松嵐

法式善

年年草春緑，日日水東流。永夜把吟卷，一燈明竹樓。因懷湖海客，各抱古今愁。爲問祭詩夕，誰來主客酬？

石桐今已矣，南北兩松翁。仕隱身雖異，静閑心每同。河聲聽獨往，山色看能空。惆悵梅花使，烏

絲寄雪篷。（《存素堂詩初集録存》卷二十四）

劉松嵐觀察

法式善

清詩味得李少鶴，狂草趣得馬秋藥。遼陽書接汾陽書，秋雁春魚夢醒初。一生低首何仲默，近人深服黄仲則。蘇齋小篆兩峰梅，記得爲君留硯北。君未識翁覃溪先生、羅兩峰山人，皆余爲介紹。（《存素堂詩二集》卷四《題交遊尺牘後［現在之人］》詩，其二十八）

劉松嵐遊華山得詩題曰行篋集楊蓉裳作序誤篋爲脚題詩以識

法式善

君身已退院，游山仍打包。行篋誤行脚，豐干工解嘲。詩心入秋健，跋涉長安郊。借宿玉泉院，炊飯香山庖。萬丈青蓮花，終古空中捎。山靈怕生客，倏忽風雨交。步上青柯坪，月見松竹梢。是誰弄狡獪，隔澗雲霞抛？泠泠琴筑音，宛似詩人教。歸來覺吟卷，尚帶山聲敲。郵筒寄故人，共剪寒燈鈔。（《存素堂詩二集》卷五）

讀劉崧嵐同年詩集題後

楊芳燦

劉郎負奇氣，落落文字豪。精芒炯寒星，猛勢翻秋濤。平生仗儁俠，風義敦同袍。冥心貫經史，苦語耽詩騷。當官任真意，蕭然解天弢。法令蠲苛煩，撥置千牛毛。了無浮競情，高寄忘塵勞。祇餘吟思深，抽若獨繭繅。晴空孤鶴唳，霜夜幽蟲號。劍澀古光永，琴枯急絃高。但博知者歎，不受俗論褒。翦鐙讀君詩，老屋風颼颼。冰雪阻千山，東望心鬱陶。何時豁離抱，共酌玉色醪？（《芙蓉山館詩鈔》卷八）

答劉崧嵐書

楊芳燦

崧嵐年大兄閣下：仲秋望日，接奉良書，發函伸紙，喜與忭會。知閣下言辭京輦，遄歸梓里，游梁入洛，復回運城。萬卷羅胸，雙珠在掌，人生至樂，誠無以逾，下風企羨，非可言喻。並稔閣下興逸區中，趣寄塵外，躡康樂之屐，佩紫微之壺，欲搴玉井之華，蹠巨靈之掌。氣豪拂霓，詩奇問天，名呼林央，志擬禽向。因命不佞，共探幽奇。自惟青鞵布韈，本有前期，翠巘丹崖，屢入昔夢。西風涼冷，尋問真源，極欲追隨，以償夙願。無如精力衰羸，腰腳疲茶，本乏濟勝之具，又抱幽憂之疾。覽鏡顧影，則蒲柳呈姿；臨壑怨遥，則煙霞絶想。足躓螘封之垤，力殫魁父之邱。散步行藥，猶覺呀喘，而況太華千仞，拔地倚天，高峰尋雲，深谷無景。未能懸崖撒手，固當望岫息心。通天敂門，欲觀栝柏之箭；布地求福，愧乏棗梨之錢。既負嘉招，又乖素尚，臨風軫慨，愴悢何言！所望閣下清游既愜，高軒早臨，翦燭西窗，藉傾積愫。會言近止，何快如之！（《芙蓉山館文鈔》卷二）

與劉崧嵐觀察

楊芳燦

丙歲銜恤里居，跧伏蓬藋，荷蒙高情眷注，慰問懃拳，仁粟廉泉，分潤枯涸，五中鐫鏤，楮墨難宣。去夏肅具蕪函，敬申謝悃，諒登籤閣。屬以侹儴塵滓，山川超緬，鴿鯉隔閡，音問疏節，契濶譚讌，良用慨然。序屆長嬴，品彙蕃秀，敬維十兄大人鼎祹介福，黼繡延禧，華星掞文，峻玉標節。領禺筴之任，筦度支之司。積雪霏霜，本張融之賦手；箸籌鞭算，運劉晏之精心。白壤課耕，編氓樂業；紫瀾竭水，井户矑歡。伫膺眷注于九重，即慶恩榮於三錫，祥輝引領，藻忭載深。

某自稅素冠，未逞黔突。琴書典質，莫禦飢寒；婚嫁牽纏，更增負累。還家營葬，暫住江鄉；應聘談經，俄游關隴。一來鹿洞，九見蟾圓。錯簡碎文，勉尋舊業；椒連槐合，久乏新知。等况味于僧清，忘榮華于宦轍。爲道日損，絶學無憂，自分放閑，亦頗疏蕩。茀史雲捃拾，未足自資；王霸妻孥，更難兼顧。故鄉雲水，歸夢空殷；講席蕭寒，前途愈窄。成其棲遯，能無望于嘉賓；養我踈頑，終有藉于仁祖。素承知愛，聊佈胸臆，嗟老憂貧，又復自笑。秦晉接壤，清輝不遐，削牘抒辭，敬候綏祉。竚望佳問，以代萱蘇。（劉繼增輯《芙蓉山館尺牘》卷七）

復松嵐觀察同年

楊芳燦

接奉還雲，知前肅蕪械，已塵籤室，備荷懃拳記注，情溢于詞，雒誦迴環，五中銘鏤。敬稔閣下起居康娛，福履恬邕。去歲徵蘭兆夢，集鳳占祥，繡褓瑶環，明珠在握。張籍語昌黎云：『此是萬金産也。』惟厚德之滋培，卜高門之慶譽。彩雲五色，琪樹連枝，欣忭之餘，彌殷禱頌。日昨郭紀來陜，知輿衛月内有省垣之行，並詢悉青門至錦署，不過五百餘里。弟前荷招邀，亟思侍會，冬間必拏車踐約。古人每一相思，千里命駕，况不及千里耶？涼秋届序，講院蕭寥，端坐邑邑，益復無俚，幸頑軀犕適，勿以爲念。

附呈自序，竊比義山，取其窮愁潦倒境遇略同，非敢方其才藻也。有周生者，乃從而爲之辭，則未免過譽矣，今併呈之，以博知己一笑。周生名爲漢，字劉雲，浙人，弟之受業弟子。負異才，詩文古詞有奇逸之氣，同輩方之仲則。兹同在陜省，冬間或挈之晉謁龍門，知閣下愛才如命，必能傾襟相待也。兹因郭紀回署，率占佈臆，敬候升祉，諸惟垂照，不盡欲言。（劉繼增輯《芙蓉山館尺牘》卷九）

致松嵐同年

楊芳燦

弟經舍窮居，幽憂無俚，側聞大兄大人以言事落職，深爲悵悒。然閣下所言爲公言，則過亦爲公過，聖明優眷，行當起用，暫爲鵬翼之息，終復雁門之跡耳。惟交卸之後，未知行止如何？輿衛或即赴都，或回珂里小作盤桓耶？邇維道履康娱，闔潭寧吉，玉雪佳兒，想嶷然見頭角矣。依企之餘，良深心頌。

弟去冬本擬牽車奉復，以踐平原十日之約，緣台旌尚住省垣，是以中止。道里接近，良會尚慳，嗣後把襼言歡，不知又在何時何地，想閣下亦同此悵悵耳。弟新刻詩鈔二本，從書院諸生所請，殊無可采。惟第八及補鈔一卷内，有吾兄未見之作，兹特封呈。筆墨荒落，才思日退，真畏見子將也。專此佈悃，敬候安祺，諸維澄鑒。不宣。四月十二日。（劉繼增輯《芙蓉山館尺牘》卷十）

張豳原大使廷弼二客艤舟圖（其一）

查奕照

雙颿來不速，漢水正摇青。座上招詞客，謂劉松嵐觀察、張水屋司馬。天邊落酒星。嬉遊聯雁字，宴樂誦鳧涇。我亦吹簫侣，行縢此暫停。（《東望望閣詩鈔·灘江集》）

伊道人於崧嵐先生便面寫焦山圖爲賦長句

王　炘

大江昔放八月舟，恨未一上焦山游。眼明忽覩此素箑，白銀堆裏青螺浮。吾聞焦先昔居此，飢拾橡栗渴漱流。林深祇與猿鶴侣，谷邃或恐蛟龍求。隱淪逃名名愈著，青山難免人窮搜。好奇昔已詫玉局，冒險今復來髯劉。孤筇崚嶒俯滄海，一氣呼吸通瀛洲。虚堂晝静對此畫，江風六月寒如秋。尻車神馬吾徑往，雲峰佳處應有茅庵留。（《吴淞草堂詩稿》卷三）

遠峰招集復園爲角射之飲病不能赴賦此報謝兼簡崧嵐明府

王　炘

少年臂挽二石弓，胯下銕面連錢驄。五茸春草雉朝雊，撒手一箭連雌雄。年來卧病荒江上，追憶歡游轉惆悵。壯士空爲拓戟歌，書生那有封侯相？名園勝集羅簪裾，愧君折簡仍招予。寄聲更謝劉夫子，角射談詩兩度虚。初夏，崧嵐招集復園，亦以疾辭。（《吴淞草堂詩稿》卷三）

寄王南屏于宣同年時南屏客遼左劉松嵐刺史大觀署中（其一）

宋世犖

幽薊北風寒，中人劇刀箭。我友去遼陽，三月未覿面。鬢髮白於霜，歲月奔如電。行蹤逐飛蓬，脚跟隨地轉。側聞賢主人，風雅名場擅。牘案祛舊塵，詞壇雄宵戰。料君倡酬詩，纍纍已盈卷。熗艴地罏紅，蕭踈木葉變。昨夜夢春明，定我先相見。（《紅杏軒詩》卷三）

重過茰灣即用劉松嵐觀察吊練塘韻

釋清恒

茱茰灣鎖薜蘿煙，渡口無人晚泊船。風撼塔鈴空自語，門開江月爲誰圓？經翻貝葉牕恒閉，詩刻旃檀閣已傳。練塘有《旃檀閣詩集》。我比孝威情更重，幾回來覔舊花磚。（《借庵詩鈔》卷四）

焦山寄孫淵如劉松嵐兩觀察

王　豫

秋水抱吾廬，嵐翠當窗落。欣與焦仙鄰，時踐烟雲閣。閣在觀音崖，郭山人建。馳情矚遠天，放懷動清酌。同期報國心，遂負看花約。山左與山右，雄邦資鎖鑰。政教戒張弛，風俗覘美惡。先爲斯民憂，乃見斯民樂。知豫在林阿，棲心守澹泊。獨善非吾願，范、韓庶可託。（《種竹軒詩選》卷四）

劉松嵐觀察招飲即席作

吴　照

圖書連屋草連階，讀畫評詩老眼揩。秋色獨教霜菊冠，天涯難得酒人偕。相思相見都如願，容醉容醒各放懷。帽影燈光見姿態，先防更柝響斜街。（《聽雨齋詩集》卷二十二）

題劉松嵐觀察清遠山莊卷子圖寫於官寧遠刺史時。

吴　照

使君遼左政如何，但覺高情寄澗阿。石自玲瓏花自韻，柳添婀娜水添波。蒼蒼野逕春煙緑，莽莽孤城夕照多。我見畫圖猶想像，當初人士久謳歌。（《聽雨齋詩集》卷二十三）

廣陵漫興（其十三）

吴　照

珊珊骨節劉松嵐，詩酒友朋性所耽。不戀高官戀山水，三年流寓住江南。松嵐觀察名大觀，山東濟寧人，詩筆、書法，冠絶一時。所藏名蹟最夥，余在邗上過還數次，輒流連竟日夕不能去云。（《聽雨齋詩集》卷二十三）

答劉松嵐觀察大觀枉贈即送入都

王芑孫

有從聖賢後，發迹奮屠沽。朝離羊豕間，暮乘使君車。是惟高貲郎，夢卜兩不須。年來窮措大，亦罄甕盎儲。不勝世嘲謔，自命漢相如。君本老諸生，文字性嬉娱。墨綬三十年，却復登此塗。南遊暫一快，今往建旄旟。君才特開敏，君意自蕭疏。宦轍歷西東，直過醫巫閭。渾河曉霜色，蒼然上其鬚。瘦筆寫清思，秀奪山澤臞。時傳脱俗句，繡在邊女襦。世味久已忘，涉世又何虞？伏惟承平積，兵農載朝謨。吏責日以深，官邪日難除。訓狐繁輩類，惡木長根株。手持匏瓜斧，剸刃良有餘。儒有不可戲，民有不可愚。萬分營補捄，一誠起勤劬。何必遠徵古，上引龔黄徒？君鄉高密李，謂少鶴。近效亦豈誣？温文轉廉辨，彌縫變拘迂。成勞雖未酬，遺蔭恤其雛。君故學其詩，治行當可模。贈言先及我，索别不須臾。夜來情話劇，鬥酒翻衣裾。君移天畔楂，我把山中鋤。飛湛懸出處，消息知有無。聊當繞朝策，副之一卷書。時以自臨《佛告比邱鬱單越經》一卷贈行。吾書豈足貴，往往似墨豬。所取佛吉祥，多男祝懸弧。他時添丁長，併詩俱付諸。白頭倘相見，重題證何如？（《淵雅堂全集·編年詩稿》卷十八）

題自臨唐人寫經第五本贈劉松嵐

王芑孫

嘉慶甲子，余居樗園，臨此十本，分藏朋舊之間。是歲，我友劉松嵐亦客邗上，時同遊處，甚樂也。其明年，君將謁選北還，以詩贈余，余既答詩，并以此卷納之行笥。君今猶未抱子，聊取經中『善現園林天人男女，八日生兒，七日長成』之説，以志夢熊之卜。東坡所謂『待異日添丁，長以付之』者也。他時相見，忽有瑶環榆珥捧卷而出，仆且重題其後，豈不快哉！　裝卷之歲閏六月，長洲王芑孫題。（《漚波舫近稿》）

次劉松嵐觀察揚州篠園同人賞芍藥二律時松嵐偕署司馬蔣鏡吾來遊浙東移尊司馬池張氏齋即以贈别

陳廷慶

曾住邗江觴芍藥，不留鏡水詠蓮花。鵬從北海思搏翼，人向西溪覓浣紗。檀板緩教催《白雪》，叵羅先已媵流霞。卅年燕市蘭交舊，纔問梅仙學鍊砂。

名士傾城眠酒柔，炎歊爭避赤金毬。藕香夜襲同舟侣，篠飲風生萬户侯。芟尾筵前懷月上，纏頭會裏促觴浮。遥知此後《停雲》思，好向真州話越州。時王鐵夫國博主講真州。（《謙受堂全集》卷十七）

劉松嵐都轉

陳廷慶

蜿蜒筆底走龍蛇，曾爲看山泛若耶。潘阮琴聲時莫忤，李平山太守，爲觀察内兄弟。曹劉文筆世爭誇。池臨碧玉盤三匼，閣照青藜淜一家。聽説楓宸榮晝接，籌量禹筴擁高牙。時攝山右藩篆。（《謙受堂全集》卷十九《歲暮懷人》詩，其二十一）

小顛上人抄示松嵐觀察偕吴竹虚見訪之作竹虚善繪事予思一見不可得今已老矣松嵐又觀察河東懷舊怦怦而小顛上人又時來告急予哀其病且貧而亦將老也爰和此作以贈兼寄松嵐

陳廷慶

世人多謬悠，諛面笑還背。背面能一致，無如醉僧醉。芒角隱詼諧，槎枒露肝肺。人驚大顛流，僧謂狂奴態。那知陳射洪，千緡市琴碎。溪風沙雁翻，山雨松鼯墜。欲説阿難心，難斷陁羅臂。愁帚埽千金，渴猊思一溉。我欲卧蘇庵，賢巖看晴翠。（《謙受堂全集》卷二十一）

贈劉松嵐大觀明府

蔣莘

勝游又泛廣陵槎，詞客風流到處家。粤嶠官清曾噉荔，吴宫春老尚尋花。紗籠句好留題遍，玉塵談深忘日斜。若使畫眉煩彩筆，莫教腕底走龍蛇。明府善書，故戲之。（《水竹莊詩鈔》卷四）

古意呈劉松嵐先生

王祖昌

千里悠悠怨別離，彩雲方得慰相思。欲觀明鏡真顔色，祇在紅粧洗盡時。

可笑熏香與畫眉，清歌妙舞盡妖姬。生來自有當熊意，獨卧長門君未知。

王母蟠桃宴正開，瑶池西望幾徘徊。閑中笑問東方朔，三熟何時偷得來？（《秋水亭詩草》卷四）

西園夜坐贈崧嵐先生

王祖昌

短檠羊角燈，烏几共相憑。警露雌雄鶴，流空開闔螢。快談如俠客，静坐似高僧。童子垂頭睡，頻頻唤不譍。（《秋水亭詩草》卷四）

又贈松嵐先生

王祖昌

澹蕩本生成，心閑畫閣清。姬人朝搨帖，童子夜吹笙。風定花還落，庭空鳥自鳴。拈髭成韻語，奇與浪仙爭。（《秋水亭詩草》卷四）

題劉觀察崧嵐鹺城集

王祖昌

一自搴帷汾水頭，新詩更足傲王侯。勢如太華三峰壯，氣似長河萬古流。緑綺彈來山月曉，洞簫吹徹海天秋。與君倡和中條上，何減高登太白樓？（《秋水亭詩續集》卷三）

江上送戴吴江劉松嵐兩明府

李　斗

月黑昏初夕，河聲去不留。清流思訪戴，狂士欲依劉。紅燭燒江驛，青山起潤州。兩行尊酒在，共向此中投。（《永報堂詩集》卷五）

都門喜晤劉松嵐觀察同年即題退思草堂圖

李符清

古寺同風雨，分馳廿八年。相逢不相識，鬢鬢各蒼然。日下才名重，遼陽治績傳。如何官舍裏，瀟洒此林泉！

補過方無過，虚堂好退思。鼎彝皆古意，花石亦新知。地劇案無牘，官清囊有詩。苔岑同臭味，肯放酒杯遲。（《海門詩鈔》卷十六）

戊辰新正五日松嵐劉觀察招游吕仙閣扶鸞彈琴飲酒賦詩次原韻奉答

吴邦治

蓬瀛分注一仙泉，建閣臨流繞碧烟。迴環盤亘中條嶺，渤澥噴雪盪胸前。渤澥，鹽池名，如雪。觀察鹺政春和惠，率僚羅拜閣中仙。淩空縹緲騰鸞筆，畫沙走蛇衆心虔。鑪外香烟篆裊裊，窗前修竹影娟娟。

高擎斗酒獻瑶席，氤氳馥郁思飄然。仙人之意不在酒，我爲仙人調朱絃。流水高山伯牙往，宫商奏愧珠璣圓。手揮絲桐游魚出，目送行雲飛鳥還。更有善譜《塞鴻》者，指未挑撥古意先。《平沙》一曲音尤雅，大雁小雁落畦田。周無逸彈《塞上鴻》，許牧田彈《平沙落雁》，余彈《高山流水》。曲終香炧仙人渺，飛觥交錯樂無邊。天和人和兩相召，同雲密布萬山巔。捲簾春雪隨風舞，花翦六出散綺筵。蘭亭修禊無逾此，醉翁之意情繇孿。嶽峙淵涵徵雅度，興酣染毫寫雲箋。留詩不獨紀樂事，祈福仙閣兆有年。（《卧雲山房詩稿》）

夏日同王若農李松圃嵇存之過榕樹樓劉松嵐明府留飲以山如碧玉簪分韻得碧字

施　晉

榕樹樓頭涼策策，山光能清水能碧。永日開筵地最高，俯瞰晴雲盤健翮。修柯蟠屈掉螭尾，古幹輪囷挺龍脊。坐覺迴飇洒雪清，誰知烈日烘天赤。劉郎愛詩兼愛客，耽幽借榻金仙宅。堆堆淨几散縹緗，落落清標接裠屐。嵇康矯如孤鶴立，李白原從列仙謫。王子官卑氣益豪，對酒酣歌拓金戟。書生故態不易除，昨者狂言驚滿席。我聞此事拍手笑，丈夫作達會自適。摧眉折腰徒爾爲，鸐羽沈鱗望誰惜？須知高會不可常，少壯幾何梭一擲。試看斯樓凌蠻荒，火劫灰飛幾興革。昔人已往今人來，今人空悲昔人迹。當前有酒不盡歡，轉瞬斯遊已成昔。（《一枝軒稿》卷二）

立秋日同松嵐作

施晉

火山荒南維，焦烟石林氣。苦熱交扇揮，揚湯不止沸。清晨稍蕭爽，西榮颯凉吹。衫綌候漸移，裝綿節還未。元蟬爾奚哀，潛蛬鳴自恣。歸華無留紅，去葉欲辭翠。所悲高梧桐，日夜就凋瘁。中含太始音，幹直理堅緻。夔曠不見録，涓牙得無意。髮髮炎曦遒，亹亹寒陰至。菌露凝爲霜，蕭槭聽在地。鑾天對揺落，憮焉膺垂淚。（《一枝軒稿》卷二）

棲霞寺待月同少鶴松圃松嵐作

施晉

宿雲散前峰，林輝已冏冏。清質上轉難，咫尺未到頂。露氣涵空下，蟲響四壁併。同遊三五人，古院立清警。喬柯度飛光，墜葉見微影。耽幽罷秉燭，滌昏還瀹茗。契深神亦超，慮息塵自屏。脉脉兀相對，此意誰當領？（《一枝軒稿》卷二）

劉松嵐觀察大觀招集寓齋

金學蓮

九月涼風木落初，招邀城市訪幽居。來投仙契香蘭笑，極澹秋懷有菊如。詩句未酬同宿債，酒徒

難覓等奇書。他年賓客如雲滿，倘更從人共食魚。（《三李堂集》卷八）

酬松嵐觀察見貽之作

金學蓮

豈爲青衫一泫然，瑶琴錦瑟總無弦。春花肯待秋冬實，好月何嘗十六圓？師友緣多償後世，江湖水落送流年。今朝慘澹知君意，倘使悲歌復酒邊。（《三李堂集》卷八）

和劉大寒窗雜詩（其十七）

金學蓮

五字長吟七字哦，詩才還比吏才多。壯心不爲聞笳鼓，塞上蒼茫《敕勒歌》。松嵐觀察。（《三李堂集》卷八）

聞松嵐觀察病以詩訊之

金學蓮

二九寒過弟幾朝，黄梅院落總無憀。詩能寄意何須解，病不關愁却易消。暫得閑身傾桂醑，待尋春夢上蘭橈。知君紙帳清虚處，防有尖風破綺寮。（《三李堂集》卷八）

至日劉葦間廉訪招同鮑覺生侍郎桂星陳石士侍御用光餞劉松嵐觀察大觀歸里即席有作

魏成憲

紅燈白髮共清歡，添綫光陰卜夜闌。跌宕詩皆傳本事，疎狂人恰稱枝官。雲歸巖岫無心出，雪滿關河望眼寬。戀戀素交忘不得，觚棱回首夢長安。（《清愛堂集》卷二十）

閏三月二日鳳岡齋中與劉松嵐張南山吴蘭雪朱野雲小飲

魏成憲

平生送抱與推襟，海内論交晚歲深。晴愛判花明老眼，喜生見獵有童心。只今氣味諳蔬筍，自昔文章契芥針。計日櫻桃筵又啓，尊前引興到山林。（《清愛堂集》卷二十一）

題劉崧嵐明府大觀歸櫂集

王寧焯

暫解銅章去，扁舟吟月明。詩心如此古，吏治必然清。江樹烟中色，淮鐘雨裏聲。知君過山寺，壁上有題名。（《直庵詩稿·考功集》）

晚雪寄崧嵐

王寧焯

漫漫向昏夕，皚皚罥嶺阜。疏竹颯微飈，深簷明晚牖。巷犬静不吠，枝烏凍相守。之子隔嚴城，何由共一瓿？《直庵詩稿·考功集》

贈别崧嵐官奉天

王寧焯

我居都門逾兩臘，鍵户孤吟坐穿榻。新詩寫就不示人，破卷横几自開闔。蘭公歸去林汲没，惟有昔賢共酬答。朝晴牕影逝飛鳥，夜雪檐聲動棲鴿。劉侯卓犖何處來，粤洞吴山足遍踏。邂逅相授鶴公律，歸依遂禮燕本塔。崧嵐識少鶴先生於粤中，受《主客圖》詩法。古鼓不考聲久閟，忽復爲君發闉鞈。披胸抉臆罄所藏，縱論不惜宵晝匝。討求嚴苦異世諦，但恨情言亂紛沓。那知官役迫行期，不及怱怱具杯榼。故園松菊已荒廢，未免長安戀升合。遼山不遠佳音多，寄問常藉北風颯。（《直庵詩稿·考功集》）

雨曉喜崧嵐刺史見過

王寧焯

曉氣催人起，柴門侵早開。濃雲天際合，驕馬雨中來。寒響同君聽，新章待我裁。九衢正泥淖，且

住不須回。（《直庵詩稿·考功集》）

崧嵐見示松圃書云少鶴先生秋當至都用前韻

王寧焯

一從粤雲隔，幽抱不曾開。經歲無南使，計程應北來。信纔前日得，書是暮春裁。屈指秋風近，留君莫北回。（《直庵詩稿·考功集》）

送劉松巒序

王寧焯

劉君崧嵐，需次於都門，以少鶴先生之言，造余論詩。與之言，道少鶴不離口；視其詩，蓋爭先少鶴，而不肯以才讓者。越日，訪諸其寓，壁所懸者，少鶴自書其詩；案所陳者，少鶴論詩之札與臨別之贈言也。嗚乎，松嵐之於少鶴，可謂篤信其詩，而好之至者矣。

夫人惟無所信且好，斯以爲是焉耳；有所信且好，而不蘄至乎其所信且好者，未之有也。余與少鶴同里，且受學焉。獨習知其性情，好學而不願外，獨行而不顧名。衣服被於身，不知其布褐與文繡也；飲食充於口，不知其膏粱與疏水也。或非笑之，并不知非笑之爲非笑也。昔孔子亟稱子路，美其不恥緼袍，而恥惡衣惡食者，則以爲未足與議。若先生者，其近道矣。人第見其氣象之高雅，語言之卓犖，徒以爲詩人而已，豈足以盡先生之性情哉！松嵐識先生於仕宦中，不能時時接見，顧已信且好之如此。假令得久與之處，沉浸而涵濡焉，則松嵐之信且好於先生者，當更有進，必不獨詩之工而已也。

今松嵐將赴官奉天，而先生在粤中，南北萬餘里，益不得相見。然松嵐所蘄至乎先生者，將惟是先生之詩已乎？則先生之詩説，松嵐業已受之矣。將蘄至乎先生之性情而後已乎？雖不得見先生，擇先生之徒而友之可也。孔子曰：友直友諒友多聞，益矣。友便辟友善柔友便佞，損矣。又曰：無友不如己者。今松嵐之所友，其盡直諒多聞之士乎？抑猶不免辟佞善柔不如己之人參之乎？《傳》曰：『一薰一蕕，十年尚有臭。』明二者之不可兼也。直諒多聞，與少鶴之徒爲近，久與之處，可以默奪其好勝務外之心，而益其所不及。以辟佞善柔不如己之人參之，則直諒多聞之士去矣。其所知無以異於衆人。所以爲人謀者，多矯飾於外，以爲觀美之説。久與之處，忠信日以漓，浮薄日以滋，去少鶴之性情遠矣。豈獨性情遠於少鶴哉，將不能爲少鶴之詩。

松嵐既與少鶴遠隔，或倀然無所依，於其行也，進以擇友之説，將勉之於少鶴之性情，而即以勖其詩，蓋詩所以道性情也。（《十桐先生評定劉崧嵐詩》卷尾）

雨曉劉刺史崧嵐大觀見過

王　娗

寒聲正清快，睡味轉幽窅。夢中聞子名，入耳獨了了。夜來解行李，走報不待曉。積淖没九衢，輪輮苦難掉。朱門未一問，枉顧先隘湫。濕衣何足計，此興古亦少。平生無半面，文字作介紹。於中見其人，長身聳孤篠。握手始一笑，寒暄屏虚僑。新得爲我陳，俗嗜力能矯。時於兩三語，晶瑩洞裏表。

淙淙急檐溜，黯黯翳林杪。向晚不須歸，共此迴廊繞。（《碻唐詩鈔》上卷）

送劉刺史崧嵐之任寧遠

王　烶

邊路出盧龍，轞車東復東。人猶巢燧古，關以海山雄。月黑虎行雪，雲黄鵰試風。今爲三輔郡，教化漸能同。（《碻唐詩鈔》上卷）

花朝後一日寧遠刺史劉松嵐大觀過訪並示觀海近作酬以長句

程虞卿

昨日雪霽鳴鵲墮，因識公來消息大。果然一笑春風吹，蕭齋喜賦高軒過。清臞瘦骨海鶴姿，吟情勃勃生鬚眉。大筆揮洒《望海》詩，下窮幽窟搜靈奇。朗吟一篇清興發，玻璃敲碎遼天月。遼天明月浮金杯，光芒閃爍滄波開。巨篇汪洋三萬六千頃，如見洪濤激射金銀臺。訇隱匈磕不可狀，一氣直捲扶桑來。夢得本擅探驪手，不愧詩名滿人口。少陵不復生，謫仙赴江潮。韓蘇意氣亦已盡，眼前作者真寥寥。讀公詩句與公識，頓使狂夫活顔色。此時仰天三歎息，白雲無盡春山碧。（《水西閑館詩》卷四）

淮南客邸讀劉松嵐觀察見贈詩感賦即次原韻

程虞卿

豪情同醉緑江春，别後天涯獨愴神。遠塞星霜遲旅雁，小山花月老閑人。樊川舊夢簫仍破，京口新詩酒共醇。聞重遊廣陵。若問茂陵貧病客，年來瘦骨尚嶙峋。（《水西閑館詩》卷七）

題畫爲劉松嵐觀察

汪梅鼎

汎掃軒窗不著塵，一生潑墨任天真。興來翻去倪黄案，呼起檀園認後身。（《澥雲詩鈔》卷七）

劉松嵐大觀同年自懷慶以詩寄懷次韻却寄

韓　崶

秋霖晦重關，連日苦雨。照眼忽瀏亮。喜見故人書，箋波落衍漾。故人抱鯁直，拙宧多速謗。歸畊太行山，萬累自了當。卓爲詞壇雄，牛耳衆交讓。清飈遏凡響，天秀愜心匠。蘭交托末契，踪跡卅載曠。一昨晤春明，快譚豁塵障。别來幻浮雲，倏作楚囚向。晚節身幸全，頽齡天所放。以兹澹宕懷，粗識榮落狀。因風報數行，無爲爲惆悵。（《還讀齋詩稿》卷十九）

次韻酬劉松嵐同年自懷州寄懷四首

韓　封

傲骨違時調，清風式庶寮。自延盤谷壽，不待小山招。抗疏功名薄，君以言事罷職。抽身謗讟消。猶餘詩酒污，醉舞墨花蕉。

聞説覃懷境，膏腴濟水頭。高齋坐王屋，生事在漁舟。有子堪相付，無官得自由。從知悼前猛，箝口學瓶收。

憶昔萍蹤合，高軒客帝城。得憑綸閣舊，同對玉壺清。癸未歲，君來京師，於伯玉亭相公席上劇談半日，自此一別如雨。一自睽風雨，無端落穽坑。生全荷天鑒，幸不辱身名。

抱疾江湖卧，雙魚抵百朋。老爲失群鶴，甘作在家僧。君意亦良厚，吾衰謝不能。來書以余悼亡，勸置姬妾。年華知有幾，誰與繫長繩？（《還讀齋詩稿續刻》卷三）

至廣寧劉使君松嵐留宿游龍神祠湯泉等勝晚飲署中即席賦贈

胡長齡

短衣匹馬出長安，千里龍沙雪未殘。詞客喜爲東道主，征人不覺北風寒。懸蒲共説神明宰，投轄我非急對官。活活湯泉清到底，覓君題句重盤桓。（《三餘堂存稿》卷下）

多餘山宗伯移居次劉松嵐韻

胡長齡

清暑必珍館，定知此願虛。偶逢因樹屋，猶勝挽船居。今雨庭來客，新泥壁丐書。一亭宜誌喜，烟隴看揮鋤。（《三餘堂存稿》卷下）

夏日招劉松嵐程小泉孫雪帷諸子小飲齋中疊前韻

胡長齡

官冷門無暑，心閑室又虛。斷雲含雨過，看畫入山居。泥飲唯文字，談鋒敵異書。硯田荒廢久，今復爲君鋤。（《三餘堂存稿》卷下）

四月十二日同人集篠園賞芍藥和劉松嵐韻

胡長齡

十年貪看豐臺種，辜負池南池北花。余在京作《家園雜憶》詩，有『池南池北芍爲田』之句。勝集尚如官圃帶，題詩不用木蘭紗。障連梓澤都爲錦，標建金庭總是霞。回憶榆關逢此日，馬頭荒磧起驚砂。（松嵐曾任寧遠牧）

五橋春水柳絲柔，花徑居然織路毬。風貌人中聯岳湛，花有並頭者。唱酬句險壓劉侯。微聞香澤應

留住，醉喝金波使倒流。此樂真如跨鶴背，青烟九點俯齊州。（《三餘堂存稿》卷下）

劉崧嵐明府以法梧門贈别詩見示次韻奉贈兼柬梧門

玉　保

粤西天險地，景好不勝吟。萬笏排珠渡，孤帆下桂林。年豐無富室，民儉少爭心。天保縣民無甚貧富，訟亦簡。遥憶登樓夜，秋風月滿琴。嘗夜登縣城，坐鳴琴亭，把酒聞村歌賦詩。

亦有耽遊癖，長吟到大東。爲出山海關詩，極佳。滄溟空障礙，北鎮待詩雄。擬作醫巫閭山之遊。夏淺柳全緑，雨餘花正紅。挑燈懷舊侶，夢繞海棠風。翰林院瀛洲亭畔有西府海棠一株，往與梧門爲學士時，每花時，嘗相與吟咏其下。（《蘿月軒存藁》卷六）

崧嵐以出山海關詩見示次韻奉酬

玉　保

我聞九州更海外，東北一隅抱遼塞。蒼茫日月不照處，天地何如詩界大？劉君示我出關詩，落落千言意有在。筆挽銀河走雷硠，氣吞雲夢消蔕芥。瀛洲蓬島總虚無，天吴海若空奇怪。洋艘破浪屬國朝，靈鰲掉尾滄溟隘。螟巢一睫身竟安，鵬摶六月羽猶鎩。人生到處足歡娱，安能兀坐常悲慨？我生好奇願未償，膏車遼左此乃再。喜君洒落少拘牽，坦然相對泯機械。更喜耽遊與我同，怪石每下米顛拜。回首南溟數千里，畢生眺覽不知憊。瀋水湯湯帶夕陽，閭山屼屼開晴靄。何須定上日觀峰，齊州

九點暢清快？（《蘿月軒存藁》卷六）

送劉崧嵐明府東歸

玉　保

萍水忽成别，新篇未盡披。向與崧嵐不識，相見甚得，出示近作甚多。相看愁見晚，不忍説歸期。遼海啼烏處，東山立馬時。予於庚戌春扈從登岱。那堪共回首，天外暮雲馳。（《蘿月軒存藁》卷六）

退思草堂詩爲劉松嵐作松嵐爲寧遠州牧，於署中築退思草堂。

曾　燠

今之寧遠州，明之寧遠衛。偃武百年來，儒術飾吏治。借問君退思，所思果何繫？思我開國初，締造良匪易。是邦爲明守，非不得形勢。箕星分挹婁，海日見高麗。明亦頗有人，劉巫多措置。左右千户所，城堅甲復利。我自天命中，迄於崇德世。先後二十年，攻此彈丸地。於鑠松山師，始獲錦州帥。介胄盡人傑，風雲况天意。負固獨此城，阻我千萬騎。衛邊雙樹堡，且有鴻溝議。齊苟用田單，即墨抗樂毅。幸哉崇焕戮，明但倚三桂。穆然創業心，守土關至計。雖爲留都輔，可不作邊備。時平每多忽，法久尤易敝。富庶弗善籌，負兹百里寄。聞君政在民，甘棠今尚庇。嘯咏斯堂中，文采蓋餘事。（《賞雨茅屋詩集》卷七）

和松嵐劉刺史悼女原韻即以寄慰

晉昌

父母相依幾十春，膝前那可喪斯人！柏舟自誓心無愧，泉壤誰憐命不辰！何處還尋隔世願，此生原少百年身。掌珠已墮肝腸裂，骨肉情深定有因。

鸞分鳳拆負青春，天意應憐薄命人。何事能消離別恨，嬌花易度艷陽辰。莫愁寂寞歸來日，要慰林泉老去身。寄語風流賢刺史，好收雙淚認前因。（《戎旃遺興草》卷上）

多餘山宗伯移居劉松嵐贈之以詩即和原韻

晉昌

主人甘澹泊，性復秉冲虚。爲避塵囂近，因移水竹居。堂懸新話雨，主人有話雨書室，囑余書額。牀滿舊鈔書。欲助吟哦興，窗前草莫鋤。（《戎旃遺興草》卷上）

題松嵐先生玉磐山房詩集後

祥林

髫年識君面，予於庚申即識先生於留都。今得讀君詩。承惠詩集一部。腕底有奇氣，筆端無弱詞。嶺南留惠政，先生曾任廣西天保令。關外誦仁慈。先生由廣西天保令升盛京寧遠州牧。未老抽簪去，甘棠頌早垂。（《塵遠書

屋詩稿》）

同葉耕畬先生赴劉松嵐先生玉極庵招飲

祥　林

三生緣早結，赴約出城來。促膝共觀畫，談心聊勸杯。芳儀三載別，懷抱一時開。古寺鐘聲起，留連尚未回。（《塵遠書屋詩稿》）

寄劉松嵐大觀

趙文楷

聞説中條嶺，潛通百二盤。昔賢著《詩品》，幽谷號王官。石爲題名在，松猶市徑寒。故人官近此，超詣上吟壇。（《石柏山房詩存》卷八）

和劉松嵐韻

趙文楷

詞客官居久，朱輪引繡旛。論詩探古訣，交友得群言。瘴霧蒙山合，波濤遼海翻。君先官廣西，後移奉天寧州，州面海。聽君話疇昔，蹤跡半中原。（《石柏山房詩存》卷八）

五月五日次劉松嵐刺史韻

張惠言

周鼎與康瓠，分誰列筵几。郢中和巴人，楚客唱流徵。物性自有適，遭尚徒爲尔。我讀《離騷》篇，興言懷美子。昌舜發奇服，鉤帶欃槍履。至今一尊滿，誰解擷湘芷？芳馨自易沫，昭質我所恃。百年亦浮雲，古今一川水。賈生苦賦鵩，投吊情何已！子雲勞識字，泚記漫高企。悲達兩爲蔽，臧穀紛難理。不如樂今夕，醉鄉幾千里。（《陽湖張惠言先生手稿》）

念奴嬌

張惠言

東方之美者，有醫巫閭之珣玗琪焉，今錦川文石殆是也。劉松嵐刺史見贈一枝，周圓肉好作水雲漾月之文，瑩澈可愛，賦此酬之。

海雲一朵，是何人、招入醫閭山骨？千古驚波流不盡，洗出海山明滅。入手秋空，當心夜炯，見此明明月。蓬萊何處，一泓如許澄澈！　此地宜著神仙，小山高賦罷，瓊枝親折。我是江東飛來鶴，定與閑雲相識。出岫無心，平波好住，攬佩還重結。且歌徵角，尊前試扣清越。（《陽湖張惠言先生手稿》）

家松嵐観察招飲賦贈

劉嗣綰

菊花同借住，不似此間秋。識面已時晚，燒燈來夜遊。一琴空淥水，四壁補滄洲。坐卧不能去，叢書高過頭。

匹馬應官日，邊霜海月間。多生此僊骨，五十尚朱顔。泉出何曾濁，雲高且暫閑。山房誰作伴，所得是房山。齋有高房山小像。

一笑一年留，雙鬟雙槳遊。江南圖畫裏，有此古風流。載得好春去，明湖無盡頭。但令桃葉唱，莫管柳枝愁。

吾思李子喬，一鶴去迢迢。詩筆極天瘦，吟魂過海招。鄉賢復相見，客興忽孤飄。奇句無人賞，鱸魚祭板橋。『詩人慣作周旋事，定買鱸魚祭板橋。』《集》中贈顔運生句也。

清遊一往復，江月欲飛回。小住秋成海，高談夜若雷。酒論千户過，鯖傲五侯來。預訂消寒約，陰何此撥灰。（《尚絅堂詩集》卷三十七）

連日病肝客窗蕭寂適家松嵐以病中作見示燈下率效其體

劉嗣綰

凍雀驚飛滿夕林，古牆一角占窮陰。身如病木愁春到，影對寒花覺夜深。剛好圍爐偏禁酒，每貪

面壁不安琴。愔愔舊雨牀前話，觸起家山萬疊心。（《尚絅堂詩集》卷三十七）

送松嵐觀察入都赴選

劉嗣綰

吾宗賢大夫，温温有令德。朱紱表流品，素履符往哲。馳驅久關津，浩蕩偶江國。三年揚州城，倒屣爲賓客。性命無汎交，風騷有真脈。兹將應官去，欲别轉悽惻。方今民力敝，復值江淮阨。流亡滿東南，賑撫迄未息。庶官習玩怠，能者重朘刻。人心詭一正，不暇憂反側。杜句。勢難禁蜩螗，陰已中蟊賊。殷然宵旰念，誰復矢精白？多君伉直風，忠愛胸鬱積。監司乃重任，慎勿徇成格。豁達無飾情，上下庶不隔。未能回豐亨，或者化抑塞。君今且就道，貧薄黯行色。肯迂身家圖，忍弛饑溺責。賤子江湖人，淪落豈所惜！思謍《氾勝書》，敢忘賈生策。行歌與慟哭，曠野且安適？他時出岫雲，望望無終極。（《尚絅堂詩集》卷三十九）

寄家松嵐觀察山右

劉嗣綰

吾宗一爲别，持節幾經秋。未省高官樂，應紓聖主憂。儉勤唐舊俗，平準漢新猷。佇聽謳歌發，横汾水自流。

欣聞故人宦，清況似年時。勝抱江山在，高情水石知。漸删遊俠傳，休廢性靈詩。亦有加餐語，臨風憶鬢絲。

我來蓬島上，不見古仙人。小駐雲中履，多慚日下身。玉壺空選夕，明鏡欲抛春。祇有蘇齋叟，相從一笑親。謂覃溪先生。

古刹無僧住，荒如廢後衙。窺籬防埜犬，掃榻惱鄰鴉。投刺半前輩，借書無幾家。日高猶未起，過盡軟紅車。

懸知書到日，爲我夢揚州。鶴尚傳仙語，花曾及俊遊。卧懷時萬里，坐論敢千秋。無限沈吟思，高雲淡不收。（《尚絅堂詩集》卷四十一）

題家松嵐行腳集

劉嗣綰

長風蕭騷愁送君，匹馬蹋上秦關雲。雲如行人留不得，一卷新詩作行色。天寒入手冰雪詞，似吸山髓餐華芝。明星玉女啓齒粲，想見峰頂掀髯時。仙梯高高路防凍，脚底登山識輕重。游山客與在山僧，抗手烟霞互迎送。山靈降真燒古香，五十七仙來一堂。却將仙佛等閑看，我輩何必分低昂？君不見，昌黎登華命輕絶，海外歸還得禪悦。又不見，香山題壁千載餘，乃與彌勒同龕居。君今抽身謁瑶闕，笑脱朝衣挂蘿月。泉聲本是一字無，流出人間苦饒舌。塵中插脚五十年，我欲行脚爭君先。還君詩卷報君句，明日勞山訪君去。（《尚絅堂詩集》卷四十三）

劉松嵐觀察寄我玉磬山房詩集題句

胡壽芝

前時吴敏園嗜余詩甚，後官河内，書言觀察覓余詩久，已而余適南歸。今《玉磬集》刊既，寄海内名詩者，屬章滋圃攜贈。滋圃并言覃懷文讌，敏園必吟諷余作，多至百章，觀察輒浮白擊賞之，此則敏園以蚓投魚之證矣。

書法詩篇均餘事，宇内兼長難外吏。五年前誦城西吟，磊落心期句猶記。謂奏晉撫初中丞事除名。江東三老雖彫謝，筆頭莫漫規欺世。枉開大口笑真癡，便掉虚脾聽易睡。先生近情詩有情，鍛鍊都從頓挫始。境不嶔寄語不新，格高想得身如寄。失官玉汝一詩人，拜手天公有深意。（《東目館詩集》卷十八）

題劉松嵐大觀觀察玉磬山房詩集二首

陳世慶

一代才名盛，高情嗜苦吟。江山助奇氣，雲海入詩心。格調三唐古，淵源五字深。風流思二李，謂石桐、少鶴兩先生。當日是知音。

毘陵黄仲則，窮死掩蒿萊。舉世心猶忌，先生意獨哀。刻詩捐鶴俸，訪墓拜仙才。魂魄應知感，長教泣夜臺。（《九十九峰草堂詩鈔》卷上）

夏日同桂林查篆仙潯州李仙渠過榕樹樓訪劉崧嵐大尹適陸静岩觀察李松圃郎中亦至因次崧嵐榕樓近什原韻兼呈諸公

顧葵

近市喧偏寂，憑高暑亦寒。小樓聊可借，長鋏不須彈。謂大尹。僧對容顔古，朋來禮數寛。榕陰資偃仰，頓使宦情闌。

挈伴試聯吟，公餘愜素心。池魚思海闊，霧豹羡山深。壺榼新期訂，笙歌往事尋。盛衰成小劫，彈指悵而今。時篆仙訂壺榼之會，又追述沈郡守舊游勝事，故云。

祇園冠蓋集，列坐傍疎櫺。水映一簾色，山排衆笏形。拂琴風習習，展榻晝冥冥。秦樹今何在，惟留萬古青。

塵勞鄉思切，日日望江南。小憩片時適，凌虚萬象涵。求羊追勝侣，岩壑得幽探。吏隱吾儕事，頻來揮麈談。（《惜分軒詩鈔》卷四）

李仙渠招同陸静岩查篆仙李松圃劉崧嵐榕樹樓小集用雲無心以出岫句分韻得以字

顧葵

聖門用世才，兵農各有以。沾沾守一官，衹備從政使。悠然鼓瑟人，數言契微旨。浴沂咏春風，當境道即是。余困簿書勞，久羨林壑美。兹樓再登眺，選勝無逾此。仙侶撰良辰，芳筵集簪履。雲霽遠岫開，空翠落案几。聞歌思采菱，垂釣欲膾鯉。遣興既非一，會心正在邇。謝傅蒼生望，東山命屐齒。温公獨樂園，匡濟心未已。役物無遠情，超閑得至理。賦詩更長嘯，餘霞滿天綺。（《惜分軒詩鈔》卷四）

讀劉松嵐先生詩

鹿林松

酒盡興亦盡，再沽傷我廉。二語即松嵐詩。方知立品重，不獨考詩嚴。況此煙霞什，更能風骨兼。玉梅花影動，讀竟月穿簾。（《雪樵詩集》卷二）

初夏涂石渠大綸劉松嵐大觀兩大令招飲於無佛方丈醉後賦呈

陸鼎

閑房花褪夕陽遲，楚楚尊罍櫻笋時。滿地輕黄松墮粉，一池淨緑荇牽絲。有文通許稱先輩，無佛何妨做阿師！要索嵩陽劉處士，雙鬟吹笛和儂詩。劉新納姬，故戲及之。（《梅葉閣詩鈔》卷一，載王之佐、蔣光煦編《吴中兩布衣集》）

贈劉松嵐觀察

郭　琦

往昔逢豈匏，喜君詩句好。示我兩三章，古義爛新藻。十年久饜飫，味美苦不飽。時聞遼人言，赤子君所寶。講學開石室，行春出雲堡。盤盤醫無閭，棠陰緑垂道。聲名與官職，眼底似君少。淮南北風天，車馬日紛擾。單衣憔悴客，相遇屐能倒。凜凜張虬髯，藹藹送蘭抱。積願快一酬，翻恨見不早。醉將筆舌奮，勢逐江雲掃。不信古龔黄，餘事壓郊島。嗟哉横塘秋，何郎已宿草！（《青李閣詩鈔》卷四）

題劉松嵐詩集

林　芬

耳熟詩名久，登堂意倍親。齋心開卷帙，舉手謝風塵。百感自今世，一吟無古人。自來冰雪味，所貴是清真。（《慎因書屋詩全集》卷四）

劉松嵐觀察來太原約赴河東以家累未果感而作此

林　芬

旌麾照汾水，暫得侍吟壇。室邇追隨易，家貧出處難。一身兼吏隱，八口尚飢寒。無計從公去，雲山路渺漫。

一飯猶生感，況公知遇深。每當投刺日，即費考詩心。陋巷誰相訪，高軒不厭臨。欲酬無限意，寂坐對寒林。（《慎因書屋詩全集》卷五）

戊辰中秋劉松嵐使君夜宴僚屬時余自太原來謁招與幕中諸友集於杞園即席賦呈四律

林　芬

駐馬陪詩宴，笙歌隔畫廊。蘭言同綺席，桂影上秋堂。海内一輪滿，樽前五夜長。知公心皎皎，不讓此清光。

邀月從容飲，張筵風趣高。吹雲競簫管，聽漏掩旌旄。忘勢不知貴，得詩常自豪。銀蟾來此望，跋涉復何勞！

濟濟南樓客，天涯作勝遊。劇憐今夜月，還似故鄉秋。四座自星聚，一庭如水流。主人貽斗酒，來就杞園幽。

坐入空明裏，吟當薦爽時。三秋分一夕，五字集千思。結社朝裁句，憐才夜課詩。踟躕將復去，輸與月相隨。（《慎因書屋詩全集》卷五）

送劉松嵐入都

林　芬

受公知不易，契合定前生。許我傾肝膽，逢人説姓名。兒童俱識面，貧病總關情。送别無言立，春風滿旆旌。

西來駐驄馬，親炙四年餘。課吏與談古，濟時唯讀書。杞園花放日，鹾海雪晴初。去後懷公者，依依遍里閭。（《慎因書屋詩全集》卷五）

病中聞劉松嵐將入省强起赴晉祠聚晤

林　芬

老去惜離群，驅車來渡汾。相逢雙鬢雪，招隱一山雲。松嵐僑寓覃懷，與余有卜鄰之約。扶病迎中路，開懷話夕曛。同依晉祠宿，泉響夜深聞。（《慎因書屋詩全集》卷六）

重午後一日送劉松嵐歸懷州四首

林　芬

聞買懷州宅，琴書次第安。移家近盤谷，選地闢吟壇。舊蔭桐千尺，宅中有雙桐甚茂。新陰竹萬竿。松嵐新種修竹。迴廊兼曲徑，擬寫作圖看。

傾耳幽居好，關心薄宦貧。娱公有邱壑，老我此風塵。渺渺月山寺，寺在懷州，松嵐往遊有詩。悠悠汾水濱。何時謝車馬，來作卜鄰人？松嵐與余有卜鄰之約。

記遊詩幾卷，官退興逾豪。出谷鳥相語，還山雲自高。身搜奇境勇，足插斷崖牢。落筆摇西嶽，詞鋒淬寶刀。松嵐出遊華山詩見示，詩極精警。

夢繞太行麓，歸將取道澤州。雲山有路通。開樽過午日，是日邀飲於慎因書屋。驅馬趁晨風。深巷門常掩，重簾暑欲空。聞庭宇本極閑静，當盛暑之時，松嵐下以重簾，尤不知有夏。榴花貪結子，歸照小樓紅。園中有榴花數十株，舊名『榴園』。（《慎因書屋詩全集》卷六）

秋日得懷州劉松嵐書並寄新刻行脚集一卷即次其書尾暮春夜坐詩元韻寄懷

林　芬

新詩附書尾，新刻詩同寄。詩寫住世情，書問被災地。羡君懷州居，老遂幽棲志。思君中條麓，我遠不能至。欲訴心中言，唯憑指下字。舉首送鴻雁，浩浩天無際。去秋蒲解震，朝廷不惜費。發帑救難黎，如撤火止沸。恃此免哀嗷，安集無一事。殷勤作報書，聞之應舉觶。天地自清寧，當秋延爽氣。（《慎因書屋詩全集》卷八）

聞劉松嵐先生刻余西征轉餉諸詩

林　芬

老友鐫余句，聞之信轉猜。是從何處得，余西征轉餉詩，未曾抄寄。未見有書來。大壯樓頭月，芮城官舍，有樓名『大壯』。太行山下杯。嘉慶庚辰秋，余下太行，訪松嵐於懷州，飲小琅玕館，今十年矣。十年尋舊夢，吟罷復徘徊。

（《慎因書屋詩全集》卷十五）

曉坐慎因書屋詠雪詩成後興猶未已復吟一首

林　芬

超然塵外一齋高，滌硯裁牋肯憚勞。畫好竟移山在壁，詩寒偏對雪揮毫。誰誇澹永書楹帖，劉松嵐先生撰聯句，書以贈余，句云：『存謹飭心，飲逍遥酒；以冲和氣，作澹永詩。』漫説豪華奪錦袍。我似放翁吟不倦，七旬有五樂陶陶。（《慎因書屋詩全集》卷十九）

謁解州關帝廟敬成二十韻

林　芬

巍巍中條山，肅肅常平里。鬱鬱浩氣充，矯矯異人起。生當天下分，誓雪偏安恥。隻手障荆襄，倒喝江水止。丹心貫日月，知有漢而已。吴魏如游魂，攝入刀光裏。天將漢鼎傾，力扶延數紀。豈獨武鄉侯，鞠躬盡瘁死？漢滅名不滅，身後中外祀。瞻謁來解梁，俎豆重桑梓。廟貌誰重新，松嵐觀察使。劉松嵐名大觀，山東人。經營閲歲成，艮泉吴刺史。吴艮泉名邦治，河南人。旌旆仍飛揚，儼宿熊羆士。神馬夜呼風，猶疑衝敵壘。章武古衣冠，麾下紛金紫。宫殿倚青霄，雕繪燦霞綺。升階讀碑碣，松陰覆銅几。誰知百戰心，遥契春秋旨。大哉惟王言，義炳乾坤矣。御書峙高樓，褒榮聖天子。嘉慶壬申謁廟，敬成二十韻。知芮城縣事林芬。（原碑現嵌於山西運城解州關帝廟御書樓墻壁内）

壬寅七月初二日張詩舲方伯月課大梁書院同家爽齋刺史收卷監院武稼堂司訓出劉松嵐觀察手書拜乃祖武虚谷詩長卷共觀賦此書後

王士桓

我披《玉磬山房集》，中有偃師拜墓詩。作詩人亦成邱土，詩卷長留並維伊。文孫梁園出相示，展玩光怪真陸離。標題五字尤奇絶，人與詩字鮮等夷。陳希祖題云：『人詩字三絶。』人不可見詩字存，讀之彷彿親鬚眉。劉公觀察古河東，部民咫尺未追隨。武公作宰在博山，我尚髫齡無所知。年同孟郊始登第，梁園需次亦多時。劉公覃懷設絳帳，七旬連舉兩佳兒。梓里有人令修武，謂趙鳳庢。與我金蘭訂交期。求覯琳瑯大著作，秋谷以後並者誰！序次直欲兼班馬，山左二李少鶴、石桐夙相師。昔讀其詩未見字，今更見之樂不支。詩字不傳人亦傳，何況詩字之傳已如斯！子能析薪小谷孫繩武稼堂。善人有後復奚疑！卷中題跋紛無數，愧我續貂無能爲。讀罷捲還好收貯，常爲世世子孫貽。（《朗陵詩集》卷十）

賀謙谷太守長公館選

王士桓

成童已上孝廉船，弱冠初逾步木天。相業遠儲猶有待，君家厚德孰能先！　吴公治績推當代，穎士才華正少年。俗學盡抛經世務，《名臣》一傳好精研。吴藹人得殿撰，劉松嵐饋以《名臣言行録》，書載《玉磬山房文集》中。（《朗陵詩集》卷十二）

劉松嵐抱病在署過訪出示塞外集留酌

昇　寅

循吏盡吾儒，風流似此無。抱痾仍好客，别饌出行厨。細意吟常苦，粗談味亦殊。半生勤物色，今日識驪珠。（《晉齋詩存》卷上）

秋杪偕劉松嵐觀察登關中望孋崖晚眺

張　寶

高臺雄峙敞清霜，結伴登臨俯八荒。秦嶺烟消餘紫氣，孋崖秋老入斜陽。殘霞斷雁添詩料，古木寒鴉飽畫囊。惆悵羔裘猶未製，西風落葉打衣裳。（《仙槎游草》）

題劉松嵐觀察詩集後

王賡言

舟中無一事，竟日讀君詩。祇道尋常事，翻成絶妙詞。秋高飛瀑響，春老杜鵑悲。三友松桐鶴，他人恐未知。李松圃及吾鄉李石桐、少鶴兄弟，皆君所唱和者。（《簣山堂詩鈔》卷十九）

五龍潭寺壁見松嵐觀察草書

鹿松林

君常愛我詩，許與古人期。厚望難相慰，感懷空自知。何年訪幽僻，醉墨喜淋漓。兀對轉無語，龍潭風雨時。（余正酉輯《國朝山左詩彙鈔後集》卷十）

贈邱縣劉松嵐明府

焦循

忘盡宰官身，風流賀季真。詩情山石瘦，人意水雲春。值此太平世，皆爲堯舜民。無容效龔遂，談笑即經綸。（《雕菰集》卷四）

劉松嵐自豫來有述五首

王廷紹

獨出黎陽道，斜趨酸棗林。燒痕青嶂合，戰壘黑雲深。野鳥爭殘肉，遺民拾斷金。無村堪换米，隨我到河陰。

笳鼓中流急，悲啼兩岸多。沙能收白骨，天本界黄河。蜀錦燕支薦，倭金鶴膝戈。三軍饒氣象，歸渡不蹉跎。

百里半墟落，雞聲不許聽。車懸荒冢月，水掬廢池星。諸將皆增秩，群梟早即刑。如何耕聚處，十室總飄零？

問訊仳離女，何人委路旁？前宵在鐙下，仿佛見戎裝。灑落盆中酒，彭亭馬後囊。方言渾未解，取徑是遼陽。

野店張黄紙，流移淚滿襟。一人哀痛意，萬户死生心。吏役無紛擾，倉儲不冒侵。會聽南畝上，布穀唤春深。（《澹香齋詩草》卷二）

登九如亭寄懷劉松嵐明府大觀

汪爲霖

簿書琴鶴兩何妨，選吏還如選佛場。遼海風雲新愷澤，明府時改官遼陽。扶蘇煙樹舊甘棠。一亭虚擁

西山翠，萬里晴烘塞草黄。倘憶炎荒諸父老，爲云連歲獲豐康。（《小山泉閣詩存》卷二）

和松嵐觀察韻

汪爲霖

去年我亦住揚州，舊雨欣逢慰旅愁。繞坐花枝同貰酒，隔江山色遠迎樓。飽經風雪容高卧，修到神仙許浪遊。自笑論交三十載，歲寒賸有一狐裘。（《小山泉閣詩存》卷五）

奉贈劉松嵐觀察大觀四首

鮑桂星

赴闕輕千里，休官漫十年。丹誠長向日，白首重朝天。去住皆恩澤，清閑即佛仙。况聞新卜築，河内好林泉。

高閣何縹緲，天教俯玉溪。佳城更葱鬱，人許近昌黎。古佩雙瑶殉，清吟一卷攜。曠懷今傅奕，千載復誰齊？君建縹緲閣，近李家莊，又營生壙傍昌黎墓。蓄古玉佩二，曰他日必以殉。

大筆兼唐宋，雄篇抗杜蘇。煙雲紛落紙，金鐵一洪鑪。此事嗟長夜，何人老識塗？重施開鑿手，力障海瀾趨。

訪我蓬蒿宅，情深不可當。古風存杵臼，神契是文章。雨雪征衣滿，關河道路長。白頭知己在，京洛迴相望。（《覺生詩鈔》卷六）

松嵐觀察以楊忠愍公真蹟施之松筠庵僧舍敬題四十字行書二句云：『一路看花何處好，樓船直到若耶溪。』

鮑桂星

三百年生氣，淋漓墨瀋斜。樓船空擊楫，道路幾看花。碧血飛燕市，春波冷若耶。唯應僧舍裏，挂壁走龍蛇。（《覺生詩鈔》卷六）

和劉松嵐觀察大觀見寄

鮑桂星

蠹魚食仙字，蜕形苦不早。蝸牛强陵高，終作黏壁稿。我生真大愚，榮名誤爲寶。焦桐再入聽，敢希雲和抱。三年逐緇塵，愧彼戢翼鳥。屑屑竟何爲，嗟哉未聞道！先生不我鄙，憐我磨驢繞。貽以芙蓉篇，情深溢言表。使我腸中輪，迢迢逐秋草。（《覺生詩續鈔》卷一）

道光元年夏訪滄碧三弟珊大荔官舍路出覃懷因謁劉松嵐觀察大觀小琅玕館極蒙款洽用前年冬京師奉贈原韻成詩四章

鮑桂星

客路踰千里，思君又隔年。柴車相訪日，蒲酒共持天。松菊餘佳色，江湖各散仙。白頭攜手地，珍此在山泉。

王屋太行麓，佳山復好谿。功名歸竹素，責望謝蒼黎。洛社人何在，洪厓袖許攜。茫茫塵海裏，高躅渺難齊。

我有對牀約，十年懷小蘇。山川秦地鏡，朋舊酒家鑪。薄笨方中道，嗚珂一假塗。先生情獨切，銀鹿早樞趨。偵余將至，遣迓百五十里。

自謂平生友，今推小武當。白嶽別名，余家居近之。清貧餘俠骨，磊落有詩章。感此勤拳意，教余喟息長。酒闌揮手別，河嶽又相望。（《覺生詩續鈔》卷三）

過覃懷訪劉松嵐先生蒙贈大集竹萌小菜地黄清醬蠅拂蒲葵扇諸物口占奉謝并却贐金

鮑桂星

贈我琳瑯滿目前，主人高誼太勤拳。哦詩妙領金齋味，豎拂宜參玉版禪。奉到仁風方舉扇，飫來饞口總流涎。惟餘趙璧難攜去，留與先生作酒錢。（《覺生詩續鈔》卷三）

李松圃招同李桐岡李濱篁浦柳愚吴紫庭朱心池朱小岑王若農任春海劉松嵐遊七星巖分韻

許巽行

羲馭無停軌，四運遄不留。商飈激虚牝，頹顔驚素秋。林間塵鞅息，巖際禪龕幽。睇目無近尋，冥心恣遠搜。束葦穿洞壑，乘桴歷環洲。俯窺水底天，仰視石上樓。披榛列茵席，傾榼羅肴饈。授簡騁妍祕，媵卮頻獻酬。徘徊日將夕，酩酊我欲休。餘興或未展，遲明期再遊。（姜兆翀輯《國朝松江詩鈔》卷四十七）

送劉松嵐之任奉天

張問陶

人高官定好，嘘氣亦清靈。小婦司吟卷，奇山入訟庭。邊雲霜後紫，遼海雪中清。應有朝鮮使，抄詩滿驛亭。（《船山詩草》卷十一）

中伏謝劉松嵐贈裘裳

張問陶

輕裘當暑贈，交豈爲炎涼？官達猶寒士，情真見熱腸。素心慚縞帶，赤日凛風霜。一醉和琴典，從人笑酒狂。（《船山詩草》卷十三）

七月晦得劉松嵐寧遠州書云久不得足下消息前日松江張古村去寄書玉松問之又恐玉松已回蘇州書不得達足下消息不得而知也中元日送報人來知玉松未去船山已回都下私心且喜並聞船山有出關之意喜不可言寧遠有一書院大觀每歲捐俸五百金爲先生束修如得足下居此席諸生之福亦松嵐之福也錦州太守見修府志屬大觀物色高手如足下在寧遠可一舉兩得妙到不可解矣千萬禱祝八月初旬俶裝如盤費無措不妨向人借貸一下車即寄還也盤桓數月臘底回京明正與夫人同來亦免兩地牽挂爲足下計無如此策之上者幸決計早來以踐斯約書去之日即傻指盼行旌矣時予以他事羈身不能出關感故人之德作詩誌之即寄松嵐代柬

張問陶

不善謀生友代謀，深情傳語太綢繆。聽來老嫗心皆感，算到資裝計已周。何止窮途恩一飯，分明高義動千秋。羈栖忍負書中約，幾日搔頭望錦州。

大海橫濤鼓萬山，尋詩也合出雄關。世惟好友偏難聚，人爲真窮轉不閑。潦草鄉書驚噩夢，飄流家累損朱顔。干戈才脱妻孥繞，何處開籠放白鷴？

也知身世等浮漚，已布殘棋苦未收。不信化人真解脱，即看彎水尚勾留。無奇我亦遼東豕，自在誰如海上鷗？一樹青棠空對客，旅愁難遣又鄉愁。

訟庭人散即山林，老吏窺窗看苦吟。千里窮交如在眼，一州民力定關心。花明孤竹清風遠，水繞句驪夜雨深。但是廉泉分亦可，冬衣猶望辟寒金。（《船山詩草》卷十四）

寄松嵐

張問陶

東華修史愧虚名，遼海題詩想政聲。莫悵兩京相望遠，雄關不隔故人情。（《船山詩草》卷十五）

題林樸園内兄芬河東遊草兼寄劉松嵐鹾使

張問陶

詩瘦心光露，純功欲證禪。聲聞非上乘，精進必中年。花任空中落，珠從定後圓。寒宵誰可讀，開卷供金仙。

人境歸詩境，河山笑語中。深心除霸氣，古意畫唐風。薄宦飄如客，高吟響在空。使君定相謔，天下幾英雄？（《船山詩草》卷十七）

寄答劉松嵐時年五十八始得子，並聞來春又有徵蘭之喜。

張問陶

人手驚河嶽，瑶函鄭重開。情長應得子，交淡始通財。仙酒尋常兑，奇花次第胎。中條山架筆，好句破空來。（《船山詩草》卷十七）

送松嵐歸山東

張問陶

抛却河東獬廌冠，團團草帽出長安。騰身岱頂題詩去，從此成仙也不難。（《船山詩草》卷十七）

十月十四日劉松嵐明府大觀過訪談詩竟日賦此訂交

張問陶

有客忽相訪，飄然如故人。舊時同記憶，談語見丰神。文字前緣厚，琴書古意真。知音求不易，來往莫辭頻。（《船山詩草補遺》卷四）

題劉松嵐所藏纖纖士女金逸瘦吟樓詩帖

張問陶

清靈才子筆，何意女郎詩？想像書難竟，纏緜病不支。樓空棲燕處，春盡落花時。香泠雲箋膩，姍姍韻可知。（《船山詩草補遺》卷四）

贈李平山坦太守兼呈松嵐明府

張問陶

兩世論交舊，忘年亦弟兄。鄉心巴峽遠，宦味越江清。文有推袁意，詩慚説項情。因君得劉十，尤足慰嚶鳴。（《船山詩草補遺》卷四）

初冬得劉松嵐明府開原書却寄時松嵐爲開原令。

張問陶

聖朝根本地，爲政得詩人。豐鎬民猶昔，《雎》《麟》化已淳。泉流皇澗遠，花照縣樓新。好檢《循良傳》，躊躇萬古身。（《船山詩草補遺》卷四）

題雲峰道人伊大麓爲劉松嵐畫焦山册焦山之麓，別有二小峰浮出水面，即松寥山也。兹因偶遺之，戲題一絶。

張問陶

海門東望鬱岧嶤，曾逐鑾江上下潮。頗怪道人輕點筆，不添雙影畫松寥。（《船山詩草補遺》卷五）

七月十八日與洪稚存伊墨卿吴玉松戴金溪法時帆馬秋藥重餞桂未谷明府劉松嵐刺史於趙味辛寓齋醉歸車中有作

張問陶

積雨全渟曲港西，連連車過水聲齊。故人將去真如夢，小句拈來恰有題。點綴華筵惟筆墨，銷磨頑鐵是輪蹄。九衢官蓋同游戲，莫笑淳于愛滑稽。（《船山詩草補遺》卷五）

偕竹士聯句和劉松嵐先生與蘭雪遊靈巖詩韻

金　逸

尋芳記得兩回經，竹士。十萬人家散列星。獨鳥拖雲埋樹白，纖纖。亂峰挾雨過湖青。籬荒新筍延鄰院，竹士。春瘦孤花冷净瓶。剩有高臺娱遠目，纖纖。誰彈琴與素娥聽？竹士。（《瘦吟樓詩稿》卷一）

河東都轉劉松嵐先生嘗與先君子同官粵西比來京師辱見訪問記謁别桂林荏苒卅載乃呈兩篇

舒位

三十流年一鏡磨，南天北地别離多。乍逢下第歸裝急，忽唱高軒樂府過。舊事從頭紛易感，新詩入手健能歌。東山絲竹西山笏，忍爲蒼生惜鬢皤。

宦情吟興兩無妨，却把并州作故鄉。時從河東罷官，眷屬尚留，有《并門十詠》近詩。抗疏功名殊不薄，著書歲月況逾長。懷鉛敢與文章事，撰杖曾居弟子行。難得相逢皆逆旅，春風滿店柳花香。（《缾水齋詩集》卷十四）

女兒酒詩松嵐丈席上作竝以送行

舒位

嫁女作酒酒如雨，不重生男重生女。女兒家住東湖東，春槽夜滴真珠紅。舊説越女天下白，玉缸忽作桃花色。不須漢水醱葡萄，略似蘭陵盛琥珀。不知何處女兒家，三十三天散酒花。題詩幸免入醋甕，娶婦有時逢麯車。勸君更盡一杯酒，此夜曲中聞折柳。先生飲水我飲醇，老女不嫁空生口。（《缾水齋詩集》卷十四）

臨清劉松嵐都轉大觀

舒位

鐘鼓享爰居，神仙化脈望。遼東斗一州，河東雪一將。餘事詩屢成，直道疏獨抗。拂衣良復佳，彈冠非所尚。卧公百尺樓，豈止牀下上！壽公千載名，何有年老壯！田園未疎蕪，文思復跌宕。招隱亮非誣，當仁亦不讓。先生吾父執，同官絶五瘴。不見三十年，相逢幸無恙？（《缾水齋詩集》卷十七《江上停雲詩》，其二）

浴佛後二日陪吳學使集劉觀察大觀小琅玕館晤袁明府通方孝廉履佺

褚逢椿

瘴江遼海宦程遷，抗疏匡衡晚節堅。聞祝好官呼作佛，勇辭吏局勝於仙。能耽清福真名士，只少歸裝買薄田。山斗照臨非一日，識韓差幸有前緣。

大雅扶輪仗鉅公，門前桃李已成叢。百年偕隱同梅福，四海論交憶孔融。地有名山留寓客，天教詩鉢振宗風。中州競學漁洋派，直以東南讓鈍翁。謂吳玉松先生。

多謝山厨折露葵，叨陪星使駐襜帷。驊騮冀北超群選，方孝廉。梅子江南絶妙詞。袁明府。正喜金尊容暫聚，翻愁瑶草對將離。瓶供芍藥。虚名我愧崔黄葉，只辦當筵酒不辭。明日將行。（《行素齋詩集》卷五）

寄劉觀察大觀

褚逢椿

竹馬迎慈父，峨峨獬豸冠。化民三月速，抗疏幾人看。孰負蒼生望，方知直節難。一官輕脱屣，松柏自高寒。

宦跡稱循吏，文章亦大家。青雲辭軒冕，白首卧煙霞。小築鄰王屋，春風啓絳紗。門前桃李樹，手植萬枝花。

幸得星軺駐，來參問字車。盈庭惟竹木，環壁有圖書。著作千秋業，遊踪五嶽餘。先生真士表，雅望挹沖虚。

留客儲佳釀，傳觀快墨林。醇醪宜共醉，山斗久相欽。何幸窺清秘，還教洗俗襟。園亭重回首，投轄主情深。（《行素齋詩集》卷六）

劉松嵐觀察大觀招飲即席賦贈

樂鈞

彈君壁上琴，知君藏古心。飲君牀頭酒，與君爲道友。平生心醉醇德人，常以文字通精神。流雲過空日萬態，熊熊星斗聯秋旻。當君作吏臨邊塞，余乃飄摇卧江海。夢裏尋詩不見君，那知一日親風采。淮南霜落叢菊凋，獨有春氣留松喬。隔江山色應飛到，不待群仙拍手招。（《青芝山館詩集》卷十六）

題劉松嵐詩集後

樂鈞

前代張司業，傳君筆一枝。揀金都紫色，煉火到青時。古調蠻姬唱，秋心朔雁知。應憐江海客，徒賦水雲詩。（《青芝山館詩集》卷十六）

送劉松嵐觀察還濟寧即入都謁選

樂鈞

秋風淅淅吹野蒲，寓公拔宅登歸艫。卸帆清淵渡口驛，驅車往乞銅魚符。遊宦廿年亦小試，政蹟往往留邊隅。君曾令廣西之天保縣，牧奉天之寧遠州。此行且作數郡長，平生蘊抱當全攄。君於友朋必直諒，當官自與群賢殊。江淮是君熟遊處，今年水患前所無。邦人頗復望旌蓋，知君能繪流民圖。吾鄉地瘠民俗儉，救弊仍思賢大夫。持節倘容向廬阜，懸鏡定可清東湖。他若秦晉閩粵蜀，或困宜撫强宜鋤。野人側耳江湖上，遠聽歌謡傳道途。名臣循吏世不乏，經濟豈不需吾儒？叢桂當風發奇馥，高荷得露生明珠。經年對酒未竟語，此後留答荆州書。客囊無物可持贈，爲君取月藏冰壺。（《青芝山館詩集》卷十七）

湘花詞爲劉大令松嵐大觀家姬賦姬氏周蘇州人姿性慧麗余與松嵐約遊靈巖過其寓館命姬出拜贈以今名潘農部榕皋奕雋爲畫湘花圖松嵐屬詠其事湘花將繡余詩以報云

吴嵩梁

館娃宫外花如霧，一種幽蘭抱心素。紫蝶黄蜂不敢過，天與才人特珍護。長卿佳句妙當時，到處旗亭唱《竹枝》。三生來踐尋春約，一顧先邀曠代知。鈿車迎嫁歸金屋，羅幔催粧圍樺燭。大婦當初見亦憐，新人自倚顔如玉。玉貌天然愛澹粧，秋雲葉葉翦衣裳。黛痕薄掃春山濕，花氣徐吹晚鬢香。故人酒半傳佳話，自捲珠簾催出拜。環佩遲來訝已仙，風神側坐偏宜畫。滿曆紅潮笑未成，可憐眉目盡聰明。湘花小字親題贈，露朵全開悟隔生。隨園詩叟眼如月，一見湘花歎殊絶。心賞由來真色難，面諛直願僊齡折。水雲妙墨出清新，農部别字水雲漫士。香影枝枝替寫真。風前一笑無群卉，鏡裏雙花是美人。冰綃持贈花應語，氣味相憐但儂汝。録名從此艷宫闈，採佩何勞隔湘渚？劉郎前度訪天台，曾傍紅雲艤櫂來。素心一朵能專寵，千樹桃花不敢開。人間零落多芳草，玉蕊盈盈開獨早。洗硯熏衣過一生，女兒都説湘花好。銀鈎宛轉寫烏絲，敢向嬋娟責報遲。唾絨五色臨花坐，親繡吴生本事詩。（《香蘇山館詩集·古體詩鈔》卷二）

繡詩樓歌次韻答王夢樓太守周湘花女史繡余夫婦石溪看花詩卷，以樓供之，太守爲賦此詩。

吴嵩梁

美人繡詩樓入畫，畫樓未成先貯詩。石溪春水照欄檻，紅卧桃花青柳絲。絲絲繡出簪花字，字與詩篇同細膩。錦心繡口讓何人，七襄妙奪天孫織。江樹江雲喚遠愁，故園迢遞隔清遊。照淚鶯花城外寺，斷腸歌吹竹西樓。先生詞翰連城璧，持向溪亭贈歸客。金鍼却肯度詩法，繭紙誰能仿書格？芰荷香泛碧螺尊，佳句流傳共使君。謂曾公賓谷。錦字回文今再得，弓衣絶唱古曾聞。六尺生綃雲一段，滄江夜月虹初貫。綵筆連朝酒後酣，芳筵明日花前散。驪珠滿載越船歸，重拂秋琴捲翠幃。小築何年臨水就，鷗波十里漾晴暉。（《香蘇山館詩集·古體詩鈔》卷二）

玉磬山房同劉松嵐觀察話舊

吴嵩梁

論交二十年，一别一萬里。海東迢遞隔江南，今日相逢復於此。世間萬事如牛毛，我死已經三度矣。一死於金陵，再死於揚州，三死乃得狐首邱。以訛而傳訛，其説頗不侔。杜牧之狂東野囚，大抵落魄兼窮愁。故人聞之雙涕流，遺文零落頗相求。茂陵果得消渴死亦樂，豈有封禪之稿文君收？瀋陽雪花大於席，君與湘花坐太息。長安卿相無尺書，海上蛾眉感飄泊。此詩寫寄來桂林，韋廬書達蘇山陰。百年萍梗多浮沈，與君萬里同一心。虎邱玉蘭宋朝樹，花入白雲無覓處。紅袖攜從天上來，玉簫聲斷尋春路。別君五泊吴門船，俯仰前塵今十年。隨園袁竹汀錢已黄土，潘榕皋蔣立厓雖在皆華顛。吴生不生亦不死，人天飄泊常如此。飢來乞食飽種花，不願傷心讀青史。長安西笑殊無聊，布帆再溯錢塘潮。江流赴海去何急，眼中突兀金與焦。君昨訪詩碑，直到焦山頂。寫碑人葬空青山，病鶴江天判雙影。山中有余與稚存舊刻，余詩則夢樓書也。我自陽湖來，稚存杭州去。兩舟相遇兩不知，與君康山作良晤。山中主人能愛客，移船約近康山宅。梅花落盡對山樓，一潭雲水同蕭瑟。痛飲且覆花前杯，腰鼓琵琶往事哀。達觀肯作千秋計，天以名山養逸才。（《香蘇山館詩集·古體詩鈔》卷五）

劉松嵐觀察年七十矣比自懷州入都喜而有贈

吴嵩梁

車笠之交三十年，昔皆壯盛今華顛。君爲大吏清且賢，我以詩法相磨鐫。花時曾泛金閶船，乘興遂陟靈巖巔，洞庭萬頃浮蒼烟。君有名姬淑且娟，爲我手繡新詩篇，春雪弓衣無此妍。一別萬里心茫然，長白積雪千峰連。念我飄泊歲屢遷，蛾眉太息飛吟箋。康山再見喜且憐，浩歌醉倒梅花前，留我大被同高眠。三晉幾日揚旌旃，浮雲富貴一笑蠲，脚底太華開青蓮。故鄉可歸苦無田，懷州徑買屋數椽。愛其沃土兼清泉，手栽萬個琅玕圓。縹緲之閣臨三川，自營生壙將終焉。結鄰有約吾屢延，惜哉買山無俸錢！一笻雙屐何翩翩，意外昨忽來幽燕。骨肉之愛文字緣，論詩話舊增纏綿。嗟君七十車久懸，會合如此寧非天！晬盤計日開華筵，商瞿五子方蟬聯。况有著述千秋傳，謨觴洞室瑯嬛編。吾儕大笑皆偓佺，服食何必求神仙！（《香蘇山館詩集·古體詩鈔》卷十二）

次韻劉十松嵐遊靈岩

吴嵩梁

佛日岩前夢屧經，維船昨夜雨零星。曉雲一徑上衣白，春水半湖連岫青。廊粉飄殘尋畫屧，井闌惆悵墜銀瓶。新詞唱殺無人管，付與閑僧野鶴聽。西施井、響屧廊，俱在靈岩。（《香蘇山館詩集·今體詩鈔》卷三）

虎邱讌集同陳渠生昆仲兼懷劉松嵐刺史

吴嵩梁

山逕香濃拾翠鈿，移燈重醉玉蘭前。笙歌天上有今夕，桃李江南無此妍。萬里故人初領郡，百花生日又離筵。錦州春色應來晚，腸斷吴儂載酒船。甲寅春仲，玉蘭盛開，予與松嵐日醉花下，今别五年矣。（《香蘇山館詩集·今體詩鈔》卷三）

懷人詩

吴嵩梁

故人剖符竹，風日古幽州。書到逢邊雁，山遥入戍樓。種花心似昔，聽雨夢先秋。若話江南舊，湘娥亦解愁。劉松嵐刺史。君姬周氏，字曰湘花。（《香蘇山館詩集·今體詩鈔》卷四《懷人詩》其二十）

送劉松嵐觀察出都

吴嵩梁

樓上仙人跨黄鶴，早吹玉笛待先生。君由湖北改調河東。九霄忽捧恩綸出，三晉親持使節行。關外去思知政美，殿前温語愛官清。要留唐魏淳風在，新法能兼古性情。

風雅平生重别裁，山河元氣更深培。龍門水束中流急，石室花凌絶頂開。老吏森嚴持健筆，故人潦倒愧仙才。棠陰尚有蓮洋宅，定許論詩得髓來。（《香蘇山館詩集·今體詩鈔》卷五）

得松嵐觀察太原書寄答

吴嵩梁

昨得太原書一尺，故人憂國已華顛。官清但飲桃花粥，民徙曾無燕子田。見説綵旗行部後，自寬金帶擲庭前。青州富弼循聲早，二麥應占大有年。（《香蘇山館詩集·今體詩鈔》卷六）

讀劉松嵐觀察游華山詩奉寄

吴嵩梁

不陟蓮花頂，焉知石瀑奇？千峰盤地盡，一杖拄天遲。人海波難定，仙心險亦夷。夜吟風震榻，應有虎聽詩。（《香蘇山館詩集·今體詩鈔》卷八）

康少弼太守自豫歸述劉松嵐翁近狀却寄

吴嵩梁

故人昨自豫州還，爲説雲高鶴更閑。白髮看花狂喚酒，清秋騎馬健游山。二三知己重攜手，七十生兒一解顔。身世早知無罣礙，河聲嶽色杖笻間。（《香蘇山館詩集·今體詩鈔》卷十四）

讀劉松嵐觀察鹺城集觀察名大觀，號松嵐，山右河東道。

葉以倌

百城盤鬱此胸襟，手自調梅口自吟。道味真腴忘宦味，詩心似水見臣心。平反史論天驚石，物色林泉地擲金。千里襜帷頻覓句，陽春吹雪到汾陰。（《洗心書屋詩草》）

爲門人范修元題劉松嵐書册册書子賤爲單父宰事

陳用光

刈麥不教因避寇，惰民從此頌鳴琴。而今山左風何似，寫入覃懷作客心。（《太乙舟詩集》卷十二）

題楊忠愍公墨蹟卷

陳用光

楊忠愍公嘗遍習樂律、天文、地理、兵法於韓苑洛，既居部曹，又嘗從講學者遊，人或謂公柰何干聲譽？公笑曰：『亦視其志何如耳。』蓋習數以窮委，必觀化以探原。以此見前明講學者，未嘗無體用兼備之學，而世或僅以氣節重公，非知公者也。

近時厰肆中，多畜王陽明、鄒東郭、倪文貞、黄石齋及公墨跡，雖真贋雜出，然以厭虎賁中郎之慨，則姓氏所留，君子猶寄慕焉，不必致考核也。劉君松嵐於太原得楊忠烈及公墨跡，既藏忠烈書於應山忠烈祠，又以此幅乞松筠庵僧，俾之弆守，而屬余爲之記，劉君可謂篤論世之思者矣。

余考官狄道典史時，嘗引洮河以溉田。驗之我朝胡侍郎季堂所爲《松筠庵記》，有官甘肅時，至狄道見其溝洫相通，水旱無虞之言，則王弇州所紀公狀，有信然者。夫典史，卑官耳，而所爲遺利，至垂三百餘年之久，然則事苟能爲，何利不興？然非公講習有素，而不卑其官，亦奚績之可紀？世之慕公者，其求公於本原之地可也。（《太乙舟文集》卷六）

送劉松嵐爲河東道序

陳用光

余初於船山壁間見松嵐五字詩，以松嵐爲詩人也。後蘭雪爲予言，松嵐爲人伉爽，敦氣誼，與人交，然諾不欺，又以松嵐爲詩人而有豪傑之風者也。比今年識松嵐於京師，長身高矚，而意致蕭然以静。及讀其詩，感奮身世，其識常有餘於文焉，余乃爽然自失，謂向者未足以盡松嵐也。余昔者嘗慕韓理堂之學行，而恨未見其人矣。及來京師，凡山左士大夫之以文字相過從者，窺其意向，皆近於質直好義，達者之爲，心嘗以爲近聖人之居，而興起於百世之下，山左士大夫固宜其多君子也。今乃又得松嵐。

余又嘗謂近古以來，爲詩古文之學者，類多迂疎，不適於用，豈其人之性使然與？抑固所謂五穀之不熟者與？鬻百貨者，居積厚，則應人之求而不窮。徒慕乎足以應人之求也，而居積之術乃不工，未見其足以應人之求也。余好爲古文，而嘗病乎是。苟有有用之才，嘗樂與之遊，以冀其切劘焉。松嵐官有政聲，今得河東道，爲天子不次之擢。松嵐所以自待，以求副聖天子用之之意者，當必在是。余於其行而贈之言，不獨以詩爲縞紵，而固望其勉有用之學，以爲余導之先路也。（《太乙舟文集》卷七）

呈劉松嵐觀察

衛慶悰

平恕長留舊典型，河東風采肅觀聽。官山西河東道。一官公已還初服，言事去官。三晉人猶盼福星。競説祝君能講學，何妨馬帳更談經？覃懷時雨春風座，分照藜光點點青。主教覃懷。

略無牽罣退閑身，到處爲家可結鄰。買宅郡城。鳳闕尚思仁聖主，豸冠曾是折衝臣。英雄事業杯中酒，才子精神筆底春。我本天壇掃花使，喜循東道接音塵。（《掃花詩草》卷四）

書劉松嵐觀察游華詩後

衛慶悰

連山倒扼河泱漭，巨靈力大擘爲兩。萬仞青蒼峭插天，千秋神異痕留掌。奇峰環峙南西東，奔騰直瀉洪流通。竊疑夜摩蓮花界，天風吹墮三芙蓉。煙霞薈蔚龍蛇走，鬼怪神仙靡不有。兔毫飽蘸麝煤濃，一揮都落先生手。紅泥小印鈐松嵐，五嶽自言親到三。真形透露得神似，詩筆妙以畫筆參。迴環讀之意境進，某石某砰重細認。小儒足跡未出門，咋舌搖頭不敢信。我欲直上排雲開，手招太華從西來。陟彼峄巍展詩卷，得意快飲玻璃杯。（《掃花詩草》卷四）

郡城潮音寺落成劉松嵐觀察以題壁詩見寄次韻

衛慶悰

丹刻翬飛秋水外，勝游笑我腳蹤無。花當蓮墜房房粉，壁想紗籠字字珠。載酒客仍初作地，杖藜人欲古爲徒。升天成佛都非易，彼岸何因得寄娱？（《掃花詩草》卷五）

秋七月峘姪歸自郡城松嵐觀察貽我詩文續刻馬逸墮諸水沾濡淋漓作雲霞色集名行篋觀察友楊公作序誤篋爲腳詩以拜惠因並及之

衛慶悰

阿買郡城來，長鞭褭秋柳。言謁文章伯，信宿酣昔酒。興寄《歸田録》，人詢掃花叟。惠以瓊瑶編，什襲括囊口。靈物厭縛束，辟易驚乘牡。積雨漲百川，竟逐龍蚴蟉。塵埃馬蹄無，氣味《秋水》有。犯險頷探驪，珠還竇在手。淋漓駭心目，雲霞蒸户牖。典重子雲筆，作序荆玉剖。行篋易行腳，義寧緇髡取？白詩賈求急，左賦紙貴久。與其韞櫝藏，何如不脛走？書此遥相質，公其謂然否？把卷吟擁鼻，腑肺絶氛垢。宗朝海翻瀾，芒射星耀斗。芬芳紉畹蘭，瓏玲雪碧藕。再讀再擊節，島佛定非偶。庭院生夕涼，風落晚花陡。掃除一切緣，摳衣擁敝帚。（《掃花詩草》卷五）

寧城次劉松嵐觀察沔陽早發韻

衛慶悰

秋孕嵇山六月寒，晴光遥接楚雲看。大江東去英雄老，黄鶴高飛天地寬。原作有『明日武昌城下路，篷聲鶴影問黄冠』之句。醇飲會須傳盛事，詩成聊復染霜翰。楚臯周公，裝觀察詩懸黄鶴樓。遠遊自得逍遥樂，渾忘當年獬豸冠。（《掃花詩草》卷五）

彰德吴玉松雲太守署中喜晤劉松嵐大觀觀察兼讀其玉磐山房集

張　晉

惟詩教最嚴，列之五經内。若使可襲取，此事已久廢。俗儒講《三百》，迂腐失真味。不復知甫、白，何况溯漢魏？我生耽吟咏，如飲酒求醉。淺嘗興便濃，深入心反畏。所以三十年，究未窺三昧。先生老詩伯，詞壇建大旆。竭來瞻丰采，飄飄有仙致。示我一束詩，欲以震聾聵。據案急披覽，燭盡不思睡。真氣溢楮墨，風雲極變態。篇篇握智珠，語語抵純粹。『剛健含婀娜，端莊雜流利。』前人論書訣，移贈恰相配。虚懷愈抑損，古貌益謙退。强我使攻錯，不憚一而再。伊余早失學，塗抹只辭費。雖免面墻羞，已切望洋愧。倘許入偏師，或可成一隊。先生癖山水，嗜好過富貴。邇來寓覃懷，愛把竹竿翠。我家析城山，近接太行界。百里路匪遥，朝發可夕至。何時命筍輿，結袂烟霞外？人生邂逅緣，中有氣數在。無論隔千里，且或失交臂。賴兹賢主人，今得華堂會。東南合兩美，平生無此快。他日述典型，定許誇儕輩。（《豔雪堂詩集》卷二）

題劉松嵐先生遊華山詩卷後時先生初以言事罷官。

張　晉

滿江波浪截中流，飽挂風帆一旦收。官豈能終名士局，天教來醉華山秋。即看杖底扶雙屐，絶勝車前擁八騶。把讀新詩爲傾倒，先生真不負斯遊。（《豔雪堂詩集》卷三）

醉石歌并序

張晉

鄰郡署中太湖石頗多，吴玉松太守倩劉松嵐觀察疊石作三峰於北堂下，命名曰醉石，顔其堂曰醉石山房。落成之日，宴客山房中，即席屬作《醉石歌》。

多年塵土中，埋此玲瓏髓。剥落古苔斑，瓦礫同一委。先生下車石亦喜，先生便是石知己。華堂空曠地有餘，三峰聳峙石不孤。選石真能盡石妙，目注孱顔興已到。石登華堂石不料，松嵐居士手獨造。松嵐居士今南垣，指揮群匠紛來前。峰巒起伏極自然，餘勢猶作虵蜿蜒。中峰峨峨氣吞吐，兩峰婆娑欲起舞。先生命石更新奇，嘉名特取陶公語。石安排，華筵開。羅珍饌，酌瓊杯。兩行蠟炬高擎出，小隊《霓裳》按拍來。筦絃聲中更借石點綴，絶去俗態申雅懷。我欲舉杯酹石翻縮手，只恐石不勝酒石或頽。君不見，七邑蒼生望澤久，甘霖好沛先生手。興雲致雨石所能，石豈區區只飲酒？邇來快讀松嵐居士登華詩，字句刻削神骨奇。借問天外三峰定何似，兹石位置是耶非？狂來徑欲向石拜，石猶未醉我先醉。醉中爲作《醉石歌》，筆力横穿石三昧。鐫我歌，當石背，石如有知我何愧！（《豔雪堂詩集》卷三）

得劉松嵐先生信知新自武昌還山並讀其楚遊詩

張　晉

平原好客老諸侯，時阮芸臺先生爲楚督。纔博先生十日留。大舸長江夏口渡，白雲黄鶴武昌樓。英雄滿眼皆陳蹟，形勝當年是上游。認取雪泥鴻爪在，新詩一卷擅千秋。（《豔雪堂詩集》卷四）

題松嵐夫子玉磬山房集後

范桂園

何緣歌舞地，磊磊見鬚眉？潤膈金罇酒，清脾玉磬詩。竹横窗外影，梅破歲寒枝。客去蕭齋坐，難拋雅健辭。

此外無他好，披吟到夜分。格高齊嶽月，氣老逼秋雲。吏治傳爲譜，風騷自不群。尋思入深處，白髮欲紛紛。

嶺外逢春早，梅花手自攀。夜聞衡浦雁，人在鳳巢山。古渡蠻烟重，秋郊獵馬還。獨憐《貧士咏》，渾與我相關。

淼淼灘江水，輕船載鶴歸。櫂歌因雨斷，詩思挾濤飛。共客邀烟嶼，尋僧叩竹扉。湘山青在眼，高麓對斜暉。

隆冬寄貂鼠，舊雨在京華。信去頻看雁，財踈不念家。雪晴元夜酒，春暖帝城霞。曉送朝鮮使，車茵落柳花。

二分明月好，三載住揚州。狎妓黄金盡，看山夙願酬。墨緣留竹寺，琴格論江樓。秋玉玲瓏石，攜來卷裏收。

久作蕪城客，重鐫《相鶴經》。迴帆淮浦碧，斜日楚山青。新稻全家食，孤村一櫂停。沙鷗依舵尾，呼侣入蒼冥。

涑水春流静，條山暖翠融。鸞書銜闕下，繡服蒞河東。瘦馬辭安邑，饑民頌召公。至今蒲解口，還説使君窮。

句似吴江水，雙眸一洗新。嘗言千古事，莫誤六朝人。金薤獨開圃，玉壺誰買春？願求留敝帚，埽我字中塵。

買山新疊石，種竹欲成林。惜此匡時手，都歸出世心。窮通渾不計，樵牧許相尋。更有歸田詠，何時幸一吟？（《見山堂詩草》）

劉松嵐夫子招同朱星海飲小琅玕館即送星海赴西安

范桂園

淵源得指授，同出使君門。已幸茹詩髓，何辭嚼菜根？老如秋鶴健，貧逐嶽雲奔。相約歸來日，還傾竹下罇。（《見山堂詩草》）

送松嵐夫子之山右

范桂園

夫子遠行邁，春深風雨晴。夢無官事繞，輿有故人迎。感舊中條月，銜恩涑水聲。飲牛桑柘下，還説使君清。（《見山堂詩草》）

松嵐夫子堆石成六峰賦此詩

范桂園

胸中富邱壑，萬類入陶甄。西園卧荒石，疊作青嶙峋。嶙峋峙六峰，名之義有因。譬彼竹溪上，峨冠來六人。中峰作盟主，揖讓迎嘉賓。一賓前致詞，氣象何真淳！一賓若拄笏，一賓如墊巾。兩讓而退者，矩步同逡巡。六峰自磊落，悦此閑中身。不必加斧鑿，自有天然皴。月出照蒼檜，雨收滋緑筠。柴桑一卷詩，坐卧苔爲茵。爲兹小游戲，聊以見經綸。荆關大手筆，難摩峰之神。我來一下拜，欣結門墻親。題詩在峰頂，揮毫樂津津。（《見山堂詩草》）

松嵐夫子以並蒂蓮花詩見賜勉步元韻

范桂園

一雨天氣清，田禾日以長。禾秀覬雙歧，池花開已兩。濯濯繞東郭，流波湛清爽。花開碧漪間，傾城事幽賞。軒蓋映花過，迅如蕩蘭槳。天光雲影中，紛紜互來往。得花之所在，群鷗戲滉瀁。紅詩雙靨開，白隔菰與蔣。就中羨詩仙，獨放仙人掌。拈筆爲花吟，於花落奇想。字如葉上珠，衆所不能攘。意或兩神妃，贈之於漢廣。我亦愛水芝，偏羈以塵網。晝永畏炎歊，夜燈罷書幌。玆讀芙蓉篇，喜入君子黨。安得嚴十八，高樓署花榜？筆頭風雨快，額頭三日癢。（《見山堂詩草》）

上松嵐夫子

范桂園

簌簌市頭竹，斧斤傷其節。黯黯瑩中玉，塵沙污其潔。賤子處田間，悠忽嘆愚拙。如鼓獨絃琴，不獲衆耳悅。幸逢夫子來，囊挾中條雪。瑩瑩照心顏，颯颯悚毛骨。鞠臆造門下，桃李生顏色。甘澍渥其根，和飈拂其葉。授以《主客圖》，五字標清格。迨其脚跟立，始授以元訣。如彼嵩衡高，圭稜現眉睫。如彼溟渤深，潮汐漾胸膈。抱負誠淵宏，旁睨欣一得。終期藉餘波，淵源使不竭。（《見山堂詩草》）

送松嵐夫子遊天壇

范桂園

情性與時左，不嫌山徑危。巖深誰捧杖，峰怪獨吟詩。溪雨濕遊屩，壇風吹鬢絲。歸來攜大藥，支鼎與同炊。（《見山堂詩草》）

次韻松嵐夫子潮音寺新修落成之作

范桂園

化城樓閣崢嶸勢，漫説空虚結撰無。池湛一函新鑄鏡，荷傾千顆未穿珠。風廊水榭圍僧舍，柳溆花潭隱釣徒。那得丹青留畫稿，依欄琢句寫歡娱？（《見山堂詩草》）

甘晴軒贊府邀陪松嵐夫子小南海賞菊

范桂園

夜讀柴桑詠，晨遨遠公地。�廊出梵音，荷沼遞清吹。逍遥停軒輿，雍容列位次。霜綻忍寒花，奇特表幽致。座上魯靈光，雲笈充腹笥。嚼英化爲詩，詩味即花味。身能脱世網，不爲塵俗累。榮辱兩勾除，可醒亦可醉。手揮瀲灔罇，墨灑淋漓字。吾儕二三子，誦詩如聞偈。初地發妙香，不獨蘭與桂。還共聳吟肩，與花爲點綴。風吹音朗朗，帽落情歸歸。虚文既已剪，狂言無忌諱。試問花前僧，量高誰可畏？（《見山堂詩草》）

劉松嵐觀察大觀見示詩稿率題其後

彭兆蓀

獨餐海岳秀，不尚帨鞶辭。冷抱有孤寄，熱官無此詩。釭花宵爐後，諫果味回時。欲結參寥契，心

香問導師。（《小謨觴館詩集》卷八）

寄河東道劉公

茹綸常

曾向郵亭謁鉅公，龍門登處仰寵嵸。樓高白雪詩名重，公山左人，起家縣令，詩名甚重，幾與滄溟相埒。幕號紅蓮地望崇。一片冰心聊自省，半生清節許誰同？公廉名甚著。却慚下里巴人曲，也得收存藥籠中。公嘗詢及拙集，因上呈求正。（《容齋詩集》卷二十八）

悔存齋詩鈔序

章煒

《悔存齋詩鈔》者，武進黄君仲則之詩，翁覃溪先生爲刪存五百首，而劉松嵐觀察於嘉慶丙辰刻之都中者也。越二十有二年丁丑，觀察攜之來楚，以其校讐未精，取以畀煒，使重刻焉。煒受而讀之，才氣縱横，不可逼視，越月踰時，乃以付剞劂氏。煒嘗縱觀古今之詩與文矣，代非一人，人非一體，大要才與學二者盡之。才不必無學，而學乃以濟其才也；學不必無才，而才乃以顯其學也。學之至者，言皆有物，扶樹道教，其力至於可法而可傳，而其末流或失之腐。才之奇者，語必驚人，出有入無，其勢使人可望而不可即，而其末流或近於佻。學而不失之腐，才而不近於佻，於是才與學乃同能而各擅其勝。以煒觀黄君之作，其材之奇者乎！揮斥一切，陵暴萬類，宜乎當世之名人魁士，咸愛之重之，而我觀察一刻之，且欲重刻之，而不能已已也。煒生也晚，有志於學，而未有以濟其才也；欲盡其才，而未有以顯其學也。其敢妄託名流，自詡爲黄君知己哉！惟仰承觀察之意，以廣其傳，而竊志其緣起於簡端。廬江章煒謹序。（章煒刻黄景仁《悔存齋詩鈔》卷首）

劉松嵐觀察連日以新笋佐庖喜而有作

英和

每食費萬錢，猶無下箸處。其語固近奢，其意良可恕。熊蹯胹不熟，何如藿羹飫？所貴在味精，庖厨要善御。主人真解事，食單手親著。雨後鋤貓頭，時把盤飧助。甘應勝蔗漿，鮮真壓薯蕷。吐慧到齒牙，盤桓不能去。（《恩福堂詩鈔》卷七）

寧遠懷舊

英和

訂交郵遞好詩章，設飲僧家却月廊。壁有蠻箋題翰墨，湖邀客夢繞鴛鴦。嘉慶己未嘉平，初過此郡，劉牧松嵐以詩迎之。庚申春，邀飲于湯泉僧寺，因覩前牧伊小尹閣學手迹。閣學時守嘉興。棠陰艷説前司牧，簞食爭貽新侍郎。閣學司牧時，政聲卓越，留有口碑。道光丁亥，令嗣鍾仰山侍郎履任過郡，父老遮道攀留餽食。孰道遼民難感化，恐無仁政媲龔、黄。（《恩福堂詩鈔·步魁集》）

得劉兵備大觀見懷詩一年矣暇日繙閲及之惘然有作

陸繼輅

去年初夏得公詩，匝歲方驚作答遲。疎雨灑窗人病夜，狂塵如霧夢醒時。一舟滿載悲秋淚，病後於七月中由水程南下。萬口空傳下第詞。此日閉門堪告慰，更生又盡酒千巵。（《崇百藥齋文集》卷十一）

淇汲道中寄懷松嵐先生

陸繼輅

與公一别十三載，腰腳還能似舊無？家世著書傳列女，頃見公近刻，知先母家傳已編入集中。監司抗疏責真儒。公備兵河東時，有『封疆大吏學術不醇，恐貽誤國事』之奏。閨中風雪憐才淚，公姬人字湘花者，嘗語公：『風雪如此，不知吴蘭雪漂泊何所？』公大賞之。潁上林泉卜宅圖。公僑居懷慶，預營丙舍，作圖見寄。何日從公索雞黍，樽前雙抱小於菟？聞公已連舉丈夫子。（《崇百藥齋三集》卷三）

和劉松嵐觀察題孫夏峰先生七古原韻

周際華

人倫道乖士風薄，公叔著論稱《絶交》。門户攻擊甚明季，三案翻覆爭喧囂。東林復社繼起仆，風會所驚如奔濤。清流受禍自兹酷，赤舌竟欲將城燒！先生急友爲宗祐，肯以講學相矜標。奈何小儒尚目論，謂沿定論宗餘姚。古今聚此一邱貉，如賦茅栗愚狙猱。大賢心事若皎日，卓見豈以禍福摇？惜哉祕策棄不用，讋拳兵諫非君要。翦除凶豎培國脈，何至廟社盤鳶鴞！遂使群賢共糜爛，緹騎四出威炎熇。計窮力盡救不得，一朝碎此千瓊瑶。人之云亡邦國瘁，崎嶇寇盜身勞勞。易州山中結鄉社，戈甲未免親持操。偶然避地樂斯土，躬耕坐待煙塵消。鼙鼓聲中思將帥，九原碧血多英豪。刑餘廝養竊魁柄，宗廟一旦成萊蒿。空山迴首吊陵闕，往往涕淚驚漁樵。國恥已雪世清泰，隱矣不用夷齊招。遺祠百載就傾圮，使節暫住虔焫蕭。妥神興葺屬守吏，但取渾樸無斲雕。更闢三楹祀忠義，尺椽片瓦非輕拋。表章逸軌勒貞石，啟牖後學如指杓。先生淵源溯洙泗，匪以義俠輕揚褒。安樂窩連嘯臺矗，清風亮節同嶢嶢。編年紀事有手録，但書甲子如追陶，千秋徵士先生高！（《家蔭堂詩鈔》）

同劉松嵐吴竹虚湖泛

小　顛

三日松間到兩回，峰尋獨秀興奇哉。山中老衲爲知己，歷下詩人是俊才。湖色晴浮烟艇去，山光青入酒杯來。者番雅集圖誰繪，憑仗吴生妙筆開。（《唾餘集》卷中）

喜劉崧嵐觀察重過山房

小　顛

寬鞵瘦策甚從容，訪我飄然入萬峰。古佛尚留三世在，故人遠隔十年逢。巖端濺落泉飛雨，樓外

敲殘風遞鐘。只有桃花前度客，重來細覓舊遊蹤。（《法喜集》卷中）

送劉崧嵐之越州

小顛

風流山左舊吟仙，忽地相逢喜欲顛。詞客譚禪原偶爾，老僧嗜酒故依然。大椿聞有八千歲，小別何妨十二年。此去若耶谿上路，荷花荷葉正田田。（《法喜集》卷中）

答崧嵐觀察

小顛

君詩麻姑爪，劇可搔癢背。令我開愚蒙，令我解沈醉。令我豁心胸，令我潤腸肺。有如空中雲，幻狀萬千態。有如竹影移，滿窗月流碎。有如天女花，落紅風裏墜。慚予瞿曇裔，不舒金色臂。飢愁未能遣，俗障豈全溉？千尋南屏峰，空對此寒翠。（《法喜集》卷中）

林遠峰鎬招同蔣立崖司馬業晉潘榕皋農部奕雋陸默齋恭陳雲濤希哲兩中翰劉崧嵐明府大觀集蔣氏復園即事賦呈

周鶴立

三年塵跡等鴻泥，喜到名園接履綦。潑眼雲山新北苑，醉心風雅古南皮。堂開角射初懸蝨，座競

傳杯欲借鵾。酩酊莫辭歸路晚，游人爭説習家池。（《匏葉龕詩存》卷一）

贈劉松嵐刺史大觀　時以寧遠牧報最入都。

周鶴立

夙愛劉公幹，五言妙絶時。先生豈其裔，大雅是吾師。高格鴻騫翼，雄才馬脱羈。定知遼水上，墨彩耀淋漓。（《匏葉龕詩存》卷三）

和劉松嵐觀察謁夏峰先生祠原韻

張德鳳

勝朝中葉國是變，盈庭黨論紛訌交。闗門鐵牡倏飛去，昏昏九野多塵囂。廟堂否隔百爲廢，有如日下江河濤。况復逆璫扇凶焰，芝蘭梁楝同摧燒。天生先生丁厄運，耿耿獨立陵清標。讀書致用早有志，誓埽荒穢追黄姚。一朝發策筮蜚遯，空山獨往儕猿猱。徵書屢下縣官促，介石之守誰能摇？蘇門百泉富山水，寓公暫寓成久要。雲從風至學徒集，好音一變懷鴟鴞。山中歲月自清晏，坐觀斯世方蒸熇。重思往事三太息，崑岡誰與完瓊瑶？偉節西行難不解，晉陽舉甲謀空勞。大厦將傾事機失，此有天意非人操。乾坤重整道方泰，陰霾一洗如冰消。昌明正學偉人出，門下著録多英豪。同時幾輩毁冠服，競學出世潛蓬蒿。孰追絶景紹周孔，遺經掇拾供蘇樵。先生守正不變塞，冥鴻畢竟誰羈招？昨從夏峰謁墳墓，兩行松柏陰蕭蕭。崇祠新葺聚忠義，姓名一一重鎪雕。人生大節在君父，忠孝肯以浮名拋。扶持後進述聖業，如山有嶽斗建杓。亭林當時發異論，未免狷狹輕彈褒。太行西來接山麓，清風千載同岧嶢。裵徊庭宇肅瞻拜，几杖惜未親甄陶，長歌仰止天爲高！（道光《輝縣志》卷十九《藝文·詩》）

張豳原二客艤舟圖用吴梅村楚兩生行韻并序

熊士鵬

二客者何？齊人劉松嵐，晉人張水屋也。松嵐珪組告退，山水方滋，載米家書畫之船，君真健者；走楚國菰蘆之地，客本騷人。噬肯來游，云何吁矣！水屋宦同於隱，吏近乎仙，嘯可生風，醉能喝月，以駪駪之刺史，爲僕僕之勞人。亦復弭櫂荆門，揚舲鄂渚，而與松嵐相遇焉。何使魚龍避路，蘭芷讓芳也。嗟夫！梁園才子，厥有鄒枚；笠澤高人，咸稱皮陸。之兩先生者，一則胸多奇氣，饒有强項之風；一則夙著顛名，狂甚濡頭之事。祇有一瓶一鉢，老我頭銜；暫從千水千山，隨人手板。來矣來矣，則萍合鵠磯；去乎去乎，則劍分鸝堰。屬有情者，能不悵然，爰繪斯圖，傳爲韻事。辨天際歸舟之字，江樹宛然；認雪中印爪之痕，冥鴻何處？此一役也，可無詩乎？

黄鵠磯畔高浪生，千帆葉葉交縱横。名士畸人鼓楫至，蘭苕遊戲多楚聲。翩如二客稱二妙，一客狂吟一客笑。狂來飲酒蘇舜卿，吟罷揮毫王逸少。脱屣塵中與世忘，投簪海上從吾好。車馬無喧殘客殘，烟波有伴釣徒釣。緊誰嗜古虞夏商，笑煞寶物多銷亡。金石成《録》勤似趙，詩畫通禪妙於王。此客放顛力搜討，何人博辨細商量？南仲原父今已矣，那不令我思歐陽！荆楚自昔號全盛，山川尤踞衡湘勝。禹碑上出岣嶁高，唐頌下臨浯水静。前惟屈宋矜風騷，後有孟皮工競病。同來南遊問鶴樓，隨復西望横雁陣。邂逅能無泣素衣，昂藏底事悲霜鬢。仙人玉笛吹落曛，《梅花》一曲幾曾聞。娟娟殘鐘李邕宅，萋萋芳草禰衡墳。還摹赤壁前後《賦》，更張青山大小軍。回首齊晉知何處，茫茫苦憶雲中君。我本竟陵一野叟，如此兩客曾見否？此日何能出人頭，此圖何幸入吾手！來時如雨去如雲，恨不見君與君友。江樹菁葱江路遥，展玩三歎重搔首。攀枝爲問黄大癡，可是武昌新栽柳？（《鴿山小隱詩集》卷十五）

書劉松嵐先生嶺外集後

張宗泰

山左劉松嵐先生，自言以拔萃科官粤西州縣者十年。爾時少年氣盛，不能俯仰隨人，又性喜談詩，深中宵小之忌。因而媒孽其間，跼天蹐地，幾爲上官所不容，恒拂鬱不適意。一日遊伏波亭，援筆題一絶云：『銅柱功初就，明珠謗已歸。千秋此亭上，空見白雲飛。』借他人之杯酒，澆一己之塊壘，無限感歎，畢現於二十字中矣。又《與王都尉出獵西郊》詩，第三聯初稿是『大羽霜鋒箭，雄心短後衣』。已自真力彌滿。後易爲『馳驟無空闊，縱横在指揮』，則上聯『落高弓力滿，追曠馬蹄飛』用實寫，此聯用虚寫，似於詩法爲合，然不免用杜之嫌，則又不如原稿之爲得也。（《魯巖所學集》卷十三）

書劉松嵐先生留都集後

張宗泰

松嵐先生官寧遠州時，作《望海》詩云：『到兹生遠愁，碧浪與天浮。一覽更無際，四時惟有秋。滙川成水伯，推轂借陽侯。試問扶桑外，何方是盡頭？』通體神完氣聚，更能含不盡之意於言外。惟『滙川成水伯』句，質之《莊子·秋水》篇云：『秋水時至，百川灌河，兩涘渚崖之間，不辨牛馬。於是焉河伯欣然自喜，以天下之美爲盡在己。順流而東，行至北海，東面而望，不見水端，於是焉河伯始旋其面目，望洋向若而歎。』則是河神名伯，而海神自名若，似爲誤於用事。然韓昌黎《南海神廟碑》：『海於天地間，爲物最鉅，而南海神次最貴，在北東西三神河伯之上。』則是海神亦可稱伯，而《望海》詩爲不誤也。（《魯巖所學集》卷十三）

劉松嵐先生

張宗泰

余於道光元年之八月，署懷慶府學教授事。時山左劉松嵐先生，以詩人主講覃懷書院。初相見，即談及聲律之學，遂刮目相待，拈韻抽思，旬日中未嘗不一再以詩進質也。二年，余選授修武縣教諭，率一歲一進府，相見輒論詩不休。先生早學詩於其鄉人李少鶴，從晚唐入手，以冥搜奇僻爲主，往往蹈江西派生硬之習。然如《嶺外集》、《灕江歸櫂集》中，多精美深厚之作，要不愧五言長城也。先生以拔萃科作宰粵西者十年，牧寧遠州者八年，援例補河東道員，緣事褫職，遂僑寄懷州。生平浮沉宦海，境遇不齊，而潛心詩律，不以仕途蹭蹬敗其意，故所造益進。嘗賦五言古詩見贈云：『銜署老博士，貌古心尤拙。面不工於仰，腰豈善於折？胸貯五千卷，瀾翻三寸舌。冷似着霜竹，性不因人熱。時復造我廬，茶鐺瀹春雪。』其格外獎藉，不啻百朋之錫也。（《魯巖交遊記》）

上劉松嵐先生

張宗泰

孟陽時命厄，瓦礫横道旁。左思守窮巷，摧挫氣不揚。昔賢備坎壈，異世猶惋傷。嗟余實蹇劣，委懷惟縹緗。蓬蓽甘跧伏，不踐脂韋場。何意懷州來，獲登君子堂。龐眉鬚髯古，今之魯靈光。對茲泠落人，偏饒熱肝腸。誘掖入吟社，甘譬飲瓊漿。溯源理陶韋，宗法亦儲王。若以濟川楫，引我上慈航。如求不死藥，無意遭韓康。五内感慰並，繞屋但徬徨。願言鑄賈佛，一瓣爇心香。（《魯巖餘事稿》卷上）

松嵐先生以六家詩選秘本見示感而有作

張宗泰

我抱吟哦興，昕夕常在口。跧伏窮巷中，落寞難爲友。百家羅陳編，知瞻誰馬首？辨色迷黑白，捫籥同矇瞽。田家老瓦盆，曾中音節否？茲游太行下，北面欽山斗。戔戔下里吟，敢矜千金帚。毛遂思自薦，羞澀等新婦。先生曠達人，投詩示善誘。余亦中情熱，頓忘無鹽醜。幸蒙拭目盼，金鎞爲刮子雲極知悔，心肝皆浪嘔。案頭盡屏擋，一編常在手。爲埽筆端塵，庶不蹈窠臼。中郎枕中秘，生平得未有。繼以指頭禪，寶笈潛授受。如室暗四隅，心燈炳户牖。垢。（《魯巖餘事稿》卷上）

松嵐先生有羔裘之惠且侑以詩賦此志感

張宗泰

學舍似田舍，疎檽風颼飀。絮袍聊度歲，我自安黔婁。云何使者來，慨然進重裘。既非諛墓賄，又殊嗇夫賕。温暾恰適體，詎甘學矯揉？但念賢達交，往往格相侔。先生衣繡裳，萬喙頌包歐。詞壇推宿老，望更重山邱。我年將半百，志事未一酬。受衣不履跡，對之衹悵惆。重感繾綣意，新詩慰旅愁。更深燈灺後，身世兩悠悠。（《魯巖餘事稿》卷上）

山左詩鈔一部呈松嵐先生聊表饋歲之意

張宗泰

紛紛飛名刺，懷州競饋歲。阿咸未免俗，聊復沿其例。鮑魚徒腥羶，定非性所貴。屠蘇即嘉釀，老輩又不快。書肆得陳編，大集來自岱。雅雨登騷壇，拔尤嚌其胾。軼事窮搜討，一代英靈萃。鵲起有後賢，將家野王寄。浮生拚轉蓬，文字總芥蔕。書帊到樽前，披讀應臭味。除夕僅閑日，詩稿好並祭。（《魯巖餘事稿》卷上）

松嵐先生杖笠小像

張宗泰

百年見此客，春風盈犀額。萬軸融肺腑，萬里窮轍迹。舊雨滿天涯，率如康與籍。蕭齋富書畫，雲煙繚巾幘。藴兹數端奇，乃以成標格。宦海波既平，笠子亦不窄。維古植杖翁，劃然肩許拍。（《魯巖餘事稿》卷上）

寄松嵐先生時先生方游盤山歸

張宗泰

問訊龐眉老，高年興有餘。看山窮燕薊，山色入範模。如釋法力大，百靈供招呼。維昔詞場伯，頽唐年與俱。江郎抛彩筆，才盡氣不舒。鮑照多累句，良田亦自蕪。抑誰若先生，咳唾字字珠？力全律愈細，未信在桑榆。况是多樂事，鯉庭添鳳雛。伯道終有後，百年托琴書。有集留天地，有兒光門閭。花下酒千鍾，掀髯想軒渠。（《魯巖餘事稿》卷上）

寄劉松嵐先生

張宗泰

利藪名淵裏，超然世外身。尋詩曾華岳，無夢到平津。竹杖自多節，青衫不受塵。沖襟饒樂趣，猿

鶴結芳鄰。（《魯巖餘事稿》卷下）

書黃仲則詩後

江之紀

洪鐘萬鈞作鯨吼，坎窾噌吰震宇宙。世人聽慣箏笛聲，往往聞之掩耳走。黃生作詩不惜命，筆尖欲與風霆競。熊渠射虎石洞穿，周侯斬蛟血飛迸。祇因年少力健舉，未免寸寸彎彊弩。讀書若使更十年，南施北宋皆邾莒。平生遊跡半湖海，一囊官粟貧難待。飄零遺藁兩千篇，糞壤埋擲騰光彩。松嵐觀察人中鸞，却從身後識方干。《論衡》祇有中郎惜，聞道如今亦罷官。松嵐不識仲則，爲梓其詩。僕亦不識劉公，爲之歎息而已。（《白圭堂詩鈔》卷四）

王韞齋夫子汝玉出示王惕甫洪北江劉松嵐三先生手跡合卷敬賦

劉履芬

惕甫爲壬申歲除自述詩，又二札，皆與其弟寶園者。北江則爲戊午將發上海寄惕甫博士詩，今刻《卷施閣詩集》中。松嵐一札，亦與惕甫者，署乙丑閏六月，蓋同在揚州時也。

乾嘉富壇坫，東南才尤殊。華亭老校官，鐵體同時無。晚年謝塵事，閉户還讀書。作詩兼述懷，想見衰顔舒。寫以寄阿弟，行墨多豐腴。餘語類瑣瑣，累幅松煙濡。更復念祖德，慨然生嗟吁。爰賦《招隱》篇，庶幾釣弋俱。此真古人風，豈僅翰墨娱？同調洪與劉，氣誼咸交孚。相推同金蘭，相和雜笙竽。采采蘭訊通，往復言有餘。人往風則微，遺文價璠璵。載酒來問字，獲叩元亭居。展卷俾縱觀，令我勤心摹。生晚誠何恨，幸復師資模。書尾特相質，所言倘非誣。（《古紅梅閣遺集》卷三）

上劉松嵐先生兼謝校正拙稿名大觀，山東邱縣人，著有《玉磬山房詩集》。

宋之睿

五嶽歸來鬢未蒼，巋然一代魯靈光。斗山聞望追前哲，洙泗淵源是故鄉。天假許衡營別墅，人欣張禹在安昌。後堂絲竹今猶昔，又見彭宣奉瓣香。范秋坪孝廉詩集，先生爲之捐貲代梓。范，先生門下士也。

分符夙荷寵恩頒，十載灘江報最還。叱馭遠衝遼雨雪，建牙周覽晉雲山。先生初仕廣西，繼由奉天刺史洊升山西河東觀察。名流濟濟交將遍，著述叢叢筆未閑。今日懷州訪陳迹，太行王屋又開顏。時先生僑居懷郡。

小瑯玕館日澆花，閑復開樽對碧紗。筆有鑪錘能破地，詩無依傍自成家。校書已見藜吹閣，問字重看酒載車。我愧未能親奉教，草玄亭下學侯芭。

劣句多蒙細討論，披吟不覺動心魂。方圓自擬皆歸法，斧鑿誰知尚有痕？木必從繩材乃直，斤纔過鼻堊無存。箇中何日知甘苦，慚愧遲登大匠門。（《懥泉書屋詩稿》卷十三）

劉松嵐先生由懷慶寄賜手書評論國朝詩人並附論詩七律一首澣讀之餘謹撰五古奉謝

宋之睿

自從賈島死，無復有人替。先生起斥邱，曠代遥相繼。手訂《玉磬詩》，不拾人牙慧。嶺外至懷州，括盡江山麗。胸次有五岳，筆端無點翳。艷不與時爭，神獨與古契。今夏寄我書，論詩發真諦。上溯其開端，下指其流弊。漁洋與仲則，人各有斷制。一百八十年，褒貶極嚴厲。近人無此評，評亦無此細。嗟予備一官，碌碌如匏繫。今日與先生，猶幸生同世。遥望小瑯玕，當作安昌第。未登絲竹堂，擬仿彭宣例。更捧見寄詩，日誦門長閉。斲輪如匠斤，棒喝如佛偈。開卷見先生，拳拳自激勵。李洞鑄黄金，好作千秋計。（《憓泉書屋詩稿》卷十四）

劉松嵐先生以玉磬山房詩集見示即步其京口阻風原韻

宋之睿

狂風挾浪上崔巍，摇撼金焦往復回。多少江豚爭出没，一時都向海門來。
披猖直似起驚潮，捲土封姨氣概超。樹倒江昏沙眯目，難將碑碣認前朝。
一塔凌霄四面空，高標直聳大江中。祇今惟有山前石，曾見蘄王戰血紅。
金山東望水漫漫，萬竅呼號晝亦寒。我愧不如古高士，泠然天外御而看。

風浪茫茫寄此身，孤篷連日滯江濱。羡他一夜滕王閣，偏送飄零失路人。（《懥泉書屋詩稿》卷十五）

劉松嵐先生以送吴巢松學憲督學山東詩四首寄示敬步原韻兼以奉贈

宋之睿

鹺城建旄節，民作甘棠樹。才欣廉范來，忽報劉寵去。攀轅挽難留，爭唱絖如句。惟公淡名場，退作《閑居賦》。逍遥林谷中，獨自安儒素。室惟鶴自隨，河凛公無渡。屏跡野王城，濛濛隔煙霧。

文教溯開端，首推鄒與魯。一自趨浮靡，今遂不如古。公從東山來，續作詩壇主。胸有列宿羅，筆將造化補。結廬在懷州，四圍築園圃。抱甕獨全真，閱歷甘與苦。身藏一畝宫，名滿九州土。後學仰龍門，興懷歌《杕杜》。

養静瑯玕館，有如居武陵。翹首太行頂，日看煙霞蒸。吟詩寄幽興，夜静猶挑燈。源流溯漢魏，曠代相師承。落筆掃陳言，奇氣十指騰。詩成復何似，融融秋水澄。

景行仰高山，思之不能見。一年復一年，不覺流光變。嗟予羈末吏，久已荒筆硯。當此一陽生，愁積如添線。瀚手讀公詩，漏盡心忘倦。將公比放翁，滌筆畫團扇。胸無脱穎才，處囊難自薦。惟求大冶鑪，銷鎔重鍛鍊。（《懥泉書屋詩稿》卷十五）

以拙詩就政劉松嵐先生荷蒙作序獎飾逾情感愧之餘函詩奉謝

宋之睿

筆底多慚未掃塵，卅年徒自費精神。箇中甘苦無由悟，爭不來求老斵輪。（《懥泉書屋詩稿》卷十五）

留别劉松嵐先生時初晤面即蒙招飲復贈七律二首故答之

先生邱縣人，□科進士，仕至太原道，署藩司，寄居河内縣。

張　豐

鹺城事業口碑傳，林下優游又幾年。書到興來由我法，詩於老去得真詮。偶尋許子棲河内，便學王維寄輞川。此日秋風正颯爽，揮杯可惜是離筵。（《蔗園詩存》）

和松嵐先生韻

張　豐

年來相望不相親，知向野王新卜鄰。此日偶陪名士座，何期如入武陵春？一庭花影抒幽抱，千古詞源占要津。愧我高深未窺得，却蒙許是個中人。

他鄉幸得聚流萍，宦海浮沉一任聽。天外閑雲從出岫，風前驚鳥自梳翎。久慚同學少年棄，又被先生老眼青。三復佳章頻握手，無情最恨是離亭。（《蔗園詩存》）

呈康蘭皋先生紹鏞時從中道村移居緱山村次劉松嵐先生大觀韻

俞鴻漸

此間卜築勝南村，花映重簾竹映門。樂志好尋長統論，高名况比謝公墩。一窗山翠供詩料，三徑苔紋少屐痕。娓娓聽談天下事，幾回剪燭坐黄昏。（《印雪軒詩鈔》卷十二）

西齋讌集次松嵐年伯原韻

朱道衍

畫閣垂疎柳，晴雲抱月來。印收人久散，鳥睡宴初開。高客五七輩，濁醪三兩杯。詩情兼夜永，寒柝莫頻催。（《鑄亭山人詩抄》）

題玉磬山房詩後

朱道衍

天欲造斯文，邊州得使君。筆驅秋塞雁，吟碎海峰雲。鶴懶依中散，鵝歸屬右軍。訟庭花落後，詩卷亦清芬。（《鑄亭山人詩抄》）

聽松嵐年伯論詩因成五古一首用以印證

朱道衍

著筆妙於淡，尋之味彌永。默操元化機，獨造天然境。譬如採百藥，投之於一鼎。到得丹成時，爐灰已全冷。嗟彼造次人，動以才相逞。此意殊難言，解人惟自領。我性本疎放，下筆好馳騁。力薄氣未充，平原逢塞梗。未能謫仙逸，安得拾遺整？不然學祭魚，終與嚼蠟等。卓哉寧遠牧，品格臻絶頂。墨瀋只幾希，烟波已萬頃。郡閣日無事，清言何井井！如墮雲霧中，忽然發猛省。坐久玉輪高，仰視天宇净。（《鑄亭山人詩抄》）

題松嵐年伯詩卷後

朱道衍

筆意兼秋到，灑然風一襟。寥寥曠當代，落落幾知音。思苦磨穿硯，吟成用碎心。那堪兩髩髮，已半雪霜侵。（《鑄亭山人詩抄》）

題松嵐先生登焦山圖後

朱道衍

獨放詩人膽，探奇不厭賒。置身當絶巘，將眼著飛霞。瘦影孤峰出，長江半面遮。圖成吟亦就，傳

誦遍天涯。(《鑄亭山人詩抄》)

和松嵐年伯喜雨詩

朱道衍

久旱得甘霖，如傾萬斛珠。尚有未終勢，雷響雲模糊。郡伯動容曰：『民心其定乎？不然壯者散，老弱獨何辜？予與此土人，痌癢與之俱。民困吾亦困，念民還念吾。』客子時亦悦，含笑拈吟鬚。硯田久已廢，筆花將欲枯。一雨爲灌溉，淋漓墨沾濡。登樓望四野，蒼茫入畫圖。濕烟吹不斷，諸峰看欲無。草木濃於染，禾苗一時蘇。飢者從此食，寒者從此褥。再聽城市裏，人語動歡呼。郡伯樂民樂，吾亦娱所娱。所懷雖有異，所喜本無殊。爰爲五字吟，爲君歌烏烏。作者伊何人，道衍名姓朱。(《鑄亭山人詩抄》)

擬松嵐年伯得雨復望雨詩

朱道衍

雨雨復雨雨，一雨不沃土。雨雨復望雨，悵望渺何許！望雨復得雨，沛然德施普。望雨轉不雨，民將無處所。惟此赤子心，待命如待乳。一乳不再得，嗷嗷將何補？那能石燕飛，不見商羊舞？昨予以長句，問天天不語。今我爲短句，代牒移雷祖。惟云望雨心，刺史良獨苦。(《鑄亭山人詩抄》)

謁觀察松嵐年伯

朱道衍

落落鬚眉古，風規較昔嚴。屬僚隨客課，吏案帶詩籤。品至爲官定，行當作士廉。帝心時簡在，先得試梅鹽。（《鑄亭山人詩抄》）

佐松嵐年伯夜話

朱道衍

立命應無地，憐才獨有君。十年思老眼，千里附青雲。羞作遼東豕，難空冀北群。小亭明月下，深夜借香焚。（《鑄亭山人詩抄》）

報松嵐年伯餽金

朱道衍

憐才兼惜品，高誼古人齊。寧使逢迎拙，不教顔色低。深恩感覺淺，屢餽意猶迷。却似養馴鶴，空齋逐夜栖。（《鑄亭山人詩抄》）

上松嵐年伯

朱道衍

老句先秋得，吟成落葉時。不隨流俗轉，惟待賞音知。孤詣鶴同瘦，苦衷僧説奇。未知張水部，可許近籓籬？（《鑄亭山人詩抄》）

搜句偶成呈松嵐年伯

朱道衍

破格搜奇句，搜窮望轉奢。依君詩似命，教我館爲家。探穴方得子，揀金須去沙。鍊成丹訣候，紙上起烟霞。（《鑄亭山人詩抄》）

讀李十桐先生主客圖有寄呈松嵐年伯

朱道衍

天將貧與病，並錫作吟身。於此堪終老，還期到古人。希音惜句少，嚴考得詩珍。只爲親師範，幽窗起草頻。（《鑄亭山人詩抄》）

客有問松嵐先生於予者詩以答之

朱道衍

不受簪纓紲，元龍意氣豪。在官言利罕，養品得詩高。愛客留青眼，憐才贈綈袍。冰霜肅滿面，計日代刑曹。（《鑄亭山人詩抄》）

批閱吟稿將付梓人追念松嵐先生以古人相期之意感成四十字

朱道衍

期我以千古，如君有幾人？但留心血在，不負此生貧。檢點風烟舊，平章花月新。一從親水部，格調入清真。（《鑄亭山人詩抄補遺》）

嶺南三友李松圃、劉松嵐、李少鶴先生，俱以詩名，籍桂林時，號『嶺南三友』。

朱道衍

松圃嵐與鶴，齊名各一家。詩多脱水墨，人不染煙霞。地應文星聚，天移南斗斜。微嫌似仙謫，薄宦坐官衙。（《鑄亭山人詩續抄》）

過懷慶留别松嵐先生

朱道衍

洗盡浮塵氣倍豪，激昂意興薄風騷。搜窮此夜新秋句，未换當年舊葛袍。夢覺花前看蝶舞，琴揮林下比僧高。更期待得重陽日，共賞黄英醉濁醪。（《鑄亭山人詩續抄》）

送松嵐先生登華山

朱道衍

千峰待詩老，嶽色入高秋。鳥道緣空去，雲邊曳杖遊。奇凴身是膽，險與命爲仇。指點蒼煙處，微茫辨九州。（《鑄亭山人詩續抄》）

題松嵐先生别業三首

朱道衍

一笠一筇際，身閑道自尊。蛇寧堪畫足，鶴不更乘軒。别院移危石，枯松繫定猿。從兹塵外耳，免受世中言。

天遣裁詩老，閑閑得挂冠。千峰隱名易，五字鑄人難。筆屈鐵爲句，吟停齒覺寒。莫嫌終寂寞，門外有方干。

應是古禪身，蕭然白髮新。石留山氣骨，簾駐月精神。蓺菊高於鶴，栽松瘦似人。悠悠侶樵牧，疑是葛天民。（《鑄亭山人詩續抄》）

重陽後一日返至懷慶松嵐先生命題菊同范桂園作

朱道衍

淵明晚節此難得，衣冠忽作隱逸客。瓦盆羅列菊千頭，留與幽人借顏色。主人爲花邀吟侶，我來路阻重陽雨。秋容銷瘦減清香，隔夜問花花應語。朝來謝主人，勿爲愆期生怒嗔。我能攝花之魄，追花之魂。自古吟菊無絶筆，今夕爲我重開樽。醉墨亂塗鴉，風流寫孟嘉。筵前伴蕭索，霜後作繁華。格韻高潔本天然，愛君不費買花錢。滿庭釀成菊氣味，從此高卧羲皇年。日餐黄英助白髮，知君裁詩花作骨，籬根更餘石數笏。（《鑄亭山人詩續抄》）

朱星海道衍平陰諸生父以名進士爲廣西縣令卒後囊橐蕭然至衣食不能給幸爲父執劉松嵐觀察所知刻其詩一卷

范坰

宦後淒涼執似君，荒村茅屋守遺文。苦吟不作干時態，故絹花開錦繡紋。（《如好色齋稿》己卷《歲暮懷人》詩，其五十九）

和劉崧嵐明府西禪寺聽鐵舟上人彈琴

吴熙曾

愔愔僧院寂，逸韻出琴徽。流水滄無際，涼雲空自依。清隨天籟遠，静識古音稀。餘響歸何處，微風滿客衣。（李佐賢輯《武定詩續鈔》卷十）

題劉松嵐觀察大觀五十二歲小像

張井

槃槃康濟才，老乃稱名士。持問卷中人，素心寧如是？古來賢豪志節爭去留，乍可爲百鍊鋼，不能作繞指柔，湯沐早自築糟邱。况有太行王屋可以供吟眺，笑傲何處非滄洲？百金買寶劍，千吟購美人。持杯攤卷往往過夜半，一室中駐千年春。行年七十又不老，當時官蹟那復道？豈知嶺南遼西河東之部民，尚祝使君顔色好。使君有口但飲酒，檢書看劍時一偶。使君有眼但看花，高燒絳蠟照瓊華。大才自古不必皆大用，濟世傳世各有命。壯心收拾入天機，料理煙霞當爲政。白衣蒼狗變幻新，昨日之迹今日陳。二十年前圖此亦戲爾，但得其似非其真。祇今萬事付流水，惟有文章結習老更侈。酒酣摇筆動盈紙，其中茗艼皆至理。未知於古當誰儗，古人孳孳著作之意或似此。吁嗟乎，韓、蘇擯斥孟、賈窮，文采照燿今不死。近代亦有子才子，百年如斯良足矣。執筆題圖屢歎起，尚思玉磬一聲振俗耳。有《玉磬山房集》。（《二竹齋詩鈔》卷三）

題沈石田秋林晚眺圖次劉崧嵐明府韻

吴昇

斜暉掛夕林，幽思獨探尋。村口白煙起，門前黄葉深。野人多遠目，老屋寄秋心。對此蠲塵慮，惟應理素琴。（《小羅浮山館詩鈔》卷七）

病中劉崧嵐大尹見訪

吴昇

迢遞三千里，南來此會奇。登牀翻藥裹，探袖出新詞。瘧鬼排窗出，愁顔向客移。憑君話遊跡，山水是良醫。（《小羅浮山館詩鈔》卷八）

贈劉松嵐觀察

劉禮淞

遂初賦後鬢猶蒼，樂得幽居廿二霜。謂小琅玕館。四海交遊吴季札，三朝耆老魯靈光。吟箋束卷牛腰厚，醉墨揮毫蠆尾長。最羡丹山雛鳳美，清聲定向九霄翔。（《青藜閣吟草》卷六）

懷州留宿劉松嵐觀察十丈大觀養愚園六首

姚椿

自憐樗散士，來宿養愚園。爲辱談詩契，難忘得意言。菊蘭滋近圃，桐柳俯高軒。寥廓蘇州語，惟應静者論。『園林養愚蒙』，本韋詩。

自作太行客，屋檐無數青。少披《循吏傳》，老愛《浄名經》。洗硯窺鸜鵒，携鉏斸茯苓。平生能識字，齒冷太玄亭。

伉直遭時忌，疏慵得性便。庭前松矯矯，户外竹娟娟。愛子如元亮，休官似樂天。仙人王屋待，別有好林泉。

游蹤天下遍，此地老堪娱。换酒魚還解，留琴鶴也無。江湖今夕夢，主客舊時圖。不樂真何有，危曾捋虎鬚。

意嬾朝參謁，心空古井波。貧猶貪客至，老不厭書多。美酒一斟酌，好詩頻琢磨。白鬓風貌偉，未信拄巖阿。

恨我逢公晚，高談氣轉清。江山情跌宕，風雨意縱横。讀畫資茶暇，扶羸采藥行。遥知千載下，匪獨瀼湖名。（《通藝閣詩續録》卷七）

清明後大雪呈劉松嵐大觀觀察

胡　樟

寒衣典去試春衣，已過清明雪復霏。疑是玉龍蟠繡野，頓令高士掩柴扉。梨花半落粧偏艷，楊柳纔青絮乍飛。此日程門誰侍立，東風早透讀書幃。（胡衍禮《耕情詩稿》後附胡樟《韻樓詩草》）

題松嵐觀察小影

吴慈鶴

前有生徒後女樂，絳帳風流天下樂。誰知指擬亦空花，二十年前事猶昨。油壁車，蘇小小，真娘泰娘都窈窕。四禪不信已堅牢，競學摩登來壞道。鳩摩羅什寂無言，吞針一笑誰能然？衤多衣脱却换破裓，只與《漢書》濁酒爲因緣。萬卷書，百壺酒，到不平時劍先吼。公孫大娘來未來，興發蒼茫重搔首。吁嗟乎，此劍在古，能誅佞臣，方今夔龍滿朝，元愷布列，先生何必爲朱雲？又况百僚凛凛肅綱紀，安有强宗墨吏，足以污此？不如刺殺鋸尾蛟，勿使簸弄河伯爲驚濤。蒼生萬古得乾土，兩河芃芃遍禾黍。使君之功非小補，奴隸澹臺與周處。勸君從今飲酒但飲醇，醖釀可以全天真。况有天壇王屋足登眺，一切語言文字皆沙塵。君不見，天女夜來窺丈室，此心如灰自不滅。（《鳳巢山樵求是二録》卷二）

寄謝劉松嵐觀察三首

吴慈鶴

兩到懷州喜欲狂，只緣重拜幼安牀。從游多似邴根矩，清德過於王彦方。相見又成浮白會，此來恰入鬧紅鄉。一宵轉悵匆匆别，沁水東流爾許長。

不老非關服餌豐，此心盎盎貌常童。仙居王屋游行慣，佛藏《華嚴》秘密通。剩有圖書翻覺富，遍栽桃李諱言功。繞城萬户皆修竹，聞道家家畫放翁。

茗醪清洌絶羶腥，數客翛然各醉醒。但使小詩編《杜集》，可能戒殺化岐亭。兩奴一馬須先約，百罰深杯肯暫停。明日暑風吹短鬢，隔河猶見少微星。（《鳳巢山樵求是二録》卷三）

賀松嵐觀察得第二子

吴慈鶴

老人星照子孫宫，七十欣看得兩雄。乍聽英聲穿繡褓，定能仙骨立屏風。杜家宗武偏憐小，王氏僧彌自不同。和璧他年雙特達，白頭狂煞杖藜翁。

羨君身是地行仙，家有蘭香伴偓佺。紅蕙一枝開笑靨，觀察先得女公子。綺梅駢萼上春肩。買園佳讖應多子，所居舊名榴園，乃多子之讖。插架奇書别有田。顛倒衣裳吾喜極，爲貪湯餅欲流涎。（《鳳巢山樵求是二録》卷四）

余將之山左松嵐觀察寄詩贈行依韻奉答

吴慈鶴

不戀汴水魚，但憶懷州樹。去去無所惜，所惜別君去。平生千首詩，未得君一句。始信才不齊，妍醜蓋天賦。斐然河梁篇，千里寄情素。河漢自迢迢，匏瓜不能渡。何山有明月，對面起秋霧。孔門善鑄人，不棄嗲與魯。奈何峻牆閾，今或戾于古？先生開鱣堂，英彦得所主。醫門故多疾，黥刖仗翁補。采藍已盈襜，種蕙亦成圃。余情同信芳，英英望蘅杜。先生騁墨妙，玉版摹昭陵。先生著遺愛，萬口留臨蒸。樂浪與蒲坂，過去猶風燈。詩名宋荔裳王阮亭後，屹然推中興。我今悵孤往，得失何所承？甚愧龍津劍，臨淵能共騰。三復白雪篇，一讀眼一澂。去矣矍鑠翁，何時重相見？波斯面雖皺，澄水曾未變。先生何所食，湯沐乃破硯。贈我襦内珠，度人手中線。本非芙蓉花，肯做兒女戀。流連次道酒，轉憶安石扇。明湖魚可叉，河朔糜已薦。兩地同歲寒，慎勿語時彦。（《鳳巢山樵求是續録》）

謝高寄泉贈劉松嵐觀察玉磬山房詩集

梅成棟

磊落劉觀察，傾慕十年久。公與船山師，未面稱蘭友。對我説公詩，咨嗟不去口。時未詢公名，但識松嵐叟。《玉磬山房集》，朋好皆烏有。昨夜故人來，劉書田袖詩至。完本出諸手。云是高達夫，得之于某某。割愛贈樹君，相投如瓊玖。我方感寒疾，豁然釋八九。燈下開卷讀，亥初坐至丑。半夜竟兩卷，曙光射窗牖。整衣索筆札，吟詩謝誼厚。前輩夙雅懷，今人棄如帚。我輩文字癖，難與俗人剖。君之此高情，銘衷實不朽。寫畢自緘封，向東三頓首。（四卷本《欲起竹間樓存稿》卷四）

上河東觀察劉松嵐先生

方坦

龍門萬丈倚天開，桃李新陰著意栽。惟大名公能下士，是真風雅定憐才。鹽梅勳業推當代，鐘鼎文章接上台。願乞金丹换凡骨，五雲深處即蓬萊。（《丹衢詩稿》卷三）

懷劉松嵐先生

方坦

廿年槖筆走風塵，惟有先生愛我真。未接繡衣三品貴，早嘘寒谷十分春。文章知己推前輩，道義交情見古人。遥識幽居多勝事，烟雲供養句彌新。（《丹衢詩稿》卷三）

麟見亭廉訪太夫人惲太君選閨秀詩劉松嵐師以拙稿薦譬鹽車之困馬欣逢伯樂爨下之焦桐幸遇中郎實爲平生奇遇也

張　漪

江山佳處鍾靈秀，《吴會英才》有婦人。畢秋帆尚書刻《吴會英才集》，孫淵如觀察夫人詩亦在選中。每憶吟壇推作手，亦容巾幗與扶輪。經霜自惜如枯草，向日何當受古春？收入網羅誠有幸，紫薇星照氣嶙峋。（惲珠輯《閨秀正始集》卷尾《題詞》）

劉松嵐觀察以所和張芥航河帥諸葛銅鼓歌見示即效其體奉酬

湯建中

赤壁船燒千炬火，東風一夜曹兵破。荆州雖借終復還，恨未長驅到江左。鼎足三分南北朝，卧龍古蹟殊寥寥。但能得其遺物已足貴，況兹銅鼓來尤遥。相傳征蠻曾用此，貫索虚懸山谷裏。瀑泉擊之聲隆隆，如有千軍伏而起。南蠻多詐兵貴奇，疑人需用疑兵疑。我猶惜其用不早，曷不鑄在攻曹時？老瞞多疑必却走，何事六出祁山師？不然贈與禰衡擊，對賊撾之聲奮激。漁陽三弄氣益豪，定使姦雄心膽裂。乃徒用以驚蠻人，得毋所用非其倫？豈知先生製器巧，木牛流馬且亂真。區區銅鼓曷足異，後世乃與彝鼎同爲珍。伏波所造世已少，此鼓依然尚完好。陸離斑駁含古春，猶覺英靈滿江表。即今鑒古誰最良，博物無過張華强。懸諸帥府日欣賞，豪飲直欲傾千觴。興酣落筆作詩記，一時屬和多瓊章。河東觀察人中傑，八十猶揮典韋戟。詩力直逼韓昌黎，硬語盤空欲屈鐵。我未見鼓心常疑，讀公之詩早明澈。况聞移置焦山巔，此山不易鼓不遷。他日渡江一過訪，摩挱古物寧無緣？從此青山倍生色，鎮山有寶應無匹。寄語山僧莫亂敲，恐驚江底蛟龍出。（《筠緑山房詩草》卷二）

將歸南昌留別婁澗筠明府劉松嵐觀察宋思堂别駕陳松雲進士四首（其二）

尚　鎔

大老原應住野王，觀察自商邱縣移家河内。詩家越石最清剛。曾叨皇甫《三都序》，敢忘南豐一瓣香。論學久慚書未答，望風惟祝壽彌長。幾回欲渡臨河返，剩有愁心繞太行。（《持雅堂詩集》卷四）

雪夜懷劉松嵐先生

尚　鎔

日逐屠沽走醉鄉，正平非復舊時狂。恨無孤櫂尋安道，應有長裘覆洛陽。夜氣肯隨燈影亂，冬心久抱雪花香。三年萍跡終難合，敢謂神交慰客望。（《持雅堂詩集》卷二）

上劉松嵐觀察書

尚　鎔

松嵐先生閣下：先生高才勁節，以魯國靈光，作寓公於河内。去秋讀大集，竊以爲博雅似漁洋，而切真過之；刻露似秋谷，而堅陗過之。于是不揣檮昧，欲識平原，而路隔大河，匆匆未暇。適拙集妄災梨棗，遂因栗稼軒廣文，欲得一言以爲重。乃江河東注，不鄙蹄涔，竟賜士安之序，惜鎔非太沖《三都賦》也。

鎔生江南菰蘆之中，累世游庠，無一作宦者。少時妄爲詩古文詞，苦聞見不廣。洎弱冠以後，遍游東南勝地，交三益，見藏書，漂泊十餘年，始存稿歸里。同鄉黄範亭侍御强之應童試，周耿堂觀察時爲南昌令，録爲案首，補弟子員。後二年，李芝齡侍郎以主考留督學，聞鎔名，招往見，鎔因循未果，然侍郎不以爲狂傲，卒備取優貢，不可謂非知音也。曩游蘇州，錢唐陳雲伯明府謂鎔曰：『張古餘爲南昌府，曾賓谷告終養在家，君何爲至此？』因大序爲鎔致沉淪之慨，故詳述以告。

又，鎔雖不佞，然茹貧半生，未嘗漁食閭里一人，亦未嘗有一字入官寺，迭遭家難，頗能自守志節。才人無行，古今同歎，幸蒙大君子獎借，敢布腹心。天下鶩驅制舉，其鋭精古學，而卓然可踵古傳人者，不過數十輩耳。乃鎔曩客金陵，孫淵如觀察評拙集，謂有淵明抑揚爽朗之觀，無山谷生硬僻澀之習。今先生賜序，以淵明發凡，而又以蔣清容、吴蘭雪相勖，且極推《三國志辨微》暨《新疆南北路總記》，直將賤子心肝揭出，示天下後世。鎔雖試場屢躓，亦復何所憾哉！感激之忱，難以詞罄。春寒尚峭，伏惟珍攝道體，長爲風雅總持。二月三日，後學尚鎔頓首謹上。（《持雅堂文集》卷二）

酬劉松嵐先生見贈四首

方履籛

元禮陽城卧，安仁梓澤游。得師吾豈晚，同客道相謀。欲置花間驛，頻登竹外樓。閑雲朝暮合，心迹苦難酬。

海内瞻耆宿，林泉久養真。新詩兼藻律，晚節絶風塵。弟子調編磬，奚童理釣綸。居然太行側，能款謫仙人。

近爲何年少，揮毫意不疲。羊欣慚改席，王粲獨褰帷。鷗渚曾同泛，蟾光又屢移。瓊箋慰寥闊，短夢早飛馳。

郊居遲夙願，羈旅託東陽。客思征鴻路，秋風射犬鄉。野情諳水竹，蔬味得山薑。乘興來何日，亭西桂漸香。（《萬善花室詩集》卷四）

呈松嵐先生

方履籛

先生孕靈梁甫巔，丹輝炳耀中台躔。已將膏澤沛郡國，脱簪卧隱歸林泉。冠世楷模富述作，名場踔厲當華年。早操儒術播風惠，謌誦直欲調管絃。弱翁治行褒玉闕，伯厚疾惡懷金鉛。一紙彈文袖中出，恰如唳鶴驚霜天。元禮免歸道愈重，陽城寄迹風高騫。醁醽百罌醉花窟，青箱萬卷開經筵。浮生得喪付彈指，外和内鏡同真僊。陋士操業乏端概，徒知枵腹橫簡編。觿歲元亭問字日，荆州雅望衷懷鐫。揭來河朔益荒落，楠榴欲賦誰爲妍？喜瞻斗曜映附路，爰持窳瓦登陶甄。齒牙槳借辱相逮，軒眉席次忘拘攣。人生契遇固未易，中歲師友相棄捐。每思細流宗巨壑，眩衣裸壤徒招愆。扶輪此日值大雅，鄧林散木滋芳鮮。天壇瓊札十萬紙，容我一一求靈詮。藉抒義氣貢左右，斤削幸勿藏龍淵。（《萬善花室詩集》卷四）

蘭皋先生邀陪松嵐先生同游祝融宫荷亭小飲二首

方履籛

勝侶意相愜，隨地足遊遨。況以寰中彦，值此塵外鑣。散步過城闉，横塘通曲橋。蓮蒲已隱鷺，菀柳初鳴蜩。荷光亂高下，十頃英瓊瑶。緑蓋媚朝旭，粉袖舞回飆。冷香時欲來，清酒先相邀。霖霖談咏偕，漾漾心神超。通德有深契，卓蹤忘市朝。湛然水木華，坐對淩烟霄。

炎曦逼花久，快雨颯然至。分明紅玉頰，點染珍珠淚。葉重時復欹，瀉若流泉墜。滋液尚不沾，況乃塵土累。澄觀喻物理，哲匠多遠寄。愧予蓬蓽姿，獲與清英比。後軨欣有託，前席容追侍。採蓮未涉江，馨香已盈袂。褰裳信所願，濯纓豈殊致？百年列勝賞，此會良非易。碧筒醉復醒，翠管吟猶滯。座有劉并州，清剛最難繼。（《萬善花室詩集》卷四）

松嵐先生招飯遍列春蔬詩以奉酬

方履籛

清貧太守吞渭川，河東觀察今更賢。脂膏屏謝行廿年，晚菘早韭忘俗緣。海棠花下忽啟筵，春蔬掩映赤玉盤。薺甘荼苦皆肥鮮，椿芽摘來高樹巔。茅荑一握輕如棉，湯匙羹滑浮榆錢，銅翠欲滴光初圓。書生藜藿腸久煎，妄隨塵客饕腥膻，對此不覺饞流涎。恣食不畏羊踏園，梨花新釀沽市廛。佳名已直斗十千，快傾百斝方陶然。江南此日春正妍，蕨拳嫩白盈溪田。雨籠燕筍嬌可憐，圓麥如珠百琲穿。泖湖蓴葉絲始牽，籧筐採擷含碧煙。庾郎鮭菜事已全，饜飫口腹何便便。伊蒲妙饌今滿前，如飽鄉味喜欲顛。我有密諦聞坡仙，佳味幸勿與人言。椶鞋笋帽游林泉，煙霞秀色尤可餐。先生若往願執鞭，試與同參玉版禪。（《萬善花室詩集》卷四）

答松翁見贈之作

方履籛

秋人寥寂減華顏，不爲愁吟飯顆山。自嘆雉膏長棄擲，欲馴龍性得幽閑。扶風長者能虛席，元晏先生早閉關。倘以聲名慰知己，何時真見奪標還？（《萬善花室詩集》卷四）

春興和松嵐先生

方履籛

早春偏向雪中尋，漸覺和風度遠岑。簷鳥爲誰喧斷夢，江梅知我負歸心。九華燈照濃陰重，五木湯融客思深。游約定當隨杖屐，桃源日日坐横琴。（《萬善花室詩集》卷四）

小琅玕館雅集詩序

方履籛

蓋聞道通靈臺，可謝絃韋之贄；義申麗澤，自叶琴笙之和。藉款睇以言歡，歷今昔其如一。然而脂輪暫動，輒感星文；綺薦偶陳，遂貽勝迹。良以賢達之契，曠代難期；幽軫之合，壟勞希覯。古人所爲欣暫得之遇，貴物外之游也。

前河東觀察劉松嵐先生，文德耆英，元風勝業。威鳳一羽，愷澤浹乎民謠；霜鶚九秋，直言書於惇史。留冀州之畫象，爲河朔之逸人。式啟精廬，聿興講授，栖道無悶，十有餘年。今河南督學吴巢松先生，稟玉府之華，持繡衣之節，水鏡人倫，斧藻士囿。平臺逸響，已振流飆；東觀雅裁，即能緯俗。遂乃行式間之禮，致擁篲之誠。鄭公通德，特表其一鄉；任君夙望，敬修乎四海。縞紵既洽，燕享宜殷；蘿薜方開，騶騎是屏。泉明載酒，無煩半道之要；山傅倒罹，乃得高陽之館。所偕賓友吴君亞白等七人，並以詞宗穎達，旅屐遐臻。而河内邑宰袁君蘭村，又適以文猷惠績，遷莅兹邦。或參地主之儀，或應折柬之召，各紆簪佩，同泛觴罍。俊賞煙霏，名流川泳，賁此盛事，軼乎前修矣。

時則梅衣始御，鵲扇輕揮，含櫻浮丹，新桐衍碧。風弱而鶯花驟下，日暄而殘絮平飛。瀰泉濆薄，繞華廣之山池；太行嵐翠，拂幽人之屏几。縹囊赤軸，啟老氏之藏；玉篆銀書，擬陳倉之鼓。於是紫蘭盡調，緑醅徐進，一酬再詠，參立孤行，主客相忘，鋒辨互起。攬清光以横袂，發豪翰以滿堂。興若遠而未闌，情由澹而彌永。咸以爲蹤緒不恒，雅樂難繼。曜靈之景，非華燭可駐；愜心之晤，豈染彩所宜？

夫躡浮霄而增寥廓之思，睠翔雲而寄懸解之藴者，惟藉英辭綜其玄覽而已。况乎寰海懿哲，不期而萃；林皋茂美，繹之靡窮。足以輝映當時，炳耀載乘者哉！分授簡端，遞揚筆妙，凡會者十一人，共得詩若干首。籛也凡翮久淪，孤蓬獨轉。東陽寄跡，非江惇之隱居；南皮勝游，無吴質之曠抱。登龍譽重，則自慚暴鱗；倚馬才雄，而益形踠足。命爲短引，未敢固辭，聊竭剖瓠之資，以伸執鞭之慕。青雲麗藻，潤金石以永傳；白社狂人，比荃蓀而失類。後之覽者，當有擇焉。（《萬善花室文稿》卷五）

九日楊蓉裳夫子邀同劉松嵐觀察游城南牛頭寺謁杜工部祠堂即席呈兩公

周爲漢

幽慵偶住城，閉户耽面壁。豈惟疎闤闠，山水亦絶跡。大雅擲簪組，華岳夢秋碧。元亭訪舊侣，登高延幽客。山靈知賓來，呼雨洗林櫪。風煙霽凉野，天末湛明寂。南山來就人，翠氣濕衣袂。繁華盡灰煙，空王尚留宅。詩史亦祠堂，尊乃與佛敵。文章尚有神，何况抱道德。兩公各高尚，我亦戀泉石。

願言遊名山，到處理行屐。（《枕善齋集》卷十）

得劉松嵐大觀觀察書却寄

潘焕龍

當代才人荷見推，却言非比貢諛詞。文章得失千秋鏡，世事輸贏一局棋。唐宋而來誰抗手，性情以外本無詩。巋然此日靈光殿，老去寒暄合自知。（《四梅花屋詩鈔》卷五）

劉大觀字松嵐，山東邱縣人，乾隆丁酉拔貢，山西按察使。

潘焕龍

老輩晨星數易終，巋然魯殿尚穹窿。年過七十兒頻育，君七十生子，七十二又生一子。瞿鑠人誰及是翁！（《論詩紀略》）

陪劉松嵐夫子吴敏園黄卉町大令殷月圃家霖蓀廣文及甘晴軒參軍登東城遠眺

王偁

禹績留兹郡，憑臨識地靈。氣因新霽爽，山爲雅人青。野景生吟思，村烟繞畫屏。芙蕖十萬柄，歸袖帶餘馨。（《蓮舫詩鈔》卷三）

上劉松嵐夫子

王　偁

節幰曾窺攬轡登，買山小隱亦清澄。魚鹽功業歸蒲坂，翰墨聲華傳廣陵。花滿裴亭留竹健，秋高王屋識風稜。林居更喜招提近，冒雨時來乞字僧。（《蓮舫詩鈔》卷三）

偕諸生遊西山用松嵐夫子過潯州莊六參軍招飲西山題翠微閣壁韻

王　偁

結侶文場中，看山春江外。履躡古巉嵒，來與烟霞會。竹路翠濕衣，松門清生籟。幢影壓寺顛，泉聲鳴佛背。登閣索吟毫，一掃衆峰靉。明遠不可攀，息心謝時輩。山上有唐侍郎李明遠隱廬，今廢爲畫亭。（《蓮舫詩鈔》卷五）

將歸呈松嵐夫子

王　偁

別路愁驅問字車，侯芭歸去費踟躇。天涯失路思難再，衣鉢關心願恐虛。竹傍門墻影消瘦，人來松菊逕荒疏。霜程回仰行山峻，辜負春風六載餘。（《蓮舫詩鈔》卷七）

咏雪和劉松嵐夫子韻

王　偁

天地有時量褊淺，低抹寒雲壓嶺巇。盡把舊雨爲冰霜，舉世窺人皆白眼。滕六作威草木愁，淡舞一塲風折轉。鶴步空階鴻漸逵，自然天機成詩版。瓊瑶又作散體文，翻令白帖搨鳥篆。太古樸素雖希聲，世道如此乃太簡。從兹熱塲留不得，幸於冷處尚著色。回首太行休傲人，不信青山頭不白。（《蓮舫詩鈔》卷十一）

春來和松嵐夫子原韻

王　偁

春來百卉藉東風，獨有蓬根負化工。得地自多巢幙燕，無求何似信天翁。揮杯談劍心千古，種菜閉門園數弓。目送閑雲歸遠岫，寥寥天際雁書空。（《蓮舫詩鈔》卷十一）

上劉松嵐先生

李于潢

門前萬仞立青芙，館闢琅玕長鳳雛。海外知名偏我早，天中流寓似公無。桓寬舊論商民便，賈島新詩主客摹。疑是神仙住勾漏，幾回偷寫稚川圖。

德曜當春照汳中，征車催我去來恩。說詩饒有廣長舌，上馬爭誇矍鑠翁。貧喜飯僧緣戒殺，退羞言政早歸功。吹臺定發人天籟，東海洋洋播大風。（《方雅堂詩集》卷四）

次韻松嵐夫子示書院諸生之作并序

李棠階

嘉平二日，抵安定驛，得松嵐夫子手書及《娱老集》三卷。挑燈讀之，見集中有《示書院諸生》詩，指示鞭辟，深情如揭暗。余故諸生也，夫子飲食教誨，無所不至，自違杖履，于今六年矣。伏讀此詩，猶不啻親承謦欬于几席間也，感而作此。

行山違侍後，六載隔煙霞。風遞殘冬信，燈挑旅夜花。示詩懸正鵠，教士剔疵瑕。如此箴規切，同人尚斂華。

舊時提耳訓，流俗戒隨波。後進嚴趨步，先賢企許何。但蘄儒術正，豈礙《碩人》歌？君看經霜者，蒼官老不磨。

況復銘恩久，年年首重回。飢寒曾自力，推解獨師哀。弱幹手親植，性根心許栽。即今貽棨誨，頻自故鄉來。

斂却經綸手，猶爲帝作人。經傳鹿洞法，心契葛天民。書到律回暖，吟來香湧津。不知寒月上，斗室有餘春。（《李文清公詩集》）

自景東旋省道中讀松嵐夫子娱老集敬題

李棠階

道中邱壑集中境，曲折尋來深復深。雲起山窮又何處，水流花放本無心。年來雅什都成卷，海内名流舊賞音。我聽鈞天徒悦耳，郵亭月上夢沈沈。

奕奕精神矍鑠姿，猶如鹾郡奏彈時。仙山樹煖春常在，大海琴鳴意每移。泉石中人有此格，酸鹹外味復誰知？惟應花發瑯玕館，攜子圍香自課詩。（《李文清公詩集》）

讀劉松嵐先生玉磬山房詩集

謙福

中條回首隔前塵，文采風流記得真。松柏真姿能壽世，先生掌教覃懷書院，時年已七十餘，猶見其玉麈清談，逾時不倦。江山奇氣助詩人。潛身歸佛原無礙，刺手屠鯨妙有神。却憶琅玕舊山館，先生居懷州，有小琅玕山館。意彌古淡句彌新。（《桐華竹實之軒詩草》）

玲瓏四犯

許玉瑑

曹耕蓀駕部允源出示劉松嵐大觀手書《除夕》五言律册子，歸田後作也。意趣超曠，格律遒上，爰綴是解於後，以志欣慕。

栗里退閑，鹿門偕隱，詩人清興多許。閉門無剥啄，樂笑隨兒女。堂深正堪覓句，料年時、應官聽鼓。繡幔香凝，銅盤蠟膩，無此酒邊趣。多君遂初能賦。似懸崖勒馬，翔鳳辭笯。秫田新釀熟，醉把吴鈎撫。長城五字誰能奪？早博得、鐃歌盈路。憐我亦耽吟，尚從人賃廡。（《詩契齋詞鈔》卷五）

題劉松嵐觀察大觀吊武虚谷先生墓詩手卷

俞樾

武虚谷先生諱億，河南偃師人，以進士出宰山東博山縣，多惠政。時相國和珅遣番役至山東，有所詗察，役暴横，莫敢誰何，先生執而杖之，坐是罷官。歸益研究經義，所著書十數種。及和相敗，有詔起先生於家，而先生已卒。劉松嵐觀察過先生墓，吊以詩，今墨蹟藏其家。先生孫名來者，乞余題詩於後，因爲歌曰：

先生卓犖人中豪，爲民作爹身忘勞。虎而冠者來咆哮，擇肉而食誰所教？縛而杖之無由逃，群羊畏虎聲嘈嘈。人生窮達隨所遭，安能俯仰如桔槔？拂衣歸去嵩山高，經疾史恙窮秋毫。一旦見晛冰山消，璽書俄受彤庭褒。公已先赴巫陽招，徒留坏土埋蓬蒿。有客過此歌且謡，其聲慨慷心鬱陶，爲風爲雨爲怒濤。筆力斫斷生鼉蛟，翩然鳳翥鸞翔翱。我披此幅風蕭騷，願君寶此如瓊瑶，長使祖德千秋昭。（《春在堂詩編》卷四）

次劉松嵐題朱素人畫百合花絶句韻松嵐名大觀，山東臨清人，寧遠知州。

柳得恭

兀兀征輪傍海涯，懶將詩韻證砙椏。偶來玉磬山房裏，醉詠南宗没骨花。（《泠齋集》卷五）

寧遠贈知州劉大觀

金載瓚

星軺一路隔年餘，傳舍留燈枉駟車。談笑宛如傾蓋久，襟期先得識荆初。桑麻饒境門無牒，松桂開衙案有書。怊悵聲光從此遠，塞雲飛盡雁歸疎。

東國衣冠世襲儒，文宗經史學宗朱。生同一代逢何晚，憑軾今來見大巫。

翰墨淋漓談屑飛，清香自覺襲人衣。斗南知有文章氣，會見青霞夜夜輝。

二月關河客未還，夜來春色數州山。野亭酒盡天將夕，偷得行人半日閑。（《海石遺稿》卷四）

奉贈寧遠知州劉松嵐大觀

徐瀅修

艷體陳言弊百年，紛紛壇墠揔忘筌。方皋相馬無他法，吾愛松嵐獨佶然。陳仁錫曰，劉禹錫與柳宗元書曰：『端而曼，苦而腴，佶然以生，癯然以清。』論者謂此數句嚼出柳文妙處。

秋風傾蓋古城隈，如舊交情一笑開。飽讀中原文藻富，歸程話到篆烟灰。（《明皋全集》卷二）

奉和松嵐見貽元韻仍乞雅正

徐瀅修

論交萬里即千秋，長恨春波似鴨頭。遼野征轅難再駐，山房醉筆憶曾抽。與松嵐曾會於玉磬山房。一年寄字憑霜信，兩地相思聽栗留。《丹鉛總録》，諺云：『黄栗留，看我麥黄葚黑否？』黄栗留，黄鶯也。閉户著書聊復爾，識韓從古博封侯。李白《上韓荆州書》：天下之談士相聚而言曰：『人生不願萬户侯，但願一識韓荆州。』（《明皋全集》卷二）

與劉松嵐

徐瀅修

驛路邂逅，仍成佳會，半夜秉燭，津津説古今，談經史，古人亦有此奇緣否？况先生之教我曰：『自古詞人具仙骨，不煩爐裡晝殘灰。』此麻衣所以相錢公，而先生取以期我也。急流勇退，何等大事業！况於贈處之際，一言之重，君子終身不忘。早晚遲速，雖未可質言，而要須貼在額上，不敢負先生。僕之受先生賜，不亦盛矣乎！行且南至，伏惟先生齋戒有相，德履保重，令婿徐君，亦均安否？臨别索鄙稿甚勤，厚意豈敢孤？而今便凌遽，未及另寫一本，當俟後价並所著書數種，送請斤正，幸先生之勿督也。信筆付候，不盡馳企，惠而好我，毋金玉爾音。（《明皋全集》卷六）

劉松嵐傳

徐瀅修

劉大觀，號松嵐，山東臨清人也。其九世祖嘉遇，官山西按察使，爲明萬曆間名臣。其祖士縉，仕清爲四川滎經縣知縣。其父爕，爲安徽桐城縣知縣。蓋世家也。松嵐以乾隆丁酉科拔貢，歷廣西天保縣知縣，今爲奉天寧遠州知州。能詩，善楷書，著有《玉磬山房集》幾卷。

余於己未赴燕時，行過寧遠，見一官員，乘簷頂太平車，從者數十人，皆騎馬擁後，前有一騎，揮鞭呵引。余策馬而前，使隸私問其爲誰？則寧遠知州也。及抵客店，松嵐躡後來訪，余即出門揖迎，引入坑對坐。相與問答姓名、爵里訖，松嵐書示曰：『俄於路上遥接閣下風範，自不覺心醉。貴國舊稱禮義之邦，文物風俗，至今能然否？』余曰：『弊邦自箕聖以來幾千載，中土之所不能及者，有二大端。親喪之必三年也，婦人之不再醮也。及至我朝聖神繼作，賢德夾輔，立經陳紀，蓋倣趙宋規模。而如學術之宗程、朱，絀陸、王，文辭之主八家賓六朝，詩教之尚盛唐恥建安，雖比之鄒魯，文獻亦不多讓耳。聞近來中原學問，則强半是江西餘派，一轉而爲李卓吾，再傳而爲毛大可，詿誤既久，漸染益多云，此説儘然否？』松嵐曰：『本朝自聖祖仁皇帝表章朱子之後，立之學官，誦法尊師者，更無二歧。而天下之大，豈能四方一轍？至如鄉塾講案，則朱、陸相半，然此不可謂朱子之道不行矣。』

余曰：『即勿論朝廷草野，經學文章之爲世眉目者是誰？』松嵐曰：『今禮部尚書紀公勻，鴻臚少卿翁公方綱也。』余曰：『陳公崇本曾爲我作《學道關序》，蓋相與於形骸之外者殷矣，今尚在日下否？』松嵐曰：『陳公以國子祭酒，方任湖北學政去，閣下今行，恐不得相見。此公學問有本源，誠不草草，而亦陸學也。』余曰：『寧遠即明朝袁公崇焕多年鈐轄之地，舊蹟遺芬，尚有流傳不沫者否？』松嵐曰：『見於史乘、塗人耳目者外，别無佚事異聞矣。』余曰：『猥蒙左顧，多感不鄙，而使程有期，不能竟晷繼夜，甚是恨事。』松嵐曰：『歸時必以此地爲宿站，秉燭津津，豈非浮生快事耶！』余曰：『荷此鄭重，敢不如戒。』松嵐起去，余揖送門外。

及余自燕還，松嵐寄書迎問於數日程外。既抵寧遠，會余于玉磬山房，房在州城東一里許，而松嵐捐俸新築者也。把臂相勞苦，就話于西寮。松嵐曰：『閣下今行，山川風俗之可以開拓心胸者，不在論也。身入大都，識得幾箇名世之賢？』余曰：『識一紀曉嵐。此老腹笥，四部五車，九流《七録》，國典朝常，竹頭木屑，無不畢具矣。』松嵐曰：『兩賢相對，傾囊倒庋，必多可聞矣。』余曰：『曉嵐爲序弊稿，幸先生取覽評隲。』仍以紀序授之。松嵐覽訖曰：『願得曉嵐一言，以賭聲價者，天下何限？而閣下乃得之於傾蓋之間。須信有逸群之真才，然後可借伯樂之一顧，吾輩誠愧死矣。』余曰：『紀公文體，不欲偭背規矩，亦不屑常談死法。而平生蹤跡不離四庫館，博涉古今圖書，儲峙完具，逢源肆應，儘可謂不易得之一大家。最是文字與語録不同之論，尤爲特見創論，看透從前作者看未到處。先生亦以爲然否？』松嵐首肯曰：『極是名言。僕於此事，心雖艷慕，愧未有真得實工耳。』仍設卓排饌，旨酒嘉殽，名果香蔬，相與舉酬，錯以談詼。

松嵐曰：『僕是王漁洋先生姻家後進。年前過其家，拜其小像。今見閣下，眉目風儀，宛如漁洋，無毫髮差爽。異代異國之人，何如是酷相似也！』余曰：『漁洋號稱一代名碩，然其學不越考證一步，其文亦僅以雅潔自持，詩特其所長。而先生以此望僕，僕未肯默受之也。』松嵐大笑曰：『閣下之所自待，知應不止此，而僕亦以形貌之相似言耳。至如道德文章之成就地步，僕豈敢測海，而亦豈以漁洋望閣下哉？』余笑曰：『前言戲耳，漁洋豈可易言哉！呂晚村學術，較諸近日諸儒，最爲醇正，最似親切下工。得其淵源者，今有何人？而所著書，亦有幾種？』松嵐熟視良久曰：『呂留良是大學問，然得罪本朝，不敢竭論。』仍摘其筆談中此句，投諸燭芨，向余呵呵而笑，余亦大笑。

松嵐曰：『貴國科制何如，願聞其略。』余曰：『弊邦科制，略倣明朝洪武初所定之遺規，子、午、卯、酉年，分三場取士，而經義文詞，雙試並取。外此，國有大慶，則有慶科。令辰佳節，引試功令各體，則有節製。但知貢舉不置專官，臨試差幹，此稍與中制不同耳。』松嵐曰：『貴國人或着圓頂帽，或着尖頂帽，豈文武之別耶？』余曰：『概言之，則文武之分，而亦有時相通耳。頃在日下時聞之，則貴宗太學士，即劉墉。年前高宗皇帝傳禪時有大樹立，今皇帝以定策元老待之云，此説信然否？』松嵐曰：『果有此事。』余曰：『太學士義理之學耶，詞章之學耶，經濟之學耶，名物之學耶？』松嵐曰：『經濟爲主，而大抵有識見底人，故立言立功，皆能脚踏實地。』酒闌，松嵐要余偕歸其官舍，遂乘簷頂車，與松嵐并驅入府。過聽事堂，歷待客廳，徑造其寢室。則几案圖籍，左右魚雅，盆菊正開，香馥郁郁襲人。共坐花梨床上，啜茗數杯。余求扁額及柱聯數幅，松嵐即寫『明皋静居』四字，及『於古人書無不讀，則天下事皆可爲』一聯。顧余而笑曰：『着題否？』余笑答曰：『不敢當。』相與促膝閑話，多不能記，至聽雞然後乃罷。翌朝又訪余所住客店，戀戀不能別，蓋多情人也。

臨別，求示余詩文甚切，故歸國後，因貢便抄寄三册。其答曰：『伏讀閏月十五日書，深情雅愛，歷久彌篤，益令人有離睽之思。承惠大集三册，適在病中，頭如著雨之楊，垂垂而不能舉；目如受薰之鼠，瞶瞶而不能視。命侍婢扶腋，就隱囊讀之，未竟一板，而委頓不支矣。屢仆屢輟，屢輟屢讀，讀竟而病亦豁然。是知蘇玉局每體中不康，讀陶詩一兩首輒愈，其言爲不虚矣。然陶，晉人也，蘇，宋人也，時代不相及，音容笑貌不相見，猶足以感發如此。矧僕於閣下，生同時而情相契耶？集中詩文，美不勝收，《學道關》一篇，爲閣下安身立命之主宰。僕出仕太早，於性理之學，未能致功，不敢以門外漢作貢諛之詞。然微窺閣下語言舉止，誠有所謂睟然見於面，盎於背者，固知非有所養，不能如是。養氣之功，不離乎道，入道之階，不離乎學。吾即閣下之人之醇正，可知閣下之文，必如其人矣。僕將以此傳布中州，使中州士大夫咸知東國有此人，並使中州士大夫，咸知僕之交游有此友，豈非平生幸事哉！使旋，略陳凋臆，並候起居。榮暢不一。』仍附尺牘一册，中有與余往復書數篇。

評曰：余見松嵐貌端雅有精神，舉止詳整，無浮淺輕佻之態，知必有所志，而不可但以風雅筆札之近世小品目之。惟是早遊州郡，才未充而學未博，則其於性理名物，儒者之多少事業，往往如隔壁堂下人窺影而尋聲者。夫一絇之絲，其絡幾何，松嵐豈肯安於小成者哉！余不能不重有望也。余友金國寶，後余使燕，亦與松嵐相遇，歸傳松嵐之言，曰徐明皋之經學，陸稼書先生後一人云。此殆松嵐踈於經學，故云然也。稼書以後，有顧亭林、李榕村，余嘗讀其書，行間字裡，深知其不可及。屈指計度，至於什，至於百，至於千萬，而猶未盡其級也，敢謂余一人乎哉！（《明皋全集》卷十四）

附録四　詩話雜記

隨園詩話

袁　枚

辛亥端陽後二日，廣西劉明府大觀袖詩來見。方知官桂林十餘年，與比部李松圃、岑溪令李少鶴諸詩人，皆至好也。席間談及廣西官况清苦，獨宰天保三年，爲極樂世界。其地離桂林二千餘里，乾隆四年改土歸流，方設府、縣。歲有三秋，獄無一犯，每月收公牒一二紙，胥吏辰來聽役，午即歸耕。縣中無乞丐、倡優、盜賊，亦不知有樗蒲、海菜、綢緞等物。養廉八百金，而每歲薪米、雞豚，皆父老兒童背負以供。月下秧歌四起，方知桃源風景，尚在人間。劉《率郡人種花》云：『鋤雲植嘉卉，人力助天工。此樂真吾有，分春與衆同。暮烟生遠水，樵唱散遥空。領得山中趣，横琴坐遠風。』《甘棠渡》云：『渡頭溪水繫漁船，細雨濛濛叫杜鵑。花片打門春已暮，牧童猶枕老牛眠。』（《隨園詩話補遺》卷三）

袁枚日記

袁　枚

逆風開船至觀門，泊燕子磯前。巳刻，同香田、葆齋、霞裳遊永濟寺，懸崖撒手壁上見劉松嵐詩二首，後跋云：『隨園老人過此見之，未識以爲野狐禪否？』詩云：『心燈夜炳原無夜，意蕊晨飛□□晨。能託未來作已往，除將默默有何人？』『梵宇層層吐篆烟，人來此地即神仙。犬心尚且澄如水，日在如來殿外眠。』（乾隆五十九年二月初八日條）

早大風，仍逆，李文起來船，絮語良久而去。午刻苦寒，小雨一日不住，弈二盤，一負一和。霞裳念劉松嵐詩云：『獅吼禪林醋庫巷，小星休向此間明。』松嵐僑寓蘇州醋庫巷，旁有獅吼禪林，故戲成此聯。（乾隆五十九年二月初十日條）

霞裳游獅子林，與徐心梅、王西林同去。晚來小雨。午後在松嵐家，見其新得如君，貌頗佳，吐屬亦妙。松嵐送肉桂二枝。（乾隆五十九年三月初十日條）

劉松嵐邀閨秀作詩會，請吃下頓飯。先寫扇一，託贈其如君湘花夫人。是日大雨不住，霞裳至上燈時才來。撫台夏慶官送船至山塘，酒散回寓，已二更矣。黄海邀看何娘，頗美，住臨頓衖。（乾隆五十九年三月十一日條）

胡黄海：『臨頓路之何嫗，袁雲樓之陳女玉如，俱有可觀。劉大觀之妾亦佳。』（乾隆五十九年三月廿日條，以上載《手抄本〈袁枚日記〉》）

湖海詩傳

王昶

劉大觀，字崧嵐，邱縣人。貢生，今官奉天寧州知州。有《玉磬山房詩鈔》。

《蒲褐山房詩話》：『崧嵐始仕遼陽，仁聲懋著，方且洊登牧守，奮蹟仕途。乃其詩蕭閑刻峭，卓然自立於塵埃之表，正如梁伯鸞滅竈更炊，不因人熱。推其源，似出於《瀛奎律髓》，足與四靈三拜分手抗行，不僅爲五言長城已也。』（《湖海詩傳》卷三十八）

北江詩話

洪亮吉

劉刺史大觀詩，如極邊春色，仍帶荒寒。（《北江詩話》卷一）

梧門詩話

法式善

劉松嵐大觀，丁酉拔貢，出宰粵西十年，今官奉天。詩工五言，袁子才謂思清筆老，風格在韋、柳之間。壬子訪余詩龕中，留詩一卷而去。《與友人遊棲霞寺》云：『愜心三兩友，因興出東城。秋水城邊過，蒼烟寺裡行。逢僧無一語，聽鳥自孤鳴。靄靄峰頭月，增人幽曠情。』《暮春江上》云：『採藥一僧歸，林邊掩竹扉。雨餘江水漲，風定岸花稀。帘下人沽酒，渡頭漁曝衣。寂寥無一事，乳燕向人飛。』《江村偶步》云：『孤村泊舟處，江岸逐漁樵。乞藥尋山寺，看雲過石橋。曉松枝上露，春蕨雨中苗。何處能招隱，名心已漸消。』《秋夜懷友》句云：『暑氣忽已盡，離懷從此多。』《率郡人種花木於芳山麓》云：『此樂非吾有，分春與衆同。』《買舟》云：『已當臨去日，還似未來初。』《湘江懷友》云：

『孤艇寺前直，一鷗沙上閑。』皆幽渺之音。崧嵐與其鄉人王吏部寧焯友善，詩境亦相似，皆爲李石桐、子喬所深許。（《梧門詩話》卷五）

湘花女史周氏，蘇州人，姿性明麗，歸山左詩人劉松嵐大觀爲箆室。吴蘭雪贈以字曰湘花，潘榕臯農部奕雋爲畫蘭代照，蘭雪詠其事，傳誦於時。湘花因繡蘭雪夫婦《石溪看花》詩相報，江以南詠題甚衆。瘦吟樓女士題六詩云：『敢向嬋娟説報遲，新詞傳唱遍當時。美人解得才人意，不繡名花繡好詩』。『一篇脱手萬花飛，絶代才名似此稀。親見玉人挑錦字，勝他傳織上弓衣』。『墨雲濃潑繡生華，想見敧針倚碧紗。説與詩人供養法，一甌清茗一枝花』。『花枝摇漾石溪清，便好聯吟過一生。可惜未拈金線繡，儂家新句亦雙聲』。『吴綾半幅白無波，消受知君福幾何？蘭麝未須薰百遍，粉痕脂暈著來多』。『小詩敢道稱籠紗，扶病閨中寫絳霞。添得湖山新故事，艷詞繡筆説三家。』真絶唱也。（《梧門詩話》卷十二）

石溪舫詩話

吴嵩梁

劉大觀，字崧嵐，邱縣人，有《玉磬山房詩鈔》。

崧嵐一字正孚，初官廣西，與李少鶴州牧、松圃郎中交最善。五言詩以張水部、賈長江爲宗，清能徹底，瘦可通神，高格自持，名句可味。嘗納姬周氏于吴中，甚麗，命出拜，予贈以字曰湘花，爲賦詩，屬潘榕臯農部畫蘭，以代小照。湘花手繡予《石溪看桃花》詩以報，一時名宿閨秀，皆詠其事。後數年，崧嵐官寧遠州，有詩見寄，序曰：瀋陽大雪，與湘花同坐齋中，湘花忽黯然良久曰：『如此風雪，未知吴蘭雪先生却在何處？』因戲之曰：『卿對雪思雪，焉知渠不對蘭憶蘭耶？』爲賦七言古體一章，有句云：『風雪滿天無定踪，憐才興嘆一女子。』予答以詩曰：『誰知萬里炎荒外，猶有蛾眉感斷蓬』。蓋謂此也。崧嵐再擢河東鹽道，出都，予娶岳姬緑春，原籍文水縣人，善畫蘭，以一册寄湘花，約爲女兄弟。予題一詩曰：『姊妹花開也夙因，未曾相見已相親。素心一朵同矜寵，難得鷗波有部民。』蓋予前贈湘花，有『素心一朵能專寵，千樹桃花不敢開』之句，而文水爲君屬縣也。君今罷官京師，而予已南歸，緑姬亦化綵雲，湘花聞之，當愴惻不已，況篤交如我兩人耶！（《石溪舫詩話》卷一）

玉磬山房摘句圖

舒位

斥丘劉松嵐先生，於詩最深。詩于五律，尤造其極，昔人所謂『如四十賢人』者，庶幾無負。乾隆中，先生與先君子同官粤西，位時束髮，嘗獲侍聞緒論。今垂三十年，始再見於京師，出示刻集，讀而欽向，輒昉新城、宣城之例，爲《摘句圖》，凡得若干首，别録存之。非謂重先生者，僅在於詩，先生之詩，亦非獨於五律。而其寫景難狀，含意不盡，吏民畏懷之術，友朋生死之誼，胥于是乎見之。至或含毫邈然，妙契微悟，不著一字，盡得風流，則全詩具在，非此圖所能概也。

抱枝眠静鳥，圍燭聚癡蛾。《秋夜》。

落高弓力滿，追曠馬蹄飛。《與王將軍出獵西郊》。

暮烟生遠水，樵唱散遥空。《與郡人芳山種花》。
書向鄰家借，詩多雪夜成。《貧士詠》。
古驛烟中露，一鷗沙上閑。《湘口寄子喬》。
臨谿見石鏡，就樹繫江船。《祁陽縣》。
入定雲穿牖，當禪月滿身。《南岳僧》。
雨過江水漲，風定岸花稀。《暮春江上》。
曉松雲際路，春蕨雨中苗。《江村》。
片雲開晚霽，一雁下蒼梧。《洞庭湖》。
風定鐸無語，松高鶴有聲。《焦山》。
縣門前代寺，谿樹早秋烟。《無錫縣》。
聽鐘尋晚寺，逢樹坐枯禪。《行脚僧》。
前書寄湘口，何日到天涯？《清江懷子喬》。
篷牕對疎雨，秋色滿歸船。《泊汶水》。
最難遣愁處，將欲到家時。《東昌舟次寄兄》。
垂溜雪融瓦，向陽禽出巢。《早春》。
衣典遷官後，詩成論事餘。《贈家岸淮給諫》。
滿庭多是雪，終日不逢人。《春日飲吏部王熙甫家》。

語深潮已退，別促意猶牽。《天津別岸淮先生》。
寒鴿步樓瓦，孤蛩鳴院牆。《秋日書懷》。
梵餘雲繞户，棋罷月凝松。《飲潭西精合》。
柿葉無風落，山禽入院稀。《聽虚師鼓琴》。
冥濛遥浦樹，寒翠夕陽山。《舟行感遇》。
一覽更無際，四時惟有秋。《望海》。
每憐魚入肆，常與鶴梳翎。《臨別瀋陽上閬風先生》。
寒枝留倦鳥，古寺卧枯僧。《早行》。
江聲漢陽夜，鴻影太原秋。《寄妹》。
積雪在枯樹，薄帷生峭寒。《得李子喬書》。
佛身秋著雨，鼎足夜生泉。《古廟》。
鶴側聽琴頂，松垂受雪枝。《寒夜懷李石桐》。
地惟數弓大，草有一人深。《海會庵訪杲堂上人》。
雪水朝磨劍，秋星夜埽壇。《贈穹窿山道士》。
雪晴禽語亂，風止竈烟高。《除夕》。
餘波通外域，元氣抱中華。《望海》。
苔階山鳥下，石徑海雲流。《東山讌集》。

臨流知水静，隔樹覺城低。同上。
避弓雲外雁，搗練雪前砧。《贈同年徐松巖》。
虛窗延遠翠，高嗽落寒音。《石堂道院》。
遠塞因時出，春陰壓背寒。《望雁》。
春無凡鳥下，夜有倦雲棲。《天寧寺古松》。
畏人稱老吏，無故得虛聲。《次韻家淳齋見貽》。
瘦馬宫門立，殘書雪夜看。《贈牟松岩》。
獨對庭中雪，回思塞外人。《歲暮懷吴玉松》。
一嶺爲松據，全家被竹圍。《飲李氏芳渚園》。
樹含京口雨，峰挾海門秋。《與昆峰上人游焦山》。
書從閑裏讀，門爲故人開。《贈榕皋先生》。
草可稱香祖，琴應託素王。《素心蘭》。
夜舸淞江雨，秋笳漢壘兵。《吴杜郵家聽其宗人伯癡鼓琴》。
對人蘭有味，修己石同堅。《贈張開虞》。
月沉漁火静，牐閉水痕高。《舟夜》。
倦鳥來歸樹，枯僧不過谿。《瞑愁》。
衆花留客處，微雨讀書天。《遺興》。

片時停倦馬，一語入斜曛。《史郵小憩》。

碑向橋邊立，相傳巢父洗耳處。田于屋上耘。同上。

語深巢燕宿，牕白曙星銷。

更有無窮事，同邀不次恩。

用清爲把握，憑静掃紛紜。《陳鍾溪學使留宿運城得一夕之歡明日自解州寄詩來却寄》。

木拱傳青主，雲埋邊壽民。乞君留數筆，生我屋中春。《寄瑛夢禪索畫》。

榮華天賦與，磊落性生成。《牡丹》。

事到久方定，身能閑最難。《寄莫少司空》。

曉園春漠漠，高燭夜潭潭。《詠開殘牡丹》。

寫成僧出定，謀始將登臺。《觀朱湘霞作畫》。

石吼馳新漲，墉頹露濕螢。《侯馬驛宿值雨》。

歲事牛躬出，春聲鳥口傳。《平陽道中》。（上海圖書館藏舒位《缾水齋雜組》鈔本）

歷下偶談

王偁

邱縣劉觀察松嵐先生，初令粵西，詩名早著。既由遼東蒞任山右，其見諸政蹟、方策者，隨處陽春，不徒以詩顯也。初與高密李氏石桐、少鶴昆季，專講晚唐法律，暮年解組，隱王屋山麓，與翁先輩覃溪、鮑夫子雙梧交相善。其律詩古作，尤非近今所及，已載其全集及《隨園詩話》者，無煩具論。近荷其書寄《秋色》一律云：『疎柳寒鴉點素秋，晚來蕭瑟不勝愁。僧穿鳥道歸蒲坂，雁帶斜陽過汴州。茶鼓敲殘松頂寺，笛聲吹徹水邊樓。青蒲紅蓼皆仇敵，來向西風傲白頭。』紙既精細，字亦工遒，真可寶也。（《歷下偶談》卷一）

嵎陽詩説

王　偁

劉松嵐夫子嘗訓於予云：『作詩先學五律，五律工後，再學長古，再學七律，再學絶句。』即其自試者也。夫子教人五律，取法晚唐，而《玉磬山房》絶不似張、賈，此其所以傳也。（《嵎陽詩説》卷五）

辨香雜記

王　偁

本朝詩學，山左最盛，至于今，承授不一，各傳法戒。岱以東，仍皆秉教高密二李；岱南取法秋谷者，則有若宋小嵐諸公；岱西推尊四溟者，則有若劉松嵐觀察。獨武德諸州，效雅雨者則稱雲村入室，學子愿者則稱書農登堂。至歷下猶不廢漁洋聲調之論，華泉之後，自屬水村出首；而望泉以來，尚有季木分門。若專講于鱗者，其品當在湘浦、秋門之間。（《辨香雜記》卷一）

予從劉松嵐夫子學詩久，蓋嘗欲序《玉磬山房》之詩者累月矣。夫夫子之詩，豈予所能序哉？然詩既難爲序，夫子之學，嘗已聞之矣。知夫子之學，而謂不知夫子之詩，當在所棄。而今之名爲詩人者，往往詬予之學，謂與夫子異，則當在所棄必矣。顧不棄而且假之言，豈夫子所以學，與予所竊聞，他人不必知，而有自知其知者與？夫子之詩具在，其鐫刻而藻繢之者，極萬物變幻之巧，而出之以自然。所謂非常特出之才，得古人之傳，自爲一宗者也。他日過臨清及覃懷之間，必有起而傳夫子之學，如馬、鄭者流，爲之箋傳，海内乃得共聞夫子之詩。不才如予，亦得竊附于曼卿之列，則世之見詬者，或亦可以少息歟？（《辨香雜記》卷五）

蠡莊詩話

袁　潔

近時贈人楹聯，佳者頗少。余最喜劉松嵐觀察贈朱湘霞一聯云：『雪夜庖人蒸鹿尾，晴窗詩婢打烏絲。』雄而且韻。（《蠡莊詩話》卷四）

樵隱昔寱

平步青

邱劉松嵐方伯大觀《玉磬山房文集》。

方伯由拔萃官廣西、奉天縣州。嘉慶乙丑，以道員試用湖北，特簡河東，次年九月權布政使。庚午三月，以劾巡撫初彭齡褫職，客游懷慶、彰德。負用世才，以豪傑自命，所至以政績著。而任氣用事，卒

不得大用，窮困以殁。文以論事爲工，敘記非所長。詩勝於文，蕭閑刻峭，蒲褐山房謂出《瀛奎律髓》者也。（《樵隱昔寱》卷九）

今傳是樓詩話

王逸塘

斥邱劉松嵐大觀，所著有《玉磬山房詩集》，翁覃溪序之，謂其『天機清妙，寄託深遠』。而王蘭泉《蒲褐詩話》亦謂其『蕭閑刻峭，卓然自立於塵埃之表』。此可以見其詩詣矣。松嵐有《題籜石夫子詩集後》詩云：『神識自能超宇宙，玄關無鑰劃然開。巖花礀草無人識，獨有洪崖採得來。』自注：『謂覃溪閣學。』君嘗以虞道園詩乞覃溪批點，覃溪報書云：『南宋以後，所謂蘇學盛於北，程學盛於南。惟虞文靖以貫串群經之秘，而收拾樂府以下六朝、三唐之精粹者，風雅之中流砥柱也。』此札墨蹟，於厰肆見之，輒記其語。（《今傳是樓詩話》）

國朝山左詩彙鈔後集

松嵐先生詩，於清刻峻削之中，時露淩厲雄直之氣。雖生平服膺李氏少鶴，而實能自開生面，獨樹一幟。集中佳什頗多，五言如『最難遣愁處，將欲到家時』；『棗曬臨溪屋，梨垂傍井田。』七言如『宵亭樹影月如水，曉院花光秋勝春』等句皆佳，不能備録。（余正酉輯《國朝山左詩彙鈔後集》卷四）

雪橋詩話餘集

楊鍾羲

劉松嵐《東昌舟次寄兄》云：『節候幾更移，多年嗟遠離。最難遣愁處，將欲到家時。問友多新墓，看花少故枝。祇餘江上月，猶爲照深巵。』《送青城劉明府歸通州》云：『行色少光輝，身貧馬不肥。宦囊賸吟卷，民淚貯征衣。落日歸程暮，寒山秋葉飛。到家應閉户，接見世人稀。』法梧門所謂『清詩味得李少鶴』者也。先官廣西，後官奉天，陳理堂題其集，有『度遼更過十三山』之句。柳江上流通黔江，山狹勢逼，易衝決。乾隆甲辰五月，江瀾驟溢，勢危甚，立水中三晝夜，督民衛護。水愈猛，乃矯提軍令，傳六營將備，集兵三千有奇，奮勇搶救，城得無恙，有長歌紀其事。與黄仲則不相識，己酉識其友翁覃溪，乃見鈔本八卷。嘉慶丙辰再來都下，請於覃溪，爲付梓，亦風雅好事矣。邊袖石謂高密派上者施雪帆於嶺外，讀仲則詩十餘首，心爲之傾。又七年，客吴下，得《吴會英才集》，亦非全本。乃至都謁規摹長江、武功，下者刻畫江湖四靈。漁洋尊唐，實則波靡於元明；高密亦尊唐，實則皮傅乎殘宋。此可爲依傍門户，不克自拔者箴，而於漁洋、高密，無軒輊也。（《雪橋詩話餘集》卷六）

寄庵文鈔

劉大紳

《蓮塘集》有崧嵐居士評，甚悉。崧嵐與余同氏，名大觀，同少鶴官於粤，詩與書皆取法少鶴。余在趙廣文濼源齋中見其書，固邀趙往見，而王子（祖昌）適從。居士將治裝歸，匆匆書一帖詩示王子，余從旁讀，甫一章，即定爲少鶴友也。（《寄庵文鈔》卷一《飲秋水亭讀單紹伯李懷民昆弟詩記》〔節録〕）

邁廬遺文

單紹

戚里黨貴之家，其衣飾器具，務爲瑋麗，歲月更新其製，流俗爭效之，曰時式。至於几案之所陳，函篋之所藏，鼎彝尊罍珪璋琮璧之屬，摩挲而寶貴者，則必曰商周，曰秦漢。推好古之心，雖遠至燧皇世，不厭也。而於文章則異是。趨時者必榮，學古者必困。負遺塵絶俗之才，而望世之寶貴，百無一遇。間有一人起而和之，是必與之俱困而見惡焉。然古之人，每蹈此而不悔，其語言文字幸留傳於今日，則又未始不與鼎彝尊罍珪璋琮璧竝重於世也。

吾友李石桐，以詩困其身，窮老以死。有劉君崧嵐，好其詩而忘其困，刻意而學之，惟恐一語之不爲石桐也。當石桐之生，欲造其廬而不果，歿則刻其詩，今又納交於石桐之友，而蘄有所聞焉。劉君官於時，不歲月更新以趨時式，而所好如此，困之兆也。或曰：『劉君有見於古人之爲，亦如鼎彝尊罍、珪璋琮璧之有待於後，豈樂困哉？』果爾，願劉君自勉之，余無庸言。（《邁廬遺文》之《書劉崧嵐詩册》）

鑄亭山人詩抄

朱道衍

五律之用拗，猶兵家之用奇也。兵不能有正而無奇，即詩不能有律而無拗。不知奇正之變者，不可以談兵；不知拗律之變者，詎可以言詩乎？予鄉先達趙秋谷先生《聲調譜》言之詳矣。堪笑世人少見多怪，每逢拗句，即以倒字置之，甚且以此瑕疵古人，何其陋也！予受學於劉松嵐先生，得之甚悉。今按《聲調譜》，特爲標出，其有《聲調譜》所不載者，時以己意補入之，俾覽予詩者，勿以倒字見置，則幸甚矣。己巳秋八月，平陰朱星海題於長安旅舍。（朱道衍《鑄亭山人詩抄》卷首《五律拗句式》）

瀛舟筆談

阮亨

王新建伯手劄二通，爲劉松嵐觀察所藏，吾兄（阮元）爲之跋：『右陽明先生像及手書二通，一爲寓都下時寄其父書，一爲官廬陵時寄其妹婿徐愛書。先生父名華，成化十七年進士第一，官至南京吏部尚書。其妹婿徐愛，字曰仁，正德三年進士，官至南京工部尚書，爲先生高足弟子。或疑其弟者，非也。先生大母姓岑，年踰百歲，卒時華年已七十餘，皆與史合。至正憲者，先生弟之子，即所育以爲子者。書中言家事國事，皆可矜式。觀此，益歎仁義之人，其言藹如矣。松嵐觀察既以此裝潢爲册，復摹其像於首，屬著所知於後。』（《瀛舟筆談》卷七）

南蘭文集

張　恕

近百年來，山左能書者，劉文清而外，松嵐先生爲最。同時桂未谷先生以分書名，按之行輩，桂當稍後於劉也。道光丁未夏，曼年父臺出示松嵐先生寄其曾大父蘅塘先生昆季詩札，展讀之餘，筆墨殊妙。中間有爲未谷先生赴滇，道出陝西，屬爲照拂，蓋是時固已同登仕籍矣。猶憶少時侍宦滇南，先君子與未谷先生文字往還，幸尚及見，並見其作分書，運腕必用全力，忽忽四十餘年矣。松嵐先生雖未獲見，而因是册見其字與詩，猶如饑之得食，渴之得飲也。

册中致蘅塘先生凡十二札，致畏庭先生凡七札，一以文章道義相師，前輩風流，兩家情契，並足令人傾企。因思曼年父臺官斯土，所之士民敬愛，余尤服其簿書鞅掌，暇輒臨池，偶以公事通筆札，意摯而字古，乃歎淵源之有自來矣。余苦不能書，見有佳者，未嘗不色喜眉舞。竊謂分書當以桂爲宗，飽看是册，又得草書、行書之法。書此附後，以誌嚮慕之意云。（《南蘭文集》卷六《劉松嵐詩册畢曼年中丞宰鄞時，出其家藏詩册示余，屬爲跋于其後》）

皇清書史

李　放

劉大觀，字正孚，號松嵐，邱縣人。乾隆四十二年拔貢，官河東道。工行楷，書瘦健不俗。予藏其詩翰一卷，又得其舊藏何義門硃評宋槧《漢文鑒目録》及覃溪《杜詩附注》精抄本，並有其題字。《木葉厱法書記》。

善書。阮元《揅經室集》。

詩筆書法，冠絶一時。吴照《聽雨齋集》。

善書。興酣以往，數十幅立盡，有怒猊抉石，渴驥奔泉之勢，得者珍爲重寶。《搏沙録》。

善書，揮素擘箋無虚日。《揚州畫舫録》。（《皇清書史》卷二十）

揚州畫舫録

李斗

劉大觀，字松嵐，山東邱縣拔貢生。工詩善書。官廣西知縣，丁艱時，爲江南浙江之遊。揚州名園，江外諸山，以及滸墅、西湖諸勝蹟，極乎天台、雁蕩之間，揮素擘箋無虚日。歸過揚州，主朱敬亭家。嘗游鮑氏園，贈之以畫。嘗謂人曰：『杭州以湖山勝，蘇州以市肆勝，揚州以園亭勝。三者鼎峙，不可軒輊。』洵至論也。詩學唐人，著有《嵩南詩集》、《詩話》數十卷。聞揚州名妓銀兒以怨死，求得其墓，邀同人作詩吊之。服除，改授奉天開原縣，擢寧遠知州，稱循吏。時與甘泉林蘇門交，予于蘇州得松嵐書云：『邗江小聚，大快平生，别來延想，不啻天壤。客歲冬抵瀋陽，越二十餘日，委治承德。自抗塵容，益鮮雅狀，回想昔時步月尋僧，看花對酒，杳然不可復得矣。幸上游不以俗吏相待，猶得以書生本來面目，與部下子民相安于無事，此可告慰者也。邇來卸承德事，又委治開原。幸此地事簡民淳，可以不廢吟咏，甚適意耳。兹當天氣晴和，景物閑美，遥維居處酒思詩情，當復不淺。方菊人、月查兄弟，汪味芸，甘亭和尚，並此致之。』蘇門字步登，號嘯雲，吾鄉磊落之士，山東衍聖公廟辟之爲六品官。（《揚州畫舫録》卷六）

鄉園憶舊録

王培荀

劉松嵐觀察風流自喜，酷好高密李石桐詩，因學之。余於平原張雨田處見其詩，僅一册，晚年作也，風格蒼古，不染時蹊。松嵐愛張船山詩，每摘句録以贈人。後載與友人札云：『妻妾釵釧，化爲柴米。』其清況可想。爲同鄉初頤園尚書劾罷。

邱縣劉松嵐大觀，詩刻峭清蒼，有《玉磬山房詩鈔》。《與郡人芳山種花》云：『劚雲植嘉卉，聊復助天工。此土非吾有，分春與衆同。暮烟生遠水，樵唱散遥空。領得山中趣，横琴坐晚風。』《東昌舟次寄兄》云：『節次幾更移，多年嗟遠離。最難遣愁處，將欲到家時。問友多新墓，看花少故枝。衹餘江上月，猶爲照深卮。』《貧士》云：『寒雞窮巷鳴，不見突烟生。書向鄰家借，詩多雪夜成。斷繩横短榻，折足卧空鐺。盡日無人到，時聞飢鼠聲。』刻苦絶似賈島。生平嗜高密二李詩，故取法如此。

平原劉觀察松嵐，同邑張雨田之姑丈也。雨田在川候補，案頭有觀察《娱老集》，吾邑馮荻橋大令爲之跋。觀察好詩喜事，新城王子文祖昌攜詩謁之，即爲刻其全集。初官粤西十餘年，苦不可言，自謂宰天保三年最樂。邑去桂林二千里，乾隆初年始置縣，其地如鴻荒初闢，食無珍錯，衣無文繡，人無愽蒲，無乞丐、娼優，亦無盜賊。月收訟牒一二紙，胥吏早供役，午歸。薪米、雞豚，皆父老兒童背負以來。歲得養廉八百金，宦場無絲毫應酬，大吏皆度外置之也。吾東詩人，益都李詞畹、高密李少鶴及松嵐，皆以詩名，皆官粵西，奇矣。（《鄉園憶舊録》卷二）

因寄軒文二集

管　同

偃師武虛谷先生，以擒杖和珅提督番役，失博山知縣而歸，然自是番役更不復出。嗚呼，偵事緹騎之禍，烈於前朝，使爾日無先生，其患未知所終極也。然則先生雖失意，而功德何如哉！松嵐劉公亦今時奇士，賦詩吊先生，極慷慨悲歌之致。同少時聞先生名，恨不識其面，於劉公則嘗一見於德州耳。今先生子小谷大令訪同里巷，出劉公詩卷屬題。《詩》曰：『無忝爾所生。』夫先生偶一發舒，而功德及乎海内，豈第如世所稱强項令已哉！吾知小谷之所以繼述者矣。（《因寄軒文二集》卷四《書劉觀察吊武大令詩卷後》）

仰蕭樓文集

張星鑒

偃師武虛谷先生，殁於嘉慶己未。越十有一年，山左劉觀察松嵐過偃師，拜先生墓，作長歌以吊之。武氏子孫裝潢成卷，以爲世寶，海内通人碩士，如阮文達、孫淵如，各有題詠。今冬，余遊洛下，先生後裔出此卷索題，余作而言曰：『昔郭林宗、陳太邱之殁也，會葬者數千人，東漢崇尚氣節，其風猶古。觀察之拜其墓而吊以詩者，亦猶行古之道也。先生宰博山，杖和珅所差兵役，事詳桐城姚惜抱所撰先生《墓表》，世之讀桐城文者，咸知其事。惟是與先生生同時，有謝薌泉振定者，湘鄉人，官京畿道監察御史，巡視東城。有乘違制車譁於道，訊之，乃和珅妾弟，勢横甚，立杖之，焚其車於通衢，由是罷官，事與先生相類。安得有劉觀察其人者，赴湘水而一吊之！』（《仰蕭樓文集》之《書劉松嵐吊武虚谷詩後》）

合肥學舍札記

陸繼輅

嘉慶甲戌春，燕、豫大疫，予自洛陽入都，道出懷慶，過劉松嵐兵備大觀。兵備授以一方，云邱瓊山所傳：羌活、獨活、茯苓、川芎、桔梗、枳殼、柴胡、前胡、花粉、乾葛、黄芩、甘草各一錢，水煎服。到京後刊送，服之輒愈。（《合肥學舍札記》卷二『治瘟疫方』）

嘉慶甲戌，自洛入都，劉松嵐先生方僑居河内，留飲竟夕。别去不相見九年，先生明年七十矣。夏日曬書，檢得舊贈詩牋，不勝棖觸，埘記於此：『相逢旋别太蒼黄，且解征鞍盡一觴。詩筆果然傾六代，史才誰與薦三長？璚花寂寞春無主，元注：祁孫及王惕夫、劉芙初、吴蘭雪、樂蓮裳、彭甘亭，皆久客題襟館，賓谷擢官，諸君子不復相聚矣。名士蹉跎鬢有霜。此去大羅天尺五，老夫傾耳聽《霓裳》。』（《合肥學舍札記》卷十二『松嵐先生詩』）

松壺畫憶

錢杜

劉松嵐先生藏宋人無名氏巨幀山石，皴法似右丞，樹木葱鬱似北苑，半用燥鋒成之。盛夏望之蒼然，疑寒翠落人襟袂也。余定爲江貫道作。

柯博士工書，其畫傳世甚少。劉松嵐觀察藏其青緑山水一幀，筆致醇静，士氣盎然。戊子長夏，招過小青琅玕館，相對竟日，與松嵐各賦一詩。

劉松嵐處觀待詔（文徵明）《仿劉松年夏木書堂圖》，堂前雙桐垂蔭，桐下一澗，水甚湍急。堂屋似界畫而非界畫，曲廊洞房，細辨之，層次帖妥，無一敗筆。屋後高松大柏，間以蕉竹，盛夏對之，寒冽之氣生肌膚也。

劉松嵐藏六如居士《寒谿訪舊圖》，亦紙本，山石皴法，是師郭河陽。谿隖層疊，峰勢高峻，秋林夾逕，中一策蹇人，傴僂驢背。山半草屋數椽，屋前後皆槎枒古木，蕭寂之況，森然逼人。山巒皴法極簡，獨苔以焦墨大點，若不經意者，而全局飛動。居士素不甚作苔，是幀獨以苔勝，此即變化筆墨之一端。又見《迦葉説經圖》大幀，山石、樹木及人物、衣褶，全法展子虔，設色極精古。

袁蘭村藏大滌子《金陵八景》，甚工。松嵐藏《武夷圖》長卷，亦妙。又見仿古四册，其人物一册古致可愛，擬摹其至精者一二幀，以事瑣未果。（《松壺畫憶》卷下）

楹聯續話

梁章鉅

劉松嵐大觀爲州牧時，自題署齋一聯云：『袍笏呼來先拜石，管絃麾去獨聽松。』爲翁覃溪師書，或云即翁撰句以贈者。新警遒削，使事無痕，殆非吾師不辦也。（《楹聯續話》卷二）

北東園筆録三編

梁恭辰

山西解州關帝廟，在西門外，靈應異常。廟中舊存香火捐資銀二萬兩，有胡州牧者知是州，假用三千，欲不歸矣。及罷官，新任者至，胡移居館舍，夜有人扣門，問之，答曰：『西門外姓周者，向官索欠。』如是者三夜，每夜如是者三，胡心知其故，而終吝之。瀕行前夕又至，且曰：『此項將有公事須用，宜速還，否則未便。』辭殊委婉。胡懼，乃如數歸款。未幾，劉松嵐大觀觀察河東，將莅任，行至平定，夜夢關帝至前，有紅旂大書『漢壽亭侯』。劉俯伏前迎，神謂之曰：『河東，吾鄉里也，行將有難，汝宜善視之。』劉寤，不知所謂。歲甲子、乙丑、丙寅間，解州大旱，劉請于上司，設粥以賑，賑厰即設于廟前。公費將完，欲請奏益，又須時日，心甚憂之。夜夢周將軍語之曰：『賑費不足，何不借廟中存款耶？』劉覺，乃借廟中存銀三千備用，則即胡州牧所還之原封也。人乃悟前索胡欠，言有公事須用，即此。劉因修廟，作文勒碑記之。夫人不可欺，而况神乎？債不可負，而况香火資乎？周將軍可謂處置盡善矣。俗傳周將軍氣多剛猛，而於此事辭氣委婉，殊不類其生平。世之冠帶人，以索欠而負氣相對，反目成仇者，亦可愧矣。（《北東園筆録三編》卷二『神廟香火資』）

印雪軒隨筆

俞鴻漸

山左劉松嵐先生大觀任河東道時，值解州一帶地震後，關漢壽祠半就傾圮，工鉅費大，未克重修。先生視事後，一夕忽夢侯來見，延之入，則一大一小先後進，覺而不解其所謂。旦日，一相識進謁，叩其來意，則云：『漢壽祠遍天下，而解州乃其故鄉。今廟貌如此，何以奉神！念欲新之，非公主其事不可，故來奉商耳。』先生喜與夢符，遂首捐白金若干，並諭諸鹺商解橐以助。鳩工不數月，落成矣，而核算尚有贏餘。方籌所以用之，忽又有一客來謁，云：『城外某村是侯故里，舊有祠，外楹祀侯，内以奉侯之先代，今亦圮，盍並新之？』先生即命駕往視，則廟不甚敞，侯像亦較小，因悟夢中一大一小之故，遂以所贏金修葺之。先生後以揭參一大僚罷官歸，掌教懷慶，癸巳相晤于蘭皋先生家，舉此事親爲余言之，而嘆神之見夢于己，非無因也。（《印雪軒隨筆》卷二《關侯入夢》）

燕臺再游録

柳得恭

劉大觀，字松嵐，山東臨清人，今寧遠知州。曾見其所著《玉磬山房集》，松嵐亦因東使聞余姓名。

赴燕時，遣人探之，因公務往錦州未還。其弟大均來，亦佳士也，援川楚例，充廩生云。還到寧遠城外，松嵐來訪寓所，一見如舊，甚歡也。問其官跡，則以開原知縣陞本州云。其翌日，約會于城東之龍神祠，即松嵐捐金刱建爲禱雨之所，棟宇丹雘，輝映林木之表。下車盤桓，少頃松嵐至，兩騎佩弓前導，從者亦衆。至則先詣龍神，像前叩頭，道士鳴鐘，倉官姓曹者隨至，叩頭於階上。遂於西廡布桌吃茶，略談而別。松嵐以其所作朱素人畫百合花二絶書贈，筆意古雅。又以《悔存齋詩抄》二卷示之，武進黄景仁所著，翁覃谿方綱作序。景仁爲文節裔孫，而洪編修亮吉密友云。臨别，又以禮部侍郎英和所書一幅示之，云與英公契好，未知其意也。（《燕臺再游録》）

郎園讀書志

葉德輝

《玉磬山房詩》六卷，劉大觀撰。王昶《湖海詩傳》：『劉大觀，字松嵐，貢生，丘縣人，官奉天寧遠州知州。有《玉磬山房詩鈔》。』李斗《揚州畫舫録》六：『劉大觀，字松嵐，山東丘縣拔貢生。工詩善書。官廣西知縣，丁艱時，爲江浙之遊，過揚州，主朱敬亭家。詩學唐人，著有《嵩南詩集》、《詩話》數十卷。聞揚州名妓銀兒以怒死，求得其墓，邀同人作詩吊之。服闋，改授奉天寧遠州知州，稱循吏。』符葆森《正雅集》：『劉大觀，字正孚，號松嵐，山東章丘縣人。乾隆四十二年丁酉拔貢，歷官河東道。著有《玉磬山房詩鈔》。』

按，《蒲褐山房詩話》：『松嵐始仕遼陽，循聲懋著，洊登牧守，奮跡仕途。乃其詩蕭閑刻峭，卓然自立於塵埃之表。正如梁伯鸞滅竈更炊，不因人熱。其源似出《瀛奎律髓》，足與四靈三拜分手抗行，不僅五言長城也。』吴嵩梁《石溪舫詩話》：『松嵐初官廣西，與李少鶴州牧、松圃郎中交最善。五言詩以張水部、賈長江爲宗，清能徹底，瘦可通神。高格自持，名句有味。』洪亮吉《北江詩話》：『劉刺史大觀詩，如極邊春色，仍帶荒寒。』觀諸家評騭，大旨不殊。然先生詩，于峻削之中，時露雄直之氣。雖肯與李少鶴嚶鳴相應，實能別開生面，自樹一幟者。在官不廢吟詠，其《嵩南集》則河東道任内之作，今併入《詩鈔》。婁謙《北野閑鈔》二：『前河東觀察劉松嵐先生大觀，主講覃懷書院十餘年，士類多所成就。余仕中州，未到懷郡一登龍門，深以爲憾。前年蒙先生賜書，有「今以衰朽之年，蛭伏于野王城下，復得神交于尊兄，爲幸深矣」。』據此，則先生罷官後，尚流寓河南，岳色河聲，得江山之助，晚年詩頗雄放，其以此歟？（《郋園讀書志》卷十三）

葉啓勳

續修四庫全書總目提要

《玉磬山房詩》六卷。嘉慶庚午刻本。

國朝劉大觀撰。大觀字正孚，號松嵐，山東章邱縣人。乾隆四十二年拔貢生，官至山西河東道，署布政使。是書以編年爲次，凡古今體詩五百餘首。始乾隆五十四年，迄嘉慶十四年，凡二十一年，皆通籍以後之詩也。其詩之目有六。曰《嶺外集》，則乾隆己酉至庚戌二年之作也，翁方綱爲之序，稱其詩天機清妙，寄託深遠。曰《灕江歸櫂集》，則辛亥至癸丑三年之作也。曰《留都集》，則甲寅至嘉慶癸亥